U0622571

中國傳統相聲大全

姜昆

名誉主编　姜昆

主编　贾德臣

第五卷

作家出版社

图书在版编目（CIP）数据

中国传统相声大全：全5册 / 贾德臣 主编. -- 北京：作家出版社，2017. 1（2022.1重印）

ISBN 978-7-5063-9338-6

Ⅰ. ①中… Ⅱ. ①贾… Ⅲ. ①相声 - 作品集 - 中国 - 当代 Ⅳ. ①I239.7

中国版本图书馆CIP数据核字（2017）第022634号

中国传统相声大全：全五册

主　　编： 贾德臣
责任编辑： 王　烨
特约编辑： 李恩祥
装帧设计： 王汉军
出版发行： 作家出版社有限公司
社　　址： 北京农展馆南里10号　　**邮　　编：** 100125
电话传真： 86-10-65067186（发行中心及邮购部）
86-10-65004079（总编室）
E-mail:zuojia@zuojia.net.cn
http://www.zuojiachubanshe.com
印　　刷： 北京中科印刷有限公司
成品尺寸： 152×230
字　　数： 2600千
印　　张： 195.75
版　　次： 2017年5月第1版
印　　次： 2022年1月第3次印刷
ISBN 978-7-5063-9338-6
定　　价： 368.00元（全五册）

中国传统相声大全

姜昆题

名誉主编　姜昆

主编　贾德臣

第五卷

作家出版社

图书在版编目（CIP）数据

中国传统相声大全：全5册 / 贾德臣 主编. -- 北京：作家出版社，2017. 1（2022.1重印）

ISBN 978-7-5063-9338-6

Ⅰ. ①中… Ⅱ. ①贾… Ⅲ. ①相声－作品集－中国－当代 Ⅳ. ①I239.7

中国版本图书馆CIP数据核字（2017）第022634号

中国传统相声大全：全五册

主　　编：贾德臣
责任编辑：王　烨
特约编辑：李恩祥
装帧设计：王汉军
出版发行：作家出版社有限公司
社　　址：北京农展馆南里10号　　**邮　　编：**100125
电话传真：86-10-65067186（发行中心及邮购部）
86-10-65004079（总编室）
E-mail:zuojia@zuojia.net.cn
http://www.zuojiachubanshe.com
印　　刷：北京中科印刷有限公司
成品尺寸：152×230
字　　数：2600千
印　　张：195.75
版　　次：2017年5月第1版
印　　次：2022年1月第3次印刷
ISBN 978-7-5063-9338-6
定　　价：368.00元（全五册）

目录

单口相声

八大棍儿

对口相声

群口相声

垫话儿（单口）

垫话儿（对口）

开场小唱

太平歌词

双　簧

单口相声

山中奇兽

这是我们老家的事儿。我们老家在哪儿？就在哈什海儿石头县的一个小村子里，这个村子不大，只有几十户人家儿。我们家斜对门儿有一家街坊，老头儿姓刘，老两口儿都六十多岁，开了个豆腐坊，买卖不错。可就是一样儿，养不起牲口，得自己推磨。后来老两口儿日积月累攒了俩钱买了一头驴，指望着有头驴买卖就更兴旺了。结果怎么样？倒坏了。

怎么呢？老刘头儿买驴净看外表了，到集市上一看：嗬！这驴好！粉鼻子粉眼白肚皮儿，浑身上下跟黑缎子一样。老刘头儿喜欢，当时掏钱买回来了。买回来没几天才知道它偷嘴吃。豆腐坊里有的是黄豆哇，老刘头儿老得注意，一不注意它就吃一口，这么一尝：嗯，香！挺好吃，再来一口。它吃了几口不要紧，老刘头儿那儿一天好几斤黄豆没了。光嘴馋不说，它还懒。老刘头儿老得拿鞭子轰它，一眼看不到，它站那儿不动了。

这天晚上，老刘头儿把它拴在驴棚里，也没注意，半夜里溜了缰了。正巧一阵风把风门儿刮开了，这头驴呀，跑了！顺着山道就上了山了。它也不知道哪儿是哪儿呀，瞎撞啊！走了一宿，赶到第二天早晨在山坎上这么一看哪，可高了兴了：嗬！好哇！青山绿水，满山坡的青草，树林子里可以玩儿，渴了有泉水，饿了有嫩草，最好的是什么活儿也甭干哪！一高兴扯开它这喇叭嗓子念了四句诗——怎么这驴还会念诗啊？驴不会，我会——这四句诗是怎么个意思呢？说说它心里的高兴劲儿。它是这么念的：

绿水青山景色优，
山泉瀑布水自流。

遍地青草吃不尽，
一生一世不发愁。

大嗓门儿这么一喊，高兴极了，一高兴还跳开了舞了。它哪儿会跳舞啊，什么踢踏舞、芭蕾舞它全不会，简直就是尥蹶子呀！连尥蹶子带撒欢儿。正高兴哪，可了不得喽，由打对面来了一只老虎，可把这头驴吓坏了。这个驴和老虎不常见面儿，它怎么知道老虎呢？上豆腐坊买豆腐的什么人都有，小孩儿也买豆腐，还拿着玩具，泥老虎、布老虎；再有，听老头儿也说过老虎怎么怎么厉害。今儿一看这老虎：嗬！跟小牛犊儿似的，一身儿黄，黑道儿，脑门儿上一个“王”字儿。眼睛跟电灯泡似的，烁烁放光。兽中之王啊！甭说驴见了害怕，什么野兽见了它都得害怕。这头驴心说：我跑不了啦，性命休矣！又一想：我还别跑，我要一跑它非追我不可。干脆，我等等它，它这么一长身呀，等着这个老虎。

驴害怕呀，老虎比驴更害怕。它没见过驴。这是什么怪物呀？挺大的耳朵，长方脸儿。怎么长方脸儿呀？驴可不长方脸儿嘛，哪位见过圆方脸儿的驴呀？它看着驴害怕，两腿直往后退，尾巴直甩。驴这么一瞧：啊，它不认识我，行嘞，我给你两句，让你知道知道我的厉害！它的前腿往石头上这么一搭，一长身量，冲着老虎说了四句：

我两耳尖尖四腿长，
终朝每日在山冈。
昨天吃了两只虎，
不够我找补了四只狼。

老虎一听：哎呀，我的妈呀！噌噌噌，赶紧就跑，一边儿跑一边儿心说：可了不得啦，两只老虎四只狼，我也没那么大饭量啊。真要叫它逮着不够它一顿点心的，快跑吧。一口气跑出十几里。正跑着，对面儿来了一只狐狸。狐狸这个东西太可恶了，专好奉承人，一见老虎，摆着尾巴就过来了：“哎……老虎爷爷……您慢走，看您惊慌失色的样子，出什么事啦？”“哎呀！别提了，小孙子！”它怎么管狐狸叫小孙子呀？因为狐狸的爷爷跟老虎是把兄弟。“嗐！可了不得啦！西山上有个怪物，吃的东西可玄啦：两只虎四只狼都不够一顿儿的，这山上我待不了啦！”“哎呀！老虎爷爷，谁不知道您呀，您是兽中之王，是野兽都是您嘴里的食呀！您还听那一套呀，您赶紧回去把那家伙吃了。”老虎说：“你去吧，我不能去，我去了不够它当点心的，你去还不够它塞牙缝的哪！”“您不去？要是饿了怎么办哪？”“别管我，我有食。”“要不这么着得了，您不是害怕吗？咱爷俩一块儿去。”“我可不敢去。”“您瞧您……要不这么办，咱俩把尾巴拴在一块儿，要吃咱爷俩全让它吃了；咱们要得手，咱爷俩把它吃了，怎么样？”“好好好……”说完把两条尾巴拴在一块儿，找驴去了。

再说驴把老虎吓跑了之后高兴极了。正高兴哪，一扭头儿：怎么着？老虎又回来了？旁边儿还有只狐狸。这怎么办？对，我再给它两句，等老虎站住了，驴蹬着那块石头，噢，一长身量，又说了四句：

我耳朵大来鼻子白，
叫声狐狸你才来！
昨天许我两只虎，
怎么今天就牵一个来？

老虎一听：噢，你拿我送礼来啦！扭头就跑，这一跑可了不得了，来的时候是慢慢儿跑呀，现在往回跑老虎一害怕就快啦，噌噌噌，蹿山跳涧，没跑几里地就把狐狸带了个八成死；跑了十几里地这狐狸尾巴也就折了，滚到山涧里了。

老虎跑出有二十里地，呼哧带喘，浑身是汗，旁边儿有棵树，就趴到树底下了。这个树上有只猴儿，蹿下来一看：“哟，老虎大哥，跑什么呀？”“兄弟，别提了，这山上我是待不了啦！”“您怎么待不了啦！”“嗐，西山坡来了个怪物净吃老虎，一顿儿就得两只，不够还得来四只狼，谁碰见它谁倒霉，这山上没我的份儿了，我非走不可了。”“嗐，您是兽中之王啊，怎么还怕这些个？您说说，您碰见的这个怪物怎么个模样儿？”“别提了，一提我就害怕，它耳朵一尺多长，大长脸，挺长脖子，个儿高极了，往那儿一站吓人哪。”

猴子这么一听，大长脸，大耳朵，“啊，这是驴呀，您不知道啊？您怎么怕它呀？还吃两只老虎四只狼，别听它瞎白话，驴这个东西不吃肉，它吃草。走，我跟您看看去。”老虎说：“我可不去，刚才狐狸差点儿把我送了礼。”猴儿说：“这回您看我的，只要是驴，我把它问住了，您上去就吃！”老虎一听，猴儿说得有点儿道理，这头驴可净说大话，我跑它也不追，老在那儿站着。嗯！这里头有诡计。想到这儿对猴子说：“好吧，咱俩一块儿看看去。”说完猴儿骑着老虎就往回走。

这个驴正撒欢儿呢！它心说：这个地方我为王了，老虎都怕我，别的野兽更甭提了。越想越高兴，躺在太阳地儿晒暖儿，打滚儿撒欢，驴打滚儿嘛！正躺着呢，斜眼一看，老虎又来了。再仔细一看，心说：可了不得了。怎么了？老虎身上还骑着只猴儿呢！这猴儿坏点子太多了。想到这儿，噌一下就起来了，怎么办？一跑就露馅儿了，对！我先给它几句，它冲着老虎和猴儿又念上了：

我昨天晚上没吃饱，
今天正把老虎找。
连虎带猴儿一块儿吃，
你们俩一个也跑不了。

老虎一听：“我的妈呀！”扭头刚要跑，猴儿给拦住：“虎大哥，你干吗呀？你看它说了半天动窝儿没有？您看我的。”一指这驴，“我说，你干吗呀？说什么大话呀？你以为我不认识你哪，你不是刘老头儿豆腐坊里的驴吗！”“胡说八道，你怎么知道我是驴呀？”“这事你瞒不了我，人家领着我到刘老头儿住的那条胡同要过猴儿，我看见过你。怎么着？你还吃狼？吃老虎？全是瞎扯，哪儿有的事呀！”得！把驴说愣了。这老虎一看，噌地一下把驴按倒就是一口，连血带肉咬下一大块来，疼得这个驴直哆嗦，躺在那儿一边儿哆嗦又说了四句：

小小老虎你太猖狂，
咬得我屁股疼得慌，
明天咱俩再算账，
山中的野兽
我全吃光。

它还吹哪！

（常连安述）

三吃鱼

远看忽忽悠悠，
近瞧飘飘摇摇，
也不是葫芦，也不是瓢，
在水里一冲一冒。
这个说像足球，
那个说像尿泡，
二人打赌到江边瞧，
原来是和尚洗澡！

这是跟和尚开玩笑的一首《西江月》。那位说啦，谁跟和尚开玩笑哇！还真有，不是现在的事，什么时候的事呀？九百多年前的宋朝。

在宋朝的时候，有两位名人。一位是苏轼，苏东坡；一位是个和尚，法名了元，号佛印，人称了元禅师。

这二位可有学问，不但是文学家，而且都是诗人。这个佛印和尚原来是书生，天文地理，诸子百家，无一不知，无所不晓。论文才，他跟苏东坡不相上下。两个人经常来往，谈古论今，吟诗答对，以文会友嘛。有时候二位也用文字开个小玩笑。

这天，苏东坡到庙里找佛印闲谈，临走的时候，佛印说了：

“苏兄，明日敬请光临敝寺，我有‘半鲁’相敬。”

“好，告辞。”

佛印把苏东坡送出山门。苏东坡一边儿走一边儿琢磨：这和尚真有意思。明天这是请我吃饭哪，又不告诉吃什么，说有“半鲁”相敬。“半鲁”是什么意思呢？“半鲁”，吃面条儿，拌卤？那叫“打卤面”

哪！一半儿打卤，半卤；那一半儿哪？炸酱！也不对。他……没那么吃的呀，嗬，挺大的学问，愣琢磨不出来。要不怎么说“智者千虑，必有一失”哪。多聪明的人也有蒙住的时候。

第二天，苏东坡公事完毕，就奔庙里来了。心说：我倒看看这个“半鲁相敬”是什么。来到禅堂跟佛印寒暄了几句，献茶之后，把菜端上来了。苏东坡一看，特别高兴。这是他最喜欢吃的呀，什么哪？鱼！

据说，苏东坡最爱吃鱼。而且自己还研究出一种烹调方法。他做的鱼，清淡适口，风味特殊。这种做法一直流传到现在，您到江南的饭馆里，菜谱上有“东坡鱼”，哎，这菜就是从苏东坡那儿传下来的。

苏东坡看见鱼，心里明白啦。“半鲁”在这儿哪，“鲁”字儿上边儿一个“鱼”字儿，下边儿一个“日”字儿。“半鲁”，“鲁”字儿的一半儿是“鱼”。嗯，可惜我这么大学问，愣叫“半鲁”折腾得半宿没睡着觉！

两人谈笑风生，连吃带喝。吃完饭以后，苏东坡就说了：

“法师，明天请到寒舍，我亦有‘半鲁’相敬。”

佛印一听：噢，刚趸来就卖呀！

“好好，明日一定到府叨扰！”

第二天，佛印身穿大领长袍，准时来到学士府。刚要进门儿，里边儿出来一个书童。

“法师，我家老爷正在书房会客，请暂屈法驾，庭院稍候。”

让在院里等着。佛印一想：谁也备不住有事儿，院里等会儿也没什么。一瞧，花圃之中有石桌儿、石凳儿。好，先在石凳儿上坐会儿吧。就坐那儿啦。

那天哪，正是七月初八，“三伏”头一天，响晴白日，万里无云，连点儿风儿也没有，这份儿热就别提啦。按现在的钟点儿说吧，由上午十点多，一直等到下午一点半，愣没人理他。把佛印晒得秃脑瓜儿上冒油啊，身上，甭说小褂儿啦，连大袍全湿透了。心说：这顿饭！早知道这样儿，甭说“半鲁”，“全鲁”我也不来呀！

一琢磨：得了，别这儿干耗着啦，我到书房看看去吧，这客人也该走了。才到书房门口，隔着窗户往里一看哪，佛印差点儿没把鼻子气歪了。怎么？一瞧，苏东坡桌子上摆着盘儿鱼。心里这个气呀：噢，请我来“半鲁相敬”，鱼在屋里摆着，让我在外面儿挨晒！不行，这鱼我得吃！刚要推门，一想：直接闯入书房不合适。嗯，先打个招呼吧。

“苏兄，‘半鲁’备妥否？”

苏东坡一听：哟，他怎么找到书房来了。一抬手，就把这盘儿鱼搁到书架子上边儿了。这可不是苏东坡小气，就为开玩笑。

佛印在进门儿的工夫一眼就看见了。心说：哎？不是请我吃“半鲁”吗？怎么把鱼藏在书架儿上边儿了？嗯，我看你怎么说。

“苏兄，天已过午，我腹中空空，快把‘半鲁’端出来吧。”

苏东坡说：

“‘半鲁’您已尝过，怎么还要‘半鲁’啊？”

佛印一愣：

“哎，我进府以来，未曾吃鱼，只是晒了半天太阳！”

苏东坡乐了：

“对呀，‘半鲁相敬’嘛。昨天您请我乃上半鲁——吃鱼；今天我请您是下半鲁……”

佛印一琢磨：下半鲁？“鲁”字儿下边儿是个“日”字儿。噢，请我挨晒呀！嘿！苏东坡真有你的啊。好，这晒我不能白挨，鱼我得吃上！可是直接让他端下来，那太俗气，灵机一动，嗯，有了。

“苏学士，您确实才识过人，贫僧望尘莫及啊。”

苏东坡忙说：

“哎，哪里哪里，您太过谦啦。”

佛印说：

“我的文才就是不如您。别的不说，经常提笔忘字。就说您这‘苏’字儿吧，我就写不上来。”

苏东坡一听：不像话呀，你那么大学问，连我这“苏”字儿不会写？好，我告诉你。

“噢，‘蘇’字儿啊，是一个草字头儿，左边一个‘鱼’字儿，右边儿一个‘禾’字儿，合在一起就念蘇。”

这是过去繁体字的“蘇”，草字头儿，一个“鱼”字儿，一个“禾”字儿。

佛印说：

“噢，草字头儿，左边儿一个‘鱼’字儿，右边一个‘禾’字儿，这念蘇。”

“对！”

“可我看有的人写成‘蘓’字儿，是草字头儿，左边儿一个‘禾’字儿，右边儿一个‘鱼’字儿，这是怎么回事呀？”

“这‘穌’字儿有两种写法。‘鱼’字儿搁左边儿，搁右边儿，全行。”

“噢，把鱼搁左边儿，搁右边儿，全行？”

“对了。”

“要是把鱼搁上边儿呢？”

“唉，把鱼搁上边儿可不行。”

“噢，鱼搁上边儿不行？”

“不行！”

“那你拿下边儿来吧！”

噢，在这儿等着我哪！得，端下来吧。

佛印吃上了。吃完以后，说：

“苏兄，明天请到敝寺，我还有‘半鲁’相敬。”

苏东坡一听：怎么着？明天要晒我呀！又一想：不能，他一定有别的主意。嗯，我得去领教领教。忙说：

“好，明日到宝刹亲领法师厚赐！”

佛印心说：厚赐啊，明儿给你剩点儿鱼刺吧。

第二天，佛印把鱼做好了，正这儿琢磨着今儿这玩笑怎么跟苏东坡开哪，隔着帘子一瞧，坏了，苏东坡来了！这怎么办呢？鱼搁这儿摆着，他瞧见准吃。嗯，我呀，先藏起来再说。藏哪儿呢？一看旁边儿有个磬，就是和尚念经敲的那个磬，跟个小盆儿似的，佛印把鱼就放到磬里边儿了。心说：今儿我也逗逗你吧。

苏东坡在外边儿一瞧：哎，这和尚什么毛病啊？干吗把鱼搁磬里边儿啦？噢……他还记着昨天那碴儿哪！我呀，非让你端出来不可。

苏东坡假装不知道，进屋刚坐下，就故意叹气：“唉！”

佛印纳闷儿啦：“苏兄，为何愁眉不展呢？”

苏东坡说：“别提啦，今儿早上想了个上联，可怎么也对不出下联来了。”

佛印一琢磨：这对子一定错不了，绝对儿。嗯，我得听听。

“苏兄，您能不能给我念念这个上联啊？”

“可以，可以，这上联是：‘向阳门第春长在’。”

佛印一听，差点儿没背过气去！心说：我以为什么绝对儿呢，就这个呀！这副对子大街小巷到处都有啊。

“啊，苏兄，我是不是给您对个下联呀？”

苏东坡说：

“好啊，我这上联是：‘向阳门第春长在’。”

“我这下联对：‘积善人家庆有余’。”

苏东坡听完一撇嘴：

“唉，你这下联对不上啊！”

这下儿佛印可有点儿挂不住了：

“怎么会对不上哪？对得上。”

“我是‘向阳门第’。”

“我对‘积善人家’。”

“我这儿‘春长在’。”

“我这儿‘庆有余’。”

“我这儿‘春长在’！”

“我这儿‘庆有余’！”

“噢。磬里有鱼，端出来吧！”

哎，他又吃上啦！

（刘宝瑞述　殷文硕整理）

纪晓岚

说笑话离不开唐、宋、元、明、清，在清朝乾隆年间有个进士纪昀，字晓岚，官拜礼部尚书，协办大学士。他当过《四库全书》的“总纂”，就是主编。

《四库全书》汇集了我国三千年的典籍，分经、史、子、集四部分。用四色彩绢做书皮儿，经部绿色，史部红色，子部蓝色，集部灰色，象征着春、夏、秋、冬四季。收书三千五百零三种，共七万九千三百三十七卷，抄成三万六千三百册，分装在六千一百四十四个楠木匣内。有九百九十七万多字，一律用毛笔蝇头小楷抄写。什么叫蝇头小楷呢？就是把毛笔字儿写得跟苍蝇脑袋那么大。这套书抄了多少日子呢？要说也不算多，才十年！

啊？还不多哪！

纪晓岚这个人哪，有才学，好诙谐，博古通今，能言善辩。他呀，最怕天儿热，怎么？因为他长得特别胖，一般说，瘦人怕冷，胖人都怕热。

有一天，各位学士都在修书馆抄书哪。时至三伏，又闷又热，人人汗流浃背。汗还不能滴在纸上，纸上掉一个汗珠儿，那叫“黵卷”，脏啦！别人还好办，弄块手巾勤擦着点儿就行了。纪晓岚可不行，他太胖啊，汗出得连擦都来不及。干脆把衣服一脱，小辫儿一盘，来个光板儿脊梁。哎，这回他可凉快啦。凉快倒是凉快了，凉快大发啦！怎么？他正低着头趴案子上抄书哪，乾隆来了。现穿衣服来不及了，这下儿可抓瞎啦。光着脊梁见皇上，赤膊接驾有失仪之罪，按律当斩，这可不是闹着玩儿的！纪晓岚急中生智，刺溜！钻案子底下啦。

乾隆来，怎么不事先传旨接驾哪？乾隆这个人哪，好文，还爱作个诗。一辈子作了九千多首诗，可一首也没流传开，您就知道他这诗作得怎么样了！还特别爱写字，走到哪儿写到哪儿。您逛故宫、北海留神看，挂的匾差不多都是乾隆写的。皇上写的字，谁敢不说好哇，大伙儿这么一夸他，哎，他写上没完啦！

这天散朝之后，没传旨摆驾修书馆，怕一传旨，兴师动众，耽误抄书，嗯，溜达着就来啦。进门儿一看纪晓岚钻案子底下去了。乾隆一想：噢，你这儿跟我藏蒙儿玩哪！随即一摆手，让各位学士不必离座接驾，继续伏案抄书。乾隆哪，来到纪晓岚的书案前头，一屁股就坐在那儿啦。

纪晓岚在外头坐着还热呢，往案子底下一趴，哈着腰，窝着脖子，连气儿都喘不上来呀。乾隆再往案子前面一坐，得！连风儿全挡住了。嗬，这份儿罪孽！

纪晓岚心想：谁这么缺德呀，挡得连点儿风儿都不透哇。噢……这是成心挡着我，怕皇上瞧见。怎么半天也听不见动静啊？皇上没走啊？走了，倒告诉我一声啊，照这么着再闷一会儿，用不着午门斩首示众，就案子底下憋死活人啦！

纪晓岚实在绷不住啦，小声儿问了一句：

（小声）“哎，老头子走了吗？”

众人都没敢说话，乾隆搭茬儿啦：

“朕躬在此。”

纪晓岚一听：得！还是没躲过去！

赶紧由案子底下钻出来，跪在近前，口称：

“臣接驾来迟，罪该万死。”

乾隆一看纪晓岚这模样儿，愣气乐啦。怎么？他光着脊梁满头大汗，脑袋憋得跟紫茄子似的！

要换别人哪，二话甭说，推出去砍啦。对纪晓岚不能这样，乾隆也爱才呀，《四库全书》还指着他编哪。

旁边儿的人一看，全吓傻啦。心都忽地一下提到嗓子眼儿啦！

乾隆说：

“纪昀。”

“臣在。”

“你叫我‘老头子’是何道理？讲出来则生，讲不出来则死！”

别人替纪晓岚捏着一把汗哪，“老头子”怎么讲啊？

纪晓岚说：

“启奏万岁，‘老’，乃长寿之意，万年长寿为老也；‘头’，为万物之首，天下万物的首领即头矣；‘子’，是圣贤之称，孔子、孟子，均称子焉。连在一起——老头子！”

嗯，他愣给讲上来啦！

乾隆一听都是好词儿，气儿也消了。人称纪昀能言善辩，果不虚传。

“好，恕你无罪。”

嘿，没事儿啦！

“臣谢主隆恩。”

叩头谢恩，穿上衣服。乾隆又说了：

“纪爱卿，朕有御扇一把，你给题唐诗一首如何？”

“臣领旨。”

立刻展开扇子，拿笔在上边儿写了一首唐诗。哪首啊？王之涣的《凉州词》，原诗是这样：

黄河远上白云间，
一片孤城万仞山。
羌笛何须怨杨柳，
春风不度玉门关。

纪晓岚刚才躲过杀头之罪，心里还没踏实哪。本来他对这首唐诗挺熟，心里一慌，少写了一个字儿。把“黄河远上白云间”的“间”字儿给落下啦。

乾隆等他写完，拿过来一看：嗬，这字写得笔走龙蛇，太好啦。再一念：

“黄河远上白云……嗯？”

乾隆对唐诗也不生啊。噢，成心落一个字儿，想考考我，这是欺君之罪呀！当时一绷脸儿：

“纪昀，你为何少写一字，欺瞒寡人？”

旁边儿的人刚把心放下，听皇上这么一问，呼！又都把心提起来了。心说：纪晓岚哪，今天你是倒霉催的。少写个字儿，看你怎么说。

纪晓岚一看，说了：

“启奏万岁，臣没少写，这不是诗，是词。题目就是《凉州词》嘛。”

嘿，乾隆一听差点儿没把鼻子气歪喽。噢，到你这儿连唐诗都给改啦。

“好，既然是词，词乃长短句，你能念出来，寡人恕你无罪。”

“臣领旨。”

还领旨哪！怎么念哪？只见纪晓岚手捧御扇，高声朗诵：

黄河远上，
白云一片，
孤城万仞山。
羌笛何须怨？
杨柳春风，
不度玉门关。

嗯，他给念上来啦！反正那年月诗、词都不点标点符号；要点标点符号啊，纪晓岚的脑袋非搬家不可。乾隆一听，心说：好小子，你真有两下子。再一看纪晓岚满头大汗，嘴唇都干了。天气这么热，又出那么多汗，嘴唇能不干吗？

“好，恕你无罪，赐茶一碗！”

“臣……”

刚要说“谢主隆恩”，还没说出来哪，乾隆说：

“且慢！”

纪晓岚一哆嗦，心说：你又出什么馊主意呀？

乾隆说：

“我说一句话，你对一句诗。对上来再喝，对不上来两罪俱罚。”

纪晓岚一听：噢，喝碗水还这么费劲哪？

乾隆说：

“昨天晚上娘娘生小孩儿了。”

纪晓岚张嘴就来：

“昨夜后宫降真龙。”

生太子是真龙啊，说完端碗就喝。乾隆道：

“别忙，生了个女孩儿。”

纪晓岚马上就改了：

"月中嫦娥下九重。"

女孩儿是位公主啊，一定有嫦娥之貌。其实准那么美吗？他也没瞧见，反正拣好听的说吧。刚又要喝，乾隆说：

"放下！"

"唉……"

"生下来就死啦！"

"哟，死啦！"

乾隆心说：看你还怎么对诗。纪晓岚略假思索，嗯，有了：

"神仙人间留不住。"

那意思——这位是神仙，在人间待不住。不是死了，是回天宫去了。纪晓岚心想：这回该让喝了吧？刚要端碗，乾隆说：

"别动！"

"啊？"

"你知道怎么死的吗？"

"微臣不知。"

"掉尿盆里淹死的。"

嗬！这回可怎么说呢？纪晓岚眼珠儿一转，脱口而出，连乾隆都听愣啦。他说：

"翻身跳入水晶宫！"

一端茶碗。哎，他喝啦！

（刘宝瑞述　殷文硕整理）

豆腐侍郎

今天我说的这段儿，是清朝咸丰九年的事儿。

在封建时代，每年冬至，皇上得到天坛去祭天，举行祭天大典。为什么呢？我琢磨着：大概是因为皇上自称“天子”，天子嘛，就是“天”的儿子；所以，每年都得去给他爸爸上供。

这祭天大典里有个读祝官，按现在的话来说，就是司仪。一般由礼部侍郎来担任。嗬，这可是个肥缺！怎么哪？俗话儿说：“心到神知，上供人吃。”这祭天大典是件大事儿，完了以后，所用的祭品全归他处理，每回都能赚几万两银子哪。

咸丰九年的读祝官是新上任的礼部侍郎，名叫黄桐。他是捐班出身，什么叫捐班呢？就是花钱买的官。黄桐家里趁俩糟钱儿，想买个官做，一琢磨：嗯……还是礼部侍郎合算，光当读祝官的赚儿，下半辈儿就够啦。

哎，他花三万两银子弄了个礼部侍郎。果然，这年的读祝官归他当，黄桐这份儿高兴啊。心说：该我捞本。儿啦！可是到冬至的前一天，着急了。为什么呢？他嗓子不好啊。

有人说了，嗓子好坏，跟当官儿有什么关系呀？

哎，关系大了。因为祭天的时候读祝官得喊。那年月，又没扩音器，全凭肉嗓子，所以，必须嗓筒儿豁亮，一嗓子喊出去，整个儿祭坛都能听见才行。

可是，黄桐天生的破锣嗓子，又不打远儿，还齁儿难听，一说话这味儿（学嘶哑声）：

“祭天大典！”

哎，这不麻烦嘛！

他在屋里正转腰子没辙哪……哎，就听外头一声（学叫卖声）：“豆——腐！”

嗬！这声“豆腐”，喊得那个脆。常言说：“侯门深似海”，隔几层院子全穿透啦，这嗓子太好了。当时他灵机一动：嗯……有了！

“来人哪！把门外头那卖豆腐的叫进来。”

“嗻！”

工夫不大，卖豆腐的进来了。

“给老爷请安。”

“你叫什么呀？”

“回老爷话，我叫黄津。”

黄桐心说：嘿，冲这名儿就值钱哪。我叫黄桐（铜），他叫黄津（金）。嗯，怪不得嗓子比我好哪！

哎，他还找着根据啦！

“黄津哪，我打算照顾照顾你。”

“噢，您想办素席吧？可以！要多少？炸豆腐、干豆腐、冻豆腐、鲜豆腐我全会做。”

黄桐一听：

“嗐！我要那么些豆腐干吗？你呀，也别卖豆腐啦。”

“不卖豆腐，吃什么呀？”

“吃‘大典’！”

“大点？老爷，点大了发苦，没法儿吃！”

“噢，点豆腐啊！不是点豆腐，是让你到祭天大典上当差！”

“干什么呀？”

“替我喊话。”

“怎么喊哪？”

“很简单，你站前边儿，我蹲后边儿，我说一句，你喊一句，跟我学话，会吧？”

“跟你学话？”

“对，这事儿办好了，可比你卖豆腐强多了。”

“行，试试吧。”

“好，我先说一句，你学学：仪程开——始！”

“仪程开——始！”（学嘶哑声）

“嗐！别学我这味儿啊！你平时是怎么喊的？”

“平时啊，”想起卖豆腐来，大声地，“豆——腐！”

“哎，就照这味儿喊，再来：仪程开——始！”

“仪程开——始！”

“迎帝神！”

“迎帝神！”

“奠玉帛！”

“奠玉帛！”

“奉福胙！”

“奉福胙！”

您见过演“双簧”吧？哎，可能就是从他俩这儿留下来的！

仪程共有九项，其中最使人发憷的是吃祭肉。怎么哪？不好吃啊，这祭肉按规定得用白水来煮，还不能煮熟了。您想啊，半生不熟，一点儿咸淡味儿没有，吃到嘴里边儿就跟嚼蜡一样啊，咽不下去呀！（似听观众插话）您说什么？噢，搁上精盐、酱油，配点儿花椒、大料、葱、姜、蒜，再炖熟喽；那……就不是祭天了，改成会餐了！

祭肉难吃，怎么办呢？后来呀，想了个主意。每人哪，自己都预备张纸托着肉，这纸啊，是用酱肉汤泡过的，舔舔纸，就有滋味儿啦。到吃“祭肉”的时候，您看吧：上至皇上，下至亲王、郡王、贝子、贝勒、尚书、侍郎……都是一边儿吃，一边儿舔。（学边吃边舔状）全都这相儿。

您瞧他们这份出息！

到了冬至这天，天坛里头热闹啦。日出前七刻，虽说才凌晨五点多钟，天还黑咕隆咚哪，但吉时已到——大典开始！

香烟缭绕，鼓乐齐鸣。皇上主祭，百官陪祭，都站在圜丘坛底下。台上边儿就站着黄津，黄桐呢，蹲在他身后面儿，小声说：

“仪程开——始！”

黄津真不含糊，收小腹，抖丹田，喊了一嗓子：

“仪程开——始！”

嗬！这嗓子，声音洪亮，那个脆呀！天坛不是有回音壁吗，这一声围着墙嗡、嗡、嗡，转了仨圈儿，绕回来还震耳朵呢！

皇上心想：嗯，黄桐的嗓子不错呀！

合着台上是俩人儿，皇上愣没看出来！

那位问了：怎么没看出来呢？

据我分析有三大原因：是天色不亮，离台太远，皇上又是近视眼！

哎，全赶一块儿啦！

黄桐一看，头一句拿下来了，跟着说第二句：

“迎帝神！”

黄津一提嗓门儿：

“迎帝神！”

皇上一听，嘿，又长一个调儿！

这么说吧，前边儿几项，都挺顺当。可到吃祭肉这儿，出错儿啦。怎么哪？黄津是头回吃祭肉啊，又没预备酱肉汤泡过的纸，一嚼，白不呲咧。嗬，这份儿难吃啊，噗！他给吐了。

黄桐抬眼一瞧：哟，怎么给吐啦？赶紧小声儿说：

“哎……别吐啊！”

黄津一挺胸脯儿，大声儿喊：

“哎……别吐啊！”

皇上纳闷儿啦：嗯？怎么冒出这么一句来呀？

黄桐也急啦：

“没这句。”

“没这句。”

皇上心说：没这句，你喊什么呀？

“不对！”

“不对！”

“照在家教你的词儿说！”

“照在家教你的词儿说！”

气得黄桐往起一站：

“嗐！你原来是怎么喊的？”

黄津一捂耳朵：

（学叫卖声）

“豆——腐！”

哎，他又卖上啦！

（刘宝瑞述　殷文硕整理）

和尚开荤

今天我说的这段儿单口相声，叫《和尚开荤》。那位说了：你别说了，谁不知道出家人念佛吃斋，和尚哪儿有开荤的？您这话说得对，按理说，既然出了家，就只能吃素，没有动荤的。也没听说过老和尚一顿开二斤猪头肉的！和尚是一点儿荤也不能吃。其实和尚想吃荤不想哪？反正……那个……当然……这事儿……您得问和尚去！

今儿个我说的这个和尚开了荤，那是因为他开了眼。开荤跟开眼又有什么关系？是呀，您要是知道，我说着也就不新鲜啦。这事儿发生在清朝嘉庆年间，北京东城煤渣儿胡同贤良寺有个老和尚，法名叫真心。这一年他要去五台山朝圣，带好了衣钵、戒牒，辞别了众僧就上路了。

这衣钵、戒牒是什么呀？衣钵是和尚穿的袈裟跟化缘用的钵。戒牒呢？就是和尚的“身份证”。上边儿写着法名叫什么，在哪个庙出的家，师傅是谁。有了这个戒牒，不论到哪个庙里去，都能白吃、白喝、白住。

碰见庙好办，进去一亮戒牒，白吃、白喝、白住。要是有几天碰不见庙呢，也不能饿着呀，怎么办呢？化缘！就是找户人家要点儿吃喝。这化缘得找大户人家化。因为那年月，大户人家差不多都信佛，有钱施舍，好让佛爷保佑他老走运，别倒霉！小户人家，尤其是穷人就不行啦，自己还吃上顿没下顿呢，好容易做点儿饭，再给了和尚，自己吃什么呀？所以和尚化缘得找大户人家儿。

这一天，真心和尚进入山西地界的一座县城，天快黑了，可街上行人不见稀少，到处张灯结彩，鼓乐喧天。怎么这么热闹哇？一打听，敢情是庆贺知县高升。升什么官呀？升“道台”，好嘛，这可是连升三级呀！

这位县官姓梁，叫梁勉仁。梁勉仁是个大孝子。按清朝的制度，凡是在家里品行端正、孝顺父母的，可由当地荐举，经过考查，就能做官。这种人哪还有个名儿，叫“孝廉方正科”。梁勉仁就是“孝廉方正”出身当的县官儿。

梁勉仁早年丧父，他对母亲特别孝顺。不论在什么地方，只要是当着人的面儿，都是跪着和他妈说话，等他妈走远了，才站起来哪。您说这够多孝顺！要不他那裤子怎么那么费哪，用不了三天，膝盖那儿就磨破了。怎么？一天不知道跪多少回哪！梁勉仁还是个清官，衙门口没见一个送礼的。人送外号“梁青天”“梁明公”。能气死包公，包公要是活着，嗯，也得叫梁勉仁给气死！

梁勉仁有个大女儿，十七岁定了亲，可是还没等成亲哪，男人就死了。这叫望门寡。梁勉仁这位女儿还是不再嫁人啦，守节立志！哎，就这件事儿，上报朝廷，给他女儿修了贞节牌坊一座，那年头儿讲究表彰贞节烈女。

梁勉仁这一家子“忠、孝、廉、贞”占全啦。因此圣上见喜，连升三级。

真心和尚一想：今日梁府喜事临门，正是化缘的好机会。对，上那儿化缘去！等到大门前头一看哪，进不去呀，怎么？府门前搭着台，正唱大戏哪，围得人山人海。怎么办呢？嗯，到后门儿化去，对，走后门儿！——哎，敢情那年月就有走后门儿的了！

来到梁府后门儿一敲木鱼儿，还没等说话就出来个人，朝他手里塞了俩包子。

“快走！快走！”

真心一想：也别说，人家正忙着哪，咱们化缘也得有个眼力见儿啊。得了，走吧。往前没走了几步，是片小树林儿。嗯，就坐这儿歇会儿。他拿起包子，刚要咬，一闻：

“哎呀，罪过，罪过，阿弥陀佛！”

怎么啦？这包子是肉馅儿的，不能吃呀！有心扔了吧，不行，暴殄天物，有罪呀；不扔吧，又不能吃。这……怎么办呢？哎，有了，我在这儿等会儿，要是有要饭的过来，把包子送给他吃，我也算积德行善哪！

都饿得这模样了，还没忘了行善哪！

就在这工夫，从后门儿出来一个老太太，进了小树林儿，坐地下就哭，声儿不大，小声抽泣……

真心和尚一瞧：哎呀，善哉，善哉！老人啼哭，必有为难之处，就走过去了。口称：

“老施主，为何事落泪呢？难道儿女不孝吗？”

老太太一看，是个老和尚，就说了：

“唉，不瞒大师傅说，我还不如有个不孝的儿子哪，我儿就是梁勉仁！”

“哟，梁大人是有名的孝子啊。”

老太太左右看了看，没人，才小声说：

“唉，你哪儿知道哇，孝子是不错，孝子，孝子——是我‘孝’顺他这个儿‘子’！”

“噢，这么个孝子啊！”

“他赚了个孝子的名儿，就为升官儿。当着人他孝顺我，背着人我得孝顺他！”

“啊？”

“今天他升官儿，来了好多宾客。昨晚上他教了我几句官场话，我老啦，记性不好，给说错了。这不刚才在后院把我打了一顿嘛，我这命啊，（学京戏老旦叫板）唉，苦——啊！”

真心和尚一听：哎，你这儿也要开戏呀！赶紧就劝：

“老夫人，外边天凉，还是回府休息吧。”

老太太一琢磨：也对。没办法，擦擦眼泪，回去了。

真心和尚刚要走，哎，瞧那边儿来了个人，背个包袱。到梁府后门儿轻轻敲了几下，梁勉仁出来了。这主儿抢着上前请安，然后说：

“前日那场人命官司，多亏大人关照，特送黄金二百两，略表寸心。”

梁勉仁一乐：

“哎，区区小事，何足挂齿。咱们后会有期。”

说完，把二百两黄金一收，进门啦！真心和尚一看：嘿，真是百闻不如一见哪，清如水明如镜的大清官，也受贿呀！人命官司算区区小事；小事儿就二百两金子，要是大事儿，还不得套车拉呀！

正这儿琢磨着哪，又来了个年轻书生，鬼鬼祟祟地围着梁府后门儿直转悠。

嗯，这人又是干什么的？嘿！今晚上这事儿全让我赶上啦。梁府前门儿唱戏才一出啊，我这儿这么会儿就看三出啦！

工夫不大，就听后门儿吱喽一响，走出一个姑娘。也就二十岁左右，看见书生就说：

“郎君，天寒夜深，劳你久等了。”

“承蒙娘子钟爱，多谢真心！”

真心和尚一听：哎，这里头有我什么呀？

姑娘说：

“此次家父升迁，我以守亡夫之灵为名，留居不走。咱俩便可日日相会，犹如鱼儿得水，岂不……美哉！”

哟哟哟！她还懂害臊哪！

真心和尚是越听越有气呀。唉，我这半宿总算没白熬，倒长了点儿见识，开了眼啦！梁勉仁，梁勉仁，你真是个“两面人”哪！人前事母至孝；人后虐待娘亲。人前清廉刚正；人后枉法贪赃。人前为女立贞节牌坊；人后纵女私会情郎。这种人也能连升三级？皇上啊，皇上，我不能不夸你——纯粹昏君哪！

凉风一吹，这会儿他想起饿来了。掂了掂手里的肉包子，随即吟诗一首：

孝子背后虐娘亲，
清官私下收黄金，
贞女夜半情郎会……

照着肉包子，吭哧一口。

和尚今天也开荤！

哎，他吃上啦！

（刘宝瑞述　殷文硕整理）

老爷和舅爷

过去，有这么一个知县，他是个捐班儿。什么叫捐班儿啊？就是花钱买官儿做。谁给他活动的哪？太太。太太娘家有钱，旧社会“有钱能使鬼推磨”，花钱一活动，老爷上任啦！带着太太，还有舅爷——带舅爷干吗？当师爷啊！太太给买的官儿，你不照顾娘家人行吗！

可是上任没有俩月，老爷跟舅爷就闹僵啦。什么事呢？这老爷是带着耙子来的，一到任就憋着搂。师爷呢，带着笊篱来的，总想捞点儿什么。俩人因为分赃不均，钩心斗角，可表面上还得嘻嘻哈哈：

“老爷，张财东为了收回田产的事送来了五百两银子，你看这……”

“你先带着吧！”

“那也好！”这舅爷实受啦！

老爷这个堵心哪：我要不带他来多好，这不是给我安上眼了吗？老那么盯着我，可真受不了！又不能抓破脸，师爷嘛，老爷有什么事也瞒不了他啊，所以这五百两银子他入了腰包，老爷是干看着没法子。从此，老爷拿舅爷当成了眼中钉，肉中刺。太太在当间可为难啦，一边是自己的丈夫，一边是弟弟，还得给他们和稀泥。

这天正是中秋节，八月十五月光明，太太出主意让老爷、舅爷一同饮酒赏月，就在花厅里摆上月饼、水果、凉菜、美酒，老爷坐在中间，太太在下首，师爷在上首。太太满脸赔笑地递上了酒：“今天咱们过个团圆节，前头勾了，后头抹了，往后咱们重打锣鼓另开张，怎么样？”师爷冷笑了一声没言语，老爷憋不住劲了，心说：五百两银子你拿去了还不行，干吗冷笑啊？今天不是团圆节吗？咱们就撩揭盖儿，反正是个疖子就得出脓。

太太说:“快干一杯，别愣着啊!”

“别忙。”老爷说，“今天八月中秋，咱们赏月饮酒，有道是:有酒无令不成欢。我起个令，说上来了就有说有笑，想说什么说什么;说不上来的就一边坐着，不许说话。”

“这叫什么规矩啊!”太太哪儿知道县官这是鸡蛋里挑骨头，找碴儿跟舅爷抓破脸。

“没关系，姐夫，你就说吧!”舅爷心里明白，这五百两银子不好收啊，可还不能软了。

“那好，咱们说个一字三点水，有水、没水念成同韵同声，去了水添什么念什么还得合辙押韵，临完找两句成语，还得落到这个字上。”

“那么谁先说呢?”

“姐夫先说。”舅爷明白，这是借题发挥，先听听你是什么想法。

“行，我先说。”老爷琢磨了一下，“我说个‘湘’。”“哪个湘啊?”“湘江的湘。三点水加一个互相的相。说有水念个湘，没水也念相，去了湘边水，添雨念成霜。”

舅爷一听:这倒听不出弦外之音。“那么成语是什么，又怎么落到‘霜’上呢?”

“你听着:各人自扫门前雪，莫管他人瓦上霜。”

舅爷一听:这话扎耳朵。

“师爷，该你说啦!”

“不，还有太太呢。”

“还是你先说吧。”太太心说:看看他想的什么，好给他们哥儿俩拉和儿啊!

“我说我就说，我说一个‘淇’字。”

“哪个淇字?”

“三点水旁边加一个其他的其。”

“那您说吧!”

“好，说有水念个淇，没水仍念其，去掉淇边水，添欠念成欺。”

“成语也得落在‘欺’上。”

“对!为人不得地[①]，净受他人欺。”

老爷一听:他还算留情，没说:君子不得地，反被小人欺。“太太，

---

① 得地，或不得地，都是江湖艺人用语，地指卖艺场地。

该你说了！”老爷要听听太太是什么心思。那位说：太太说不上来吧？不！还是太太有办法，她琢磨了一会儿，想出来这词儿还真有意思。

“我说个‘清’字。”

“哪个清？”

“三点水加一个青年的那个青。说有水念个清，没水还念青，去掉清边水，添心便念情。”

“对，添个竖心儿就念情，成语呢？”

“不看僧面看佛面，不看鱼情看水情。”

舅爷一听：好，人情讲下来啦，看老爷是有情还是无情吧！这下儿老爷可动脑子啦，看起来舅爷走不了，太太这话说得硬。不看僧面看佛面，不看鱼情看水情，得罪了舅爷也就得罪了太太，得罪了太太那就得罪了岳父一家子，我这个官也做不成。干脆，先留下他……可心里又别扭，一着急，又说了四句：

为官要清正，无情却有情。
交回五百两，重新定章程。

还惦记着钱呢！

（颂华搜集整理）

落榜艳遇

今儿这段儿单口相声啊，您可别笑。“怎么啦？”您笑不出来。“不逗笑儿能叫相声？”嗯，您知道相声是门说、学、逗、唱的艺术吧？这段儿相声，虽然不逗哏儿，也没有唱，可是还有说、学嘛。至不济，权算听一段儿书吧。听得顺耳，这块买卖就算做成了；不入耳，起身就走，我就栽跟头了，这项生意砸了嘛。“耶？怎么说话还带生意、买卖呢？”这，您可不知道，江湖上干什么都叫做生意、做买卖，像我们这号艺人，凭玩意儿求口饭吃，不坑人不骗人，这是地地道道老实巴交的小生意、小买卖儿！那些邪门儿歪道，靠坑骗拐带发财的，那才叫大生意大买卖呢！害得人家破人亡，他们发了缺德财。这跟我们是两条道儿，我们这号小买卖，是合法的，是明道儿。他们那号大买卖，是犯法的，是黑生意，暗道儿。

暗道儿有名的四大生意，是蜂、麻、燕、鹊，也叫风、马、颜、缺。蜂是一窝蜂的蜂。合伙儿坑骗拐带，好似群蜂蜇人，有行规，做票是一风而起，做成了又一风而散。故而也叫风。麻，是檐下的麻雀，随时能碰上，多是一人行骗，是迷信恐吓啦，甜言蜜语贴上你啦，用蒙汗药把你弄晕头啦，等把钱财一到手，席卷而去，这生意是单枪匹马一人干，故而也叫马。燕，是专靠女子的容颜勾引你上钩，突然，男的出现了，堵上了，要你花多少钱你就得花多少。利用女子的容颜，故而也叫颜。可是为什么叫燕子的燕呢？还有点儿学问在里边：《诗经》里把男女追求的事，不是有句“燕婉之求”吗，就取这个意思。这鹊呢？是喜鹊，也有点儿学问，《诗经》里有两句“唯鹊有巢，唯鸠居之”，意思是喜鹊垒好了窝，叫斑鸠占有啦，就是占鹊窝儿。这种生意，多半是靠买官缺，上自朝中显官，下至店家、脚夫，他们都舍得花钱，买通打点啊。他们的圈套可够大的，大圈套里有小圈套，不怕下个万儿八千两的本钱，只要官缺买到手，冒名顶替，以权行诈，搜刮民财，一万两本钱，捞回的何止百万两！这买官缺的生意可最厉害！还有种做缺生意的，你缺太太、缺孩子、缺爸爸、丫鬟，老鸨子缺养女儿，他都能给你找来。不过，这种靠坑骗拐带的缺生意，实际属于蜂买卖，也就不做缺生意论啦。

您看，一谈生意、买卖，就扯远啦，闲话就此打住，您听故事吧。

且说清朝光绪年间，北京顺治门外有家客栈。掌柜的姓钱名德胜，店铺就叫“德胜老栈”。钱掌柜四十多岁儿，精明脑瓜勤快腿儿，中等个头儿小巧嘴儿，胖乎乎的亮脑门儿，圆脸小眼挺有神儿，短鼻梁子短耳轮儿，说话之前先笑嘿嘿儿，点头哈腰迎进门儿，您要见了他，也得佩服这个和气劲儿。这年，是大比之年，各地进京的举子，都愿住这德胜老栈，照顾周到，殿选夺魁可以专心。再说，这德胜老栈地点好哇，过往的客商，赶考的举子，到这儿顺脚儿，搭上钱掌柜说话乖巧，善于察言观色，官面儿、市面儿，行商的爱好、念书人的排场，他全懂得。天时、地利、人和，德胜老栈全占了，可真叫生意兴隆啊。

单说住店赶考的举子中，既有乡试高中就踌躇满志者，也有屡试不中提心吊胆者，还有为打通关节儿东奔西走者。终于，经过一段儿紧张的忙忙乱乱之后，会试转殿试，张贴金榜，各见分晓。

就在张出榜文这天，钱掌柜更是忙乱，给考中的举子道喜求赏，也注意到一间客房。这个落第的举子在房里是捶胸顿足，长吁短叹：“唉！唉！难哪，难！天哪！我命好苦哇！……”钱掌柜知道这举子落榜了，似这等情况，他见得多啦。不过，唯独对这位年轻的举子可是另眼相看，关心至极，一来，知道这位有些真才实学。还写得一手好字；二来呢，钱掌柜还有一番隐情，这就不好明讲啦。

要问钱掌柜怎么知道他有才学还写一手好字呢？还要打这位举子进栈那天说起。那天嘛，店伙计打扫店堂，不小心把挂在正壁上的一副对联弄扯了，钱掌柜一怒之下就打伙计。正赶上这位举子来住店。碰上了，问明原因就说：“掌柜的，别动气，你准备纸笔吧，我安顿下就给你写一副新的。你这副‘广交天下客’的老对联，太旧太俗啦，该换新的啦。”

钱掌柜把这位举子安置在一个单间，因为听他说话的口气挺大，就恭恭敬敬把他请到店堂，亲自研墨，请他书写对联。这位举子提起大笔，蘸饱墨汁，稍假思索，写下了一副对联。写的是：

车水马龙　顺治门外湖海汇聚
星罗棋布　德胜栈中将相腾达

这工夫儿，店堂围满了人，有客商，有举子，看他写字。一写完，众人齐声喝彩叫好，钱掌柜看着字顺眼，可不太明白意思，正想问，就听众人纷纷评论开了。有的说："这'湖海汇聚'妙哇！我们就是五湖四海经营货品的嘛！"甭问，说这话的是行商客人。那些赶考的举子呢，互相一抱拳："仁兄，住在此店真是大吉大利；我看仁兄必定高中，是将相的大才呀。"在众人互相议论中，这位写字的举子，却当众一抱拳："失陪，失陪！"回房间了。钱掌柜从众人的议论中明白了其中的意思，向众举子一打千："诸位老爷，小人就盼你们高中，将来如若做了宰相，哈哈，小店也抖起来啦。"跟手儿就转进那位举子的房间。

"相公，您这字盖啦，帅！真称得上是'颜筋柳骨'！这可是真功夫哇！是小人少见的好字！小人一定把它裱好，悬挂店堂，它是小店传代的宝贝啦！"

那书生冲钱掌柜一摆手，眉梢儿一扬，嘴里说："过奖，过奖！见笑，见笑！"这是客气。客气之后，心里挺舒坦，一高兴，不由得卖弄起才学来，高谈阔论道："听掌柜的说话，也很懂文墨字帖，确实我是采取了颜筋柳骨，还融会了欧秀赵放。最先，我是练写颜体，颜字以墨饱为主；后来，我又学写欧体，这欧字最是惜墨；两年之后，我又摹柳体，这柳字最讲正笔；再后，又学赵体，赵字有些奔放。写了这么些年，我悟出来，颜柳欧赵各有所长，如要自成一格，必得取名家之长，融会一体，于不变中求多变，才能独树一帜。再者说，写字还须讲究尺寸，一个字，一笔一画的尺寸要合理；字和字的布局还要恰当；心领神会，才能一气呵成。笔受腕，腕受心。光使明劲儿不行，还得先有心劲儿。光凭腕劲儿写的字，就拿颜体说吧，虽不惜墨，但极容易写得光有筋有肉，字字像口墨猪趴在纸上；那欧体呢，虽然惜墨，光凭腕劲儿就会写得太瘦太瘪，那干巴的笔画就赛拔丝山药贴在纸上一般。总之吧，没有心劲儿就没有活字，有了心劲儿才能字字神采飞扬。"

一席话，把钱掌柜说得心悦诚服，不由得对这位新来的年轻举人肃然起敬。心想：他即或不中状元，也是前十名的进士，我可不能放过！得好好巴结巴结。于是，又说了些恭维之词，毕恭毕敬，马上让伙计摆来一桌上好酒席："贵人，这点儿菲酒薄菜，算小子我酬谢您啦，请贵人随便用吧。"

"好吧，我就叨扰了。不过，掌柜的，我一个人怎能吃得下这一桌丰馔佳肴？来来来，你我宾主同饮一杯好啦。"

钱掌柜知道他会这么说，于是，也就不客气，坐在下位。口里不断说着："您可抬举我了，哈哈，我可失礼啦。"

二人坐定，互问姓名，近乎了一大块，把盏三杯之后，钱掌柜问："张相公，此番会试，您可有估计吗？"只见这举子"哼"了一声，有些自负，面带喜色，跟店东说："实不相瞒，想我张贵，一十六岁岁试高中秀才，一十八岁乡试连中举人，可是这年我父母双亡，寄居叔婶家，三年居丧已满，二十一岁来京会试，谁知居丧失学，落第而归。发奋三年，三更灯火五更鸡，这次再番进京，我是破釜沉舟，背水一战啦，不能进殿试，不能名列前茅，何以对住死去的双亲？我自信必中！如若再次落第，我也无颜再见我那叔爹婶娘，难以还乡了。"

钱掌柜听罢，心里一喜，口说："张相公，您高中是注定啦，有志气！有骨气！我还没见过您这样的孝廉公①。像您这样的人才没个不中，咱等着瞧，您若不中，哼，我姓钱的敢打赌：不中，我就白让您吃饭，白让您住店，分文不取！"张贵也谦词说："托钱掌柜的福气吧。"这位钱掌柜，看张举人直率可亲，又顺藤摸瓜，仔细盘问起张举人的家世来。张举人碰上这么一个慷慨的店主东，就像茶壶倒水，顺嘴而出。

原来，这位张贵是河北霸县人，十八岁中举那年，父母因病双亡，他爹临死之前，把他托付给叔爹婶娘了，一再嘱咐要让他专心攻读，进京赴考，得个一官半职，也好光宗耀祖。他居丧三年之后，叔爹设法筹借点儿盘缠，打发他进京赴试了。谁知名落孙山而归。他叔爹便有点儿厌烦，不过，念在叔侄之情，看他发奋读书，也还抱一线希望，省吃俭用，供给他买书纸笔墨，指望他三年后再考得中。婶娘就差一层了，侄子就不是亲生的儿子呗，在家里坐吃等穿，关门读书，

① 孝廉是对举人的称呼。

连院子都不打扫，再赶考还得给他折腾盘缠，哼！瞧着他就有气。一晃儿两年多，有时，婶娘就喊："贵儿，出来给我看看孩子，我腾手做饭，不吃饭哪中！"有时喊："贵儿，出来挑水去，我洗衣裳，不穿衣裳哪成！"有时叫叔爹看见了，忙抢过水挑儿，还让他进屋苦读，还把老婆拉扯到个旮旯儿，悄声告诉她："你别胡来，这举人已经是大功名了，县官儿不是还送了块匾来，让举人挑水、看孩子，这怎么成！别人还不骂咱！"这娘儿们哪听，嘬嘬牙花子："啧啧啧，送这么块匾，中吃还是中用？烧火的玩意儿呗！这举人的功名，能吃能用吗？别瞎供给他了。""哎哎，小声儿，告诉你，进京考中进士就能放官做了，那工夫儿，咱家就改换门庭了。某某大人给竖旗杆，带刁斗的；某某大人给修府宅，门口儿还得有俩大石狮子，还得有上马石……哎，那工夫儿，咱就沾大光了，咱俩就成了老太爷、老夫人了。你千万忍着点儿啊。""哼！就他这个人模狗样儿能做官儿？做门插关儿吧！""你——！成心喊啊？反正，你得给我忍着点儿！"那娘儿们索性朝张贵的窗户扯嗓子喊："贵儿，大概你都听见了，我跟你明说吧：你甭想考中！你就忍心看着咱们这穷日子吗？依我说，你不如在家揽点儿差使儿，给人家写个买地契约啦，分家文书啦，代写个书信啦，都能挣饭吃。还有，有空儿在家挑挑水，哄哄孩子，帮你叔爹种种地，拾个柴火啦都成。"他叔爹也急了，朝窗户喊："贵儿，好好念书，甭管她！"眼瞅着叔爹婶娘要打架了，张贵就出了屋："叔爹、婶娘，您二位说得都对，这全怪我没考好。这不，明年又是大比之年，您二老就准我再考一次，这次我有些把握，若再落榜，我就没脸见您二老了。"话说到家了，婶娘也只好将就下来。

就这样，一晃到了会试的日期，叔爹给他凑借了二十两银子，婶娘给他带足了衣衫，告诉他："贵儿，我告诉你，咱可就这一锤子的买卖啦！中了，你骑高头大马回来；不中呢，你也走回来，就得依我的，帮你叔爹种庄稼去，收成好了，我给你娶个娘儿们，俊丑你就别挑剔了，反正得依我的。你走吧！"叔爹怕娘儿们家再说难听的，就急忙提起行李，催他上了骡车，又送了他一程，路上对他说："贵儿，你婶娘是个妇道人家，眼光短，说话粗鲁，你可别怪她啊。实在的，咱家业凋零，没进项，为供你苦学，点灯熬油花费就不少。她没说啥，她是刀子嘴豆腐心，也盼你高中，得个一官半职，衣锦还乡。这不，她把一副银镯子，还有你兄弟的百岁麒麟锁，叫我带来啦。穷家富路，你拿着，防备个万一银两不够。考中考不中的，你可都要回来啊。”

张贵知道，这首饰是叔爹背着婶娘拿出来的，回头他们还有一场争吵。所以，尽管叔爹替婶娘说好话，他心里有数，没拿这首饰，说了句：“二十两已经足够用了。您二老养育我不易，您回去等着吧，等我回来，一定给您置一件狐裘皮袍，给婶娘换一副金镯子，给兄弟换把金锁。”骡车上了大道，叔侄挥泪而别……

钱掌柜知道了张举人的这些底细，就更客气，像押宝一样，看准了他一定高中，跟张贵说：“张相公，您可不易呀！叔爹婶娘为您赶考，可费尽了心血。我钱德胜呢，也得尽一份儿心。这样吧，您只管住，只管吃，我现下不收您的店房、伙食钱，您若高中，咱再给算；如若有个不中，我认输，情愿分文不取，还倒贴您银两。话说到这儿摆着，瞧您高高得中吧。”

打这儿起，钱掌柜天天殷勤照顾张举人。一等科考完毕，众举人退考场回店，他又找张贵，问他考得怎样？考卷儿答得满意不？张贵确实认为考卷儿很不错，自己精神很好，他说：“钱掌柜，托您的福，我估量着十名之内定然有名！”就是说，前十名有把握呗。

谁知，今儿张榜，他竟然又名落孙山。一来是，无颜回家见叔爹婶娘；二来是，这三年寒窗苦读，又辜负了，怎么会又辜负了呢？简直是受了冤枉；三来是，自信文章做得不错，考卷儿算得上乘，怎么就会落榜呢？他百思不解，不明不白。所以，今儿一见金榜无名，回得店房，好似利刃钻心，呼天喊地，涕泪俱下，真是痛不欲生啊！怎么办呢？他眼前是一片漆黑，无路可走啊。

张举人正在如疯如痴地捶胸顿足，关心他的钱德胜——钱掌柜推门而入，在大襟上擦了擦右手，啪！不轻不重地拍在张贵的肩头儿上，不紧不慢地叫了声：“张相公！”

张贵抬头一看，钱掌柜冰着脸儿站在面前，他想：噢！“失第的举子落汤的鸡”，没人答理了，他这是找我算账，赶我来啦。于是，客客气气，把眼泪一抹，强打精神，不笑装笑：“哼哼……”这是笑吗？“嘿嘿……钱掌柜，你算账吧，可可……可是，求你容我在这儿再待几天。钱要是不够，我上街卖字，一文也短不了你的！”

“嗐！张相公，你说哪儿去了！常言道，‘交深莫言钱，交浅莫言心’。别说我跟你说过，落榜了我分文不取；就是没说那话，我姓钱的决不会在人家困难的时候，釜底抽薪。我这买卖人是以义气为重。张相公，我是给您抱不平来啦！凭您这才学，怎么会落榜呢？您自己不是也说能考中前十名吗？这是怎么回事儿？哎，张相公，您可别难过，那窄道儿更不能想。您得把为什么没上榜这事儿去弄个明白，是不是漏了？”

这话说到张举人心坎儿上了。他是又感激又感慨：想不到人世间还真有好人，想不到这德胜客栈的店主东，倒有一副侠义心肠！人到患难知朋友，国到危乱见忠良。不错！这钱掌柜既不赶他，也不是向他来结账，反而不要分文，还关心他，要问一下是否金榜漏名了？可是，在这偌大的北京城，衙门上千，朝官上万，他两眼抹黑，没门路又没银两，上哪儿问？又问谁去！他就有点儿不好意思张口了：“哎哎哎，钱掌柜，现下只有你，可算是我的知心了！我没门路去找，唉！难哪！”

“您别犯愁，没难事儿。我给您找门路问去、查去！小店虽说不是大贾富商，可也趁个千儿八百的；打点打点还是小意思。您等着，我这就托人查问去，您听好信儿吧。”

这话多暖人心哪，谁听了谁也会千恩万谢。可人家钱掌柜没等张举人说出个“谢”字儿，一抱拳，走出去啦。多痛快，多干脆，说办就去办，这号人真是少有。感动得张举人仰头叹了声：“贤哉！贤哉！”也只有在房间里静等音信儿了。

等了两天，钱掌柜进得房来，摇摇脑袋，板着脸儿，开口就说：“张相公，这遭儿死心吧！”“怎么回事啊？钱掌柜。”“您听我说，我是托国子监里一位同乡，给他俩钱儿，让他设法打听主考官，给查查卷儿。今儿回信儿说：您的文章没个挑儿，就是您把卷儿弄得脏脏糊糊，上边洒了一大块墨水。主考官说您的考场号儿是地字三十五号，对吧？”“对对对。”“地字考场官儿跟主考大人是这么说的，您这卷儿上洒上一大片墨水，此人心野气粗，污墨乃贪赃之兆，不可及第放官，就除号了。看来，难以挽回了。”

张贵一听，啪！拍案大骂：“好你个地字考场的狗官！我的考卷儿写的是蝇头小楷，周周正正，卷儿的天地洁洁净净，是你用墨海一压，洒了墨，黵污了我的考卷儿。当场我曾向你这狗官提出理论，你这狗官却说，一切由你向主考大人言明，与我无干。怎么，狗官却在主考大人面前陷害于我！岂有此理！来来来，钱掌柜，你告诉我，狗官他在哪个衙门？我这就去找他讲理！”

钱掌柜把他一按坐下："张相公，您先消消火儿，您听我说，这位地字考场官儿，别说我不知道在哪儿，就是打听出来，您找到他，他也不承认，您有什么法儿呢！""不承认？我扭他找主考大人，上告哇！这有琉璃瓦的北京城，怎能不讲皇上的王法！""耶耶耶？您确实在这北京城没待上几天儿，王法哪儿都有，讲理嘛，当然讲。人家跟你要证据，起码儿也得有人证，人家问你谁见着了您可有证人吗？""这这这，考场之内那样森严，无有别人看见，就是有谁听到我与狗官小声论说，我也无法儿找到谁啊。这这这……难道就罢了不成！""不罢了，您提不出证据来，事情闹上去，人家再告你个落榜怀恨，诬陷考官，哼！张相公，您不就是一张口吗，浑身是口也说不清啊。官向官，民向民，您哪，可听明白，人家嘴大你嘴小，理儿都叫人家说了。我倒是向着您，替您不平，可是我没亲眼看见，向着您顶个屁用！张相公，所以我说死了这块心吧。还是打算打算今后吧。"张贵一下子倒在铺上，大被蒙头，谁知他是在哭还是在想，在难过还是在睡觉。钱掌柜一看，说了声："您睡一觉吧，清清神儿，醒了我再来。"

等到申时，也就是下午四五点钟吧，伙计告诉钱掌柜，张举人在坐着发愣，已经起床了。这工夫儿也快开饭了，钱掌柜吩咐伙计准备一桌丰盛酒肴，摆在张贵的房间。"钱掌柜，您这是什么意思？在我张贵落榜之时，不驱赶于我，我已感激不尽，为何又送来美佳肴？""张相公，因为我佩服您的才学超群，可是对您的落榜，我又毫无办法，只好准备一点儿酒菜，这算是开心酒吧。您可得想得开，再住三年，又是大比之年，我预祝您下次高中！""噢，钱掌柜，这是为我饯行吧？""不不不，别看我是个开店的，可是我也爱才，敬佩有真才实学的人。尽管您这一步不得第，我深信您下次一定殿选夺魁。我帮不了别的，一点儿酒菜还是现成，您就把这'忧愁'二字远远儿扔了吧。""噢噢噢，钱掌柜，你是安慰我呀好，咱俩一同喝！"于是，俩人一同喝了起来。

三杯落肚，钱掌柜提出个实际问题儿来："张相公，您这三年怎么打算呢？""我呀，想来想去，家，不能归了，婶娘说是一锤子的买卖了，我不能回去做那斗筲之人[①]。我想，只要钱掌柜能容我在这儿

① 斗筲之人：斗筲都是量具，斗是量米的，筲是担水的，此处指整天为吃喝操劳的人。

安身，我白天就在当街卖字，给人家写挑山啦，横幅啊，对联啦，家信啦什么的；晚上苦读诗书。”钱掌柜连连摆手：“张相公，这可是下策啊！当街卖字，风吹日晒，也赚不了几文钱。点灯熬油的钱都不够哪！实在是下策。”“什么是上策呢？”“这……我可不知道。”

闷了好大一阵子，钱掌柜紧锁双眉，以手加额，他在苦思苦想。忽拉巴地他一拍桌子：“有了！”张贵先是一震，又一喜：“有什么了？”这一问，把钱德胜的话又问回去了。只见他又皱眉头，慢慢思索着：“不成，不成！想您这状元之才，屈就不了。”张贵越发要问了：“到底是什么事？我都能干。当街卖字我都想干哪！”钱掌柜说：“既然这样，我就直说了吧。成与不成，您可别恼我啊！”“你快说吧。”“是这么回事：我这小店的后院儿客房，前几天来了一户官宦人家，主人是一位年轻的少妇。跟您直截了当地说吧：她是南方人，生得艳如桃李，如花似玉，因为随丈夫上任来到北方，三年任满，她丈夫又转任常州知府。正要随夫南下上任，不承想，她丈夫暴病身亡！眼下，这位少妇，每天哭哭啼啼，想念她的丈夫，决定要携带财产回南方去，很想找个识文断字的人，帮她料理家务。人家不但管吃、管住，每月还开给十两纹银。我看你为人忠厚老成，所以想举荐给她，不过，这是在人家手底下听使唤，张相公，你可是再思再想啊。”

“这……行！眼下我是求之不得呀！还望您多加成全。是不是你先把我的情形跟人家说清楚，人家乐意，我就去定了。”“哈哈哈，昨儿个我就透了透，夫人对您的情形已然明了，她倒挺乐意的。夫人说，如果看中了，连您在我这儿的饭钱、店钱，都由她付，倒是够大方的。”“要是这样，你也不亏空了，那可真叫我感激不尽了。”“别说这些话了，您有意，就得去拜望一下夫人。”“我求之不得嘛，钱掌柜，我认头了，咱这就去好吧？”“不成！”“怎么不成？”“张相公，咱这酒喝得半醉了，酒气醺醺，就太失礼了。这么吧，明儿早饭之后，您整整衣衫，我带您去。”“好好好，咱一言为定。”

第二天，吃过早饭，钱德胜换了件新褂子，又给张贵捯饬了一番，看看时候不早啦，便领着张贵穿过后边的月亮门儿，又绕过一个影壁，这才来到后院儿。他二人直奔东上房，这是明三暗五的大瓦房，进到堂屋一看，迎面是红漆八仙桌子，两边儿是虎皮披垫儿的太师椅，后边是紫檀木的条案，条案后头墙上挂着名人字画……陈设很是讲究。张贵看着新鲜：真没想到客栈里还有这么好的房子。钱掌柜看出了他的心思："张相公，这是小店特为上任的官员、来往的富豪绅商准备的，哈哈哈。"张贵点头应声，直奇怪怎么没有人哪，就听钱掌柜咳嗽了两声，这才从里屋走出来一个四十多岁的老太太，还有一个十六七岁的丫鬟，二人的相貌都很不俗。她们也不说话，只管上下打量张贵，目不转睛。张贵心想：看来，人家都知道我要来，她二位是相面哪。我也得有点儿气派。想到这里，就挺起胸脯，面带笑容，任凭她俩瞧着。只见老太太点了点头，前迎一步，道了个万福："啊，相公请坐。"话挺和气。张贵一看，坐哪儿啊？不能坐在太师椅上，我打个旁座儿得了。老太太又让："请店东、相公别客气，快坐吧！"他这才在太师椅上落座。张贵心里不由得咚咚咚咚跳起来。即便是让我管理账目、办理文书吧，那也是个半上半下的身份，怎么对我这么尊敬呢？——他可有点儿受宠若惊喽。他想：唉！能够在这样的官宦人家听差，也算挺好了，上上下下都这么客气。难得，难得！真得谢谢钱掌柜成全我呀！此恩此德，我必厚报。

"梅香，看茶！"丫鬟把茶沏上，捧到张贵面前，这是盖碗儿。张贯双手接过来，揭盖儿一看哪，茶叶还没落呢，拿盖儿往前一推这茶叶，喝了一口，哎哟！这么香，这么清口，他可叫不上什么茶来。他把盖碗儿赶紧放在八仙桌的茶碟上。再一看，这套茶具，哎哟！可讲究啦，碗儿碟儿都是金边儿薄瓷儿，都是宝蓝色的工笔龙凤呈祥图案。张贵不敢实实着着地坐在太师椅上，老是提着气，悬着大胯，也就刚沾上点儿椅子边儿，心里挺不安的。他问："妈妈！您……您为何……"话都不知怎么说啦，"妈妈！您从何处至此？"店主东答话了："我不是跟您说过了吗？人家是由南方到北方，这又由北方回南方。""噢……"张贵又琢磨着：这老太太不会是夫人吧？店东说过夫人年轻美貌，如花似玉。我得拜见夫人！想到这儿，忙说："妈妈，学生在店中闻知夫人有所差遣，特来叩拜。"老太太没答话，又一阵上下打量，向他问道："未知相公家住哪州哪府？家中还有何人？""这……想来钱掌柜也都对您说过了。""不，他说得不尽详细，我这是问相公您哪。""是是。妈妈，学生家住河北霸县，家中之事，唉！真是一言难尽……"张贵把家世简要说了一遍之后，不禁长叹："唉！这次赴考落榜，难回乡里，我无颜再见叔爹婶娘啦！""噢，原来如此！相公何须长叹，就随我们一块儿走吧，一路上难免有劳于您，有望于您。少时，夫人还有要事找您相商呢。"说话的工夫，丫鬟端上点心，一会儿又递过亮银的水烟袋来："相公，请抽烟吧！"张贵连忙摆手："不用，不用。"就这么坐了总有半个时辰，钱掌柜说前边事忙，告退了。

夫人还没出来，把个张贵给干在这儿啦！眼看天就到晌午了，晌午得吃饭哪！也不敢问。就看见老太太跟丫鬟出来进去好几趟，最后，老太太这才笑着对他说："张相公，请到里间屋见见夫人吧！"人家说完，就在门口儿站住，并不陪他去。"是是是。"张贵心说：可熬到时辰了，该见夫人了。也没想到让老太太带路，自己急忙一掀门帘儿，走进里间。

张贵进了一个套间，又一个套间，外套间陈设已经够好的，这里套间陈设更是精致，满是硬木的家具。书桌上摆着纸、笔、墨、砚，看样子，夫人正写字呢！她起身相迎，就站在书桌旁边。从穿戴上看，倒不十分讲究，可称得起"素朴淡雅"四个字，大概这跟她的新寡有关吧。看她的年纪，顶多也就是二十三四；看她的身材，可称得上是匀称窈窕；看她的容貌呀，哎呀！长得可称得上沉鱼落雁，闭月羞花；要用一般的赞美词儿，那是很难形容这位女子的美貌神态的。张贵长这么大，还没见过这样俊美的女人呢！不看则已，一看哪，活像从天上打下个无声的霹雷，心中不由得一震！按照眼下的说法，人脑子里专有这么一根神经线儿，这根神经线儿可不能够轻易触动，一触动它，就不容易平静喽。张贵的这根神经线儿立刻就绷了起来，让这个女子给触动了。

夫人也看了他一眼，冲他笑笑，说了声："张先生，请坐。"普普通通的一句话，打人家口里出来，可真是千娇百媚，燕语莺声啊。张贵当时就不能自主了，忘记了行礼，忘记了回话，也忘记了坐下，只是傻不愣地在那儿站着。夫人忽然把书一合，张贵偷眼一打量：哟！夫人手内的那本书是《管子》。这是列国时管仲写的书哇，管仲可是位经济学家，商号店铺里不是都挂着"管鲍遗风"的匾额吗！这位夫人既然能看《管子》，这学问可太不浅啦。张贵暗伸大拇指：夫人可算得上秀外慧中的绝代女子啊。想到此处，不由得躬身施礼，这嘴可就跟不上了。本来想说"小可拜见来迟"，这话都到嘴边儿了，哎呀，谁把他的嘴给贴上封条儿啦。他的嘴唇，一个劲儿打哆嗦，可还是张不开，他作揖是一躬到地，这下可寒碜了，那件破文生氅，白袖子都变灰了，上面还有油污，胳肢窝还扯了个口子，这衣服起码穿了五年啦。这还是钱掌柜帮他捯饬过，要不更难看了。人家夫人看着，像不在意，而且深情地那么一笑："先生休要多礼！"张贵一听话音儿，没有半点儿嫌弃他的意思哇，心里那个舒坦劲儿就甭提了。夫人说完话，就凝眸端详起张贵来。张贵也抬头看夫人，这俩人的眼光相撞，夫人这眼光是和蔼、善良，充满了爱抚，可还带着有那么点儿调皮，大概这就是一股子所谓妩媚劲儿吧，一有了这种媚劲儿，也就有邪气了。不是张贵还没坐吗，夫人又说一声："先生请坐。""小可谢坐。"张贵总算坐下啦。

这会儿老太太进来了，赶紧进言："夫人，我跟张相公谈过啦，人家站有站相，坐有坐相，很有文采，可称满腹经纶，博学鸿儒。只因赴试不第，一筹莫展，没别的，还请夫人成全才是。""嗯，是呀，我一看见张相公，就不由得……哎呀，真可算是一位文采出众，相貌堂堂，英俊的……"夫人净说半句话，让张贵自己去寻思。张贵呢，也感觉到夫人对他非比寻常，她这是要说看见自己就想起亡故的丈夫，又碍得出口，这"相貌堂堂，英俊的……"半截话，本来口气就够温柔了，还故意的一顿，后边要说的不会是"书生啊"，很可能是"郎君"呗。不过，哪能这么叫出口啊！张贵正想着，就见两个丫鬟进来，摆上来丰盛酒席……老太太殷勤地请张贵入席，夫人请他坐上座儿，二人又彬彬有礼地推让起来。最后，是老太太把张贵按在上座儿，才算坐定了。

夫人跟老太太陪着张贵，敬酒让菜。看起来，这位夫人还真是有海量，张贵给她敬酒，她欣然接受，一饮而尽。赶等酒过三巡，菜过五味，夫人推开小杯，换来大杯。虽然喝的是陈年绍兴吧，她一喝就是二斤，这也够呛的喽，张贵真不是她的对手。

用过酒饭之后，老太太就去外间躺下了，看样子有点儿醉吧。这时丫鬟捧来香茗，夫人和张贵就饮茶叙话，互谈身世。夫人很会问话，把个张贵问得时而面红过耳，时而张口结舌。夫人谈锋甚健，机言妙语，总跟他绕弯儿。张贵呢，也想找话问夫人，可是他一着急，问得就比较愣点儿："夫人学识出众，才华过人，因何寄居店中哪？""啊，这个，店主东没有告诉你吗？妈妈也对你谈过了吧！"说着，又是嫣然一笑，张贵不由得神魂飘荡。不过在微醉之中，他还能控制自己。接着又问："得知夫人随夫上任，官人暴病仙逝，未知夫人今后作何打算。""唉！"夫人叹了口气，说："我不过方交二十四年华，也不想从此居孀。况且随夫上任，文书官印均在我手，弃而不用，实在可惜。

实不相瞒，我决心选一位年轻的学士作为夫君，我愿跟随他一同到任。一来，公事有个交代；二来，我终身有靠，借此时机，也可重回南方的娘家；三来，我立志想成全一位相公，特别是一位屡试不中的相公，让他飞黄腾达，做一任常州知府，我于愿足矣！我丈夫当年也曾名落孙山，落榜的苦处我是知道的。所以，我非常同情落第的举子！”张贵一听，心中“哎呀”一声，可是没喊出来。他心想：“太寸了！敢情是选中我了！这一来，不但官运亨通，还有如此佳丽相伴，真乃艳遇也！这可真是‘踏破铁鞋无觅处，得来全不费工夫’啊！”他又转念一想：可我不能往这上边乱想啊，这样的美事，焉有白得之理？圣人云：“君子坦荡荡，小人常戚戚。”我啊，要谨遵夫子之道，还是别有分外的胡思乱想才是。他沉思之后说：“啊，夫人，适才店主东对我讲得明白，让我来帮您清理账目，帮办一些文书，只求存身糊口而已。您想选一落第举子随您上任，我倒可以帮您访寻。我们一起落榜的举子，就有好多位，他们在北京的东八县一带：通、三、武、宝、蓟、香、宁、大、宛、涿、良、房等地都有。从今以后，您就是我的主人，我愿为您效劳，前去查访，仔细挑选，肝脑涂地也在所不辞。您既同情落榜失第的举子，我更同情您这新寡的……夫人。”本来他要说美人、佳人，都觉乎着不合适，归齐，还是落到“夫人”上。夫人听罢，就有点儿生气的神态。说生气也还不是发怒，就是“娇嗔”吧。夫人说：“相公何出此言？谁要你为我择婿，难道你还不明白我的心事吗？”“我，我，我不曾明白。”——本来是明白的，话已出口，只好装不明白了。“你本来应该明白的。”“我是真不明白啊。”“你啊！净跟我们女人装糊涂！”说这句话的工夫儿，女人在喝醉了以后的娇媚劲儿全露出来了。张贵心里直扑腾，他也不知道说什么好啦，只好实话实说：“夫人，我只想给您当一名忠实的奴仆、家人。岂敢有过分之求！”“奴仆？家人？哼！奴仆，奴仆！你呀！我能拿你当奴仆、家人吗？在一块儿待长了，主仆可就不如兄妹了，你这个年纪，我这个岁数，咱们是兄妹啊！”“哎呀！我怎敢高攀？”“说什么高攀，你不是说愿意为我效力吗？”“是呀！我甘心情愿哪。”“那就别怕沾亲带故啦。”“嗯——我……”“你到底怎么啦？愿意不愿意呀？”“您这是抬举我呀！您看我像您的兄长吗？”“好哥哥，你可愿意啦？”“噢……这样，恭敬不如从命了。”“好好好。可这兄妹只比主仆近乎些，我还愿意再亲近点儿，你可乐意？”“再怎样亲近呢？”“这么大的人了，还是举人孝廉公，怎么傻起来了呢？主仆不如兄妹亲，兄妹又不如夫妻亲啊，夫妻最亲近哪！”“您这话越说我越不敢从命了。做兄妹我就高攀了。”“我跟你说啊，上任要携带内眷，哪有兄妹同居之理。”“莫非您真想让小可为官上任不成？”张贵这话，虽说是试探着问，可他那心跳的“咚咚”声儿，连夫人都会听到，就是听不到，也能看到他胸口一鼓一伏的。夫人说：“我啊，天地良心，就是要成全你，让你为官上任，我情愿做你的妻室。”“这……承蒙夫人垂青，我是感恩不尽，只是事关重大，不可妄为啊。”他倒胆小起来了。夫人半嗔半娇地骂一声：“看，你个书呆子，为官凭印，现在前夫交我的文书官印，这怎说是妄为呢？现今常州正等着新任知府去接任呢！如果年内不能到任，纵然文书官印在手，也是废物了。所以，只有你替我前夫上任，才是两全其美之策。既能告慰亡夫在天之灵；你也可以官运亨通，我跟你享不尽的荣华富贵，吃不尽的山珍海错[①]。一州地面你为尊，你在堂上一呼，阶下百喏，那些知县都要围在你身前身后，笑脸打躬，你威风凛凛。难道你还不称心如意吗！啊？”张贵听了，心倒是活了一点儿，可是还觉得不很踏实，就没回答。这工夫儿夫人又从鼻孔里“哼”了一声，说：“噢，你不喜欢我是不是！你要嫌我是再醮之女，那没关系，我这儿还有四个年方二八的丫鬟，年轻美貌……”“哎呀夫人，您想哪儿去了，想我乃一介寒儒，仕途经济，一窍儿不通，我也就配写写算算，给您管账！”“傻子啊傻子！要是管账就不用你了，我这儿还有一位先生跟着去哪！他不但善于理财，还精通官场，可以做你的幕宾，当你的师爷；再说，妾身我也曾帮助前夫料理公务，官场之事，上下走动，都还晓得，有我保驾，只要你写个奏折，草个公文，批个呈子就成，我保你一帆风顺就是。我看，就别耽误着了，你我这就结为夫妻，赶快商量登程上任去吧！啊？”张贵这阵儿踏实多了，他听着听着心花怒放，就点头一笑。又说：“这……一路盘缠怎么操办呢？我可分文无有哇。”夫人不由得噗嗤一笑，改口相称了：“夫君啊，这有何难，现有朝廷路引在此，夫君，你就放心吧！”“这叫我还说什么呢。”夫人马上伸手抓住张贵的衣衫，张贵一惊。夫人说：“夫君，别害怕，我不找你要什么，看，你这身衣服多褴褛啊！赶紧去沐浴更衣吧！”话刚说完，老太太从外间进来了，冲着张贵一个万福：“恭喜老

① 错指鲨鱼翅，即名贵菜谱的“鱼翅”，因鲨鱼俗称错鱼，皮鲨似错得名。

爷！”又冲夫人一个万福，“夫人，您也大喜啊！”说罢，又冲张贵一点手：“老爷，您跟我来吧。”

老太太把张贵领到对过屋里，沐浴更衣。换了里外三层新，阔绰气派，自己也觉着变样儿了，“人是衣裳马是鞍”嘛。穿戴整齐之后，张贵精神百倍，心说：“想不到我这名落孙山的人，倒会揪上龙尾巴了，一下子就当知府老爷。哎？这别是做梦吧？”他还真咬了下手指头，疼！不是做梦。舒坦极了。

张贵沐浴更衣回来之后，一直跟夫人聊天儿。这阵子，他就不那么拘束，话也多了，一直和夫人聊到掌灯时分。夫人又喊来老太太，小声儿说了些什么，老太太就去办理起来。夫人朝张贵一挤眼：“张郎啊，我让妈妈给咱俩准备去了。虽说在此处没有三亲六友，可是咱俩也是燕尔新婚，这天地得拜，合卺酒得饮，洞房得布置一新，这里套间就做洞房，你我先到外套间儿待一会儿，让妈妈来收拾一下，你说好吗？”“好好好。”夫人一起身：“哎哟，腿部坐麻了。张郎，快扶我一把呀！”张贵急忙扶住她的胳膊。“张郎，你叫我呀！”“噢噢，夫人。”“呃——！谁让你叫夫人哪？”张贵回过味来，马上改口：“噢噢，娘子，娘子！我的好娘子啊！”夫人听着，“咯咯咯……”笑出声来。

他俩来到外套间儿，又是一通儿闲聊。老太太和四个丫鬟已经把里套间儿布置一新，把堂屋也布置好了。老太太说：“夫人，时候不早了，您跟老爷就拜天地吧。”老太太给夫人蒙上红绸盖头，把二人引到堂屋，条案上面挂起了和合二仙图，图两边儿是两个斗大的“喜”字。老太太点上香，摆上供果祭酒，就喊说：“老爷，夫人，一拜天地！二拜祖先！夫妻对拜！搀入洞房！”四个丫鬟就把这对儿夫妻拥入洞房。张贵给夫人挑下盖头，二人喝了合卺酒，就算成啦。

老太太和丫鬟都走出去之后，洞房剩下俩人了。夫人便从樟木箱中取出一个描金小匣，拿出专用的钥匙打开，让张贵看。嚄！真不亚于杜十娘的那个“百宝箱”！奇珍异宝，闪闪发光，夺人二目。夫人让张贵一件一件地看完了，然后说：“张郎，这点儿东西，是我前夫多年的积蓄，不敢说价值连城吧，每件也是千金不易。我想到任之后，如果哪个关节儿不通，就可以拿它去打点。这是我为你的前程着想，我对你毫无私心，我的就是你的，就托付给你吧！”说话，咯噔锁上了小匣子，连同钥匙，往张贵眼前一推。张贵没接，回推给她：“哎呀，娘子哪！难得你信得过我，你不嫌弃我，这已经是三生有幸了，既然你我二人不分彼此，这匣子珍宝还是由你保管吧！”“也好，你真是个诚实君子，我就喜欢你这样儿的。你放心，到任之后，一切都有妾身我给你打点啦！”说话就脱去外衣，过来一搂张贵的脖子，十指尖尖地搭在他的肩上。马上又给张贵脱去了外衫。这一来，张贵可真有点儿承受不住啦，他长这么大，哪里得过这种温存。只觉得浑身麻酥酥的，像是到了仙界。他暗暗瞧着夫人嫩笋般的十指，嫩藕般的胳膊，苗条的腰肢，丰盈的肌肤，雪白的皮色……越看，越觉得面前的夫人真是天仙美女，千娇百媚。一时间，张贵的心快跳到口里啦，魂儿都飞喽！……

第二天一早，夫人的那位管家在外边办事完毕，回来了。给夫人请了安，又给张贵叩拜道喜，并且说：“老爷，上任之后，一应上下应酬和衙门的大小事项，我都能给您效力，您只管放心好了。”夫人跟张贵说：“就让他当你的师爷吧，他足智多谋，这些年，家里外头，都是他给料理打算，精明能干极了。”张贵点头：“好好好，我正愁没有个贴身的帮手，师爷，你就多劳了。”这位新任命的师爷，四十来岁，两眼乌黑，尖鼻头儿，宽下巴儿，唇上有几根胡须。说话尖声尖气，看他滴溜溜转的眼珠子，就知道是个精明能干的主儿。他主张不再耽搁即刻雇车起程。说得张贵和夫人都点头称好，于是，一通儿收拾，辞别了钱掌柜，这一干人离开德胜客栈，赶奔常州而去。

简断截说，张贵这回可算一步登天，进入温柔乡，做起荣华梦，官星高照，娇妻相陪。常州到任以后，衙门的事，多亏师爷有些高招儿，他全心依靠师爷，师爷也不推辞，家里外头都是他给拿主意。这位知府老爷有了这么个好助手，就放心地过他的风光日子了。

师爷实在能干。到常州以后，他就上下一通儿活动；对上边巡抚、总督送礼买路，用不着动夫人那个百宝箱，他跟当地富绅财董一一结交，一开口，就什么都有了。他是一步紧一步，鼓动知府想方设法刮地皮，苛捐杂税，名目繁多，今儿向老百姓征集这个，明儿征集那个，支使着如狼似虎的三班六房，谁敢违抗？老百姓可是苦不堪言哪！可他们呢，稳坐知府衙门，在官宅里使奴唤婢，花天酒地，奢侈之极。久而久之，张贵也习以为常，他真不亚于半个天子了。就这样，度过了三年豪华、作威作福的生活。

张贵本来身体强壮，过了这三年，可够呛啦！不单夫人缠着他，还有四名丫鬟呢，她们都是妙龄少女；就是那位四十多岁的老太太，都满面春风，缠个不休呢！张贵处于六个女子的包围之中，这体格就招架不住了，日久天长，得了色痨，天天齁儿齁儿地喘，身体垮下来啦。可是，他处在荣华梦与温柔乡中，不能自拔了。原来他想回家探望叔爹婶娘，当然去不成的；日子一长，也就不想家乡了。原来他也觉得生活太奢侈，日子一长，也就觉得应该如此，有福不享白不享嘛。原先，他年岁轻又有学识，脑子里只有王法、朝廷；可是，为官日久，仕途的一切黑暗，见得多了，全洞察了，也就无所谓了。本来他想当一位百姓尊敬的青天老爷，挣一个光明磊落的清廉知府名声，可是，他问案、处理公务，都要依靠师爷，虽然委屈百姓的地方太多，可他主不了事，只能随师爷的便了。久而久之，下级大小官员，地方富绅，不断恭维，不断送礼请客，三日一小宴，五日一大宴，往来不断，还称颂他造福一方，他心里还挺美，觉得自己俨然是位青天大老爷呢！

三年很快就过去了，这天，夫人要他陪着上天宁寺烧香许愿去，他也想游玩一番，寻个开心。于是备了几乘官轿，由夫人、丫鬟、老太太陪着，以察访民情为由，前呼后拥去天宁寺了。第二天，他们又去了红梅阁。第三天，他们又去了文笔塔。这一通儿寻欢作乐，哪里是察访民情！老百姓怨声载道，他是充耳不闻。轿过之后，骂呀，扔土坷垃啦，这份儿愤恨就甭提啦。夫人在轿里听得清，看得见，暗想：这江苏常州可不能再长待了。

回来之后，张贵也累得躺下了，痨病加重。夫人跟师爷小声说了几句。说的什么，张贵听不清楚。就听见师爷向夫人进言说："夫人，我看老爷这病得好好治治了，到时候了。"夫人叹口气说："唉！师爷，你就访一下名医吧。可不能再耽误啊！""是，夫人，您放心吧。"这后，师爷命令丫鬟给老爷天天煮人参汤，补了些天，张贵才缓过来点儿。

有一天，夫人派了一个仆妇，一个管家，到常州最大的金银首饰店"天宝楼"，拿出来几件闪光夺目的首饰，交给珠宝工匠镶嵌珠花。这本是寻常的生意，尤其是知府夫人的宝物，掌柜的客客气气就收下了。过了几天，取活儿的时候，管家看来看去，忽然说："不对呀！这珍珠你们给换了吧？原来是'孔雀暖喙'，是罕见的宝贝，价值连城哪！你们怎么给换啦！我回去可没法儿交代！"这下子，伙计、工匠、大掌柜、二掌柜，全惊动了。婉言解释，百般说劝，管家和仆妇这才不带首饰，空手回府。

不一会儿，夫人亲自乘轿找来了！前呼后拥，这个势派儿可挺大。落轿进门以后，大兴问罪之师："我这件首饰上镶着的原是奇珍异宝，你们胆大包天，竟敢给换了，小小的天宝楼啊，你们这买卖还想做吗？"大掌柜施礼回话："哎呀，知府夫人，承蒙您光临敝店，这是小店的光彩，只是事出蹊跷，还望您宽限时日，我们再仔细查找，定然有个水落石出。"夫人硬是不依不饶，掌柜的没辙了，又说，"夫人，这样吧，先把小店最好的珍珠给您镶上，如何？"大人不听则已，一听此话勃然大怒："啊？这叫什么话！我的'孔雀暖喙'价值连城，你店里的珠子，白给我都不要！这不是骂我吗！""小人不敢，小人不敢。小店里是没有什么好东西，我们也知道夫人您看不上，可是我们这买卖也不殷实，还望夫人多多担待，多多宽容。""我可没工夫儿跟你磨牙！好吧，东西先留这儿！我过几天还来。啊！""谢谢夫人了。"表面上看，这档子事似乎暂时揭过去了，夫人乘轿回府。

过了几天，夫人没来，管家来把首饰取走。要说天宝楼这次给镶嵌的珠子，不说价值连城吧，也算是黄金万两，是人家的坐店宝珠。夫人一看就急啦，气呼呼地直喊："还是假的！假的！不要！不要！真是岂有此理！"在后宅里就大发雷霆，不住嘴地大骂天宝楼。这件事，惊动了知府，问来问去，夫人就全告诉了他。一看夫人那个痛惜珍宝丢失的样子，张贵也不由得火冒三丈："好个大胆的天宝楼，这价值连城的奇珍异宝，给偷换了哪成！这胆儿也太大了，真是欺负本官太甚！我定要他们赔偿！"夫人乘势鼓动他："老爷，我去是不行的，他们欺负女人；要不然，你陪我辛苦一趟吧！光凭你的官威，就能镇唬镇唬，决不能轻轻饶过他们！"张贵一听，更为震怒："不法之徒！这还了得！快吩咐备轿，本官我这就亲自前往！"夫人急忙吩咐丫鬟："快把参汤拿来，老爷，请先用参汤，咱们一起前去。""好好。"咕咚咚，咕咚咚，张贵把参汤三口两口喝完。这时，外边车轿齐备，张贵、夫人、师爷、仆妇、管家、丫鬟一行人，全来到了天宝楼。

嘎！知府衙门全班人马上天宝楼不是小事儿，有个伙计外出看见，他也不办事去了，反身飞跑回来告诉掌柜的。掌柜的大吃一惊，赶紧把后院儿东家请来。让座敬茶已毕，急急谈正事。东家一听就明白，心里话："这是讹诈我们哪！知府啊知府，谁给你换啦？敢吗？谁愿意找这个麻烦哪！素常都不错，在酒席宴上也常碰面，逢年过节，也没少给你烧香上供，怎么，今儿就讹诈到我们天宝楼头上了？哎呀！

可不大好办，知府既要行讹，弄不好我们就要吃官司，要是闹僵了，这大小官员，当地绅董，有头有脸的人物，谁敢不向着知府啊！”东家这么想着，摇摇头，叹了口粗气：“唉！我们迎候别在前柜，迎进客堂说话。”

赶到把知府一行人等迎进客堂，这班人坐下就开门见山要宝珠，气势汹汹，特别是夫人，七个不依，八个不饶，吵闹起来就没完：“你们这是什么买卖啊？简直是强盗坑人哪！把我们的‘孔雀暖喙’扣了，你们也发不了财，我们也穷不了！可是，你们这是伤天害理的勾当！哼，你们竟敢隐匿常州知府的东西，可见对黎民百姓就更狠了。你们素日以次充好，以假乱真，不追究哪成！来呀！给天宝楼贴上封条儿！停业查办！”张贵想不到夫人会这么发号施令，他也就追补一句：“封！”东家、大掌柜、二掌柜都跪下了：“不可啊，请求夫人、老爷暂息雷霆之怒，高抬贵手吧！”知府、夫人一直摇头，师爷呢，毫不含糊，马上让差人准备封条儿。不得已东家只好再央告：“知府大人，在常州府的治下，您说一句就顶事儿，让我们怎么赔都行，我可以立即派人去南海选购珍珠，如果您和夫人再不满意，就再到北京城去选。大人，您意下如何？”张贵刚要说话，夫人拿眼直瞪他，这眼直冒凶光，师爷也是满脸杀气，站在一旁。张贵一看，他们横，我也别含糊。马上把脸一沉：“什么南海、北京城，都不必啦！到哪儿你们也买不来我们那无价之宝！”

东家见知府不给面子了，就顶撞一句：“大人，您原来的珠子是什么样子？也没个见证啊！”张贵三年来只听到奉承颂赞之辞，还没人敢如此反问于他。顿时怒上加怒：“什么？没见证？难道说我这堂堂常州知府，还讹诈你天宝楼不成！”暴怒之下，一拍桌子：啪！坏了！张贵这一拍，不知道怎么回事，两眼直勾勾的，身子动不了啦！嘴唇儿一个劲儿哆嗦，话可说不出来啦。东家、掌柜的一看此情，全傻眼了，赶紧过来搀扶知府坐下，呼喊着：“哎呀！知府大人！大人！大人！”这个给他揉心口，那个给他掐人中，都慌了手脚。

这工夫儿，就见夫人过来一声断喝：“你们为何殴打钦命大人？唵?！”她再看看张贵，已经绝气身亡。师爷紧跟着也过来一看，喊道：“大事不好！知府给打死啦！”他可着嗓子大喊，“哎！哎！都别动！死尸不离寸地，你们谁也别想走！马上派人去县衙报案去！”夫人更是连哭带闹：“了不得啦！你们这是存心谋害知府，我非去按察院告你们这班刁徒！……”东家、掌柜们，只好双膝跪倒，不住磕头。东家说：“夫人，请节哀保重，我愿将全部家产献出，为知府成殓，有什么话，办完丧事再说，万万不可去按察院告状。”再大的买卖人也怕跟官家打官司，一打官司，财净人受屈，官官相护，弄不好就得下大狱，判重罪。东家明白，所以才说这话。师爷一旁听罢，“唉！”先叹口气，“这阵子倒是替他们讲情了，夫人，您赏他们个面子吧。都听我说，就这么办也可，不过，不单是办丧事，还得赔偿夫人丢失的珠宝！”大掌柜问：“怎么折价呢？”师爷说：“无价之宝！”还是东家把事看透了：“夫人，师爷，我们将天宝楼全部献上就是了。”

就这样，天宝楼的所有金银财宝全归了夫人他们，天宝楼的房产变卖之后，钱财也归了他们。

在殡葬知府的日子，师爷早就安排了，给常州大小安员、大小商铺都发了讣闻，还写上一笔：“如蒙吊唁，勿携祭品。”这个，一看谁都明白：不要东西，要钱。这一来，又是一笔不小的进项。

故事说到这儿，说它完了，也可以；说它没完，也可以。这怎么说呢？您听啊：张贵一死，故事就算完了；可是怎么又说没完呢？因为有人说啦：“还有些不明白，到底这位年轻的夫人是干什么的？”我看，您也别抱着这个闷葫芦，把我开头儿说的闲话儿再细想一下。如果还不明白，就听我再说几句闲话儿点一下吧。

您知道，常州知府刮了三年地皮，外带一座天宝楼金店的全部财产，都上哪儿去了？甭问，您准会说：“都归夫人了呗！”错啦！实说吧，夫人都上缴了。“上缴给谁？”谁？给师爷了。“师爷？”对。您别看夫人是故事的主角，师爷可是她的头头哪！“什么头头？”做“缺生意”的大头目啊！您还不知道这位夫人到底是谁的夫人吧？她啊，跟师爷才是夫妻哪。那老太太呢，她是师爷十多年前的正任妻子，老了，当不了主角儿了；就算休了。休了还得合伙儿干。这位夫人，再任个六七年，也当不了主角儿了，也要退位，跟老太太一样。这位师爷呢，他就会从丫鬟中再挑一个做老婆，当主角儿。“那老太太被他休了，为什么还要跟他合伙儿干？”您想吧，活着，供她花销；死了送终，图个享用不尽吧。要是不图这些，要走，走得了吗？有性命之忧啊！

还得说人家钱掌柜的，您也该想想：开店的会那么大方？这大方全是师爷花的钱呗！买通他给物色有学问的举子，物色到了，就给他一千两纹银哪！若不，凭什么他那么卖力气拉张贵！这位师爷，光钱掌柜的就得了他一千两，买缺花了五千两，买通地字号考场监考官又是两千两。您想，张贵若考中进士，必然要放官做，师爷哪儿能让他考中！不贿赂考官哪儿成！里里外外上下打点，连住店、雇车、雇船，几个人的花销，这些，归里包堆，也只花了一千多两。总共花了还不足万两纹银。可是常州三年刮地皮，就搂了二百多万两，一座天宝楼又讹诈了五十多万两，总共是二百五十万两啊！本钱只用一万两，那真是微不足道了。

到了三年，他们必须换地界儿，因为，一是把地方刮得差不多了，怕民愤起来难收拾，怕有上告的，换迟了就容易露了原形；二是必须赶下一个会考，再物色个张贵，再买个远地的新缺。近了，就怕有人认识他们。所以，张贵只能在富贵梦温柔乡里享受三年风光。可怜呀，糊里糊涂做了异乡之鬼，那碗人参汤啊，就是定时毒药。

到了第四年上，在北京顺治门外德胜客栈后院儿上房，又有位随夫上任的少妇，自称丈夫暴病身亡，要选位落榜的举子，或者是失意的文人，帮忙料理家业南归。那位钱掌柜的，自然短不了又有一千两纹银的进项。随着，也就又出现了一位携眷上任陕西省凤翔府的年轻知府。那儿，离江苏常州远着哪！又是这么一出戏。甭问，这位年轻的知府又是个可怜的张贵呗。

耶？那位年轻的说了："张贵并不可怜，挺走运嘛！够本儿啦！人生一世，能过三年官瘾，享受三年，风流三年，死也值得过儿啦。"哎哟，这位兄弟，看您长得挺英俊的，不知您的学问怎样，要是有学问，您乐意当张贵的话，就可以到北京城顺治门外德胜客栈找钱掌柜的去。可是，唉！大兄弟，如今可没有那种事儿喽！

（张寿臣讲述　陈笑暇　北乃木整理）

猫蝶图

今天我给您说的这个节目哇，是个实事儿，发生在民国十四年。

北京和平门外头琉璃厂有一家儿古玩商店，字号叫“文宝斋”，专收售历代文玩字画。掌柜的哪，姓魏叫魏国宝，江西赣州人，有五十多岁，矮胖子，圆脸膛儿，长着一对眯缝眼儿。您别看眼睛小，可眼力好，对鉴赏文玩字画，哎，特别是对字画，非常有研究。因为他自己也能写会画，所以，历代名家的画儿，在他眼底下是一目了然。这是他干这行三十多年积累的经验。敢情经验丰富不在乎眼睛大小！

古玩铺这一行啊，有这么两句话，是“半年不开张，开张吃半年”，一号买卖做成了，就许赚个万儿八千的。不像油盐店，从早上一开门儿就闲不住，一个子儿油，俩子儿醋，老不断人，忙活一天，到晚上一串柜才两块六角钱！

古玩铺平常没什么人。哎，这天特别，早晨刚一开门儿，就进来一位，二十来岁，瞧穿着打扮儿像从城外头来的，胳肢窝里夹着一个油布卷儿。进门儿就问：

“掌柜的，您这儿收画儿吗？”

魏国宝一听：噢，卖画儿的。就说：

“收，打开看看吧。”

这个人把油布卷儿往柜台上一搁。打开油布卷儿一看，里边儿是个黄布卷儿，等把黄布卷儿打开，里边儿是个蓝布卷儿，再把蓝布卷儿打开，里边儿是个红布卷儿……

魏国宝心说：你是上我这儿卖画啊，还是变戏法儿来啦！怎么包这么些层啊？

等打开红布卷儿，里边儿是一层绵纸，打开绵纸，这才看见一轴儿画儿。伙计过来，解开丝条带儿，把画轴儿慢慢打开，魏国宝戴上花镜这么一看哪，当时他："嗞！"哎呀！可了不得啦！

那位问了：他看见什么啦？

我不说您不知道，我一说……您可就知道啦。

历史上有记载，在北宋年间，宋徽宗赵佶，画过一幅《猫蝶图》，原画儿是一对儿，两张，一张是"蝶飞猫扑"；一张是"蝶息猫卧"。为什么画"猫蝶"呢？这里边儿有讲究，古时候称呼老年人，八十为耄，九十为耋。"猫、蝶"是"耄、耋"的谐音，也就是长寿的意思。别看宋徽宗赵佶是皇上，可对字画很有研究，尤其是虫、鸟、花卉，画得最好。这幅画儿，画绝啦！猫蝶栩栩如生，猫能从画儿里蹦起来，蝴蝶能从画儿里飞出去，活啦！这幅画儿传到了明朝，让明成祖朱棣给收藏起来了。怎么知道呢？画儿上盖有印章"永乐之宝"，永乐是明成祖朱棣的年号。到了清朝，乾隆皇上把这幅画儿收藏在宁寿宫西侧的"古华轩"。画上盖有"乾隆鉴赏""古华轩珍藏"的印章。后来，庚子年八国联军打进北京，这幅画儿可就下落不明啦。

事隔三十来年，哎，今天，这幅画儿又出来啦！卖画儿的拿来的正是《猫蝶图》。可惜，是其中的一张。一张，也值钱哪！值多少钱？没价儿呀！千金难买，万金难寻，您花多少钱，它……没处买去呀！

魏国宝把小眼睛瞪圆啦，推了一下花镜，仔细又看了一遍。嗯！真的，太好啦！

"请问，这张画儿怎么传到您手上的？"

卖画儿的说：

"啊，是这么着；听我娘说呀，我爹当年练过义和拳……"就是参加过义和团，"……庚子年，在京东廊坊和洋鬼子打了一仗。哎，这画儿就是那回从洋鬼子手里截下来的……"

魏国宝赶紧问：

"那么，你爹还在吗？"

"我爹他还在——我就不卖画儿啦。"

好嘛，大喘气！

"就这一张吗？还是两张啊？"

"哦，我拿画儿的时候，外边儿还包着一张。"

"也是《猫蝶图》吗？"

"是张灶王爷。"

嗐！

“怎么？那张您也要哇？”

“不，不要！”

魏国宝心说：古玩铺收灶王爷干吗呀！得了，先收这张吧。

“我说这位老弟，这画儿你要多少钱呢？”

“嗯，我娘说了，这是皇宫内院的东西，准值钱！要多少钱……反正越多越好吧！”

哎，他也没谱儿。

魏国宝一琢磨：嗯，这画儿是值钱，要是两张就好了，两张一万块我全要。这是他心里想的呀，哎，他嘴里给说出来啦：

“嗯，要是两张，一万块我全要……”

卖画儿的一听：

“那，那这一张，您就给五千块吧！”

嘿，他听来个价儿！

五千块现大洋，当时这可是个数儿啊，柜上一时没有那么多钱哪。有心不收吧，一想：不行！怎么？他隔壁有家儿古玩铺，字号叫“文兴斋”，东家是个外国人，要是让他们收了去，准得国宝外流……这画儿说什么也得收进来。想到这儿就说：

“我还个价儿，给你三千，怎么样？”

卖画儿的把画儿一卷，转身就走。

魏国宝急啦：

“四千，那么四千五……”

一咬牙，一狠心，一跺脚（学顿足状）：

“哎！五千我要啦！”

低头一看：坏啦！怎么？鞋开绽啦！他心里着急，脚底下使劲嘛。

魏国宝得凑钱哪，把柜上的一些古玩卖给同业啦，连柜上现有的钱，凑足五千块，把画儿收起来了。收进这张来，他还惦记着那张，人家临走的时候，他还嘱咐哪：

“回家你再找找那张，要有哪，赶紧给我送来，我还给五千块……那什么，那张灶王爷你就别送来啦！”

哎，这不是废话嘛！

您别看魏国宝只收进了一张《猫蝶图》，嗬！可也不得了啊，轰动了整个书画、古玩界呀。

这一轰动不要紧，麻烦啦。怎么哪？在琉璃厂南边儿——虎坊桥，有家儿外国人开的"洋发银号"，经理叫甘瓦洛夫，叫别了就是干巴萝卜，您听这名儿！这个干巴萝卜哇，表面上是开银号，实际上是专门盗卖我国的文物，什么珍宝玉器呀，古玩字画啊，哎，他全赅搂着！琉璃厂里的那个文兴斋就是他的收购点儿。干巴萝卜一听说：怎么着？文宝斋的魏小眼儿收进一张宋代名画，才五千块钱！嗬，这个气大啦。我的文兴斋就在他旁边儿呀，文兴斋呀，文兴斋，白"闻腥"啦，这回连点儿味儿都没闻见哪！一琢磨：嗯……对，花钱买他的，多给钱，"有钱能使鬼推磨"嘛！

可魏国宝哪，是个爱国的古玩商人，只要收进来的珍品，外国人买呀，给多少钱，也不卖！把干巴萝卜急得整天抓耳挠腮，坐立不安，连睡觉都拿大顶啊。哎，您瞧这叫什么毛病！

干巴萝卜把黄眼珠都快急蓝啦，绞尽脑汁打这张《猫蝶图》的主意……

说话间，过了仨多月。哎，这天，正赶上魏国宝病了。什么病啊？感冒。头晕脑涨，四肢无力，胸闷口苦，两眼发花。哎，正在这时候打外头进来个人。这个人哪，长得个儿不高，鸡胸脯儿，罗圈腿儿，柿饼子脸儿，大嘴岔儿，扇风耳朵，塌鼻梁儿，两道窄眉毛，一对雌雄眼儿。什么叫雌雄眼儿啊？就是一个眼大，一个眼小。（学相儿）这相儿！您瞧这模样儿长的！

魏国宝一看这个人，气儿就不打一处来，怎么？认识他。这个人哪，是古玩行里的投机商，专门倒腾古玩字画，不少的名画儿、古玩，都经他手盗卖给外国人啦。他姓梅，叫梅亮新，可大伙儿都管他叫没良心！您想啊，他但凡有点儿良心，能干这吃里爬外的事吗？

一说话呀，还齉鼻儿：

（学齉鼻儿）"魏掌柜，您辛苦！"

魏国宝打心眼儿里不愿意搭理他，可还得支应着：

"啊，有事吗？"

"有事儿，您猜我什么事儿吧。我呀，前几天出了趟门儿。您猜我上哪儿啦？我上京东廊坊啦。您猜我在那儿买着什么啦？我呀，买了一张名画儿。您猜是什么画儿？您猜……"

魏国宝一听：好嘛，他跟我猜谜儿来啦！没良心说完，把他夹着的一个布卷儿打开啦。

“魏掌柜，您上眼，您看这是什么？”

魏国宝一看，哎呀！当时这感冒就好了一半儿。什么画儿呀？北宋徽宗的《猫蝶图》。魏国宝心说：我收的那张是“蝶飞猫扑”，这没良心拿来的这张是“蝶息猫卧”。两张搁一块儿，正好是一对儿。一看：上边儿还盖着“宣和御制”，说明是宋徽宗画的，“永乐之宝”“乾隆鉴赏”……印章一个不少。

没良心等魏国宝看完了，把画儿一卷，说啦：

“魏掌柜，听说您也收进了一张《猫蝶图》，所以呀，我特地找您，想把我这张让给您，让您把这幅《猫蝶图》配齐了。您给一个整数儿，一万块怎么样？”

说完，他拿那对雌雄眼儿盯着魏国宝。（学相儿）“嗯……”

魏国宝一琢磨：宋代名画儿失而复得，这是国家的无价之宝哇！这画儿在没良心手里，早晚得倒卖给洋人，这是国家的损失呀！我得买下他这张画儿来，嗯，宁可倾家荡产，也得保住这幅稀世珍品。一咬牙，一横心，一……没敢跺脚，怎么？他怕鞋又开绽啦！说：

“好，我出一万块，买你这张。你先坐会儿。”

魏国宝转身儿进后屋了，跟账房先生一合计，然后把先收的那张《猫蝶图》用布裹好，夹着出门儿奔洋发银号啦。

干巴萝卜一听：怎么着？魏国宝要拿《猫蝶图》找他押一万块钱，心里这份儿高兴啊，赶紧就出来了。

“啊，魏先生，听说您需要一万块钱？啊，太不凑巧了，近来银根奇紧，我们不往外借款啦；但是魏先生嘛，可以例外，连利钱都不要，不过，只限三天！怎么样？”

魏国宝一听就愣啦：只限三天！这么说，三天要是不来赎，我这张《猫蝶图》就归他啦。好厉害呀！原想把画儿押在这儿，先倒一步，可是三天我上哪儿凑这一万块钱去呀！不把没良心那张画儿买过来吧，这事儿就麻烦啦！又一想：我呀，先押一万块，把没良心那张《猫蝶图》买过来再说。对！硬着头皮还是把一万块钱接过来了。

钱是借够了，可没良心又变卦啦。

“哎，魏掌柜，您走了以后，我琢磨了，这画儿啊，我不卖啦……”

魏国宝一听就火儿啦：

“啊？你什么毛病？属外国鸡的，一会儿一变。”

"您先别急呀，这样儿好不好，一万块，我把画儿押您这儿，今天，明天，后天，三天之内我拿两万块钱来赎，怎么样？"

"我不信你这鬼吹灯的事儿。"

"三天之内，我不拿两万来赎，这张画儿归您哪！行了吧？"

魏国宝一琢磨：没良心这小子玩儿什么鬼花活呀？他急等着用一万块钱？又投机倒腾去？不然的话，干吗三天出一万的利钱哪？又一想：弄一万块钱也不是容易的事儿哪，到时候他不来赎，画儿就归我啦，我也不吃亏，要是真来赎我白赚一万也不错。想到这儿就说：

"好吧，后天下午，你来赎画儿，咱们是过期不候！"

"行！"

立完字据，没良心拿钱走了。没良心走了，魏国宝可忙了，赶紧把账房先生叫到后屋，干吗呀？登记上账。账房先生写着账，他在旁边儿把画儿打开了，刚才呀，光想主意弄这一万块钱来着，没细看，这会儿有工夫啦，要仔细看看。这鉴赏画儿呀，就跟喝茶、饮酒一样，得讲究品味儿，魏国宝冲着这张《猫蝶图》就"品"上啦。"品"着"品"着，魏国玉猛地一拍桌子：

"哎呀！上当啦！"

账房先生吓得一哆嗦，噌！把账全勾啦！

"您……您怎么啦？"

"唉，输了眼啦，这张画儿是假的！"

"假的？"

魏国宝说：

"《猫蝶图》一共是两张，咱们那张'蝶飞猫扑'，画的是早晨；他这张'蝶息猫卧'，画的是中午。早晨猫眼睛是'圆瞳'，犹如杏核儿；中午，猫眼睛是'立瞳'，竖成一线。你看：他这张画儿上的猫，画的是中午，可猫眼睛是'圆瞳'，这张画儿是赝品——假的！"

那位同志问了，这不是没良心有意坑他吗？哎，您还真说对啦，这事儿呀，就是干巴萝卜指使没良心干的。干巴萝卜倒腾咱们中国的字画儿也不是这一起啦，能想点儿馊主意。故意弄张假画儿，让没良心押给魏国宝，不卖，押！怎么呢？他琢磨啦，假画儿"押"在那儿，三天之内，他不敢卖，等到看出假来呀，也到日子啦。临时他上哪儿弄一万块钱还给洋发银号哇？我这儿的借款，也是三天期。到时候，两边儿一挤对，这真画儿可就归我啦！

您瞧这主意多损！

魏国宝一想：真画儿押出去了，假画儿窝在自己手里啦，这怎么办哪？急得在屋里直转磨。

账房先生在旁边搭茬儿啦：

“掌柜的，假的怕什么呀，他后天不是还来赎吗？”

“嗐！您怎么这么糊涂哇，假画儿他能来赎嘛！”

“嗯……对，是不来赎啦！”

这怎么办哪？魏国宝愁得一宿没合眼哪，天快亮啦，哎，他想出个主意来。嗯，我呀，这么着，他得那么着；他那么着，我就这么着；我一这么着，他准那么着！……

到底怎么着啊？您一会儿就明白啦。

第二天哪，魏国宝请客，在哪儿啊？西四牌楼南边儿“砂锅居”，宴请古玩字画界的同业，等人都来齐啦，他拿出一张画儿来。大伙儿一看：哟！《猫蝶图》。就听他说：

“各位，兄弟我从业三十余年，不料押进一张假画，诸位请看……”

跟着他把假画儿的破绽，什么“圆瞳”啊，“立瞳”啊，讲了一遍。然后，把画儿一卷，划火儿点着，烧啦！

烧完了一乐：

“来，各位，咱们干一杯，算我跟大家辞行，我呀，歇业不干了，回家抱孩子啦。今天为什么单在砂锅居请大家吃饭哪？咱们这叫砂锅捣蒜——就这一槌子的买卖啦！”

嘿，您瞧挑的这地方！

说完，冲大家一拱手，回店了。他走了，大伙儿议论纷纷哪，这个说：

“哎呀，魏掌柜的把画儿烧啦，明儿人家来赎可怎么办哪？”

那个说：

“哎，你怎么那么糊涂啊，假画儿赎个什么劲啊，花两万块钱，赎张假画儿？没那事，你放心，不会来赎啦！”

“不会来赎啦？”

“不会来赎啦！”

大伙儿都认为不会来赎了，可是到第三天下午，哎，没良心还真来赎啦！

魏国宝一见没良心，气得嘴唇儿直哆嗦，半天没说出话来！心里叫着：梅亮新哪，梅亮新，你可真是没良心哪！

没良心乐不叽儿地掏出两万块钱来：

“魏掌柜，我赎画儿来啦。两万块钱在这儿，您把画儿拿出来吧。”

魏国宝看了看两万块钱，又瞅了瞅没良心，然后说：

“先别忙，咱们商量点儿事。你那张画儿啊……甭赎啦，卖给我吧，怎么样？”

没良心把雌雄眼儿一转：

“嗯，行啊，您给个价儿吧。”

“你那张画儿值多少钱，你心里清楚，我心里也明白，我绝不亏待你。这么办，我给你这个数儿。”（伸仨手指头）

没良心一瞧：

“给三万？”

魏国宝一摇头：

“嗯，多……”

“三十万？”

“多！”

“三百万？”

“多！”

“还值得多？”

“我说：你要得多！”

“噢，这么个‘多’呀？那……那你说我那画儿值多少钱？”

那魏国宝冷笑了一声：

“哼，三毛钱！”

“啊？”

“没良心，我万没想到，你骗来骗去骗到我头上啦，可你这造假画儿的功夫还差得远哪！”

没良心一见魏国宝说破了——假画，毫不慌张，反倒沉住气啦。

“魏掌柜，我那画儿真也罢，假也罢，给多少钱都不卖啦！”啪！把两万块钱跟字据，往桌子上一拍，“姓魏的，拿画儿来吧！”

正这时候，就听门外头汽车一响，干巴萝卜进来啦，手里拿着一卷儿画儿。

“啊！魏先生，我怕您太忙，没时间，特意把画儿给您送来啦。想必一万押款早预备好了吧？”

嗬！您瞧这劲头儿！

魏国宝一看这阵势，心说：两路夹攻啊。来吧！先把干巴萝卜手里的画儿接过来，打开一看：不错，正是自己那张《猫蝶图》，完好无损！就从没良心拍到桌子上这两万块钱里，给了干巴萝卜一万。剩下一万和这张《猫蝶图》，全交给账房先生收好，然后把字据拿起来，哧儿！一撕，转身进后屋拿出一卷儿画儿来，冲没良心说：

“既然不卖，把你的画儿拿走吧！”

没良心接过一瞧，纳闷儿啦：

“嗯？你……你不是给烧了吗？”

“是啊，我不烧，你还能来赎吗？烧是烧啦，可不是你这张。”

干巴萝卜在旁边沉不住气了，忙问：

“那是……哪张啊？”

“是这么回事。前天晚上，我瞅着他这张假画儿气得慌，就仿照着也画了一张，画完一看，不满意，昨天我在砂锅居给烧啦！”

干巴萝卜心说：噢，他这是烧纸引鬼呀！嘿！自己白费心机啦！可还不死心，又追问了一句：

“魏先生，画得不满意你给烧了，要是画得满意了呢？”

魏国宝一乐：

“要是画得满意呀，我就上你那儿再押一万块钱啦！”

嘿！

（刘宝瑞述　殷文硕整理）

火龙单[*]

这回我自己说一段儿单口相声，这段儿说的是过去这么一档子事情。过去呀，有这么一个大财主，家里头很趁钱，真是挂过两次千顷牌，趁千间房子万顷地。可是人呀，这个人不旺，老员外跟前就是三个姑娘。三个姑娘长大了，都出了门子了。大姑老爷哪，是个文秀才。二姑老爷哪，是个武举人。就是这个三姑老爷哪，没有事情做，游手好闲。三姑老爷虽然没事情啊，但是家里头也很有钱，那真是门当户对全都是有钱的。三姑老爷一生就好一档子事儿，好耍钱。耍钱耍得简直太凶了，家里头什么人也没有，就是两口人，自己执掌这个家业，把家里头所有的家产全部都给输光了，输得简直一分钱都没有了。家里头在生活方面很成问题了。眼看哪就到了腊月啦，快到祭灶的日子啦，外头又很冷，目前就是他岳父寿诞之期到了。这个时候，两口子在屋里坐着，媳妇就埋怨他："你看看，你总好耍钱，耍到现在，跟着你简直过这个穷日子，我真是倒了霉了！现在你看看，我爸爸寿诞之日就要到了，甭问哪，人家大姐二姐都得去拜寿去，咱们家里没钱，你说咱们去拜寿拿着什么吧？连点儿寿礼都买不起。""嗨，你呀，不用着急。虽然咱们家没钱哪，但是咱也得要去。咱们也得去拜寿。""啊？拜寿啊，你自个儿去。我可不能去，我没法跟你丢这个脸！""别着急呀，我告诉你呀，咱们找朋友借俩钱儿，买点儿寿礼，咱们要去。要去还不能白去。""不白去怎么着？""把我所输出去这一片家业，都得要把它赎回来。""赎回来？拿什么赎啊？告诉你，你要打算上我们家借钱哪，我父亲那个人可最耿直，他最讨厌的就是借

---

* 本篇源于民间故事。

钱。另外你现在家里头什么都没有了，你找他借钱他也不放心，他也不能借给你！”“话是这么说呀，到那块儿呀，你呀别给我砸了锅就行，无论什么事情，你都要看我的眼色行事。”“哟，你还有什么好主意呀？”“看见了吗？”“看见什么呀？”“就是我穿的这件衣服。”这三姑老爷穿的是一件什么衣服哪？蓝布大褂儿，这三姑老爷哪不好捯饬，总穿这件蓝布大褂儿。这个大褂儿呢，简直都成了油包儿啦！在外头要是下雨呀，穿上这个大褂呀都能搪雨，就好像是个油褂子似的。戴着个小缎子帽扇儿，也油亮油亮儿的。“看见了吗？就凭这件大褂儿，我到那儿去呀，找老岳父一说，就把咱们全部家业完全都可以赎回来。”“你有这好主意？”“那当然了。”“那好，我到那儿一定听你的。”

在这个时候到外边找朋友借俩钱儿，左不溜儿都是跟他一块儿要钱的好朋友。借俩钱儿呀买了点儿寿礼。当时交给三姑娘把这东西带着：“你呀，前边走，你先去！”雇了一辆马车，上了马车哪，奔他岳父那儿去了。他自己这时候在家里看时间，这怎么回事呢？到了时间才走呢。一瞧时候不早了，去吧。从家里头一出门儿，撒腿就跑。他跑什么呀？因为他身上没有衣服。身子上头穿的是什么哪？就是刚才我说的，就穿着一件大褂儿，一身的油，戴一个小缎子帽扇儿是油亮儿油亮儿。顺家里一出门呀，撒腿就跑，噔噔噔……跑得非常快。这是什么用意呢？他不跑他真冷啊！这正在腊月三九的时候，能不冷吗？眼瞧着就快到他岳父家了，登时站住了，闭了闭气，把那个喘劲儿歇下去，一瞧哪，道旁边还有没化尽的雪，就把那雪捧两把，攥了两个冰球儿把帽扇儿就摘下来了。把两个雪攥的冰球儿搁帽扇里头，照旧把帽扇给戴上，这个时候哪，叫门进去。

他老岳父这么一看：“嗬！难得你这模样，你还上我这儿来！”大姑老爷二姑老爷在一旁也是看不起，怎么回事呢？一瞧，啊？不务正业。所有的家产完全输进去了，现在简直是现世。哎呀，我们跟着你呀都丢人！当时老岳父一看：“哎呀，你来啦？”“我来啦，岳父大人！”“外头这天太冷啊！”“怎么会冷啊，外头这天太热！”怎么热呢？刚才说得明白，他拿雪攥两个冰球儿搁到帽扇儿里头了。他岳父家里头哪，非常的暖和，家里有钱哪！他在屋里边这么一待，当时热气这么一蒸，他帽子里那两个冰球儿就化下来了，往下这么一流水，连水带汗，他还有点儿喘：“哎呀，这个天可太热了。热得我简直都出不来气！”他岳父这么一看纳闷儿呀，心说外头这么冷，他既没穿皮的，也没穿棉的，就穿这么个大褂儿来了，他怎么这么热？顺脑袋还直点儿往下流汗？当时就问他：“哎，三门婿，你没穿皮袄，也没穿棉袄，为什么你这么热呢？”“哎呀，岳父大人，实不瞒您说，我的全部家产，虽然是因为我好要钱输进去了，但只剩下这一件，这是我的传家之宝。”“噢，传家之宝？不就这大褂儿吗？”“大褂儿，你细看看这是大褂儿吗？”“细看哪，怎么看也是大褂儿！”“跟您说，岳父大人，我这件哪叫火龙单。这件火龙单是我的无价之宝。无论你有多少钱你都买不来。像您要是有钱买个最暖和的皮袄……”最暖和的是什么呀？就是玄狐。据说玄狐皮皮袄最暖和，你要穿好了一个玄狐马褂儿，外头下大雪，你打那儿一路过，那雪都不往上落。玄狐啊就这么暖和。“可是我这个火龙单哪，是没地方买，这你花多少钱都买不来呀，要不然的话我不早就拿出去了吗？就因为在我父亲临终的时候跟我讲过，什么东西没了都行，这传家之宝不能没了，所以呀我就剩这件火龙单。但是，这件衣服是不错，可是我这个岁数穿着啊有点儿不相当，受不了。太烧得慌。穿这个非得上岁数……哎，像您这岁数啊穿着正好！”他媳妇在外边一听啊，也不敢乐出来，心说，这叫什么主意呢？可是他岳父呢，当时就爱上这件衣服了：“噢，这件叫火龙单？哎，还真不错。我说三门婿，咱们可是这样的亲戚，这件衣服在你手里头，像你这样好要钱，早早晚晚备不住啊也得把它给糟践出去。要是一文不值半文糟践出去，那可怪心疼的。哎，这件衣服咱也别提是卖，你是不是把它匀给我。因为我这个岁数经常出去要账，我穿上这件衣服啊，比较合适。”“哎呀，话是这样说，您穿着合适，但是我可不能说卖，说卖呀，我对不起我死去的前辈。”他岳父当时哪就爱上这件衣服了，老头儿说：“要多少钱都行。这么办吧，你现在在外头一片产业都输光了，哎，除了典就是当，是不是你这一片家产让我全部给你赎回来，这件衣服哪就在我这保存。”“哎，那样还行。在您这保存不算卖给您。我什么时候有了钱，这件衣服还算是我的。算在您这块儿存着。我算借给您穿。”老头儿一想，借给我穿哪，就你这好要钱，这片家产虽然给你赎回来，用不了三天两早晨你还得把它输进去。你赎啊，你拿什么赎啊？老头儿爱上这件衣服了。当时旁边哪，还有大姑老爷、二姑老爷。大姑老爷是文秀才，有学问，一听说老岳父要花这么些钱买这件大褂儿，当时大姑老爷就把老头儿给调出去了。“哎，大姑爷，你有什么事？”“我跟您说，岳父大人，您可不要上当。这个老三哪，他可什么事不做，净做坏事。您琢磨琢磨，一件破大褂儿您就花这么些钱，另外这件如果要真是宝贝火龙单，他能冬天连件衣服不穿，光穿个大褂来吗？没有那么档子事，您别听他的！”“哎，也对，可是你说这件衣服不对吧，它怎么能进来就出汗哪？”这个老岳父哪，舍不得这件衣服。“哎，要不这么办，如果您实在不放心哪，今天晚上您可以试验试验。”“我怎么试验哪？”“哎，刚才我在来的时候啊，我到您那后花园看了一下，我看那儿有三间空房，那是干什么的？”“啊，那现在没有人住，就在那儿搁着。”“那好办哪，既然这样，今天晚上就拿那个空屋子就可以试验试验。”“那怎么试验哪？空房子过去呀是在那里头磨个米呀磨个面儿呀，现在没人住，挺冷的怎么试验？”“哎，对对对，就因为那屋冷，才可以试验。今天晚上您就叫他呀，穿着他这件火龙单就上那屋里待着，我们把门锁上，屋里头也不给他生炉子，咱们在前院该干什么干什么，叫他在那屋里边住一宿，如果明天他还是照刚来的时候，脑袋出汗，那就证明他这件是火龙单，传家之宝。如果到明天早晨他要是冻死了，那您就省得上当了。”老头子一听：“嗯，对，你这主意还真不错，那好，我跟他商量商量。”进来又找三门婿：“哎，我说三姑老爷，哎，可不是我这个人哪……哎可不是我这个人哪，哎有点儿不放心，咱们都是亲戚，你这件衣服哪，那个我，我是一定是要了。哎，但是我要试验试验。”“啊，您怎么试验哪？”“我想啊，今天晚上啊叫你穿着这件衣服啊，到咱们后花园那个空屋子里头待一宿，如果要是真是传家之宝，这件衣服我就一定要了，你呢，也不能受什么危险。”三姑老爷一听就明白了，这是大姑老爷给出的坏。嗯，自己嘴里头呢不能含糊，还得撑着这劲儿：“好啊，嗨嗨嗨，哎呀，别说待一宿，就是待个十宿八宿的也没什么问题。那好吧，走！咱们现在就走。”当时就要走，他撑这个劲儿。老头儿说：“别忙，别忙别忙，咱们一会儿就开饭，哎，咱们吃一顿团圆饭，吃完了喝完了，晚上你再去好不好？”“好吧！”好家伙，到晚上一开饭，酒足饭饱，吃得特别饱。哎，天也快黑了，当时呢，老头儿带了两个家人就把三姑老爷送到后院了。开开门三姑老爷进去，当时把门又锁上，隔着窗户说了句话：“哎，三门婿，明天早晨见！”老头儿带两个家丁回来了。前头院哪，划拳哪行令啊，打牌呀斗梭儿和啊不提了。

单提三姑老爷在后头院空屋子里头，自己心里头恨这个大姑老爷，心说：咱们又没仇没恨的，没事你给出这个主意干吗？我再说也没招你没惹你，你这是为什么放着河水不洗船呢！我这一宿在这块儿非死不可，我还得撑这劲儿。我怎么办呢？三姑老爷这么一踅摸呀，他乐了，就瞧见这屋子里西北旮旯，在那块儿立着这么一个磨扇。石头的磨扇，这个磨扇有多大分量呢？二百多斤。一瞧见那磨扇，这三姑老爷乐了。行了。哎呀，我这个露脸哪，都在这个磨扇上。三姑老爷听了听外头也没人了，头里哪乱乱糟糟的，当时就把这磨扇就从墙犄角儿这儿立起来了，这三姑老爷在屋里头哪推这个磨扇，骨碌，骨碌，骨碌，骨碌……过来过去就在这屋里头推半圆圈儿，累得慌呢，休息一会儿，接着还推，累得慌呢，休息一会儿，咕噜咕噜还推。你想啊，现在天气虽然是三九天，是冷，这个，人要跟这块石头玩命他也就不显冷了。二百多斤在这屋里推了这么一宿啊，眼看这天哪也快亮了，琢磨着这个时间也不早了，别推了，把这个磨扇哪原来在哪儿拿来的，还搁到哪块儿，从外头来的人一点儿痕迹都看不出来。当时他往那磨扇上一坐，一听外头有人走，有脚步声音，当时把这个帽扇儿摘下来，在那块儿，拿这小帽扇儿呼嗒。这个时候外头哪是老岳爷，还有两个家人，大姑老爷二姑老爷全来了。干吗来啦？琢磨这一宿怎么一点儿动静没有，得把他给冻死。因为头里太乱了也听不见。一开门一瞧啊，三姑老爷在那儿正坐着哪，拿着这小帽扇儿正呼嗒风呢：“哎呀，嗬，太热了！我说我这岁数穿这衣服简直不相当啊！哎呀，太热了，直流汗。”怎么回事呢？他跟那石头玩儿了一宿命他能不热吗？老头儿这心里头当时对大姑爷就有点儿不满：“噢，明摆着人家这是传家之宝火龙单，没事嘛，你还给我胡出主意。啊，还叫我试验试验，我明白你的意思，你这要撬行啊！那意思呢不叫我买，你要憋着买这件衣服，这哪有的事情，咱们都是亲戚呀！简直太不对了！”“哎呀，我说怎么样？三姑老爷你这一宿够呛吧！”“哎呀，简直这屋里太闷了，您瞧我，我受不了啦。”“走吧走吧！”把三姑老爷请到前厅。到前厅洗洗脸，把早点端过来在那吃着。这个时候他那老婆从里头屋走出来，瞧自己丈夫没死，心里头可就稳定了。这个时候老头儿还接着跟他讲价：“怎么样？咱们一言为定了，就照昨天说的那话办吧！”“哎呀，我真舍不得，简直！既然咱们是亲戚，您这岁数穿着这个合适，得了，这件衣服我看着先暂时在您这保存吧。”当时把这油布大褂脱下来，啊，像模像样地叠好喽，交给老头儿："您拿着，啊，老岳父，这件衣服您可要好好地保护，细心地保存，您可不要给我糟践了。您把它锁起来，不要逮谁叫谁摸，另外可别压。您出去的时候要想穿这件衣服，您可找那最冷的天，要是不冷的天您穿上啊，对您这体格儿可没什么好处。另外您要穿我这件火龙单的时候，您里头最好啊别套衣服，套衣服啊，您拣单的套两件儿，套多了您受不了，这衣服太暖和了！"他够多损啊！就这一句话不要紧哪，简直把老头儿的命快给要了。老头儿说："好好，我一定记住，来呀！把我尽上头那箱子开开，开开那只箱子！"把箱子开开，拿手托着，就跟眼珠似的，就把这件火龙单——油布大褂锁箱子里，嘎巴儿锁上了。老头儿把钥匙自己掖着。这个钥匙谁也不能拿，除了我谁也不能动这件衣服。当时老头儿吩咐人："来呀，赶紧给点儿钱。啊！"当时把钱点好喽，所有的家产都给赎回来。当时对这三姑老爷另一个看法："哎呀，我说三姑爷，哎，对这件衣服你放心，我一定要给你保存起来，一点儿都不能给你窝个褶儿，连边儿都不能给你窝喽。""那好啊，那么要没有什么事情，我们就要回去了。您可要记住喽，出去的时候，您穿这件衣服，可找那个冷天，如果不是冷天，您要穿上可不管事。""那好，我记住了，我一定记住。"这个时候呢，大姑老爷二姑老爷全走了，三姑老爷哪带着他自己老婆也回去了。一边走一边正聊哪："怎么样？你看这主意好不好？""这主意好倒是好，看你这主意损点儿呀！""怎么损点儿哪？你不这样，咱的家产能拿得回来吗？""是啊，家产是拿回来啦，大概我爸爸快叫你给送终了！""哎，你放心，咱们过两天还过来，还得来看看来。"那意思来看什么？看看那老头儿是死是活。

这两口子回去不提。单说老头儿成天就嘀咕这火龙单："哎呀，看看今天怎么样？今天还不太冷，哎呀，不太冷不能穿哪！过两天等冷的时候再穿。"又过两天，哎，这回可行了，外头下小青雪，又刮着西北风。当时老头儿就想起这件火龙单来啦："哎呀，今天我得穿上这件火龙单，我得试验试验，说得这么好，我到底看看它是真暖和假暖和。来！帮助我把箱子开开，哎，来了，抬着盖儿。"把那件火龙单就取出来了，老头儿一想，三姑老爷嘱咐过我，不叫我里边多套衣服，啊，多套衣服嘛，恐怕把我烧坏喽，对，我别多套衣服，我就来身夹裤夹袄，我就把这火龙单穿上。当时老婆子在旁边不乐意："啊，我说老头子，你还是里边多套上点儿，啊，里边多套上点儿呀，即便它外头冷啊，你里头还有衣服不是。”“去，去，去，去！你懂得什么？你你你糊涂，这是火龙单，这是传家之宝，多套上点儿？多套上这点儿我受得了吗！我不能多套，就穿这夹裤夹袄套上这火龙单。”穿上夹裤夹袄把油布大褂儿穿好了：“哎，来呀，给我牵匹小驴儿，啊，我今天到外边去遛遛，遛遛，我兜兜风，我试试这火龙单。”你看这主儿是倒霉不？这么冷天你穿个大褂儿上外边溜达什么去呢？“来呀，来，来，来匹驴，我出去遛遛啊！哎，看时间长了，你们甭等我吃饭，你们就吃饭就行了。”这老头儿穿好了这件火龙单，把小驴牵过来。老婆子不放心哪：“哎，我说老头子，是不是打发俩人跟着你？”“哎，跟着什么呀！这么冷的天，我穿着火龙单哪受得了，他们哪儿有火龙单哪，跟着我，不行！谁也别跟着，我自个儿走。”当时那老头儿一翻身上这小驴啦，后腚来一鞭子，往前就走起来了。老婆子在外头看着。“哎！回去吧，去去，我一会儿就回来，回来晚了你们甭等我吃饭，你们就吃吧。”往前颠儿颠儿颠儿颠儿就骑下去了。

他紧着一走不要紧，刚一出来不冷，因为他那屋子暖和，他吃得酒足饭饱，一点儿也不冷。怎么越走越是冷呀！那天气在零下四十多度，夹裤夹袄套着个破大褂他能不冷吗？这毛驴心里头也是不乐意，心说，这么冷的天你出来遛什么呀？我受得了受不了？后头啪一鞭子，小驴儿颠儿颠儿颠儿颠儿往前走。越走越冷啊，这老头儿在驴身上越叫唤：“哎哟，嗬！这天是冷，哎呀，幸亏我穿着这火龙单哪，如果不穿这火龙单哪，还得冷，大概。”这老头儿还没明白过来这劲儿来。啪！又一鞭子，小驴儿颠儿颠儿颠儿颠儿往前走。“嗬，嗯，不行，简直这天是够冷的！”走来走去呀，走在漫荒野地，上不着村儿下不着店儿。这老头儿在驴身上实在是活不了啦，简直是手脚发麻呀，有点儿失去知觉了，冻痉挛了。“哎呀，不行，哎呀，嗬！我得找地儿避避风，这简直也太冷了，哎，吁，吁吁！”当时小驴儿站住了，这老头儿顺驴身上下来，瞧没地儿避风啊，上不着村儿下不着店儿的，连个人家都没有，哪儿避去？老头儿往前一瞧，道旁有一棵大树，这棵大树啊是枯树，火烧膛那么个树，当间儿都空了，很预那么一棵树。一瞧当间儿都煳了，老头儿一想：对，我就在这里头避避风啊，这还能可以暖和点儿。当时啊，就把这小驴儿呀拴那树外头了。这老头儿哪就蹲在树膛里头，冻得直哆嗦：“哎呀，吓！哎呀，不行啊，简直受不了，太冷啦！哎——呀——”西北风这么一刮，小青雪这么一下，这老头儿不大一会儿工夫一翻白眼儿，一龇牙："噢儿！"冻死了。老头儿是冻死了，那驴呀受不了啊，驴想跑也跑不了，拴着哪。小驴儿直挣扎。一会儿这驴，哎，也死了。连驴带老头儿全死了。天头已经黑了，当时家里等着，这人也不回来，心里话这是上哪儿去啦？家里头一想麻烦了，哎呀，这怎么办哪？等一宿还没回来："这是怎么了？哎哎，来人哪！咱们得找找老头儿去。"老婆儿当时给大姑老爷、二姑老爷送信也来不及了。"走吧，走吧，一块儿去吧！"带着两个家人出来了。哪儿找去？不知他在哪块儿呀！简直也就是没有目标地往前这么走。找来找去呀还真找着了。一瞧头里那儿有一匹驴在那儿躺着啊，她认识她家那驴呀，到这儿一瞧驴在这儿，人可没了，人哪儿去了？细这么一看哪，这老头儿在那树里头那块儿就了筋了。这老婆一看，坏了。都跟冰棍儿一样了，挺了。驴也死了，人也死了，一瞧，这大树都煳了，哎呀，老婆儿心里头这难过。当时怎么不难过哪？老夫老妻的。这老婆儿哭天抹泪儿，越哭越委屈，哭来哭去呀，这老婆哭出四句闲话来。四句闲话是什么闲话呢？说火龙单的闲话。他老婆儿是这么哭的："哎！说十冬腊月好冷天，你一心要穿火龙单，连人带驴都烧死……"一指那棵树，"瞧！把大树还烧去多半边。"

那是烧死的吗？

（王宝童演播稿）

波斯猫

今天，我说个笑话，出在我们街坊。我们街坊有个老头儿，六十多岁，开杂货铺。一间门面，小杂货铺儿，年年赔钱，这钱都赔在老鼠身上了。从杂货铺一开张，老鼠就在杂货铺安家了。老鼠这个东西繁殖又快，一年几窝，越下越多。杂货铺里什么都有，老鼠是什么都吃，到处乱咬，咬得乱七八糟。点心被老鼠咬坏了，再卖给谁，谁也不要。老头儿赌气又增加一种嗜好：养猫。他先养了一只大花猫，买鱼，买牛肝、牛杂碎。这猫喂得很好，养了一年多了，一只老鼠也没捉到。这猫可倒好，吃饱了睡大觉。老头儿心里想：老鼠吃我，猫也吃我，越想越生气。

最可气的是有一次老头儿亲眼看到：大花猫正睡觉，一只大老鼠从猫跟前跑，把猫吵醒了，这猫噌一下子蹦起来了，瞪眼瞧一瞧，伸伸懒腰，躺下接着又睡了。

老头儿正生气哪，来了打酒的啦。老头儿一看，认识这小伙子，常在我这里打酒，姓万，叫万事通。您听这名字就知道他万事通，小伙子能说。“哎呀，老大爷，您怎么养只花猫，花猫不好，吃饱了就睡觉，不捉老鼠。”这一句话就说到老头儿心里去了。

老头儿说：“可不是嘛。刚才老鼠把它吵醒了，它睁眼看看又睡了。”“大爷，我告诉您，养猫咱可内行。养黄猫可比花猫强，黄猫有个外号儿叫‘黄飞虎’，会饿虎扑食。老鼠一个也跑不掉。”

“黄猫好，上哪儿去找哇？”

“黑猫比黄猫还好，黑猫有个外号叫‘黑旋风’，像旋风一样，一转就把老鼠逮着。这种猫从毛上看，既不是深黑，也不是浅黑，它乌黑，乌黑光亮才叫‘黑旋风’。‘黑旋风’这种猫更难找。大爷，您喜欢好猫，明儿我送给您一只。”

“您家里有好猫？”

“不，不，我屋里有只母猫，怀小猫儿了，怀有两个多月了，大概用不了一个月就要下崽儿了。猫三狗四，猫怀三个月，狗怀四个月。我家那个猫是用良种猫配的。公猫是只波斯猫，阴阳眼儿，一只红眼珠儿，一只蓝眼珠儿，两只眼睛闪闪发光，夜里一看，活像两颗宝石。告诉您，猫交配，好种坏种，在于雄性。用这种猫交配，生下的小猫儿您养吧，养大了，您家有多少老鼠，用不了三天就一扫光，全给您逮干净。”

“那可太好了。总想养只好猫，这是我的嗜好。”

“我也有个嗜好。”

“您喜欢什么？”

“每顿总喝二两‘猫尿’。”

“您喜欢喝酒？”

“也喝不多，一顿二两，一斤能喝三天。”

“三天喝一斤，一个月才十斤。好，你这个月的酒我包了，这小坛整十斤，你拿去吧。”

“这多不合适，那什么……”

“没什么，拿去吧。告诉你，这坛里没兑水。我还等着你的好消息哪。”

“谢谢您……我走了，您等着吧。”

这小伙子把酒拿回去，足足喝了一个月。酒还没喝完，猫下崽儿了。小伙子跑到老头儿家：“老大爷，告诉您个好消息：我家那个母猫下崽了。”

“下了几个？”

“一个，白的。”

“白猫……”

“浑身上下一色儿白，一根杂毛儿都没有。”

“白的，白的不好吧？”

“全身白毛难得，这猫有个名字叫‘阳春白雪’。”

“‘阳春白雪’，好，我要了。”

“这只送给您了，我回去看看。”说完他走了，不一会儿他又跑回来了：

“老大爷，再告诉您个好消息。”

“怎么，又下猫崽儿了？”

“没有，还是那只小猫儿，回去仔细一看，全身是白毛，就脑门上有一撮黑毛。”

“脑门儿有黑毛，那叫杂毛儿，不值钱了。”

“告诉您，值钱就值这撮黑毛上了，全身白，一块黑。这叫‘雪中送炭’。”

“‘雪中送炭’好。”“您休息，我再看看去。”又走了，不一会儿又回来了：

“老大爷，我再告诉您个好消息。”

“又下小猫儿了？”

“没下，还是那只，刚才我这只小猫儿，毛还没干，现在毛干了，我一看，尾巴上毛也是黑的，一条黑尾巴。”

“黑尾巴可不值钱了。”

“这猫，值钱就值在这条黑尾巴上了。脑门儿一块黑，一条黑尾巴，这叫‘棒打绣球’。”

“棒打绣球？”

“绝了，世界少有。”他走了，一会儿又回来了：

“大爷我再告诉您个好消息。”

“又下只什么猫？”

“没有下，还是那只猫，它头上有黑毛；尾巴有黑毛；小猫吃奶的时候，一翻身，看肚子底下还是一块黑毛……”

“别说了，我知道，下了一只花猫。我不要啦！”

（康立本述）

范家店

这是一件我小时候的真人真事。那时候我们家住在北京天桥儿附近一个大杂院里，有一位街坊姓李，是干“勤行”的，叫李鸣斋。别瞧这李鸣斋年轻，那会儿他已经是北京前门里“同福楼”饭庄的大跑堂儿的了。

天桥儿那块儿有个练把式的老头儿，人送外号“把式李”。把式李有个闺女，给李鸣斋做了媳妇啦，小两口儿过得和和美美的。没想到，没过几年，把式李死了，剩下李鸣斋两口子过日子。李鸣斋在同福楼饭庄跑堂儿，素常日子就住在饭庄里，逢个十天半月过节啦什么的，才回家住上一天、两天的。家里就李大奶奶一个人，没有小孩儿，天长日久，李大奶奶也就习以为常啦。这李大奶奶不但过日子很节省，而且还跟老爷子学会了“扎针”，就是“针灸”。街坊邻居有个头疼脑热、小灾小病什么的，李大奶奶给扎上几针，哎，病也就好啦。一来二去，李大奶奶在这天桥儿附近还多少有点儿小名气啦。

说有这么一天哪，这个大杂院门前停了一辆黑色的小轿车。从车里走下一个人来，直接就奔李大奶奶这屋来啦。轻轻敲了敲门，李大奶奶说：“谁呀？进来。”这位进来啦。一说话挺客气：“请问，有一位会扎针的李老太太在这儿住吗？”李大奶奶笑啦：“哟，哪有什么李老太太，我就姓李。”那人一听，别提多高兴啦：“哎呀，李太太，可算把您找到啦。我们小姐病了好几天啦，听说您针扎得好，请您无论如何给小姐诊治诊治。”李大奶奶问：“小姐现在在哪儿呢？”“啊，在门口儿汽车上哪。您等着，我吩咐人把小姐抬到您老的屋里来。”“别抬，别抬。”怎么不让抬呀？李大奶奶心里想：口称小姐，坐汽车来的，甭问，这是有钱有势的人家，那位千金小姐一定娇生惯养，我这大杂院小破屋，乱糟糟挺脏的，别熏坏了人家，我担不起。“这样吧，我拿着针，跟你到汽车里看看去。”“劳您大驾啦。”李大奶奶把做活儿的大针在蜡烛火上烧烧，就算是土法消毒啦。那年头没有地方买现成的银针，她也就是用纳靴底子的大针给病人扎。

李大奶奶到汽车跟前，拉开门一看小姐，心里有底啦，没什么大病，是夏天天热，小姐中暑啦。李大奶奶按着穴位，给小姐扎了几针，嘱咐来人：“记住啦，回去别立刻就给小姐水喝，晚饭以后，小姐如果感觉渴，再给她喝。没事啦，回去吧。”来人千恩万谢，辞别了李大奶奶，开着汽车走啦。李大奶奶就如同没这件事似的，根本没往心里头去。李大奶奶给街坊四邻扎针治病全是尽义务，要不然早成万元户啦。

过了两天，那个人给李大奶奶送来了两蒲包儿点心，李大奶奶说什么也不收。那个人说：“李太太，我们小姐经您给扎完针回家以后，到晚上就有精神啦，坐起来又吃又喝，昨天病就好利索啦。这两蒲包儿点心是我们老爷的一点儿小意思。您要是不收，小的我回去还得让老爷数落，埋怨我不会办事。”李大奶奶一听，只好收下，来人这才转身离去。

李大奶奶送走来人，回屋拎起蒲包儿打算收起来。可是用手一拎觉得有些不对劲儿。怎么？蒲包儿太沉。两包点心，不过是一包一斤，可是，这俩蒲包儿哪个都沉甸甸的。哎，里边都有什么？李大奶奶挺好奇，赶紧解开蒲包，取出点心盒儿。一看下边都有一个一尺来长、纸包纸裹的玩意儿。李大奶奶打开一看，哟，原来是白花花的现大洋，一包是一百块，两包，二百块！那年头儿二百块现大洋可是数目不小。李大奶奶急啦，心想：我可不能收这么多钱，那年头人心眼儿实，总怕钱咬手。可是汽车早没影啦，又不知道人家姓什么，叫什么，住在哪儿，想还，也没地方找去。哎，先放着吧。李大奶奶就把这二百块钱收在箱子底下啦。

这天是六月廿八，同福楼饭庄修理炉灶，李鸣斋歇假回家来啦。李大奶奶一瞧丈夫回来啦，挺乐，赶紧挎着篮子打算上街买酒、买肉，犒劳犒劳丈夫。李大奶奶刚要走，让李鸣斋给叫住啦：“哎，家里的，我要换身裤褂儿，你把洗好了的衣服给我找出两件来。”李大奶奶一听嘴一撇：“哟哟，你都多大啦，扔下三十往四十上数啦，衣服不会自己找，就在箱子底下哪！”说完，抹身走啦。

李鸣斋一想：可也是，就那么一个破箱子，自己找也不麻烦。打开箱子就翻，翻来翻去可就翻到底下啦，用手一摸，有两包硬邦邦的东西。哎，什么玩意儿？李鸣斋挺好奇，拿出来打开一看，啊？傻眼啦。白花花现大洋。用手一点，不多不少二百块！李鸣斋自小儿到现在，从来没有过这么多钱。他心里犯嘀咕啦：咱家从来没有这么多钱哪，哎，哪儿来的呢？我媳妇娘家也穷，没听说她有这么多钱哪？哎呀，这么多钱……想来想去，李鸣斋不往好道上想啦。哎呀，我长年住在饭庄不回家，她年轻轻的，守不住空房，是不是招了野汉子……不然，谁给她这么多钱？对，准是这么回事——他认准啦！

正在这时候，李大奶奶买菜回来啦。李鸣斋粗脖子红脸的，问道："哎，这钱是怎么回事？"李大奶奶一瞧，心里就明白啦。她成心逗他："噢，你问这二百块哪，这是我挣来的！"把李鸣斋气得直翻白眼儿：可不是你挣来的吗！究竟怎么挣来的就不用再问啦！"好哇，你，你，你说说，你是怎么挣来的！不说明白喽，我跟你没完！"李大奶奶一看，丈夫真急啦，得，别逗啦。"鸣斋呀，这是我给人家扎针挣来的。"不提扎针还好点儿，一提扎针，李鸣斋这火儿更大啦！心里话：你还好意思提扎针呢，对，准是你招野汉子才挣来这二百块钱。其实，李鸣斋也糊涂，要是招野汉子挣来的钱，李大奶奶能让他下手翻箱子吗？李鸣斋急啦："好，好，我不在家，你熬不住了，以扎针为名，招野汉子，人家给你扔下二百块钱，对不对！"李大奶奶也气急了，明明人家是位小姐，叫你一说成了我的野汉子啦。"对对，扎一针，给我二百块钱，太值啦！""好好，我走，给你们腾地方，省得碍眼！"李鸣斋说完，也不换衣裳啦，拉开门走啦。李大奶奶没拦他，都在气头上。再说，小两口免不了舌头碰牙，过些日子，寻思过味儿来，自己回来也就没事啦。没想到，出了六月，整个儿七月没回来，眼瞧着到八月十五啦，李鸣斋还是音信皆无。这下子，李大奶奶是"土地爷扑蚂蚱——慌了神儿"啦，赶紧找去吧。

李大奶奶来到同福楼的账房，冲先生一点头："劳驾先生，我找我们当家的李鸣斋。"账房先生一听挺纳闷："什么？找李鸣斋？哎，不对呀，他辞工不干一个多月啦！"账房先生翻开账本："李太太，你看看，大上个月，啊，这儿写着哪，六月二十八，我想起来啦，那两天柜上修理炉灶，鸣斋说回家，时间不大，气哼哼回来啦，叫我给他算账，说不干啦。我和掌柜的都挽留他。他说他上太原府他舅舅那边儿的大饭庄做活去，能挣大钱。您想啊，人家有挣大钱的地方，咱们能拦人家吗？这不，六月二十八那天走的，怎么，他没跟你说？你们两口子吵嘴了？”李大奶奶心里话：到这时候说什么也没用啦。“啊，我们没吵嘴，忙着吧先生，我走啦。”

李大奶奶回到家心里埋怨李鸣斋：好哇，你不问个青红皂白，扔下我跑太原府找你舅舅躲清静去啦。好哇，你前脚走，我后脚撵你去！可是细一想，年头不太平，我一个年轻女人家，出门在外不方便，哎，我干脆女扮男装吧。正巧，院子外头过来个剃头的。那年头儿的剃头的，挑个挑子，手里拿个“唤头”，一边走一边划打着，嗡嗡地响，李大奶奶喊上啦：“剃头师傅，过来。”剃头师傅一见是位年轻妇人，以为他给小孩剃“胎毛”，心里乐啦：按规矩，剃一个胎毛给两个头钱。剃头的挺高兴，把挑子撂到院里啦。李大奶奶说：“挑进屋来。”剃头师傅以为小孩太小怕着凉，让屋里剃，把挑子挑进屋里来啦。李大奶奶哗棱把门就插上啦。剃头的吓了一跳，心里话：插门干什么呀！“大嫂子，快把孩子抱出来吧。”“没有孩子。”“啊？那，那给谁剃呀？”“给我剃！”啊，剃头的吓坏啦，大天白日插着门，给年轻妇道剃头。不敢。“大……大嫂子，我不会剃女的。”李大奶奶一瞪眼：“不会也得剃，你要敢不剃，我就喊来左邻右舍，说你不怀好意，对我强行无礼！”“别别，我剃我剃！”剃头的这份儿倒霉呀，平白无故要摊官司。“好好剃。”“哎，奶奶。”都叫奶奶啦。“奶奶，您老人家理个什么样儿的？”“嗯，就理个背头吧。”“哎，奶奶，理个背头。”哆哆嗦嗦，好不容易理完啦。李大奶奶一照镜子：嗯，还行。这才打开门。剃头的好像犯人遇着大赦一般，挑起挑子，撒腿就往门外跑。跑出院子，又回来啦。怎么哪，自己的铜洗脸盆忘在屋里啦——嗐，都吓晕啦。

李大奶奶穿了身丈夫的衣服，戴顶礼帽，看了看，哎，挺像男的。不过，就这耳朵不好办。怎么哪？旧社会女人都扎耳朵眼儿，这怎么办哪？李大奶奶有办法，把热蜡油揉了揉，塞进耳朵眼儿里，按严实啦，外面再搽上粉。嘿，不细看还真看不出来。又找了一个包袱皮儿，把自己和李鸣斋的随身所穿的衣服包了一包，锁上房门，嘱咐邻居照看着点儿，自己到火车站买票，就奔太原方向走了。

那阵儿天下不太平，每天都打仗，火车是走走停停，到太原足足走了半个多月。按着地址，找到李鸣斋舅舅待的那个饭庄，一打听，坏啦，他舅舅一个多月前得急病死啦！再问问，有没有个叫李鸣斋的，一个多月前来过此地没有？伙计细细一想，说，仿佛一个多月前有那么个人，不过听说他舅舅不在啦，他抹身也走啦。李大奶奶一听，完了，这上哪儿找去呀？仔细一想，我丈夫是“勤行”的，也兴许在太原哪个饭庄里跑堂哪。李大奶奶整天在街上转，所有大小饭馆都打听遍了，也没有丈夫李鸣斋。没有办法啦，干脆回去吧。

往回走更不容易，火车差不多都停啦。磨磨蹭蹭，走到长辛店，天可就大冷啦。这一天走到车站旁边这儿，李大奶奶实在走不动啦。抬头一看前边有个小店儿，门口有一把笊篱当幌子，表示这是座小客店。这座客店前边是筒子房一溜三间。有个小院儿，后边也是三间。客店老板是位老太太，老头子死啦，没儿没女，开个小店儿维持个生活。

李大奶奶是男人打扮，老太太挺客气：“哟，这位先生，住店吗？”“啊，请问您这是什么字号？”“我们这儿是范家店。”“噢，有吃的吗？”“对不起，我们这儿光住店，不卖吃的。”李大奶奶看了看说：“老妈妈，你这店靠车站，好天气，南来北往的准有不少人，如果开店再卖些吃喝，这店准红火。”“嗐，我都土埋半截啦，有今天没明天，哪有精神操办那些呀。”李大奶奶一想，我那口子不知流落何方，我回了北京也没什么意思，这长辛店离北京也不算远，干脆，我就先在这范家店落下脚，然后慢慢再想章程。想到这儿，对老太太说：“老人家，我也是孤身一人，想认您为干妈，帮助您把这小店好好归置归置，除了开店再添上卖些个吃喝，不知您老意下如何？”“那敢情好，只是我好多天没有客人啦，添些吃喝，缺少本钱哪。”“那您放心，我这儿有钱。”李大奶奶包里带着那两百块钱哪。两个人合计好啦，老太太把整个店全交给李大奶奶啦。“哎，我说孩子，你姓什么，叫什么呀？”“我呀，叫李鸣斋。”好嘛，冒名顶替，丈夫的名安在自己头上啦。“好吧，鸣斋呀，你爱怎么办，就怎么办吧，妈妈我不管啦。”老太太图省事，到后边歇着去啦。

李大奶奶重新粉刷客房，又找来个伙计叫侯德庆，又管蒸包子、煮面条，还带跑堂儿。这范家店名字没改，还是老字号。

这天头天开张，侯德庆蒸了两屉包子。可是这天气不太好，北风烟儿雪，雪越下越大。李大奶奶见半天没有客人，趴在账房桌上迷迷瞪瞪地眯着啦。侯德庆在前边等着客人上门。

哎，别说，这大雪天还真来了一位客人。谁呀？不是别人，李大奶奶的丈夫李鸣斋。他怎么到这儿来啦？小孩儿没娘，说来话长啦。李鸣斋一气之下来到太原，一听说舅舅死啦，连急带气，得了夹气伤寒，病倒在太原一家客店里啦。带了几个钱，不够店钱、吃药的。最后被店主东撵出来啦。李鸣斋没地方投奔，只好往回返。今天，千辛万苦走到长辛店这儿，破衣烂衫，好几天没吃饭，前胸贴后胸，大老远就闻见这店里包子的香味啦，顺着香味就过来啦。李鸣斋是“勤行”人，知道没有钱想骗吃骗喝不容易，事先在铁道边儿上捡了一把小石头子儿，揣在怀里，用手捂着。干吗呀！假装是铜子儿，好蒙吃呀！

这李鸣斋头发老长，满脸油泥，这大雪天，浑身一套单布裤褂儿，冻得浑身直打哆嗦。一推门进来啦。侯德庆眼见这半天才来一位主顾，总算开张啦，赶紧迎上去：“客官，您住店？”“啊，我住店，有吃的吗？”“有。”侯德庆一看这位跟要饭的差不多少，刚要往外轰，见他用手捂着腰，腰里鼓鼓囊囊，心想：人不可貌相，别看穿得破，腰里有钱。——让他唬着啦。李鸣斋挑了一张离大灶近的桌子坐下啦。他冷啊，为了烤火暖和暖和。侯德庆摆上了碗筷：“客官，你吃点儿什么？”“有什么呀？”“有包子、烙饼、面条、炖肉。”“好，给我来两屉包子，六斤大饼，四碗面条，三碗炖肉。”侯德庆一听：嗨！这位要撑死，跑这自杀来啦。赶紧先上两盘包子，一碗肉丝面，又上了一碗高汤。这李鸣斋吃完啦，也暖和过来啦，直打饱嗝。侯德庆一看这位吃饱啦，赶紧过来结账。“客官吃饱了吗？”“啊，吃饱啦。”“好，一共是八个铜子儿，交钱吧。”李鸣斋一翻睖眼珠子：“没钱。”啊，没钱吗？侯德庆不信：“客官，您别开玩笑，您哪能没钱呢，瞧您腰里鼓鼓囊囊的，那不是钱？”“这个呀，好，全给你。”李鸣斋手一翻，稀里哗啦撒了一地。侯德庆一看：嗐，石头子儿！嘿，让他把我唬啦。

李鸣斋是“勤行”，知道蒙吃蒙喝得跟人家说好的：“这位大哥，实不相瞒，我也是干你们这行的——在北京同福楼跑堂儿。这次是到太原府投亲，没想到亲戚死了，我穷困潦倒，盘缠全花光啦……请您高抬贵手，让我回到北京，不管到哪个饭馆跑上堂，挣了钱一定加倍奉还，请您高抬贵手啦。”侯德庆是个软心肠，但是又一想：自己是伙计，做不了主。可就说了：“你说的可也是这么个理，不过我得问问我们掌柜的去。”侯德庆转身来到账房，把这个事跟李大奶奶一学说。其实哪，李大奶奶刚才是眯着，并没睡着。进来了一个人，本来没怎么注意，后来一听语声，细一瞧，认出来啦。不由得大吃一惊，心里话：

这不是我们那个冤家李鸣斋嘛！哟，几个月没见，竟混成这么个损德行啦，活该！

侯德庆在这儿问："掌柜的，那个人的饭钱，俺们还要不要呢？""德庆啊，你问问他姓什么，叫什么，为什么从北京出来，去，问问去。""哎。"

侯德庆来到李鸣斋跟前："我们掌柜的让我问你，究竟姓什么．叫什么？好好的为什么从北京出来上太原府去呢？"

"嗐，我呀叫李鸣斋，原先家里过得好好的。可是人心隔肚皮，做事两不知，没想到我媳妇背着我招了野汉子啦。你想呀，我是男子汉大丈夫，能咽下这口气吗？我一气之下，就投奔太原府我舅舅那儿去啦。"

"噢，是这么回事儿呀，看起来你那个媳妇太不怎么样啦。"

侯德庆赶紧回去跟李大奶奶学说："掌柜的，我问回来啦。""噢，他姓什么，叫什么？""回掌柜的，他姓李，叫李鸣斋。"李大奶奶心里话：我早就知道，自己的爷们儿能不知道姓什么叫什么吗？"德庆啊，你没问问他，他因为什么事离开北京上太原府的？""嗐，别提啦，他那个娘们儿太不是个物啦！""哎，别骂人呀。""该骂，他那个娘们儿招野汉子啦，就为这个。"李大奶奶心说：好啊，都到了这份儿上啦，还冤枉我哪。好你个李鸣斋，今儿个我要好好地摔打摔打他。"德庆啊，这个事儿呀好办。你过去问问那个李鸣斋，吃完饭不给钱转身就走可不行。不过眼前有两条道儿，你问他是愿打呀，还是愿罚，去。""哎。"

"我说，李鸣斋，我们掌柜的说啦，吃完饭不给钱想走是没门儿。不过，他问你，是愿打呀，是愿罚？""这愿打怎么讲？这愿罚又怎么说哪？""啊，这个……我还忘了问啦。"

侯德庆又跑到账房："掌柜的，他问这愿打怎么讲，这愿罚又怎么说呢。""愿意挨打，扒光了身子，绑在院里枣树上，浇上两桶凉水。""妈呀，那不冻成冰溜子啦！愿罚呢？""愿罚留下来在我们这范家店里当伙计，每月八块大洋，现在先支四块，立刻给他剃头洗澡换身新衣服。""好好好，我告诉他去。"

侯德庆乐呵呵地把两条道儿跟李鸣斋一说。"哎，这两条道儿明摆着，你是愿打呀？愿罚？"李鸣斋答应得挺痛快："快回掌柜的，说我愿罚。"多新鲜哪，傻小子才愿打呢！

侯德庆又到账房这儿："回掌柜的，他一点儿也没合计，他愿罚。"听到这儿，李大奶奶笑啦："噢，愿罚。德庆啊，你再去问问他，愿罚可以。但是今儿个他头天上工，掌柜的我有个规矩，你问他能守不能守。""什么规矩？"侯德庆也听糊涂啦，"掌柜的，我头天上工那会儿怎么不知道有什么规矩？哎，掌柜的，你老有什么规矩让他守啊？""我呀，有个老病根儿，每天晚上睡觉前都要洗两个小时的脚，还得一边洗，一边搓。多咱把我搓困了，他还得陪我睡觉。他要想干，就按这个规矩办，不干就叫他走。"侯德庆心想：这可够折腾人的了。赶明儿个这位受不了，走了，这罪不得让我遭呀！

侯德庆来到李鸣斋这边："哎，我问回来啦。""哟，麻烦您啦，跑了好几趟了，我愿罚，咱们先洗澡去吧！"侯德庆把他拦住了："别忙，别忙，认罚是没说的啦，不过我们掌柜的还有个规矩，问你愿不愿意守。""什么规矩？""我们掌柜的有个老毛病，每天晚上睡觉前都要洗俩小时脚，还得给他边洗边搓，等把他搓困了，还得陪他睡觉。"

李鸣斋一听，心说：这是规矩吗？这不是折腾人吗！嗐，端人家饭碗，就得听人管。我呀，先剃头洗个澡干净干净再说吧！想到这儿忙说："这规矩我守啦。"侯德庆忙问："你能受得那个苦？熬个一年半载的，那不把你熬坏了吗？"李鸣斋嗐了一声说："人穷志短啊！"

李鸣斋剃完头，洗完了澡，又换了一套衣服。这时候天也黑了，李大奶奶吩咐："德庆啊，领他到我那后屋去，让他老老实实伺候我。"侯德庆心说：这小子就开始倒霉啦。等侯德庆刚抹身要走，李大奶奶又把他拦住啦："李鸣斋进屋之后，你把门反锁上，别让他跑啦。他要是跑啦，今晚我可让你给我搓脚。""别别，掌柜的，我认可看他一宿，也不让他跑了。"

李鸣斋折腾一天啦，到后屋一头扎在炕上就睡着了。李大奶奶吩咐侯德庆："去把幌子摘了，门板上上，你没事也歇歇去吧。"

李大奶奶来到后屋，摘下锁头，推门进去，呱嗒，落下门闩，插紧啦。侯德庆蹑手蹑脚来到窗户跟前，用手指捅破一点儿窗户纸，来个木匠单眼吊线往里瞧，里面漆黑没点灯，啥也看不见。

李大奶奶摸黑来到炕边："你是愿罚的那位？""啊，我，我是。"李鸣斋腾的一下坐起来啦。"好，既然愿罚，那么，我再问问你，我那个规矩你也愿意守？""我愿意守……"李鸣斋差点儿没哭出声来，心说：我不愿意行吗？

李大奶奶摸黑上炕，打开自己的小包儿，把自己外边儿的男人衣服脱掉，从包里拿出耳钳子戴上，这两个月，头发也长长啦，顺手把礼帽摘下去，把头发往下拢了拢，把下边衣服也脱啦，只露出个花兜兜，然后把炕边柜上的油灯点亮啦。

窗户外边的侯德庆，借着灯光往炕上一看，吓了一跳，心说：娘啊，掌柜的是个妖精，怎么变成个女的啦！

李大奶奶在炕上问："李鸣斋，我再问问你，我的规矩，你愿意守不？""愿，愿意。""好，你回过头来，看看我是谁？"这一折腾，掌柜的语声，李鸣斋听着耳熟，这会儿回头借着灯光一看，哟，原来是自己的媳妇。李鸣斋不由得百感交集，是又羞又气。羞，自己丑态百出，狼狈不堪；气，自己媳妇拿自己当猴儿耍。这时候，李大奶奶数落上啦："好你个李鸣斋呀！难为你七尺高的大老爷们儿，就为一顿饭欠人家几个铜子儿，就认可低三下四地给人家搓脚；等把人家搓睡了，你还得陪人家睡觉。你当年那个男子汉的威风都哪儿去了！"

李鸣斋这时候也告饶儿了："得啦，都是我不对，别羞臊我啦！"

李大奶奶气也消了，抿嘴一笑，指了指炕说："来吧，鸣斋，快脱衣服上炕睡觉吧！"

侯德庆站在窗户外边听着，他倒喊上啦："掌柜的，凡事都有个先来后到，您有什么规矩也应该尽着我来呀！"

这里头有他什么事儿啊！

（张春奎述　张权衡整理）

考弊司

今天我给大家演的这个节目叫“考弊司”。这是个传统节目。所谓传统节目，就是指这个节目不是现在才开始演的，时间很长了。您要问具体的时间，这可不好回答，为什么呢？因为我没赶上。不过我有个耳闻，好像演这个节目的时候是有白菜那年。您说哪年有的白菜？怎么样，不好说吧。咱们说的这事儿发生在阎罗殿里边儿。那位问啦，这阎罗殿在哪儿？对不起，我不知道。为什么呢？因为我没去过呀！那位说你怎么不去呀？是呀，我怕去了回不来啦！

可话又说回来了，您别看我没去过这地方，可我听说过。据说这阎王殿也是非常的富丽堂皇，要不怎么又称它为阎罗宝殿呢，漂亮。

远看雾气昭昭，近看金光闪耀，殿内陈设精奇，左边是金龙银凤，右边是鹤鹿同春。前边有三十六对盆景，七十二对花盆儿，后边有四季常青之草，八节不败之花，外边儿松树、柏树，如翡如翠，里边儿提炉、盘炉、檀香炉，如云如雾，绕梁终日，每日里笙管齐鸣，鼓乐相闻，您听这地方多好哇，多好我也不去！……

可是今天的阎罗宝殿与往日大不相同，您看笙不吹，管不响，香不点，灯不亮，两丈四尺高的冥镜底下端坐着这位阎罗天子。平日里就是和颜悦色也是面如黑铁，叫人看了都不寒而栗。今日里突然面如黑锅底，您琢磨琢磨，那不更显得阴森可怕死气沉沉嘛。您再瞧殿下的文武官员，牛头马面，个个垂手而立，两旁伺候。

少时，这位阎罗天子便开口言道：“吾奉天意圣恩，方能掌管地上人间生死之大权。自到任以来，所作所为神鬼俱伏，并无冤情，更无怨言，自信在众位同心协力之下，必能明察秋毫，按公而断，使得天下太平。不料事与愿违，尔等所作所为惹得天庭圣怒，斥我不勤，责我不严，令我三省……众位大人，尔等受皇恩非浅，报效苍天乃我辈天职，义不容辞，今日之事原因何在？吾要三省，尔等三思，是何道理？快快奏来！如有知情不报者流……”流，就是流放。您问了，他们那边儿也有流放？有哇，天上，人间，地下，这个刑法都一样，有的地方不过是称呼上有所不同，但也是大同小异，您要是不信我的话，您可以问去。阎罗天子接着说：“互相包庇者徒……”徒就是判徒刑。“拒不招认者斩……”斩就是斩首。说罢，他迅速地用眼睛环视了一下殿下，只见左右一个个都低头不语，呆若木鸡，没有一位发言的，谁也不敢吭气儿。为什么呢？他们也害怕呀，那位说，他们怕什么呀，怕死呀！您纳闷儿了，这鬼怎么还怕死呀？是呀，鬼要是不怕死，哪儿来的怕死鬼呀。

阎罗天子一看：“嘿！一个个的嘴跟贴了封条一样，封得死死的，没有一个开口。平常总说你们胆小，是胆小鬼，其实不然，我看你们胆子都大得很，你们要是胆子不大，怎么我问你们的话你们竟敢不回答我不说，连理都不理我呢？”是呀，谁敢理你呀！这位阎罗天子越想越气，越想火儿越大，心里话儿：我今天不给你们点儿厉害看看，你们也不知道我是阎王……想到这儿他厉声喊道：“来人！”他刚喊来人，只见左班中闪出一人，但见此人生得天庭饱满，地阁方圆，智慧无穷，威武不屈，站在那儿顶天立地，看上去是浩气长存……阎罗天子定睛一看，不是别人，乃是人间之正气——楚国上大夫屈原。屈原，恐怕在座的都没见过，我也没见过。

阎罗天子一看是屈原。他是又高兴，又害怕。高兴的是总算有一位说话了，特别是屈原更是与众不同，他既然打破沉默，定是胸有成竹，必有高见。那么他又怕什么呢？他深知屈原一生为人正直，从来不徇私情，只要有理他谁都敢告，说不定连我都告喽！别看我是阎王，我只要见了他就得管他叫阎王，他谁都不怕，特别是不怕死，这手儿厉害，谁也来不了。再说他就是死了，也和没死一样，天上人间，男女老少，谁人不知，谁人不晓，这位大名鼎鼎的忠臣上大夫屈原！可是怕又有什么办法呢，干脆先听他奏些什么再想办法，是辞职，是丢官，还是将来做鬼去吓唬人，此时此刻只好听天由命了。想罢，他急忙欠身言道：“上大夫，你是忠臣，必进忠言，我奉天命在此主事，你我虽为君臣，但本王视你情同手足一般，今日之事非比寻常，本王若有不周之处，也当海涵，万万莫来戏言，不可乱告啊！”他那意思是你可千万别告我呀！他跑这儿求情来啦！

屈原听后，微微一笑，慢步上前，施礼奏道："臣承王爱，在此供职，受恩非浅，理当答报才是，怎敢反目？况您虽有不慎之处，也还称得上是一位贤德之君，臣岂能二心。"

阎罗天子一听，这才咯噔一声一块石头落了地。心里想：我的妈呀，您早点儿说呀！好嘛，差点儿没把我吓成高血压。当即说道："屈爱卿，你身受阴司巡阅使，督查各处，定知内情，眼下民不聊生，怨声载道，根源何处，你要直言不讳，一一奏来，如有不实之处，休怪本王手下无情！"嘿！这阵儿他又厉害起来了。

屈原并没理会这些，依然奏道："臣自受命巡阅之职，遍访各地，亲查各处，冤鬼屈魂甚多，根在贪赃枉法，营私舞弊，投机取巧，吹吹拍拍，拉拉扯扯，欺上瞒下，独断专横，官官相护，为所欲为，是可忍孰不可忍！故臣本奏当务之急，应为国求贤是也，与民选吏宜戒虚文，吾王须迅速设司考查县尹，此事非同小可，须当明镜高悬，作有司之月旦，知事之品题，因此必要独具卓识，别求真才，故选之又选，慎之又慎方可。日来阴报连载，鬼邪猖獗，均谓我上委任司长不当，尤以一味深信，更是隐患无穷。今臣身临其境，实已目睹，敲诈勒索无奇不有，悲愤含冤触目惊心。臣仅举一例，便可说明他们所作所为危害之深。一日私访，臣亲见虚肚鬼王高坐于大堂之上，应考士人都侍立于阶下，考前不视身体壮弱，能力上下，才华优劣，统统割股肉一片，厚一指，宽度竟达三指有余，随后又一一抽血两百 CC 不止。似这等将吾王考验良法抛之九霄，置之不顾，结果竟使许多德才兼备者不及，非驴非马者名列前茅，非仁义者尽登上第。然前一二次之考试，虽有腾蛟起凤之客，而数百名选拔多为鸡鸣狗盗之徒，人言啧啧，物议纷纷，前车之鉴无一为戒，却是煞费心机竞相效仿，旁观者真是敢怨而不敢言，考生更是有苦难诉。臣以为该司既名考弊当重实际，而今恰恰相反，真名实姓有文有据不足为凭，真才实学能文能武尤难尽信，似这样下去误民误国误大业，不堪回首，如何是好？故以臣之见，从今考弊司之职者理当废去口试笔录，免得徒有其名，如验体格只视身体油水厚薄为准，岂不更为实惠，当然还得谨防小恩小惠，或打肿脸滥竽充数。如能照此办理，必得丧尽良心之才，刮尽民脂之最，更有那多技多艺之能士大显能手。如王准奏，臣略具十条以应效验。

（甲）试验身体法有五：

一、钻狗洞之资格

其法，取牛犄角一只，套于投考人头上，能投机取巧，八方钻营，削尖脑袋，进入牛角尖儿者合格，无孔不入者为佳。

二、脸憨皮厚之资格

脸憨皮厚，俗称厚脸皮。其录取法，先取银针一枚，向投考人面部猛刺，以扎不透者为合格，以扎透了不流血为佳。

三、拍马屁之资格

其方法，牵劣马数匹，命投考人用手一一拍之，以不被劣马踢踏者为合格，以能随拍随舞为佳。

四、见风使舵之资格

其方法，取一叶扁舟命投考人驾之海中，以总使顺风，善辨风向为合格，以久闯江湖为佳。

五、无良心之资格

其方法，可采用人间先进医疗器械，爱克斯光透视，命投考人垂手直立于爱克斯光镜前，接受检查，以黑心黑肝者合格，以没心没肺者为佳。

（乙）杂技试验法有五：

一、言论

以不言而论，能眉飞色舞，秋波流慧，努嘴龇牙，挤眉弄眼，未曾开口五官挪位者合格，以皮笑肉不笑，长期赔笑脸二十四小时不觉脸酸者为佳。

二、目力

世界各个国家的货币、钞票、钱庄、支票、花押、小折，略微一瞟便识者为合格，知其存放之处者为佳。

三、听力

以各种金银、珍珠玛瑙、宝石玉器，随手一过听其声便知种类、成色、斤两、产地、价值多少者为合格，以顺手牵羊者为佳。

四、饮食

以每餐能吸食数十名平民精血脂膏者合格，以吃饱喝足了倒给消食费者为佳。

五、气力

以修脚刀一把付于投考者手中，能于一分钟内刮尽十万八千里地皮者合格，刮得地动山摇者为佳。

以上十条乃据实所定，望王采纳，速选国家玉柱金梁……”

阎罗天子听罢哈哈大笑，屈原随即奏道：“吾王因何发笑？”阎罗天子说道：“都传大夫是忠臣，今日一见并非真，如执此法定成灾，我非明主成昏君。我若用此策，不仅祸国殃民，而且会失一天下之忠臣，乃王之罪也！”屈原言道：“不知所指何人？”阎罗天子说：“正是阁下。”屈原说：“为臣不解王意。”阎罗天子这才正言讲道：“昔日大夫乃楚国之栋梁，只因未遇明主含恨坠江，以身报国，而今王岂能步楚君之后尘？以国家不顾而不闻忠言呢？！”

屈原听罢随即奏道：“吾王不愧是天下之真君子也，此策不合，臣另有上策。”说罢从袖中取出表章双手奉上，那阎罗天子急忙打开奏折举目观看，连连点头称妙，看罢，随厉声喊道：“来呀，将虚肚鬼立毙殿下，以正国法！”下边急忙奏道虚肚鬼已经死啦！阎罗天子说：“怎么他自杀啦？”“他不是自杀。”“他既不是自杀，怎么刚才还好端端的，一会儿会死去呢？”下边赶紧说：“他吃得太多啦，没法消化给撑死啦！”

（韩子康述　薛永年整理）

阎王请医

阴曹地府五殿阎君的老婆也就是阎王奶奶，身染重病，卧床不起。阎王爷可就急了，怎么呢？您想他老伴儿病了，他能不着急嘛！一声令下，只几天的工夫，把阴间所有的医生，挨着个的都请到了，可就是没有一个能够治好阎王奶奶病的。阎王爷万分焦急，坐卧不安，当时命小鬼儿将判官找来，忙问判官："爱卿，偌大一个阴曹地府，竟然寻觅不到一位济世良医，是何道理？"

判官听罢，立即回禀："王爷，微臣也有不解之处，所以曾派各路小鬼遍查诸医实情，得知我王所请医生，俱是看过两天儿脉诀，读过两篇儿药性赋，念过两段儿汤头歌儿，便混到医界来鱼目混珠、滥竽充数之辈。甚至连街上卖狗皮膏药的都混进来了，还有的医生连脉门在哪儿都不知道，怎么能够治病呢？"阎王一听，连白毛汗都吓出来了，为什么？他怕老婆死了打光棍儿呀……

阎王随即问道："难道就束手无策了吗？"判官急忙禀告："王爷息怒，小臣想：在阴间既然找不到能人高手，何不到阳间去请一位妙手回春的名医？我想阳世乃是藏龙卧虎之处，一定能请到治愈奶奶病体之良医。"阎王听罢大喜，急忙派两名小鬼儿到阳世请医。小鬼儿闻听忙说："阳世的医生很多，究竟哪个是名医我们怎么会知道呢。"判官在一旁说："这倒不难，你们到了阳世一看就知道谁是名医。"小鬼儿说："我们看什么呀？"判官说："凡是无能之辈皆是庸医，他们只会骗人，赚钱，肯定会害死不少人。那些被治死的人都成了怨鬼，他们个个都想报仇。但是庸医的气数还在，故此怨鬼们都不能近身，只好蹲在门外伺机以报。所以你俩到了阳世，先去各家医生的门口查看一番，门口怨鬼多的，那就说明他治死的人多，一定是个庸医，什么能耐都没有，专门骗人，可千万别请他来。如果见到门外一个怨鬼都没有，那就说明他没治死过人，一定是位名家。你俩一定要想方设法把他请来治病，去吧！”

两个小鬼儿不敢耽搁，急忙来到阳间四处查访。只见个个儿医生门外都有十几个怨鬼蹲那儿等着哪！没一家儿门前没有的。最后总算找到一位医生家门口，门外才有三个怨鬼。两个小鬼儿一见大喜，一商量，这个医生门外仅有三名怨鬼，是最少的了，甭问，他一定是个名医，咱们就请他去吧。俩小鬼把这位医生请到了阴曹地府，这位医生真不含糊，马上给阎王奶奶看病，诊脉，开方。一会儿的工夫药端上来啦，要说他开的这个方子药力还真快，一碗药还没喝完哪，阎王奶奶就咽气啦，死得也快。阎王爷一看，怎么？死啦！立刻升堂！喊哧喀喳，把这位医生绑到了森罗宝殿。阎王说：“你好大的胆子，竟敢故意害人！”医生一见阎王爷立刻趴下啦，忙说：“阎王老爷在上，草民实在不敢……”阎王说：“你还敢强辩，本王知道你是名医，这才特意请你到此。不料想你号称名医，病人一剂药还未服完就送了条命，这岂不是有意害人吗！”医生说：“我多会儿成名医啦？”阎王说：“难道你还想抵赖不成！告诉你，在你未到之前我已先派了两名小鬼儿早已查过了，许多医生的门口有不少被他们治死的怨鬼，唯有你的门外仅仅只有三个怨鬼，由此可见你是一个名医……”

这位医生一听连喊冤枉：“我的阎王老子，您弄错了，我可不是名医，人家门外鬼多，那是人家挂牌行医几十年了。我是由昨天起才挂牌给人家看病的……”阎王一听，什么，刚挂牌两天就治死三个人，好家伙！这谁受得了哇！阎王一生气，心里话儿：我费了九牛二虎之力请来了一个冒牌儿货，病没治好，把老婆也搭进去了，往后我可怎么办？他一着急，腿儿也木了，手也凉了，脸儿也白了，一下子就晕过去了。大伙儿一看阎王爷背过气去啦，全乱了，到底还是判官见过世面，沉得住气，忙说：“大伙儿别慌，别乱，赶紧把医生请过来给阎王治病要紧……”判官一说请医生，阎王噌的一下站起来啦：“别请医生，别请他！”判官说：“阎王爷，你怎么这么快就活过来啦？”阎王说：“我要不快点儿活过来，我也成怨鬼啦！”

（韩子康述　薛永年整理）

八大棍儿

贼鬼夺刀

清朝光绪年间，有个偏僻的山村，住着那么一个姓李的，这个人的名字叫李武，是文武的武。这个人一身好武术，真是高来高去，使唤的武器哪是一把折铁钢刀，他老伴的武术也不错，她使的是一口宝剑。这夫妻俩的武术都是家传。皆因为好打抱不平，把当地的一个财主给得罪了，街坊邻居就劝他："李武啊，躲躲吧，人家有权有势，回来叫官人来抓你。"李武说："我不能走，我惹祸了不能给街坊邻居找麻烦。"大伙儿说："你走吧，你要是走了，这事可能就完了。"街坊再三地劝。家里穷，没有什么可带的，带了几件破衣裳，把门锁上，夫妻二人就起身了。上哪儿去？没谱儿。走到哪儿算哪儿吧。这一天，来到了北京，甭说亲戚朋友，连个熟人都没有。那真是举目无亲呀！夫妻二人就住在城外小店儿里头，店里乱呀，你打算歇着，他那屋里嚷嚷。李武说："家里的，我进城找间民房，咱搬开这儿吧！我要找着房哪，回来再接你。""好！"

李武进城这儿遛遛，那儿逛逛，走到一条胡同口，看见一处宅院，大门上还贴着一张纸条儿，上写着"此房出租"。这么好的一所宅子没人住，我住这儿。可问谁呢？一回头，胡同对过是个杂货铺。李武就来到杂货铺门口："掌柜！"老掌柜出来了，六十多岁："什么事呀，您哪？""啊，跟您打听，对过这所房子我打算住，问谁呀，您哪？""问我就行啦，您老，本主儿呀叫我给他找主儿。""噢，多少钱房钱？""不要钱，白住呀。"李武一听乐了："笑话，这么好的一所房子不要钱白住？""啊，白住有原因呀，这房子不干净！"李武说："不干净没关系，我拾掇拾掇，刷洗刷洗，不就干净啦吗？""啊？您说这房子脏呀，不是。这所房子闹鬼。"李武一听，摇了摇头："闹鬼呀，我不怕。我跟您说，掌柜，我有好几个朋友都是鬼。”“什么玩意儿您哪？您老是人是鬼呀？”“笑话，大白天鬼能出来吗？我呀，胆大，我不怕。”“噢，那就是啦。您住去吧。”“门哪，锁着哪！”“钥匙在我这儿啦！”“啊，您跟着我一块儿到院里看看哪！”“啊！我不去。我跟您说，这是白天呀，我看它一眼，要是晚上呀，我连看也不看。给您钥匙，值钱的东西人家都拿走啦！”李武把大门开开，进到院里头，这所房子可能有些年没人住了，方砖墁地，方砖缝里野草都一尺多高。李武向各屋扒扒头，可都锁着门啦！屋里尘土老厚，细软的东西没啦，桌子、椅子、凳子还在屋里放着。李武想，我们就俩人，也没有孩子，住大屋子也逛荡着，嗯，找来找去，找到一个单间小屋。这是本主老妈子住的，有张破床铺还没拆，门还没锁。李武跟对过杂货铺借了把笤帚，借个盆，弄盆水连扫带刷，把单间拾掇利索。李武把门锁上，把钥匙送到杂货铺。杂货铺掌柜的说：“您老带着吧，那有什么可丢的？”李武出了城，来到了店里，把这情况跟他老婆说了。可这本宅闹鬼这事，李武没提，怕他老婆害怕。算完了店钱，拿着俩破包袱，夫妻俩就住在这儿啦。该用的东西哪，对过杂货铺有就在杂货铺买，杂货铺没有，到别处去买。住了些日子，闹鬼吗？没有。没有，为什么嚷嚷闹鬼呀！他是这么回事。本主儿啊是个财主。各处都有他的买卖，买了个丫鬟，本主儿这老爷看上了，要纳妾，丫鬟不答应，半夜就给掐死了，把这丫鬟哪就埋在后院。打那儿天天后半夜嚷嚷：“还我的命呀，还我的命呀！”本主儿做贼心虚，他害怕呀！就不在这儿住了。他搬走了，这所房子哪，谁爱住谁住，多会儿把邪气住没了，再搬回来。可是李武夫妻住在那儿呢，什么事也没有，鬼也不嚷嚷。

李武说：“家里的，咱在北京住了这么些日子啦，我出去呀看看，有什么事咱得管管。”他老婆说：“你去吧！”李武说：“我这么出去不成，我是练功夫的人呀，眼睛瞪着，胸脯腆着，容易有人跟上我，我得装要饭的，你把衣裳给我找出来。”“什么衣裳？”“破衣裳。”买来要饭的衣裳，脏呀，拿笼屉把它蒸了，好像消毒了似的，锅烟子抹脸，把乱草扔在脑袋上，换好了破衣裳，找个棍儿一拄：“家里的，你看我像要饭的不像？”“不像。”“怎么？”“要饭的有你这么肥粗大胖的！”李武说：“你等着。”李武一提气，这叫什么功？这叫气功，里练一口气，外练筋骨皮。一提气胸脯也不腆了，肚子也瘪了，眼皮耷拉下来了，腮帮子也凹了，腰也猫了。“啊，这回嘛，像要饭的了。”李武说：

“你等着我，有什么情况我回来跟你说。”李武一出大门，对过杂货铺掌柜的正在门口那儿干活儿哪，一瞧李武这模样出来了，嚷嚷上了：“哎，怎么着呀？你说你胆大，你说没有鬼，怎么样呀，有鬼没有？”李武想：我说没鬼，我怎么这模样了？说有鬼吧。“有鬼，这鬼呀，老找我来，半夜里找我来要钱，我说我没有钱给你，我还不够吃的哪！他死乞白赖地央告我，我给他钱，给完了还不乐意，说什么呢？你给我的钱太少，够吃的不够抽的，够抽的不够吃的。”“烟鬼呀？”“烟鬼干吗？我说闹的那个鬼。我看不见什么模样，反正我在炕上睡着觉呀，把我拽地下去，我上炕睡，睡醒了还在地下，一宿来回折腾。”“你看看，快去吧，受了邪气了，你打这儿往南走，过三趟街你就看见一家药铺了，药铺有个先生专扎八法神针，有什么邪气呀一扎就好。”李武想北京地理我也不熟，我就听他的，李武奔南走下去了。过了三条街，就瞧见那药铺了，三间门面。李武心说：这药铺还真讲究，这个阔呀。李武上了高台阶儿。抽冷子一回头，对过是个胡同，胡同不宽，可是挺深，紧里边有个卖东西的，因为离着远，李武看不出来是卖什么的。街门一开，出来一个人，大个儿，打了这卖东西的几个嘴巴，还踢了几脚。李武心里说：这是怎么回事？买不买怎么打人呀？我一生就爱管闲事，这得瞧瞧。李武拄着棍进了胡同儿了。

这是怎么回事？卖烧饼馃子的天天儿上这儿卖来，本主儿哪姓塔，外号叫活阎王大塔，一看卖烧饼馃子的老来，就跟卖烧饼馃子的说瞎话：“掌柜，天快凉了，你得买件衣裳呀，这多凉呀！”卖烧饼馃子的说：“唉，我买衣裳，我吃饭还吃不饱，我还买衣裳？”“这么着吧，我借给你十吊钱。”“不行您啦，还不起啊！”“噢，你听着，我借你十吊钱也不找你要利钱，你乐意多咱还就多咱还我。”“我……没钱。”“没钱就算了，我也不在乎。”卖烧饼馃子的一听这人挺好：“我就借上十吊钱，我妈妈病着，给妈妈看看病，买点儿衣裳，添添本儿得了。”今天啊，他上这儿卖来了，大塔出来要这十吊钱，他没有钱给。大塔说：“没钱给我？我一天拿你十个烧饼十个馃子，多咱还完了我的钱，我就不拿了。”卖烧饼馃子的赔不起呀，他不干，才挨了打，气得直哭。卖烧饼馃子的哭着那么一叨念，李武听完了气上来了：“嗬，这么不讲理……”李武一着急麻烦了，他把蛤蟆气给忘了，眼也瞪起来了，胸脯也腆起来了，腮帮子也鼓了，肚子也鼓了，个儿也长了。把卖烧饼馃子的差点儿吓死。“啊？你是气球呀是怎么着？”提着篮子跑了。李武站那儿发愣，心里想：这阵儿我把门踹开，或者我把他叫出来，他有钱有势，可能我要吃亏，现在我不动他，夜间我再找他，跟他算账去。李武扭头回家。要出胡同了，李武乐了：我瘦着出来的，我胖着回去，卖烧饼馃子的没叫我吓死，杂货铺掌柜的准得叫我吓病了。李武一提气，跟刚才一样又瘦了。李武晃晃悠悠回去了。叫开了大门，把门闩上，进屋里头把破衣裳脱了，弄盆水洗脸，都拾掇利索了，跟他老婆把情况这么一说，他老婆说："你打算怎么着呀？""我打算怎么着呀，我今天夜间找他去！""好，你歇会儿，我给你做点儿吃的。"

李武吃完晚饭，在屋里歇了会儿，定更时起来了："家里的，夜行衣给我找出来。"什么叫夜行衣呀？就是黑色紧身的衣裤，走夜道儿不显眼又轻便。腰里别好了钢刀，带好了暗器。"家里的，我二更天走，我顶四更天不回来，你要找我，出这门往南走，过三条马路，有一个药铺，对过胡同尽里边那门。""哎！"说话到了二更天，李武拾掇利索了，把腰腿抻巴抻巴，出了街门。在那个时候，天一黑就很少见行人，李武就来到大塔门口，也没有路灯，黢黑。李武推门，关着哪，一提溜腰就要骑墙头上，又想：骑上不成。人家在院里干活儿，一抬头，这儿出了一个烟筒，麻烦了。李武两手扒着墙沿，慢慢地往里瞅瞅，没有人，李武这才骑在墙头上。一伸手从兜里掏出来，什么？问路石，问问有翻板没有？不是，住家儿安翻板有什么用呀，没逮着贼，把自己掉在里头了。是江米团。什么叫江米团呀，这种东西是把江米搁笼屉里蒸熟了，比干饭软，把长头发揣在里头，核桃大小，拿香油把它薄薄的炸一层，搁兜里带着为了它不粘。要是不炸，十个回头变成一个啦！这有什么用呀？降狗用。你多大本事搁不住一条赖狗，它一汪汪把街坊邻居都汪汪起来了。这个东西扔下去，它就是江米拿香油炸了，到了地上没有多大声音，也没有分量。扔下去，要是有狗呢？狗眼尖啊，鼻子也尖，过来一闻香油炸的它吃了，你再扔下一个去，俩它都吃了，你下去干活儿吧，狗也不咬了，怎么？这长头发都塞在牙缝里，那狗的嘴里难受呀，它找个旮旮就掏去。啊，你干活儿吧，它管不了啦，你都干完了，它也掏不出来。降狗用的。李武扔下一个来，没狗。慢慢地从墙头上下来了，猫腰拾起来搁在兜里了，后脊梁挨着墙，瞅了瞅，这小院挺整齐，房子是不错，沿着门是厕所，这边是俩单间，那边是里外间，俩单间黑着灯关着门，里外间哪，外间屋挂着个白门帘，瞧不见屋里头，里间屋有灯。李武想有灯的屋子准是有人，来到里间那窗户根哪，在窗户纸上慢慢地捅了一个窟窿往里瞧。

里边摆设挺好，床边上坐着一个堂客，穿得挺好，瘦得不得了，坐在床边上那意思想睡又不敢睡，不睡又困。李武想：谁呢？可能是大塔的老婆。嗯，大塔不在家，我得等着！李武哪就进了外间屋了，这进外间屋撩帘儿不能打上边撩，上边一撩帘，他进去了，把风也带进来了，里间屋那帘也得动，屋里的人就知道外间屋里进来人了，得蹲下打底下撩这帘儿。李武进来，迎着门是一张八仙桌，八仙桌上有佛龛，八仙桌迎面儿有桌帘，进了桌子底下，李武蹲好了等大塔跟他算账。李武蹲下不大工夫，就听里间屋里大塔的老婆自言自语地说："唉，我这命才不好呢，我小的时候父亲就死了，母亲做外活把我养活大，心想给我寻个有钱的丈夫享享福，没想到寻了这么一个放阎王账的，仗势欺人。因为他放阎王账，还不定逼死多少人哪，我成天的挨打受骂，吃不饱。唉，他打白天就说吃栗子焖鸡，叫我给他准备，打擦黑儿就出去耍去了，说不定上哪个宝局，二更天了也不回来，我叫二塔找他去了，二塔也不回来，这不把我困死吗！真不如死了好！"李武在桌底下一听，噢，大塔这小子无恶不作，他媳妇是好人。栗子焖鸡？耳闻着北京有这个菜，我可没吃过，不知什么味儿。李武那蹲累了往后一坐腰，烫屁股一下，回头一摸，嗯，一个砂锅，盖着盖儿。李武把盖儿打开，一摸还温手，一伸手，拿块鸡就吃了，又拿一块又吃了，麻烦了，他拿的是鸡腿，鸡腿有筋呀，塞在李武牙缝上了。他呀忘了在别人家啦，一疏忽，嘴里一嘬，吱儿的一声。大塔老婆在屋里听见了，"哎哟！什么偷着吃了，是猫呀是狗呀？"凡是行侠仗义的主儿都会学猫叫，李武叫声："噉！"刚叫完，李武心说坏了！里屋里胆瓶响，干吗？大塔老婆拿掸子端灯出来了，要打猫。李武想：麻烦了，她一撩帘儿，看见我这两条腿的猫也准得嚷嚷："街坊邻居哇，我们家有了贼了！"我怎么办？我亮刀？我杀她，我不能杀好人啊！只能杀坏人呀！事情说得慢来得快，大塔老婆拿着把掸子，端着灯出来了，李武哪，一提气，这手功夫叫粘糖人，后脊梁贴在桌子面底下了，这两只手推这俩桌子腿，那两只脚蹬那俩桌子腿，这叫气功。这个好练，当时要把气闭住了，这就是功夫。大塔老婆端着灯搁在地上，撩桌帘。大塔老婆没往上看，要往上看就看见李武了，她往下看，看见那锅盖在旁边搁着。大塔老婆纳闷呀：是猫吃的，吃得还不少。这猫可真够灵呀，吃完这骨头都搁在一堆儿，这是人吃的吧？大塔老婆把栗子焖鸡拿盖盖上，找了半块砖压上，这回就成了，端着灯到里间屋，还得等大塔。李武打桌子上下来，喘了喘气，心想：你甭说盖砖呀，你盖磨盘我都拿得开！把砖拿开，把盖儿打开又吃上了，吃得紧呀叫栗子噎着了，这怎么办？喝点儿水又没有。哎，行啦，把砂锅端起来了。李武吱喽的一声，大塔老婆在屋里又嚷上了："哎哟，要了命啦！又喝汤啦！"二次端着灯，拿把掸子又出来了。李武想：又出来了，还照方儿吃。身子粘在桌子面底下。大塔老婆端着灯出来撩桌帘一看，吓坏了："哎哟，一锅都吃了！就是不吃，回来凉了，大塔也得打我呀！干脆，我呀睡觉不等了。"大塔老婆出去了，到院里干什么呢？该拾的，该敛的，怕闹天呀，拾掇拾掇好睡，在院里一边拾掇一边嚷："唉，都说有鬼，我不信，有鬼为什么不拉替身，把我拉走不就得了吗？我这真不如死了好，我活着天天受罪呀！"正说到这儿，李武在桌子底下也想呀：我总在这儿躲着可不行！再说大塔的老婆一想，猫一吃吃一锅，这得多大个猫呀？回来要找见我怎么办？一着急，他从桌子底下出来了。上哪儿藏呢？箱子柜都锁着，一抬头，那老房子都是明房柁，李武一提腰上房柁了，这干吗？在房柁上我等大塔来了，我跟大塔算账。

李武刚躺房柁上不大工夫，就看那门帘起来了，没风，一点儿风没有，从外边进来一个人。李武的眼神多快呀，愣没看见这人怎么进来的，也没看清头脸，进门脸冲里站着。李武想：甭问，这家倒霉，犯重贼，又来了贼了。这工夫哪大塔老婆从外边进来了，一进门就看见冲墙站着这个人哪："哟！你是谁呀？你找谁呀？你有什么事呀？"这个人一回头，李武要没点儿功夫就从房柁上掉下来了，这人老长的舌头耷拉着。李武心里说：这人怎么这样儿，这么长的舌头，怎么吃东西呀！这大舌头是谁呢？是个吊死鬼，因为大塔放阎王账把人家逼死了，今儿找大塔算账来，大塔没在家，这鬼刚要走，就听大塔老婆说："我不如死了好，活着也受罪。"所以这鬼来拉替身。鬼心说：我把她拉走就得了，也省得活着受罪。这鬼嘴里喷出一股子黑烟，就奔大塔老婆去了。大塔这老婆一闻这黑烟身子一哆嗦，当时嘴里话就改了："哎哟，我当是谁呀？姐姐来了。"李武一听：姐姐？她姐姐这模样？她妈妈指不定什么模样啦！"您接我上您那儿住几天去，咱从哪个门走哇？"敢情上吊那叫门儿，就看吊死鬼从腰里把绳子解下来了，往房柁上搭，干吗？拴扣儿，这绳子扔到房柁子上了，寸劲，李武正在房柁躺着呢，这根绳子正搭着李武脖子上。李武心里说：这鬼也缺德呀！你拉替身怎么吊死一个还勒死一个呀！李武把腰里的折铁刀抻出来了，干吗，搁在绳子这儿，大塔老婆套上绳子只要我一抹，绳子断了，可能把时间搅过了，她就拉不了替身了。鬼把绳子拴好了，大塔老婆说："噢，姐姐咱从这个门走呀！"搬个凳子搁绳子头底下，鬼搀着，上了凳子，把这绳子往脖子上一搁。鬼哪，就上佛像那儿鞠躬去，干吗呢，保佑我拿个替身。鬼上佛像前鞠躬的时候，大塔老婆吊上啦，手脚那么一乱蹬，李武刀那么一使劲，绳子断了，人就掉下来："哎哟，姐姐你怎么不搀着我点儿，这个门槛多高呀，可摔坏了我啦！"鬼纳闷儿呀，绳子扣儿拴得结实着哪，怎么？开了扣啦！鬼哪，二次把绳子又扔上去，又拴好了扣儿。大塔老婆吊上，鬼上佛像那儿鞠躬去，唉，一晃手脚乱动，绳子又断了。"姐姐，你倒是好好搀着我点儿呀！"鬼纳闷儿，怎么又开扣了？鬼把绳子捡起来一瞧，这开扣跟断不一样，还有扣呀，再一看，折的地方是齐头啊，鬼心里想：这里有毛病，我得看着吊，这毛病到底在哪儿。李武这儿心里想：这吊一回，摔一回，吊一回，摔一回，没完没了吊不死也得摔死啊！李武把胳膊探出来了，这绳子在胳膊上挎着，这会儿大塔老婆又吊上了。李武呢？晃悠上了。这干吗？晃悠，晃悠，晃悠冲着里间屋，要把绳子抹断了呢，大塔老婆甩到里间屋炕上被垛儿，可能把时间搅过了。李武挎着这绳子这么一晃悠，把鬼都吓坏了。这是怎么回事呀？鬼正纳闷儿，绳子抹断了，正把大塔老婆甩到里间屋被垛上，脖子窝着，大塔老婆闭过气去了。鬼一抬头，看见李武了，啊，怪不得，这还有个没买票的哪！鬼冲着李武叫唤，那就是骂街，鬼怎么叫唤？我哪儿知道！反正好听不了。"嗷——"李武胆大，冲着鬼也叫唤："咿——"这么个工夫，李武想：坏了，鬼猫腰了，憋黑烟了。李武正琢磨着，鬼一抬头，那黑烟冲李武去了。李武有气功，拿手一捂鼻子一闭嘴，啊！这就闭住气了，可有一样，邪气啊，这七窍都通着，可能打耳朵缝进去了，李武觉着脑袋晕，浑身发麻，糊涂了，打上边掉下来了。李武的身子重，就跟倒了一面墙似的，哗——下来了，寸劲儿，李武的刀撒手啦，他拿的是折铁钢刀，这刀尖正剟在鬼的脑门子上，鬼哪，一溜烟跑了。这刀整插在方砖缝里头，李武也躺地下啦。两条人命，大塔老婆在屋里被垛上，闭过气去了；李武在外间屋闭过气去了。

这工夫三更多天，外边叫门啦，谁？大塔、二塔回来了！二塔没做事，上学。下了学嫂子跟他说："你哥哥又出去了，待会儿上宝局找找他去。"找也白找，不回来，多会儿赢了多会儿回来。二塔一找正赶上赢钱了，兄弟一找，借这台阶儿哥儿俩回来了。大塔回来叫了几声门，没叫开，就说："兄弟，我打你嫂子你总劝，你看见了没有，赌气睡觉了，不给咱等门。我今天得狠狠地打她一顿！可不许你管。""唉！哥哥，我嫂子叫您呀管傻了，哥哥您受点儿委屈吧，您蹲下我蹬您肩膀，我上房。""啊——啊——！"二塔蹬着大塔肩膀爬上墙头一顺腿，溜着墙下来了，把门扦关一拽，把大门开开，大塔也进来了，又把门关上。大塔撩门帘进屋，一进屋瞧见李武那儿躺着，刀头在砖缝里插着，大塔回头跟二塔说："兄弟，你看奸夫，我说你嫂子不规矩吧！咱回来了，这小子装死！"二塔是念书人，心里有数："哥哥别胡说，我嫂子不是那种人，这里有缘故！"舀了一瓢凉水，含了一口冲李武这么一喷，这凉水就辟邪，李武一哆嗦缓过来了，慢慢睁眼那么一瞧，俩人，一高个儿一矮个儿，噢，那高个儿是大塔，那矮个儿是二塔回来了，一看自己单刀在方砖缝里剟着。李武猛一使劲起来了，刀往手里一拿，往桌上一拍，说："你们俩找谁的？"大塔说："我们俩是找谁的？你这是找谁的？""我认得你叫活阎王大塔！""不是，我叫死阎王小塔。""你放阎王账仗势欺人，白天你抢卖烧饼馃子的东西我看见了，今天晚上我找你来算账。我没找到你，还救了你们家里一条人命，你老婆叫你逼得都上吊了！二塔你甭害怕，我也不找你，上里间屋把你嫂子抱起来。"二塔上里间屋在被垛上把嫂子抱起来，窝胳膊窝腿，一会儿哭出声来了，没事啦！李武说："我告诉你，你再仗势欺人放阎王账，我留情，我这口刀可不留情，小心你的脑袋！"大塔跪下啦，直央告："大爷您饶了我吧，我以后坏事不做，您不是说我放阎王账吗？兄弟，把账都给我抱出来，当着您我把它烧了。谁短我的钱我也不要了。"李武说："得，以后我知道你再放阎王账，仗势欺人，我来找你！"

李武走了，回家了。在道儿上想呀：上吊不叫上吊，打哪个门走，上吊怎么叫"门"呢？那黑烟一吹："姐姐咱从哪个门走，哎呀，可怕呀！"说话来到自己这所房子，李武提溜身子上墙头，进了院，推屋门。刚要推屋门，就听屋里自己老婆那说了："哟，姐姐咱从哪个门走呀！"李武一听：鬼跑到我家来了！哎哟，这怎么办呢？我一推屋门给我来口烟，我就不叫姐姐啦，叫大妹子。我找人去。找谁？我报告厅儿上去，就说我们家里闹鬼，官面不管逮鬼呀，嗯，我说我们家里闹贼，盼着地方跟着来助助我的胆子。我好进屋。李武上厅儿说，我们家闹贼了，厅儿派了几个兵带着一个班头来了。李武说："你们几位围上这个门，我进去，你们听我信儿。"李武进去了，一推门见自个儿老婆在炕上睡着了。"家里的，刚才你说什么啦？""我什么也没说呀！"这怎么说的。"我听你说：姐姐从哪个门走哪？我叫鬼把我吓迷糊了。"李武把刚遇到的事这么一说，"我把厅儿老爷找来了。"李武老婆说："你快叫他们回去吧！""我叫回去他们能回去吗？""你说瞎话，你说昨个吃点儿油腻，吃多了撑的，黑下做梦家里闹鬼。"李武也不想想，这像话吗？出门儿跟几位一作揖："几位呀，回去吧，我们家里没闹贼，我做梦梦见闹贼了，我吃多了撑的！"厅上老爷一看李武，眼睛瞪着，两眉拧着，胸脯腆着。"没闹贼呀？我看你就是贼！"这句话正说在李武的病上，李武一提身上房啦。"你看怎么样，是贼吧？上房啦！"李武说："家里的，我已经叫厅上看破了，我南城等你！"李武走了，这班头一听：噢，这屋里有贼妻，逮着一个就能交差。"弟兄，围着屋门——快出来！"李武老婆在屋里拾掇利索了，提着包裹出来："你们几位先走吧！我是贼妻，我给你们打圆盘，上堂我什么都说！""好好，打量你也跑不了！"李武老婆跟着到天井院里头，一提溜腰。"哟，你也走啦！"

（刘奎珍述　倪钟之　王文玉记录）

张乙住店*

今天我给大家说段儿故事。一提“故事”，那这事儿多半儿发生在过去，免不了有虚构的地方儿，经过相声界前辈的艺术加工，您就只当笑话听得了。今儿我说的这个事儿发生在清朝末年光宣年间。有人问了：什么叫光宣年间哪？就是……也说不上是光绪年间还是宣统年间，反正有这么档子事。

这事出在北京东南有个张家湾，靠北运河。在明清两代，给皇上的贡米由南方北运，此地是必经之路。张家湾住着一位张乙，娶妻郎氏。那年头儿女人没地位，她姓什么，就叫什么氏，连名字都没有。姓王的叫王氏，姓李的叫李氏，姓什么就叫什么氏。那要是姓梅呢，那就叫梅氏（没事）了。等嫁到夫家，还得把丈夫的姓挂在自己姓的前头，姓王的嫁姓张的了，叫张王氏，姓周的嫁姓孙的，叫孙周氏。那要是姓何的嫁姓布的，那……就是布何氏（不合适）了。张乙的这媳妇姓郎呀，所以就叫张郎（蟑螂）氏，好嘛，那多味儿呀。

这张乙的家里只有他们小两口。张乙的父亲在世的时候，是个经商的买卖人，一年两趟，到南方苏杭等地办货，什么绫罗绸缎，洋广杂货，运到北京批发给零售商。张乙十几岁的时候跟他父亲去过一趟江南。父亲去世后留下一些财产，虽称是小康之家可也不能什么也不干哪，小两口一商量，干脆来个子承父业，也去江南办货做买卖。到对门把董大爷请来商量一下。这位董大爷叫董杭，是张乙他远门的一个表叔伯大爷，是个养船的，张乙的父亲每次到南方办货都是用

---

* 《张乙住店》是吉坪三编演的节目。吉坪三擅长说单口相声，他上演的段子里有一部分是说鬼故事的。

他的船。

爷儿俩约定了日期启程，顺着运河一直南下，到了苏州，住在一家货栈里。董大爷往这儿跑过多少趟了，特别熟悉，要不他怎么叫董杭（懂行）呢。每次来他都是住在这家货栈里。过去的货栈专门招揽外地客商，吃住、谈生意、问行情、存货、装卸货、打包搬运，货栈里全办。爷儿俩把船寄在货栈前码头上，伙计认识董杭，接进货栈让到客房。

董杭请过老板来，北方的管叫掌柜的，南方叫老板，给张乙介绍：

“这位是刘老板，你父亲在世的时候，每次来江南都是刘老板来照应。”

转过头儿来，又对刘老板说：

“这是我们少东家，叫张乙。我们老东家去世了，子承父业，以后还求刘老板和各位多关照。”

大家寒暄了一番，柜上摆下了酒席，这叫接风宴，柜上的人陪着划拳行令，高谈阔论。当天不谈生意，这是规矩。吃完了到客房休息。那位问了，这酒席钱出到哪儿？反正是“菜里虫子菜里死，羊毛出在羊身上”，买卖成交之后，柜上按百分之几收取佣金，全在这里头哪。在过去这就叫作“牙行”。

转天早晨，漱洗完毕，吃完早点，到客房里喝茶，谈谈货源，问问行情，管账先生提出来：

“现在我们库房里正压着一拨儿货，是杭罗、丝绸、苏绣成品。这是准备海运出洋的，那只海轮没到，它遇了难了，这边儿压着资金周转不开，还挺着急，会了几个主儿都因为货多码子大没谈成。要不我把货主请来跟您谈谈？”

董杭就问张乙：

“少东家，怎么样，有意没有？”

张乙说：

“那就麻烦先生了。”

看完了货，董杭可就乐了：

“我说少东家，咱们这头一趟来可就撞上财神爷了！这拨儿货在咱们那边儿现在正俏呀。织工精细，花色鲜活，可称是上品呀，准能卖个好价钱，弄好了能赚一倍的利。您听我的没错。”那是错不了，怎么呢，他董杭（懂行）呀！

张乙头一回做买卖，也拿不定准主意呀，就说：

“大爷，您做主，怎么办都听您的。”

还真顺利，半天儿的时间买卖谈成了，立了合同，银票兑清，中人签了字，叫货栈的人装船。一天的工夫，办货的事都齐了。又托柜上办了一桌上等酒席。

都请谁啦？刘老板，那位账房先生更得请啦，他是这号买卖的中人哪，连同卖方的老板跟跑合儿的，大家伙斟酒布菜，开怀畅饮哪。散了席到柜房算清了房钱、饭钱，应该开支的都付了，给了伙计们酒钱，一夜安眠，清晨起锚返航。一路顺风，十几天就过了天津，进入了北运河。这一天，天将过午，船到了河西务，张乙就说了：

“大爷，今天船就弯到这儿，我想到镇里转转，您也好好歇一夜，就这几十里地儿，明儿老早的就到家了。”

张乙拿着钱口袋，里边放点儿零钱，上岸奔镇里去了。

进了镇一看呀，这街市不小，可就是空空荡荡的，特别的萧条。转了一会儿，到了一家饭馆吃晚饭，要了一个拼盘，两碟炒菜，两壶酒，在那儿就喝上了。越喝越高兴，越喝越痛快，哎呀！半个多月没痛痛快快地吃一顿了。不知不觉的两壶酒光了，又要了两壶，这就合着半斤了。怎么知道是半斤呢？一壶二两，过去的秤是十六两一斤，四壶八两这不是半斤了嘛。

这张乙呀，不怎么会喝酒，这半斤酒一下肚儿他可就晕了。给完钱出了饭馆，天也黑了，抬头看见对过儿有个客栈，他就进去了。

伙计乐呵呵地过来了。

“客爷您住店哪，往里边请。”

张乙到院里一看，四合套瓦房真干净，一高兴就说了：

“给我开个单间。”

伙计忙说：

“对不起您，就这么两间单间儿是长住户。”

张乙一看是三间，中间那间黑着灯，门锁着，就问了：

“这间哪？”

伙计一看：

“不，这间……有……”

“噢，有人？”

“没人。”

“没人干吗你说有，还磕磕巴巴的？”

伙计说了：

“不是这么回事，它是有……有鬼！”

张乙借着酒劲儿说了：

“什么？有鬼？哈哈！巧了，没鬼的屋我还不住哪，我专门和鬼打交道。知道我吗？我姓张！我就是那张天师的后代！”

你瞧他这点儿酒喝的！

伙计也不敢得罪客人呀，把掌柜的叫来了。掌柜的过来说：

“客官，这屋是真不干净。”

张乙说：

“不干净没关系，打扫打扫。”

掌柜的一看，心说：这位是真醉了，非要跟这闹鬼的屋干上了。就说了：

“客官，要是这样，您想住就尽管住，可有一样，您半夜里头要是出什么事儿，我们可不管。”

掌柜的这一说呀，张乙这酒劲儿上来了，更横了：

“不要紧，你们都甭管了。告诉你，我姓张，叫张乙，是咱这儿西北张家湾的人，家里就是个媳妇，住在东关河沿街。我办货回来，船就在南边停着哪，今儿住一夜明儿一早就走。怕我给不起房钱哪，给，这钱口袋先存到柜上，我是非住不可！”

掌柜的一看，这醉鬼是真急了。一想：管他是醉鬼还是真鬼，叫他们闹去吧！老三把钥匙拿来了，叫看夜的拿把笤帚提壶水，老四抱了套被褥来，厨师傅把厨房的灯拿过来，凑了那么五六个人，开开锁一拥而进，放下东西呼啦一子全跑出去了。掌柜的说：

“张先生，口袋我给您存起来，您歇着吧。”

张乙一进屋，就觉着一股阴风刺骨，屋里阴惨惨冷森森，房顶上塔灰吊蜘蛛网，床上桌上尘土有铜子儿那么厚，当时这汗毛可就全立起来了，顺着后脊梁沟直冒冷汗，他这个酒劲儿下去了一半儿。想要再说不住，可大话已经说出去了，嘻！是福不是祸，是祸躲不过。得，睡吧！用笤帚扫了扫床上和桌上的尘土，把被褥铺好，脱了衣服吹了灯，刚躺下，就听有人叫他：“张先生！”张乙睁眼一看，床前站着一个女人。张乙吓得连魂儿都没了，脑袋往被窝里直钻。

“张先生，别害怕。我是个鬼，可是‘冤有头，债有主’，您是个好人，我绝不害您。”

张乙净剩下哆嗦了，这会儿他的那点儿酒劲儿全没了！这女的就躺在床边儿上睡了。张乙可睡不着哇，连动都不敢动，想跑也跑不了，这女鬼在床边挡着哪。唉！忍着吧！就觉得后半身冰凉，就像背着一块冰似的。就这么着，迷迷糊糊地睡着了。

也不知道过了多长时间，就听有人叫他：

“张先生，您醒醒！”

张乙坐起来一看，那女人站在床前正说着哪：

“您真是个大好人呀！昨天晚上您跟掌柜的说的话，我都听见了，我求您多住一天，帮我报仇！”

张乙一听，帮她报仇，说：

“你有什么冤仇说出来，我好替你申冤。”

那女人哭着说：

“您回头一问店掌柜的，他都知道。您今儿到街上做一个小灵牌儿，再买一张白纸就行了。至于怎么办，等晚上我再告诉您。”

说着，向张乙请了个安，再一看，人没了。一听外边，鸡叫头遍。天快亮了。张乙又躺下，心里老想着，这女的怎么屈死的？是谁害的？我怎么替她报仇呢。这么想着，迷迷糊糊这回可真睡着了。

再睁开眼睛，太阳都老高的了。起来穿好衣服开开门，看见几个伙计站在院子里指手画脚地正嘀咕什么呢。一看张乙开门儿出来了，呼啦把他给围上了，问长问短。

“张先生，夜里您遇见什么没有？”

张乙这份儿得意，说：

“没什么，什么也没看见，你们看我这不是好好的吗？”

“哎呀！您可真是张天师的后代！张神仙！”

张乙心里这份儿乐呀！

洗完了脸，到柜房取出钱口袋，拿出一块银元，说：

“掌柜的，这一块钱是压柜。今儿我有事儿要办，晚上我还住这儿，还住那间屋儿！”

这掌柜的也纳闷儿呀，心说：他怎么愣没碰上什么。说：

“好吧，晚上等您。”

张乙出了店房往南，出了镇，顺着大道走，时间不大到了河沿了。老远就看见董大爷正往这边瞅呢。走到近前，董大爷得问哪：

“你怎么一夜没回来，可把我急坏了。”

“大爷，我遇上位朋友，太晚了，所以没回来。今儿咱们不走，我还有点儿事，明天再走。”

爷儿俩吃完回到船上，喝了点儿水，歇息歇息。太阳又快平西了。张乙拿了点儿钱，上岸奔镇里来。进了镇，找到木器行，做了个小灵牌儿，八寸多长、三寸来宽，底下一块长方木板钉在上边，这就是牌位的托儿。又在纸庄里买了一大张白纸，叠好了放在口袋里。又到昨天那个饭馆吃晚饭。今儿可没敢多喝。

天已黑了，出饭馆进店房。伙计一看，嘍！张先生回来了。

“往里请！门没锁！”

今天伙计胆子也大了，进屋把灯点着了。

“我给您沏茶去。”

张乙一看，屋里根本没拾掇。把口袋放在桌上，整理一下被褥，伙计沏上茶来，张乙说：

“有事我再叫你。”

把伙计支走了，刚倒上一碗茶要喝，就听见说：

“哟！张先生回来了。您可真守信用，您真是位好人。”

说着就见靠墙角的椅子上坐着位女子，正和张乙坐了个脸对脸。张乙借着灯光一看，这个女子也就是二十一二岁，中等身材，清水脸儿，大眼睛，双眼皮儿，元宝耳朵，通关鼻梁，小嘴，满口银牙，头发那真是又黑又亮，两个小酒窝，说话一笑那两个酒窝儿更深了。穿的衣服非常朴素，可是看着那么可体大方。

女子说：

“张先生，叫您买的东西买来了吗？”

张乙从口袋里把灵牌、白纸拿出来，女子一看，又是高兴，又是难过。说：

“您到柜房借笔墨来，我告诉您该怎么办。”

张乙来到柜房，掌柜的忙着让座。张乙坐下谈了几句家常话儿，就把这话题转到闹鬼的事儿上来了。

“掌柜的，您那间屋为什么锁起来，这得少多少进项啊！”

掌柜的就问：

“张先生，您昨天夜里真的就什么也没遇见吗？”

张乙还那儿装糊涂哪：

“我睡得挺好的呀！没遇见什么。”

掌柜的说：

“你真是福大命大造化大呀。不瞒您说，那间屋里真有鬼！”

张乙说：

“您把这事儿详细地给我说说。”

掌柜的叹了一口气：

“唉！要提起这事儿来，那真是‘小孩儿没娘，提起来话长’呀！我从头儿给您说说……”

店掌柜的这才说出这件事的始末缘由。从前这河西务虽然也叫镇，并不是一般的小镇，足有两千多户人家，大多数都是经商做买卖的。运河没改道那阵儿，这镇的南面紧靠河，是水旱大码头，沿河一条大街上和镇里这条街上，都是买卖商号，光大小客栈就五十多家，酒楼、饭馆也有六七十家，金店、银号、绸缎庄，五行八作的手艺、买卖，应有尽有，商贾云集，周围几个县的粮食、土产都由河西务运往各地，三六九的集，可以说是日进斗金的宝地。东西两头有两个大戏园子，妓院有十几家，由京里往东南方或沿海各地的人，不论是出京上任或卸任回京的官员，往来客商，都路过这儿，是个必由之路。

五年以前，由南边来了一男一女，都在十六七岁的样子。男的姓陈，像是位财主家的少爷，女的姓穆叫芸娘，像是财主家的小姐。就住在街东头一家大客栈里，自称是夫妻，投亲未遇，可带着很多钱和值钱的东西，一住就是好几个月。两人每天花天酒地，吃喝玩乐。日子一长，钱花光了，就开始卖东西，先卖珠宝，后卖衣裳，最后凡是能卖的都卖光了，还欠着店里的房钱。两人两三天都没吃上饭，光剩下在屋里抱头痛哭啦。

店掌柜的早就对他俩留上神了，猜出来这是由家里跑出来的，到了这地步也不敢回家了。欠几天房钱是小事儿，要是寻了短见死在这儿，店里还得赔上两口棺材。他想了一个伤天害理的主意。先叫伙计给他俩弄点儿吃的，吃完叫伙计把陈公子请到柜房，掌柜的连拍带吓唬说：“我早就看出你俩的意思来了，那姑娘是你拐带出来的。你知道这是什么罪吗？要是叫衙门里把你抓去吃了官司，起码得判你十年八年的！那坐牢的滋味儿你受得了吗？再说，倘若是让家里抓回去，那也得活活儿打死呀！这两天官人不断地查店，盘问得紧，我可没少替你们说好话呀！我不能把你端出来，我看你还年轻，于心不忍哪。告诉我，你都是怎么回事，也许我伸把手儿就把你救啦，店里还省得受连累哪！”

他这么一说，可把这陈公子吓坏了。一害怕，自己把实话都说出来了：

“不瞒您说，我们俩是表兄妹，从小一块儿长大。六七岁的时候，姑父请专馆老师到家里，叫我俩一块儿念书，日久天长的，我们互相都有了情意。我十四岁的时候我们俩分开了，可见面的机会挺多，年龄一天天大了，再见面我们就不再是一般的恩爱了。可是多少回向父母要求婚嫁都不准，事出无奈，我们俩走了私奔这条道儿。大城市不敢去，怕家里找着，这才搭船北上，住到了河西务。本想开个买卖，可惜我们什么营生也不会做呀，肩不能担担，手不能提篮，只能坐吃山空，乐一天是一天吧。到现在只落得叫天天不应，叫地地不灵，幸亏遇上您这好心人，欠了店钱不但不撵我们反而还给我们饭吃。事已至此，您说我该怎么办哪？”

掌柜的一听，心说：有门儿，上套儿了。就说：“依我看你还是走吧。我给你凑点儿路费，你远走高飞，闯荡几年，混出个样儿来，那会儿再回来娶你表妹也不晚哪。正好这几天有往南去的客商，托他们把芸娘送回家去，她一个女孩子，家里总能原谅她。”

这位陈公子被掌柜的这么一哄一吓，年轻人他没经验哪，说：“得，就依了您吧。”

接了二十块钱，陈公子一狠心，跺脚离开了河西务。这芸娘等了半天她表哥也没回来，找到了柜房，掌柜的说：“陈公子回家取钱去了，正好一只商船往你们那儿去，他没来得及告诉你就走了。留下话儿叫你安心住着，到时候伙计给你送饭，用不了几天就回来了。”

这芸娘虽说是半信半疑，可也只好这么等着吧！就这样，店家暗中把芸娘给卖到妓院去了。鸨娘叫姐妹教她怎样接客，怎样陪客伺候人家。芸娘一听就傻了眼了，死活也不干哪！老鸨子急了，说：“来人伺候着！”这是他们的一句暗语。来了俩人揪过芸娘来把衣裳扒了，皮鞭子蘸水就打上了。一边打，鸨娘还一边骂：“你这个贱货，别想着你那表哥了，白花花的大洋一百块他拿走了，把你卖给我们了就得由我们摆弄。你又不是什么黄花大姑娘，破烂货还要什么脸！”

这时候进来俩姑娘说：“娘，别生气了，我们姐俩儿劝劝她。”说着给芸娘穿上衣裳，拉到另一间屋子里，给她弄口热水喝，缓缓劲儿，俩姑娘掰开了揉碎了地劝说："别那么死心眼儿，咱们女人陷到这个火坑里，想跳是跳不出去了，咱这儿的姐妹都是这样儿呀！你不答应，还不是得受皮肉之苦，打死还不是白打！倒不如在这儿混上个三年五载的，自己存点儿东西，找个投缘对劲儿的一从良，好好跟人家过日子。咱们就只有这一条路了。"

芸娘左思右想的，心说：也对，万一碰上我表哥哪。她这还惦着她那表哥呢。打这儿，这芸娘就过上那种张郎来李郎走的日子。她长得好呀，岁数又年轻，别说，还真红了。大财主大掌柜的，应接不暇。

那年有个姓李的，叫李大兴，还跟您是同乡，也是张家湾的。李大兴来到河西务，见了芸娘，二人情投意合，就订下婚约了，一个是非他不嫁，一个是非她不娶，整个一个海枯石烂的架势。这芸娘把私下的积蓄都给了李大兴，好给她赎身。可是这小白脸呀，还真就没有个好心眼儿，李大兴给她来个肉包子打狗——一去不回头呀。连着等了几天，一点儿信儿也没有，芸娘这才明白过来，连气带急就病了，一天比一天重，接不了客了。老鸨子知道了这事儿，一个劲儿乱骂呀："小贱货，叫人家坑了心里舒服了吧！总和娘两个心眼儿，你要是把这些东西让娘给你存着，有了对劲的跟娘说清楚喽，我看着是那么回事儿，还许不要身价钱按闺女把你嫁出去呢。"嘿！您听啊，这不是"老虎挂数珠——假充善人"嘛！"我还告诉你，限你病三天，再接不了客，弄领席子一卷把你活埋了。我可说得到做得到。"

老鸨子这么一骂，芸娘的病更重喽。水米不打牙呀！有个好心眼的人就劝老鸨子："您这么做可不对，她要是真死了您不是鸡飞蛋打吗？什么您也落不着哇！找个大夫花俩钱儿治治，病好了再接客不是还能赚钱嘛！就是不乐意要了，往土窑子里一卖，不还是能落俩钱儿嘛！"好嘛，这哪是好心眼儿呀，这位更缺德！死人骨头里还要榨出点儿油来。

老鸨子一想：也对！叫人请来一位老郎中。老大夫七十多岁了，一诊脉，一问情况，说："我治治看吧。病虽说不太重，病人的忧虑过于重了。吃几服药理理气，散散风，主要的是开化她的心路儿，别挤对她，用好话安慰她，心路儿一通，再用药扶着，有个十天半个月的也许就好了。"老鸨子一听能治好，那就给她治吧。老大夫开了方子，伙计把药抓来，老大夫亲自煎药，一边看着药锅，一边劝解芸娘："姑娘，别胡思乱想了。叫人骗了，只当是该他的。钱是身外之物，有了人什么也就都有了。钱是人挣的，你还年轻，才二十来岁，享福的日子还在后头哪。长着眼睛看准了，往后找个好丈夫一道过日子，你的好日子还在后头哪。”老大夫掰开了揉碎了反复地劝解她，喂完药给她盖好被，劝她睡一会儿。一觉醒来，出了点儿汗，挺有效，芸娘睁开眼一看，老大夫还那儿陪着哪！芸娘掉了眼泪了，再一回想老人家说的话，条条在理，心里一高兴，觉着饿了，想吃东西了。嘿！您瞧多快呀！老大夫溜溜儿陪了她一天，天都黑了才走。第二天一早儿又来了，芸娘还睡着呢。老大夫把带来的药用水温好了，芸娘也醒了，喝了药，觉得四肢有力，她坐起来了。老大夫用好言安慰了一番，又叫人抓了服药，还是亲手煎药，等芸娘再喝完这服药，下午能下地走了。老大夫又陪她待了一天，芸娘也有说有笑的了。第三天，老大夫把配好的丸药送来，叫她按天儿吃。这老鸨子也发了发善心，找个丫头来伺候她，她那哪儿是善心哪，她是看这棵摇钱树又活了。

芸娘的病一天天好起来，可还没好利落呢，老鸨子又逼着她接客。芸娘接了两天的客，可这钱呢，没往账房里交。老鸨子知道了，可就骂开了：“小婊子，老娘把病给你治好了，接下钱还不交账房，还打算贴小白脸儿呀？咱晚上见，少一个铜子儿我扒了你的皮！”这芸娘送走了客，坐屋里一想：苦海无边哪，什么时候我才能熬到头儿呀。心一横，吊死了！

“噢……”张乙听明白啦，又问，“那咱们这座店……”

掌柜的一拍手儿，说：

“您往下听啊，后来这儿运河改道，往南移了七八里地，水旱码头全完了，买卖铺号该搬的搬了，该关的关了，我们这个镇也就萧条了。我这个店房当初就是那所妓院，芸娘上吊那屋就是您住的那间屋里。妓院黄了，我把这所院赁过来改成客栈。那间屋也住客人，可到了晚上，桌上的壶碗乱蹦，灯火儿本来红红的，腾一下儿火苗子长了一尺多高，呼一下儿缩得枣核儿大小，一会儿变绿了，一会儿又变蓝了，吓得谁也不敢住呀。伙计进去扫地，挨了个大嘴巴，谁打的？也找不着人。我不信邪呀，到房里往床上就躺，就听见说：‘哪来的臭小子，敢跑姑奶奶这来撒野！’啪！一下子把我从床上扔院子里来了，摔得我半个多月没起炕。我把门锁上，再也不住客人了。可也真奇怪，昨儿晚上您住了一夜愣没事儿。”

说完了，掌柜的想着茬儿还可乐哪！

张乙也笑了笑，没接这个话茬儿。他想这个：怪不得李大兴这小子突然发财了呢！

“谢谢您，耽误您歇着。还得借您的笔砚用用，我结下了账，明儿早上还您。我住了两天，该多少钱您给我结清了，明儿一早我就走了。”

掌柜的拿出那块银元说：

“咱们交个朋友，钱您收回，算柜上候了。”

张乙说：

“谢谢啦。这钱给伙计们打酒喝吧！”

拿着笔砚，张乙回到自己屋里，见芸娘坐在那儿哭得跟泪人一样。她站起来说：

“张先生，掌柜的说的就是我的身世，您全知道了吧！我的仇人就是李大兴。您一进店就说是张家湾的，所以求您多住一天，好带着我去报仇。您认识这小子吗？”

张乙说：

“我们是点头之交。前两年他在外边发了横财，在张家湾南关沿河街买了一所旧房，重新翻盖。门脸两层楼，下边茶馆，上面酒楼，二道院客房安寓客商，三道院住宅，去年娶的媳妇，买了俩小姑娘当使唤丫头，也那儿使奴唤婢的了。”

芸娘听着听着又哭了：

“那都是我卖身的钱哪，张先生，您先把我带到家去。”

张乙一听可吓坏了，心说：麻烦了！有把鬼往家带的吗？我媳妇还不得吓死。

人家芸娘也看出来了，说：

“您别为难。我保证叫嫂子不害怕，我还能叫她高兴喽，只要您别说出我是鬼就行了。您在那牌位上写上‘穆芸娘之灵位’，明儿早晨用纸包好了，褪到袖子里，把袖口往里折，用手把它攥住，千万别透阳光。不论是出门进门，过十字街口，过衙门，过庙，过桥，您就喊‘穆芸娘跟我走’，一直喊到进了您住的屋里为止，这就行了。”

张乙一想：唉！事已至此，只好这么办。就答应了。芸娘叫张乙把墙犄角儿的椅子搬开，下边有两块活动的砖，掀开了，下面是个坑，里边有一个雕漆的小木匣，打开一看，里边有几十块银元，一对金耳环，一只白玉镯，底下有一张粉红纸叠得挺整齐。芸娘说：

“这就是我和那个冤家的婚约。这钱您拿着路上用吧，这耳环、玉镯给嫂嫂戴吧。这张婚约您带好，只要见了那个冤家，别管他什么模样，往他身上一扔，这就齐了。”

张乙也没看写的是什么，连东西带钱都放进口袋里。在牌位上写上“穆芸娘之灵位”，把灵牌立在桌子上，把白纸放在一边儿。都收拾好了，芸娘看了看张乙，说：“睡吧。”张乙还是躺在床里边，也没敢脱衣服，芸娘还是沿着床边躺着，二人是和衣而卧。

睡到天将亮的时候，芸娘叫张乙把灵牌包好，等张乙包好了灵牌，再看芸娘，没了。天还早哪，张乙就又躺下了。等天亮了起来，张乙把衣服整理好，把包着的灵牌往左袖子里一褪，把袖口向里折，用手把袖子攥紧了。哎！心说：这回可跑不了啦！——是跑不了啦，这回叫鬼跟上啦！

张乙用右手把钱口袋往胳膊上一挎，刚开开门，先说一句：“穆芸娘跟我走。”伙计们一看客人起来了，过来张罗。

“哟，张先生早。您这手怎么了？”

张乙说：

“没事儿，受点儿风，到家就好了。”

“张先生，给您打洗脸水吧？”

张乙摇了摇头，心说：洗脸！不留神一透亮儿，那就麻烦了，我呀，将就着吧。我还得赶紧走，别一会儿漏了馅儿。赶紧迈门槛儿，又说：

“穆芸娘跟我走。”

伙计没听清楚，心说：没有人哪！我跟您走？我跟您上哪儿呀！

到了大门口掌柜的出来送，张乙说：

“您把屋里检查一下，笔砚给您放桌上了。这屋子往后您往外租吧，没事儿，出了事儿我负责。——哎，穆芸娘跟我走。”

掌柜的一听，他心里明白了八九成了，知道这鬼大概是报仇去了。

张乙走在大街上，边走边喊：

“穆芸娘跟我走！”

走道儿的直纳闷儿：这人什么毛病！八成神经病吧。张乙也不理他们，走一路儿喊一路儿：

“穆芸娘跟我走！”

一直喊到河边儿，董大爷在船上一看，心说：我们少东家怎么了，两眼直勾勾的，嘴里还叨咕什么。

“少爷，您这是怎么了？”

“噢，大爷，什么事也没有。”

这儿一迈腿上跳板，又喊上了：

“穆芸娘跟我走！”

董大爷一听：这还叫没事哪！得，不是说走嘛，好，起锚吧。张乙坐在船舱里，是过桥喊，过庙喊，过村也喊。董大爷着急啦：得，我们少爷魔怔了不是！

太阳快落山了，船也到了张家湾东关了，船靠了岸下了锚，搭上跳，张乙说：

“大爷，您把舱封好了，找个人看一夜，咱明儿再卸货。”

说完迈腿登跳上岸，又来了一句：

“穆芸娘跟我走！”

董杭又是气，又是乐。你说他得了神经病吧，可他办事还全明白。

张乙这儿一边叫着，一边走着，到了家门口儿一叫门，媳妇跑出来了。

“哟，这么快就回来了。”

“啊！买卖顺利呀。”紧跟着说，“穆芸娘跟我走。”他媳妇没听准，张乙迈步进大门，“穆芸娘跟我走！”又来了一句。媳妇一听：哟，什么时候我改姓穆啦？再一看张乙，到了屋门了，还是那句：“穆芸娘跟我走。”一进屋，张乙告诉他媳妇：

“赶紧把门关上！”

媳妇不知道是怎么回事呀，赶紧把屋门关好了，张乙这才松了一口气。从袖口里把纸包拿出来放在桌上。

“哎呀，这一天，我嗓子都喊哑了。”

“哎，这包是什么呀？”

“你别问，给人带的东西，还给你带来一位朋友呢。”

“客人在哪儿哪？”

“别忙，天黑了就来了。今儿还住咱们家，跟我把西屋收拾一下。”

两人到了西屋，把门帘窗帘都挂好，炕上放床棉被。

“行了，就这样了。”

“哟，就这样招待客人呀！”

张乙说：

“你甭管，这个朋友来办事，一早儿就走，晚上才回来呢。什么也别预备。”

两人吃完了饭，天也黑了，张乙把纸包打开，把灵牌往桌上一立，郎氏吓了一跳。

“嗨！你到哪儿吊孝，怎么把灵牌偷来了？上边写的什么呀？”

她不认识字呀，张乙说：

“这个有用，以后有工夫了再告诉你，你看。她来了。”

郎氏回头一看，身后站着一女的，心想：这门也没开，她怎么进来的呢？

“嫂子，您好，我叫芸娘，来这儿找人办点儿事儿。张大哥可真是好人，帮了我大忙了。在您这儿住几天，也不多给您添麻烦，来就来，走就走，您也甭照顾我。大哥，把东西拿出来给嫂子吧。”

“哎哟，我都忘了。”

张乙拿过钱口袋，把耳环、镯子拿出来递给了媳妇。

“这对耳环是足金的，这是一个白玉镯。这是芸娘妹妹给你的。”

越来越近乎了，这会儿又变成妹妹了。

“嫂子，这是小妹的一点儿心意，您留下做个永久的纪念，反正我也没用了。”

郎氏只顾看东西了，芸娘说的话她也没理会。

“哎哟，这么贵重的东西我可不敢接受，还是留着你戴吧。”

“嗐！嫂子，这算不了什么，以后我还要报答您的恩呢。”

这话，郎氏也没领会到其中的含意。芸娘帮着郎氏，把吃完饭的家伙都洗净收好了，厨房收拾好了，说：

“嫂子，天不早了，你们该歇着了。”

说完，奔西屋去了。郎氏直纳闷儿呀，她怎么就知道住西屋呢？就好像对这儿多熟悉似的。再想问，张乙早睡着了。那是呀，让鬼折腾得两宿没睡过好觉啦。

郎氏躺那儿净琢磨这事儿了。心说：这女的岁数不大，长得可也真漂亮，穿得也挺朴素，说话那么大方，真招人喜欢，还真勤快，我要有这么个妹妹多好哇！可她来无影，去无踪，到底是什么人哪？真叫人莫名其妙。再一看丈夫，也瘦了，睡得这个香啊。一定是在外边太累了。那能不累吗，两夜没睡好，白天又喊了一天，跟鬼打了一天两夜的交道，受得了吗？

转天起来一看，可把这位嫂子乐坏了。院子扫得溜光，拾掇得特别干净。再看丈夫昨天换下来的衣裳都洗完在绳上晾着哪。

嘿，她什么时候进屋拿的呢。

到厨房一看，所有的家具都过了水了，火也生着了，上边坐着一壶水，连早点都给做熟了。

到西屋一看，没人！到茅房一看，也没人！纳闷儿，门没开她怎么走的？回屋问张乙，张乙说：

“别问了，吃完早点我还得办事儿去呢，抓工夫儿我再告诉你。”

张乙出去看朋友连带会客，再谈谈买卖，整一天，晚上才回家。吃着饭，媳妇问：

“货卖了多少？”

张乙乐了：

“我也不知道怎么了，几个客户看了货，给的价还真不小，心里想说卖，可到嘴边上说出来是不卖，大概嘴跟心不一样，说的就是我吧。”

俩人全乐了。

“嗐！有货不愁客，急什么。”

俩人一看是芸娘，张乙说：

“嗬！你也会做买卖！”

郎氏让她吃饭，她说：

“吃过了。”

谁听说过鬼吃饭哪！这晚上仨人有说有笑，到时候各自安歇。

转天一早，郎氏一看，还是拾掇得那么干净，连她的衣服全洗了。张乙出去一天，晚上拎着个钱口袋乐着就回来了。

“行了！这些货一个老客就全买去了，价钱比昨天还高上三成多呢。最后还算差了账，多找回一百二十多块钱。”

“我说做买卖别着急嘛。”

郎氏一回头，看见了芸娘：

“哟，妹妹回来了。”

您看她俩多亲热，成姐儿俩了。仨人高高兴兴欢欢乐乐混得成家人了。

是夜不提，第二天早上，天阴得跟黑锅底似的，在屋里不点灯能伸手不见五指，可是没下雨。芸娘进来说：

“大哥，大嫂，我该走了。多给你们添麻烦了，我去找冤家报仇去了。还得求大哥把我送到南关。”

说着，眼含泪水跪下就磕头，张乙两口子忙把她搀起来。张乙说：

“由咱家去南关甭穿街里走，顺着护城河有船，那是给往来卖菜的、做小买卖的准备的，咱们怎么走呢？”

芸娘说：

“今儿这天阴着，什么也不用，就这样就行。您把那张粉红纸带着。”

郎氏在旁边都听愣了，还没摸清是怎么回事儿。有心叫她走，还真真舍不得她；留她吧，人家有事儿，还说什么报仇。她也含着泪，难舍难离地把他们送到门口。

两人到了河沿，上了船，管船的认识张乙，就问：

“张先生去南关办事去？”

“啊，办点儿事。”

有人看见了芸娘，议论开了。这个说：

“张乙真有艳福，媳妇长得多漂亮。”

那个说：

“不对，不是这个。他媳妇我见过，没这么白，这个没准儿是他的小老婆。”

旁边的说：

“别胡说，张先生可不是那种人。这也许是他的亲戚。”

好嘛，谁敢跟鬼攀亲戚呀！

时间不大，船往西一拐，张乙说：

“前边就到南关了，他那酒楼就靠着码头。”

芸娘往前看，看着，看着，老远就看见了，通天的招牌，醒目的大字写着“大兴酒楼”。

她拉过张乙的手，很难过地说：

“大哥，这几天为我的事儿把您累坏了，我们就要分别了，望您和嫂嫂多保重，我走了！”

没等船靠岸，就仿佛一溜烟儿似的，扑下船去，直奔向酒楼。大伙儿一看都挺纳闷儿，就问张乙。

“她是您什么人呀？”

张乙说了：

“什么人也不是，她是鬼。”

众人一听，“哎哟，我的妈呀！你怎么把鬼都带上船来啦？她还回来吗？”

张乙乐了：

“放心吧，她不回来了。”

船靠岸，张乙走到酒楼门前，就听里边喊上了：

“快！快到后院请内掌柜的去，掌柜的疯了！刚才还好好的哪，这么一会儿的工夫，他脸也白了，两眼睛直勾勾都瞪圆了。自己左右开弓抽自己的嘴巴，还骂自己，‘我不是人！我是畜生！’还抓自己的脸，把头发都揪掉了，耳朵也撕了半拉，嘴里骂骂咧咧，‘你把我害苦了，你不叫我好死，我也不叫你好活着。’越来越厉害，自己把俩眼珠儿也剜出来了，舌头都嚼烂了。七窍流血，眼看就没气了！”

张乙到里边一看，叹了口气：

“嗐！报应循环呀！”

扔下那张粉红纸儿的婚约，转头走了。

回到家，吃完饭，两口子才提起这回事。张乙说：

“芸娘她不回来了。先前我没敢告诉你，怕你害怕，她是个鬼！”

接着就把穆芸娘的遭遇，事情的来龙去脉说了一遍，又把李大兴临死的惨状说了一番，回来把灵牌拿起来看了看：

“芸娘报完仇了，找个地儿把她的灵牌儿埋了吧！”

这才是善有善报，恶有恶报，不是不报，时辰没到。有人问了：您这故事是听谁说的？嗬，这故事可有来头，这是我姥姥的姥姥的姥姥跟我讲的。

又有人问了：您姥姥的姥姥的姥姥，她多大年纪了？告诉您吧，岁数倒不大，差两岁呀，不足二百五！

嗐！

（冯宝华忆记　殷文硕整理）

马寿出世

这个故事出在清朝康熙四十二年，当时在北京前三门外，也就是正阳门又叫前门，崇文门又叫哈德门，宣武门又叫顺治门，出了四个土匪，匪号人称“四霸天”。北霸天姓安叫安三太，是明王府的管家。西霸天叫吕盛刁，外号净街阎王幌杆吕，在京西门头沟开煤窑。东霸天花斑豹李四叫李德隆，在前三门外开着四十八处明场宝局。南霸天铁罗汉宋金刚，保镖出身，来到北京之后，和他们三个拜了盟兄弟。他们倚仗北霸天安三太的势力，官府不管，百姓们惹不起。这四个人每人手下都养着二百多个打手。这些人全属母鸡的，没鸣（名）儿，净是外号儿。什么长毛狗、短毛狼、铁笊篱、不漏汤、该死、倒霉、小秦椒、套裤料、烂脚丫、不流脓。就这么一帮，在前门外抢男霸女，胡作非为。这帮人里头不管是谁被人抓去了，什么叫大宛两县、营城司防、五营二十三巡、南北两衙门、顺天府、都察院，只要见到了安三太二指宽的一张纸条，就得把人放出来。谁敢惹他们哪。这些人是抓吃抓喝，坑蒙拐骗，净做伤天害理的事，他们专门抓哥儿弄姐儿，看见街上小姑娘长得好看，没大人跟着，他们就给抓走卖到妓院里去。小小子长得好也给抓走，卖到像姑下处。他们每天都在前三门外抓小孩儿，这一天可抓出事来啦。

这天正是六月初一，永定门外南顶庙会上来了一个小孩儿，十一二岁的年纪。长得黄白净子，长脸膛，细眉大眼，鼻直口阔，穿一身鱼白裤褂，青洋绉大褂，青缎子双脸儿鞋，鱼白袜子。头戴马莲坡的大草帽，蓝绸子里儿，卷帽檐儿上钉着五福捧寿，双飘带上绣长寿字，手拿棕扇，一步三摇地从前门往南走。

这小孩家住安定门内国子监，姓马单字名寿，家里寡母孤儿。他父亲活着的时候是开镖局子的，专走北路镖，内外蒙、草地、库仑一带什么占山为王的，落草为寇的，提起闷灯马坤没有不知道的。有一次，马坤的一趟镖往外蒙走，马坤没跟着去，因为他预料这条道上不会出事。没想到这镖还没到外蒙就被人劫去了。伙计回来跟马坤一说，马坤说："好，这是挑我的匾不叫我干了，我找他去。"他一个人也没带，背上单刀，骑上快马，直奔山寨而去。来到山前，下马亮刀，破口大骂。等山大王出来了，马坤一看是个老头儿。老头儿一见马坤，没说几句话就知道他年轻有为，便把他请到寨中。原来这老头儿也不是占山为王的，他问明马坤的身世，知道马坤尚未娶妻，就对马坤说，他有一个女儿已经二十出头，一身好武艺，尚未许配人家，愿意把女儿嫁给马坤。马坤说，要做这门亲事得洗手不干，放火烧山，跟他回家，把你养老送终。就这样，这门亲事算成了。马坤回北京办了喜事。第二年，马大奶奶生下马寿。转过年老人就故去了。马寿长到九岁，马坤得了一场病，医治无效，临终前嘱咐妻子，千万不要教马寿练武，说："练武没有好下场，我死之后，把镖局一收，叫孩子多念几年书，将来得个一官半职的，也好改换门庭，不要再吃刀把子这碗饭了。"说完了，马坤就死啦。丧事办完，马大奶奶就把镖局收了，守着马寿过日子。

马寿长到十二岁，在学堂里念书非常用功。这天六月初一，老师有事，放了一天学，孩子们都往家走。大学长说："今天是南顶庙会，咱们逛庙会去呀。"学生们一听，这个说："我去。"那个说，"我也去。"马寿也要去，大学长说："咱们回家吃饭，等会儿在国子监口儿上见。"马寿回家跟母亲一说，马大奶奶不放心："寿儿，听说前三门外有拍花的，你要是叫人拍了去怎么办？"马寿说："不要紧，有大师兄哪，我们好几个在一起，回来的时候大师兄把我们送回家。妈，我去！"小孩儿一撒娇儿。马大奶奶就这么一个孩子，能不疼爱吗？说："你可得早去早回来呀！"接着，叫马寿吃饭洗澡换衣服，带上零钱，这才叫小孩儿出来。等马寿来到胡同口外再找同学呀，一个也没有啦。小孩儿想：你们不等着我，我自己去，到庙会上见着你们，看你们说什么。于是就跟人打听南顶在什么地方。有人告诉他，出前门往南走，出了永定门再往南就到南顶了。小孩雇了一辆大马车，来到前门，给了车钱，往南走，逛一逛前门大街。马寿来到大栅栏口上，见墙上贴着一张告示，小孩站在那里看告示。

就在这个时候，从鲜鱼口里走出两个人来。前边那个人穿一身灰，灰色裤褂，灰色鞋，灰色袜子，灰色辫绳。后边的那人穿一身紫，紫花布裤褂，紫花鞋，紫花袜子，紫花辫绳。你要是打远处一看哪，就跟耗子拉一个窝头一样。俩人摇摇晃晃往前走，一抬头就看见马寿了。就听两个人一替一句说了几句话："合字。""并肩子。""掉瓢。""招瞜把合。""决衬。""盘尖。""驾马驾马扯活。""海撕下来晚安有了。""混天挑了。"小孩不懂他们的话。他们说的是江湖黑话，也就是贼言贼语。什么意思呢？"合字"是伙计。"并肩子"是自己哥们儿。"掉瓢"是回头。"招瞜把合"是用眼瞧瞧。"决衬""盘尖"是小孩儿长得好看，"驾马驾马扯活"是哄一哄把他弄走。"海撕下来晚安有了"是把大褂扒下来晚饭钱就有了。"混天挑了"，是天黑把孩子卖了。小孩儿看他们不像好人，就往南紧走。这俩小子一左一右就跟过来了，把小孩儿夹在当中，啪！照小孩子肩膀拍了一巴掌。"小兄弟上哪儿去？"这掌叫迷魂掌，胆小的，就这一掌准连东西南北都不知道啦。不料想马寿生来胆子大．不但不害怕，还瞧了他们一眼说："拍什么！还没到清明哪！"这俩小子一听："噢！我们拍坟哪！走，喝茶去！"马寿说："我不渴。""吃饭去。""我不饿。""看戏去。""我没工夫。"这俩小子一听，心说，这孩子还真刺儿头哇。这个冲着那个一努嘴，那小子一伸手照着马寿脸上就是一个大嘴巴。啪！"说好的不听，走！"那个小子过来把马寿往胳肢窝里一夹，抬腿就走。这一来马寿可害怕了。从家里出来的时候，妈妈说前门外有拍花的，这就是拍花的吧？小孩连哭带嚷："地方！看街的！这儿有拍花的！"地方看见也不敢管，知道这都是四霸天手下的打手。老百姓更不敢管了。两个人夹着马寿走到珠市口，突然走不了啦，被瞧热闹的人给围住啦。

这俩小子把马寿往地上一放。那马寿两只眼都哭红了，滚了一身泥。这瞧热闹的人有认识这俩小子的，也有不认识的。有人问他们："俩大人干吗跟一个小孩一般见识？"这俩小子听有人问，借机会说了一套谎话："这位大哥您不知道，我们跟这孩子住街坊，这孩子家里是寡母孤儿！"这真叫他蒙对了。"他不好好念书，净逃学。前几天偷了他妈的一副金镯子出来啦，几天没回家，他妈哭成个泪人儿，托付我们哥儿俩把孩子找回去。这不今天遇上啦，叫他回家，他说我们是拍花的，您想大白天能有拍花的吗？"这位一听信以为真，就冲马寿说："你这孩子真没出息，不好好地念书，在外边瞎跑能学出好来吗？

走，跟你叔叔回家！”马寿一听这个气呀：“他是谁叔叔？他是你爷爷！你管得着管不着！”这人一听，说：“我管不着。”这人走了。可是在人群中也蹲着一个人，这个人有病刚好，拄着一根棍子出来遛病，他认得这两个小子，自言自语地嘟囔：“又住街坊，昨天拍的那个小姑娘就是住街坊。嗐！你们净做伤天害理的事，早晚有一天非报应不可！我真有心揍你们俩一顿，又怕你们揍我。”就在这时候从粮食店街里走出一个人来。这个人是大高个儿，穿一身土黄布裤褂，山东皂鞋，白布袜子，紫红脸膛，头上一根头发也没有。手里拿着一根长杆旱烟袋。这烟袋是铁锅铁杆铁嘴，烟袋杆有核桃粗细，烟袋锅有小饭碗那么大，半斤烟叶才装了多半锅，点着这袋烟能吸半拉月，烟袋锅都快烧红了。这人姓孙名叫孙起龙，山东人，在西城缸瓦市开粮店，好练武，专练硬功夫。因为练油锤贯顶把头发都练没了，人送外号“铁头太岁”。今天他出来看朋友，朋友没在，他想到珠市口买点儿东西，看见这儿围着一圈子人，不知是干什么的。他站在人群外边往里一瞧，就听哧啦一声。怎么回事？高个子大嘴里叼着旱烟袋，烟袋锅正烫在前边那个人腮帮子上，那人腮帮子给烫煳了。“你往哪儿烫？”“啊，对不起。”孙起龙瞧着人群里边纳闷，这是怎么回子事，俩大个儿夹一个小孩儿？他有心管，不知道是怎么回事，他一眼就看见人群里边蹲着那个遛病的啦，见他嘴里一个劲地嘟囔，心说：他准知道，对，跟他打听打听。你打听事你把他叫出来打听啊，他没有，一伸手把那人脖子给掐住了，往上一提，就给提溜出来啦。那位受得了吗？这个嚷啊：“嗨嗨……慢……慢……着点儿，脖……子……断……啦！”他把这人放下，赶紧作揖：“借光，借光！”这人一边揉着脖子一边说：“有你这么打听事的吗？”“这里边俩大个儿夹一小个儿是怎么回子事儿？”这人一瞧孙起龙这个头儿，手里这把子劲，心说：这人能救这孩子。“这俩小子不是好人。”“我看他们俩也不是好人。”“他俩是抓哥儿的。”孙起龙一听把眼一瞪，大声说道：“抓哥儿的！”把那人吓了一跳，“你嚷什久？”“我看那小孩儿不是哥儿。”“他们不管是不是愣抓。”“眼前有个哥儿他们不抓！”“谁是哥儿呀？”孙起龙一指自己的鼻子：“我是哥儿，叫他们抓我！”一转身他回来啦。瞧热闹的一见说：“二哥躲开，这烟袋锅儿厉害。”

孙起龙来到人群中就问：“你们俩大个儿夹一小个儿是怎么回子事？”这俩小子还是那套词：“这孩子家里是寡母孤儿……我跟他住街

坊”……“你们是街坊他姓什么？”“他姓……姓这个……姓王。”马寿说：“我姓马！”“你别吱声，他叫什么？”“他……叫……二哥儿。”马寿说：“我叫马寿。”“他在哪儿住？”那小子用手一指，“口里头。”马寿说：“我住国子监。”“你说他姓王，他姓马；你说叫二哥儿，他叫寿儿；你说在口里头住，他住国子监。不用说啦，你们是抓哥儿的。”孙起龙一句话给说破啦。这俩小子一想：要叫这个买卖人给唬住，明天就甭混了。这个把眼一瞪说：“你才知道我们哥儿俩是抓哥儿的，抓红了眼连你也抓着！”“你叫什么？”“你不认识大太爷？告诉你，太爷是南霸天手下的大打手，太爷外号套裤料。”“你叫套裤料，我叫大坎肩儿。”他是要拆套裤补坎肩儿。那个小子一看装做好人说：“掌柜的，我们跟这小孩闹着玩儿，他张嘴骂人，所以闹急了。得了，掌柜的，你走吧。”孙起龙用手一扒拉他：“你也不是好人。”“我不是好人怎么着？”“你叫什么？”“你不认识我吗？你是攒馅包子晚出屉，太爷是东霸天手下大打手，太爷叫生铁球！”孙起龙把手中烟袋一掂量，说：“你叫生铁球，我叫锢漏锅的，专化生铁球。”这俩小子一听把眼一瞪：“我告诉你，我们哥儿俩原本跟这孩子闹着玩儿，你说我们是抓哥儿，今天还非抓不可！”回过头对马寿说：“我们本想放你回家，可他这么一多管闲事，我们非把你弄走不可，你骂就骂他。”说着话，俩人一左一右把小孩两只胳膊一架，“走！”孙起龙把脑袋一横说：“撒开！”这俩小子把脑袋晃悠得像车轮似的，“我们不撒开，该怎么样！”孙起龙照准俩小子脑袋上一磕打烟袋锅，“撒开！撒开！”这回他俩撒开了。再不撒开脑袋漏了。这俩小子一见孙起龙这个架势，知道不好惹，撒开马寿往外就跑。瞧热闹的把这帮小子恨着啦，一圈人围个紧紧的，这俩小子急得到处乱钻，孙起龙拿着烟袋一个劲地往这俩小子头上打，两人给烫得嗷儿嗷儿直叫唤，好不容易才从人缝里钻出去。

孙起龙本想追这俩小子，可又一想：不行。我若是追他俩去，再来了坏人把小孩儿弄走就麻烦了，不如我先把小孩儿送回家去，以后再找俩家伙算账。回头对马寿说：“别哭了，我送你回家去。”他雇了一辆车，马寿坐在里头，他跨车沿，赶车的一摇鞭，“哒！”骨碌碌往前走。车一边走着，孙起龙一边跟小孩儿说话：“你叫什么？”“我叫马寿。”“你们家是干什么的？”“我们家是保镖的。”车继续往前走，孙起龙又问：“你爸爸叫什么？”“我爸爸叫闷灯马坤。”孙起龙一听，提高了嗓门，“闷灯马坤？”他没见过面。赶车的听这嗓门也愣了。孙起龙接着问：“你爸爸好哇？”“我爸爸死啦。”孙起龙一拍大腿，“这是怎么话说的！这是怎么话说的！”赶车的听了忙说，“你下来说吧，我这牲口受不了！”车到了国子监小孩儿家门口停下，马寿下了车便去叫门。孙起龙打发车钱。小孩在外边受了委屈，看见自己家门倒哭起来了。马大奶奶正在屋里做活儿，一听孩子哭着叫门，赶紧出来开门。把门开开一看哪，孩子俩眼睛都哭红啦，浑身上下净是泥土。小孩儿见妈啦，连话也说不出来啦。大奶奶见孩子身后站着一个人，看样子是做买卖的，一定是孩子淘气，不定是把人家什么东西弄坏了，人家找上门来了，孩子害怕哭啦。大奶奶就这么一个孩子，见孩子这种模样十分心疼。赶紧问孙起龙：“这孩子是您送回来的？”孙起龙是山东人，山东人都是红脸汉子，见着女人说不出话来。听大奶奶这么一问，脸也红啦，脑筋也绷起来啦，话也说不利落啦：“啊……是。”“我告诉你掌柜的，我们家可没仨没俩，就这一个儿，甭管弄坏了你什么东西，我赔你！可不能把我的孩子给吓着。”孙起龙一听，全拧啦！一着急呀更说不出话来啦。“啊……是……啊……不对……他是……”小孩儿这会儿不哭啦，跟他妈说：“妈！不是那么回事，他是好人。”孙起龙一听这孩子说出来啦，十分高兴。“对，你说，我蹦高。”他走啦。大奶奶再往回叫也叫不回来啦。她心说：也没问人家姓什么。大奶奶把孩子带回屋里，问马寿这是怎么一回事，小孩儿一听又哭啦。大奶奶说：“哭吧，哭够了再说。”

马寿哭了一会儿，这才把同学怎么没等着他，自己怎么去的前门，怎么看告示遇着坏人，后来这山东人怎么把俩小子打跑喽送他回家的事一一细说了一遍。大奶奶一听，心说：好悬哪，孩子差一点儿让人弄走啦。想着想着，暗暗埋怨起死去的丈夫，咱家都是练武的，你干吗偏偏不让孩子练武哪？要是练上几年，甭说没人敢欺负孩子，就是有人欺负，有武艺也能防身哪。今后不能听你的啦。想到这儿对马寿说：“去，上学去！”小孩子一听：“好，今天老师放学。”“我不是叫你上学念书，是叫你把书桌搬回来，这学不上了。”小孩儿一听吓了一跳。赶紧给他妈跪下：“妈，您别生气，明儿我不出去玩去啦，好好念书。”大奶奶把眼一瞪：“再说念书，我砸折你的腿！”小孩儿心说，念书还挨揍哇！小孩儿来到学房，把自己的桌子凳子一搬，说：“老师，书不念了。”老师说：“马寿，怎么不念啦？噢！我明白了，你父亲去世，你家里没有进财之路，你念书的学钱家里供不起啦。回去跟你妈说，从今日起你念书我不要钱啦。”马寿说：“不要钱也不念啦，再念我妈砸折我的腿，不念了嘛！”说完，马寿抬腿就走。小孩儿把东西搬回家里，马大奶奶打发孩子吃饭洗澡。天黑了打发孩子睡觉，随后又出去一趟，不一会儿回来也睡了。

小孩儿睡到夜间子时，也就是十二点，忽然被母亲叫醒了。“寿儿，寿儿起来。”小孩儿起来，跟着娘出屋，到院子里一看，吓了一跳，见院子里摆着一张八仙桌，桌上供着一个牌位，前面是香炉蜡扦儿，桌上放的是香烛纸马。地上放着两个抬筐，一个筐装着铁砂子，一个筐里盛着小铜钱。筐旁边还放着两只盛绍兴酒用的空坛子。马寿一瞧，心说：怎么着，不让念书，是不是装在坛子里养活着？这时候马大奶奶点着蜡烛，烧上香，叫马寿过来磕头。小孩儿恭恭敬敬地磕了三个头。马大奶奶又焚了钱粮纸巴马，把马寿叫过来说：“去，把两个坛子拿起来。一只手抓一个坛子口，两胳膊伸平，眼往前看，挺起胸膛，围着院子转圈。”小孩儿照母亲的吩咐，抓起坛子就转，一直转到天亮，这才住手。白天吃饭休息没事，到晚上子时，马大奶奶又把小孩儿叫起来啦。“寿儿，起来！”小孩儿起身又到院里耍坛子。今天这坛子里可不是空的啦。每个坛子里装了一把铁砂子和铜钱。一连一个多月每天都往坛子里加铁砂子和铜钱。大奶奶拿根藤子棍看着，只要胳膊一打弯儿，就是一藤子棍。这是干什么？这是叫小孩儿换换体格。前一个月小孩儿走路是文绉绉的，一步三摇。现在你再看这个孩子，变样了，腩子肉翻着，翅子肉横着，太阳穴凸着，眼睛努着，有个练武的样子啦。马大奶奶这才教小孩儿练弯腰、折腿，长拳、短打、十八般兵刃。一晃儿孩子整整练了三年。这天早晨起来，马寿来到院子当中，伸手拿起大刀说：“妈，昨天您说我的前把不对，您看哪点儿不对？”大奶奶把手一摆说：“寿儿，你练武练了三年，连门儿都没出过，今天不练啦，放你一天假，到外面玩儿玩儿去。”马寿一听，心里高兴。马大奶奶又问：“你今天上哪儿玩儿去？”马寿一想：今天是六月初一，前三年的今天我去逛南顶庙会，遇见“把合”我的，我妈才教我练武。今天不是放我的假，是叫我找那帮小子报仇去。想到这儿，说：“好，我逛南顶去。”马大奶奶心里高兴，心说：这孩子有心胸，前三年的事还没有忘，但脸上可故意带着不高兴的样子，啐了马寿一口说：“呸！还去逛南顶？你忘啦，前三年你去逛南顶，遇见‘把合’你的啦？”马寿说：“好！要不是他们‘把合’我，您还不教我练武哪。今天我去南顶，没有‘把合’我的便罢，要是有敢‘把合’我的，我就左右开弓给他三个大嘴巴！”马大奶奶一听，心说：要坏，这孩子一出去非出人命不可。“你说什么，打人家三个大嘴巴？人家是死人哪。那么老实叫你打？来！”马大奶奶把马寿带到后院。在后院里有当年马坤拴马用的一根拴马桩子，是四尺多高的石头桩子。她说：“这儿有棵石头桩子，你打它三个嘴巴我看看，你要是打得着，今天我就放你出去，要是打不着，你这一辈子甭想出门！”马寿心说：我妈老糊涂啦，石头桩子我打不着哇。当时他把袖头一挽，来到石头桩跟前，使了个骑马蹲裆式，运足了力气，对准石头桩子就是一掌。就听啪的一声，把石头桩子打折了少半截，出去三尺多远。把自己吓了一跳，心说：我的手怎么这么大劲呀！马大奶奶问：“怎么样？”小孩儿说：“折啦。”“这桩子是什么的？”“石头的。”“人脑袋哪？”“是肉的。”“要是打三个嘴巴怎么样？”小孩儿说：“那就碎了！”马大奶奶指着马寿说：“告诉你，练会武艺是防身宝。有事不怕事，没事不惹事。你爸爸死得早，妈就你这么一个儿，你要是仗着这身武艺做个一官半职的，妈可以跟你享福。你要是无故打死人命，就要给人家抵偿，妈还依靠何人呢？今天出去没有人‘把合’便罢，如果有人‘把合’你，你也别打人家三个大嘴巴，你轻轻地弹他三个脑弹儿就行啦。”马寿说：“妈，我听你的。只要有人‘把合’我，我把他揪住了照准脑袋弹他三百个脑弹儿！”大奶奶说：“得，这脑袋成漏勺了。”马大奶奶再三嘱咐，在外边不要惹祸，马寿一一答应，马大奶奶这才放心，叫马寿洗澡换衣服。马寿洗完澡换好衣服道了声：“妈，我走啦。”转身就走。马寿刚迈两步，马大奶奶又把他叫住啦：“寿儿，你还没吃饭哪，出去不饿吗？”“妈，不要紧，我要饿了随便买点儿什么东西吃就行啦。”“你吃东西给钱不给呀？”马寿的脸当时就红啦，因为自己身上没带零钱。忙说：“妈，我忘了带钱啦。”“不用带钱啦，吃了人家的东西，人家跟你要钱，你会武术，别人打不过你，你还带钱干什么？”马寿说：“妈，我怎能干这种事哪？”“这就对了，在外边决不准倚仗武功随便欺负人，买东西要公买公卖。你要敢做出不讲理的事情来，可别怨妈狠心，我把你胳膊腿敲断了，养活你一辈子残废。”说着话，给马寿拿了散碎银两带上，又嘱咐说，“你要早去早回，省得为娘的我不放心。”

马寿这才出了门。三年没出门了，今天一出来，看见树叶都是新鲜的。马寿心说:不惹祸！今天没有“把合”我的便罢，要有敢“把合”我的，非叫他尝尝我的厉害不可。他走出国子监就雇车。“车！车！”赶车的赶紧过来，问道:“您上哪儿去？”“前门。”“哎，好好。”“要多少钱？”“您给一吊五吧。”马寿听罢把眼一瞪说:“你穷疯了，一吊五把骡子卖给我呀！”赶车的说:“一吊五就卖骡子呀，我要得多您少给呀。”马寿说:“给你两吊去不去？”赶车的一听:“是我穷疯啦，还是您吃多啦？我要一吊五您倒给两吊。”马寿说:“我有急事，车得快一点儿。”赶车的说:“好！您上车。”马寿上了车，赶车的一摇鞭子车走啦。马寿嫌车慢，“赶车的，快着点儿！”赶车的答应着，照骡子就一鞭子，啪，骨碌碌……马寿还嫌慢，“再快点儿！”“行！”啪，啪！这骡子四蹄蹬开，车轮像飞的一样，骨碌碌……马寿说:“还得快！”赶车的说:“得，您下来吧，再快就吃骡子肉啦。”一转眼，车到前门，马寿付了车钱就顺大街往南走，他想，我还得去看告示。他来到大栅栏口上，前三年的那张告示早就没有了，在贴告示的那个地方，有个做小买卖卖西瓜的。靠墙放着一辆平板独轮车，车上铺着块蓝布衬单，用水泼湿了，切成瓣儿的西瓜往上一摆，手摇着一把破芭蕉扇，一边轰苍蝇，一边吆喝:“吃来呗，闹块尝啊，半尺多高的瓤子好像黄沙蜜来，这俩大来！”马寿一看告示没啦，有个卖西瓜的，车子前边还有几个吃西瓜的。马寿离卖西瓜的一丈多远往那儿一站，脚往石头上一蹬，大褂脱下来往胳肢窝一夹，嘴里还一个劲地嘟囔:“一个也跑不了了，全揍！”那儿有两位吃西瓜的，还扯哪:“二哥，吃这块黄的不错。”一扭脸儿看见马寿啦，攥着拳，瞪着眼，气昂昂的嘴里直嘟囔。“二哥，这位是跟谁呀？”“我哪儿知道哇！”“你听，他说一个跑不了，全揍。二哥，咱们走吧。”这块西瓜才咬一口就放下啦，“掌柜的，给你钱。”走啦。卖西瓜的可纳闷儿啦，怎么回事儿？吃一口就不吃啦？卖西瓜的把剩下的那块西瓜拿起来尝了尝，不酸哪？一回头，看见马寿啦。噢，都叫他给吓跑啦！卖西瓜的来到马寿跟前，“我没得罪您哪。”马寿说:“我不是跟你。”“您还不是跟我哪，把吃西瓜的都吓跑啦！”马寿说:“我跟你打听点儿事。”“什么事？”马寿往墙上一指，“那张告示哪？”卖西瓜的一听，愣了:“哪儿有告示呀！”马寿说:“三年前贴的那张。”“前三年的告示能贴到今天吗？究竟是怎么回事儿？”马寿就把三年前看告示遇见“把合”的事这么一说，卖西瓜的乐啦："您找'把合'的，就您这个样儿谁敢'把合'您呀！前三年您没练武吧？"马寿说："啊！""那您还得学三年前的样子，把大褂穿上一步三摇，您从这儿往南走，到珠市口再往回走，来回三趟，要是没有'把合'您的，回来您'把合'我。"马寿说："好，我来回走三趟，要是没有'把合'我的，回来我'把合'你！"卖西瓜的心说：您走了我就收摊儿。

马寿穿上大褂儿学着当初念书时的样子，还真学不上来啦。马寿想：学不上来怎么办呢？又一想：有办法啦，我不会吆喝吆喝吗？他一边走一边吆喝："谁'把合'我呀！谁'把合'我呀！"走路的都纳闷呀！怎么这个人找"把合"的？马寿正往前走，从大齐家胡同里走出俩人来，这个跟那个说："合字，掉瓢，招睒把合。"马寿一听，心说：行，开张啦！来的这两个小子是东霸天手下的打手。一个叫该死，一个叫倒霉。这俩小子一左一右就把马寿给挤在当中啦。该死说："兄弟哪去呀？"马寿心想：这俩小子来啦，我要打一个就得跑一个。再说我也饿啦，找个地方吃饱了再揍他俩。马寿压了压心里的火儿，说："没事儿，玩玩儿去。"这俩小子一听啊，心里的高兴劲儿就别提啦。"咱们吃饭去。"马寿说："好！哪儿吃去？"这俩小子用手一指说："福兴楼。"马寿说："好！走吧。"三人来到福兴楼。这家饭馆是二荤铺，楼下卖斤饼斤面，也可以随便炒个菜。楼上哪，卖成桌的酒席。

三个人进了福兴楼一看，楼下吃饭的很多，他们顺楼梯就上了楼。楼上很清静。跑堂的一看这俩小子上楼了，赶紧过来打招呼："二位大太爷您来了！"倒霉过去就给他一个大嘴巴。啪！"你他妈是瞎子，我们来了仨人，怎么二位呢？"跑堂的手捂腮帮子直说好话："您别生气，我没看见。"跑堂的一见马寿穿戴整齐，心说：这个人怎么跟他俩混到一块儿啦。跑堂的赶紧就问："您三位是喝茶，还是吃饭哪？"该死和倒霉冲着马寿一笑说："小兄弟，你说咱们是先喝茶呀，是先吃饭哪？"马寿心说：吃饱了好揍你们。"咱们先吃饭。"马寿要了几个菜又要了两壶酒。没多大工夫，酒菜都上来啦。倒霉把酒壶往前一推说："小兄弟，给哥哥斟盅酒吧。"马寿用两个手指头拿起一把酒壶来，酒壶是锡[①]的，马寿的两个手指头夹住酒壶的脖儿，心想：我先把这俩小子吓唬住再揍他们，说："我还得给你斟酒？那好，我斟这盅酒有个名堂，

---

① 又名酒镟子，锡制，便于烫酒，形状为细高大肚儿，斟酒时直接由脖口儿流出。

叫独占鳌头！”说到“头”字，把胳膊往前一伸，两个手指头一使劲，咔吧一声，就把酒壶脖儿给捏瘪啦！一滴酒也倒不出来啦。马寿把酒壶往桌上一蹾说：“空壶！”倒霉站起来就给跑堂的一个嘴巴。啪！“他妈的，我们哥们儿还没喝醉哪，就给往上顶空壶哇？”跑堂的又挨一个嘴巴，赶紧赔着笑脸说：“您别生气，我给您换了去。”说着话拿起酒壶就走。心说：瞧我这倒霉劲儿，怎么弄了把空壶哪？嗯？跑堂的一摇，“有酒哇。”又一看哪，“噢！瘪啦。”跑堂的这才明白，怪不得刚才我听见咔吧一响哪，这是捏在酒壶脖儿上啦。这要是捏在我嗓子眼上就死啦。跑堂的心说：该死呀，倒霉呀！你们俩真是该死倒霉啦。又一想：我得把这事给挑明喽，要不然在这楼上打起来，我这买卖就甭做了。跑堂的赶紧回来，冲着该死、倒霉说：“二位太爷，您瞧我这嘴巴挨得多冤枉，这位小爷把酒壶给捏瘪了。”倒霉说：“什么？就凭我这小兄弟的手能把酒壶给捏瘪了？来！你给捏瘪喽！”跑堂的说：“我捏不瘪。”倒霉说：“他妈的，换去！”跑堂的说：“唉，换去。”跑堂的心说：你们俩小子非挨打不可呀！跑堂的又打了几壶酒端上来，先叫俩小子瞧瞧。“二位大太爷，您过过目，这酒满满的。”说着把酒放到了桌上。该死、倒霉俩小子把酒盅往前一推：“来，兄弟，斟上吧。”马寿心说：你俩小子真是不知死的鬼，我再露一手你们瞧瞧。“二位，我先给你们斟酒，我还喝不喝了哪？这么办吧，三盅酒一起斟。”说着话，马寿把酒壶都拿起来啦，往右手的手指头缝里这么一夹，一把二把三把夹好啦，说：“这有个名，叫连中三元。”跑堂的在那边一听，心说：得！这要是来个满堂全寿哇，我楼上的酒壶全瘪。就见马寿把手往前一伸，五个手指头一用力，就听咔吧，咔吧，咔吧，三把酒壶一滴酒也倒不出来啦。马寿把酒壶往桌上一蹾说：“都是空壶！”就这一下子，把那个倒霉吓得哗哗哗这泡尿全尿裤子里啦。该死一瞧哇，就觉着肚子里一疼，扑嚓拉了一裤子。这时候再看马寿眉毛立起来了，眼睛瞪圆了，脸气得发白。这俩小子净剩下哆嗦啦。该死这么一琢磨，得想个办法跑哇，他哆里哆嗦地跟马寿说：“兄……弟，你……生什么气呀，我们哥……俩还不……知道你……是练武的吗，你要不是练武的，我们还不跟你亲热哪。干吗生这么大气呀，你看菜也凉啦，这么办吧，我去买只烤鸭子来，怎么样？”马寿想这小子要跑啊，又一想：反正我打一个就得跑一个，干脆放他跑。“你买烤鸭子还回来不回来啦？”“回来！要是不回来，我不是人生爹妈养的！”“好，你去吧！”

该死站起来，两手揪着裤子，就走了。他冲倒霉说："兄弟你陪着这位兄弟先喝着，我去去就来。"他下楼就跑啦。倒霉心说：该死呀，抓人的时候咱俩在一起，到了挨揍的时候你就跑啦！我也得想个主意跑哇。他对马寿说："这么热的天儿有吃烤鸭的吗？这么办吧，兄弟，我去买个冰碗来，弄点儿白莲藕、鲜菱角，多撒点儿白糖，你看好不好？"马寿说："他买烤鸭的可不回来啦，你这买冰碗的还回来吗？""回来！我要不回来我是三孙子，王八蛋！"马寿说："那你也走吧。"倒霉心说，便宜啦！这揍挨不上了。他站起来哆里哆嗦地往楼口走，马寿能叫他跑了吗？等他快走到楼口啦，马寿站起身来，手一按桌子犄角往前一纵，嗖的一声来到楼口，一转身，双臂一伸，把倒霉拦住了："站住！"倒霉吓了一跳：怎么飞过来啦？马寿用手一指说："你还想跑！"说罢往前一上步，右手一伸，啪的一声，就把倒霉的前胸衣服抓住了，往上一提，左手顺着往下一捋，攥着双腿，两膀一叫力，嘴里说了声："起！"就把倒霉给举起来啦。马寿说："我叫你回你的姥姥家去！"这小子这个嚷哪："我姥姥家在沙岭哪！"马寿把他举到楼窗户前，楼窗开着，马寿往外一顺手，头朝下，脚朝上，说声："下去吧！"一撒手就把这小子摔下去啦。马寿撒手啦，可也后悔啦，他想起临出来时母亲嘱咐的话，不让我打伤人命。这么高的楼我把他扔下去，还不摔死啊！想到这里，他手扶楼窗户台往下一看，嘿，这小子还真没摔死。原来这个倒霉多少会点儿武功，他被马寿扔下来时，他绕了一下拳脚，赶巧，正抓在楼外边的倒栏杆上。身子往下一坠，折了，二次摔下来劲头儿就小啦。虽说没摔死，也没有那么巧的，在饭馆门口旁边放着一只泔水桶，有水缸大小，里边有多半下子泔水。鸡肠子、蒜皮子、烂葱叶子，咣里咣当一层油。这小子是头朝下，脚朝上，噗！就掉里头啦。他赶紧往外爬，喝了两口泔水，弄了一身鸡肠子，也说不出什么滋味来啦，撒腿就跑。马寿一瞧没摔死他，自己气得也不饿啦。一想：给饭钱吧。一转身再找跑堂儿的，没啦。"堂倌！堂倌！"喊了半天没人答应。马寿说："有人没有，没人我可要放火啦！"就听桌子底下有人说话："别别别放火，我在这儿哪！""快出来！"伙计这才从桌子底下钻出来。"哎呀，我的小太爷，您怎么从楼上愣往下摔呀，那小子死了吧？"马寿说："没有死。""没死？！他会飞呀？"马寿说："他掉泔水桶里啦。没摔死！""还好，您看这菜也凉啦，我给您热热去。"马寿说："不用啦，你算算账，多少钱？"伙计说："甭算啦，我候着吧。”跑堂的这是一句客套话。马寿说：“你候着？我吃饭凭什么你候着？噢，你是想‘把合’我呀！”伙计说：“小太爷，这是哪儿的话呢？”“算账！”“哎！算！”伙计吓得心里直扑腾。往常这个伙计算账别提多利索，今天叫马寿给吓糊涂啦，老半天没算出数来，“嗯……一吊二,一吊三，是两吊五。再吊五再加上八百，是八五一吊三,一吊三再加刚才……是多少来着？”马寿说：“你问谁呀？拿下边算去！”他应当用托盘把酒菜放在里边，拿到账房去算。今天吓得他全忘啦。他用围裙一兜，连酒带菜往里一划拉，稀里哗啦就下楼啦。来到账房往柜台上一倒说：“先生，算账！”先生说：“这怎么算哪，全碎啦。”“你盘对盘、碗对碗地算。”先生算了半天，一共三吊六百四。跑堂的赶紧来到楼上，对马寿说一共三吊六百四。马寿给了钱，余外又拿出三两银子说：“伙计，这是给你的。”伙计说：“谢谢您，您这钱我可不敢要。”马寿说：“给钱不要，你是不是想‘把合’我？”“不！要！”“你凭什么要？”“我……我哪儿知道哇！”马寿说：“我问你一点儿事。”“什么事啊？”“刚才那两个小子在哪儿住？”跑堂的一听，心说：还没完哪。就劝马寿，“您别跟他们一般见识，这帮小子们没准窝。俗话说得好，好鞋不踩狗屎。其实呀，这俩小子也好找，他们这会儿准在金鱼池的苇塘里哪。因为一个拉一裤子，一个弄一身泔水，他们都得到芦苇塘的水坑里洗衣服。”马寿问金鱼池在什么地方，伙计回答说：“您出门口往南走，到了天桥，拐弯往东没多远就到啦。”

马寿离了福兴楼，往南再往东直奔金鱼池。他来到金鱼池一看哪，嚄！果真有一片芦苇塘。芦苇塘里是纵横交错的小道，在小道旁边的芦苇丛中有无数大坑，一下雨，每个坑都有很多的积水。马寿顺着小道儿找，正找的工夫，就听见前边的芦苇中有稀里哗啦的声音，还有人说话。马寿心想：这俩小子在这儿哪。他轻轻分开芦苇往里走，来到中间一看，是一个大水坑，有俩人蹲在坑边上正洗衣裳。俩人一对儿光着脊梁、光着屁股，脸朝里低着头一个劲儿地洗。马寿走到他俩身后，就听他俩说：“你他妈的真机灵，跑啦，叫我一个人挨揍，我差一点儿见阎王爷去，要不是我有功夫，泔水桶救驾呀，我就死啦。”“那怨谁呀？我说今天咱们别出来抓，你非得出来。我昨晚睡觉就没做着好梦，梦见吃烙饼，怎么也咬不动。醒了一看哪，我正咬着锅盖哪。总算咱们哥儿俩又见面啦！”马寿站在他俩后头，要是逮他们，一猫腰就逮住了，可马寿不逮他俩，跟他们说话：“二位怎么在这儿洗衣服哇？”这俩小子没回头，一边洗着一边说：“可不是嘛，在这儿洗衣服有好处，这水滑溜。甭用碱就洗干净啦。往苇子上一搭一会儿就干啦。”“二位吃饭了吗？”“吃过啦。”“要是没吃啊，我请客。”“谢谢吧。”“咱们上福兴楼吃烤鸭子加冰碗！”这俩小子一回头：“哎呀！妈！”“咚咚”全跳水里去啦。“哎哟，小太爷呀，您怎么追这儿来啦！”马寿一弯腰就把水里泡的衣服捞出来啦。把俩人的裤腰带往地上一放，鞋、袜子、裤子、褂子放在裤腰带上，系了个扣往起一提溜，说：“你们俩小子在这儿待着吧。”“大太爷！您可别把衣服拿走哇！”“谁要你的臭衣服。”南面就是天坛的围墙，马寿使劲一甩，就把衣服扔围墙边去啦。俩小子一看，得！这回完啦。马寿假装追这俩小子，他俩跑到坑那边去啦。马寿绕到坑那边，他俩又跑到坑这边来啦。马寿来回追，他俩来回跑，马寿的意思，把他俩追糊涂喽，他俩爬上来就跑，叫走路的揍光屁股的。没追几圈儿该死就糊涂啦，爬上坑去就跑，叫倒霉一把给揪住啦：“别跑，没穿衣服跑出去就得挨揍。”

马寿一想，别跟他俩怄气喽，反正今天够这俩小子受的啦。马寿离了芦苇塘，来到金鱼池大街。这里有一条臭水沟。忽然，他发现在臭水沟那边围着一圈子人，老远就听有人叫好儿。“好哇！上来啦！”接着一阵笑声。马寿不知道是干什么的，便走了过去。马寿个子小看不见，就冲看热闹的人说：“借借光，我进去看看。”前边的人一回头，见是一个小孩子，忙说：“你进去？我来半天还没进去哪，你凭什么进去？二哥咱挤紧着点儿，别叫他进去。”马寿一想：什么人都有，我非进去不可。他把两只手一伸，顺着前边那两个人的软肋往里插进两个手指头，左右一分说：“借光！”这二位都岔气啦。“哎哟！”上一边揉肋条去啦。马寿一瞧这招儿倒管用，跟着，“借光！借光！借光！”“哎哟！哎哟！哎哟！”三对八对都去揉肋条去啦。马寿来到里边一看，原来在沟里有一匹马。这沟有一丈多宽，有十几个人在沟里站着往上捞马，弄得浑身上下都是泥。好不容易快把马捞上来啦，有人一叫好儿，“好哇，上来啦！”一滑又掉下去啦，大家一笑。哗！这匹马是神力王府的马，是神力王最心爱的一匹宝马。天气热，王爷都舍不得骑，叫管圈的圈头王老好单独管理这匹马。王爷说过，要是蹭掉一根马毛，罚他每天早上到永定门外去扒沙子，扒上十年。王爷下朝都先看看这匹马。今天王老好拉着回来，走到天桥，正赶上进骆驼，这马眼神一岔，惊啦，掉头就往东跑。王老好在后边一边追一边喊："截住！截住！马惊啦！"越是有人截，这马惊得越厉害，来到沟沿，这马往过一跳，就掉沟里啦。王老好雇了几个卖力气的给捞马，半天啦愣没捞上来。马寿一看，捞这马光凭笨力气往上架是弄不上来，得用巧劲儿。他无意中说了一句："真笨，还用费这么大劲，一手揪住脑袋，一手抓住尾巴，往上一提溜不就上来了嘛。"那几个人捞了半天没捞上来，本来就窝一肚子火儿，一听这话，全上来啦。"王老好，我们不管捞啦！""怎么不管了？""有人说便宜话，他说一提溜就上来，你叫他提溜提溜。他要是提溜不上来，我们把他扔下去！""谁说的？""那不是他吗。"用手一指马寿。王老好过来把马寿揪住啦："你是谁家的孩子？你把马给我提溜上来！我们一家子就指着这马活着哪，马上不来我们就活不了啦。"马寿一想：多说一句话找来了麻烦。说："好！我把马给你捞上来。"马寿把大褂、草帽、扇子交给了王老好，挽了挽袖子去捞马。瞧热闹的人说闲话，那个说："这孩子真能说大话，他能捞上来，我是孙子。"那几位凑趣儿："准捞得上来。""让他当孙子。"马寿瞧了瞧，这马头东尾西，我得探下身去，抓住马头，借马的劲往上提。这时候在右边一丈多远的地方，沟帮上坐着一个人，有三十多岁，穿一身漂白裤褂，白手巾铺在沟沿上，盘腿而坐。手里托着水烟袋正抽烟哪。马寿一看，这马要是上来往那边一跑，蹿到那人身边一抖搂毛，准得溅人家一身泥。马寿走过来说："这位先生您借个光，往那边坐坐，省得马上来溅您一身沟泥。"这个人一听，把眼皮一翻说："什么？溅一身沟泥？哈哈，我爱闻沟泥味儿，要不我怎么能在这儿坐着呢。马要是能上来，溅多少沟泥我认可，要是上不来，嗯！溅一个泥点儿也不行！"马寿心说：吃瓜子吃出臭虫来啦，什么人(仁)都有。你爱闻沟泥味儿，一会儿叫你闻够喽！马寿想罢，跳下沟，身子紧靠沟帮，往前一探身，伸右手去抓马的门鬃，可差一寸多够不着。马寿抬起左胳膊使了个通臂的功夫，右手抓住了门鬃，往上一提，左手搭在右手背上一用力，这马的头就起来啦，前蹄够着了沟帮。马寿要是往右推，这马上来也许泥溅不到那人身上。可马寿想：你不是爱闻沟泥味儿吗？来呢！马寿一换手，把马往左边一推，右手顺马肚子一伸，在马的后腿里边用力一托，自己的身子往后一仰，这马前蹄一搂，后蹄一兜，往上一蹿，后蹄正兜在那位爱闻沟泥的屁股上，这位身子左右一晃，你倒是往外晃啊，他往里晃，咚！大家叫好儿："好喽，马上来啦。"那位搭茬儿啦："我可下来啦。"有一位也爱说风凉话：

“你不是爱闻沟泥味儿吗？”“您受累把我拉上来。”这位才把他拉上来。这时候，看热闹的人们就把马寿给围住啦。这个说小英雄您没累着哇？那个说看您弄了一身泥。走过来一位对马寿说：“你把马捞上来啦，你的大褂儿、草帽儿、扇子还要不要啦？”马寿说：“要哇。”“你交给谁啦？”马寿一扭脸说：“我交给他……啊？”再瞧，王老好夹着马寿的衣服拉着马走啦。马寿追过去说：“把衣服给我。”王老好抬起头说：“你还要衣服，你知道这是谁的马吗？”不管谁的马，我给你捞上来，你应当感谢我，怎么反倒把我的衣服拿走了？”“我告诉你，这是神力王爷的马，是王爷心尖儿宝贝儿。王爷说过，谁要是给蹭掉一根马毛，罚他扒十年沙子，刚才你那一把抓掉了多少根毛呀，你还活得了吗？走，跟俺去见王爷！”马寿一听这个气呀。瞧热闹的人那气儿更大啦，大家说：“揍这小子！人家给你捞马还有罪吗？”马寿把大家拦住啦，“大家不要管，我跟他见王爷去，王爷也得讲理，走！”王老好说：“这不结啦。”

马寿跟着王老好来到神力王府，府门旁边是马号，王老好把马寿带到马号，把马交给伙计去刷洗，又叫马寿在这儿等着，他走啦。不一会儿工夫就回来啦，右手端着个脸盆，左手托着茶盘，茶盘里有一把茶壶，两个茶碗，还有一盘点心，笑嘻嘻地走过来啦。“小兄弟，你渴吧？饿了吧？先洗洗脸，喝茶吃点心。”马寿说：“你不是说见了王爷我活不了啦吗？”“哪有那个事呀！您把马给捞上来啦，还得谢谢你呢！”“那刚才你说……”“我那是激将法，你想想我今天回来这么晚，王爷要是问我怎么回来晚了，我得说马掉沟里啦。王爷问怎么捞上来的，我得说是个小孩儿给捞上来的。王爷说你把小孩儿叫来我问问，那我上哪儿找您去呀。”原来神力王有个脾气，只要听说会练武的，就非要看看这个人。如果这个人真有本领或是力气大，王爷一高兴，最少也要叫他在府里当差，要不就给弄个武职官当当。所以王府的人没有不会武的。“您先在这儿吃着，喝着，我见见王爷去。”王老好走啦。

再说王爷，下朝后先来马号看马，马没回来。王爷回府吃饭，吃完饭王爷又来到马号，见马还没回来，有点儿生气啦，回到府里吩咐管家，马什么时候回来，急速禀报。管家正在门房里坐着呢，一见王老好回来啦，就问他：“你上哪儿遛马去啦？”“管家大人，沟里头。”“我问你哪儿遛马去啦！”“沟里头。”“王爷问了好儿回啦。”“回管家大人，我要见王爷。”“你见王爷也敢说上沟里遛马去？”“那当然啦。”“好，我给你回一声。”管家把他带到二门外。叫他等着。管家进了二门直奔书房，挑起帘栊来到屋中：“给王爷请安，管圈的圈头王老好要见王爷。”神力王一听，知道马回来啦，说：“叫他进来。”管家出书房来到二门，对王老好说：“王爷叫你哪！你见着王爷也得说上沟里遛马去啦。”把王老好带过来啦。王老好可不能进书房，他在帘子外面就得跪下磕头。王爷隔着帘子问：“你上哪儿遛马去啦？”管家在旁边想：他不敢说沟里头。他干吗不敢说呀！“回禀王爷，上沟里头。”这句话真把管家吓一跳。王爷没生气，心说，他是老实人，不会说瞎话。“怎么上沟里遛马去哪？”“回禀王爷，我从永定门出来到天桥，这马就惊啦，往东一跑掉进了沟里，我找十几个人都没捞上来，这时来了一个小孩儿，十五六岁，他下沟里就把马给举上来啦！”王爷一听，又惊又喜，“噢！小孩儿来了吗？”“来啦，在马号呢。”“你把他叫来我看看。”“是！”王老好站起来往外去，刚出二门，管家就踹他一脚。“王老好，这孩子是大力神哪，能把马举起来？”“你踹我干吗，就是举上来啦。”管家心说：我明白啦，你把马弄进沟里，怕王爷生气，知道王爷喜欢练武的，这么一说王爷就不生气啦。“我不管他真举上来啦，还是假举上来啦，他先甭见王爷，先见见我，我在门口等着他，先跟他拉拉手，我要是把他拽趴下，他就甭见王爷啦，我这一关就过不去。”王老好来到马号，见着马寿就哭：“我说小孩儿你快跑吧！”马寿说：“怎么啦？”“我见着王爷，说你把马给捞上来啦，王爷高兴要见见你，只要王爷高兴，你就能在王府里弄个差事干干，那多好哇。没想到管家不干啦，他要跟你拉拉手，要是把你拽趴下就不能见王爷啦。见不着王爷倒不要紧，可是管家的力气太大啦。要是把你摔坏了怎么办呢？你快跑吧！”马寿想：怎么这样的人都叫我遇上啦。“没关系，你带我去见见他。”王老好这才带着马寿出了马号直奔王府。管家还真在门口等着哪。王老好一给引见：“小孩儿，这是管家大人。”马寿赶紧上前请安：“给管家大人请安。”管家一搀说：“免了吧！”两只手就把马寿的两只腕子给攥住啦，就仿佛是手里攥着两块棉花似的。管家心说：这还有功夫？两手用力往前一拽，说：“趴下！”马寿一坐腕子，说：“不能！”这会儿管家就觉得手里跟攥两根铁棍一样，心说：怎么这么硬邦啦？他刚要撒手，可是马寿手一翻就把管家的腕子给攥住啦。往前一拽，说声：“你趴下！”管家说：“趴下就趴下。”他还真听话，趴下啦。王老好还一个劲地嚷，“趴下啦就完哩，管家大人你就别打了。”管家这个气呀：“谁趴下啦？我趴下啦！”“你怎么会趴下啦？噢！怪不得哪，八成是西瓜皮给滑趴下啦。”管家想：还得说是自己人，会给我找台阶儿。管家顺台阶儿就下啦：“可不是嘛，这儿有块西瓜皮给滑趴下啦。”“这西瓜皮在哪儿呢？”管家这个气呀。马寿二次给管家行礼说：“烦管家大人您给通禀一声。”管家见马寿说话和气，也知道他有真功夫，就有点儿软下来啦，说：“老王头你回马号去吧，我带他见王爷去。”王老好临走的时候朝马寿使了个眼色，那意思是叫马寿放心，这个管家好练武，没什么坏心眼儿。管家带着马寿走进府门，进二门，叫马寿在这儿等着。他进了书房回禀王爷：“举马的小孩儿来啦。”王爷说：“把他带到书房门外。”“是！”管家出来把马寿带到书房门外说：“里边是王爷。”马寿赶紧跪倒，口称：“王爷在上，草民马寿与王爷磕头。”王爷隔着帘子一瞅，见马寿长得很精神，心中高兴。问道：“本王的马是你从沟里举上来的？”马寿一听，怎么举出来的？我有那么大劲吗。赶紧说：“回王爷的话，您的马掉在沟里，有几个人在捞马，我帮了个忙，托王爷的洪福才把马捞上来。”管家在旁一听，心说：这还像句话，哪能是举上来的呀！神力王一听小孩回话回得好，就问：“你练过武？”马寿说：“练了几年。”“是跟哪个练武老师学的？”“回王爷，我是家传。”王爷一听就知道这孩子有点儿功夫。“噢，你家是练武的？”“家父在世时是保镖的。”“你练武是跟你父亲学的？”“不是，父亲去世时我还没练武。”“那是跟谁学的？”“跟我母亲学的。”王爷一听更高兴啦，心想：我看看这孩子的武艺如何，要是好，叫他在我府里当差。王爷想到这儿，就问马寿：“你都会练什么功夫？”“回王爷的话，长拳、短打我都会，十八般兵器我全行！”他这句话可说大啦，王爷听了心中不高兴，心说：小小年纪，口出狂言，我倒要看看他有什么本领。吩咐一声：“打道花亭！”管家赶紧传话：“来呀，与王爷打道花亭！”

外面当差的一听王爷要去花亭，就知道王爷要看练武的，每当王爷去花亭，没别的事。因为神力王爱练武，特为练武用修了花亭，外有四四方方的一块地，是用三合土砸的，又光又平。对着花亭是个荷花池，池水四五尺深，种的是荷花。六月天气正是荷花盛开季节。王爷来到花亭的时候，全府的人凡是有红缨帽的全来啦。原来在王爷面前不戴红缨帽算是失礼，就得挨十鞭子。王爷坐好，叫管家传马寿。马寿来到花亭下跪倒：“给王爷磕头。”王爷说：“你什么都会，那你就练一练我看！”马寿说：“我练不了。”“你为什么练不了？”“王爷，您是练武的，您当然明白练武的规矩。要练，练武的人得三紧，就是头紧、腰紧、脚下紧。我可以包头扎腰，可我穿的是便鞋没穿靴子，脚下不紧没法练。”王爷说：“没关系，我府中有的是靴子，来呀，给小孩儿拿靴子来。”当差的答应着，工夫不大就拿来三四双靴子。马寿一看，这靴子都是大人穿的，赶紧说：“回禀王爷，这靴子我穿不得。”王爷问：“怎么？”“小。”“怎么，这靴子还小？”“我说我的脚小。”王爷一看。可不是嘛，又一想：我府里没有小孩儿穿的靴子，怎么办呢？神力王一扭脸瞧见身旁的书童喜儿啦。喜儿和马寿年纪差不多。王爷叫了一声：“喜儿！”“伺候王爷。”“你不是有双靴子吗，拿来给他穿。”“是！”喜儿转身就走，心里这份难过呀，心说：我买这双靴子可不容易，攒了仨月的钱，花了二两八钱银子买的。这双靴子青缎子面，白粉底，内联陞的货，平时都舍不得穿，靴筒里放上烟梗子，怕长虫子把靴子咬了，外面包了六七层纸。喜儿把靴子拿来，来到马寿面前眼泪汪汪地低声说：“给你！你可脚下留情啊，我买这双靴子可不容易。”马寿心说：这个人怎么这样小气呀，我又不要你的。你越这样，我非把靴子要过来不可。马寿换上靴子，不大不小正合适。马寿赶紧过来给王爷请个安说：“谢王爷赏给我双靴子。”王爷说：“你穿着吧。”喜儿在旁边一听：得，归他啦！当时就哭出声儿来啦：“二两八……归他啦……”他这一哭，王爷听见了，问他：“喜儿，你哭什么？”喜儿一边哭一边说：“我攒了三个月的钱才买了这双靴子，您一句话，我的靴子就没啦！”王爷这个气呀，心说：你这一哭叫我脸往哪儿搁？“你不用哭，这双靴子算我买啦，管家，给他二十两银子！”喜儿一听赏给二十两，高兴啦，来看热闹的当差的一听，全走啦，没多大工夫，又都回来啦，每人手里都拿双靴子，有旧的，有新的，也有半新不旧的。都往地上一放，说：“王爷，二十两一双我们都卖给您！”王爷说：“我这儿买破烂儿哪？”大家把靴子又都拿回去啦。王爷对马寿说：“这回可是三紧啦，你练练我看。”马寿说：“还是练不了。”“怎么？”“王爷您是行家，俗话说：行家看门道，外行看热闹，花拳好看不实用，实用拳脚不好看，我学的都是两军对阵实用的武艺，我一个人练来没有什么好看的，所以练不了。”王爷说：“本王马上步全会，来来来，咱俩比试比试。”马寿赶紧说：“王爷，我可不敢跟您比试，您是金枝玉叶，我不过是个庶民，您一掌把我打死无关紧要，我要是碰您一下也担当不起，请王爷开恩！”王爷一听为难啦，叫他单练，他说不好看，我跟他比试，他又不跟我比，这可怎么办哪？唉！王爷猛地想起一个人来，谁呀？王府里有个老师爷，外号大皮缸，专教王府的人练武。王爷想起他来啦。自打他来到王府，我还没看过他的功夫哪。他经常说他走南闯北，打过多少英雄，会过多少好汉，今天叫他跟马寿比一比，想到这儿，一回头，“管家！叫皮缸来跟他比一比！”马寿一听赶紧说：“王爷，我会练武，不会耍缸啊！”王爷说：“皮缸是我府的教师，不是真缸。去，管家，叫他快！”

“是！”管家应着，直奔跨院。这会儿大皮缸正在树底下凉快呢。这个人三十多岁，大高个儿，长得很胖，还真像个缸。管家说：“教师爷，王爷叫你哪。”大皮缸站起来问：“叫我干什么事？”自从大皮缸来到王府，他谁也看不起，管家也不大喜欢他。一看他说话一点儿礼数也没有，不爱答理他。说：“你去了就知道啦。”他随管家来到花亭，过去给王爷行礼：“给王爷请安，您叫我有什么事？”王爷说：“皮缸啊，今天来了个小孩儿会练武，我把你叫来跟他比试比试。”大皮缸说：“这小孩儿在哪儿？”王爷用手一指：“在那儿。”大皮缸回头一瞧马寿那个样儿，他没把马寿放在眼里。他来到王府之后，总觉得王爷看不起他，心说：今天我得露一手儿叫王爷看看，他对王爷说：“就是这个孩子啊，您是要死的，是要活的？”神力王一听心里一阵不高兴，当时把脸一沉说：“要活的怎么说，要死的怎么讲。”“您要是要死的，我过去三拳两脚把他打死就完啦。要是要活的，我把他胳膊腿都撅折了，就剩下当中一榾柮您养着玩儿！”王爷说：“我今天叫你来跟他比一比高低上下，见个输赢，不是来叫你拼死拼活。动手时只有点到而已，不要伤害性命！下去吧！”大皮缸答应一声，下去换衣服去啦。王爷对马寿说：“你们比试比试吧。”马寿一听比试比试，假装地哭啦：“王爷，我不比啦！”“又怎么不比啦？”“我听他一说我害怕，您想想，我家里孤儿寡母，我妈就我这么一个儿，上无兄，下无弟，我妈还指望我养老送终哪！他说要死的把我打死，要活的把我胳膊腿撅折了养活着，您想我还活个什么劲儿呀！我妈依靠谁呀？我不比啦。”神力王一听，心说：这孩子没出息，遇事胆小怕事。“既然你害怕，就算啦。”马寿说；“我倒不是怕死。”“那你怕什么？”“我怕把缸打碎了我赔不起呀！”王爷一听：噢，都会吹呀！王爷也乐啦。这时候大皮缸也回来啦，两人来到场子当中，各亮架势。开始的时候还真不好看，因为是逢招破招，见式化式，后来就好看啦。两个人像走马灯一样，身形乱转，一招比一招紧，打得难解难分，猛然间大皮缸往前一进身，给马寿来了个黑虎掏心。这一招来得真快，瞧热闹的人都替马寿捏着一把汗。没想到马寿往右一侧身，右手顺着大皮缸的胳膊底下往里穿，把这一招破啦。这招儿真漂亮，在人群外边有人连声叫好：“好家伙！”王爷说：“别练啦！”王爷一回头，问管家：“谁叫好？”在王府里看练武的不能叫好，都是鸦雀无声地看，这一有人叫好，王爷还能不恼嘛。管家心说：谁这么大胆子？他来到人群外边一看，认识。谁呀？原来是缸瓦市粮店掌柜孙起龙。他怎么上这儿来啦？王府每月领的米归他的粮店给串米，吃的面是他那儿送的。每到月初算一次账。今天是六月初一，孙起龙算账来啦。他一进府门觉着特别静，门房里只有一个人看门。孙起龙就问：“怎么这么清静呢？”这人一瞧是孙掌柜，就说，今天王爷在花亭看比武哪。所有的人都去啦。孙起龙好练武哇，一听这话就要进去看看。看门的说：“你不能去，要看练武的得戴上红缨帽，你没有，不能去。”孙起龙说：“你借我一个。”“我借给你？我要是有我也去啦。所有的红缨帽都戴走啦，我才在这儿看门。”孙起龙一听没有，就说：“找个旧的也行！”“那你找吧，连个旧的也没有。”“我就不信一个也没有，我找找。”他在屋里找，在墙上真挂着一个红缨帽。这顶不是戴的，是个玩意儿。这帽有碗口大小，干吗用的呢？当时王府里当差的养了个小巴儿狗，闲着没事斗狗玩儿，弄了个红缨帽给狗戴，狗死了，这帽子用不着就挂在墙上了。孙起龙抓在手里，“我就戴这个吧！”“那哪儿行啊！”“什么行不行的，看完练武的再说。”他戴上就进府啦。他来到花亭边，不敢往里去，站在外边看，他看见这一招破得巧，一时高兴，竟忘了这是在王府哇，扯开嗓门来了声：“好家伙！”管家过来一看孙起龙，要乐，大脑袋戴个小帽子，心说：这是什么模样。管家过来问：“是你叫好儿来着？”“管家大人，是我叫好儿来着。”“在这儿哪能叫好儿哇？”“我看得出神啦，一高兴叫了个好儿，您得多多包涵。”管家说：“孙掌柜，要不看在老交情分儿上，我就带你见王爷去！”“您给美言两句吧。”“得啦，我给你瞒过去，你可别再叫好儿啦。”管家这才回来，见王爷说：“回王爷，没有叫好儿的。”“不过，我听得很清楚，好家伙！”“回禀王爷，是在咱墙外边，也不是叫好儿，今天那边有娶媳妇的，正往婆家送嫁妆，这嫁妆没上抬，是窝脖儿窝上去的。”什么叫窝脖儿呀？过去有这么一行人，专管给人家搬家、送嫁妆，不用两人抬，一个人在脖上放块垫木，上边横着一块木板，把新娘娘家陪送的东西放在木板上。摆好了，自己用手放在脖子上；头低着，脖子窝着，不管刮风下雨，走个十里八里的不准把上面的东西掉下来。因为低头走路脖子窝着，所以叫窝脖儿。管家说："送嫁妆的走到咱府墙外边，地上有块砖头儿，差一点儿把窝脖儿绊倒喽，上边的一个胆瓶掉下来没摔坏，他们说这是好家伙。"王爷一听也就不问啦。二次叫他们比武。马寿与大皮缸又打上啦。两个人打了三四十招，马寿使了个泰山压顶，大皮缸往旁一闪。马寿底下就是一扫堂腿，大皮缸往上一纵，纵起有三尺多高，落下来一点儿声音也没有。就听人群外边又一嗓子，"好家伙！"王爷说："别练啦！"一回头问管家："这回又是谁叫好儿？"管家赶紧回答："回禀王爷，准是又掉了一个胆瓶。"王爷面带怒容，大声说："往后再有人敢叫好儿，抓来见我。——你们俩再比。"因为王爷看比武入神啦，别的事也就不追究啦。马寿和大皮缸第三次交上手，大皮缸心想：别看这小孩儿年纪小，还真不好赢他。我得用我压箱底的功夫。大皮缸有一手绝招叫鸳鸯连环腿，就是右腿踢过去，对方准是闪身一躲，紧接着左腿就踢。对方再一闪，右腿又到了，这叫鸳鸯连环腿，能够连踢一百下，又叫百步连环。这是大皮缸拿手的绝技。大皮缸想用这招赢马寿。这时马寿用了个双风贯耳打来，大皮缸两手往外一分，左腿起来就踢。马寿退步闪身一躲，大皮缸右腿又到啦。马寿再退一步，闪开啦，大皮缸的连环腿用上啦。马寿是一步一步地倒退，马寿脸朝北，大皮缸面冲南。马寿退来退去，就退到荷花池的边上啦。大皮缸心中高兴，心想我再一腿，就是踢不着你，你也得掉在水里，我可就赢啦。大皮缸使足了劲头，这一腿就踢过去啦。马寿再想往后退不行了，后边就是荷花池啦。说时迟，那时快，马寿把身形向左一横，往后一仰，右手一抬，就把大皮缸的脚脖子给抓住啦。往后一撤步，右手往外一扯，大皮缸用的劲头太大啦，马寿是借劲使劲，说："你下去吧。"扑通！这皮缸啊，成水缸啦。这时候看热闹的人全都目瞪口呆。要不是神力王在这儿坐着，大家非鼓掌叫好儿不可。也就在这个时候，人群外边这一嗓子："实在实在好家伙！"众人一听，哄堂大笑。神力王气得眉毛都竖起来啦："把叫好儿的给我带来！"管家心说：孙掌柜，你可真能惹祸呀。这时候有人往上捞皮缸去了。

管家来到孙起龙面前，"走吧孙掌柜的，王爷叫你哪。"孙起龙叫完了也后悔啦。我这是干什么？听管家一说，应声“是”，随着管家来见王爷。来到花亭下边，跪倒磕头：“王爷在上，孙起龙给您磕头。”王爷一看孙起龙这个模样，差点儿乐喽！大秃脑袋顶着个小帽子。就问：“你是干什么的，来到王府干什么？”孙起龙赶紧回答：“咱是开粮店的，今天到王府来算上个月的粮钱。”王爷一听，原来是个买卖人。“你叫什么名？”孙起龙说惯嘴啦，他也没想一想，顺嘴就说：“咱叫铁头太岁孙起龙。”王爷用手一指，“你不是好人！”“咱怎么不是好人？”王爷说：“好人没有外号。”“请问王爷，您叫什么王？”王爷说：“我叫神力王。”“您也不是好人。”他把王爷问住啦。原来神力王的正名叫达摩苏亲王，因为王爷力大过人，代管善扑营。善扑营是摔跤的。有一次，从蒙古来了两个摔跤的，一个叫大牤牛，一个叫二牤牛。康熙皇上在小金殿看摔跤，善扑营的头等扑户、二等扑户都摔不过大牤牛、二牤牛。王爷急啦，亲自跟大牤牛摔，王爷抓过来大牤牛就给摔死啦。二牤牛上来叫王爷一脚就踢死啦。皇上说，你真是神力呀，王爷谢恩啦，这样就号称神力王啦。他是一个王爷，领取两个王爷的俸禄。王爷说：“我那是立了功，皇上封的。”孙起龙说：“我那是好打不平事，大家赠的。”“你为什么叫铁头太岁？”“我脑袋上有功夫。”王爷可是生气啦：“你能擎住我三巴掌，你就叫铁头太岁，你要是擎不住我这三巴掌，就不能叫铁头太岁。”孙起龙一听倒乐啦：“甭说三巴掌，就是三百巴掌也没关系。”管家一听，心说，孙掌柜你找死呀！三巴掌？一巴掌你就完啦。那年王爷买马，卖马的人把马拉过来，王爷没骑，用手在马的三岔骨上打了一巴掌，那马就趴下啦。你的脑袋有多大的劲呀。管家赶紧过来给孙起龙讲情：“王爷，他是个粗鲁人，您不要跟他生气！”没等王爷说话，孙起龙搭茬儿啦：“管家大人，你就甭管了，叫王爷打三下，我尝尝什么滋味。”这还有尝滋味的！马寿一看孙起龙，心说：这不是前三年救我的那个人吗？孙起龙站起来，把小帽子一摘扔在地上，用手一胡噜秃脑袋，骑马蹲裆式往那儿一站，等上啦。神力王走下花亭，袖口高挽，说：“你站好了。”孙起龙一指自己的秃脑袋，“您照这儿来呗。”王爷一伸手，照准孙起龙脑袋就是一巴掌，啪的一下，王爷也就使了三分劲。孙起龙眨了眨眼皮没动一动。王爷一看还有点儿功夫。王爷二次一伸手用了六分劲，对准孙起龙，啪！又是一掌。孙起龙问：“我说王爷，您还没吃饭吧，怎么不使劲呢？”王爷一听气往上撞，把手一伸，丹田一用力，就听骨头节咔吧咔吧的直响，王爷用了十二分劲照准孙起龙脑袋就是一掌。瞧热闹的人都一闭眼，心说：完啦。就听啪的一声，大家睁眼一看，孙起龙纹丝没动，嘴里说："这才解痒痒儿呢！"王爷说："我给你解痒痒儿哪。"马寿上前一看孙起龙，两只脚没啦。仔细一瞅哪，钉在地里边去了。王爷说："你真是个铁头太岁。"孙起龙应当磕头谢谢王爷的赐号，他没有，他抱拳拱手说："谢王爷赐号。"管家对他说，"你还不跪下？"孙起龙说："我跪不下啦。""怎么？""我的脚还在地里钉着哪。"

从这儿以后，孙起龙和马寿就在王府当差了，大皮缸自觉武艺不济，随后离开了王府。到后来，为除四霸天，康熙私访月明楼，马寿连同孙起龙等人随神力王护驾，立下大功。这是后话，待客官逢时再听。

（张春奎述）

宋金刚押宝

在清王朝康熙年间，北京前三门外出了四个土匪，人称“四霸天”。这四个人怎么凑在一起的呢？这里边有一段儿故事。有一个西霸天幌杆吕，他是京西开煤窑的。他有两座煤窑，养着四五十条骆驼，经常往北京驮煤做买卖。当时在北京城里有仓、库、局的混混儿。仓是“仓花户”，库是“库兵”，局是“宝局”，也就是赌博场。仓里管粮的头目，库里称粮称银子的库兵，宝局里掌柜的，都得是混混儿，光棍，露头露脸的。这伙人结交官府，走到衙门，官私两面儿都能说说道道的，也专门欺负外来做买卖的。幌杆吕想在北京做买卖就得混出点儿名望来。那时开煤窑这行买卖也不是老实巴交的买卖人做的。幌杆吕在北京交了个朋友，这个人是明王府的管家，姓安叫安三太。因为他家住在北城，所以人称北霸天。

幌杆吕和安三太拜了把兄弟，仗着安三太的势力，在北京没有敢欺负他的了。仓、库、局的大小头目，也都和幌杆吕交上了朋友，这样一来西霸天幌杆吕在北京有了名望。

可是又出来个东霸天，这个人是京东通州坝的人，是在通州运粮河码头上扛粮的；他姓李行四名字叫德隆，为人好赌。扛粮赚来的钱，不吃不喝先去赌博。赢了钱又吃又喝，输了再去扛粮，挣了钱再吃饭。这天他把钱输光了，想去扛扛粮，但是粮船没来，李四想怎么办？难道说真饿着吗？不能！又一想，宝局上没拴着老虎，我不如去跳宝案子。什么叫跳宝案子？就是到宝局用刀剁个指头或是割块肉押上，开宝局掌柜的要是惹不起这个人就得每天给拿多少钱，只要开一天宝局就得给钱，把钱用钱串穿好，挂在墙上，这个人来了拿着就走，所以叫拿挂钱的。李四想到这儿就奔宝局去啦，他来到宝局一看，有很多人在那里要钱。李四挤过去往宝案子上一躺说:“我一个人押四门儿,哪门儿赢了要哪门儿。”大家一看有人跳案子啦,就听有个伙计说:“别看跳宝案子容易,可是挨打不容易,讲究棍子打在腿上不哼哈,只要一出声儿就不算英雄好汉了。”可是李四早有准备,他知道只要是跳了宝案子就得挨打,他一听要打,心说:这就行啦,只要打完了我不出声儿,每天就给我钱,只有人说打可是没人打,原来有一个人一摆手给拦住啦。这个人是宝局的管账先生,四十多岁,是久在赌场上混饭吃的,什么样的人和事都见过,能说会道。他一看是李四,心说:这个人是条汉子,你打他他不怕,打完了就不好办啦。他是个红脸汉子,我得用话把他劝走喽。他想到这儿,冲着伙计一摆手,走到李四跟前儿说:“我当是谁哪,原来是老四呀!好哇!是汉子干的,俗话说得好,吃仓、讹库、跳宝案儿,没点儿横骨头不行。你李四是条汉子,可是你忘了常说的一句话啦,蛐蛐不吃蚂蚱肉,兔子不吃窝边儿草,好汉护三村,好狗还护三邻哪,你是通州坝的人,宝局是通州坝的局,在本乡本土闯出名声来也算不了英雄,真要想闯出字号来,奔北京。在北京城里有仓、库、局,大、小、明、暗、中[①],都是闯光棍立字号的地方。你李四要真是个汉子,到北京混出个名堂来,甭说你露脸,就连通州坝也跟着你增光,就怕你李四不敢去!”李四是个红脸汉子,一听这话翻身坐起来啦,“你说哪儿,北京?好。姓李的走一遭,我在北京混不出个名儿来,永远不回通州坝!”说完了往起一站,掸了掸身上的土,小夹袄往肩膀上一搭,冲着大家一抱拳说:“众位再见吧!”

他离了宝局,遘奔北京,四十里地对李四来说不算一回事。他走在大路上边走边想,猛然间一愣,心说:我上当了,我上北京找谁去?连个熟人都没有。如果我再回去,别人准说我没有胆量去北京,只能在通州充英雄,嘿!这真是进退两难。又一想:到哪儿还不是两肩膀扛着个脑袋,别人能混,我就不能混吗!走,去北京。他边走边想,肚子里咕噜咕噜地直响。天过午啦还没吃饭哪,他来到齐化门外关厢,把小夹袄卖了两吊钱,吃了一顿饭,又买了一把匕首,也叫手叉子,俗话叫攮子。进了齐化门一打听,真行,今天是禄米仓放米。问明白地点,李四来到了禄米仓一看,八旗军兵领出来的米多一半儿是砂子。他等米放完了,仓门关上啦,李四又等了有一顿饭的工夫,仓

① 大、小、明、暗、中,指各等妓院。

门一开，从里面赶出一辆大车，拉的是满满的一车米，后边是一辆轿车，车上坐着两个人。这俩人是禄米仓的两个仓花户，一个叫双枪将老五，一个叫铁胳膊赵六，押着一车米从仓里出来。李四过去就把车给拦住啦："站住！"赶车的把牲口勒住，过来问道："你拦车干什么？"李四说："干什么？我问你这车上拉的是什么？""这车上拉的是大米，干吗？""往哪儿拉？""往家拉。"李四一听把眼一瞪："先往我家拉，我先吃两天。"赶车的一看这人的来头很大，他可不敢惹，当时就把话拉向来啦："朋友，往哪儿拉也好，我可当不了这个家，这米有主儿，我去跟米的主人说一下，他说给你也别喜欢，他说不给你也别恼。你这儿等一等怎么样？"李四说："好吧，你快去跟米的主人说去。"赶车的转身就走，来到大车后头，对着轿车请安："回禀二位太爷，前边有人把车给截啦。"双枪将老五、铁胳膊赵六一听，心说：有人敢截我们哥儿俩的车，胆子不小哇！俩人跳下车，伸手从车垫底下把匕首抽出来啦，往身后一背，来到大车前边一看，嚯！见车前面站着个黑大个儿，真是五大三粗的一条汉子，可是不认识这个人，问道："朋友你把车给截啦？"李四说："对！""你为什么截我的车？"李四说："这还用问吗，这车米我要吃两天儿。"老五说："你凭什么要吃这车米？"李四回手把匕首一亮说："就凭这个。"赵六、老五一看，哈哈大笑，说："攮子，这有什么用，我们也有。"说着话俩人把匕首一亮说："这东西没用，不过是一块废铁，得用人拿着才能扎人哪。朋友，你不是要这一车米吗，这算不了什么，你躺在车前边，叫这一车米从你身上轧过去，这车米就归你。怎么样，朋友？"李四说："怎么着？这车米从我身上轧过去，这车米就归我，好，轧吧。"说完话把匕首往腰里一别，两手一抱头就躺在大车前边啦。双枪将老五、铁胳膊赵六往旁边一闪身，冲着赶车的一摆手说："赶车的，轧！"赶车的抄起鞭子一摇，嘴里说："嗒！"啪就是一鞭，牲口一亮前蹄，拉着这一车米嗒嗒嗒就奔李四去啦。骡子的前蹄离着李四的胸上还有一步就踩上啦，赶车的手里也有功夫，一勒缰绳，"吁！"把牲口就给勒住啦。老五、赵六低头瞧李四，一看李四躺在那儿是和颜悦色，跟没那么回事一样。李四想：反正我就是一个人，成名现眼就看这一回啦。他躺在那儿瞧老五、赵六，六只眼碰在一处，老五说："朋友你起来。"李四说："怎么，你不敢轧吗？"老五说："不是，我们没有那么大的仇。不就是这一车米吗，能够你吃几天的？我看你够个朋友，你跟我们进仓，仓里有的是米，进了仓你用手指，你指到哪儿哪儿的米就是你的，我们要是红一红脸儿，就算我们不懂交情，朋友你敢进仓吗？”李四一想：轧他不敢轧，他可敢打。我要是怕挨打，干什么来啦？李四说：“好！”他一翻身上了米车。当时赶车的把车赶回禄米仓，一进仓门，大门咣当一声就关上了。双枪将老五、铁胳膊赵六说了声：“来呀！”从里面出来二十多个打手，都在二十多岁，年轻力壮，每人手里拿着一根霸道棍儿，地上铺着一张芦席，两边一站。老五朝着米车上说：“朋友请下车吧！”李四一瞧这个阵势就明白啦，他从车上下来走到芦席旁，侧着身子往芦席上一躺，是一手抱头一手搭膝，老五、赵六一看心说：行，他还会挨打。原来当时那会儿打人有规矩，从踝子骨往上，膝盖往下能打，别处不许打，老五说了声：“打！”二十多人每人一棍就二十多棍，没有多大的工夫，李四的两条腿就打碎了，可是李四没哼没哈。赵六又把祭仓用的香，撅折了点着，往李四的身上一扬，烫得李四身上吱吱地直响，可是李四没出声儿。老五、赵六一看，李四是条硬汉子，就在禄米仓给李四养伤。等伤养好啦，李四落了一身黑斑点，在李四贺号的时候，大家送他个外号叫花斑豹。由老五、赵六拿钱，李四在前门外开了个宝局，他当宝局的掌柜的，后来他跟幌杆吕、安三太拜了把兄弟，自称东霸天。没有两三年的时间，他在前三门外开了四十八处明场宝局。他的宝局里也没有敢闹事的，没有拿挂钱的，在北京提起东霸天花斑豹李四来无人不知，无人不晓。

可是名大招险，树大招风，来了个人要斗一斗花斑豹李四。这人姓宋名叫宋金刚，外号人称铁罗汉南霸天。河南人，保镖出身，娶妻李氏，在镖行中很有名望，年岁不大，才三十出头，就洗手不干镖行啦，带着媳妇来到北京，在鲜鱼口路南开了个绸缎庄，字号是德隆昌绸缎庄。住家在长巷头条。宋金刚来到北京就听说东霸天不好惹，宋金刚心想：在北京天子脚下也有这样的人，有机会我得会一会这个东霸天，可是总没有遇上过。事有凑巧，这年春天，有人给宋金刚捎来了一封信，原来宋金刚的岳母死啦，他把信拿回家跟自己的妻子一说，李氏哭得死去活来。宋金刚只是劝解，李氏总是闷闷不乐，宋金刚又怕她闷出病来，正巧三月清明节，北京前门外有个江南城隍庙，每到清明是庙会的日子。江南城隍庙的香火很旺，每年有三次庙会，清明和十月初一都是三天，唯有七月十五盂兰会是半个月，当时是北京有名的庙会之一。宋金刚想带着李氏逛逛庙会散散心，宋金刚跟李氏说：

“你也别净发愁，人死不能复生，老人家岁数也不小啦，早晚有一天是要黄金入柜的。”李氏说：“这道理谁不懂，我是想我娘临死也没跟我见个面。”说到这里李氏又哭啦，宋金刚赶紧劝解说：“别难过啦，今天是清明，咱们去逛一逛城隍庙，烧个香，你收拾收拾，我到柜上套个车来。”说完了宋金刚去柜上套车，宋大奶奶李氏洗脸换衣服。李氏比宋金刚小几岁，还不到三十。李氏收拾完了，宋金刚也把车套来啦，大奶奶坐在车里头，宋金刚跨车沿，赶车的一摇鞭，遘奔江南城隍庙。车来到永定桥就不能往前走啦，那里拉着黄绒绳，上挂纸牌子，写着“香客至此下车”，原来庙会上人太多，车往里走不了啦。宋金刚跳下车，大奶奶也下了车，赶车的在这里等着。宋金刚头里走，李氏后边跟着，来到庙会一看，真是人山人海，两旁搭着很多茶棚，三教九流，做买做卖，人挨人，人挤人。宋金刚一看在人群当中有一伙人，歪戴帽子斜瞪着眼，男人群里不走，专往女人群里挤。宋金刚心想：这帮人是干什么的？有心管又怕管出事来，就想找人打听打听。就在这会儿从对面来了一个老头儿，宋金刚过去一抱拳，说：“老大爷。”老头儿一瞧，说话的这个人是个做买卖的打扮。“啊！掌柜的有事吗？”“老大爷我跟你打听打听，这帮人是干什么的？”宋金刚用手一指，老头儿顺着宋金刚手指的方向一看，当时脸上就变了颜色，把声音放低说：“掌柜的你大概才到京城不久吧，这帮人都是东霸天手下的打手，今年这城隍庙是东霸天的值年，所以庙会的一切都归东霸天管，听说他还要在庙会上抢人哪！”说到这儿老头儿用手指了指宋大奶奶说：“这是您的贵宝眷吧。最好早点儿回去，可别出什么事儿。”说到这儿，老头儿有点儿害怕的样子，“这话可别叫他们听见。”说完，老头儿走啦。宋金刚心中暗想：在北京城里遍地是官人，三步一厅儿，五步一卡，也敢抢人？我宋金刚走南闯北，多厉害的山大王我都斗过，今天我倒要看一看东霸天怎么抢人，要管一管这个闲事儿。他边走边想，不觉来到城隍庙。对着城隍殿是一个月台，月台前是生铁铸成的一个大香池子，里面的香烟老高，因为烧香的人挤不进殿内的就把香扔到香池里去，就算是给城隍爷烧了香啦。宋金刚在月台前边看着烧香的，烧香的女人多。宋金刚正在看烧香的工夫，忽听东门外那边有人高声喊叫：“诸位闪开了！”人往两旁一闪。宋金刚心说：怎么？东霸天来啦？人多他看不见了，宋金刚脚下一使劲就跳上了月台，往东角门看。

从角门外走进两个人来，前边走的是一个黑胖子，个子不高，小脑袋，溜肩膀，大肚囊，短胳膊短腿大脚丫，脸上黑毫毛有半寸长，长得跟黑瞎子差不多；后边的是瘦小枯干的一个小瘦子，身高不过四尺，窄脑门，嘬腮帮，烂红眼，小鼻子头，穿一身土黄裤褂，走起道来一蹿一跳的就跟猴一样。两个人喝得醉醺醺，每人手里拿着一股香，就奔城隍殿去啦。这时候正有两个烧香的，看样子是小姑、嫂子，姑娘点着一股香刚要往炉里插，那个黑胖子就过去啦，“大妹子，对对火。”姑娘不好意思说不对，就举着香等他对火。这小子不为对火，拿着香一边对火一边说话，把鼻子恨不能伸出半尺长，为的是闻姑娘脸上的粉味：“贵姓啊，大妹子？”姑娘不好意思地：“姓李。”“噢，李大妹子，烧香是许愿哪还是还愿哪？”“给我妈许愿，我妈有病。”“孝女！老太太的病准能好，城隍爷可灵啦，头两个月我娶不上媳妇，给城隍爷烧股香，城隍爷给我说了一个。”城隍爷多咱管过这事呀？他把香对着，姑娘赶紧把香插到炉里，转身就走啦。这小子醉啦，他把香没往炉里插，他扛肩膀上啦，嘴里是一口仁义道德：“嗨嗨嗨！别挤，挤什么？这烧香的净是些小男妇女的，你们挤什么，干吗？找便宜！告诉你，外边捡块板，家里去扇门，再说城隍爷可灵啦，你们的心眼要是不放在中间儿，城隍爷看得见，香火满处飞，烧你王八蛋的衣裳。你闻闻这铺衬味，哪儿着啦？”他一回头，“哟，我这儿着啦！”可不是他那儿着了吗，小褂也烧啦，小辫也没啦，逛庙的人哄地一叫好，这小子把香一扔也跑啦。宋金刚站在月台上想：这是东霸天吗？不是，东霸天要是这样的人物不会成这么大的名，这一定是他手下的打手，这样人打轻了他不怕，打重了把他打死，给他偿命可不值。这时在旁边的宋大奶奶李氏一看，心说：要坏。一看宋金刚眉毛立起来啦，眼睛瞪圆啦，李氏知道自己的男人有功夫，要是动手打仗非出人命不可，也知道这会儿要劝不住，可怎么办呢？又一想：我要是不逛庙会就没事啦，我岁数不算太大，长得又不错，要是来个不睁眼的撞我一下，那非打起来不可。想到这儿就跟宋金刚说：“你一人逛吧，我得回家，我觉得不舒服。”宋金刚一想：也好，你走了正好，真要是打起来，你一个妇道人家又不会武倒麻烦。“好吧！我送你上车。”宋金刚把妻子送上了车，回来又在庙里逛了一会儿，也没遇见东霸天，又一想：多一事不如少一事，干脆回家去吧。宋金刚离了城隍庙往回走。三月清明，天气有点儿热啦，这几天又没下雨，宋金刚觉得干渴，想找个地方喝点儿水，上哪儿喝去呢？他正往前走着，顺着永安桥往北，猛然看见路西有个胡同道，里面有个顶头门，胡同道有一箭远，两旁边都没有门，就是顶头一个大门直通胡同口，大门开着；门洞里有两条春凳，上挂着铁丝灯笼，迎面是影壁，院里高搭凉棚，门洞里春凳上坐着几个人说话，出出进进的人都是说说笑笑，院里传来嘈杂声音，还有挎着筐做小买卖的出来进去。宋金刚想：这儿是干什么的？又一想：自从我来到北京，常听人说前门外有大、小、明、暗、中烟花妓院，这可能是妓院。

宋金刚是保镖出身，是个练武的，他没进过妓院的门儿，今天在庙会上生了半天的气又有点儿干渴，我活了这么大也没进过妓院的门儿，今天我进去喝壶茶开开心。想到这儿宋金刚就进了胡同，直奔大门儿迈步往里就走，拐进影壁一瞧，原来不是妓院，是一座明场宝局，天棚底下是宝案子，围着好多人在那儿押宝。宋金刚没有进过赌博场，他也不会赌博，一看是赌博场转身就走，宋金刚刚要走，被宝局的管账先生给拦住啦，“您怎么才来就走啊？”宋金刚没的说啦，怎么？他不好说呀，走错门儿啦得分干什么，找人走错门儿没什么，逛妓院走错门儿人家不揍你吗？宋金刚走南闯北的，话也来得快，先生一问，宋金刚说：“我看没地方。”先生说：“有地方，您随我来。”就把宋金刚带到“大拐”犄角那儿，叫宋金刚坐下。“大拐”是哪儿？押宝一共是四门，分幺、二、三、四。幺、二当中是“小拐”，二、三当中是“红拐”，三、四当中是“大拐”，四、幺当中是“黑拐”。宋金刚坐的是三、四当中，所以叫“大拐”犄角。伙计沏过一壶茶来，宋金刚喝了两碗水，伙计就问：“您押宝吧？”宋金刚说：“啊！押宝。”“那您就先交捎吧。”宝局管钱叫捎，这是宝局的行话，宋金刚不懂，一听：“怎么押宝我还得挑水捎（筲）来？”伙计一听乐啦：“我们管钱叫捎，交捎就是拿钱来。”宋金刚说：“钱，有！”说着话伸手从腰里掏出一沓钱票送给伙计，伙计接过钱来一点是二百吊，说：“您这是二百吊。”宋金刚点了点头说：“伙计，我没押过宝，我问问你押什么赢得多。”伙计说：“什么赢得多，‘孤丁’赢得多，押‘孤丁’一个赢仨。”宋金刚一指宝案子：“这上边有多少‘孤丁’？”“多少？这上边就是四块‘孤丁’。”宋金刚用手一指：“这儿是什么‘孤丁’？”伙计一看，宋金刚指的是三，“这是三‘孤丁’。”宋金刚说：“我就押它吧！”伙计说：“您押多少？”宋金刚说：“都押喽。”“啊！都押喽！”伙计心说：也就是我们这个宝局，要换个别的宝局就开不开啦！伙计说："您押这么大的注，得报个字儿。"宋金刚不懂："怎么还得写张字儿？"伙计说："不是写张字据的字，是您随便说个字就行，您看，这不是有什么得字采字的。""我不懂，我是头一回来。"伙计说，"您就算来字儿吧，来字儿二百吊三'孤丁'！"把钱交到账桌先生落账，伙计用小铜钱在宝案子上打好码子。宋金刚想：赌博就是扔钱。他喝着水跟没事儿似的。可是有一群宝魔看出便宜来啦，什么叫宝魔呀？就是一帮游手好闲的人，每天在宝局里磨，有时也赌，没有大注，也就是三五百钱，遇见大赌家给人家买买东西，帮助人家猜猜宝，人家赢了吃人家个喜钱儿。每天都在宝局里找个吊数八百的。其中一个人姓贾，名叫高眼，搭在一块儿叫"假高眼"，他看出便宜来啦，一捅旁边站着的那个人："嗨！你看大拐犄角那个来字儿，是个秧子，押什么不行，单押'孤丁'，再说这宝也没有三哪，上宝是三，你再看宝官的脸和颜悦色，真要是三他早就沉不住气啦，二百吊押'孤丁'，小宝局都赔不起呀，叫我看这宝在对门儿幺上哪，押幺准赢。"旁边那个人说："就算是幺，咱们也没法押，都没钱啦。"贾高眼说："没钱咱们不会把裤子押上吗？"裤子怎么押呀？当时的宝局里头有小押，就和当铺似的，别看是小押，往大里说房产地亩，买卖铺户它敢要；往小里说哪怕是一把扇子，一双鞋也能换三五百钱，不过限期不一样，有的三五天或十天半月，最多的不过半年，你不拿利息买回去，他就变卖了。要不后来宋金刚把三间门面的德隆昌绸缎庄都输到宝局了哪。贾高眼一说押裤子，这六七个宝魔都把裤子押到小拐，全都光着屁股穿大褂，拿着钱叫伙计，有押幺堂的有押小拐的，也有押黑拐的，大伙儿提着心，心说：千万可别开三，要是开了三那我们就凉快啦。伙计看了看没有押的啦，就问："还有押的吗？没有押的要叫宝啦。"问了两句没有押的啦，"叫宝！"一个叫宝的伙计往宝案子旁边一站，用手一扶宝盒一看案子，叫宝有个规矩，哪门儿押的钱多不要哪门儿，哪门儿押的钱少要哪门儿，一看三上一注就是二百吊，就躲着三拉着长音叫："叫宝！揭盖！免三！去二！不要四，叫宝幺来！"把宝盖一揭，喊了一声："三啦！"宋金刚不理会，那几个宝魔差一点儿没死过去，都抱怨贾高眼："都是你！你说没三，看，裤子没了吧！"贾高眼说："你裤子没啦我也没穿着。"这时伙计过来啦，冲着宋金刚一笑："来字儿您这么不懂，那么不懂，您可赢啦。"宋金刚说："赢啦是怎么回事儿？"伙计说："您连赢啦都不懂啊！我们这钱输得可窝心。”宋金刚说：“我问你赢多少？”伙计说：“您押二百吊应当赢六百吊，加一拿头儿[①]，净赢五百四十吊钱。”宋金刚说：“拿钱来。”伙计到账桌把钱拿来：“给您！这是您那二百吊，就是您赢的五百四十吊。”宋金刚接过钱来数了数，先把自己的二百吊装起来又数了数五百四十吊，抽出二吊钱往那儿一放，“这是茶钱。”把钱往腰里一掖：“回见。”伙计一瞧，心说：押一下就走啦。那群宝魔又看出便宜来啦，“嗨！你看那个来字儿够大方的，茶钱就给二吊，咱们追他去，跟他要钱赎裤子去，他要是不给钱，咱们抢他的。”“这个人我认识他，他是鲜鱼口里德隆昌绸缎庄的掌柜的，听说是外场人，走，追他去。”

宋金刚刚刚走出宝局的门儿，就听后边有人喊：“大爷！宋大爷！”宋金刚回头一瞧，来了五六个人，都不认识，只好一抱拳说：“诸位有事吗？”几个人笑嘻嘻地说：“您押宝赢啦。”宋金刚说：“我没事闹着玩儿。”“您这么一闹着玩儿不要紧，我们都凉快啦。”“怎么？”几个人把大褂往起一撩，“您看！”宋金刚一瞧说：“你们几位怎么都光着屁股穿大褂啊？”“是这么回事，您押的三，我们看着没有三，我们想押宝又没钱，所以我们把裤子全押了，您押三赢了，我们的裤子全没啦，晚上都没法回家啦，没别的说，把您赢的钱给我们每人两吊好把裤子赎回来。”宋金刚一听：“噢！这么回事儿，没关系，还甭说我赢了钱，就是没赢钱三吊两吊的也没什么。”说着话把钱掏出来，“每位两吊够了吧？”众人千恩万谢拿钱走了。宋金刚往回走，一边走着一边想，都说耍钱没有好处，我看不然，我坐那儿没有一顿饭的时间，二百吊就赢了五百四十吊，这是什么本儿什么利儿啊？我开着三间门面的绸缎庄，到三节一算账有时候还赔钱哪，我要是来它个仨月五月的我就发财啦，明天我还来。要不怎么说耍钱一开头就赢钱不是好事儿哪。第二天，吃完饭，宋金刚溜溜达达地奔永安桥宝局来啦，刚一进门儿，伙计一看说：“来字儿您来啦！”宋金刚直奔大拐犄角，往那儿一坐伸手掏钱：“伙计，二百吊三孤丁！”伙计一瞧，心说：认准三儿啦。也没有那么巧的，早不开三，晚不开三，宋金刚一来这宝开的正是三。伙计过来说：“来字儿您又赢啦。”宋金刚说：“啊！不赢我干什么来的！”伙计心说：这位上这拿钱来啦。伙计把钱拿过来，宋金

① 即宝局按赢家所得百分之十抽取“头钱”，六百吊抽取六十吊。

刚点了钱拿出两吊往那儿一放："这是水钱，回见！"又走啦。伙计一瞧：这倒不错，进门就赢，赢了就走，照这样他来半个月我们宝局非关门不可。从这儿起，宋金刚每天到宝局来赌博，他来了三五天就知道了耍钱的方法了，不是光押孤丁三，什么堂、拐、穿儿都懂啦。宋金刚是保镖出身，不糊涂不傻，尤其是赌博，越是聪明的人才越是上当哪。宋金刚来了半个月也知道猜猜宝啦，可是多少还是赢钱。

这一天宋金刚正在押宝，从宝局外边走进一个人来，来到宝案子，一眼看见宋金刚，这个人不走啦，往那儿一站，目不转睛地看宋金刚。宋金刚也一看这个人，嗬！这人长得好样儿，大高个儿，虎背熊腰，紫脸膛，连鬓络腮胡子刚刮完脸，青黢黢的腮帮子，两道扫帚眉，一双大眼，鼻直口阔，脑门子上边横着一道刀伤，穿一身蓝纺绸的裤褂，脚上穿的是抓地虎的快靴，敞着怀露出来的护心毛有一寸多长，手里拿着桑皮纸的扇子，丁字步往那儿一站，看宋金刚，把宋金刚看得直发毛，心说：这个人怎么看我呀？这个人看了一会儿奔后院去啦。宋金刚想：这个人不是耍钱。宋金刚不认识这个人，这个人可认识宋金刚。这个人就是宝局掌柜的，东霸天花斑豹李四李德隆。他来到后头院，有个伺候他的伙计赶紧给掌柜的沏茶。李四说："先甭忙着沏茶，到前边把先生给我叫来！"小伙计到前边把先生叫来啦，先生过来就问："掌柜的叫我有事吗？"李四说："先生我问你一点儿事，在前边大拐犄角坐着一个人，三十来岁，黄白净子，穿的是蓝绸子大褂，二纽上挂着十八子的手串，手里拿的是全棕百将的手扇，这个人你认识吗？"先生说："你问的是来字儿。"李四说："不管什么字儿，我问你认不认识。""不认识。""咱们柜上的人都不认识吗？""都不认识。"李四说："你们输眼啦！他就是我常给你们说的鲜鱼口里头德隆昌绸缎庄的掌柜的宋金刚，外号南霸天。"先生一听乐啦："掌柜的，您说的那个宋金刚是保镖出身走南闯北的英雄，这个人跟大姑娘似的……"李四说："大姑娘？这是真人不露相，我问你，他到咱们这儿耍钱是谁同他来的？"先生说："没人同他来，是他自己来的，一来的时候是二百吊三孤丁赢了就走，来了有半个多月啦。"李四说："现在怎么样？"先生说："现在还是赢家儿。"李四说："他到咱们这儿来耍钱，对咱们可没有好处，宝局就是个毁人炉，常言说久赌无胜家，早晚有一天他得输急了，那时他要跟你们瞪眼，先生，你可记住我的话，不管什么时候跟你们瞪了眼，千万可别用大话拍他，他可不怕。我要是在柜上来告诉我，我要是不在柜上，你们用话把他稳住了，打发人找我去，我自有办法。”李四高哇，这叫水未来先叠坝，又叫先生嘱咐宝局的伙计们都注意点儿。

从这天起宝局上的人对宋金刚可就留了神啦，宋金刚是每天都来，一连来了一个多月。他对要钱也都明白啦，可是也不赢啦，今儿带三百输啦，明儿带五百没啦，他是输完了就走。这一天带了两千吊钱，押了没几宝就输光啦，每天都是输完了就走，今天不然，输完了不走，看着宝盒生气。自从李四嘱咐了先生以后，先生对宋金刚特别地留神，今天一看他这个样，就过来用话试探着问："来字儿您还押吗？"宋金刚说："押！押，可是没钱啦。"先生没敢说话就躲开啦。宋金刚想：我干吗跟他说我没钱啦！想到这儿朝先生一招手，"先生！你这儿来，我跟你说句话。"把先生叫到没人的地方，宋金刚对先生说："我姓宋叫宋金刚，鲜鱼口里头德隆昌绸缎庄是我的买卖，我干吗告诉你这个呢？因为我今天带来的钱输完啦，还想再押几宝，回去拿钱去吧，柜上一有事就回不来啦，我想先跟你们柜上借两千吊钱用，赢了当时还上，要是输了呢，你打发个伙计跟我到柜上把钱拿回来，怎么样，先生？"在宝局里当先生的都会说话，一听宋金刚这么一说扑哧一笑："宋大爷，您不提我也认识您，您要用三百五百吊钱我敢借给您，我是先生，敢说这句大话，可是您一张嘴是二千吊哇，我可担不起。这么办，您在这儿等一下，我去问一问我们掌柜的去，我们掌柜的说成，您也别喜欢，我们掌柜的说不成，您也别恼。您在这儿等一等，我就来。"说完话转身就走，宋金刚把他叫住啦："先生等等，我问你，你们掌柜的是谁？"先生心说：他不认识我们掌柜的。出事就出在先生的这几句话上啦，听宋金刚这么一问："噢！您不认识我们掌柜的？"宋金刚心说：认识我还问你吗。"要说我们掌柜的在北京城有个名，敢说站在前门一跺脚，四九城乱颤。"宋金刚想：他们掌柜的脚后跟劲头真不小哇。"要说我们掌柜的名姓，真是无人不知，无人不晓，姓李行四外号花斑豹，人称东霸天。"先生说到这儿是眉飞色舞。宋金刚一听闹了半天这是东霸天的宝局，听说这个人不好惹，我跟他借钱他能借给我吗？他要说不行，我宋金刚能栽到他的手里吗？我正想斗一斗这个东霸天。想到这儿，眉毛立起来啦，眼睛瞪圆了："噢！你们掌柜的是李四呀，好吧，我不用说借啦，就说我跟他要两千吊给不给，我听你的回话儿！"先生一看，心说：要坏，这就瞪眼啦。他赶紧遘奔后院。李四在后院天棚底下竹床上坐着喝茶哪。先生进来说:“掌柜的,您说的那个来字儿来啦,今天带的钱不少可都输啦,他要跟咱们柜上借二千吊钱,我没说行也没说不行,我全推在您的身上啦,您看是借他还是不借呀?”先生说完了,用眼看着李四,那意思是您可千万别不借呀,他那儿都瞪眼啦。李四听完了先生的话:“先生你去跟他说,我马上就过去。”先生答应,转身来到前边对着宋金刚说:“宋大爷您在这等一等,我们掌柜的就来。”宋金刚想:借不借只是一句话,你干吗亲自来呢?你来了要是说不借,今天你的宝局就甭开啦。宋金刚就憋着打架哪。

李四把先生打发走了,自己来到屋里从衣裳架上把大褂拿下来穿上,脱下靴子,换上缎子双脸鞋,又把桑皮纸的扇子放下,换了一把十六股湘妃竹的扇子,规规矩矩地遘奔前边来。来到前边不用别人引见,冲着宋金刚一抱拳:“宋大哥!”宋金刚本来等打架哪,没想到人家一见面叫大哥,再和人家瞪眼打架就不像话啦,可是又没准备,怎么回答人家呢,只好也一抱拳说了一声:“大哥。”李四说:“小弟李德隆,咱们弟兄虽然没见过面,可是小弟早有耳闻,听说您早就来到北京,本想去府上拜望,怎奈没有朋友介绍。刚才听先生说,您要在柜上借二千吊钱,干吗借呀!我的钱跟您的钱一样,用多少您随便拿。既然是朋友就不能赌输赢,您来到我的宝局赌钱我可是不知道。您已经输了不少啦,我跟先生说过,不管哪一天只要您赢了钱,我就要拦您不叫您要啦,您愿意赌上别处去,在我这儿是不能赌啦。今天正好,您不是用二千吊钱吗,您先玩着等会儿,我预备几个菜,咱哥儿俩喝会儿谈谈心。”李四说到这儿一回头:“先生,从我账上给宋大爷拨两千吊,赢了叫宋大爷拿走,输了写在我的账上!”一转身说,“大哥您先玩儿着,我在后边给朋友办点儿事儿,回头再说话。”说完了一转身奔后院啦。宋金刚僵到这儿啦,先生把钱给拨过来啦,宋金刚要吧,这两千吊糊里糊涂地就输进去啦。先生奔后院给李四送信儿,李四又来到前边,问:“宋大哥怎么样?”宋金刚说:“又输啦。”李四说:“您还押不押啦?”宋金刚一想:我怎么说?我说我还押,他再给我拨过两千吊来,我这不是抱着不笑的孩儿了吗,用人家的骨头扎人家的肉。说:“我不押啦。”李四说:“怎么不押啦!噢!用我的钱您就不押啦,要玩儿就玩儿够了。”宋金刚说:“我柜上还有事,明天再来玩儿。”李四说:“您要真有事,我也不留您,改天咱们哥们儿好好地谈谈心。”说完话李四一抱拳转身往里走，宋金刚往外走，走了没两步宋金刚又回来啦，朝先生一点手：“先生……”李四也回来啦，没等宋金刚说话，就把话接过来啦，“您叫先生干吗？是不是叫先生打发个人跟您到柜上把钱拿回来？大哥您错啦，我要怕您就不借给您，既然借给您就不怕您，为这二千吊钱我给您拴个账尾巴，您顺便就给捎来，没空就拉倒，您请吧。”宋金刚只好从宝局出来，一边走着一边想：都说东霸天厉害，没人敢惹，为什么对我他不厉害，他怕我？又一想：不对，他为什么怕我呢，他连国家的王法都不怕，他能怕我吗？这叫人敬人，鸟招林。人家敬我一尺，我得敬人家一丈，明天把钱送来就不够朋友，今天就得把钱给人家送来。想到这儿走路加快，直奔鲜鱼口。来到铺子，一进门就喊：“先生！先生！先生哪！！”先生过来说：“掌柜的什么事儿？”“什么事？给我钥匙。”“要钥匙干吗？”“什么叫干吗呀！我的买卖，把钥匙给我！”先生把钥匙给了宋金刚。宋金刚拿着钥匙奔账房，进了账房就把银柜打开啦，里边的整锭银子和散碎银子还有银票，宋金刚把大褂的前襟一拽，往里一倒，往上一兜，把钥匙往那儿一扔说：“先生，锁上！”先生说：“一个子儿没有，我锁它干吗，您拿钱干什么用？”宋金刚说：“我押孤丁啦。”先生说：“这买卖怎么办哪？”宋金刚说：“拿纸写个条，此铺出倒。”先生一听：这买卖完啦。宋金刚从这天起，把所有的钱都拿到宝局存在账房里，见天在宝局赌博，几个月的工夫就把三间门脸的绸缎庄全输光了。

天已到了初秋季节，这天宋金刚输得腰里一文钱也没有啦，从宝局走出来，被凉风一吹，宋金刚的脑子有点儿清醒，自己叫着自己的名字：“宋金刚啊宋金刚！你白跑了这些年的江湖，花斑豹李四不是朋友是冤家，他表面上恭敬你，暗里是拉你下水，把你拴在宝局上，现在我三间门面的绸缎庄全输到他的宝局上啦，难道说就这样完了吗？不行，我得捞回来！”可是他又一想：没法往回捞，没钱啦，俗话说，打耗子还得有块肉皮呢，逮家雀还得撒把米哪，我一文钱没有怎么捞法呀！一想：有办法，我家还有一处房子哪，对，卖房！又一想：不行，哪儿就把房卖出去了呢，唉！我先拿房契押了钱去赌，赢了赎房子，输了再卖房。对，拿房契去。宋金刚一想：这房契不好拿呀，房契在自己的媳妇手里哪。宋金刚可不是怕老婆，因为宋金刚自己把买卖给输出去啦，觉得对不起自己的妻子，怎么好回家再去要房契呢？宋金刚想一个办法，他想我回家抓茬儿打架，只要一打起来我就摔家伙，这日子别过啦，拿房契就走，对！怄气，回家就生气呀！

宋金刚一边走一边运气，把走道的吓一跳："这人什么毛病。"宋金刚来到家门口过去叫门："开门来！"用手一拍门板，啪啪啪！"开门！"宋金刚的媳妇李氏正在屋里坐着想主意哪。您想，宋金刚住家离鲜鱼口没多远，买卖倒出去，李氏能不知道吗？早就知道啦，也知道自己的男人在外赌博把买卖输出去啦，可是李氏想：自己的男人回来千万别提这回事儿，自己的丈夫是个红脸汉子，我一提这事儿，他一挂不住，再出点儿意外的事儿就不来好啦，我假装不知道。正想着哪，就听外面叫门，赶紧出来开门，打门开开一看，把宋大奶奶吓了一跳，一看宋金刚还是穿着春天出去那身衣服，抹得很脏，脸上又黑又瘦，眼窝发黑往里眍瞜着。李氏一瞧真心疼，心说：看看把自己糟蹋的。宋金刚一进门就找茬儿："你看看门道这个脏，你就不会扫扫吗？"李氏说："刚扫完，一刮风把脏物刮进门道里啦。""哼！老天爷也跟咱们过不去，单往咱们的门里刮！"来到院里，宋金刚用手一指："这盆花儿也不浇点儿水，都快干死啦！"李氏说："早晨浇的水，太阳一晒就干啦，等晚上再浇。"宋金刚来到屋里往那一坐，用手拍一下桌子："你倒是沏茶去！"李氏赶紧把茶沏上。宋金刚打开壶盖一看："这水也不开！"李氏想：今天怎么回来就找茬儿怄气呀！我得给他找个台阶儿，想到这就说："昨天有两个人来找你……"半天儿宋金刚没找着话茬儿啦，一听有人找他，这回可抓住啦，就问："谁找我？姓什么，叫什么？"李氏本来是说瞎话，听宋金刚一问就说不上来啦。"姓什么我没问，我说你不在家在柜上哪，你没见着吗？"她那意思是你把买卖倒啦，我不知道，有人找我还往柜上支哪。宋金刚这回可逮着理啦，把眼睛一瞪说："告诉你，从今后再有人找我别往柜上支，买卖我倒出去啦！"李氏听了一笑说："倒啦？倒啦就倒啦吧，咱也没做过买卖，也操不了那个心。""倒啦！那钱我都输啦！"宋金刚的意思是倒啦你不着急，我一说输啦，你还不急吗，你一急咱们就打仗，一打仗我好拿房契呀。李氏一听说："输啦就输吧，赢了就不倒买卖啦。"宋金刚一听，说："你怎么不着急呀！"李氏说："我不着急还不好吗？"她打算劝一劝宋金刚，就说："买卖倒啦，把钱输啦，这没什么，俗话说得好，不怕输了苦，就怕戒了赌，知道赌钱不是好事就行啦，也不用着回家找茬儿怄气，还有什么办不了的事吗？有话可以好说，干吗非得怄气才说呢！"李氏这几句话把宋金刚说得没词儿啦，自己叹了一口气，大声说道：“哎呀妻呀！”把李氏吓了一跳，“干吗？要唱京戏啊！”宋金刚说：“我对不起你。”李氏说：“把买卖倒出去你对不起我，你这话可说错啦，这买卖是你自己挣来的，又不是我从娘家带过来的。即便是我从娘家带来的，你我是夫妻，这也没什么，你也不是七老八十啦，三十多岁正当年，好好地干，用不了三年五载的照样开它个绸缎庄，实在不行咱们还可以回河南保镖去哪。你也别难过，别把身子骨儿糟蹋坏了。”李氏的这一席话，按道理宋金刚应当回心转意，可是宋金刚赌博邪了心啦，就跟李氏说：“你的话说得不错，可是我输得不甘心，我得把钱捞回来。”李氏心说：还是劝不过来。就问：“你想怎么办？”宋金刚说：“家里还有钱吗？”“还有三五十两。”宋金刚说：“那够干什么的，这么办吧，你把房契给我，我拿它去借钱。”李氏这才明白，闹了半天是为要房契。“房契要输了呢？”宋金刚说：“卖房！房子输了咱们回河南我再去保镖哇。”李氏一听，知道不给他房契是不行，给了他房子准没，只好把钥匙拿出来放在桌子上说：“给你钥匙自己去拿吧，在最上边那只箱子里哪。”宋金刚拿起钥匙登着凳子打开箱子，伸手把房契拿出来，叠好了往腰里一掖，就要走。李氏可真憋不住啦，把宋金刚给叫住啦：“你等等儿走，就拿房契也不够，还有点儿东西你也拿着。”宋金刚不知道还有什么，站在那儿等着，李氏一转身奔厨房去啦，把做饭用的切菜刀拿来啦，往宋金刚跟前当啷一扔说：“把这把刀给你，你把我先杀死在这屋里再拿房契走。”说到这儿李氏哭啦，指着宋金刚说，“你也太不要强啦，买卖你输啦，还要把房子输出去，我活着在这屋里住，死了我的鬼也住在这个屋子里。真等着什么都没啦，拄着棍儿要饭回家呀？有什么脸去见乡亲们。”说到这儿李氏哭上啦。宋金刚在那儿发愣，暗想道：自己把买卖输掉，回家来挤对媳妇，算什么男子汉大丈夫。想到这儿伸手把房契掏出来，往桌子上一放，说：“给你房契，我不要了，你在家等着吧，三天之内德隆昌绸缎庄二次开张，还是姓宋的买卖，咱俩是夫妻，三天之内买卖开不回来，你就另打主意。”说完话宋金刚就从家里走出来啦。李氏就错在这儿啦，应当把宋金刚拉回来。因为她净伤心哭啦，宋金刚说的话她也没听见。

宋金刚走在街上一想，大话是说啦，可是怎样才能把买卖开回来呢？这不是卖切糕的，找朋友借两吊就能开张，这是三间门面的绸缎庄，三天我要是开不回来怎么回家见媳妇？又一想井里的蛤蟆井里死，哪儿丢了哪儿找，我的买卖都输到永安桥李四的宝局啦，他那宝局里也没拴着老虎，我不会跳他的宝案子吗？又一想：要是跳宝案子得有把家伙，我得有把刀哇，家里倒是有刀，可是不能回去拿去，怎么？要房契不给就拿刀哇！宋金刚低着头从前门大街往南走，走到珠市口猛一抬头，在路东甬路下边摆着一个破烂摊，那时在前门大街两旁边净是做小买卖的，什么都有，那个破烂摊上摆着一把攮子，鞘子下边横着，攮子放在鞘子上边。攮子是什么？正名叫匕首，有一尺多长，前面尖，后头是把，两边是刃，就像小宝剑儿似的，被太阳一照直放光。还不用说宋金刚今天正想要把刀，就是平常他看见这样好的匕首也要买回去。宋金刚就奔过去啦，一猫腰就把攮子拿起来啦，摸了摸两边的刃："嗯，够用的。"买这类东西脸上得和颜悦色的，今天宋金刚一肚子气要到宝局拼命去。摆摊儿的是个老头儿，早晨在晓市花了一吊五买了这把攮子，又花二百钱磨了磨，今天就指望卖了这把攮子赚顿饭钱哪，一看宋金刚这模样，吓得直哆嗦，心说：这位准是要跟人家拼命去。宋金刚拿着攮子瞪着眼问："这攮子是谁的？"那老头儿说："我的。""卖不卖？""摆这儿就是卖的。""卖多少钱？"老头儿都吓糊涂啦："一吊五买的，有赚儿就卖。""两吊卖不卖？""您拿去吧。"宋金刚把攮子拿起来，把攮子装进鞘交到左手，伸右手往怀里掏钱，一摸腰里是一文钱也没有。宋金刚一想：怎么办？有心把攮子放下，说回家拿钱去，不行，这老头儿见着我就害怕，我走啦他也就走啦。宋金刚一着急二次又把攮子抽出来啦，在老头儿脑袋上一晃悠说："老丈！"老头儿一捂脑袋："干吗您？""你认识我吗？"老头儿吓得不知说什么好了："认得！""我姓什么？""不知道！""告诉你，我姓宋叫宋金刚，你知道鲜鱼口里德隆昌绸缎庄吗，那是我的买卖。"老头儿赶紧作揖："宋掌柜的！""别叫掌柜的，买卖倒啦，都输在永安桥李四的宝局了，今天我想跳他的宝案子，可惜我没带家伙，你这把攮子能助我一臂之力。我到了宝局弄好了，把买卖开回来，那时我把你接到我家，一日三餐，把你养老送终。"老头儿说："我可不敢当！""我要弄不好，你知道吧？"老头儿说："那就没好儿。"宋金刚说："有你的这把攮子，他的掌柜伙计我是一个不留全捅，捅完了之后我自行投案打官司，到堂上问我这攮子是哪儿的，我就说在你这儿买的，官人来问你，你就说不错。记住了没有？""这攮子我送给您了，可千万别拉我打官司。"宋金刚也不忍心白拿老头儿这把攮子，把二组上挂的十八子手串摘下来啦，说：“老丈，我把这手串给你吧，怎么也比这攮子多卖两吊，咱们后会有期。”他把手串往老头儿的摊儿上一放，拿起攮子转身就走，直奔永安桥李四宝局。快到宝局宋金刚站住啦，他想：我不能拿着攮子进去，得把它藏起来。宋金刚找了个墙根，把脚蹬在墙上，解开裤腿往上一挽，把攮子插在袜筒里，然后再把裤腿放下来扎好了，把气往下沉了沉，这才慢慢地走进了李四的宝局。

一进门，大家都认识呀，都嚷，这个说：“来字儿来啦！”那个说：“这边坐吧！”伙计赶紧给沏过茶来。宋金刚往那儿一坐，心想：我这一宝就得押赢了，就问旁边儿那个押宝的，“开了几宝啦？”那人说：“开了三四宝啦！”“这宝上边是什么？”“这宝上边是二。”“二上边呢？”“二上边还是二。”“那个二上边呢？”“那个二上边是四。”“四上边呢？”“我就不知道啦，我只押了这三宝。”旁边一人搭茬儿啦，“四上边是幺，就开了这四宝。”宋金刚一想：幺、四、二、二，甭问这宝是三，没错准是三。宋金刚想到这儿，就仿佛看见了一样，就跟伙计说：“先别揭盖！我就押这宝。”伙计说：“行！您放心吧，等着您！”宋金刚说：“我先交捎。”就是先拿钱。伙计说：“您忙什么，说句话我就给您打上码子。”宋金刚一摆手：“不！还是先交捎吧！”说着话宋金刚站起来啦，把脚往高凳上一蹬，解开腿带儿。伙计纳闷儿，心说：这钱在哪儿放着哪？宋金刚把裤子撸到大腿根儿，用手攥住攮子的把，大拇指一按崩簧，噌的一声就把攮子抽出来啦，往上一举一道寒光。有人眼快，一眼就看见啦，喊了一声：“攮子！”哗！宝局里就乱了，宋金刚顾不得一切，用左手抓住自己的大腿里联儿的肉，右手的攮子掏过去，一坐腕子，咔嚓一声就切下来有四指宽三寸多长的一块肉，往宝案子上一摔，嘴里说了声：“三！”这块肉摔在宝案子上一蹦，宋金刚怕它蹦到别处去，用攮子往上一叉，嘭的一下就扎在宝案子上啦。这时候宝局上乱了，就听乱嚷乱叫的，攮子！肉哇！哗！这些人当中有胆大的，也有胆小的，其中还有一种假胆小的，胆大的站在那儿不动，等着瞧热闹，胆小的全吓跑啦，假胆小的在里边起哄，就是他们嚷得厉害，“攮子！肉！哇——”是你挤我我撞你就奔账桌去啦。他们要干吗，因为这帮人素常就看李四这宝局有利可图，又因为李四名望大不敢惹，也不敢在宝局闹事，今天有人跳宝案儿啦，可算有了机会，他们想趁这机会要抢宝局。宋金刚一看可坏啦，真要是把宝局抢了，我这肉就算白割了。宋金刚一伸手就把攮子起下来啦，手里攥着攮子高声说道："诸位！静一静！"当时就不乱了，都要听听宋金刚说什么，大家瞪着两眼看宋金刚。宋金刚说，"诸位，不要乱，我今天押这块肉，是对着他们宝局掌柜的花斑豹李四来的，与大家没有关系，押宝的只管押你的宝，平日花斑豹李四厉害，没人敢惹，素常的毒大，有的人想惹他又不敢，这没关系，等我的事情办完，改天你给我个信，我姓宋的助你一臂之力，我要是说个'不'字我就不够朋友。可是话又说回来，今天你想借我割肉的这个机会，成心起哄，想着抢这个宝局，那你是找错了算盘。谁敢乱动，我手中的攮子可不客气，就照准你的脑袋上捅四十七下！"众人一听，心说：那就成了漏勺啦。宝局先生往常能说会道，真有三寸不烂之舌，今天叫攮子吓得这舌头剩了一寸五啦，连话都说不上整句的啦，"我……说……宋大……爷，您这……是……怎……么啦……"宋金刚说："先生你别害怕！"先生说："害……怕……倒是……不害怕，就是直……哆嗦。"宋金刚说："金子银钱我赌腻了，今天换块肉，赢了照样赔我三块，可是要你们掌柜的李四身上的肉。先生你可别多心，别人的肉我还不要，因为那肉不够分量。"先生心说：不够不够吧，够了往下拉也够疼的。先生说："您要是输了呢？"宋金刚说："那没关系，左腿上的肉拉完了，右腿上还有哪，浑身上下的肉都输了，我再剁骨头，剩下脑袋押孤丁。"先生一听：他上这儿玩命来啦。这时大家你瞧我我看你，谁也没主意。在旁边看着的有一个人，这人久在宝局里有经验，用手一捅先生，"这主儿在这儿吗？"伸了伸四个手指头，那意思是问李四在吗，先生点头，"在呀。"先生一回头冲着一个小伙计说："去！送个信儿。"这孩子小名叫胎里坏，他转身赶奔后院。李四正在天棚底下坐着喝茶哪，这孩子过来啦，他都吓糊涂啦，连话都说不整啦，他见着李四就说："掌……柜柜……的，可了不得啦……好家伙……真厉害……我的妈呀！"李四一见："你怎么啦？前边来个人！"先生跟过来啦，他怕胎里坏说不明白，李四一叫前边来人，先生就过来啦，冲着胎里坏就说："往常你能说会道，今天怎么不行啦？"李四有点儿不高兴，"先生你说吧！"到底是先生沉得住气，听李四一问不慌不忙地说："这事儿可不好办……还是真厉害……那玩意儿这么长……可了不得啦，好家伙……我的妈呀！"李四说："你也吓糊涂啦。"先生这才沉了沉气说："掌柜的您到前边去看看吧，那个来字儿的来啊。"就这一句话李四就明白啦，刚才前边一阵乱，紧跟着就鸦雀无声，两个人进来变颜变色，来字儿是宋金刚，不用问是宋金刚跳了宝案子啦，可是他假装没有那么回子事儿说：“来字儿的来了好哇，那是咱们的好主顾，叫人家要呀。”先生说：“还好哪！今天没押银子，没押钱，押的肉。”李四问：“是牛肉羊肉？”“人肉！”“哪儿的？”“后腿儿！”“没把尾巴油带下来呀？”先生说：“您还开玩笑哪。”李四说：“有多大分量？”先生说：“有二三百斤。”李四一听：“啊！这人剐啦？”“不是，有二三两吧！”李四说：“就这么点儿小事就把你吓这个样子！”先生说：“小事？您没见着那个阵势，谁要是一动，那把攮子就在谁的脑袋上扎四十七下，差一点儿成漏勺。”李四说：“没关系，都有我呢，你到前边把闲人散一散，把大门关上，别叫他跑喽！”别看李四话说得挺横，等先生和小伙计走后，李四可为难啦！心说：宋金刚啊宋金刚，你这是往我脸上抹黑呀！我李四的宝局最干净，没有闹事的，没有跳宝案儿的，没有拿挂钱的，这回你算是给开了张啦。当然你的买卖全输在我的宝局啦，你能不急吗，你可以托朋友出面找我李四，再把买卖给你开回来，从此咱交个朋友。你这么一来叫我怎么办哪？又一想，有啦，刚才先生说他押的是三，我去找宝官儿问一问他开的是几，宝官儿要是我的福星，开幺开二开四，我上去揭宝盖，你输啦。你再想割肉哇，我把宝盒一举，谢谢诸位今天就开到这儿啦，我看你怎么办，你只好是把血一擦拿着攮子走。你走之后我打发人跟着你，看你上哪儿去，你要是回家，我托朋友来见你，把买卖给你开回来，咱们交个朋友；你要是投奔大兴两县顺天府去告我去，说不得，我把我所有的家产一收，从当中一刀切，一半儿我打点官司要你一死，一半儿我留下，洗手不干这一行啦，也够我花后半辈儿的，我这叫宁堵城门，不堵阳沟。他想到这儿，奔前边宝屋子找宝官儿，他来到宝屋子后面一推门儿一看，宝屋子里没人，这宝屋子前后两门，前门挂着半截的灰门帘，出去就是宝案子。李四一见没有人，心想：宝官儿哪去啦。在宝屋子后门外头有个倒脏土用的土筐，半筐脏土倒在旁边儿，土筐底朝上，还直动弹，李四一看心说：在这儿哪。李四一脚把土筐踢翻一看，宝官儿一脑袋脏土。李四说：“你怎么上这儿来啦？”宝官儿说：“吓的。”李四说：“按道理我不应该问你，因为你是我拿红白帖请来的，前边把宝案子压折了，输掉了脑袋我上一边安去，可是今天不同啦，前边有个押肉的你知道吧？”宝官儿说：“要不是有押肉的，我还不能上土筐底下去哪！”李四说：“我问一问你这宝你开的是几？”宝官儿说:“你问我开的是几呀，我也想不起来啦！”李四说:“你慢慢地想一想。”宝官儿想了想说:“掌柜的，这肉有这么长啊！”李四说:“我没问你肉！”“哎呀，我真想不起来啦！”李四说:“你从几上抓下来的？”“我从四上抓下来的。”“你回了坐窝还是四？”“没有。”“你变了个二？”“不是。”“你蹦了个幺？”“不对。”李四说:“坏啦！你开的是三！”宝官儿说:“掌柜的你猜得还真准！”李四说:“废话，你怎么单单的开三哪？”宝官儿说:“我是知道他来押肉，宝子儿我攥着，宝盒放那儿我没开。”李四说:“把宝口袋给我。”宝官儿把开宝用的宝口袋给了李四，李四接过宝口袋走进宝屋子，站在屋里沉了沉气，然后来到前门的门帘里边喊了一声:“闪宝道！”李四从宝屋子里走出来往宝案子那儿一站，用眼一看宋金刚。李四心说：是条汉子，那么大的一块肉拉下来啦，脸上不变颜色。有认识李四的，也有不认识的，不认识的就跟旁边的人打听:“这个宝官儿我怎么没见过，多会儿来的？”旁边那个人说:“这不是宝官儿，他是这宝局掌柜的，东霸天花斑豹李四！”这人一听，“什么？花斑豹？我看今天要变长尾巴狼。”李四装作没听见，就说:“没有押的啦？叫宝！”先生过来啦:“掌柜的，先别叫宝，您看——”说着话用手一指那块肉，李四顺着先生的手一看:“噢！这儿还有块肉哪！”宋金刚差一点儿乐出来，心说李四你都假出边儿来啦，没这块肉你能出来吗？李四问:“这块肉是谁的？”宋金刚说:“是我的。”李四说:“是宋大哥的，您怎么想起押肉来啦？”宋金刚说:“金、银、钱赌腻了。”李四说:“还不用说您押肉，您就往宝案子上押死尸，只要赢了，我照旧赔您仨。没死尸我把活人现勒死也赔您，可是您要是输了呢？”宋金刚说:“我这条腿上还有哪，我再拉一块，可是我要赢了，你得照样赔我三块。”李四说:“宋大哥您赢不了，您想啊，宝局里掌柜宅里宅外五六十号人每天吃饭拿钱是哪儿的，是我李四的？我哪儿有钱给他们，都是来我宝局要钱人的钱，赢只有我一个人赢，大家都输。别看宝盒在那搁着，我说是几就是几，我用手一按宝盒说是空的，里面连宝子儿也没有。您想谁还赢得了？今天这么办，今天我算您赢啦，我照旧赔您三块肉，从我身上拉，我要算您一个人赢啦，别人说我怕您。今天四门都赢，我姓李的一个人输，您看怎么样？”这叫好汉出在嘴上，好马出在腿上。李四想用话把宋金刚给绕到里边，只要宋金刚一点头，他就把宝盒子拿走啦，你再说什么也没用啦，是我算你赢了。可是宋金刚是保镖出身，久闯江湖，一听李四这一番话，心说：李四你别给我来这套，这宝我要是没押着，你早就揭盖儿啦！想到这儿就说："李四你说什么？算我赢，我还没听说过宝局里有算输算赢的哪！你算我赢？你是今天算我赢，是昨天算我赢？要是算我赢，我三间门面的德隆昌绸缎庄，你照样赔我三个，那是你算我赢。你说什么？你用手一摸宝盒就能变个样，我说你不敢！你这儿是明场宝局。我来押宝是黑红点儿把我勾住的，不是什么算输算赢。你把宝盒盖揭开看看，输就是输，赢就是赢，姓李的别的甭说，你揭宝吧！"李四一听，知道宋金刚不买这本账，也没有办法，只好揭宝："伙计叫宝！"在宝案子旁边站着六七个伙计，平时叫宝个顶个的嘴都跟梆子似的，脆声长音儿真比唱的好听，今天叫这块肉吓得都不敢叫宝啦。一听掌柜的说叫宝，你推我我让我，"你叫！""你叫！""我叫柱儿。"把小名都说出来啦。让了半天，一个伙计过来啦，"掌柜的他们都叫我叫。"李四说："那你就叫吧！""怎么叫？"李四说："怎么连叫宝都忘啦？你看看哪门儿轻叫哪门儿。""我看三上轻！""废话，三上有块肉。"伙计用手一按宝盒，连声儿都变啦，"叫宝——揭宝——免三——"李四一听心里高兴，甭管开什么他先免三这是个吉祥。就听伙计接着喊："免三，去四，不要二，别来幺。"李四一听：那还开什么？伙计用手一揭宝盖喊了声："六来！"押宝有开六的吗？宝盖一打开是三，李四说："先生！看准了，该吃的吃，该赔的赔，不准多赔一个钱儿，也不准少赔一个钱儿。"这是干吗？李四明白，你要少赔了当时就来闲话："怎么啦，少赔钱？吓糊涂啦？"要是多赔了当时不说，等到了茶馆酒肆一提宋金刚跳宝案子的事儿，他就说啦："李四怎么样，那天宋金刚跳宝案子，我应当赢一吊五，赔了我两吊三，都给吓糊涂啦。"所以李四嘱咐。全都赔完了，还有两个两吊钱的单穿儿没有人要，先问问，"两吊一个俩单穿儿是谁的？"问了两声没人答话，先生说："没主儿就挂起来啦！"就听宝案子底下有人说话，"我的，别挂起来。""怎么跑桌底下去啦？""吓的！""出来！""出不来，上边还压着一位哪。"从宝案子底下都给揪出来啦。这时要钱的人大多数都走啦，还有几个人站在这儿没走，等着瞧热闹的。李四说："今天就开到这儿啦，明天诸位再来捧场吧！"那几个人也就只好走了。

等人走净，大门关上啦。李四说："宋大哥，走吧，到后院我赔你的肉，先生称称有多大分量。"先生把宋金刚拉的这块肉拿起来，放到宝案子上边盛打码子用的铜钱升里。李四同着宋金刚来到后院，往天棚底下的竹床上一坐，两个人当中是个小桌，先生沏过茶来，李四跟宋金刚说闲话，不提拉肉的这回事。他在想主意，心说攮子在他手里拿着，说不好一动手非死几个不可，我得想办法把攮子诓过来。想到这儿猛然跟宋金刚说："大哥，光顾了说话啦，我还没赔您的肉哪。"一回头对先生说，"那块肉你称了吗？"先生说："称啦，三两三钱四。"李四说："宋大哥我正好赔您十两整。我这儿没有合手的家伙，宋大哥把您的那把攮子借给我用一用吧。"宋金刚一听心想：李四你以为我有这把攮子才敢跳你的宝案子吗？这是为我拉肉用的，真要是打架的话，我虽然腿上带伤，你们宝局上的这些笨汉子也不是我的对手，既然你要这把攮子就给你。两手攥着攮子把，往起一捧说："给你！放哪儿？"前边是尖，两边儿是刃，把儿宋金刚攥着，李四怎么接？用手抓？宋金刚往回一拉手指头全掉。李四一看心说：不是冤家不对头，得啦！我豁出去吧！他把裤腰带往下一推，肚脐眼就露出来啦，大肚子往前一挺，把眼一闭说："你就放这儿吧。"只要宋金刚两手往前一伸，攮子就扎在李四的肚子上，扎进去李四就活不了。可是宋金刚倒为难了，扎不扎？不扎，他把肚子挺过来啦。扎吧，把他扎死我的买卖还要不要？宋金刚进退两难，扎也不好，不扎也不好。宋金刚猛然想起一个办法来，他把攮子一倒过儿，用把在李四的肚脐眼儿上一顶说："给你！"当啷一声攮子掉地下啦，这下把李四顶的，直倒吸气儿，还不如扎进去好受哪。先生把攮子拾起来放到一边啦。李四回手把水烟袋递过来啦，"宋大哥您抽烟吧。"宋金刚接过水烟袋来一看，没月火纸煤儿，李四一回头冲着小孩儿胎里坏说："去！快给你宋大爷拿刀伤药去。"小孩儿转身走了，没有多大工夫用手托着就来啦："宋大爷！给您刀伤药。"宋金刚一瞧，哪是什么刀伤药哇，这孩子托了一把咸盐。宋金刚用手一指拉肉的伤口说："放这儿吧！"小孩儿说："我可不敢。"宋金刚说："给我！"用手接过咸盐往伤口上一按，顺腿往下一流紫花汤儿。李四说："给宋大爷点火去！"胎里坏走啦，用火剪夹着一块烧红了的硬煤就来啦，说："宋大爷给您放哪儿？"宋金刚一指伤口说："放这儿。"小孩说："我不敢。"宋金刚说："给我！"接过火剪，这块煤还冒着蓝火苗哪，就往伤口上一放，吱啦一声，冒起一股黄烟儿，先生赶紧用扇子就给拨拉下去啦。这时宋金刚脸上的汗就下来啦，再看宋金刚这条腿肿得跟小缸儿似的。李四道："宋大哥，行了吧！肉也拉啦，盐也放了，红煤也搁了，有什么话您就说吧。”宋金刚说：“我没有什么话说。肉是我拉的，盐、红煤是我自己放的，我咬得住牙。我常听人说你们宝局打人，你还没打我哪。也许你们的棍子打在我身上我受不了，出了声就不是个汉子。”李四不愿意打，他知道打了就更不好办啦，可是今天连一个串门儿的朋友也没来，要是有个串门儿的朋友在中间也好说话呀，怎么今天就一个来的都没有哇。就听宋金刚说：“怎么样，打吧！”李四说：“大哥，这可是您说的，我恭敬不如从命啦，来呀！”李四一喊，呼啦！出来二十多个打手，往两旁一站，李四说：“预备！”当时有人把一张芦席往地上一铺，席上边铺上一床棉被，一头放上一个枕头。李四一转身说：“宋大哥，请您过去挨打。”宋金刚站起身来一瘸一拐地走到芦席边，侧着身子往下一躺就把伤腿压在底下了，一手抱头一手搭膝。李四一声吩咐：“打！”二十多个打手把手中的霸道棍一举，照准了宋金刚的小腿上就打，没多大工夫这条腿就完啦。李四把手一摆说了个“停”，打手们当时就住手啦。李四走过来对宋金刚说：“宋大哥请您翻身好打那半边！”宋金刚躺在那儿心想：李四你真厉害，我的好腿你打完啦，下边这条腿拉肉上盐放红炭，你还叫我翻，我要是翻不过身来就算我栽给你啦。宋金刚腰眼儿一使劲，这手功夫叫鲤鱼打挺，一下就翻过来啦。就接着打吧，两条腿全打完啦，骨头一碎，再打也没意思啦，骨头没碎打上是梆梆的，骨头一碎再打是噗噗的。打手们一看，这还打个什么劲儿，他们也有办法，那边的十几个打手用棍打棍，累了，这边的把棍支着，那边的再打。李四在天棚底下来回走着着急，冲着先生使了个眼神儿，那意思是叫他过去看看，先手过来一摆手说：“别打啦。”打手们住了手，先生一看宋金刚这张脸哪，就仿佛是天刚亮的窗户纸一样，青虚虚的发白，没有一点儿血色。先生用手一摸宋金刚的鼻子，这时宋金刚眯缝着眼儿看见了，将眼一闭，用了个老牛大憋气。先生一摸鼻口冰凉，没有一丝儿气，把先生吓得过来说：“掌柜的！宋金刚死啦！”李四一听把脚一跺：“嗨！该着！”他赶紧地过来用手一摸宋金刚的鼻子，宋金刚一换气打了个呼噜，把李四吓了一跳，心说：睡着啦！

这时候就听外边有人叫门：“开门来！怎么这么早就写啦。”写啦的意思是不到时间就不开宝啦。李四一听外边有人叫门，就叫小孩儿胎里坏去开门，嘱咐说：“问明白了是谁再开门。”因为来人要是朋友，开门能帮着办事，要不是朋友，开门也没用，说不定能闹出人命来。胎里坏来到大门里头就问："谁呀？"外边儿回答："我。""你是谁呀？""他妈的！你这孩子怎么连我的声音都听不出来啦！"小孩儿一听："噢！于四大爷。"来人姓于行四，人送外号叫于四拐子，怎么得这么个外号哪？因为他这个外号是挨打挨出来的，他在北京这些年没打过人，净挨打啦，所有的仓、库、局他都敢惹。不怕挨打，打完了，一天跟你要多少钱，不给不行，所有混混儿没有不怕他的，又惹不起他，就有人出了个主意，要拿钱买一块骨头。找人故意地开了一家宝局，不请他。于四听说开了个新局没给他个信儿，他就去跳了宝案子，当时就把他的腿打折了，找大夫给他治腿，在大夫手里花了二百两银子，在他左腿迎面骨那儿少给他接上一块骨头，只要是一阴天这条腿钻心的疼。叫他死不了活受罪。等他伤养好啦没几天，这天是阴天，于四这条腿疼得坐不住站不住的地。于四用手一摸迎面骨，少了一块骨头，他知道这是接骨大夫的事儿。他把攮子别在腰里就找那个大夫去啦。到那儿一叫门，大夫出来一看是于四，就说："我知道您今天就得来找我，您的腿疼吧？"于四说："你知道就好，我这腿是怎么回事儿？"大夫说："因为您把人得罪苦啦，所以人家花了二百两银子买您一块骨头。我也知道您的腿一疼准来找我，所以二百两银子都在这儿我没敢动，那块骨头我用药水泡着哪也没丢，你再去找他们，叫他们再打您，打完了我再把那块骨头给您接上，要是落一点儿毛病您拿刀把我宰了。"于四一听，说："什么？我还去找他们，我有挨打的瘾吗？不是折了就能接吗？好吧！"他说着话往地下一坐，把脚放在门槛上，伸手拿起顶门用的砖头照准自己的左腿咔嚓就是一下儿，把腿砸折了，用手一指说："接吧！"大夫一看，说："我真没见过你这样的人！来，我给你接。"于四一摆手："算了吧，别接啦。"于四心里明白，我再这样下去，说不定要有人豁出去要我的命，得啦，我现在的钱也够花的，收场吧。等把腿养好了也残废啦，出门架着双拐，所以叫于四拐子。光给别人了闲事，大事化小，小事化了，大家不但不恨他啦，反而很尊敬他。胎里坏把门开开说："四爷您怎么才来呀！我们局上出事啦，正在打人哪！"于四问："打谁哪？""宋金刚。"于四一听："啊！宋金刚！我管不了，回见吧。"转身就要走，小孩儿给拦住啦，"四大爷！您别走哇！您得给了了哇。"于四说："你们怎么单打宋金刚啊！你进去什么也别说，等我想想。"小孩儿进去啦，于四想好主意往里走，没进后院他先嚷，张嘴就骂，骂谁呀？骂李四："好你个李四！我跟你完不了，今天也打，明天也打，打来打去打到我们哥们儿的头上来啦，我告诉你说，你怎么打的他，我怎么打你。”他一边说着一边往里走，这时打手都闪开啦，于四过来把两拐一扔就躺在宋金刚的身旁边啦，用手一搂宋金刚：“宋大哥！小弟来迟了一步，叫您受委屈啦，宋大哥有什么话跟兄弟我说，宋大哥咱们跟李四完不了，宋大哥！”他是一口一个宋大哥，他这是干什么？他怕宋金刚死了。宋金刚闭着眼一听，这是谁呀？一口一个大哥叫得这么亲热，他没睁眼就问：“你是谁？”“兄弟于四拐子。”宋金刚听说过这个人，心想：我不认识他呀，他准是李四的朋友，我先拿你开个玩笑。宋金刚说：“好朋友管好朋友的事，要管我的事的人，得是全须全尾儿的，要是缺胳膊短腿走道架双拐的可管不了。”于四说：“我招你啦，宋大哥您有什么话对我说。”宋金刚说：“我没有什么话说，你问问李四我咋呼了没有。”于四说：“您没咋呼。”宋金刚不说话啦，于四爬起来架上双拐把李四叫到旁边低声问为什么，李四把前后经过一说，于四明白啦，他双拐一扔又二次来到宋金刚身边，他说：“宋大哥我问明白啦，您的事就是我的事，准叫您过得去。先问您一件事，您是在宝局养伤，还是回家养伤，就听您一句话！”宋金刚想：我不能在宝局养伤，我回家养伤，看李四怎么办。想到这儿说：“回家养伤。”于四说：“好！送宋大爷回家。”这时有人搭过来一个大笸箩，四个人一揪棉被的四个犄角，往起一搭就放在笸箩里啦，用一床大红缎子棉被往上一盖。李四一回头把胎里坏叫过来啦：“你去把宋大爷送回家去，送就得送到家，不能半路上搭回来！”怎么？来回一搭就死啦。李四怕胎里坏送不下又嘱咐了一句：“你要是送不下就别回来见我！”小孩儿胎里坏说：“您放心，准送下。”他带着六个人，四个人抬着宋金刚，两个人抬着一个大抬筐，里面是一筐铜钱，直奔宋金刚的家。离宋金刚住家没有多远，再一拐弯就到啦。胎里坏站住说：“别走啦。”大家问：“到啦？”“还没到，拐过弯就是，你们在拐弯的角儿那等着我去叫门，听我一喊搭过来，你们就搭着往里走，我不喊你们，谁要是搭过去，人家不叫进门儿，我可把人搭你们家去！”大家也不知道他是什么主意，全都在拐弯角儿这儿等着。胎里坏来到宋金刚的门前往那儿一站，他可不敢拍门，他不知道人家什么规矩，站那儿喊回事，“回事！回事！”

李氏正在家里发愁哪。宋金刚放下房契走啦，李氏收起来房契，思前想后。买卖叫当家的输啦，在家闹了气出去啦，可是他干什么去啦？又后悔还不如把房契给他哪，千万可别出什么事呀，她正想着哪，就听外边喊“回事”，大奶奶心里这个气呀，心说：我们家多咱有人喊回事的。便走出来开门：“听见啦，甭回啦！就我一个人。”说着话把门开开一看，是一个十八九岁的孩子，长得挺好看。他一看有人开门便问：“你这儿是宋府吧？”大奶奶说：“对啦，我们姓宋。”小孩儿说：“我是永安桥宝局的。”大奶奶一听吓了一跳，心说：我们当家的把买卖输出去啦，怎么宝局还跑家来要账啊！小孩儿说：“宋大爷经常到我们局上要钱，这日子可长啦，开头是赢后来就输啦，连买卖都输进去啦，今天宋大爷又去啦……”大奶奶一听，心说：大概把房子输啦，他是来要房子的吧。“今天又输了什么？”“今天倒是没输什么，还赢了哪，可是不明白为什么跟我们掌柜的吵起来啦，不但吵还动手打起来啦，您想想宋大爷一个人，我们宝局那么多的人，所以宋大爷受了一点儿伤，本来叫宋大爷在宝局里养伤，可是宝局又不是个养伤的地方，人又多又乱，就想让宋大爷回家来养伤。我来问一问，您是叫宋大爷在宝局里养伤啊，还是回家来养伤啊？”要不这小孩儿怎么叫胎里坏呢，他不说轻伤重伤，他问叫宋金刚在哪儿养伤。李氏和宋金刚是结发夫妻，一听自己当家的受了伤，非常地心疼，能够叫他在外头养伤吗？谁也没有自己伺候得周到哇，想到这儿说：“当然还是回家来养伤，干吗还来问哪？”胎里坏一听：“您叫他回家来，那好。”说着话一转身冲拐弯的那边就喊：“搭过来！”大奶奶一听，怎么搭过来呀！四个人搭起来宋金刚过来就往门里搭，宋奶奶给拦住啦，“站着！等等往里搭，我得看看人是活是死。”这四个人只好搭着宋金刚站在那儿。宋大奶奶过去把棉被往起一掀，一看宋金刚脸上那个样儿跟死人差不了多少，宋大奶奶的眼泪就下来啦，一边哭，一边问：“当家的，你现在觉得怎么样？要是行你就回家来养伤，要是觉着不行，我叫他们搭回去。我虽然是个女流，我要不叫他们宝局掌柜的给你抵偿，我就不算是你的老婆。当家的你要是不能说话，你点点头就是表示回家，要是摇摇头我就叫他们搭回去。”宋金刚嘴里说不出来，可是心里明白，要是来回一搭我就完啦，于是就点了点头。胎里坏在旁边看着哪，他一看宋金刚点头，就非常高兴说：“你看宋大爷点头啦！来，搭进去。”四个人把宋金刚搭进来，那两个人把一筐铜钱也搭进来啦，一直搭到屋里，问宋大奶奶把人放在哪儿。宋大奶奶说：“放到里间屋的床上。”四个人揪住了棉被的四角搭起来在里间床上放好，胎里坏说：

“宋大奶奶，这笸铜钱是我们掌柜的给宋大爷喝白糖水的。”说完，他们走啦。宋大奶奶跟着出来，关好门，回到屋中，坐在床旁边一个劲地掉眼泪，又不敢哭出声来，只是心里叨唠：“我就知道没有好，放着买卖不做，没事儿要的哪门子钱，现在这样我怎么办，北京又没亲戚朋友，你这伤还得赶紧治。宝局来的那个孩子也不是东西，把人搭回来还在门口喊回事，我们家又不是做官的回什么事，回事就是把人搭回来呀！”她不知不觉地就说出声儿来啦。

就在这时门外有人喊“回事”，把大奶奶吓了一跳，“怎么又搭回来一个！”就听外面喊：“回事！”宋大奶奶出来把门开开一看，门前停着两辆轿车，站着三个人。其中有个佣人打扮的人，一看宋大奶奶开了门就过来问道：“请问这是宋金刚宋大爷的家吗？”宋大奶奶说：“是呀。”这个人一回身冲着一个三十多岁的人请了个安：“三爷，是这儿。”那人走过来，宋大奶奶一看这人，黄白净子，细眉大眼，鼻直口方，很有气派，过来给宋大奶奶请了个安：“兄弟给嫂子请安！”宋大奶奶一看说：“您是谁呀，可别这么称呼！”“嫂子！咱没见过面，我大哥宋金刚是我的救命恩人，当初我做买卖有一次叫山贼给劫了，要不是我宋大哥赶上啦救了我，我的命早就完啦。今天我听说我大哥在宝局挨了打，我赶来瞧瞧我大哥的伤怎么样。”宋大奶奶一听是来看自己丈夫的，“您请里边坐吧。”就把这俩人给让进来啦。来到屋里这人过去掀开棉被看了一看，回过头来跟那个人说：“您看怎么样？”那个人一笑说：“不要紧，准能治好。”大奶奶这才看清楚，这个人是五十多岁没留胡子，还夹着一个蓝布包。就听刚才那人说：“嫂子！这是我请来的北京有名的接骨大夫。”大奶奶一听心里高兴，她正发愁请大夫的事儿哪。“大夫您请坐，我给您沏茶去。”说着话就要走，大夫说：“不用了，先给病人治病吧。”回过头来对那个佣人说：“到车上把东西拿来。”佣人出去提进一只箱子来。大奶奶去沏茶，等把茶沏来，大夫也开始给宋金刚接腿啦。把腿接好了，用上药用竹板夹好，来到外间屋，打开布包，从里面拿出两包丸药交给宋大奶奶说：“等一会儿给他吃药，用小米饭汤把药送下。每天五丸，一个月后每天三丸。不等您把药用完，我就打发人把药送来。三天后我再来看一看，不会有什么事。”大奶奶接过药来刚要问多少钱，那人说：“黄大夫，一切费用您到我家去拿，什么药好您给用什么药。”他转过身来跟宋大奶奶说，“嫂子，我看您家里也没有佣人，我大哥又病着，我回去给您派个老妈子，来帮您照顾病人，可能家里的钱也不够用的，我这儿有个顺义钱庄的折子，上头有三百两银子，您先用着。”说着话从腰里掏出个钱折子来放到桌子上啦，大奶奶一看忙说：“这可不行，您来看看我就领情啦，怎么能用您的钱哪，再者我还没问你贵姓哪。”那人说：“兄弟姓安，叫安三太。”大奶奶想：自己的丈夫没有这么个朋友哇！从来也没听当家的提过这么个人哪！就听安三太说：“我大哥病好了，您一提他就知道，您先伺候病人，我们跟您告辞。”说完话，同着大夫带着佣人走啦。大奶奶送到门口，人家上了车，大奶奶这才关门进来，打发宋金刚吃了药，上药止痛吃药定神。宋金刚迷迷糊糊地睡啦，大奶奶一个人在屋里。

这时门外有人喊：“借光您哪！这儿是姓宋吗？宋金刚在这儿住吗？”大奶奶一听赶紧出来开门，一瞧站着五六位，每人手里提着两蒲包儿点心，一看宋大奶奶出来开门就说：“我们是太平仓宝局的，听说宋大爷在永安桥李四宝局受了点儿委屈，我们赶来瞧瞧。”大奶奶往里让，五六个人来到屋里也不坐，看了看宋金刚也没说什么，把蒲包儿放下就走啦。大奶奶出来关上门，刚回到屋里还没坐下哪，就听外边喊：“宋金刚在这儿住吗？”大奶奶出来开门，门外站着七八个人，每人手里提着两蒲包儿点心，说：“我们是顺治门外宝局的，来看宋大爷。”过来看了看放下蒲包儿就走。大奶奶关了门刚回到屋门口，就听外边喊：“宋金刚在这儿住吗？”大奶奶开门一瞧有十来个人，每人两蒲包儿点心，说：“我们是后门外宝局的，来看宋大爷。”过来放下蒲包儿就走。大奶奶刚把门关好，一转身，门外就喊：“宋金刚在这儿住吗？”大奶奶说：“你早一点儿好不好，省得我关门啦。”伸手把门开开，门外站着二十来人，说：“我们是西直门宝局的……”大奶奶说：“来看我们当家的，进来吧。”这些人连屋都没进，放下蒲包儿就走。大奶奶关上门，一转身，没留神把脚脖子窝啦，这个疼啊，大奶奶一拐一瘸地来到屋里，一边揉着脚脖子嘴里还直唠叨：“这哪是我们当家的挨打呀，跟我坐月子差不多，这么多送蒲包儿的都是一个人俩，到明儿我甭做饭啦。”外边又有人喊：“宋金刚在这儿住吗？”大奶奶一听，坐那儿没动，心说：甭喊，我也不给你们开门去，我的脚怪疼的。外边还喊：“借光您哪，宋金刚在这儿住吗？”大奶奶心说：不就是一人俩蒲包儿吗，我才不要哪！外边还在喊，是越喊声儿越大。宋金刚吃了药休息了一会儿，这会儿非常清醒，听见外面有人喊，说话可没劲："你去瞧瞧去，有人找我。"大奶奶说："我听见啦。"站起来来到屋门口，说："这是宋金刚的家！"外边说："我们是东便门宝局的！来看宋大爷啦！"大奶奶问："有蒲包儿吗？""有！一个人俩！""那我也不开门啦，隔着墙往里扔吧！"扔？你还别说，都扔进来啦。

宋金刚的病是外伤，有接骨大夫用的好药，手术又好，只有静养。第二天，安三太又给送来一个诚实可靠的老妈子，帮着宋大奶奶照料家务。有安三太放下的存折三百两也足够宋金刚养伤用的。俗语说，伤筋动骨一百天，到四个月宋金刚的伤就好啦，慢慢地能下地了，大夫给配了几料丸药就不来啦，老妈子也走啦，转过年六月，宋金刚完全好啦，没事就练练功夫。

这天，正在六月中旬，天气很热，早晨起来，宋金刚打了一趟拳，来到屋里喝茶，一边跟大奶奶说闲话："我说家里的，我的伤好了得多谢你呀。"大奶奶瞧了他一眼没说什么，宋金刚接着说："我现在想起来怪可笑的，你说是什么迷住了我的心，我从来不喜欢赌博，为什么押宝我倒上了瘾，你说可笑不可笑！"大奶奶一听这话，眼泪差点儿掉下来，叹了一口气说："那谁知道哇，把买卖输啦还要卖房哪！后来看你被人打得那个样，我又疼得慌，可是我一个女人怎么才能把你的伤养好哇，我真为难哪。"说到这儿掉了几滴眼泪。宋金刚说："李四宝局就没人来吗？"大奶奶说："甭说人，连条狗也没来呀。就是把你抬回来的时候，送你回来的那个孩子也没来第二趟呀。"宋金刚问："那我这伤？""多亏你的一个朋友帮了咱们的大忙啦。"说到这儿大奶奶仿佛想起什么，就问宋金刚："你保镖的时候救过一个人吗？"宋金刚问："是什么人？姓什么？""姓安叫安三太，给你请大夫看病，送老妈子，连现在咱用的钱还是他给放下的存折哪。"宋金刚听完了没说话，只是哼了一声。他心里暗想：李四，你打完了人连看都没来看，我跟安三太不认识，反倒来给我请大夫看病。我现在好啦，我是有恩的报恩，有仇的报仇。他想到这儿对宋大奶奶说："得啦！我活了三十多岁算是什么都尝着啦，从今天起咱们是重打锣鼓另开戏，别看买卖倒出去啦，用不了一年半载的我还能赚个绸缎庄。做饭吧，我吃完饭出去找个朋友去。"宋金刚把大奶奶支出去做饭，他在屋里找了半天，在箱子缝儿边儿找到了他跳宝案子拉肉的那把攮子。原来这把攮子是搭他回来的时候一块儿给放在笸箩里头的。来家之后，大奶奶一看是把攮子，顺手就塞到箱子缝儿边儿上，早就把这事儿给忘啦。今天宋金刚找着啦，宋金刚用手巾一裹，就放到褥子边底下啦。大奶奶做好饭，吃完饭宋金刚要出去；这回他可留心啦，跟大奶奶要了点儿零钱带在身边，又换了换衣裳，在换衣裳时就把攮子掖在腰里啦，大奶奶可不知道，要是知道说什么也不能叫他出去。

宋金刚从家里一出来，心说，我先给安三太道谢去，回来找李四。他听说安三太在安定门里住，可是不知道什么胡同。一想：我到那儿一打听准能打听着。到前门雇了一个车到安定门里，坐在车上跟赶车的说闲话："赶车的贵姓？""我姓赵。""赶车多年了吧？"赶车的一瞧这位坐车的爱说话儿，也就打开话匣子啦："可不是！干这行十几年啦，四九城都跑到啦，我是北城的车。"宋金刚一听这可巧啦，就问："我跟你打听个人你知道吗？""您打听谁呀？只要是有点儿名望的，不敢说都知道，不知道的也没几个。"宋金刚说："我问问你安定门里有个安三太，你知道吗？"赶车的一听，瞧了宋金刚一眼说："知道，不过没人叫他的名字，安定门里大人小孩儿都知道三爷，您到了安定门里一打听三爷在哪儿住，都能告诉您，可是您要一提他的名字就麻烦啦，轻者挨顿骂，重者非挨打不可。"宋金刚问："那为什么？"赶车的说："三爷是有身份的人，谁敢呼名唤姓？您找他有事吗？"宋金刚说："我跟他是慕名的朋友，我想去拜望拜望。""那好吧！您也不用打听啦，我把您送到他的家门口。"宋金刚心里高兴，这回省事啦。说着闲话，没有多大时间来到啦，赶车的停住车说："您看，就是这个大门。"宋金刚一瞧，是路北高台阶，红油漆的大门，给过车钱，宋金刚过去叫门，用手一拍门环，啪！啪！宋金刚不懂北京的规矩，尤其是多少有点儿势力的人家，不准用手拍门，或者喊回事，要不就在门外喊门里有人吗，都行，只有家里死了人才拍门，所以你要是拍门人家不愿意。宋金刚不知道哇，他这一拍门就听里边有人说话，"这是他妈的谁呀？没到清明拍上啦，他妈的！"宋金刚一听，这气可就大啦，心说：我叫门你怎么骂街呀？里边的人把门开开一瞧："你找谁呀？你是干什么的？"宋金则说："我找安三太！"他知道这么一说，这人准瞪眼，我先揍他。那人一听，瞧了宋金刚一眼问："你是谁呀？""我是宋金刚！"那人一听，当时换了个模样，赶紧给宋金刚请了个安："噢！宋大爷您别生气，我不知道是您，您里边坐吧。"宋金刚说："你给我回一声儿，就说我来啦。""您来得不凑巧，我们三爷没在家，到前门外给朋友办事去啦，您到里边喝口茶吧！"宋金刚说："不用啦，你们三爷回来替我说一声，就说我来给他道谢，有时间我再来。”说完话，宋金刚转身就走，刚一出胡同口有人问：“您找着了吗？”宋金刚一看是刚才那个赶车的：“没找着！他没在家，你再把我送回去吧，这回道儿远点儿，要到永安桥。”赶车的说：“您上车吧！”宋金刚上车往回走，车来到前门外刚进桥头，宋金刚就看从肉市口里出来一辆轿车，外首里坐着一个人，大高个子，紫脸膛，脑袋上有个刀伤的疤痢，正是花斑豹李四。仇人见面，分外眼红，宋金刚一个箭步就蹿下了车，回手摸攮子。宋金刚看见李四啦，李四也看见宋金刚啦。同时也跳下车奔宋金刚来，俩人往一处凑，宋金刚的攮子还没掏出来，李四就把宋金刚的两只胳膊给抱住了，说：“宋大哥您好哇！”宋金刚说：“嗯……”那意思是你撒手。李四说：“我正找您哪！有什么话咱们到月明楼上去说吧。”宋金刚想，我见着你啦，你就跑不了啦，“好！上月明楼！”月明楼是有名的大馆子，在肉市口里头。当时俩车都来到月明楼，宋金刚给了车钱，李四在前，宋金刚跟在后边，他怕李四跑了。进了月明楼，直奔楼上，来到楼上找了一张桌子坐下。伙计过来说：“四爷那……”没等伙计说完，李四把话接过来啦：“那天的饭钱我给你送来啦，怎么还要哇？”其实伙计是说那边还有二位哪，一听李四把话给岔开了，就顺着李四的话说：“我不知道您给送来啦，今天是喝酒哇，是喝茶呀？”李四说：“先给沏壶茶。”伙计走啦。宋金刚一看，楼上人不多，靠楼窗有张桌子坐着两个人，靠窗口放着两支拐，一个三十多岁的，一个四十来岁，两人都脸朝外坐着。这时伙计把茶沏来啦，李四倒了两碗茶，递给宋金刚一碗，说：“大哥您先喝碗茶，压一压火，我看您一见我就要拼命，您的火性太大了，有话先说清，您干吗见着我这么大的火儿呀？”宋金刚说：“李四！你别装糊涂，我跳了你的宝案子，你打了我，我挨打的时候是哼啦哈啦，没有吧！打完了我搭家去，你一趟都没到我家去过，你打人就白打了吗？我找你就是为了这个，再告诉你，今天有你没我，想跑，你是跑不了，我是干什么的你也知道。”李四听到这儿哈哈地大笑：“宋大哥！您说我打完您我一趟都没上您家去，您想想我能去吗？把您打得那个样，我去了大嫂子不把我骂出来？真要是骂我几句还好，要是大嫂子跟我拼命，我怎么办？您说我打了人就白打啦，这话可不对，我问问您，您这伤是怎么养好的？”宋金刚说：“是人家安三太请大夫给我治好的伤。”李四问：“您认识安三太吗？”宋金刚说：“不认识。”“着哇！您不认识安三太，人家为什么给您请大夫，还给您放下三百两存折？跟您说实话吧，安三太跟我是磕头的把兄弟，是我托出来到您那儿去的，您要不信……”说到这一回头说，“三哥您来跟我宋大哥说说吧。”就见靠窗户坐的那两个人有一人过来啦，李四站起来说：“来！我给你们二位介绍一下，这是安三太，这是宋金刚。”宋金刚过去给安三太请安，叫安三太给搀住啦，说：“宋大哥，老四说的都是实话，我不过是给他跑跑腿吧，来，咱们靠窗户坐吧。”来到靠窗户的这张桌子，安三太说：“宋大哥，这位是于四哥。”宋金刚猛然想起来啦，在宝局挨打的时候来了个劝架的，自称于四拐子，大概就是这个人吧。赶紧一抱拳说：“您大概就是……”不好往下说啦，因为人家腿脚不利落，当面说拐子不合适。于四满不在乎说：“我就是有名的于四拐子，只要您不说我缺须短尾儿就行啦。”宋金刚脸一红，说：“四哥，那不过是开个玩笑。”于四说：“开玩笑你干吗脸红啊！哥哥不在乎这个，我还有事要求你帮帮我的忙哪！”宋金刚问：“什么事？”李四说：“还是我说吧。我今天到您家去啦，原来请您到这儿来，没想到您出来啦，又不知道您上哪儿去。回头您先到柜上看看去，哪点儿不好您说出来，德隆昌绸缎庄二次开张啦，从今后咱们交个朋友，您要是看我不够朋友，您不是带着攮子吗？那就随您的便吧。”安三太把手一摆说：“老四你也别多说了，宋大哥看在我的面子上，您还有什么说的吗？”宋金刚想：我的买卖开回来啦，还有什么说的。“安三哥，俗话说：不打不成交，现在又多了个朋友。”于四哈哈大笑，说：“得啦，该听我的啦。宋兄弟，我有一事求你赏我个脸，安三太在这儿，还有个朋友没来，我想在六月二十三、二十四、二十五三天，就在这月明楼把北京城四九城的朋友都请来，我给你们四个人举香，你们拜一盟兄弟，正好是东西南北四霸天聚会。第一天是结拜，第二天是贺号，第三天全城英雄大聚会，我们热闹他三天，不知宋兄弟赏脸不赏脸？”宋金刚说：“恭敬不如从命。”

当天散去，转眼来到六月二十三，四霸天还没来到月明楼，可是有一个人先来到了，是谁呀！正是当今万岁康熙皇上。才引出一段儿康熙私访月明楼，捉拿四霸天的故事。

（张春奎述）

康熙私访月明楼

清王朝康熙四十三年，北京前三门外出了四个土匪，人称四霸天。北霸天安三太是明王府的管家，西霸天净街阎王幌杆吕，在门头沟开煤窑，东霸天花斑豹李四是开宝局的，后来又出了个南霸天宋金刚。这四个人倚仗明王府的势力，在前三门外横行霸道，抢男霸女，无恶不作。顺天府，都察院，大、宛两县的官人也都是睁一眼儿闭一眼儿，都害怕明王府的势力。也是这四个小子恶贯满盈，这事叫康熙皇上知道啦。

就在康熙四十三年六月二十二日的这天晚上，康熙皇上在寝宫睡觉。夜里子时，皇上偶得一兆，也就是做了个梦。梦见金銮殿失火。这把火这个旺啊，皇上率领满朝文武救火。就见从火中出来四个小孩儿在火中打闹着玩儿。有的起金砖，有的拿大顶。皇上一见气往上撞，说："哪里来的顽童，不与朕救火，反倒拆毁朕的金殿。来呀，卫士们与我拿下！"四个小孩儿一害怕，跳进火中烧死啦。皇上一着急出了一身冷汗，惊醒啦，原来是南柯一梦。他就问值更太监什么时间，太监回奏夜间子时三刻。皇上想：子午梦必有应验。翻来覆去地睡不着了。天亮升殿办理国家大事，皇上传旨满朝文武上殿议事。文武百官来到金殿见驾已毕，各自归班，文东武西。皇上一看文武百官都来啦，就说："众位爱卿，朕昨夜三更时分偶得一兆，梦见金殿失火，从火中出来四个顽童打闹，起金砖拿大顶。朕一时恼怒，叫卫士捉拿，没想到这四个顽童跳进火中烧死了。朕醒来正交子时，此梦主何吉凶？"满朝文武听完了是你瞧我，我看你，谁也不敢多说话。那个时候跟皇上说话，一句话说错了就兴许掉脑袋。其中有位侯爷姓施叫施仕纶。施侯爷一想，借这个机会我把四霸天告下来吧。想到这儿他赶紧跪倒，口尊："万岁，施仕纶见驾。"皇上问道："施爱卿，有何话讲？"施侯爷奏道："万岁！您这个梦我给您圆上了。您梦见着火，火应南方，南方丙丁火。四个小孩儿也就是四个小人；起金砖拿大顶，也就是四个小人在南方搅乱地面不靖。"皇上一听心说南方？没有南方各省的奏折呀！"施爱卿，你说南方哪省有人搅乱地方不安？""启奏万岁！不是南方各省，就是前三门外出了四个土匪，匪号四霸天，搅乱地方不靖。"皇上问道："地方官就不管吗？"施侯爷奏道："地方官不敢管，因为有人给他们主谋。"皇上说："难道说就罢了不成？"施侯爷赶紧奏道："我主万岁，圣驾一到，四土匪必然消灭！"他那意思是叫皇上私访去。皇上也听出来啦！"朕准奏。散朝后，朕改扮私行，私访前三门外。正午还朝，那时已将四霸天拿获；如若正午朕不还朝，满朝文武改扮私行，到前三门外接驾。"皇上散朝啦。

皇上回到宫里叫大总管梁九公把驴鞴好。这驴可不是一般的驴，是一匹宝驴，日行一千，夜行八百。皇上把朝服换成便服，头戴纱帽，当中钉了一颗珍珠的帽正。身穿两截的截褂，腰系凉带儿，一手拿着折扇，一手提着打驴的鞭。四十八处都总管梁九公带领小太监把皇上送出午门。一出城门就是皇上一个人啦。城门也关啦，皇上骑着驴往前走了没多远儿，就走不了啦，在甬路上边横着两块辖管木挡着路过不去。皇上想：来个人把这木头挪开我好过去呀。从那边跑过来一个看街的，手里提着一条黑蟒皮的鞭子，一边跑着嘴里一边喊："嗨，老头儿，回去！"他来到皇上面前往那儿一站，用手一指皇上说，"谁叫你打这儿走的？回去！"皇上一瞧，来的这个人跟要饭的差不多，用鞭子一指说："你是什么东西，敢来管我！"看街的一听那个气大啦："人嘛，有叫什么东西的！你问我是干什么的，告诉你……"说到这儿，用手一指自己的鼻梁儿说，"我就是此地的一品……"皇上一听，这一品都没有条整裤子呀？"一品什么？""看街的。"皇上不懂。看街的这个名词是个俗称。皇上问："你每月吃多少钱粮？"看街的说："蒙圣恩，每月一两五。"皇上一听知道他是个兵。皇上想：跟我说话大小得是个当官的。就问他："有管你的没有？"看街的说："没管我的，我就反啦。"皇上一听，没管的就反哪！看街的用手往那边一指："瞧！厅儿上的那个人就管我。"皇上问："他是什么官？""他是委部军校。"皇上一听是个当兵的头儿，就问道："他属谁管？""他属额外管。""额外属谁管？""额外属把总管。"皇上还问："把总属谁管？""把总属千总管。”“千总属谁管？”“千总属守备管。”“守备属谁管？”看街的一听烦啦：“噢！我不叫你过去跟我这儿蘑菇，守备属都司管。”“那么都司属谁管？”“还问哪！都司属游击管。”“游击属谁管？”“属参将管。”“参将属谁管？”“属副将管。”“副将属谁管？”“副将属三堂管，右堂属左堂管，左堂属正堂管。”“正堂属谁管？”“属兵部尚书管。”“那兵部尚书属谁管？”“属当今万岁康熙老佛爷他老人家管！你知道吗？”康熙皇上听到这儿乐啦，心说问了半天都属我管。想到这用手一指自己，说：“你知道兵部尚书属康熙皇上管，来来来，你看看我属谁管？”看街的没词儿啦，“你呀……你得属我管！”看街的管皇上。康熙皇上把脸一沉说：“你敢管我！”看街的说：“不是我敢管你，这个地方属我管，从辖管木到城门口这一段儿地方是禁地。我每天早晨都扫得干干净净，谁也不能从这儿走。我要是叫你过去，厅儿上的老爷知道啦，我这叫失察，得挨二十鞭子。”皇上也得讲理，人家就管这个地方，说得有理。皇上想，我又不能跟他说明我是皇上，怎么办哪？皇上想起个办法来，说：“我问一问你，是你管的这个地方紧哪，还是城门里边紧哪？”“当然是里边紧啦，那是紫禁城啊。”“你想想我从里边出来他们都没拦我，你这不是多管吗？”看街的要是一个明白人哪，也就知道来的这个人能从里边出来，外边也就不用管啦。谁知道这个看街的死心眼儿，脾气特别犟，他以为皇上是拿大帽子吓唬他哪！他倒来气啦：“你说什么？里边叫你出来，我管不着！这地方属我管，我就不能叫你过去，好说不行，来这个呀！你给我回去！”皇上一听这个气呀，一想：我先对付过去，等我回来再说：“我说的不是那个意思，你是给皇上当差，我也是给皇上办事，因为我有要紧的事，所以从这儿出来。我要是再叫城回去，从别处走就误了公事。要是误了事不用说你，就是你们老爷也担不起。你把辖管木挪一挪，叫我过去，办完事回来不从你这儿走还不行嘛！”看街的是个顺毛驴，一听这话高兴啦：“哎！这么说嘛还差不多。我把木头搬开叫你过去，这可是咱们哥儿俩的私情。”皇上一听，哥儿俩啦。

看街的把辖管木挪开，皇上一催驴就过去啦。往南走出了前门，来到前门外桥头儿上。皇上又走不了啦，闸住车过不去啦。那时走路不分上下道，车一多就爱闸住。有时一闸车就是半天，皇上走不过去啦，可是皇上一想，施仕纶奏事不明，只说前三门外，这前三门外地方大啦，我上哪儿去找四霸天哪。再者四霸天姓什么叫什么全都不知道，这可怎么办呢？皇上心里正在为难，在皇上的驴前头有两个人说闲话，把四霸天给告下来啦。这两个人是卖菜的，卖完菜回家。盛菜的箩子摞在一起用扁担一窝，肩上扛着。就听两个人一对一句地说起来啦："嗨！今天早晨咱们卖菜的时候，有个小伙子净顾那个小媳妇啦，掉了个手巾包，叫你捡起来啦，里边儿包的是什么？""还提哪，要不是我捡那个手巾包，我也不能卖完菜等你一块儿走哇。""我说为什么今天你非得等我一块儿走哪。""当然啦，那手巾包儿里包着十吊钱票，俗话说见面分一半儿，咱俩一人五吊。""你捡的，我不要。""你不要可不行，我说出来啦还能收回去吗？""这么办吧，把我分的那五吊钱咱们哥儿俩把它花了。""怎么个花法儿哪？""咱们先找个饭馆喝酒吃饭，吃饱喝足了再听一天戏，剩下的钱买点儿点心，给家里的孩子们拿回去，怎么样？""好！就这么办啦，咱们上哪儿吃去？""有钱啦，咱们得找个大饭馆，你看咱们上月明楼怎么样？""你去我不去，今儿是几儿？""二十三哪。""还是的，前三门都嚷嚷动啦，二十三、二十四、二十五三天，四霸天在月明楼请客把楼包啦。"皇上一听，四霸天在月明楼请客，这回好找啦，就用心听他们俩说话。就听刚才那个人接着说："你忘啦，那回四霸天请客不知道为了什么打起来啦，刀子攮子满天飞，一把刀子从楼上飞下来，正赶上一个小伙子从楼下走，这刀正落在那个小伙子的脑袋上，当时就死啦。这人家里寡母孤儿，他妈来了哭死过去好儿回呀。""那个人就白死了吗？""不白死怎么着？别说，南霸天给了一百两银子算完事啦。""那地面官就不管吗？""还提地面官哪，不但不管，还帮着四霸天说，说不应当从楼下走。你说这还讲理？咱们上别处去吧。"皇上一听地面官帮助四霸天草菅人命，还朝我是先办地面官。连地面官也告啦。这时皇上再找那两个人没有啦。原来这两个人从人缝里挤过去走啦，皇上后悔没问一问月明楼在哪儿。其实不远，在肉市口里头就是月明楼。可是皇上不认识，在皇上驴的旁边站着个认识月明楼的，谁呀，土地爷。土地爷想：月明楼我倒是认识，可是皇上你不能去呀。四霸天要是打起来，我一个是保护你哪还是叫人去呢，怎么办哪？土地爷一想有办法啦，前门里头有关帝庙，我找关老爷去，叫他保驾。对，就这么办。土地爷跟那个驴说："老黑！在这儿等我一会儿，我找人去。"土地爷奔关帝庙啦。来到关帝庙朝里走，正赶上周仓从里边出来。原来关羽没在家，周仓吃完饭出来走走。神仙也分官大官小，土地爷的官最小啦，见着周仓得客客气气地："周二爷，关老爷在家吗？"周仓一看是土地，不值得跟他说话，朝着土地摆了摆手。土地一看，噢！关老爷没在家，我找谁去哪！离城隍庙不算远，我找城隍去。不行啊，来回的工夫就大啦，我呀！给城隍打个电话。那会儿有电话吗？是老电话。城隍也没在家，昨天上王母娘娘那儿跳舞去没回来。判官接的电话，一听是叫城隍保驾去，可为难啦（学打电话）："不行啊，昨天就出去啦。我！我可去不了。我这么胖，这几天又血压高，天又这么热。什么？叫小鬼去！好吧，前门桥头，马上去，回见。"把电话挂上啦。把小鬼打发来啦。小鬼来到前门桥头看见土地就问："您给我们那儿打电话来着？"土地说："你来得正好，随我保驾上月明楼。"小鬼说："遵命。"土地牵着驴嚼环，小鬼推驴的屁股。这驴哒哒哒地往前走。

进肉市口没多远，就来到了月明楼。土地爷一揪驴的嚼环，"吁！到啦。"小鬼儿一揪驴尾巴："别走啦！"驴说："我知道啦。"这驴好好地不走啦，皇上以为这驴犯性哪，用鞭子在驴的后胯上打了一下，啪！那驴心说：皇上你不讲理，不是我不走，前边揪着腮帮子，后头拽尾巴，我走得了吗？皇上打了一鞭子驴还是不走，皇上可生气啦："你这畜生。"说着话把鞭子往起一扬，那意思是狠狠地抽它一鞭子。可是皇上的眼睛随着鞭子往上一扬，就看见楼前面挂的匾啦，上写：月明楼，马家老铺。皇上一看，对着驴说："噢！你认识月明楼哇。"土地一听，心说：这差使我白当啦，它认识月明楼？我要不领它来，它早把你驮到永定门外头去啦。皇上下了驴，拉驴往里就走。一看门口贴着一张黄纸，上写："本铺二十三、二十四、二十五三天楼上概不卖座，四霸天请客包楼。"这时从铺子里出来个小孩儿，有十二三岁，穿着一身破衣裳，长了一脑袋秃疮，把皇上给拦住啦："老大爷！您把驴给我吧！"皇上一听："你为什么要我的牲口？"小孩儿说："我是这铺子里头遛牲口的，您不是上里头吃饭吗，里边不能拴牲口，您把它交给我，我给您遛一遛。您吃完饭告诉伙计，他就把我找来啦，我再把牲口给您，您哪赏我几个钱，我好吃饭。"皇上一想：这人有用，我到正午不能还朝，满朝文武都来前三门外接驾，他们知道我在哪儿？有他遛牲口，文武百官都认识我这驴，一进门就知道我在月明楼啦。想到这儿说："你遛我这牲口可不能走远了，也不能再遛别的牲口，因为它独槽惯啦，遛好了，我赏你十两银子。"小孩儿一听，一撇嘴说："老爷子，您这驴卖了也不值十两啊。别跟我开玩笑啦。"皇上说："我还跟你说瞎话吗？可有一样，你要再遛别的牲口，它俩一打架，要是蹭掉一根驴毛儿，我可罚你十两。”“您赶紧数数这驴身上有多少根驴毛儿，一打滚不定掉多少哪。”“你好好地遛就是啦。”皇上往里走，小孩儿拉驴往外走。那驴心说：你这小秃子闹着啦，遛遛我来十两，我在宫里是大总管遛我，在外边是九门提督遛我，你遛我还挣十两银子，我跟你开个玩笑。这驴伸出舌头来舔小秃子的后脑勺儿。这小秃拉着驴往前走，就觉得脑袋后边冰凉，一回头，这驴舌头正在小秃的脑门儿上，啪的就是一下，把小秃吓得直嚷：“老头儿！你这驴有毛病，用舌头舔人！”皇上回过头来冲着驴说：“你好好地跟他去，别闹！”这驴点了点头。小秃一看，心说，这老头儿会妖术邪法，驴懂他的话。

不说小秃去遛驴，单说皇上进了月明楼，楼上概不卖座，楼下都坐满啦。吃饭的，喝酒的，说闲话的，喝茶的。是说说笑笑，声音鼎沸。土地爷一看不高兴啦，他说这个往常皇上出朝，老百姓都跪在路两旁，围幕拦严了，想看也看不见，今天皇上来到这儿你们还大声说话。土地站在犄角手搭凉棚一看，有五百零一人，土地当时手里掐诀嘴里念咒，拘来五百零一个小鬼，跪那儿一片：“呼唤我等，有何法旨？”土地说：“众鬼卒！”“呜！”“把吃饭的喝茶的喝酒的说话的，一个一个的都给我拧起来！”“遵法旨！”从哪儿拧啊？有二位说话，一位年轻，一位上了年纪，俩人说不到一起，那个年轻的说：“老大爷，您上那边坐着去不行吗？您跟我说不到一块儿去，您老说过日子的事，听着怪烦人的，您说说哪儿好玩，哪儿热闹……”刚说到这儿小鬼进来啦，你爱热闹，一会儿就热闹啦。小鬼把手一伸照准了这位的屁股蛋上使劲一拧。“起来！”这位真听话，一捂屁股：“噢！伙计换换凳子！这凳子拧人！”那个老头儿一听，说：“什么？我还没听说过凳子会拧人的，这是有人跟你开玩笑，拧完了就躲开啦。来咱俩换换座，你上我这边来。”老头儿换到小伙子这边来啦，往那儿一坐，小鬼还没走哪，一伸手：“你也起来！”老头儿也站起来啦：“是拧人！”一个两个的没什么，皇上从这儿一走，这五百多人都捂着屁股“哟嗬”，把皇上吓一跳：这地方是出土匪，人都有毛病。皇上一看楼下人多，顺着楼梯就上楼啦。来到楼上一看，一个人也没有，靠着一头摆着一张桌子，后边一把太师椅，桌前两旁八字排开两溜桌，每张桌后边是一把椅子。皇上就在当中那张桌子后边的太师椅上坐下了。怎么没有人哪？楼上有个人皇上没看见，这个人靠着楼窗趴在那儿睡觉，他就是月明楼跑堂儿的刘三，外号叫画眉刘三。因为他能说会道，不管你够多么不好说话的人，他也能把你说喜欢了。谁也伺候不了四霸天，唯有他不但能伺候得了，完了事儿四霸天还得单给他几两银子的酒钱。他早晨起来把楼上收拾得干净利索，用瓷缸沏了一缸酸梅汤。他就趴在窗户台儿那儿睡觉。四霸天中午才来哪，他想养足精神好伺候四霸天。他哪里知道，四霸天没来，皇上就来啦。土地爷一看刘三在那儿睡觉，心说：你这人没福气，你把四霸天伺候好了不就是给你几两银子吗，你要是把皇上伺候好了，一喜欢给你个官做做，不比你跑堂儿强得多吗？我叫你一声。土地爷就对着刘三的耳朵叫了一声："刘三！"别人听不见，刘三在睡梦中就觉着有人叫他，声音很大，他睁开眼往楼窗外边一看太阳，也就是早上十点多钟。他想天还早，四霸天来不了，我这是做梦吧？他又趴下睡啦。土地爷的气可大啦。我叫醒了你又睡呀。土地一生气给了刘三一个大嘴巴："你怎么这么困！"啪！就这一下，把刘三打醒啦，用手一捂腮帮子。"啊！谁呀！"一看没人，他冲着楼下喊："这是谁？打完了就跑哇，我招你啦？有这么开玩笑的吗？甭说我也知道是谁，准是掌柜的小舅子。"土地一听：我是掌柜的小舅子？楼下边的人往上瞧。有的说："你看刘三疯啦。"刘三一听："我疯啦！腮帮子都快肿啦！"有人说："上去座儿啦。"刘三这才回头，一看皇上在那儿坐着，刘三心说：这个老头儿打的我，不能吧？看这老头儿不像这样的人。看样子像是请客吃饭的，伺候好了准能单给我三两二两的。可惜今天不行啊，四霸天包楼不能卖呀，我过去跟他说说吧。他想到这儿，迈步奔皇上坐的这儿来，土地怕他把皇上吓着，冲他的腿一指，就把刘三的腿给拘住啦。刘三迈不动步啦，一点儿一点儿地往前蹭。刘三想：我这是怎么啦？好容易才蹭到皇上跟前，张嘴要说话，土地怕他声儿大，一指他的嘴，刘三连话也说不出来啦。只能"吱……哇……吱……哇"的。他心里又着急又生气转身往回走，也迈开步啦。他来到家伙阁子这儿自己对着自己说："老先生，您是喝茶呀还是喝酒吃饭哪？您请楼下吧。今天是四霸天请客包楼，楼上概不卖座。"我会说话呀。他又回来啦。来到皇上面前一张嘴，"吱……哇……吱……哇……"嘿！他又回去啦。来回弄了三四趟，这趟又来到皇上跟前，还没张嘴哪，皇上用手一指他："你要跟我说话呀？"土地一听，皇上问他啦，就把法术撤了。刘三答应："嗻！"刘三心说：邪门儿，他不说话我就说不出来。"老爷子！您是请客吃饭吧？"皇上点了点头。“您今天来得不凑巧，因为四霸天请客包楼……”皇上说：“四霸天，这四个奴才把楼包啦！”刘三吓一跳：“是四位太爷！”“四个奴才！”刘三说：“奴才也好，太爷也罢，反正得有个先来后到吧。要是您把楼包啦，我要是给卖了座，您也是不愿意。所以，他们包了楼我们也不能卖呀！您还是请到楼下吧。”皇上也得讲理呀，刘三这么一说，康熙皇上倒喜欢啦：“好吧！我原本想在这儿请客，既然有人包了楼，这个客我就不请啦。我歇一会儿就走。可是我怪渴的，你给我沏壶茶，喝完了我就走。”皇上的意思是耗时间，只要四霸天一来就好办啦。刘三一听：“好，我给您沏茶去。”转身就走。来到放茶壶茶碗的家伙阁子这儿，伸手刚要拿茶壶，一想：不行，这茶我不能卖。我卖给他茶，他说他饿啦再来盘点心吧，我卖不卖？怎么卖给茶来着？一卖点心，他再喝酒，我还得卖。他再来俩朋友，那就一块儿喝吧。时间一长，四霸天来了怎么办？我别给掌柜的找麻烦，干脆这茶我还是不能卖。他想到这儿，一转身又回来啦：“老爷子，不是我不给您沏茶，我怕您一喝茶再要点心，吃上点心再要喝酒，一喝时间就长啦。所以这茶呀我还是……”下边他要说不卖，可是今天刘三这个嘴呀他不当家，得听土地爷的。土地爷站在那边一听，心说：怎么着！你敢说不卖？土地爷一指刘三的嘴，“所以说这个茶呀我还是……卖！”皇上说：“卖，快沏去！”刘三说：“嘛，邪门儿，我的嘴怎么不当家呀？”他来到家伙阁子这儿，拿了把茶壶，打开茶叶罐儿的盖儿，他瞧着皇上往茶壶里抓茶叶，嘴里还直劲儿唠叨（做抓茶叶的动作，连续地抓）：“瞧这位老爷子，准是做大官的。看样子最小也得是个知府，准是进京晋见来的。看！长得多好哇，哟！都满啦！”又把茶叶倒出去了不少，然后沏上茶，端过来放在桌上。皇上说：“倒上！”刘三说：“我们跑堂儿的管沏不管倒。”皇上把眼一瞪：“倒上！”刘三说：“哎！倒上。”跑堂的刘三爱说话，倒上茶他跟皇上说话儿：“您老好久没上我们这儿来啦？”皇上想：我多会儿来过呀？“你认识我吗？”刘三说了一句套近便的话，把皇上吓一跳。“我要不认识您，就不认识皇上啦。”康熙皇上心说：坏啦，他要是认识我，一说出去皇上在这儿喝茶哪，四霸天就不敢来啦。皇上就问刘三：“你认识我，我姓什么？”刘三本来不认识皇上，他那么说着显着近乎，皇上一问“我姓什么”，刘三没词啦：“您姓什么……那……个……反正您来过。我记得上回您来，一顿就吃了两个炒肉片。”皇上心想：我怎么那么馋哪。“说真的，老爷子您贵姓啊？”倒把刘三的话给招出来啦。可是皇上为难啦，一想：我怎么跟他说？清朝的皇上姓爱新觉罗。皇上说：“我姓金。”刘三一听，说：“对，对！姓金，金二大爷嘛。”也不知是谁给他引见的。“家里的二大娘好？”皇上说：“好！好！”心说：他还真能拉近乎。刘三说：“您在旗吧？”“在旗。”“您贵旗哪一旗？”皇上说：“我是正黄旗。满洲头扎连，瑞错。左领上。”刘三不懂。刘三要是懂，他马上磕头见驾就知道是皇上来啦。因为满族八旗官兵都是在左领下，就是皇上一人左领上。刘三不懂啊。“噢！您是当军的吧？”皇上说：“对啦，是当‘君’的。”皇上说的是君臣的君，皇上为什么愿意跟刘三说话儿呢？有两个原因，一是皇上喜欢刘三这个人，二是为了等四霸天来。就在刘三跟皇上说话的这时候，就听楼梯响，噔！噔！噔！有人上楼，脚步很重，每上一磴，楼梯噔的一声，震得正面往下掉土。离上边还有三四磴儿往上一蹿，噌的一声就上来啦。跑堂儿的刘三一看撒腿就跑。上来的这个人，平顶身高有一丈二，抹了一脸的锅烟子，六月三伏天穿了一件老羊皮的皮袄，反穿着毛朝外，腰里系着一根火绳，上挂着火药葫芦铁砂子袋，头上戴一顶旧毡帽，脚底下穿一只棉鞋，穿一只毡窝儿，往那儿一站半截黑塔似的。刘三吓得跑到皇上身后头直哆嗦，嘴里一个劲地喊：“好大个儿！关老爷没在家周仓出来啦！”皇上也吓了一跳。皇上一害怕说了一句满洲话：“啊都啦。”要是说汉话就是“哟”。皇上一说：“啊都啦”，跑堂的不懂啊！刘三这个嚷啊：“老爷子！您要吓得拉，上楼下边拉去，这楼上我刚擦干净。”

上来的这个人是谁？不是别人，正是神力王达摩苏沁。他怎么这个打扮哪？这里有个原因。皇上出朝前传旨，满朝文武到前三门外接驾都要改扮私行。神力王回府后把他手下几个有本领的人叫到了书房，都有谁呀？有金大力、孙起龙、马寿，这都是王爷最喜欢的人。王爷跟他们仨人说：“今天皇上出朝私访前三门外，中午前咱们要到前三门外接驾，要咱们改扮私行，你们看我怎么改扮改扮好？”孙起龙和马寿没说话，金大力说：“王爷，我给您改扮改扮吧。”说完了他走啦，来到抬轿的屋里找了一件老羊皮袄，一顶旧毡帽，一只棉鞋一只毡窝儿，他把东西拿到书房跟王爷说：“您把这套儿穿上吧。”王爷一看这个气呀：“大力，六月三伏有穿皮袄的吗？”“王爷您不是有功夫寒暑不侵吗？穿上也没什么。”“那不行，要是有人问我怎么说？”“您就说发疟子，今天是冷班儿。”“那戴毡帽哪？”“您说头痛怕受风。”“穿棉鞋？”“您说冻脚还没好哪。”王爷说：“六月啦冻脚还没好？”金大力给王爷换了衣裳，又给找来鸟枪，腰里扎上一根火绳，给抹了一脸锅烟子。王爷一照镜子，把自己都吓了一跳：“我这是什么样啊？”金大力说：“您坐在轿子里谁也看不见。”王爷只好听他的，坐轿离了王府奔前三门外接驾。可是来到前三门外，不知道皇上在哪儿。刚过前门桥头儿，王爷在轿里一眼就看见皇上骑的那匹驴啦。那驴正跟小秃儿那儿捣麻烦哪，它不正经走，不是用舌头舐小秃的脑袋，就是用脑袋拱小秃的后腰。这小秃两手攥着缰绳对着脸瞧着驴，心说，怪不得遛这驴给十两银子哪，这驴有毛病。王爷叫金大力：“大力呀！你瞧万岁离这儿不远，那是万岁的坐骑，你去问一问。”金大力来到小秃的身后一伸手，把小秃的脖子攥住啦：“你拉的谁的驴？”小秃说：“撒手！我脖子受不了。”“我问你拉的谁的驴？”“一个吃饭的老头儿的。”“这位老爷子在哪儿？”“在月明楼吃饭哪。”金大力说：“去吧！”小秃说：“你什么毛病，有这么打听事情的吗？”金大力回来禀报王爷，说万岁在月明楼哪，神力王这才奔月明楼。到肉市口外头就下了轿。王爷扛着鸟枪一进月明楼，把吃饭的吓得全躲开了。“噢！灶王爷显圣啊。是周仓出来啦？”王爷一看楼下没有皇上，就奔楼上来啦。来到楼梯口，这王爷一指堵着楼梯口的一张桌子，压低声音跟金大力、孙起龙、马寿说：“你们在这儿，我上楼。四霸天来了上楼你们别管，要是下楼给我堵住，不准跑掉一个。要是从楼下跑了，我拿你们是问。”说完王爷上楼啦。

神力王来到楼上，看见皇上在那儿坐着，皇上一说“啊都拉”，可把王爷吓坏啦，心说：这都是金大力这个王八蛋叫我穿的这样，把皇上吓着啦有惊驾之罪。王爷就要磕头请罪，这时皇上也认出是神力王来啦，心说：我叫你们改扮私行，也不能这个样呀！皇上一看神力王要跪下磕头，皇上想：你要一磕头就坏啦，你磕头请罪，我说恕你无罪，你说谢主隆恩，跑堂儿的一听知道皇上在这儿哪，四霸天就不敢来啦。皇上冲着神力王使了个眼色，不叫他磕头。王爷一瞧可为难啦，不磕头怎么办？作揖？不像话，急得王爷直抖搂老羊皮袄。刘三直嚷：“别抖啦！毛都掉啦！”王爷一想干脆鞠躬吧，冲着皇上三点头。刘三一瞧：“噢！你们二位认识！我说老爷子，您怎么认识这个汗包哇？”神力王可不敢坐下，就往旁边一站，叫跑堂子的：“跑堂子的！小子！过来！”刘三说：“不过去，看你就害怕！有话说吧。”“沏茶去！”“楼上不卖茶。”王爷用手一指皇上：“为什么卖给这个老爷子？”刘三说：“这位老爷子说啦，喝两碗就走。”王爷说：“我喝一碗就走！”刘三没办法，只好给王爷沏了一壶茶，拿了一个茶碗往那儿一放。过去大饭馆的家具一堂都是一样的，王爷这壶茶碗跟皇上用的是一样的，王爷不敢用。那时跟皇上用一样的东西有欺君之罪。王爷一瞧茶壶茶碗跟皇上用的一样，王爷的脾气又大，拿起来给摔到楼板上啦。“壶哇！不要。”啪！碎啦。刘三一看说：“不要就摔呀？喝茶不用壶怎么喝呀？”“盖碗！”刘三这回扳着理啦：“对不起，楼上卖壶不卖碗儿。”王爷说：“你敢说三声不卖碗？”刘三说：“干吗三声啊！三百声都敢说，不卖！不卖！就是不卖！”王爷一回手把鸟枪拿起来啦，装上火药往里按铁砂子，端起枪来冲着刘三瞄准，一晃火绳：“你敢说不卖？”刘三说：“卖！不卖就开枪啦。”赶紧到楼下拿了盖碗沏上茶放在神力王面前。刘三瞧着神力王说：“六月三伏您穿皮袄不热吗？”神力王想多亏金大力教给我，要不然还真没词儿，“噢！你问这个。”说着话用手一抖搂皮袄。刘三说：“你别抖搂好不好？”王爷说：“我发疟子，今天是冷班。”“为什么还戴毡帽哇？”“头痛怕受风！”“还穿棉鞋？”“冻脚还没好哪。”“都到六月啦，冻脚还没好！您扛鸟枪干吗？”神力王说：“我打围呀！”“您上哪儿去打围？”“口上。”“噢，古北口？”“口上！”“喜峰口？”“口上！”“张家口？”“口上！”“哪个口上？”王爷用手一指：“楼口上。”“噢！您就在这儿开枪！”刘三冲楼下就喊：“哎！把小鸡子都给圈好了！楼上有打围的！”

正在说话的工夫，就听楼梯响，噔，唰啦，是一噔一唰啦，离楼上还有三五层楼梯，噔！唰啦，上来一人。跑堂的刘三一看，嗬！又上来个大个儿，此人平顶身高一丈二，穿一件白大褂，黑坎肩。这大褂是用高丽纸糊的，在上边用锅烟子画了一个坎肩。这人上来一瞧，往那儿一站，冲皇上三点头。刘三一看：“噢！这位您也认识。”这人是谁？是站殿将军白克坦。又冲着神力王一点头，跟神力王站了个对脸儿，在皇上一左一右。白将军叫跑堂儿的：“跑堂儿的！小子！”刘三心说，怎么都这个口气呀：“干什么，高丽纸大褂？”“沏茶！”“楼上不卖茶。”“为什么卖给这位老爷子？”刘三心说：倒霉吧，都是这壶茶招出来的。“这位老爷子说啦，喝两碗就走。”“你为什么卖给这穿皮袄的哇！”“他说啦，喝一碗就走。”“噢！你沏上来，我看看就走！”沏来一壶茶放那儿啦，楼上的茶壶都一样，神力王不敢用，白将军也不敢使，白将军拿起来也给摔地下啦。“壶哇，不要！”啪1碎啦。刘三一看:“你们都这脾气呀，不要就摔，不使壶使什么？”“盖碗！”“楼上卖壶不卖碗。”“为什么卖给穿皮袄的呀？”刘三想：我怎么说？我说不卖给他他要开枪，他要跟他借过枪来我怎么办？刘三的话来得也快:“你不能跟他比，他不是外人，他是我们这儿遛牲口的。”白将军跟神力王还有个小玩笑，听刘三一说，他问神力王:“我说皮袄！”神力王心说，白将军你怎么当着皇上面开玩笑哇。“干吗呀纸人？”白将军一听，噢！我是纸人。“你是遛牲口的？”“啊！我遛驴。”他那意思是说我给皇上遛驴，跑堂儿的刘三可抓着理啦:“怎么样？不但遛骡子遛马遛驴，到晚上还给我提拉夜壶哪！”神力王把眼一瞪，回手把鸟枪端起来冲着跑堂儿一端枪说:“沏茶去！”刘三吓得撒腿就跑，说:“我给沏茶去！”

他来到楼下抱了一摞盖碗上来啦。给白大将军沏上一碗，刚放下就听楼下有人说话:“贤弟请！”“兄长请！”就听噔噔噔上楼的声音，还有四五磴楼梯不走啦，两个人对让。“兄长先请！”“贤弟先请！”“弟不欺兄！”“兄不蔑弟！”“兄则友！”“弟则恭。”刘三一听，说:“长幼序，友与朋。你们跑这儿念《三字经》来啦？上来吧！”上来两个做官的，都戴着红缨帽，朝珠，补褂，足蹬官靴，可是他们俩的穿戴都有特点：前边那个人穿的袍子周身上下都是窟窿，戴着一挂朝珠紫红颜色，土黄色的四个佛头，原来是一挂脆枣（到北京叫挂拉枣），安了四个核桃；后边那个人比前边的那个人年轻一点儿，穿的袍子也都是窟窿，都用线把窟窿扎起来啦，一身的疙瘩揪儿，戴着一挂朝珠，是黑中透紫水汪汪的，四个佛头是白的，原来是一挂荸荠安了四个茨菇。这两人是谁呀？前边上来的是彭朋彭大人，后边跟的是施大人施仕纶。这是两个文官。上楼来一看皇上在这儿坐着，赶紧冲着皇上三点头，又对着神力王一点头，往一边一站开口叫道:“跑堂的！小子！”刘三一听心说：怎么都这口气呀。“二位喝茶呀？”“是的。”“不要壶沏盖碗对吧？”“是爹（的）。”“你是谁爹呀？”刘三给沏上茶，往那儿一放。他回过头来往外边瞧了瞧太阳，快到正午啦，刘三心说：要坏，四霸天快来啦。

他刚想到这儿就听楼下有人高声呐喊:“走哇！走！”就听楼梯响，噔噔噔噔噔噔！噌！噌！上来两个人。刘三心说：得，四霸天来啦。再看上来的人都是短衣襟，小打扮，紧衬利落。前边这个人有三十多岁不到四十的样子，紫红脸膛，一双浓眉斜插入鬓，两只大眼黑白分明，狮子鼻，四方口，微长须，辫子在脑袋上盘着。穿一身蓝宁绸裤褂。大褂在腰里围着，脚下蹬一双薄底快靴，背后背一把金背砍山刀。后边上来的那个人有三十刚出头的样子，白脸膛，一对剑眉，一双朗目，鼻直口阔，辫子盘在头顶。穿一身白纺绸裤褂，白纺绸大褂围在腰间，脚下穿的是抓地虎快靴，背一把翘把雁翎刀。肋下斜挎镖囊内有三支金镖，身缠甩头一子。跑堂儿的刘三一瞧，得！这准是四霸天请来的人，这回非打起来不可。可是这两个人上来得很猛，一瞧楼上的这些人当时变了样，赶紧把辫子放下来啦，刀也摘下来，挂在腰里，把朝后。这叫太平刀。大褂穿上啦，冲着当中三点头，又冲着左右一点头，然后来到彭大人施大人身后一站，小折扇拿出来扇自己的袖口，是一语不发。跑堂儿的不认识这两个人，这两个人一个是保护彭大人的关泰关小西，一个是保护施大人的黄天霸。因为他们俩都见过皇上，所以上来一看见皇上在这儿，都怕担惊驾之罪。跑堂儿的刘三可不知道哇，他一瞧心里怪纳闷的：这俩人上来时像两只虎，这么一会儿变成猫啦。他赶紧过来问："二位吃饭哪？"关、黄二人摇头小声回答："不。""喝酒？""不。""喝茶？""不。""您二位？""洗澡。""啊！楼上洗澡？""我们跟班。""跟班？跟谁呀？"关泰用手一指彭大人："跟他。"刘三一看，说："您先把大褂给你们老爷穿好好不好？甭问这位是跟这一身疙瘩汤啦？"天霸点了点头说："我们大人身上有宝。""有宝？"刘三看了半天也没有看出施大人身上有什么宝。"这宝在哪儿哪，袍子？不是，靴子？不像，顶子？唉！对！朝珠。哼，看这挂朝珠黑中透紫，墨玉？不像。炭胆？不是！海底藤……"刘三仔细一看："噢！荸荠！"施大人怕他不信，一回头嗒嗒嗒又吃了仨。刘三一看，"是荸荠！不用问那位的朝珠是脆枣，他们都怎么凑合来着？"

刘三正看着的时候，从楼下又上来二位，这俩人长得一般高，都是高人一头，乍人一背，都穿着摔跤的褡裢衣。下身穿着青洋绉的裤子，刀螂肚的靴子，腰扎骆驼手绳。前边的人夹着一条狗，后边的人架着一只鹰。那狗都给夹死啦，鹰也用一根绳子拴着脖子，别人架鹰是在胳膊上架着，他是在手里提拎着。再看这只鹰也翻白眼儿啦。这只手里还拿着一大块羊肠子。六月天儿热，羊肠子都长了蛆啦。这俩人是谁呀？是两位亲王，康熙皇上的两个兄弟，红王和白王。两位王爷上来一看，冲着皇上三点头。跑堂儿的刘三一瞧说：“老爷子，这都跟您认识！”这时红王把那条死狗往楼板上一摔，白王喊：“跑堂的！架鹰！”“不管，楼上不卖养鸟的。”白王一转身，就看见接手桌那儿有个手巾杆：“就放在这儿吧！”把鹰拴在手巾杆上啦：“跑堂的，来碗水。洗一洗这块肠子，好喂鹰。”刘三说：“楼上没水，下边洗去。”这会儿白王就瞧见那一缸酸梅汤啦：“得啦，就在这儿洗吧！”说着话就把那块臭肠子在酸梅汤里一涮，刘三一瞧：“得！这酸梅汤甭喝啦，你是谁家的？”二位王爷把眼一瞪：“沏茶去！”刘三说：“唉！今儿这楼上热闹啦。”赶紧沏了两碗茶，每人面前一碗。

他刚把茶放好，就听楼下有人喊：“这么早就黑天啦！”随着声音走上一个人来，大白天他打着个气死风的灯笼。这个人也就有三十多岁，往脸上看黄焦焦的脸膛，面带病容，身穿灰布大褂青坎肩。腰扎凉带，脚穿官靴。这人是谁呀？他是九门提督陶至连，有病才好。他请病假很长时间啦，有人给他送信说皇上私访前三门外，他带着病前来保驾。他来到楼上冲着皇上三点头，皇上狠狠地瞪了他一眼，那意思是，你是九门提督，怎么给我管理的地面儿？陶至连知道皇上恼啦，把气死风的灯笼支在楼上，没要茶，往那儿一蹲。心说：这回我的前程完啦。

刘三一瞧这个阵势，心说：四霸天一来，非打起来不可。这些人伺候不了，干脆我找掌柜的去。他顺手拿起开水壶给大家对了对水，假装提开水去就下了楼。来到柜房，掌柜的正在柜房坐着哪。刘三一进门把开水壶往那儿一放，围裙一解，代手往桌上一放，说：“掌柜的！这一马三箭都给您，我不干啦。您给我算账，我欠您的还您，您欠我的我不要啦。您另请高明吧！”掌柜的一听，说：“刘三，你想拆我的台？这三天是四霸天请客包楼。今天是头一天，你成心拿我一把儿，别人都伺候不了四霸天，只有你能伺候得了。到这时候你不干啦，成心要我的好看儿，我哪一点对不起你啦！”刘三说：“掌柜的，四霸天我倒不怕。你上楼去看看，都成了五霸强啦。”他把今天经过的事说了一遍，掌柜的说，“我去看看。”于是他把围裙系上，代手往肩上一搭，一提开水壶直奔楼梯，登楼梯往上走。这时神力王已把住楼口，楼下冲着楼口的一张桌子那儿坐着仨人是孙起龙、马寿、金大力。掌柜的刚往楼上一走，就听上边问：“是谁上楼？不答话，我就开枪啦！”“别开枪！我是掌柜的。”他来到楼上，神力王问道：“跑堂儿的哪？”“他这就来，我先给续续开水。”说着话他挨着对开水，可是谁也没喝。掌柜的用眼瞟了一遍，然后对神力王说：“我给您换跑堂儿的去。”神力王说：“快去！你不准再来。我不喜欢你，喜欢他！”“是啦！”掌柜的赶紧下楼，来到柜房把开水壶放下，围裙一解，冲着刘三深深地作了个揖，说：“三哥！今天你得帮帮我的忙。兄弟我十几岁学徒，到现在干这个买卖，什么事我都经过不少，可是今天这事大有来头，我上楼看了看，别的不用说，就说楼上这些人，其中有一个人我认识。就是打灯笼的那个人，在他的灯笼上有个‘陶’字，那就是九门提督陶大人。虽然我没见过陶大人，可是我听说过。你想想陶大人都在那儿蹲着，你想在那儿站的那几位的官小得了吗？站着的那几位官比起坐着的那个老头儿来，也小点儿吧？我看四霸天恶贯满盈啦，这准是来拿四霸天的。当中坐着的那位至小也是个王爷。”他就没想到皇上会出来私访。他说到这儿声音都变啦，有点儿哭味啦，说：“刘三哥！我这买卖开也在你，不开也在你。”刘三本来跟掌柜的就不错，听掌柜的这么一说，也没办法啦，把围裙一系，说：“掌柜的，我这条命活也在你，死也在你呀。”伸手把开水壶一拿出了柜房，奔楼上去了。来到楼上，他挨着给对了对水，一看都没喝，他把水壶放到接手桌上，往那儿一站，嘴里不住地嘟哝：“这事儿都新鲜。有椅子可不坐，叫沏茶可不喝，得喽！咱这儿歇会儿吧！”神力王一听，心说：你这个王八蛋的！我早想坐下歇会儿啦，喝点儿茶，皇上在这儿，谁敢坐呀？可是皇上听刘三这么一说，心说：对呀！多亏跑堂的刘三提醒我，我是私访啊，看来刘三这个人有用，等事办完了，我得赏他个官做。我得传旨叫大家坐下喝茶，可是我怎么说呢？明着说，大家坐下喝茶，朕不怪。大家来个谢主隆恩，都知道皇上在这儿，四霸天还敢来吗？一想：有主意啦，我用满洲话说，跑堂儿的不懂满洲话。皇上想到这儿冲着神力王说了一大套满洲话，意思是大家坐下喝茶，随随便便，朕不怪。神力王替皇上传旨他不好说明，来了个含糊其辞：“众位呀，”刘三一听：怎么着！叫齐儿啦？“椅子随便坐，茶随便喝，他老人家不怪呀！”大家一听，呼啦一下全坐下啦，端起茶来就喝。刘三一看，心说：这个大个儿是头儿。他叫坐全都坐，他叫喝全都喝，他要说开枪是全开枪。刘三一害怕，这泡尿全尿裤子里啦。

这时天已到了中午，四霸天所请的人都奔月明楼来啦。第一个来的是东霸天手下的大打手，也是东霸天的大管家，这人名叫坐地炮。

身高不过三尺，宽里下也有二尺七，他先到月明楼来看看准备好没有。这小子穿了一身青洋绉的裤褂，腰系大汗巾，脚下是薄底快靴，手里拿着桑皮纸的大扇子，上画梁山一百单八将。他进了月明楼直奔柜房，进门把嘴一撇："嗨！掌柜的！今天我们四位大太爷请客包楼，你们楼上卖座了没有？"掌柜的一看是坐地炮，赶紧回答说："炮大爷，您问楼上卖了没有？没有！一个没卖，都卖满啦！""你这是怎么说话哪？倒是卖了没有？"掌柜的说："炮大爷，您先别着急，是这么回事。早晨来了个喝茶的，接着又来了几个就是不走啦，您说我怎么办？"坐地炮一听气往上撞，把眼一瞪："你去对他们说，赶紧把楼给我腾出来，不然的话，我上楼去提溜着往下扔！"掌柜的说："炮大爷，您在这儿等一会儿，我上楼去说。"掌柜的来到楼梯，先冲着上边喊了一声："上边的，别开枪，我是掌柜的，上楼有事。"神力王问："你有什么事？""四霸天来啦。"大家全都精神一振，神力王问："都来啦？""还没都来，来的是东霸天的大管家，叫你们众位给腾楼，要是腾晚了，他上来提溜着腿往下扔。"神力王的气大啦："掌柜的，你去告诉他，我们是不扔不下去。""唉！"掌柜的下楼啦。掌柜的心说：坐地炮哇，坐地炮，我非叫你挨顿揍不可，省得你没事儿找事儿。他来到柜房，冲着坐地炮作了个揖说："炮大爷，您赶紧跑吧，楼上的人不好惹，我上去一说，他们就恼啦，说您不扔不下来。您是东霸天的大管家，能栽这个跟头吗？再说您要是上去，真惹不起他们，往后还怎么在这儿混哪？不如跑了好。"他拿话一激坐地炮，这小子是个亡命徒，一听这话把眼一瞪说："什么？敢在太岁头上动土，我非得扔下两个来。"说着话，离了柜房奔楼口，来到楼下，冲着楼上先骂了一句："上边听着，别装他妈的王八蛋！"就这一句，就剐啦。皇上在上边哪。"今天太爷请客包楼，你们敢不腾楼？炮大爷不管你是谁，我可不客气！"他一边骂着，一边上楼。楼上鸦雀无声，坐地炮纳闷，怎么没动静？心说：我可别吃亏呀。他把话又拉回来啦，"楼上要是自己人，可别挑眼，要是跟我们四爷有交情，也别过意。我可不知哪位是自己爷们儿。"他一听上边还没动静，他放心啦，以为叫他给唬住啦。"告诉你，我坐地炮可不是好惹的。你去打听打听，炮大爷怕过谁！"他一边骂着，一边往上走，可就来到楼上啦。一看，把这个小子吓得差一点儿没趴下，心说：掌柜的你阴着了我啦。可是他嘴里有的说，想找个台阶好跑："你们不腾楼没关系，也不关我的事儿，我去给我们当家的送个信儿，是好汉在这儿等着。”说完话转身就要走，他能走得了吗？神力王早把楼口堵住啦。神力王身高一丈，他才三尺，王爷一猫腰伸手就把这小子的前胸抓住了，往上一提，这小子的两腿就离地啦，往上一举，坐地炮直嚷。王爷一顺手就把坐地炮从楼口扔下去啦，王爷的意思是叫他给四霸天送信儿去，可是楼口下边还有三位哪，孙起龙、马寿、金大力。王爷上楼时说得明白，在楼上要是跑了人有王爷哪，要是在楼下跑了人拿你们三个是问。王爷把坐地炮往下一扔，金大力伸手给接住了。他举着坐地炮仰脸看王爷，神力王冲金大力摆了摆手，那意思是不要他，可是金大力不明白是怎么一回事儿，心想：我要放了他，王爷怪罪下来怎么办？不放他，可他是王爷扔下来的。他一想：干脆，放不放由王爷去，我把他扔上去。金大力一抖手又把坐地炮给扔上去啦。王爷说了一句：“不要他！”用脚一踢又把坐地炮给踢下来啦。坐地炮成皮球啦。这回金大力可没接他，要是摔还真摔不轻。坐地炮掉的这个地方太好啦，掉哪儿啦？离楼不远就是白案，过去饭馆的厨房都是在楼下靠楼口不远的地方，要是上楼吃饭都从厨房这个地方路过，白案就是厨房里做面食的案子。月明楼的面案最有名儿，因为有一位厨师叫抻面王，姓王，专做北京抻面。他一把能抻二十斤，抻出来的面真能跟挂面比粗细，并且在抻面时还有花活，真比现在杂技团的演员还好。每当中午卖抻面，总有几十人站在这儿看他抻面。今天王师傅高兴，手里拿着一块面溜开啦，这把面左一扣右一扣越抻越细，到最后两扣啦，要来个花活，把面抻开，人从面上跳过去，最后这一扣在身背后抻，还有个名堂，叫苏秦背剑。把面扔到开水锅里去。今天王师傅把面抻好啦，一只手还没扔哪，坐地炮叫王爷给踢下来啦。面没下锅，坐地炮下去啦，这回坐地炮可真泡啦！

（张春奎述）

对口相声

卖五器

甲　人要是倒霉，喝口凉水都塞牙。

乙　怎么啦？

甲　刚才我跟人吵起来了。

乙　什么事？

甲　咱是好意呀。今儿早晨我走在 ×× 胡同，可巧风把一家死人挂的“挑钱纸”刮地下了。我心想这家儿死丧在地挺忙的，我捡起来帮他挂上。这家儿不讲理，出来一群人，这顿把我揍的，您看衣裳全撕了。

乙　你跟他们讲理呀？

甲　不让我说话呀，这不是欺负人吗！

乙　怎么，你帮他挂上就揍你？

甲　啊，他们愣说我挂错地方啦。

乙　你挂哪儿啦？

甲　三号死人，我挂到七号了。

乙　那还不揍你。

甲　您说这不是欺负人吗？

乙　该！

甲　我回家一看，我乐了。

乙　又怎么啦？

甲　敢情“好运没善交，善交没好运”，我二大爷的差事下来了。

乙　你不是说二大爷的差事得 × 月才能下来吗？

甲　提前了。挺好，这差事可阔了。

乙　这么一说您也有事做了？

甲　那还用说，这回带的人可多呀，我想跟我二大爷说说，把我们家的亲戚朋友，好的厚的，哪么点头之交哪，也得拉巴拉巴。

乙　哎呀！咱们哥儿俩这些年的交情了，我可没跟您张过嘴。既然二大爷差事下来了，麻烦麻烦您替我说一声，让您二大爷提拔提拔我。

甲　没说的。咱们哥儿俩不是外人，甭跟他说，我就给您做主了。头一名我就把您写上。

乙　对！头一名，您就写上我吧。

甲　写上您，可准得去。

乙　去。

甲　这差事可苦点儿。

乙　多苦也去，怎么也比说相声强。

甲　好，咱们一言为定，写上你，头一名。

乙　好。二大爷什么差事呀？

甲　枪毙！

乙　不去！

甲　有你！

乙　没我！

甲　头一名。

乙　末了儿也受不了哇。

甲　（哭）呜……

乙　您先别哭，二大爷为什么就枪毙？

甲　是呀。您知道，二大爷为人老实巴交，有毒的不吃，犯法的不做，走在树底下都怕树叶儿砸着。老老实实的买卖人儿，会落这么个结果。

乙　到底因为什么呀？

甲　那天正在家做买卖哪，跟买主儿看好货刚要讲价儿，进来四个宪兵，把我二大爷五花大绑带走了。押了一个多月，昨儿传出信儿来，说后儿枪毙。您说这叫什么王法，咱们买卖人招得出来这个吗？

乙　二大爷做什么买卖来着？

甲　就卖了四个炸弹哪！

乙　啊？卖炸弹？是得枪毙！

甲　才四个！

乙　一个也不行啊！

甲　这案有你。

乙 没我。枪毙拉垫背的呀？

甲 听到这个消息，我脑袋轰的一下子。您知道我二大爷最疼我，我不能眼看他枪毙。

乙 对，应该想主意打点打点官司。

甲 昨儿我探监去啦，二大爷满脸是泥，头发三寸多长，看见我说："儿子！"

乙 啊！

甲 （哭）呜……你干吗？占我便宜！

乙 我吃亏了！

甲 我二大爷叫我哪。

乙 那也不能叫你儿子呀？

甲 我从小过继我二大爷啦！二大爷说："儿子！"

乙 啊！

甲 又来了！

乙 我嘴馋。

甲 "小子，我实指望再做一回买卖就洗手不干了，给你们挣下一笔家业。没想到犯案子。我留下的房子和东西，你要省着点儿花，够你一辈子用的。我死之后，你给我买口薄皮子材，逢年过节给烧点儿纸就算我没白疼你。"

乙 哎呀，听着也怪难受的。

甲 我说："二大爷，您怎么净说这话呀？我能看着您枪毙？我还算人吗？我回家把拍卖行找来，一点儿不留，卖抄家货儿，用您置下的家产来打点您的官司，我绝不能看着您死！"

乙 对，您这事做得对！

甲 我二大爷说："小子！你这份心意我明白了，可是你千万不能卖抄家货儿。要卖，你就卖一半儿，留一半儿。万一全卖了，我这官司也出不来，以后的日子你们还怎么过呀？"

乙 有道理，不能全卖喽，得留一半儿过日子。

甲 什么？我二大爷都快死了，那日子，我还过？

乙 那也得过呀！

甲 过？

乙 过！

甲　过你妈的哈什[1]。

乙　那倒是。过你妈的哈什！

甲　你敢还言，这官司有你！

乙　哎，不还言。

甲　回到家里，跟我媳妇一商量："赶紧把这九间屋子的古玩陈设都收拾出来，咱们卖抄家货儿，给我二大爷打点官司！"我媳妇说："哟！你不懂官事，二大爷枪毙已经判决了，你甭说卖抄家货儿，就连我一块儿卖也打点不出来了，依我说，卖一半儿给他打点官司，让亲友看得过眼去就得了，留一半儿，日后咱们还得过。""什么？二大爷为给咱们挣家业，都要枪毙了，咱们的日子还过？"

乙　那也得过呀！

甲　过？

乙　过。

甲　过你妈的哈什……

乙　过你妈……

甲　你还言，这案有你！

乙　哎，不还言。

甲　我们两口子正收拾着哪，门口过来两个打鼓儿的。打鼓儿的分粗细两种。

乙　粗打鼓儿的？

甲　挑着俩大筐，这么吆喝："有报纸我买，洋瓶子我买，碎铜烂铁我买！"

乙　细打鼓儿的哪？

甲　背个蓝布口袋，里边儿是洋钱票，吆喝这味儿："潮银子来买，首饰来买！"这种打鼓儿的有财东。我想着叫他们估估价儿。

乙　噢！

甲　我说："打鼓儿的，卖你点儿东西！"他把嘴一撇："卖东西呀？拿出来瞧！"我说："拿出来瞧？我那九间屋子的东西全卖，怎么往外拿呀？"他说："我知道了，卖抄家货儿打点你二大爷的官司，对不对？"我说："你怎么知道的？"他说："这事儿谁不知道呀？你别犯傻了。依我说卖一半儿留一半儿，往后你还得过呀！"我

① 哈什：即哈欠。

说："我二大爷都要枪毙了，我还过？"

乙　那也得过呀！

甲　过！

乙　过你妈的哈什！

甲　你还言这案有你！

乙　有我有我吧！不然他还得骂我！

甲　（哭）哎哟！他明白过来了！

乙　你老骂我还不明白！

甲　我把他带到屋里让他看东西，九间屋子满满当当的古玩陈设。看完了他让我要价儿，让您说，我要五万块，不算多吧！

乙　他给多少？

甲　他给……他们真是买死人卖死人，说出话来气死人。"别价，你得给我留赚儿呀！"我说："你给个价儿吧！"他一伸手（出食指及中指），"给你这个大数儿。"

乙　两万块钱？

甲　两毛钱！

乙　两毛钱！

甲　我说："什么？要五万，给两毛钱？干脆！"

乙　不卖！

甲　拿去！

乙　卖了？

甲　谁卖了？他敢动，我报他抢！我是气他。他可倒好，扔那儿两角钱，过去就抱我的大座钟！我过去一拦，啪！给我一大嘴巴，我有个羊痫风的病根儿，一生气抽上风了。我媳妇净顾了照顾我了，这俩小子雇了五辆排子车，三辆载重汽车，来了好几十人，搬了仨钟头，把东西我全给弄走了。我醒了一瞧，九间屋子四旮旯儿空，什么也没有了，地下就扔着两角钱……

乙　啊？

甲　还缺半拉！我找他们好些日子，找不着。

乙　那倒好找！

甲　你们一块儿的！（揪乙）你赔我！

乙　你松手！我说可以帮你找找。

甲　您受累，我谢谢您啦！

乙　别客气！他都拿什么东西了，你开个清单。

甲　九间屋子满满当当，我也记不住啊！

乙　那可怎么找哇？

甲　别的东西全不要了，您帮我把五样儿传家宝找回来，我就感谢您的大恩大德啦！

乙　就五样，都是什么？

甲　铜、铁、瓷、锡、木。

乙　先说你家这铜器。

甲　要提我家的铜器（哭）……那真是宝贝呀！过去讲究高丽进贡送铜。

乙　高丽的铜器最好。

甲　大清道光年间，高丽国进贡，进了两桌铜器，送到北京礼王府。我曾祖父在礼王爷府当差，礼王爷非常喜欢我的曾祖父。把两桌铜器进上一桌，留下一桌，自己摆，拣了两件好的赏给我家曾祖父。我曾祖父为了难了，你说是要不要？

乙　要啊。

甲　私藏贡宝，皇上知道了是掉头之罪。

乙　那就别要了！

甲　王爷亲自赏的，敢不要吗？

乙　那怎么办哪？

甲　就把这两样铜器，埋在我家后花园。直到同治年间，也不知怎么走漏了消息，让御史言官知道了，在皇上面前参奏一本，说我家私藏贡宝。同治龙颜大怒，把我家曾祖父推到午朝门外，就要开刀问斩。礼王爷知道了，串通几位亲王联合保本，才算把他救了，要是没有礼王爷的人情，我曾祖父就没命了，就为这两件铜器。

乙　什么铜器？

甲　两根儿茶壶梁儿。

乙　茶壶梁儿呀！

甲　光茶壶儿梁儿我要哭我是儿子……

乙　还有什么？

甲　还有俩铜圈儿哪！

乙　就这个呀？

甲　（哭）呜……

乙　走！

甲　您没听明白？铜、铁、瓷、锡、木。这铜器算白饶。主要卖的是我家的铁器。

乙　什么铁器？

甲　在大清国造办处造出来的，造出来就送到上驷院。上驷院你懂吗？

乙　不是皇上的御马圈吗？

甲　对呀！那时候我爷爷在上驷院当差，偷出两样儿，半夜里越墙而出，差点儿摔死，就为这两件铁器，（哭）呜……

乙　什么好铁器？

甲　（哭）半拉马掌！

乙　马掌呀！

甲　光是马掌，我要哭我是孙子。

乙　还有什么？

甲　还有一个钉子哪！

乙　这，这不怎么样！

甲　铁是白饶的，卖就卖的我家那瓷器。光绪登基大典，江苏巡抚进贡一桌瓷器，这是江西景德镇宣窑定烧正硬五彩，掉在地下叮当叮当响呀，这么好的瓷器。

乙　什么好瓷器呀？

甲　半拉羹匙脑袋！

乙　羹匙！

甲　光羹匙脑袋，我要心疼我是儿子！

甲
乙　上边还有花儿哪！

乙　我就知道嘛！

甲　跟您说真的，主要卖的是我家的锡器。

乙　锡器？

甲　全球五大洲亚洲、欧洲、非洲、澳洲、美洲都没有我家那么好的锡器，真是银子换多少钱，锡珠儿换多少钱，真正的浇碗锡，镜子面相仿，都照得见人儿的锡器……

乙　什么锡器呀？

甲 一张锡纸。

乙 锡纸呀！

甲 光锡纸我要哭我是孙子，还有烟卷头儿哪！

乙 走！你要再哭我可揍你，让诸位听听：茶壶梁儿，半拉马掌，破羹匙，烟卷纸，两角钱？这打鼓儿的算买走了眼了！

甲 你还没听明白，铜、铁、瓷、锡、木，那四样都白饶，卖就是卖的我家木器。

乙 什么木器？

甲 提起我家这件木器来，发家指着它发的家，发财指着它发的财，显过圣，吓死过人。

乙 多会儿哪？

甲 在前清，光绪二十六年闹义和团您知道吗？

乙 我听说过。

甲 义和团打死德国钦差克林德，八国联军进攻北京城，西太后、光绪西幸长安跑了，北京让八国联军占领了。我们家住在前门外，属于德国占领地界。有一天德国首将瓦德西带领四十名洋兵查街，有个仇人报告我家私藏义和团。瓦德西派三十名洋兵，进院搜查。最后一拉我们厨房门，就看这件木器，唰！唰！唰！光芒四射，当时吓死四个德国兵，吓得瓦德西屁滚尿流，连爬带滚跑了，以后永不敢查街。直到后来西太后派李鸿章为全权大臣与八国共签和约，唯有德国不签字。李中堂问："祸是德国引起的，我们割地赔款，为什么德意志还不签字？"瓦德西说："我跟你们中国有特别交涉。"李中堂问："还有什么交涉啊？"他说："在正阳门外，有一家 × 姓（甲姓）有一件木器无故放光，吓死四个洋兵，真是攻乎异端，若存在它，（大声）我们就不能签字，就不能和平！"李鸿章哈哈大笑："× 姓这件木器，非是攻乎异端，此乃年深日久，受了日精月华，成了宝物。"说着领各国使臣到我家参观，各国使臣赞不绝口。瓦德西拿起这件木器爱不释手，非要带回德国。李中堂竭力反对（大声）："此物有关中华的文化！有关中国的历史！"

乙 你不要嚷嚷！

甲 各国使臣签字作保，瓦德西才把这件木器带回德国，又在东西欧展览，游遍四十多个国家，在巴拿马赛会上得头等奖章，这才归还中国；头些年古物南迁，蒋介石非要把这件木器带走，经北京商务总会会长跟清朝遗老出面交涉，讲明这件木器有关华夏历史，他才没带走这件木器……

乙　什么木器呀？

甲　半拉锅盖。

乙　嗐！

（于连仲忆记）

铃铛谱*

甲 您这是干什么来啦？

乙 说相声。

甲 说相声叫什么行子？

乙 无所不知，百行精通，什么事都明白。

甲 我有一事不明白，要在台前领教。

乙 有什么不明白的，只管说出来，何言“领教”二字？

甲 我在小河沿儿看见一个老虎。

乙 什么形象？

甲 四条腿，茶杯大小，没有尾巴，浑身绿疙瘩，还叫唤。

乙 怎么叫？

甲 呱！呱！呱！

乙 那不是老虎，书上正字叫青蛙，俗称蛤蟆。

甲 蛤蟆这么点儿个东西，怎么叫唤声音那么大？

乙 就这个你不明白？那我可以告诉你。皆因那动物肚大、脖顸、口敞，所以叫唤声大。也不光是蛤蟆，是凡肚大、脖顸、口敞的，叫唤出声音都大。

甲 是肚大、脖顸、口敞的叫唤声就大？我们家那个纸篓子，肚也大，脖也顸，口也敞，它怎么不叫唤呢？

乙 那是竹子编的，别说叫，连响都不响。

甲 竹子编的不响。那和尚、老道吹的笙都是竹子编的，怎么一吹就响哪？

* 这个曲目是由《蛤蟆鼓儿》与《铃铛谱》两个垫话连接而成。拆开来仍可当垫话使用。

乙 那笙有眼儿，竹子带眼儿就响。

甲 我们家有个大米筛子，那是竹子编的，上头净是眼儿，怎么不响哪？

乙 那是圆的、扁的不能响！

甲 圆的、扁的不能响。戏台上敲那锣，也是圆的、扁的，怎么一敲就响哪？

乙 锣当中有个脐儿。

甲 那铁锅也有脐儿，怎么不响哪？

乙 锣是铜的，锅是铁的，铜的响，铁的不响。

甲 铁的不响。庙里挂那钟也是铁的，怎么一敲就响哪？

乙 庙里那钟是挂着的，铁的挂起来就能响。

甲 噢，铁的挂起来就响。我们家那秤砣挂了八年啦，一回也没响。

乙 那是死的，不能响。

甲 炸弹也是死的，怎么一扔就响哪？

乙 炸弹里有药，有药的就响。

甲 药铺里净是药，怎么不响哪？

乙 药铺里那药是入口，入口的不响。

甲 泡儿糖也入口，那泡儿糖怎么响哪？

乙 那泡儿糖有胶性，有胶性的就响。

甲 有胶性的就响，那胶皮鞋怎么不响哪？

乙 胶皮鞋挨地不响。

甲 三轮车放炮怎么响哪？

乙 那里有气，有气的能响。

甲 你肚子里有气没气？

乙 有啊！

甲 它怎么不响哪？

乙 那肚子一响就玩儿完了嘛！你这不是开玩笑吗？

甲 我这是成心气你。你还别说，我还真见秤砣响过。

乙 在什么地方秤砣响啦？我没见过。

甲 在乡下，大车底下有个秤砣，车一走当啷当啷直响。

乙 你说的那不是秤砣，那是铃铛，叫开道铃。

甲 那叫开道铃。

乙 那叫开道铃，又叫开车铃。

甲 为什么要安它哪?

乙 乡下大道很窄，只能走一排车，又是曲曲弯弯。有弯的地方，这边来辆车，那边也来辆车，都不知道，走近了就碰上啦。要是有这个铃铛哪，那边铃铛一响，这边车听见啦，赶紧找个宽敞地方一让，过去啦，叫这开车铃。

甲 领教，领教。

乙 不要客气，不要客气。

甲 沈阳有四座宝塔，那塔尖上也有铃铛，那叫开塔铃啊?怕南塔上北塔串门去俩塔碰上，是吧?

乙 那不叫开塔铃。

甲 那叫什么铃?

乙 那叫惊鸟铃。

甲 什么叫惊鸟铃?

乙 塔尖上油漆彩画挺干净，不安铃铛，小鸟飞上去拉屎。安上铃铛，风一刮，把小鸟就吓跑啦。

甲 领教，领教。

乙 不要客气，不要客气。

甲 我看你妈头上戴那九连环，那上边是惊鸟铃吗?怕小鸟上你妈头上拉屎去是不是?

乙 你胡说!小鸟上你妈头上拉屎去!不明白你也问问，别顺口胡说!

甲 那叫什么铃哪?

乙 那叫长寿铃。

甲 因为什么叫长寿铃?

乙 那年我妈七十整寿，我磕头弟兄给我妈祝寿，我请他们吃饭，他们拿出俩钱来给我，我也不能要;他们大伙儿给我妈打了个金九连环，上边有个铃铛，那意思是我妈能活一百挂零，因此叫长寿铃。

甲 领教，领教。

乙 不要客气，不要客气。

甲 我看你们孩子胳膊上的镯子，那上边也有个铃铛，那也叫长寿铃吗?

乙 唉!那不叫长寿铃，那叫百岁铃。

甲 怎么又叫百岁铃?

乙 就是我们小孩儿做百日的时候，我磕头兄弟给打的，取吉利说是百岁铃。

甲　领教，领教。

乙　不要客气，不要客气。

甲　你爸爸爱玩儿鹰，那鹰尾巴上也有一个铃铛，也是你磕头弟兄给他打的百岁铃吗？

乙　不对，那叫引人铃。

甲　什么叫引人铃啊？

乙　我爸爸架鹰上山拿兔子去啦。鹰飞远了把兔子抓住啦，我爸爸看不见啦，可是鹰尾巴上有一个铃铛，铃铛一响，我爸爸奔那声音去就把鹰找着啦。所以说那叫引人铃。

甲　我看你媳妇头上戴那朵花儿上，不也有个小铃铛吗？那也叫引人铃吗？

乙　你胡说！那不叫引人铃，那叫躲避铃。

甲　什么叫躲避铃？

乙　过去那个风俗，兄弟媳妇不兴见大伯子，见大伯子害臊。我们哥儿三个，我最小，我俩哥哥都是我媳妇的大伯子。有时候，我哥哥上我们屋里拿东西，或是有什么事儿，赶上我媳妇给孩子吃奶或洗脸，敞脸露怀的，我哥哥要是一拉门进来，两下都不好看。我媳妇头戴那花上有个铃铛，我媳妇洗脸铃铛就响，我哥哥听见就不进去啦。在外边说："弟妹呀！把什么什么东西给我拿出来呀！"省得碰上。

甲　你们磨房那个驴脖子上有个铃铛，那也是躲避铃吗？那是怕驴大伯子进去碰上害臊吗？

乙　你胡说！驴还有大伯子吗？

甲　那叫什么铃哪？

乙　那叫偷嘴铃。驴拉着磨，那铃铛总响，铃铛一不响，必是那驴偷嘴吃啦。所以那叫偷嘴铃。

甲　我看你妈睡觉那头儿安置着有个铃铛，那也是偷嘴铃吧？

乙　你胡说！我妈睡觉那头儿安置的那是惊醒铃。

甲　怎么叫惊醒铃哪？

乙　我爹好在外边玩儿，听戏啦，看电影啦，耍钱啦，半夜才回来，院里人家儿多，我爹一打门，吵得四邻不安，都叫我们搬家。我妈那人和睦乡里，特意在睡觉的头上安置那一个铃铛，拴在一根绳子上，把绳子扯到大门口，把门框穿个眼儿，把绳子捅过去，在外头绳头上绑个胶皮套。我爹回来晚了，一拉皮套，屋里铃就响啦，我妈就叫我：“××呀！你爹回来了，快开门去吧！”这是惊醒铃。

甲　对啦，我想起来了，有一回你爹在外边要钱输了，朝我借，我没有，你爹打发我到你家取钱。到你们家，我一拉皮套，里边铃就响啦，你妈说：“××呀！你爹回来了，快开门去吧！”

乙　像话吗？

（姜伯华述　冯景顺整理）

家堂令

甲　有些日子没见您了！

乙　可不是嘛。

甲　您别看跟您经常不见面，你们家有几口人我还常见。

乙　谁呀？

甲　令堂。

乙　（对观众）这位还转上了！

甲　前天还见着了。

乙　前天？在什么地方？

甲　经二路，纬二路。

乙　可能是去亲戚家去了。

甲　见面我能不理吗？我一看表，快十二点了，得了，咱也别回家吃饭了，我请“令堂”在聚丰德吃了一顿儿。

乙　又叫您破费了。

甲　这是什么话？咱哥儿俩有那交情。

乙　交情是没的说。

甲　要了四个菜两个汤，一瓶酒，坏了！

乙　怎么了？

甲　敢情“令堂”是酒串皮。

乙　可不。

甲　脸也红了，浑身起鸡皮疙瘩。吃完饭，我拉着“令堂”到铭新池洗了个澡……

乙　什么？你拉这位“令堂”洗澡去？

甲　啊！

乙　错了吧？那不是我们家"令堂"吧？

甲　怎么不是？令堂我还不认识？令堂发福了，肉哇，噔棱噔棱的（上口）。

乙　行了行了，那是我们家的你叫"令堂"的吗？

甲　怎么不是，我给搓的澡。

乙　我给你们"令堂"搓澡！我带你们"令堂"游泳去！

甲　这位怎么火儿啦？

乙　你带我家"令堂"洗澡去我能不火儿吗？

甲　我带令堂洗澡……

乙　别说了！我问问你，你说的这位令堂长什么模样？

甲　那我还说不上来吗？

乙　你说说！

甲　大高个儿，脸上有点儿浅白麻子，重眉毛，大眼睛，两撇黑胡子……

乙　胡子？令堂长胡子？

甲　啊，那不是"令堂"吗？

乙　长胡子的不能称呼"令堂"，那得称呼"令尊"。

甲　"尊"是什么玩意儿？

乙　胡说八道！"尊"不是玩意儿。什么叫不是玩意儿！"尊"是我爸爸。

甲　噢，"樽"是你爸爸，瓶是你大爷！

乙　缸是你叔叔！

甲　罐是你姥爷！

乙　什么乱七八糟的！"尊、卑、长、上"，不能开玩笑。

甲　刚才我说的那个"堂""堂"的是谁？

乙　堂是称呼我妈。

甲　哎哟，× 大哥，你打我俩嘴巴吧。

乙　为什么？

甲　我要知道堂是你妈，我怎么也不能带你妈洗澡去！

乙　你就别提这茬儿了！

甲　噢，堂就是你妈？

乙　对。

甲　厢房是你姥姥？

乙　过道是你二姨！

甲　大门是你表嫂！

乙　什么都不懂。没听过戏吗？《四郎探母》“高堂老母……”高堂就是我妈。

甲　高糖是你妈？

乙　对。

甲　二贡糖是你姥姥？

乙　奶糖是你嫂子！

甲　灶糖是你表姐！

乙　冰糖……什么乱七八糟的！生身之母，不能开玩笑。

甲　那我见着你爸爸应该怎样称呼呢？

乙　你见我爸爸应该深打一躬……

甲　我见着你爸爸应该先给他搭上一“弓”！

乙　我见着你爸爸先射上一箭！

甲　我给你爸爸一手枪！

乙　我给你爸爸一迫击炮！

甲　我给你爸爸一手榴弹！

乙　我……开火儿啦！

甲　怎么还搭一“弓”？

乙　“躬”就是行礼。你见我父，深打一躬，口称：伯父在上……

甲　“薄袱”，死人用的纸包袱，到忌日活人为死人烧掉，是你爸爸？

乙　对。

甲　纸码是你大爷？

乙　“金锞”是你叔叔！

甲　封筒（又称“纸表”）是你哥哥！

乙　素蜡是你舅舅！

甲　高香是你……

乙　行了，行了，没完了？

甲　你不是说“薄袱”是你爸爸吗？

乙　“伯”就是长，尊敬的意思。

甲　噢。

乙　你见我父深打一躬，口称：“伯父大人在上，侄儿这厢有礼。”我父回答：“有劳贤侄挂怀了。”

甲 “嫌直”（贤侄）是谁？

乙 是你。

甲 “嫌直”不会砸弯了？

乙 你是火筷子？

甲 你是火钩子！

乙 你爸爸是火炉子！

甲 你爸到底是什么？

乙 土簸箕。嗐！贤侄，贤侄，没拿你当外人。

甲 拿我当你们姑老爷？

乙 拿我当你的大舅子！

甲 就这么办吧。

乙 什么就这么办？你到底懂不懂？

甲 干吗不懂？你听我说。我见你父，赶步近前，深打一躬，口称：“伯父大人在上，侄儿这厢有礼了。”伯父回答：“不劳贤侄挂怀。”对不对？

乙 对。

甲 我要问问您可以吗？

乙 当然可以。

甲 我说：“你家小伯父可曾在家否？”

乙 小伯父？

甲 你爸爸是大伯父，你不就是小伯父吗？

乙 我跟我爸爸是两头大？

甲 那怎么说？

乙 你问我，我在“郎”上。

甲 你在“廊”上？

乙 对。

甲 你哥哥在墙上？

乙 你弟弟在房上！

甲 你舅舅在烟筒里头！

乙 什么都不懂！你应该问：“令郎可曾在家否？”我父回答：“小犬已到大街游玩去了。”

甲 犬是什么？

乙 犬就是狗。

甲　你是狗？
乙　啊！
甲　嘿儿嘿儿嘿儿……
乙　汪！
甲　还咬人？
乙　你叫我，我还不咬你吗？
甲　你不是说你是狗吗？
乙　你说我是“郎”，我爸爸不敢当……
甲　王八？
乙　王八还不敢当？
甲　当了！
乙　没有！你说“郎”是虎狼之威，我爸爸不敢当，我爸爸把我比作小狗。
甲　我再说一遍：我见你父，赶步进前，深打一躬，口称：“伯父大人在上，侄儿这厢有礼了。”你父回答：“不劳贤侄挂怀。”我说：“令郎[1]可曾在家否？”伯父回答：“小犬已到大街游玩去了。”
乙　这就对了。
甲　我问你妹妹可以吗？
乙　可以。
甲　我说：“你家小母狗可曾在家否？”
乙　小母狗儿？
甲　你是小公狗，你妹妹不就是小母狗吗？
乙　你哪？
甲　我是大野狗。
乙　我打你这大野狗！
甲　我应该怎么说呢？
乙　我妹妹应该在“爱”上。
甲　噢，我爱你妹妹！
乙　我想你姐姐！

（孙少臣述）

① 令郎：尊称对方儿子用词，应为“佳子弟”的意思。

六口人

甲　您说相声多少年了？

乙　多年了，多年了。

甲　您家里都好？

乙　好。

甲　您家里现在有那么……啊。

乙　怎么回事？

甲　您家里现在归里包堆……拢到一块儿有那么……啊……几吨人？

乙　什么叫几吨哪？你这儿买煤哪？

甲　不是，你们家有几碗人？

乙　我们家人论碗？

甲　不是，你们家几斤人？

乙　论斤？你这儿买肉来了！

甲　要说你家里有那么……那个……几……

乙　算了，算了，连句整话都不会说。人哪论口。

甲　噢！对，你们家有几口袋人？

乙　对了，你们家有几麻包人！男者为丁，女者为口。

甲　你们家有几丁口？

乙　噢！我们家一丁一个口哇？

甲　对了，您家有几口人？

乙　六口。

甲　六口人？当家主事是您哪？

乙　挣钱受累的是我，当家的还不是我。

甲　那当家的是谁呀？

乙　当家的是我爸爸。
甲　噢——老头儿哇。
乙　是啊。
甲　老头儿的胡子好？
乙　我爸爸？
甲　嗯！
乙　好哇。
甲　上头一根儿没有，底下一撮撮。
乙　我爸爸是山羊啊！上面一根儿没有，底下一撮撮？上下都有。
甲　底胡长。
乙　对啦。
甲　要说您家里这六十多口子人……
乙　我们家怎么六十多口子？我们家六口。
甲　六口，当家的是您吗？
乙　当家的不是我。
甲　是谁呀？
乙　是我爸爸。
甲　噢——老头儿哇。
乙　可不是老头儿嘛。
甲　老头儿的眼神好？
乙　我爸爸？
甲　嗯。
乙　眼神好。
甲　自己能看见自己后脑勺。
乙　你爸爸都是转轴儿脑袋，自己看自己后脑勺。
甲　眼神不错，能看见鹰。
乙　对，啊，看见鹰？
甲　看见苍蝇。
乙　这还差不多。
甲　要说您家里这六百多口子人……
乙　您等会儿吧，再说我们家成两师人了。
甲　噢，两师人。
乙　什么呀，我们家六口人。

甲　当家的是您哪？

乙　不是我。

甲　是谁呀？

乙　是我爸爸。

甲　噢——老头儿哇！

乙　噢，毛病在这儿哪！

甲　老头儿的牙口儿好。

乙　我爸爸？

甲　嗯，老头儿的牙口儿能吃硬的吗？

乙　还行。

甲　一顿饭能吃俩火车头？

乙　你爸爸都啃铁道哇。吃软和的。

甲　吃棉花。

乙　噢，不对！是吃豆瓣儿、豆芽儿的。

甲　一顿饭吃半拉豆芽儿。

乙　我爸爸是蛐蛐！吃得多。

甲　一顿饭吃二亩地。

乙　噢，兔子！吃个仨子儿俩子儿的。

甲　要说您家这六千多……

乙　我们家六口人。

甲　当家的是你？

乙　不是我。

甲　是谁呀？

乙　是我那个……

甲
乙　噢——老头儿哇！

乙　他认为我还说爸爸哪。

甲　嗯！

乙　嘿！你怎么老问头一口儿？

甲　头一口儿肥。

乙　二一口儿也不瘦。

甲　那么二一口儿？

乙　你问二一口儿是谁？

甲　二一口儿是贼。

乙　贼上房啦。二一口儿是谁！

甲　二一口是谁？

乙　是我们老太太。

甲　噢，老套裤。

乙　还大坎肩呢，是我老娘。

甲　老羊，老羊上山吃草去了。

乙　是我母亲。

甲　母鸡，下蛋了没有？

乙　你爸爸是公鸡！

甲　对，公鸡？母鸡？

乙　什么公鸡母鸡！生儿是母养，二老双亲不可取笑。

甲　对，那三一口儿呢？

乙　三一口儿是我们家兄。

甲　哟，你们家谁自杀啦？

乙　你们家谁上吊了？

甲　你们家砍死几个？

乙　你们家都枪毙啦！

甲　你不是家凶吗？

乙　噢，家凶不是闹凶之凶，家兄就是我家哥。

甲　家鸽？家鸽比野鸽飞得高。

乙　一枪把你揍下来！他是我哥哥。

甲　他为什么是你哥哥？

乙　我们俩是一母所生，他先来，他就是我哥哥，我后到的就是他兄弟，先者为兄，后来者为弟。

甲　你这么一说我明白了，你们俩一母所生，他比你先来，他是你哥，你比他后到，你是他兄弟。

乙　对。

甲　你浑蛋呀！

乙　怎么？

甲　你要把他扒拉开，你先出来，你不是哥哥嘛！

乙　你在你妈肚子里都喊借光，“大哥借光我先出去”，像话吗？他是我哥哥。

甲 四一口儿……

乙 我嫂子。

甲 饺子。

乙 还包子哪！

甲 什么馅儿的？

乙 狗肉馅儿的！“老嫂子比母，小叔子是儿”。

甲 你是你嫂子的儿子。

乙 你是你妹妹的孙子！“老嫂子比母，小叔子是儿”是包公留下的两句话。

甲 五一口儿？

乙 五一口儿就是我。

甲 噢，舅子是你？

乙 老丈人是你！

甲 咱爷儿俩……

乙 什么咱爷儿俩，你我之我。

甲 六一口儿？嘻嘻……六一口儿是谁？

乙 这小子，净占便宜，头一口儿我爸爸，噢——老头儿哇；二一口儿我母亲——母鸡；三一口儿家兄，我们家闹凶；四一口儿我嫂子——饺子；五一口儿就是我，小舅子是我；六一口儿我说是我媳妇。他不定说什么呢！这回我跟他转文。你问六口儿哇……

甲 啊？

乙 六口儿是我们贱内。

甲 见内？你见内我见外，谁跑上房？

乙 让你爸爸拉包月车去！贱内就是敝房下。

甲 噢，窗台儿。

乙 窗户台儿啊！我屋里那口。

甲 水缸。

乙 得，晚上我搂个水缸睡。水缸旁边的。

甲 炉子。

乙 对，围着炉子转，能生能养，给我看家的那个。

甲 给你看家的那个？

乙 对了。

甲 老母狗。

乙　母狗……喂狗的！
甲　狗食盆子。
乙　刷盆子的。
甲　炊帚。
乙　立炊帚的。
甲　炕。
乙　嘿！炕上头的。
甲　炕席。
乙　炕席上头。
甲　毡子。
乙　毡子上头。
甲　毯子。
乙　毯子上头。
甲　毛毯。
乙　毛毯上头。
甲　线毯。
乙　线毯上头。
甲　绒毯。
乙　我们家开毯子铺。毯子上头！
甲　褥子。
乙　褥子上头的！
甲　被子。
乙　嗐！过去了！
甲　过去你等二趟啊。
乙　坐火车哪？我说的是褥子上头，被子底下，两样儿中间，白白净净，软软和和，有她我就暖和，没她我就冷的那个……
甲　棉花。
乙　晚上我抱棉花睡，活的！
甲　虱子。
乙　欢蹦乱跳的！
甲　虼子。
乙　红不棱的！
甲　红不棱的小胖子，蹭你身上痒痒呼呼的……

乙　对了！

甲　臭虫。

乙　得！我这宿甭睡啦。我头对头的。

甲　梳头。

乙　脚蹬脚的。

甲　山墙。

乙　脸对脸的！

甲　噢？脸对脸，你笑她也笑的那个……

乙　对了！

甲　镜子。

乙　我半夜照镜子？我告诉你说吧，我睡到三更半夜，半夜三更，高了兴我们俩嘴对嘴的。

甲　噢！你们俩嘴对嘴的……

乙　谁？

甲　夜壶！

乙　嗐！

（张玉堂述　董铁良记）

反七口

甲　您家几口儿人哪？

乙　我家六口儿人。

甲　这么一说您家的日子比我们家好过。

乙　怎么？

甲　我家人口儿多呀。比起您家的日子就难过了。

乙　您家几口儿人哪？

甲　其实也不算多，比您家多一口儿人，七口儿。有这么句话呀！愣添一斗，不添一口。多一口儿人是一口儿人的事。

乙　您这可是瞎说，您家几口儿人那还瞒得了我，您家也六口儿人。

甲　七口儿嘛。

乙　您这是干什么？这儿又没有舍银子舍钱的，一人一份儿，您多说一口儿人多来一份儿，何必多说一口儿人哪？

甲　我干吗多说一口儿人哪，本来是七口儿嘛。

乙　六口儿是了。

甲　七口儿准了。

乙　您也甭说你们家七口儿啊，我也甭说你们家六口儿，咱们算一算。

甲　怎么算哪？

乙　由打你们家头一口儿算起，算到末一口儿，看看是几口儿人。

甲　好啦，算可是算，咱们可不能白算。

乙　不白算怎么样哪？

甲　咱们赌一盒烟。你若算出我们家七口儿来，你得给我一盒烟。

乙　那我若算出六口儿来哪？

甲　我拿你一盒烟。

乙　好嘛，前前后后两盒烟没了。我若算出你们家六口来呀，你得给我一盒烟。

甲　就那么办吧，你算吧。

乙　（伸左手）拿我这五个手指头记数，由大指这儿算，算到小指这儿伸开，那就是六口儿，四指若再伸开，那就是七口儿，你可瞧明白喽啊。

甲　我瞧明白了。你算吧。

乙　头一口儿，你爸爸。

甲　（答应）哎！你等等，我说我们家是七口儿，若算出七口儿来可是我赢。

乙　那是啊。

甲　你算吧。

乙　头一口儿，你爸爸。

甲　（又答应）哎！你等等，咱们赌一盒烟是什么牌儿的？

乙　那倒好办，什么牌儿的都行。

甲　那好，你算吧。

乙　头一口儿是你爸爸。

甲　哎！你等等，若是输了的话，当时你可就得给我买。

乙　（不耐烦）哎，这么会儿工夫儿他抄我仨[①]去了！

甲　算吧。

乙　瞧着啊，头一口儿哇……

甲
乙　哎！

乙　你又来了！你是算哪，你是答应啊？

甲　算算，这回我不答应了。

乙　小子，你这回若答应，我非揍你不可。瞧着，头一口儿……

甲　（张嘴）

乙　你爸爸。

甲　（闭嘴）这回我没答应吧？

乙　这回倒是没答应。

甲　我咽了！

---

① 指乙三次说“爸爸”时甲都答应，占乙的便宜。

乙　嘿！这更“瓷实”啊！有咽爸爸的吗？

甲　哎！

乙　怎么回事？

甲　打嗝儿又翻上来了！

乙　你是算哪你是起哄啊？

甲　算，算。

乙　二口儿——你妈妈，你哥哥、你嫂子、你、你媳妇，这不是六口吗？

甲　（用手把乙四指拨起）这不七口吗？

乙　没这个。

甲　怎么会没这个？你伸出来，蜷回来了。

乙　嗬，你真能矫情啊。从头来。你爸爸……

甲　（答应）啊！

乙　我说你饱了吧！你妈妈、你哥哥、你嫂子、你、你媳妇，这怎么会是七口儿哇？

甲　你算得不清楚，你这手指头有毛病，拿我手算吧。

乙　拿你手算也多不了哇，拿你手算。

甲　（伸手）

乙　你爸爸、你妈、你哥哥、你嫂子、你、你媳妇，这不是六口儿吗？

甲　（把四指伸出）你让人瞧这不是七口吗？

乙　没这个（指甲四指）。

甲　你等等，我自己算吧。

乙　你自己算哪？好吧，他算我也会答应。

甲　瞧着啊，我们家头一口儿，他们老公母俩。

乙　嘿！到他这儿一块儿过去了啊！他不说爸爸啦。

甲　哎！

乙　我说呀！（后悔）

甲　我哥哥、我嫂子、我、我媳妇。

乙　这不也六口吗？

甲　你少算我们家一口人。

乙　我怎么少算你们家一口人？

甲　你算了半天你还没算我的儿子哪。你算我儿子了吗？

乙 你等等，他们家是六口人哪。哎，我想起来了，他是有个儿子，我怎么把这茬儿给忘了，这个，我不能认输。我就说我算他儿子啦。您说我没算谁？

甲 你没算我儿子。

乙 我算你儿子了。

甲 你没算我儿子。

乙 我算你儿子啦。

甲 你多咱算我儿子啦？

乙 就是才刚嘛。

甲 你算我儿子谁瞧见啦？

乙 这不大家都瞧见了么？我算你儿子啦！

甲 那就是啦，你若算我儿子我们家就是七口儿，你若不算我儿子我们家就是六口儿。

乙 那是啊！我若不算你儿子你们就是六口儿，我若是算你儿子你们家就是七口儿……我呀？嘿！我把我过继他啦。（冲观众）这小子这是跟我要便宜，我得注意往回捞一捞。我们家明着是六口儿人，我告诉他是八口他一定不信哪！叫他给我算，算到第七口儿他还没算我儿子呢，我就够本儿啦！再算到第八口儿他还没算我孙子哪，烟卷儿我也捞回来了，我还赚他一辈儿。就这么办了。（冲甲）好了我输了。

甲 那就拿烟卷儿来吧！

乙 别忙！回头就给买去，您猜怎么着，您家不是难过吗？我家比您家还难过哪！

甲 难过呀，难过难过吧！

乙 嘿！他不抬杠啊！我们家为什么难过呢？

甲 我哪儿知道啊！

乙 对呀！你不知道我告诉你啊，我们家人口儿多。

甲 那你不会掐死俩吗？

乙 你这不像话呀，告诉你吧，我们家八口儿人哪。

甲 八口儿，八口儿八口儿吧。

乙 八……那我说我们家八口儿你信不信哪？

甲 若说您家八口儿嘛……

乙 你不信。

甲　我信啦。

乙　你信了？不成！

甲　你这像话吗，什么叫信了不成啊？

乙　是啊！他是……我们家说八口儿又不够八口儿……我这也不像话。

甲　倒是怎么着吧！

乙　告诉你吧，刚才我吃了亏了，这一回呀，我打算往回捞一捞。我们家明着是六口儿，我要告诉你是八口儿，你一定不信哪，你就得给我算，算到第七口儿你没算我儿子我就够本儿啦！再往下算第八口儿你还没算我孙子呢，烟卷儿也捞回来啦，我还赚你一辈儿……嘿！我全告诉他啦。甭废话，你给我算。

甲　我明白您的意思啦，您是机灵鬼儿，透亮碑儿，小精豆子不吃亏儿；刚才是我占你的便宜了，这一回你打算往回捞一捞，你让我也给你算。好了，我就给你算，咱们由大里往小里算呢，还是由小里往大里算？

乙　才刚我怎么给你算，这回你怎么给我算。咱们是由大里往小里算。

甲　好吧，那么你们家谁大我先算谁。

乙　那是啊。

甲　头一口儿我先算你爸爸。

乙　哎！这就捞回……哎哎哎你先不能算我爸爸。

甲　那么我后算你爸爸。

乙　你后也不能算我爸爸呀。

甲　那么我怎么着才算你爸爸呢？

乙　你怎么着也不能算我爸爸呀！

甲　那我若不算你爸爸，谁算你爸爸呀？

乙　谁也不能算我爸爸呀。怎么到我这儿这么算啦？哎！我算我爸爸吧！这倒吃不了亏，我算我爸爸啦。

甲　你算你爸爸啦？

乙　啊！

甲　你妈妈愿意吗？

乙　不愿意。若不还是你算……嘿！怎么绕得这么死啊！这么办吧，我算哪！你给记个数得了。

甲　好吧，你算吧！

乙　我们家头一口儿……

甲 （做张嘴式）

乙 干吗？又这儿等着呢？我们家头一口儿您哪！

甲 您哪是谁？

乙 这个我要一说呀，你又得占我的便宜，我不说你给猜一猜，这是谁？

甲 比你大比你小？

乙 比我大。

甲 那是你哥哥。

乙 比我哥哥大。

甲 那是你大哥。

乙 比我大哥大。

甲 那是你老大哥。

乙 哪儿那么些哥哥呀？比我哥哥长一辈的。

甲 是你舅舅？

乙 哎！你算我们亲戚干什么呀？你算我们家里的人哪，比我哥哥长一辈的。

甲 那是你叔。

乙 哎！比我叔大一点儿的那个。

甲 是你大爷呀。

乙 又过去了。

甲 那你等二路吧！

乙 我这儿坐电车哪？他是比我叔叔大比我大爷小当中的那一个。

甲 噢！比你叔叔大比你大爷小当中间的那一个……

乙 是谁？

甲 你二大爷！

乙 哎！

（郭启儒述）

金龟铁甲*

甲　您小时候娇着哪。

乙　那当然。

甲　（向观众）您知道他为什么这么娇吗？千顷地，一棵苗儿。他爸爸亲哥儿四个，虽然分居，都是财主，他大爷叫 × 半城。

乙　怎么叫 × 半城？

甲　就是一个都市，房产地业有他一半儿。

乙　您听听。

甲　他二大爷乡下财主，叫 × 千顷；他老叔儿 × 百万；他爸爸叫老员……

乙　啊？

甲　外。

乙　到这儿您最好别喘大气。

甲　亲哥儿四个都是财主，到他这辈儿人少了，要不然怎么叫千顷地一棵苗儿哪。头一个儿你大爷要过继你。

乙　对，绝次不绝长。

甲　你二大爷也要过继你。因为你，他们哥儿俩犯心。你老叔还要兼祧，你爸爸不撒手儿。四门儿守一个儿，老哥儿四个拿你当心尖儿一样。

乙　心尖儿。

甲　眼珠儿一般。

乙　可不是眼珠儿嘛。

---

* 《金龟铁甲》一名《买金龟》。

甲　亲哥儿四个就一个眼珠儿。

乙　仨瞎子，一个一只眼。

甲　爱如掌上明珠，光奶妈儿就六个。

乙　六个奶妈儿，吃得了吗？

甲　不是全吃。还有一个医生哪。

乙　医生干吗？

甲　得验奶。

乙　干吗还验奶？

甲　这大有关系。每天早晨每个奶妈儿挤出一酒盅子奶。六个酒盅子一边儿大，容量一边儿多，上上天平，分量重的留下，分量轻的就不要了。完事儿搁太阳地儿晒，晒完了，大夫一看，奶里有血丝不能吃。

乙　为什么？

甲　这叫浑奶。有黑点儿不能吃。

乙　这叫……

甲　火奶。上边儿有清水儿不能吃。

乙　怎么哪？

甲　这叫灰奶。

乙　多讲究。

甲　一晒得起油皮儿，把油皮儿挑（tiǎo）出去，往墙上一泼，跟冻子一样，还是不能吃。

乙　怎么哪？

甲　这叫毒奶。往墙上一泼，哗！流到底儿也不能吃。

乙　怎么？

甲　这叫清奶。

乙　怎么才能吃了？

甲　第一得分量重；第二一晒得起油皮儿；往墙上一泼，流到半截儿定住了，好奶！这才给你吃哪。

乙　这六个奶妈儿谁的奶最好？

甲　这六个奶妈儿的奶都不如你妈的奶，你妈的奶最好。你妈的奶好可不给你吃。

乙　为什么？

甲　让你爸爸挤出来，装瓶儿送走了。

乙　我是牛犊儿！打刚才我听着六个奶妈奶一个孩子就不像话。
甲　六个不都是奶妈。有看着你的，有哄你玩儿的。
乙　看着的叫看妈儿，奶着的叫奶妈儿。
甲　看妈儿、奶妈儿连男仆七八个人儿哄着你。出去不能太远了，十分钟看不见你，你爸爸就找。
乙　为什么？
甲　怕底下人给你气受。要是逛个庙会，上个市场，你爸爸亲自带着你。卖玩意儿的看见你，喜欢了。
乙　怎么喜欢了？
甲　包圆儿的来了。那一年你爸爸带你上东安市场买玩意儿，你爸爸亲自领着你，看妈儿、奶妈儿、底下人跟着你，还有俩底下人抬着一个筐。
乙　抬筐干吗？
甲　盛玩意儿。这还不算了，老妈儿拿着的，抱着的。
乙　买这么些玩意儿干吗？
甲　回家招小孩儿哄你玩儿，显摆你玩意儿多。
乙　真正败家子儿。
甲　那阵儿使现洋。一进北门儿就买起，花了九十多块现洋，东安市场还没逛一半儿哪。
乙　拿钱糟。
甲　到如今我还记得，在东安市场大院儿门口儿上，有个摆地摊儿的，这个卖玩意儿的把你爸爸气着（zháo）了。
乙　卖什么的？
甲　地下搁个洋瓷盆，里头有点儿水，身后有个大口袋，打口袋里掏出几个玩意儿来搁到洋瓷盆里。
乙　什么玩意儿呢？
甲　这种玩意儿有这么大个儿，四条腿儿，一个小尾巴儿，脖子挺长。
乙　啊，啊。
甲　绿真儿真儿的，盖儿上有花纹儿。
乙　啊，卖金龟的。
甲　硬盖儿王八。
乙　就是那玩意儿。
甲　你小时候就爱那个。老远你就瞧见了，你那阵儿说话舌头老不利落的。

乙　到如今我说话也不利落。

甲　你爸爸领着你，你说话这个味儿。

乙　什么味儿？

甲　“爸爸爬了。”

乙　唉，怎么爸爸爬了？这是我跟我爸爸说：玩意儿爬了。

甲　小孩儿说话就那样儿。

乙　您把话说连了，我不爱听。

甲　你爸爸不喜欢这个，你爸爸不让买：“不要那个，那个脏！”

乙　原本就脏嘛。

甲　“爸爸不脏。”

乙　还这么连着说。

甲　你爸爸说：“那个咬。”你说：“爸爸不咬。”

乙　这么说多难听啊！

甲　你爸爸拧（nìng）不过你去，你说买就得买。你爸爸说：“买一个。怎么卖呀？”嗬！这个做买卖的可真厉害，他们算想到家了。这叫娇妻爱子不轻饶。瞧你们有钱，带着好些底下人，抬着筐，筐里满满当当都是玩意儿，奶妈儿有拿着的，有抱着的。你爸爸挺长的胡子，你这么点儿，这一定是老儿子。心尖儿宝贝儿。遇见这个主儿，就胡要价儿，愣要跑了，不要少了。哪（nǎ）怕你生气哪，你有多大势力，也不能把卖玩意儿的枪毙。大不了你不买，你不买，孩子就哭，孩子哭死与他没关系，不让你孩子哭，就得让他敲这竹杠。

乙　这行人都琢磨到家了。

甲　你爸爸一问：“怎么卖呀？”其实仨铜子儿一个，一块洋钱换五百多子儿哪。你要十倍价钱也超不过一毛钱去。

乙　这他要多少钱？

甲　要十块一个。

乙　这不是讹人吗！

甲　你爸爸倒不在乎这十块钱，这事儿叫人生气。

乙　明摆着气人嘛！

甲　气得你爸爸脑门儿都绿了。

乙　啊！唉，这像话吗？我爸爸脑门儿绿了像话吗？

甲　他这不是气的嘛。

乙　气的也不能气绿了。
甲　那怎么说哪？
乙　你得说把我爸爸脑门儿气青了。
甲　唉，对！气得你爸爸脑门儿青绿青绿的。
乙　不要这个绿呀！净青不绿。
甲　气得你爸爸脖子都长了。
乙　这才现原形！像话吗？
甲　这不是气的嘛。
乙　怎么气，脖子也不能长了。
甲　气得脖筋蹦起来了。
乙　这还像话。
甲　要说你爸爸，别看生气，不失身份。你爸爸跟他讲理。
乙　这是话。
甲　你爸爸过来一拍胸脯儿："你要卖我十块钱，你瞧我值十块钱吗？"
乙　你拿我爸爸开行市是怎么着？
甲　你爸爸气得把话说连了。
乙　这事儿真让人生气。
甲　气得你爸爸说："钱，我们有的是，就是不这么花，你讹人哪，我们不买。"
乙　对，我们不买。
甲　你要是走了，你爸爸多痛快。你那时候小啊，不懂事，就是不走，坐在地下搓脚儿。
乙　我小时候是这脾气。可气。
甲　一边儿搓脚儿一边儿哭："爸爸十块钱不贵。"
乙　爸爸不贵？
甲　你跟你爸爸说，这个王八十块钱不贵。"买爸爸。"
乙　怎么还那么说呀！
甲　你原来说话就不利落。再一哭，更不利落了。
乙　就是。
甲　你一哭，你爸爸就心疼，就得花这十块钱。你爸爸赶紧哄你："别哭了，别哭了，宝贝儿。咱买，买一个，挑，给他钱。"
乙　我这拧脾气！
甲　当时你不哭了，挑了一个，你爸爸给他十块钱，可是气儿不出。

乙　那一定气儿不出。

甲　你爸爸给钱的时候，要说两句闲话。

乙　那是得说他两句儿。

甲　“瞧好了钱哪，假不假？假了可花不出去。十块钱可给你了，你这儿可还有一口袋哪，这盆里还有五六个，可能照我们这样儿卖。”

乙　你怎么还拿我爸爸做行市？

甲　你爸爸那意思，这些个你都卖十块钱，卖九块九你都不是人。

乙　这对，这对。

甲　当时你爸爸生气了。可是到家你爸爸喜欢了。

乙　怎么喜欢了？

甲　省了钱了。

乙　十块现大洋买一个王八还省钱？！

甲　一定省了钱了。

乙　怎么哪？

甲　你算，一进东安市场就买起，还没走一半儿哪，就花了九十多块钱，逛完市场再花一百也到不了头儿。买了王八，别的不要了，这不是省了钱了嘛。

乙　要是这么一说，是省了钱了。

甲　还有一样儿让你爸爸痛快。你爱哭，一哭哄不好，买这么一个玩意儿，你就不哭。

乙　我跟这王八倒有缘。

甲　你爸爸疼你。

乙　那是疼。

甲　那父子缘分儿大了。

乙　啊？

甲　你爸爸怕咬着你，那个玩意儿咬上不撒嘴。你爸爸找绳儿拴上王八一根儿后腿儿，让你在地上拉拉着玩儿。嗬！你更喜欢了，一边儿拉着它，一边儿跑，一边儿嚷：“爸爸跟着我跑，爸爸跟着我跑。”

乙　这像话吗！

甲　你让你爸爸跟你玩儿。

乙　我爸爸跑得动吗？

甲　小孩儿哪儿懂那个。吃晚饭你也拿着它，睡觉也拿着它，那玩意儿不能在屋里搁，乌龟一撒尿屋里气味大了。你爸爸打你手里拿过来，一瞧，王八腿儿都破了，明儿再拉就拉死了。你爸爸慈善，把绳儿解开了，拿到当院儿，用花盆儿扣上，明儿早晨换条腿儿再系上。这下儿惹了祸了。

乙 怎么惹了祸了？

甲 也不知是护院的，打更的，也不知是底下人，把花盆儿碰了，王八跑了。第二天你一睁眼就找，翻开花盆儿一看没有了，你哪儿答应啊！

乙 又犯拧脾气了。

甲 你躺地下打滚儿，哭："爸爸跑了。"

乙 爸爸没跑，那王八跑了。你说清楚点儿。

甲 你爸爸赶紧派人找，前后好几道院儿全找了，没有。

乙 那哪儿找去。

甲 你爸爸着急，你哭上没完哪！你爸爸哄你："宝贝儿，回头再买一个去。""回头不行，我还拉拉着玩儿。""这阵儿他还没摆摊儿哪。吃完饭行不行？"你在地下打滚儿："我一时不等。"你爸爸也是溺疼："那可怎么好哪！""我就这么拿着玩儿。""来！拿绳子，拴上我腿，拿着我玩儿。"

乙 没听说过，没有这么娇的。

甲 知道你爸爸为什么这么娇你吗？指着你改换门庭哪。

乙 我不就说相声吗？

甲 往后必有大发展。

乙 是吗？

甲 你不凡。

乙 怎么不凡哪？

甲 您念过《幼学》吗？①

乙 没念过。

甲 《幼学》有这么两句："不凡之子，必以奇生；大德之人，必得奇寿。"生你的时候有个先兆儿。

乙 什么先兆儿？

甲 你妈做了一个梦。

乙 做梦有什么新鲜哪？

① 中国旧时蒙学课本《幼学琼林》，简称《幼学》。

甲　梦跟梦不同。

乙　什么梦？

甲　你妈梦见南天门开了。

乙　噢（ǒu）！

甲　打南天门出来一副銮驾，有一百多个仙女儿，一堂音乐，有二十四对檀香炉，仙童捧着，当中有个老太太，穿那个衣裳，戴那个帽子，就仿像《算粮·登殿》的王宝钏一样。骑着个牛，抱着个小胖小子儿，小胖小子儿脖子上还戴着个锁，锁上的字是长命百岁。后头有两个童子，一男一女。每人举着一块大嗦拉蜜糖。这个老太太就把这个小胖小子儿送给你妈了。你妈一乐，醒了，原来是个梦。你爸爸也做了个梦，跟你妈做的梦一样，梦梦相同。要不怎么出奇呢！

乙　不错，啊，有这么档子事，我小时候也听说过，我姥姥跟我提过。无非您说的不老详细的，打南天门出来的那个老太太那是送子娘娘。穿那衣裳，戴那帽子碍不着王宝钏什么事，那是凤冠霞帔。骑着的不是牛，那叫麒麟。举着的不是嗦拉蜜糖，那叫龙凤扇。打扇子两个童子一男一女呀，那是金童玉女，抱的那个小孩啊，那就是我。

甲　这是怎么回事儿哪？

乙　你不懂啊，你没听人说过麒麟送子麒麟送子的？

甲　听说过，怎么回事？

乙　就是我。

甲　噢（ào）！哎呀诸位，您看不凡吧！麒麟送子，打这儿，你妈身怀有孕，等到十个月没生你。

乙　你看，过月儿的小子贵如金嘛。

甲　过一个月，过俩月，没生。

乙　想当初，秦始皇十仨月。

甲　你比秦始皇厉害，十八个月还没生你。

乙　嗬，您听听。

甲　你爸爸可着了急了。

乙　着什么急呀？

甲　你没瞧那票上写着哪嘛："言明十八个月为满，不赎变卖做本，虫吃鼠咬各由天命。"

乙　啊，你把我当（dāng）当（dàng）票了。

甲　赶紧请医生，中西医请了不少，可是哪位也说不出所以然来。

乙　经验少。

甲　后来宛转周折请了一位太医院老先生。这位老先生九十多岁了，这一诊脉才诊出来。

乙　还是经验嘛。

甲　诊完了脉，给你爸爸道喜。说："您的夫人怀着是一位令郎。"你爸爸说："狼！是白眼儿的，是四眼儿的？"

乙　嘿！我是狼崽子。

甲　大夫说："报喜不报忧。您这小孩儿造化太大，不易落生，保大人不能保小孩儿，保小孩儿不能保大人；母子不能两全。"当时你妈一听这话："闻听此言大吃一惊。"

乙　那还不吓一跳。

甲　"不亚如凉水浇头怀里抱着冰。"

乙　要唱评戏《杜十娘》呀。

甲　你爸爸一听这话，这个眼泪一对儿一对儿掉了十七对儿。

乙　你给数了是怎么着？

甲　你爸爸说："孩子大人都要。"大夫说："得花钱买药。"你爸爸说："把这份儿家当都花完了，只要保全大人孩子平安，花多少钱都行。"大夫给开了个方儿，开完了方子，说："这个药，说银子得三千多两，说现洋得五千多块。"

乙　啊，三千多两，什么药这么贵重？

甲　其实就是一味药，得上北京同仁堂去买，别的药铺恐其货不真，耽误事。

乙　这药叫什么名儿？

甲　药方子上写着铁甲将军一对儿。

乙　什么叫铁甲将军哪？

甲　铁甲将军你不懂？

乙　不知道。

甲　就是屎壳郎。

乙　这您可胡说，我们家就是有钱，也不能这么糟。开洼、粪场子旁边，拿水一灌，不就灌出来了嘛。何必花这么些钱？

甲　啊，您说在开洼推粪球儿那屎壳郎？那个没用，这是打印度来的屎壳郎。

乙　干什么要印度屎壳郎？

甲　这你又不懂了，你没瞧药铺那通天招牌嘛："本堂自制川广云贵地道药材。"

乙　啊，是有这么个词儿。

甲　怎么讲？

乙　那可不知道。

甲　这个药材讲究地道，一样儿的东西分什么土脉。红花，本地叫草红花，二分钱一大包；西藏红花呀，五块钱你也买不了一分儿。橘红得化州橘红；别处的橘红啊，那是橘子皮，你土筐里找去，有的是。犀角得暹罗犀角，人参得吉林野山人参，牛黄得京牛黄，阿胶得东阿贡胶。这是土脉的关系，屎壳郎得印度屎壳郎。

乙　于吗单用印度屎壳郎？

甲　印度那地方离赤道近，万物耐热，到肚子里烫不死。

乙　啊，还得活屎壳郎啊！

甲　死屎壳郎你哪儿能降生哪。赶紧派专人去买，纹银三千两买回来，打开锦盒一看哪，一雌一雄，一个官儿老爷，一个官儿娘子。

乙　什么叫官儿老爷、官儿娘子？

甲　官儿老爷脑袋上有尖儿，官儿娘子脑门儿有个小铲子。大夫看着吃药，先吃官儿老爷，后吃官儿娘子。放在嘴里不许嚼，伤它一条腿儿，坏了半拉爪儿，那算白花钱了。难为你们老娘啊，这么大屎壳郎搁在嘴里往下咽。把官儿老爷、官儿娘子吃下去，不到十分钟，您就呱呱落地。

乙　这药真灵。

甲　怎么不灵哪？屎壳郎下去了。

乙　啊。

甲　接着你就降生了。

乙　噢，我是屎蛋哪！

（张寿臣述　立林　立禾记）

抬寡妇*

甲　来了！

乙　来喽。

甲　这回咱们俩伺候各位一段儿对口相声。

乙　两个人说一段儿。

甲　其实也就说个家长里短、小笑话什么的。

乙　可不嘛。

甲　哎，我媳妇你大概见过吧？

乙　没有。

甲　我常见。

乙　多新鲜哪！

甲　唉！你说这事儿，我媳妇和我愣不是一个心眼儿。

乙　她跟谁一个心眼儿？

甲　她呀，跟我哥哥俩人不错。

乙　哟，这话你可别乱说！

甲　这有什么，我呀，把我媳妇倒给我哥哥了。

乙　白给他了？

甲　没有，给了我两块钱。

乙　瞧这便宜。

甲　其实她也不是我的原配。

乙　哪来的？

甲　这是从我兄弟那儿倒过来的。

---

* 一名《牛头轿》。

乙　噢，闹了半天，你们家是一个臭杂拌子！

甲　我把她倒给我哥哥了，我屋里没人了，得赶紧说上一个“脊梁上驮袋子肉”。

乙　这话怎讲？

甲　后婚（荤）。

乙　说了吗？

甲　说了。敢情这后婚花费也不少。

乙　花多少？

甲　花俩数儿。

乙　二百块？

甲　哪儿呀，俩子儿。

乙　花俩子儿呀！

甲　都是我表兄弟他们帮着我。

乙　那也不行啊，一顶花轿得多少钱？

甲　我舅舅开轿子铺，借一顶就成了。

乙　还行。

甲　到了这一天，旁的都齐了，就是轿子没有来——我舅舅把这桩事给忘了。

乙　那怎么办？

甲　轿了全租出去了。我舅舅说：我给你凑合一顶吧。

乙　怎么凑合？

甲　弄个洗衣裳大盆做底。

乙　轿杆呢？

甲　跟那挑挑子的借两根扁担。

乙　轿帷子呢？

甲　把我舅舅的被卧围在外头了。

乙　轿苫子呢？

甲　弄个破鸡罩子搁上头了。

乙　成雀笼子了。

甲　满天星嘛！

乙　那轿顶子呢？

甲　弄个窝头搁上了。

乙　嗬，黄澄澄的。

甲　金顶大轿。这么一个大轿不要紧哪，可不得了！

乙　怎么？

甲　来了四个美国人，用照相机全照下来，弄到美国去了。

乙　是呀。

甲　抬轿子的三个人……

乙　哎，等等，四个人才够……

甲　这叫牛头轿，三个人。

乙　好嘛！

甲　这轿一走起来不要紧哪，我抬头一瞧，糟了！

乙　怎么？

甲　谁把轿顶给吃了？

乙　吃了啊？

甲　喀，没办法，我又买个馒头搁上了。

乙　又变白的了。

甲　金顶轿变成银顶轿嘛。

乙　对了，《芈建游宫》才知道是这么把无祥女变成马昭仪了嘛。

甲　总算把人娶过来了，拜完了天地，入洞房，我这么一看，我的新人哪！

乙　大美人儿呀！

甲　大老太太呀！

乙　老太太？

甲　都八十多岁了！

乙　嗐！

甲　我说："你今年高寿了？"老太太说："我还小哪。"

乙　多大？

甲　"四十二。"

乙　四十二不算大呀！

甲　是呀，我说："你四十二怎么长得这么老啊？"

乙　是呀。

甲　老太太说了："四十二倒是四十二，就是还得加一番！"

乙　八十四啦！

甲　我说："你这么大岁数，我能要你吗？"

乙　不能要。

甲　老太太说："你要嫌岁数大，我就走，我家去把我姐姐给你换来！"

乙　嗐！换她姐姐可就"满贯"了。

甲　老太太说："你别不如心，我给你带个宝贝来了。"

乙　金银财宝？

甲　"给你带个溜光水滑的大小伙子，往后你们俩骗些金银好不好？"

乙　你呀，倒了血霉了。

甲　什么？

乙　这是叫你们俩凑一块儿，打虎放鹰。

甲　老太太说了："哪个兔崽子说我们这是打虎？"

乙　骂人哪！

甲　打虎不打虎，能瞧得出来。

乙　怎么瞧？

甲　老太太说："回头我儿子来了，你瞧，你愿意，我们就在一起混，不愿意，我带着我儿子走，可说不定嫁谁去！"你说，她儿子能不能上我这儿来？

乙　不一定。

甲　还真来认亲来了。买的茶叶、点心，还带些个现大洋来。

乙　这可没承想。

甲　进门先给他妈请安："妈，你好啊，你又嫁谁了？"

乙　好嘛，这位常嫁。

甲　"妈，你给我引见引见，哪位是我爸爸。"老太太说："过去，就是长得跟牛肉干差不多的那个。"

乙　说的是阁下。

甲　这孩子过来还真给我请个安："爸爸，您好啊，我妈嫁给您了，我来认亲来了。"我低头一看，乐了："别逗了，大哥……"

乙　啊，你怎么管他叫大哥？

甲　他跟我岁数差不多呀！

乙　那也不行啊，他妈嫁给你了，你就是长辈，他就得管你叫好听的。

甲　是呀，这小子也这么说："我妈不是嫁给你了吗，我就是你儿子。"

乙　对呀。

甲　我说："你是什么东西？来认亲，是谁叫你来的？"

乙　不是他妈让他来的吗？

甲　不行，我不放心。你想啊，这么大个儿子，不是我亲生自养的，倘若是今后不听我的话，我怎么管教?

乙　啊?

甲　我得赶早把他拍下去，不听我的话，我把脑袋拍破了，送他个忤逆不孝。

乙　真有你的。

甲　我说："来，小子，不是你妈嫁给我了吗?你来认亲，我把你收下了，往后咱变成一家了。"

乙　对呀。

甲　"听我的话，不要紧;不听我的话，我可送你。这里可有你妈的话，没有你妈的话，爸爸也照样送。今后什么事情也得看我脑袋点头过日子。我苦不了你，你明白了吗?"

乙　咦，咱们可把话说明白了:可不是我妈嫁给你了，干吗冲我来呀!

甲　那我冲谁来呀?

乙　我问你:你儿子有多大岁数?

甲　五十多岁了。

乙　穿的什么?

甲　青大褂……蓝……

乙　我说你儿子是干什么的?

甲　说相声的。

乙　噢，说了半天，闹了半天，还是我妈嫁给你了啊!

甲　你还不知道啊?我告诉你，有媒人，说的时候，还没你呢!

乙　没那个事!

甲　到现在你还不愿意，我看你是个傻蛋!

乙　不行!谁妈嫁给你了?

甲　你，你实在不听话，我可要送你了!

乙　你凭什么送我?

甲　有你妈的话。

乙　别挨骂了!

（陈子贞　广阔泉唱片记录本）

托妻献子

甲　您在这儿说哪?

乙　可不是嘛。

甲　我最爱听您的相声啦。哪天我得上您家登门拜访，请教您的高超技艺。

乙　那可不敢，咱们互相研究研究。

甲　您府上在哪儿住?

乙　哪儿敢当“府上”啊，我家就住在 ×× 街 ×× 胡同。

甲　太巧啦，我家也住在 ×× 街 ×× 胡同呀。

乙　住在一个胡同?那，我怎么不认识您哪?

甲　您出去得早，我回来得晚——不得拜街坊，失敬失敬。

乙　好说好说——我这人也马虎。

甲　您在 ×× 胡同多少号?

乙　我住在十六号。

甲　我也住在十六号。

乙　在一个院里?我怎么不认识您哪?

甲　您出去得早，我回来得晚——不得拜街坊。

乙　我这个也真够马虎的!

甲　您住的是靠哪边儿的房?

乙　我住的是靠北的房。

甲　我也住的是北房!

乙　我怎么?……跑一屋里去啦!我也太马虎啦!我怎么不认识您哪?

甲　您出去得早，我回来得晚——不得拜街坊。

乙　住一个屋里都不认识。

甲　您在炕上睡？还是搭铺？

乙　我腰痛——盘了一面火炕。

甲　我也在炕上睡。

乙　嘿！到一个炕上啦！我怎么不认识您哪？

甲　您出去得早，我回来得晚——不得拜街坊！

乙　我就知道是这句嘛！

甲　您睡觉，铺什么，盖什么呀？

乙　我铺一个蓝褥子，盖一床红被子。

甲　我也铺一个蓝褥子，盖一床红被子。

乙　那，我怎么不……我别问啦！我也太马虎啦！都钻一个被窝儿啦，我还不认识呀！

甲　您晚上陪谁睡呀？

乙　我们老两口，陪我媳妇睡。

甲　我也陪你媳妇睡！

乙　走！去！（若有所悟，向观众）得让他回来。回来！（向观众）我呀，来个照方抓药！我说，你在哪住哇？

甲　我……还没找着房呢！

乙　没……不行！你得有个住处！

甲　庙里。

乙　你让我找和尚去呀，得是住家的地方！

甲　我住在 ×× 胡同。

乙　行啦，我也住在 ×× 胡同。

甲　那儿挺好，就在那儿住着吧。

乙　嘿，他不抬杠啊！你得问我："我怎么不认识你呀？"

甲　明摆着我认识你呀！

乙　不行！你非说这句不可！

甲　好，依着你。我怎么不认识你呀？

乙　您出去得早，我回来得晚，不得拜街坊……

甲　您住在门牌多少号？

乙　我住在十六号。北房……还问我呀！

甲　那我怎么办？

乙　等着我问！您住多少号？

甲　我住门牌半号。

乙　我也住半……啊？门牌有半号的吗？

甲　先前是一个大门儿——一号。后来改俩小门儿了——一边半儿号！

乙　瞧这寸劲儿！好。我也住门牌半号。你住的是哪面的房？

甲　我住北房靠南头儿。

乙　我也住北房靠南……转腰子房啊！

甲　先是北房，后来掏了个穿堂门儿——从后院看，是南房，从前院看，是北房！

乙　这新鲜事儿都让我遇上啦！行。我也住北房靠南头儿！

甲　好哇，过堂儿风，夏天凉快。

乙　只要住一个屋儿，冬天冻死我也不怕！（向观众）这就快问到啦！您睡的是炕啊？不是铺哇？

甲　我是炕上搭铺！

乙　我也是炕上搭……有那么睡的吗？

甲　我怕发大水。

乙　咱俩泡啦！我也睡炕上搭铺！

甲　这样儿还练腰腿儿。

乙　（向观众）他总不抬杠！你还得问："我怎么不认识您？"

甲　好，我怎么不认识您哪？

乙　您出去得早，我回来得晚，不得拜街坊。您睡觉铺什么，盖什么？

甲　我铺着麻袋，盖着凉席儿，枕着夜壶！

乙　我也……这都什么卧具呀！我也铺着麻袋，盖着凉席儿，枕着夜壶！

甲　睡惯了又舒服又方便。

乙　您晚上陪谁睡呀？

甲　嗐，我打了不少年光棍儿了，上星期四，朋友把你寡妇嫂子给我说合上啦——我就陪她睡上啦！

乙　我也陪着我嫂子……去！我怎么得罪你啦？拿我这么开心！

甲　我是得拿你开开心。你成名角啦，"乍穿新鞋高抬脚，发财不认老乡亲"啦！孩童起首的发小儿弟兄全忘啦！

乙　这您真得原谅，我们这行是住无定居，交无准友，真正记着的人，有时候知名知姓，可一见着，就眼拙了。

甲 可是，你不该把我忘了哇。咱哥儿俩虽然比不了羊角哀左伯桃舍命全交，也比不了桃园三结义刘关张那种义气。可是也称得起咱们小时候常说的“鸟随鸾凤飞腾远，人伴贤良品格高”哇。

乙 我怎么一点儿也想不起来啦？您先说这“鸟随鸾凤飞腾远”。

甲 比方说，我是个小家雀儿（麻雀），交上了您这么一位大鹏金翅鸟的朋友——您是跟凤凰、孔雀平起平坐的人物，有时候比它们还硬气，它们要去西天，得飞两天两夜，可您哪，两膀一呼嗒，来回儿不用一个钟头。我连飞都不用，就随着您——叼着一根翎毛儿——到西天了，这叫“鸟随鸾凤飞腾远”。

乙 那，“人伴贤良品格高”呢？

甲 比方说：我本来是个挺笨的人，可是跟你这位贤良的人交上朋友啦，日久天长，我就聪明啦！

乙 （得意地）当然啦，你遇上“贤良”了嘛！

甲 对，遇上贤妻良母了嘛！

乙 噢！我是老娘们儿呀！“贤良”是说我这个人在行为上，说话上都是正直的，这叫贤良。

甲 对，所以说，“人伴贤良品格高”嘛！

乙 嗯，这才够朋友哪！

甲 不，这还不够！真正够的，得讲究“一贵一贱，交情乃见；一死一生，乃见交情”！“穿房过屋，妻子不避，托妻献子”之交哇！

乙 您说的这些，我有的懂，有的不懂。像穿房过屋，妻子不避，这好懂。它就是说：你到我家随便出入，孩子老婆都不避讳你。这我明白。可是头一句：“一贵一贱，交情乃见。”——这怎么讲？

甲 “一贵一贱”哪？比方说吧：您是中原公司的总经理，怡和太古招商局的副局长，瑞蚨祥的东家，开滦矿务局的董事长……

乙 我哪儿有那么大的家业呀！

甲 这就是个比方。我哪，小时候家里也够过儿，可是一把天火烧得片瓦无存，只好靠卖报为生。

乙 这可太惨啦！

甲 有一天我刚趸回报来，背着报口袋从《时言报》馆出来，由顺治门大街一边往北走一边吆喝着：“看报来，看报！《北平日报》《时言报》《大公报》！”就听见嘎——

乙　怎么回事？

甲　一辆小汽车停在我旁边儿了。您从车上跳下来，穿的可不是今天这样儿。身穿西服，足蹬革履，笑容可掬地握着我的手："你好，二傻子！"

乙　"你好，四狗子！"

甲　您怎么叫我小名儿呀！

乙　这是高兴的。

甲　您是客客气气地表示亲热："您怎么不认识我啦？"

乙　我不敢认啦。

甲　"我是 ×××——小名儿叫四德子。"

乙　到他这儿改好名儿啦。

甲　您问了我的遭遇，然后说："我还得去北方饭店会客。"说着掏出支票本子，签了一张两千大洋的支票，递给我，"你到交通银行取出来先花着。有事再找我吧，我就住在前门外施家胡同八号，电话是三局四五六七。"

乙　这倒好记。我这朋友够意思吧？

甲　我这是打比方。

乙　甭管怎么着，就算假装儿的，你两千块大洋也到手啦。

甲　是呀，我把它掖在报口袋里，从菜市口往北走："瞧报来瞧报！《时言报》……"走到护城桥头儿上，我一想：有这两千块开个茶酒馆也够啦，何必还扯着嗓子卖报哇！

乙　对呀！

甲　想到这儿，把报口袋摘下来，一甩手——咚！就扔护城河里啦！

乙　报口袋下去啦！

甲　接着我也下去啦！

乙　你干吗下去呀？

甲　支票在报口袋里哪！把支票捞出来，换成现款，做个小买卖儿，日子慢慢地也缓起来啦。这全凭您一膀之力呀！这就叫"一贵一贱，交情乃见"。

乙　那么，这"一死一生，乃见交情"呢？

甲　再打个比方吧。

乙　可以。

甲 比方——您让汽车撞死啦！

乙 你才撞死了哪！

甲 这不是比方嘛！

乙 比方也丧气！我当横死鬼呀？

甲 刚才您怎么当大财主来着！不这么比方看不出交情来呀！

乙 好，我让汽车撞死啦！

甲 您别着急，撞得不厉害。

乙 也就蹭点儿油皮儿。

甲 身子在东单，脑袋带到崇文门去啦！

乙 嚯！还不厉害哪！

甲 您死了。我嫂子娘家还没人，只好由我出头请律师，告肇事的，一折腾就是仨多月呀。打完官司领下抚恤金来，原封不动交给我嫂子。诉讼费、棺材钱、出殡、下葬，都是我拿的。事完之后，把我嫂子接到舅妈家，她们娘儿俩靠着给别人缝缝补补，拆拆洗洗过苦日子。

乙 总算能活过来呀。这就是“一死一生，乃见交情”吧？

甲 对。

乙 还有这“托妻献子”怎么讲？我光知道有句成语叫“托妻寄子”——就是把妻和子托付给朋友，既放心，又信任，自己干事业去。

甲 这“托妻献子”就应验在咱俩身上。

乙 我还得让汽车撞死呀？

甲 您别害怕，这回是好事。

乙 那您说说。

甲 您这人说相声最受欢迎啦。

乙 那是大家捧场。

甲 有一位“常座儿”每天来听您说相声。不论白天晚上，每场必到。

乙 他有那么多时间吗？

甲 这位常座儿有来头哇。人家是一位候补总督，净等哪个省的肥缺一下来，马上走马上任啦。在等委任状的时候啦，闲着没事就听您的相声。听着听着入迷啦！听了足有两个多月。

乙 真是知音人哪！

甲 到仨月头儿上，差事下来啦。

乙 哪儿呀！

甲　广西总督。

乙　大官儿呀。这下儿高兴了吧？

甲　发愁啦！

乙　怎么回事？

甲　月俸二十万块大洋，一任就是五年，连任就是十年，想怎么搂，就怎么搂！

乙　那是美差呀！

甲　美什么呀？广西！当时官府管那儿叫“久反之地”，都害怕苗族、瑶族的人动不动就闹事呀。

乙　那是让汉族的官儿给欺负的。

甲　所以呀，到那儿的官儿都有两手儿准备——一手抓钱，一手准备卷行李——跑！

乙　好嘛！拖家带口的，能跑那么利索吗？

甲　他有办法，不带家眷哪！

乙　一天两天行啊，一气儿就是五年；好一好儿，十年就下去啦！

甲　他也为难哪。心想：我这一去就是五年、十年的，不带太太，多闷得慌啊！想来想去，就想到您这儿啦！

乙　噢，让我当太太去呀，不去！

甲　您别生气。人家的意思：是在没事儿的时候让您给说几段儿相声或者给读读三国、列国、东西汉，水浒、聊斋、济公传——好解解闷儿！

乙　吓我一跳。

甲　一月五千块大洋，您去不去？

乙　那，当然去啦！

甲　可有一样，人家总督大人不带太太，您能带着我嫂子吗？

乙　那可不能。

甲　可是，您刚结婚才一个多月，您又上无三兄，下无四弟；三亲六故走的走，死的死；在这个地方就是我这么一个朋友，留下个花不棱登的小媳妇，托付给谁好呢？

乙　嘿！（向观众）是门儿他都堵死啦，只好交给他啦！（对乙）唉，那就托付……给你吧……唉……

甲　把媳妇交给我——你放心吗？

乙　（咬着后槽牙）……放心！

甲　大家听听他这动静儿，（学乙）“放心”！你放心哪？我还不放心哪！

乙　你有什么不放心的？

甲　你走啦。我不把你媳妇接我家来吧，又怕万一出点儿事儿，我对不起朋友。

乙　那就……接你家去吧。

甲　咯！你媳妇那年纪儿，我这个岁数儿，这年头儿舌头根子底下压死人，万一传出去，好说不好听的——我是活着我是死呀？我得要（指自己脸）这个。

乙　他还是位要脸的人。

甲　我狠了狠心，在胡同里给租了一正两厢的一所三合院儿。跟房东说好了，每月到我家取房钱。平常让你媳妇把街门上闩——这叫“大门不出，二门不迈”。省得流氓无赖捣乱。

乙　想得真周到。

甲　月初我取了钱，先买一袋儿白面，二十斤大米，二百斤煤球，五十斤劈柴，油、盐、酱、醋办齐喽，雇一辆车，到门口卸下来，冲街门一喊：“嫂子，东西齐全啦，您开门自己慢慢倒腾吧，我走啦！”

乙　嗐，你给送进去怕什么的？

甲　嗐，你媳妇那年纪儿，我这岁数儿，这年头儿舌头根子底下压死人，万一传出去，好说不好听的——我是活着我是死？我得要（指自己脸）这个。

乙　嗯，避点儿嫌疑也好。

甲　过个十天半个月的，我就用布口袋装上十块八块的走到墙根儿底下：“嫂子，这是几块零花钱，您接着。”——随着墙扔进去啦。你媳妇把钱收好了，把口袋扔出来啦！

乙　你就叫开门，进去递给她多省事。

甲　嗐，你媳妇那年纪儿，我这岁数儿，这年头儿……

甲
乙　舌头根子底下压死人，万一传出去——我是活着我是死？

乙　我就知道是这句嘛！

甲　您放心，白天我是一天一天地不进去！

乙　对啦！晚上你是整夜整夜地不出来！

甲　那不能，我得要（指自己脸）这个。

乙　你的（指甲脸）这个，还不如（指自己臀部）这个哪！

甲　你真是以小人之心度君子之腹！我白天不去，晚上更不去啦！古语说“朋友妻不可欺”呀！

乙　说得有点儿道理。

甲　简断截说，一晃儿差两个月就到十年啦！这天我忽然接到您一封信，说您攒了四十来万现大洋了，下个月回家。还托付我给看几所房子，合适就买下，回家就养老啦，这是好事吧？

乙　行，我这老运还不错。

甲　我看完这信，心里这……

乙　高兴啊。

甲　难过呀！

乙　难过？

甲　这回不能不进你媳妇家门啦。

乙　嗯？

甲　到你媳妇那儿，她正给孩子喂奶哪！

乙　喂奶？

甲　啊。小不点儿，刚怀抱儿哇！我坐下之后就叫她：“嗨！”

乙　嗨？这是什么称呼哇？！

甲　“他来信啦，最近就要回来。咱俩得商量商量啦！”

乙　“商量商量”？

甲　你媳妇说：“你看着办吧，反正也这样儿啦……”

乙　我听这话怎么这么别扭哇！

甲　正说到这儿，俩大孩子放学啦！大的八岁，二的六岁，进门一摘书包就叫我“爸爸”。

乙　“爸爸”？

甲　我每人给个嘴巴：“别他妈叫爸爸啦！叫爸爸就出人命啦！记住喽，从明天起，一概不准叫我爸爸。等过个一个来月，来一个人，这人长得（根据乙的模样形容身材、面貌、穿戴）这样儿，你们俩给他磕头管他叫爸爸。再见到我就改口叫叔叔，明白了吗？要是记住了，我每天偷偷给你们俩每人两毛钱买糖吃。要是叫走了嘴，我扒你们的皮！”

乙　（阴阳怪气地）仨孩子，小个儿的也得嘱咐嘱咐哇。

甲　不用。才怀抱儿，不会叫人呢。又过了一个月，接到您的电报，

说 × 月 × 日 × 时到家。我租了两辆汽车带着你媳妇跟孩子们，到车站把您接回来。家里早把火锅儿生好啦，烤鸭子也叫来啦，您往当中一坐，左边是我陪着，右边是你媳妇，对面是孩子，团团围住，轮流斟酒。您可真称得起是衣锦还乡，贤妻娇子，人财两旺，富贵荣华呀！您说，没我这朋友行吗？

乙　真是。我可得好好谢谢你。

甲　这就见外啦，往后咱还得交哪。

乙　交？我他妈拿开水（打甲）浇你！（边打边说）浇你？气急了我还烧你哪！

甲　我怎么啦？

乙　怎么啦？我问问你：我出门几年？

甲　整整十年！

乙　这些孩子都多大？

甲　大的八岁，二的六岁，怀抱儿小丫头八个月。

乙　我问你，这仨孩子（打甲）哪儿来的。

甲　您先别打，听我说……

乙　（打甲）快说！

甲　你总打，我就说不完全啦！

乙　（停手）好，你说！

甲　我先问问你，你今年多大啦？

乙　四十二。

甲　再出门十年呢？

乙　五十二。

甲　对呀，您结婚一个多月，夫妻就离开了。一分手就是十年，再回来已经年过半百啦！结婚一个月，哪儿能那么巧就怀孕哪！十年当中是发大财啦，可是回家以后就该伤心啦！

乙　怎么？

甲　这叫“财齐人不齐”呀！膝下连一儿半女的都没有，心里能不愁吗？

乙　是呀，我愁死也不用你（打甲）帮忙！

甲　（着急地）又打上啦！您容我把话说完了好不好？！

乙　快说！说不出个“子午卯酉”来，完不了！

甲　（大声地）好，干脆我挑明了说吧！你五十二岁才回家，就算转过年来，你媳妇给你生了个儿子，你可就五十三啦！把孩子拉巴到十七岁，你就正好七十啦！甭说得孩子的济，古语说，“人生七十古来稀”，弄巧了，连儿媳妇儿都没等娶上，你就魂归西天啦！我为了朋友，把自己的亲生骨肉四个孩子当中的两个小子一个姑娘挑出仨来——大小子八岁、二小子六岁，小丫头儿怀抱儿都给你啦，我自己就把四岁的三小子留下啦，为的是让你回家能够儿女双全（哭泣）……让你享享天伦之乐……想不到……让你连打带骂……这是我交朋友的……下场啊……

乙　哎呀兄弟，哥哥错怪你啦！

甲　我算瞎了眼啦……

乙　别生气啦。

甲　我委屈……能不气嘛！

乙　兄弟，你再生气，我就跪下啦。

甲　那倒不必……把我的心情表明出来就行啦。

乙　全清楚啦。怪我性子太急啦！

甲　这回你明白了吧？——孩子是我的！

乙　这我就放心了。

甲　可是你媳妇养的。①

乙　一个样啊！

（于世德述）

① 据于世德回忆张寿臣先生当年演此节目，当乙说出“这我就放心了”后，甲对观众说：“真倒霉！我光棍儿一人儿，揽这麻烦事干什么！”说完下台，当时包袱并不响，可是一两分钟后观众回过味来：啊，是乙的媳妇养的！场内发出一阵大笑。但由于观众回味后再笑起来，常干扰后面接场节目效果，张寿臣先生就改用这个底了。

变兔子

甲　天理循环报应，你信不信？

乙　什么叫天理循环报应？我不信！你说的这种话简直就是迷信！现在是破除迷信的时代，说这话实在糟心！

甲　虽然是破除迷信，但是报应是有的，你不要看轻了！

乙　据我看，现在社会上的事，一点儿报应也没有！

甲　怎么呢？你说一说！

乙　我看了许多的人，他做了一辈子的善事，然而没有好结果；又有许多的人，他做了一辈子的恶事，应当报应了吧？但是他好端端地死了，一点儿报应也没有。怎么你偏说有报应呢？

甲　你看，你不信不是！昨天夜里我做了一个梦，就梦见报应了！

乙　你做的什么梦？可以对我说一说吗？

甲　可以，可以！我昨天晚间，吃完了晚饭，因为累了一天，所以老早就躺在炕上睡了。刚躺下不大的工夫，就见有两个小鬼，青脸红发，两半儿的尖脑袋，一个拿着一根长铁锁链，一个拿着一根狼牙棒。

乙　了不得了，你快死啦！

甲　进得门来，那一个大一点儿的小鬼就说："他就是 ××× （此处说自己名），快把他锁上了，带回去交差！"

乙　你怎么样啊？

甲　我一听：糟啦！赶紧就给那两个小鬼跪下了，我说："二位大人饶命！我在阳世三间，并没有做什么坑蒙拐骗、损人利己的事呀，您怎么拿我来了？是不是拿错人啦？叫 ××× 的不只是我一个人，恐怕还有呢！”

乙　那小鬼说什么？

甲　他们说：“什么错！拿的就是你，你不是叫 ××× 吗？”我说：“是呀！”他们又说：“你不是说相声的吗？”我说：“对呀！”他们说：“那就更没错了，不用废话，赶快跟我们走。”

乙　你怎么样？

甲　我说：“我没有犯法，我不去。”那大一点儿的小鬼说：“你当真不去吗？”我说：“当真地不去！”他又说：“你果然地不去吗？”我说：“果然地不去！”那大鬼说：“好！不去好！来，快快把他……”

乙　放了！

甲　“锁起来带走！”我一听这话呀，简直是糟了嘛！那小一点儿的小鬼一下子给我锁上了，我还是打坐坡不走！“好！”把那个大个小鬼招恼了！乒乓五四地就这么一打，打得我直叫妈。

乙　还是不走！

甲　狼牙棒打在我的身上真疼，我一阵嚷嚷好似狼嗥鬼叫！

乙　好骨头！

甲　没法子，去就去吧！跟着他们走到了阎罗殿。嗬！原来阎罗殿阔着呢！不像我们家似的，就住一间房。

乙　废话！

甲　阎罗殿是北房，一条脊九间大殿，东西配殿各五间，正殿上面设着一张宝座，那阎王爷坐在上面，左右站着牛头、马面、判官、小鬼等等的鬼神。两旁的配殿房檐下边，站着许多的男男女女。

乙　是做什么的呀？

甲　全都是候审的，我到那儿一看哪，嗬，净是熟人。你正在西殿的西南旮旯那儿蹲着呢，还有 ×××、×××、×××（此处说三个同行的人或说三个能与自己开玩笑的人，不过观众必须要全知道这三个人的名字方好），你们四个人全都在那儿呢！

乙　我没去！

甲　我一见你们在那儿，很是莫名其妙，一问你们四个人，原来你们也是同我一样地被锁了来。就见有许多的小鬼来来往往地，一会儿带进一个来，一会儿又拉出一个去，真是男男女女、老老少少，也有哭的，也有笑的，样样俱全。我们正在看得有趣的时候，就见十多个小鬼，手中全拿着狼牙棒，一直地就来到我们五个人的跟前，拉着咱们五个人，到了阎罗殿下，我头一个先跪下了。

乙 㞞骨头！我们不跪！

甲 你们随后也跪下了，不但跪下了，而且直磕响头。

乙 哪儿有那么一回事！

甲 就听上面坐着的阎王爷问道："你们叫什么名字？"咱们自己把自己的名字说了，阎王爷又问："你们在阳世三间做什么事？"我们说全是说相声的，并且全都是安分守己地过日子，没敢做一点儿犯法的事情，请阎王老爷开恩。阎王一听咱们全是说相声的呀——

乙 就不用提多么喜欢啦。

甲 不用提多么生气啦！

乙 为什么生气呢？

甲 就听上面啪的一声。

乙 打了你一狼牙棒吧？

甲 不是！阎王老爷一生气，拍了一下惊堂木，说："好嘛！我一看你们五个人的脸……"

乙 就是好人！

甲 "就不是好东西！就不是安善的良民！果然不出我所料。"我赶紧说道："请问阎王老爷，我们说相声的，怎么会不是安善良民？"

乙 对呀！

甲 阎王爷又说啦："你们这些东西，在阳世三间，不说找一点儿正当的营业去做，偏偏地去说相声，我也曾常常地得到报告，说你们这一行人，嘴尖舌巧，骂人不吐核儿，时常地骂鬼骂神，想起什么就说什么，满口没有一句好话，真正可恨已达极点！我早就有意思办你们，不过你们的阳寿还有，阳阴不便，所以总也没得办你们。今天你们的阳寿已尽，到了我这儿来，我先用油锅炸一炸你们再说。来呀，把他们五个人先下油锅！"我一听要糟，往前跪爬半步，直磕了八十个响头。你们都跟着我磕响头，连声地大喊："冤枉！"

乙 实在是冤枉嘛！

甲 那阎王老爷一听，忙又把咱们五个人叫回去问道："你们还有什么冤枉？难道方才我说你们的话不对吗？"我说："对是对，不过嘴损的行当不只是我们说相声的这一行，凡是生意买卖差不多全是这样，并且还有比我们骂人更甚的，您如果不信，可以派人去调查。”

乙 对呀，嘴损的人岂止咱们说相声的！

甲 阎王爷说：“你们说一说哪一行比你们嘴损！”我说：“就是北平笑社的那一群人，什么陈逸飞呀，景孤血呀，王梦曾呀，耿小的呀，张艳篱呀，成扶平呀，张笑侠（这全是编著者的朋友）呀，这一群人，一天到晚地坐在家里拿着一管笔，净做些稿子在北平的各报上胡骂，请想他们比我们更可恨不是？”阎王爷说：“好，你们这一报告，减轻你们一点儿罪吧。不必炸他们了，叫他们托生去吧！”我一听，可好了，少受许多罪。你猜叫我们托生什么去？

乙 还托生人吧？

甲 哪有那么好的事呀，那几个小鬼把咱们几个人带到了一处，拿出五张兔子皮来，我一看哪，好，要变兔子！

乙 那多缺德呀！

甲 可不是嘛！一细看哪，是四张公兔皮一张母兔皮。你头一个机灵，拿了一张公兔皮披上就跑了，他们三个人一看哪，也一人拿一张公兔皮跑了。我一看哪，好！你们四个人真机灵，把公兔皮全拿走了，就留下一张母兔皮给我。我一想：这可真糟心！托生一个兔子，本就够糟糕的，尤其是托生母兔子，更糟心了。

乙 那你也得认可。

甲 倘或要是遇见了你们这四位，跟我一开玩笑，那可真糟。我心中正寻思的时候，那个小鬼拿着狼牙棒问道：“人家四个人全走了，独你不走，还等什么？莫非等打吗？”

乙 对呀！

甲 我说：“得了，鬼大人鬼老爷！您多辛苦，给我换一张公兔子皮吧！”那小鬼说：“不成不成，这是公事，拿出来什么就是什么，不能更换的！”

乙 一定不能更换。

甲 我说：“您多辛苦，我这里还有一百块钱，送给您，请您行一点儿好给换一张吧。不然他们全是公兔子，独我是母兔子，我们素日好开玩笑，他们要是在高粱地里看见我，一开玩笑可怎么好，请您多辛苦吧！”

乙 那小鬼认可了吗？

甲 那小鬼一听这话呀，气更大了，说道：“你当是在阳间呢，打官司受你们的私情。我们这阴间里是铁面无私的，你赶快把钱收起来，还是赶快走，别捣乱，我们这儿忙得很。”

乙　好，阴间如何受私情！

甲　我还是不愿意动！

乙　怎么还不愿意动呢？

甲　那小鬼可气急了，拿起狼牙棒照我脑袋就是一狼牙棒！

乙　该打！该打！

甲　我脑袋上一疼，醒了，睁开眼睛一看哪，红日满窗，一看表呀，十点钟了。再看看自己身上还是人，并没变兔子。嘿，你们四个人真鬼，把公兔子皮拿走，给我留下母兔子皮。

乙　别挨骂啦！

甲　怎么你们占了便宜反说我挨骂？

乙　那是一定你挨骂！

甲　怎么？你说一说。

乙　说了半天，临完了我们四个人全变了兔子走了，你虽然是母兔子，但是可没有变。咱们谁机灵啊？

（张笑侠搜集整理）

怯相面

甲　刘先生。

乙　焦先生。

甲　您在这儿哪？

乙　可不是嘛。

甲　您不认识我吧？

乙　我眼拙。

甲　别看您不认识我。

乙　谁认识您？

甲　我可认识我呢！

乙　多新鲜哪！

甲　我跟您是同行。

乙　也说相声？

甲　我绑票的。

乙　绑票？

甲　我是相面的。

乙　江湖道！

甲　我这相面的特别。

乙　有什么不同？

甲　不要钱白相。我有堂号。

乙　贵宝号在什么地方？

甲　前门外琉璃厂，有我的住家。

乙　是是是。

甲　我的字号叫“相面堂”。

乙　相面堂？
甲　对。
乙　白相？
甲　不要钱。
乙　白给相面，你给我看看相怎么样？
甲　我看您这气色就不错呀，有造化。
乙　您这是奉承我。
甲　您的五官长得也好。
乙　怎么个好法？
甲　都单摆浮搁的。
乙　废话，长一块儿成包子啦。
甲　您说您有没有造化？
乙　我一定没有造化。
甲　没有造化？您看您穿得也挺阔气的，吃得也不孬，有造化！
乙　有什么造化？
甲　你是无福之人生在有福之地呀。
乙　是吗？
甲　你把掌法伸出来我看看。
乙　什么叫掌法？
甲　就是您的手。
乙　您看看。
甲　男子要绵，女子要柴。
乙　怎么讲？
甲　男子手如绵，无钱必有钱。女子手如柴，无财必有财。
乙　嗯！
甲　这叫指，这叫掌，指为龙，掌为虎。只许龙吞虎，不许虎吞龙。指长掌便好，掌长指短要分详。你这手倒是好手，不管怎么说都分瓣儿。我再看看你的五官。
乙　你细细给我看看。
甲　五官分鼻、口、目、眉、耳，都有别名：眼为监察官，眉为保寿官，耳为辖听官，嘴为出纳官，鼻为审辨官。
乙　是。
甲　这是楼外楼，这是天外天，这是山海关，这是打虎山。

乙　全在我身上长着呢。

甲　您的五官都好，就是眼睛不好。

乙　我眼睛怎么不好？

甲　你长的不是人眼。

乙　我揍你，有不长人眼的吗？

甲　你也不配长人眼。

乙　怎么不能长人眼？

甲　如来我佛长的是人眼。

乙　眼睛有什么说道？

甲　龙眼人登基坐殿，凤眼人主于昭阳正院，虎眼人当元帅，鹿眼人必出家，蛇眼人曲曲弯弯，狼眼人心必狠，狐眼人必偷盗，你配长人眼吗？

乙　你说我长的什么眼？

甲　你长的是两只鸡眼，鸡眼人好斗，你还不是本地鸡。

乙　什么鸡？

甲　外国鸡①。

乙　我还会变色儿哪。

甲　你这五行也不错，我再看看你胖瘦，十个胖子九个富，九个胖子没底库。

乙　我呀？

甲　我方才说的对不对？

乙　对倒是都对。

甲　我这个算卦的和他们别人不一样。

乙　有什么不同？

甲　有的他不叫算卦的，他叫生意门儿。

乙　为什么？

甲　生意他是先写后问，他能算你父母在不在世，妻室大小，多会儿走运，多会儿发财。

乙　是啊。

甲　都是先写后问。

乙　怎么个先写后问？

---

① 指吐绶鸡，通称火鸡。

甲　你问点儿什么事吧?

乙　你说我父母还在不在吧。

甲　写十个字就能解决问题，你父母在不在世都行。

乙　哪十个字?

甲　父母双双不能克丧一位。

乙　我父母都在世。

甲　先生写得明白：父母双双不能克丧一位。一位也没死。

乙　我爸爸死啦，就剩下我母亲啦。

甲　写得明白：父母双双不能，克丧一位。还有一位。

乙　我父母要都死了呢?

甲　也是这句话呀，父母双双，不能克丧一位。要死都得死！你可千万别上这个当啊!

乙　是啊。

甲　我刚才相您胖瘦。

乙　你再给看看。

甲　胖人也上相，瘦人也上相，瘦人分两种。

乙　哪两种?

甲　瘦知瘦，寒知寒，寒瘦之人不一般，瘦有精神终必运，寒勿兴财保孤单。

乙　是啊?

甲　看完你胖瘦，再看你少、中、老三步大运。

乙　啊。

甲　今年贵庚，青春下行几十，多大年纪?

乙　都是废话，我呀三十六岁。

甲　三十六岁，你是八岁运通，八岁、十八岁、二十八岁，下至山根上至发，有财无库两兑销，寒了印堂修在大。你说你是富贵相，还是贫寒相?

乙　一定是贫寒相。

甲　贫寒相你也吃好的，穿好的。

乙　我是富贵相?

甲　富贵相你不在家里待着往外边跑什么?

乙　我到底是什么相啊?

甲　你是无福之人生在有福之地呀。

乙　噢？

甲　再看你这岁数，我也不是奉承你，也不瞎说。

乙　是。

甲　你今年不是三十六岁吗？

乙　对呀。

甲　明年你就三十七啦。

乙　我知道。

甲　从你这印堂来看，别拿我这话当儿戏呀。

乙　不能。

甲　由你三十六岁开始，你就由楼下往楼上走啦，步步登高。

乙　是吗？

甲　一天比一天好，一天比一天强。

乙　是啊！

甲　你是由打三十六、三十七、三十八、三十九、四十、四十一、四十二、四十三、四十四、四十五、四十六，这十年，我见阁下必给您道喜。

乙　我一定是大发财源。

甲　你一定是祸在眼前。

乙　别挨骂啦！

（焦德海　刘德智唱片记录本）

怯拉车

甲　这回咱俩说段儿《怯拉车》。这段儿的意思，就是说拉车的和拉车的也不一样。

乙　拉车卖力气挣钱，有什么不一样的地方？

甲　拉车分三六九等，有会拉的，有不会拉的。有挣多的，有挣少的。

乙　那您说说，都能有挣多少钱的？

甲　一般的拿白天来说吧，早晨六点出车，午后六点收车，拉十二个钟头。

乙　能拿回多少钱来？

甲　两三块钱。这是一般的。

乙　还有呢？

甲　还有的十点出车，四点收车，拉六个钟头。

乙　能拿回多少钱来？

甲　四五块钱。

乙　这个挣得多呀！

甲　还有的十二点出车，三点回来，拉三个钟头。

乙　能拿回多少钱来？

甲　七八块钱。还有一点半出车，两点回来，半点钟。

乙　这能拿回多少钱来？

甲　八九十块钱。

乙　怎么挣那么多？

甲　连车都卖啦！

乙　把车卖啦！

甲　废话！半拉钟头能拉八九十块吗？真拉那些钱，我也拉车去啦。反正是会拉的能多拉钱。有这么一种拉车的，叫“车油子”。

乙 怎么叫“车油子”？

甲 就是他嘴能说，他要拉一天就够那普通拉车的拉半拉月啦。车也干净，穿得也漂亮，人家拉车都找有人的地方，哪儿有人车往哪儿搁。

乙 他哪？

甲 他专找没人的地方，哪儿没人他往哪儿搁。把车拉到胡同里边，站在胡同口里等座儿，一般的座儿他不拉，他净拉这样儿的……

乙 哪样儿的？

甲 这位走道慌里慌张，提个大皮包，扛着铺盖卷，眼睛四外看。

乙 这位找什么呢？

甲 这意思是找车。你甭找他，他一会儿过来就找你。到你跟前冷丁吓你一跳，“喔嗬！您上哪儿去？”“啊！”这位心里话：我不认识他呀！“啊！我上车站。”“噢！您上车站哪？您坐车走吧，我拉您去。”这才知道他是拉洋车的。

乙 这位坐吗？

甲 这位正找车呢，能不坐吗！“多少钱啊？”“您怎么还提钱呢？提钱不远了吗？”

乙 那意思……

甲 就好像他们俩有多大交情，这叫“背心不叫背心”。

乙 怎么讲？

甲 “套头”！不跟这位讲价儿，这位胆儿还小：“我说，你还是说说多少钱。”“您看您怎么啦？我能跟您多要钱吗？有零的您就多给点儿，没零的拉倒，我待着也是待着，就是我白拉一趟又有什么关系？您上车吧！”

乙 这位呢？

甲 这位一想啊：不跟我讲价儿，这是瞧得起我呀！人抬人高，自尊自贵。你敬我一尺，我敬你一丈。你不是不跟我讲价儿吗？到地方我多给点儿。这位心里也有谱，搁这儿到车站一般得四毛钱；这位那意思到那儿我给五毛，多给一毛。这位心里可打五毛钱的谱儿，上车啦。

乙 五毛可不少。

甲 五毛？一会儿就知道多少钱啦！这位在车上坐好了，拉车的抄起车把来，一拿车把你就知道他是行家，“力巴”。

乙　从哪儿能看得出来呢？

甲　行家拿把拿阴阳把。

乙　什么叫阴阳把？

甲　就是一个手在头里，一个手在后头。这么拿把有好处。

乙　那有什么好处？

甲　这不容易打天秤。

乙　什么叫打天秤？

甲　你比方说不会拿阴阳把，两手都在头里，再赶上这位坐车的胖一点儿，往后一靠，您说那后边得多沉啊，稍微一不留神，拉车按不住把，往后一扬，那位就得由后边摔下来，这叫“打天秤”。

乙　啊，这真险！

甲　会拉车的没这事，端起把来，跑起步来都好看。

乙　您学学我看看！

甲　就这样儿（做拉车动作）。

乙　嘿！您学得真像，您拉过车？

甲　我哪儿拉过这个！不过是学学这个样。这位拉起来跑，一边跑着嘴里还不闲着，跟这位“搭咕”着：“您上车站，一定是出城吧？”“啊，可不是吗！”“您什么时候回来？”“七八天。”“您回来我车站接您来。您这回出城我希望您大发财源。嗐！哪行人都比我们强啊！拉车是真难啊！可也分拉着什么样的主儿，拉着好的就多给点儿，拉着不好的就少给点儿。我昨天拉着那位就不错，那位的穿戴打扮跟您差不多，也是搁这儿上车站。谁都知道搁这儿上车站是四毛钱，那位给一块五。今天拉您也少给不了。”“啊！”这位一听，好嘛！这才明白他为什么不讲价儿，这方子开出来啦，一块五。这位想：“到那儿这一块五我给不给呢？要真给一块五，这脑袋得多大啊！不给？这高帽给我戴上了。”这位一琢磨：“要钱在你，给钱在我。”这位车上找点儿毛病：“快点儿！”

乙　催车，那就快点儿吧！

甲　快点儿？不但不快，他还有话回答你。

乙　他说什么呀？

甲　“大爷，不慢，您是看刚过去一辆汽车，你觉着我这辆洋车慢了。

我要跟牛车走一块儿，我比它快多啦。”

乙　有跟牛车比的吗？

甲　“你快点儿！我有事。”“您放心吧！误不了您的事。”他可光顾了回头跟这位说话啦，马路上有个人他没看见，咣！把人碰了。

乙　这回可惹了祸了！

甲　没关系，只要这人碰不死就没事儿。

乙　那他怎么办哪？

甲　他碰人有碰人的办法，没留神，咣！把人碰了。赶紧撂下车把，给这位赔不是：“哎，这怎么说的，您看您一慌，我一忙，我把您给碰了。”

乙　那意思？

甲　那意思是不赖我，俩人都有不是，你不慌我碰不着你。

乙　那人不答应啊！

甲　这位还真不听邪，上去就一嘴巴子。

乙　这嘴巴子打上啦。

甲　没打着。

乙　怎么没打着？

甲　会拉车的专门搪嘴巴子。

乙　怎么搪？

甲　这位一扬手，拉车的鞠躬：“您别打了！”这巴掌就搁上边过去了。

乙　没打着。

甲　头一下没打着，二下就不能打他了，他那话也让你过得去。

乙　噢，他说什么？

甲　“得了大爷，就是您打我两下，我不已经把您碰上了吗！您要是把我打个好歹的，我可就不能出车了。我家里八口人，就指着我拉车吃饭，我有七十多岁父亲，我有六十多岁母亲，不都得跟我挨饿吗？大爷，您还能打我吗？”

乙　这位呢？

甲　这位挨了个“窝心碰”：“哎呀！都岔气了。”“大爷，您看怎样？您要重了您上车我拉您上医院看看！您要不大要紧呢，那您就原谅原谅我吧。”这位也没主意了：“这你是碰了我啦……”

乙　这要是碰了别人呢？

甲　碰着别人也这套。这位说：“往后拉车留神点儿！”“您放心吧！

我绝对留神。”“去吧！”白碰啦！

乙　嘿！他真有两下子。

甲　像这回端起车把，你就别说话了！

乙　嗯，不能说话啦。

甲　他还说。

乙　说什么？

甲　“大爷，您看多危险，刚才撞着人是没怎样，这要撞死，打官司得我去。”废话！你不去谁去！

乙　坐车的能替你打官司吗？

甲　拉着拉着到了：“您下车吧！您看车误了吗？”这位一瞧表啊，这差六分钟，买票上车将赶趟儿。这位下车，拉车的擦汗。

乙　噢！他跑一身汗。

甲　哪儿，一点儿汗也没有。

乙　那干吗擦汗呀？

甲　他这是给那坐车的瞧呢。一边擦汗一边说：“大爷，这天不算热啊，您看我这一脑袋汗，我拉别人没出过汗。”这位一想：好嘛，就拉我出汗。这位那意思你甭弄这套，你不就要一块五吗，这位想我就给你一块五，准知道少给也得跟我磨烦。“好好好，我给一块五。”“我谢谢您吧，您哪天回来我哪天接您来。”这位心里的话：“你放心吧！下回我看见你我就跑。”这位一伸手掏出两块来：“找五毛！”

乙　那就赶紧找人家五毛钱吧。

甲　找五毛？要找给你还叫能耐？

乙　不找行吗？

甲　不找他不说不找：“哎呀！您这是两块，我得找您五毛，可是您是头一位财神爷，我一个子儿零钱也没有，您要不忙您等一会儿，我上城里给您换钱去！”这位一听：“别换啦！好嘛，城里换钱！等你换回来车早就开啦！行啦，那五毛我也不要啦！”两块全归他了。

乙　嘿！他真有两下子。

甲　这一趟他就拉两块，别的拉车的得拉多半天，这是会拉车的“车油子”。

乙　还有不会拉车的？

甲 有啊！

乙 谁不会拉呀？

甲 我二大爷！

乙 你二大爷怎么回事？

甲 那时候我正在北京学徒，我二大爷搁老家找我来了，说话的口音是这味儿：（变口音）“小儿啊，我来了，你给我找个事做做！”“哎哟！二大爷，连我还没辙呢，我给您找什么事呀？我也不知道您能干什么呀？”“有个买卖我能干。”“什么买卖？”“刚才我在街上看见了，有一个小箱子，有俩轱辘，头里有俩棍，那个人拉着跑，那个人在里坐着，那个买卖我能干。”我一听就明白了。

乙 干什么的？

甲 拉洋车。我说：“您要能干那个还行，我有个磕头的大哥，在北京开车场。您要能干那个跟我走吧！”我把我二大爷领到我大哥那儿去啦：“大哥，我二大爷搁家来了，没事可做，你给弄辆车让他拉拉！”我大哥一瞧我二大爷这打扮呀，有车也不赁给他。

乙 那你二大爷怎个穿戴？

甲 都六月啦，天正热的时候，人家都穿条单裤……

乙 他呢？

甲 他穿条棉裤。

乙 棉裤？

甲 哎，应名叫棉裤，棉花絮得不多。

乙 四两？

甲 六斤半。

乙 嗬！

甲 老寒腿。他这条棉裤，白天穿着，晚上拿它顶门都行。

乙 好么，比杠子还硬。

甲 瞧这两只鞋多好呀！

乙 他穿的什么鞋呀？

甲 一只靰鞡，一只毡疙瘩，这靰鞡还没绳，毡疙瘩没底。

乙 嘿！瞧这两只鞋。

甲 我大哥一瞧，二大爷这打扮呀，好车赁给他哪儿拉钱去？不赁又怕对不起我：“哎呀！好车可没啦，这么办吧，你看房上那车行不？”

乙　车怎么还在房上搁着?

甲　这洋车都上房了，你想好得了吗?抬下来我一看，拉不得啦。

乙　怎么啦?

甲　车厢也散了，车把也剩一根半了，头里横梁也没了，这俩轱辘多好啊，一个有胶皮的，一个没胶皮的。

乙　嗬!

甲　我一瞧这车怎么拉呀?我二大爷还能将就:“这个没关系，修理修理就行了。”“你要能修理，咱抬家去吧!”

乙　车怎么抬回去了?

甲　没法拉了，可不就得往回抬。抬家去了。我二大爷还真有两下子，先买点儿洋钉，钉钉。像那买钉子你就先看看这洋车子板呀!车厢板是五分的板，你要买三分四分的洋钉钉上不正好吗?他买这洋钉呀……

乙　多长?

甲　二寸五!

乙　嗬!

甲　你倒搁里边往外钉呀!

乙　他哪?

甲　他搁外边往里钉，当!当!当!把这钉子都钉了，你还别说，外边还挺平整。

乙　里边呢?

甲　里边露着二寸的尖儿。你倒把它砸弯了啊，他也没留神，弄条麻袋盖上了。

乙　好么!连车垫子都没有。

甲　两根车把不是剩了一根儿半吗?

乙　这没法拉呀!

甲　这边绑根儿扁担，头里那横梁没了，弄根文明棍儿绑上了。

乙　他真能凑合。

甲　就这样儿他就把这车拉出去了，你就找个有人的地方呀，哪儿没人他搁哪儿。这洋车他就放到死胡同里去了。由打早晨六点出的车，都十二点多了。

乙　拉几个座儿?

甲　没开张!

乙　那哪儿能开张啊！

甲　你还别说，还真有这倒霉的，那位老远就瞅着这个车了："洋车！洋车！洋车！"

乙　他没听见？

甲　听见了，头一句他就听见了。

乙　听见他怎不答应啊？

甲　他站在那儿纳闷儿：大地方可了不得，这人叫吗名的都有，怎么还有叫洋车的！有人名儿叫洋车的吗？

乙　好嘛。

甲　这人过来一扒拉他肩膀："嘿！这车是你的吗？"像你说是我的不完了吗，他这句话回答的才好听哪。

乙　他怎么说的？

甲　"不是我的还是你的？"这叫什么话呢！"拉座儿吗？""不拉座干吗来了？""这人怎么啦？拉我吧！""不拉你拉狗哇？""你这是什么话！车站去吗？""车站，你给多少钱？""你要多少钱呀？""你给六十块钱吧！""多少钱？六十块！你穷疯了？""不，连车都给你。"

乙　好嘛，他卖车去啦！

甲　"废话！我要你车干什么！干脆多少钱？""你看看，漫天要价，就地还钱，要的多你少给呀！"这人也没心坐了，拿他泡蘑菇："不少给，一毛五！""啊？你看你这个人，要六十块给一毛五，冲你这一毛五啊……"

乙　不拉！

甲　"上车吧！"拉了，一毛五他也拉了。

乙　这可便宜。

甲　那是便宜呀？这位是倒霉啦。你倒是瞅瞅这车你再上去，他净顾了高兴了："哈哈！一毛五坐车，要坐别的车得八毛。"往车上一坐："哎哟！哎！你这车怎么有钉子？""没钉子不散了！""怎么尖儿冲上啊？""尖儿冲下我得会钉呀！""这叫什么话？哎！好赖倒便宜，一毛五呗！来，我自己钉钉。"

乙　他怎么钉？

甲　这位下车捡了块砖头，在车上当当当把这钉子尖儿都砸弯了这位坐在车上才好看呢！

乙　什么样儿？

甲　就这样儿：（做歪身动作）"哎！你这车怎么歪着？""歪着你没看那边轱辘没胶皮吗？""行了，歪着就歪着，走吧！""走？你上哪儿去？""没告诉你车站吗！""车站？搁哪里走啊？"好嘛！他不认识道。"拣直马路！""那就行了！"现在车把里抱大腿。

乙　他迈不过去呀？

甲　寒腿，棉裤太厚，迈不进去就得抱。"我娘啊！"把腿抱进来，他一抄车把，把坐车那位差点儿没吓死了。

乙　怎么啦？

甲　你倒告诉人家留神哪！他个儿也高点儿，那位也没留神，他把车把往上一拿："坐稳了吗？"那位能坐得稳吗？咕咚就躺在后边了。他回头一瞧："哈哈！没摔下去。""废话，摔下去就晚了，走吧！""能不走吗？你坐稳了吧！……喂！喂！你下来吧！"

乙　怎么啦？

甲　"我扁担掉了。"

乙　好嘛！扁担掉了。

甲　"那怎么办呀？""你打算坐不？""废话，不打算坐我干吗来了！""打算坐你拿着扁担。"这位是倒着霉呢，好，一毛五坐车还得抱着扁担！抱会儿就抱会儿吧！

乙　这边没车把怎么拉呀？

甲　他有主意，这边这手攥着车把，他把这手伸到后边抓着车簸箕，人家端起车把都跑。

乙　那他呢？

甲　他端起车把直蹦。他这一蹦啊，那坐车的可受了罪啦！（做拉车蹦动作）"我告诉你说，你坐我这车呀，你睡不着哇！"那能睡得着吗？

乙　这位是倒霉了。

甲　这位在车上："哎呀！哎呀！……"这是坐车吗？

乙　那干吗呢？

甲　压切面呢。就这样他蹦了五分钟。

乙　走多远？

甲　连六步也没出去！

乙　怎么连六步也没出去？

甲　他光蹿高不蹦远啊。

乙　好嘛！

甲　这位车上着急呀！“哎！你快点儿！”“什么？快点儿？汽车快！汽车是电力，我这是人力。车快人不快，你没看我穿着毡疙瘩吗？”

乙　嘿！好嘛！

甲　“你快点儿，我有事儿！”“有事儿？你昨天晚上干吗去来着？”“我有急事！”“什么急事？你们家死人了吗？”这位越听越气大：“不是，我嫌你洋车慢！”“慢哪！你下来拉着我，我不嫌慢！”

乙　嘿！

甲　这位越听越不像话，这位心里话：车站我也不去了，火车我也不赶了，我跟你泡了。由兜里掏出一条手绢来，往脸上一蒙，这位睡上了。那意思反正车站你也不认识，你就拉吧！你搁这儿拉我明早晨去，我省宿店钱。

乙　这主意真损点儿！

甲　我这二大爷可倒了霉了，由打一点拉的，拉到四点半了，整拉三个半钟头，他也不知道车站在哪儿，还拉呢：“我娘啊！这车站在哪里？”回头一看这位睡着了：“好嘛，睡着了。”也该着我这二大爷倒霉，马路头里有个人，像那样你就喊借光。

乙　是啊！“借光！边站！”车过去了。

甲　对呀！“靠边！”车过去了。他哪儿会这个，他端着车把冲这位嘀咕……

乙　嘀咕什么？

甲　“这个人是要倒霉呀！”

乙　好嘛！

甲　“你怎么在马路上走呢？”

乙　要不哪儿走去？

甲　那房上能让走吗？“你要不躲开，我就要碰上你呀！快了，快了。要碰上，要碰上。”咣！

乙　怎么啦？

甲　碰上啦！

乙　那怎么办啊？

甲　像那个你赶紧撂下车把，给人鞠躬道歉。

乙　那他呢？

甲　他端着车把跟人家乐：“哈哈哈！碰上了吧？”啊！你听这像话吗？“哎！你看着我了吗？”这位是给他个台阶儿，像那个你说没看见不就完了吗？你猜他说什么？

乙　他说什么？

甲　“没看见能碰上吗？”“噢！你成心碰我呀！”上去就一个嘴巴子。

乙　打着了？

甲　没打着。

乙　怎么没打着？

甲　你别看他拉车外行，他搪嘴巴子不外行，他把车把往上一捅：“你别打了！”这位当的下子就打车把上了。这位这气就更大了，下边当的一脚。“你看！你做吗？你这是怎么啦？”他这两“撅搭”不要紧，挨碰的这位不打他了……

乙　那么谁打他呢？

甲　搁后边来一位，照后脖梗子上，啪！就一巴掌。“哎！我没碰着你呀！你怎么也打我呀！”“我打你？我打死你！”“我看你好面熟呀！”“啊！是面熟。”“你不是坐车的吗？”“啊！我是坐车的！”“我没撂车把你怎么下来的？”“你撂车把干吗？你一撅搭我打后边下去啦！”

乙　噢！打后边下去了。

（佟雨田述）

怯剃头

甲　相声演员在台上演出就得精神集中，还得卖力气，不能敷衍了事。你要是不认真表演，不卖力气，观众就不喜欢听你的。相声还不同买卖，比方说饭馆儿，卖包子、馒头、饺子、大碗面，屋里没座往里让让，门口搁两人一喊:（做跑堂的往里让客的动作）“老乡，里边请！喝酒有酒，随便来菜。看座，四位里边请吧！”让进去四位。卖抻面也可以往里让，门口站一个人:“老乡，里边请吧，里边请吧！真正的北京小刀油条，有打卤的、炸酱的、麻酱的……看座！里边请！”也让进去四位。

乙　噢！是买卖全能让！

甲　这话也不能这么说，有的买卖就不能让。

乙　什么买卖?

甲　理发馆，那就不能让。

乙　那怎么不能让呢?

甲　一让非打起来不可。

乙　那我不信。

甲　你要不信咱俩就试验试验。

乙　怎么试验?

甲　你好比是走道的，我好比是开理发馆的，你打门前一过，我手里拿把剃头刀，我往里边让你，你非急了不可。

乙　那我不信。

甲　来，咱们试验试验。我手里举着刀像凶神似的，往里让你:（做动作）“哎！老乡，里边请，我们这儿水热刀子快，一刀一个。”

乙　要宰人哪？

甲　所以啊，就不能让啊，再说你也没看过有这事。那得手艺好，客人才多。学这个手艺还很不容易，在过去的时候是挨打受骂，一学好几年。你要摊上一个好的师傅，对徒弟关心，几年的工夫还算不冤；你要摊上一个不好的师傅，他也不教给你手艺，一去就干零活儿，买东道西，是活儿就得干，做饭、做菜、带孩子、扫地、倒水，顶到三年左右啦，才把剃头刀交给你，让你练手腕儿。

乙　拿脑袋练哪？

甲　不是。

乙　拿什么练哪？

甲　师傅有办法，到菜行买个大冬瓜，弄一个绳儿拴到冬瓜把上，吊在后屋里。让小徒弟刮冬瓜皮，刮得薄厚都一样啦，手法就算练出来啦。可是不光刮冬瓜皮，有零活儿还得他干。有时候，小徒弟在后屋正刮着冬瓜皮呢（以扇代刀做剃头动作），师娘不知道啊，叫他："小二哥！""做啥？""倒水去！""咋儿的，倒水去？"小二哥难心啦，不去吧，还不行，去吧，这刀往哪儿放？

乙　搁兜里吧！

甲　搁兜里怕拉了。

乙　搁桌子上？

甲　怕掉地上摔坏了。

乙　那怎么办呢？

甲　小二哥心眼快，把刀剟在冬瓜上吧（用刀往冬瓜上剟）。把水倒完啦，把刀再起下来，还接着刮。正刮着呢，师傅又叫："小二哥，扫地去！"小二哥把刀拿过来，噗！剟在冬瓜上，把地扫完了，接着再刮。天天就那么练，习惯成自然。有这么一天，来了个街坊二大爷，想要剃头，正赶上太忙，都做活儿呢！掌柜的过来，跟二大爷客气："对不起，二大爷，今天太忙，都做着活儿呢！没人给您剃，改日您再剃吧！"这位二大爷说："你们这儿不是有个学徒的吗？让他好赖给我剃剃就行啦！""我把他叫出来问问。"小二哥在后屋正刮着冬瓜呢！听着他师傅叫他："小二哥！""做啥呀？""有事！""去啦！"把刀子拿起来，噗！剟到冬瓜上啦！"师傅，你叫我做啥？""来！我给你引见引见，这是你二大爷，你给他剃剃头。""师傅，我不中。"那位二大爷说啦："小二哥，没关系，咱们都是熟人，剃好剃赖没关系。”小二哥把刀拿过来，跟二大爷说：“剃好剃赖，你老多原谅！我净刮冬瓜啦，没刮过脑袋瓜。”

乙 这像话吗？

甲 小二哥拿起刀子，左手按着二大爷脑袋，就像踩着电门一样直哆嗦：“二大爷你看我这个中吗？”“你甭害怕，大胆地剃吧！”小二哥拿起刀来，一个猛劲，唰！剃下来啦。小二哥心里这个高兴就甭提了。心里的话：我这手艺算学成了，到哪儿也挣出饭来啦！正高兴着呢，师娘不知道他在那儿干活儿，又叫他：“小二哥！扫地去！”小二哥刀拿起来，“这个麻烦！”（拿刀往脑袋上剟）噗！“哎呀！”

乙 怎么啦？

甲 开瓢儿啦！血也下来啦！小二哥也吓傻啦！像那你就别言语啦，他还要跟人家道个歉，不道歉还好点儿。

乙 一道歉哪？

甲 这位二大爷气更大啦！

乙 小二哥怎么说的，你学学！

甲 “二大爷，你老多原谅！我看错了！我寻思这是冬瓜呢！”

乙 啊？拿脑袋当冬瓜啦！这怎么办哪？

甲 掌柜的过来给人家道歉吧！雇辆车拉到医院给人家上药。

乙 这该多糟糕啊！

甲 过去学徒就这么难。

乙 手艺学成，容易了吧？

甲 也不然，有这么一句话说得好：“手艺学成，脾气得绵。”做活儿的时候还得认真，一时一刻也不能大意，一大意就出错，不管你多好的手艺，也不能自满。

乙 你怎么知道呢？

甲 我就认识两位剃头的，手艺特别好，就是脾气不好，总认为自己能耐大，到哪儿也吃一份儿。干活儿就是大大咧咧，总出错，后来弄得没人敢用他了。

乙 是吗？

甲 有一天我想要剃剃头，可巧就走到他那门口啦！我一拉门就进去啦，他跟我倒挺客气：“来啦，这不是 × 先生吗？你今天怎么闲着？你是剃头还是刮脸？”我说：“我想剃剃头，请你多辛苦，给我好好剃剃吧！”

乙 他说什么？

甲 “中啊！你就放心吧！我这个手艺是数一数二的。”说话拿过来白布单给我围好啦！打好了胰子，洗完了头，开始就剃，一边剃着还一边跟我说话：“这不是吹牛，我的手艺是好吧？”正剃着呢，就叽咕起来啦。

乙 跟谁叽咕？跟你呀？

甲 倒不是跟我，跟旁边那位剃头师傅。

乙 那因为什么叽咕？

甲 怨是怨那个人，他们两个人都做着活儿呢，那个人说：“老 ×，你给我倒碗水去！”这句话不要紧，给我剃头这位翻啦：“怎的？我给你倒水？我冲啥给你倒水？你那儿剃头，我也没闲着，你是要手艺的，我也不是学徒的，我冲什么给你倒水？”那边那位也不乐意了：“老 ×，你乐意倒就倒，不乐意倒就不倒，你跟我瞪什么眼睛？”两个人虽然是叽咕，手可没闲着，手按着我的脑袋照样剃。这位又说啦：“瞪眼睛怎么的？这是好的，惹急了我还揍你哪！揍完了我就不干了，好赖我比你强，我家还有点儿地，我种地去，我不是非干这个不可，我‘鼓捣’这玩意儿也吃饭，不‘鼓捣’这玩意儿也吃饭。”我说：“行啦！你别‘鼓捣’啦！”你说这像话吗？

乙 是不像话。

甲 像那个你们俩就别叽咕啦，他们俩没完，死乞白赖地叽咕。他俩心里都有个主意！“我嘴里说话，手也没闲着，掌柜的问我，我也有说的。”尤其是头都剃完了，净剩刮脸啦，这更没什么啦！用手摸着刮，有毛就刮。刮来刮去，就听嗤儿一下，他一听直纳闷儿：哎！怎么这个动静？仔细一看，把眼眉刮去一个。

乙 这回可急坏啦！

甲 不着急，由兜里掏出来一棵烟卷点着了。我睡着了不知道，他拿胳膊肘捅咕我，一边捅咕，一边叫我：“× 先生，你醒醒！”我睁开眼睛，我说：“剃完啦？”“没有。”“没有你叫我干啥？”“我有点儿事跟你商量。”

乙 “什么事儿？”

甲　“你老这眼眉是留着，这是剃去呀？”我一听不像话：“哎！你别开玩笑啊，眼眉留着，别剃去！”“你老早说啊！剃去一个啦！”

乙　啊？剃去啦！那怎么办啊？

甲　我说：“你受累，把那个也剃去吧！”

乙　对，剩一个是不好看。

甲　我有心跟他吵起来吧，我还挺忙，怕耽误了事，“唉！算了吧！下回我不来啦！”

乙　怎不来啦？

甲　再来耳朵也没有啦！我走啦，掌柜的也不能答应啊！

乙　是不能答应。

甲　像那个掌柜的说他几句，他一认错儿就完啦！

乙　那么他呢？

甲　他不但不认错儿，而且还发脾气。

乙　怎么发脾气？

甲　“怎的？你说我？你不说我，我还打算不干了呢！我有能耐，谁家都用我。”说话脱衣服，真不干了。

乙　谁家用他啊？

甲　谁家也不敢用他。

乙　那他怎么办呢？

甲　他更有主意，他家有个剃头挑子，挑着挑子到马路上剃去，穿大街小巷。有一天挑起挑子，上午八点钟挑出去啦，也该着倒霉，到下午两点也没开张。

乙　怎不开张呢？

甲　怕他把眼眉剃去。

乙　噢，都知道啦！

甲　他在马路上逛了好几个钟头，肚子也饿了，眼也花了，一摸兜里头还有两毛钱，他买一张饼，买一毛钱肉，卷好了，把凳子放在马路旁边，坐那儿刚要吃，那边来了个走道儿的叫他：“你是剃头的吗？你给我剃剃！光头多少钱啊？”“两毛钱！”“好吧！你给我剃剃。”他心里这一琢磨：行啦，我这饼钱挣出来啦。“您请坐吧！”那位坐那儿啦，他难心啦。

乙　他难什么心啊？

甲　这饼没地方搁。

乙　搁兜里。

甲　怕油了。

乙　那怎么办呢？

甲　他有办法，那个凳子上有个搁剃头刀的抽匣，他把抽匣拉开一半，把那卷儿饼担在抽匣上边，等给人家剃完再吃。

乙　这主意倒不错。

甲　这就倒霉啦。

乙　这怎么倒霉啦？

甲　他给人家正剃头呢，旁边来了一条狗，闻着有饼味，这狗就围着转悠，一眼看着饼了，过去，"当"一口叼住了饼，扭头就跑。

乙　跑远啦？

甲　跑远就没事啦！

乙　跑哪儿去啦？

甲　旁边有个台阶儿，蹲在台阶儿上就吃。这位剃头的不知道啊，头也快剃完啦，还剩不多。

乙　剩多少？

甲　就剩一撮儿，一扭身看见狗正吃饼呢！这位剃头的心里就火儿啦。心里琢磨：好容易挣两毛钱，把饼钱挣出来啦，让它叼去啦！心里的话你倒别说呀，他顺嘴就说出来啦："好啊！这个头给狗剃啦！"那位不知道狗吃饼的事，心里纳闷儿：哎，我们俩不认识，怎么开玩笑哪？把眼睛一瞪瞧着那位剃头的。剃头的没瞧见他，正瞧着那狗呢！那狗也不怕人，一翻眼睛也瞧着那剃头的。那位剃头的又说话啦：（对着狗说）"你不乐意啊！你不用跟我瞪眼睛，剃完了我才揍你哪！"那位可气坏了：剃完了还揍我，好！剃完了你不揍我，我也揍你！要不说该着出事呢！

乙　又怎么啦？

甲　这狗吃完不走，还围着那儿转悠。可把这剃头的气坏啦，实在忍不住啦，把刀举起来，照着狗就砍下去啦。

乙　砍着啦？

甲　没砍着。"猫蹿狗闪"，跑了，这刀正摔到石头上了。剃头的更火儿了，头还没剃完呢，也顾不得剃了，把刀捡起一看，坏了。

乙　怎么啦？

甲　刀尖也崩了，刀把也折了，这位汗也下来了，冲这把刀运气！那位不知道啊：怎么剃到半腰把刀子扔啦？问问他：（用手拍拍自己的脑袋）："哎！你倒是剃啊！""剃不了啦！"

乙 怎么啦？

甲 "刀子坏啦！""你刀子坏啦！我剩这撮儿怎么办啊？""那你就留小辫吧！"

乙 不像话！

（彭国良述）

骗剃头挑

甲　你见过贼跟人家商量好以后，再把东西拿走的吗?

乙　还真没见过这种事情。

甲　过去，在后门大街有一家小布铺，一间门脸儿。因为刚过完年，开市了，柜上只有三个人。掌柜的不在，先生在账桌儿那儿冲盹儿。学徒的也困哪，心说：有你冲的份儿，我也眯瞪眯瞪。从门外过来个贼，一看这可是好机会。进门迎面是柜台，后边就是货架子，他上去一伸手，搬下一匹青市布来，往柜上啪一摔，把这俩人全吓醒了。就这猛劲儿："哎，掌柜的！我这儿有一匹青市布，卖给您这儿要不要？这可是小道儿货——便宜，快说，要不要?给钱就卖。"一边说一边直往外踅喽，仿佛怕外边有人追他似的，故意做出害怕的意思来。柜里的小伙计儿让他给吓醒了，正夜里巴睁的，心里本来就火儿着哪："去去去，我们字号眼儿不要小道儿货，拿走！""您少给……""别废话，快拿走！"贼说："哎，拿走！"拿走了。

乙　嘿！让他瞧着拿走了。

甲　等让他拿走了以后，小伙计儿还说便宜话哪："哼，不定谁家倒霉，不定是哪儿偷的……（边说边转身，发现）噢，这儿偷的！"

乙　这才知道。

甲　贼起飞智，见空就钻。

乙　做买卖的时候冲盹儿，那还不偷你。

甲　也不然，你睁着俩大眼睛，照样把你的东西拿走。

乙　是呀?

甲　比如说你戴的帽子，他也能给摘了去。

乙 这可新鲜。

甲 比方说，这儿有个变戏法儿的，大家都聚精会神地看呢。他要你的帽子；他预先在你帽子上系上一根绳子。你净顾了看前边了，他起后边摘下你的帽子往他脑袋上一扣，你这帽子算没啦。当时你吓一跳哇："哎！我帽子哪儿去了？谁……"可是你瞧见旁边儿这人戴的眼熟，你也不敢认。这时候他直接就跟你说："怎么样？帽子没了吧？这儿净抓帽子的。昨儿我还没了一顶哪，所以今儿我钉上带儿啦。"

乙 那带儿跟帽子是一回事吗？

甲 当时蒙住了，他就摘走了。他这还不算厉害哪，就连你脚底下穿的新皮鞋，照样给你剥下来拿走。

乙 那也太玄啦！

甲 一点儿都不玄。

乙 脚上穿的鞋，你怎么拿走哇？噢，把人拽住，说："你把鞋脱了，我拿走。"人家让吗？

甲 哎，就是让你自己脱。

乙 你说说这怎么骗哪？

甲 比方说他要骗你的鞋子，先在那边跟着你，等机会。容你走在胡同里，他过来一伸手把你帽子摘下来，往房上一扔；这一扔可得准，离着房檐儿一尺多远儿。这位走着走着帽子上房了，有不急的？回头一看不认识，"你？……"这时候他赶紧给人家道歉："哎哟，这是怎么话儿说的？我认错了人啦！因为我跟我们老兄弟开玩笑，对不起您。"那位说："你开玩笑倒瞧准了哇！我走着好好的道儿，帽子上房了！""那什么，我瞧您的那影儿像我们那老兄弟，因为昨儿他把我的帽子给扔房上啦，这开玩笑没好处嘛。您也别着急，咱想法儿把帽子够下来就得了。""就别废话了，你说怎么够哇？""你蹲下，我蹬着你的肩膀，可能够下来了。"那位理直气壮："你把我的帽子扔房上，你还蹬着我？蹲下！我蹬着你！"他净等着你这句话哪，"好好好，你踩着我。"那人刚要蹬这人的肩膀儿，他又说了："您等等。谁让我认错了人把你的帽子扔上房去了呢。当然是我的不对。我是给人家出份子去，我借的这么一件大褂儿，如果您穿着鞋给我踩一下子泥，我回去洗吧，也来不及了；再说，如果踩撕了坏了，我也对不起朋友哇。您能不能把鞋脱了，光穿袜子踩着我呀，算我求求您。”这位一听他说的话都在理上。“脱了行，可是我得蹬着你！”“是呀。”这位把鞋脱了，蹬着这人，他一点儿一点儿往起站。这房哪，也就是两人多高儿。“您蹬住了，哎……怎么样？”“快够着了，再长点儿就行啦。”他说：“哎呀，硌我脚了。不行，您扒住了。”“要不行？”那位怕摔呀，“哎！你怎么回事？”“您要扒住房檐儿，我缓一口气。”那位扒住了房檐儿。那个人一撤身，把他的鞋拿起来，说：“回见！”跑了！他还在房上挂着哪，一看更急啦：“哎！你回来！”吧唧！掉下来了。帽子没够着，鞋也让他拿跑了！

乙 好嘛。

甲 这位光着脚，现上鞋铺买鞋，再搬梯子够帽子。您想他这一招儿多损！

乙 在过去旧社会，可什么事都有。

甲 不管什么他要骗走，就有办法骗走。

乙 那倒是，连脚底穿着的鞋还能骗走嘛。

甲 有一次他们把一副剃头挑子也给骗走啦。

乙 噢，剃头挑儿怎么骗啊？

甲 这得俩人。等剃头大师傅把挑子放在胡同外头坐下来休息的时候，一个人假装剃头：“掌柜的您受累，给我剃剃。”“好好，您请坐。”给这个人围上白布单，脖子上围上毛巾，洗头。这工夫，打胡同里出来一个人，跟洗头的他们俩一回事，慢慢地走过来，冲着剃头的大师傅打手势（学打手势动作）。

乙 这是什么意思？

甲 意思是说：“剃头大师傅，您别告诉他。我们俩是朋友，开玩笑，我把他坐着的小柜儿撤了走，等他洗完头往后一坐，摔他一下子，咱俩人瞧这个乐儿。”

乙 剃头的哪？

甲 这位大师傅还冲他努嘴儿哪（做努嘴状）。

乙 怎么回事？

甲 那意思：“你拿走，你拿走。”

乙 这不是倒霉吗，你瞧这乐儿干吗呀？

甲 剃头的往前搬这人。你想，你不搬他还要欠屁股哪，这一往前搬他，他就借着这劲儿往前一欠身儿；那个把柜子撤走进胡同跑了。

洗头的这个人还得真摔一下子。呱唧！“哎！你柜子哪？”剃头大师傅还乐哪：“哈哈哈……摔着了吧？刚才你的朋友跟你开玩笑，把柜子给你撤啦，就为摔你一下。”这时这个得真着急的样子：“什么开玩笑哇？我是由外埠刚到这里的，我北京这地方三亲六故一概没有。大概你遇见骗子手了。他把你的柜子给拿跑了，你还不快追去呀？”这一听也傻了：“是呀？（大叫）你给我搁下！……”他不是追那个去了吗？这个把这头儿又给端跑啦！

乙　得！

（郭全宝述）

瞎子算卦 *

甲　您是说相声的。
乙　不错。
甲　你们说相声的都讲究什么?
乙　说、学、逗、唱。
甲　都能学点儿什么?
乙　学的多啦，天上飞的，地下跑的，河里洑的，草棵里蹦的，人言鸟语，一百二十行大小买卖吆喝，秃、瞎、聋、哑、痴，这都是我们学的。
甲　你都能学?
乙　那当然了。
甲　我问问你，这瞎子都有什么特点?
乙　这……我还真说不清，你说说瞎子都有什么特点。
甲　第一瞎子不问路。
乙　啊，瞎子不问路，他怎么走啊。
甲　瞎子不问路，你多咱见瞎子问路来着。"先生上哪哪儿怎么怎么走啊?"这是瞎子吗?
乙　你说他怎么走。
甲　比方瞎子要上李铁拐斜街，过去来过，走至胡同口犯嘀咕啦。站在胡同口摆头，一边嘴里出声："嗯?"
乙　他"嗯"什么?
甲　引人哪。过路人见瞎子站在胡同口来回摇头，"嗯"什么?不知道

---

* 本篇系张玉堂由单弦老艺人德寿山演出本移植整理而成的。

怎么回事。瞎子一听来人啦，自个儿嘟囔："这是不是李铁拐斜街呀？"这时候过路人说话了。

乙 过路人说什么？

甲 过路人说："先生，这是李铁拐斜街。"瞎子也不道谢，"我一算这就是李铁拐斜街。"

乙 嘿！

甲 我再告诉你。

乙 什么？

甲 你在街上碰了瞎子，可千万别道歉说"对不起"。

乙 为什么？

甲 就拿明目人来说，你不小心把人碰了，得赶紧道歉说："对不起，我没看见。"对方必然说："没关系。"走啦。

乙 那要是碰了瞎子呢？

甲 你在街上碰了瞎子，也说"对不起，我没看见"。

乙 是啊。

甲 坏了，他非损你一通儿不可。

乙 为什么？

甲 你说到他心病上了。"没看见？学好了，往人身上走了。"

乙 那怎么办呢？

甲 我告诉你，你要碰了瞎子你先说他。

乙 怎么说。

甲 碰了瞎子，你赶紧先说他："我身上有道吗？我瞎你也瞎？"瞎子一听：我们俩一样。

乙 你真损哪！我看你对瞎还真有点儿研究。你帮我学一回怎么样。

甲 可以呀。

乙 你是个算命的先生，我找你算命，怎么样？

甲 成，你看我像不像（大褂窝了领子），（虚拟动作）戴帽垫，钱褡子前写"招财进宝"，后写"日进斗金"。右手拿着马杆，后边背着弦子，左手拿着"报君知"。

乙 什么叫"报君知"？

甲 就是个圆铜锣，连着个木槌，一打，当儿当儿地响。

乙 这叫"报君知"。

甲 我这有个轴儿（指耳朵），一拧就瞎了（翻白眼，咬下嘴唇，脑袋左右摇，虚拟马杆，探着走两步）。

乙　嘿，真像！

甲　（倒口）（唱）“求财问喜来占算。无极丹，避瘟散。”

乙　还带做小买卖。

甲　（唱）“月令高低问行人。挂拉枣儿！”

乙　嗬。

甲　（唱）“喜直言的来问我。历头！”

乙　还卖皇历。

甲　（唱）“爱喜奉承找他人！扑克牌。”

乙　嘿，什么都卖！

甲　算灵卦。当儿！

乙　别往头里走啦，头里有沟。

甲　（用棍探探，往后退两步，向左。）

乙　头里有墙。

甲　（翻白眼，用马杆朝前捅捅，向右。）

乙　小心，有井！

甲　（思索，稍停，转身往回走。）

乙　后头有车。

甲　（站住）这是谁说话呢？前头有沟，这边有墙，这边有井，后头有车。我瞎子怎么进来的？由天上掉下来的？谁家小孩这么淘气！

乙　哎哟！我还是小孩呢。瞎子。

甲　叫先生，没有礼貌啊！

乙　好。先生，你是干什么的？

甲　算命的。

乙　算卦的。灵不灵？

甲　你算回试试。灵了给钱，不灵不给钱。

乙　好吧，给我算算。

甲　在哪儿算呀？

乙　上我家去。

甲　我不认识。

乙　跟我走吧。

甲　好吧。

乙　来，我牵着你。

甲　牵着我？我是驴呀，牵着！

乙　那怎么说呢？

甲　领着我。

乙　好，领着你。

甲（左手扶乙的右肩做牵马杆状，出怪声。）

乙　哎，你笑什么？

甲　我这是笑，我这是哭呢。

乙　为什么哭呀。

甲（走着说着。）想当初我出门有个小孩儿领着我。

乙　小孩儿？谁呀？

甲　我的儿子。

乙　噢，你儿子。

甲　前些日子得病死了。

乙　噢。

甲　今天你领着我呀，想起我儿子来了。（哭）

乙　嘿！我这倒霉劲儿。

甲（接着哭。）

乙　你怎么还哭呀？

甲　我后半截还没哭完呢。

乙　好嘛！半截儿半截儿地哭。

甲（乙领甲走圆场）我说你家在哪儿住着呢？你让我推磨呢。

乙　到了，到了。进大门，进屋门，站这儿别动（搬个椅子），你坐这儿。

甲　先生还给个座儿。

乙　坐着歇歇。

甲（先摸椅子，坐椅子边上，又摸到椅子背儿，向后靠在椅子背儿上，笑眯眯。）

乙　你笑什么？

甲　先生，这儿坐着比走着舒服。

乙　废话！那儿躺着比坐着还舒服哪。

甲　那我躺一会儿。

乙　啊，还真躺呀。你来干什么来了？

甲　算命来了。

乙　还是的。

甲 给谁算呀？

乙 给我算。

甲 你还有命呀？

乙 废话！我没命还活个什么劲儿呀！

甲 “有命不怕家乡远。”

乙 嘿，还真有词儿！

甲 算多大岁数的？

乙 四十八。

甲 先生，咱们商量商量。

乙 商量什么。

甲 你算四十九的，要不你算四十七的。

乙 为什么？

甲 四十八的这个词儿我还没学会呢。

乙 好嘛！不行，我就算四十八的。

甲 非算四十八的？

乙 唉。

甲 我就先蒙一回。

乙 对，蒙一回。

甲 对了给钱，不对不要钱。

乙 好，你就蒙吧。

甲 咱们弹着算（虚拟抱弦子，拧耳朵，嘴出声）。

乙 唉，干什么呢？

甲 拧弦子呢。

乙 好嘛！耳朵是弦子轴儿。

甲 哐的另哐，的零丁哐……（唱）“四十八来算命，我问先生你属什么的。”

乙 我告诉你我四十八岁，你不知道我属什么的？

甲 没告诉你我四十八的词儿没学会吗？

乙 你不掐掐属相。

甲 对了。子鼠、丑牛、寅虎、卯兔、辰龙、巳蛇、午马、未羊、申猴、酉鸡、戌狗、亥猪，猫三、狗四、猪五、羊六、驴七、马八、猴儿九个月。

乙 什么乱七八糟的！

甲　先生你属驴的。

乙　十二属相有驴吗？

甲　那属什么的？

乙　属马的。

甲　属马的都是四条腿呀。

乙　属马的。

甲　（唱）“属马之人来算命。”哐的零哐……“我问先生什么时候生人。”什么时候把你生出来的？

乙　您听，这是什么味儿！八月。

甲　（唱）“八月十五生人来算命。”

乙　谁说八月十五呀？我是八月初一！

甲　八月十五、八月初一差不多。

乙　差不多？差着半拉月呢！

甲　（唱）“八月初一生人来算命，我问先生什么时辰生。”什么时辰生的你？

乙　子时。

甲　子时太阳在哪儿呢？

乙　子时有太阳吗？半夜子时有太阳吗？算了，算了，我不算啦。

甲　怎么，我算得不对呀？

乙　你纯粹是瞎蒙。

甲　瞎蒙？你四十八啦，属马的，八月初一半夜子时生的您，对不对？

乙　对呀。

甲　对了。给钱吧。

乙　给钱，这都是我告诉你的。

甲　我记住了，就算算对了。给钱！

乙　没钱。

甲　没钱，我摔弦子。

乙　摔弦子干什么？

甲　摔弦子，我吃你后半辈子。

乙　讹人！好啦，好啦！你不是会算吗？我这儿有一张票子你算算多少钱；算对了给你，算错了可不能给你（给票子）。

甲　（摸）先生，这张票子算对了给我……算不对脑袋给你。

乙　你有几个脑袋呀。

甲　一个脑袋。一个脑袋也不能给你呀！（睁眼看，笑，闭眼）拾块的。

乙　你怎么把眼睁开了？

甲　我这瞎子见钱眼就开了。

乙　拿过来吧！

（张玉堂述　谌实记）

抽签儿

甲　常言说，常言说呀，常言……说什么来着？

乙　我哪儿知道哇！不是你说的吗？

甲　噢，对啦。我说……常言说“奸情出人命，赌博出盗贼”是吧？

乙　对，过去有这么句话。

甲　这赌博就是耍钱。耍钱要是输急了，什么坏事儿都做得出来。坑、蒙、拐、骗、偷，卖房子卖地，卖儿卖女。落得倾家荡产，家败人亡，这就是耍钱的下场。

乙　久赌无胜家嘛。

甲　这耍钱，明知是坏事儿，可有些人偏爱来。过去常说“喝酒喝厚了，耍钱耍薄了”。平常哥儿俩相好，吃喝不分。可等一耍上钱，就不行了。

乙　耍钱的人差不多都这样儿，六亲不认。

甲　这耍钱还最品人。有的人输了赢了，都乐呵呵的。有的人赢了钱又说又笑；要是输了，嘴里骂骂咧咧，摔盆砸锅……

乙　这人性可够呛。

甲　这是个别人。就拿打麻将来说吧。四位坐到一块儿，有时候，打着打着牌起了矛盾，吵起来了，动手了。

乙　嗬……

甲　这时候就是让警察撞见了，都不抓。

乙　为什么呢？

甲　一会儿自己能主动投案去。

乙　是吗？

甲　俩警察巡逻，听见这院里几位打牌的连喊带闹，要打架。这警察说：“抓吧？”那个警察说：“甭忙，咱们先回局子里等着去，一会儿他们自己准来！”

乙　嘿！

甲　俩警察走了，回到局子里刚坐下喝茶，这四位揪着就进来了，脑袋也破了，眼睛也青了……

乙　噢，真投案来了！

甲　这叫“滚赌”。还有掷色（shǎi）子。仨色（shǎi）子一个盆儿，一个人坐庄，大伙儿押。仨色子上的点儿有三个幺，三个二,三个三,三个四,三个五,三个六，如果掷出来三颗色子点儿都一样，这叫“暴子”，就搂了。

乙　赢了。哎，两个一样的，再来二哪？

甲　来个二，这叫“二猴”。来个三是三猴，来个四是四猴，来个五是五猴，来个六是六猴哇！

乙　要是来个三四五、四五六哪？

甲　那叫“顺儿”啊。好牌，赢了。

乙　噢。那么要是幺二三、二三四哪？

甲　幺二三叫“小鞭子”，输钱。二三四也输钱。

乙　噢。您接着说吧。

甲　庄家一看钱都押好了，还真不少。这回要是搂过来，可就大发了。他拿起色子往盆儿里一扔，喊上了：“走——暴子！顺儿！”一看盆儿里的色子俩六不动了。他又喊上了：“六！六！六！”这声儿大得……跟您这么说吧，在天津城里掷色子，连杨柳青都听见了。

乙　嚄！结果怎么样哪？

甲　六真是六，那个色子把六碰成幺了。

乙　嗐！成眼儿猴了。

甲　没法子，赔钱吧。

乙　得！

甲　还有推牌九。大牌九是每人四张，小牌九是每人两张。这小牌九简单，掷完了色子一送牌：“六过，七对门，八到底。”拿起两张牌来摞着一看：虎头。

乙　十一个点儿。

甲　要是再来个大的是九点儿。他捋（lǚ）着牌喊上了：“粗、粗、粗，粗到大直沽[①];断、断、断，断到静海区[②]！”您说到那儿干吗去？

乙 嗐！

甲 有的人耍钱，叫玩钱贼。

乙 怎么？

甲 他“贼”呀。整天什么也不干，就指着耍钱为职业，耍钱有手法儿，从来没输过。

乙 哎，就不怕抓赌吗？

甲 抓赌，警察抓赌抓不着他。

乙 是啊？

甲 他每次耍钱，到门口先看看是死胡同还是活胡同，看完了进院，一瞧，北房四间，南房四间，西边是间茅房，旁边堆着些旧砖。哎，他蹬上砖垛往外一瞅，后边是条胡同通着马路。进屋一看，炕上摆着一张炕桌，桌上有盏煤油灯……

乙 哎，他干吗看得这么仔细呀？

甲 防备着警察抓赌他好跑啊。

乙 好嘛，他先踩好了道啦。

甲 他靠着窗户，搬个凳子坐那儿了。刚来几把，就听有人敲街门，啪啪啪！“开门，开门查户口。”坏了，警察抓赌。屋里乱了。他倒沉得住气：“诸位，别动！”噗！一口把煤油灯吹灭了，把牌桌上的钱往怀里一搂，拿大褂儿一兜，推窗户蹦到当院，直奔茅房旁边的砖垛，跨墙头往外一跳，出胡同上马路，他回家了。

乙 噢，把别人扔那儿了。

甲 像我们街坊耍钱就不行了。他一进屋得先上炕：“各位，各位，好您哪，我得上炕里。”他往炕里边盘腿一坐，把鞋脱下来：“哎，我这双鞋是刚由内联陞买的，皮底礼服呢，搁地下回头踩脏了，您受累给搁箱子里吧，您给锁上，多谢了。”

乙 耍钱吧。

甲 刚来几把。就听街门啪啪直响。“开门，开门，查户口。”

乙 得！抓赌的来了。

甲 屋里一听，坏了，警察来了。呼啦！全跑了，就剩他一个人儿了。警察进屋一看：“人哪？”“老总，他们都跑了。”“你怎么回

---

①② 大直沽、静海区，都是天津附近地名。

事？”“我，我跟你们走吧。”“走吧！”“啊，眼下还走不了。”“怎么？”“我那鞋还在箱子里锁着哪！”

乙 嗐！

甲 最可乐的是我二哥。

乙 你二哥怎么了？

甲 我有一个李家二哥，胆子小，可要钱的瘾头大。要是上他那儿要钱去，这罪过大了。

乙 怎么？

甲 他先拿被子把窗户挡上，您想，六月天多热呀，屋门关着，窗户拿被子堵着，受得了吗？唉，谁叫他爱耍呢……

乙 纯粹自找罪受。

甲 正耍着哪，门响了。“开门，开门，查户口！”

乙 警察来了。

甲 一听见警察来了，您再瞧我二哥，他不跑，拽过一床被子往脑袋上一蒙，躺炕上不管了。警察进门一瞅：“好啊，聚赌！走吧！”拿绳子挨着个儿捆。刚要走，一瞧炕上的被子直动弹，过来一掀：“噢，这儿还趴着一个哪！走！”过来就要捆他。我二哥赶紧说：“老总，老总，我冤枉，冤枉，我没要钱！”“没要钱，你干什么了？”“我睡觉来着，没玩儿牌九。”“真没玩儿牌九？”“真没玩儿！”“噢……那你手里是什么？”“手里……大天！”

乙 噢，还攥着牌哪！

甲 还有一种抽签儿的，耍儿虽然不大，可最勾引人。

乙 这您给说说。

甲 旧社会，做小买卖的差不离的都带抽签儿，竹筒里有三十一根签子，上面刻着牌九点儿。一回抽三根，三根签的牌点儿加一块儿超过十三点算赢，不足十三点白抽，算输。您要是抽出来幺四、幺五、幺六，三个幺加上四五六，这叫顺儿，赢大发了。

乙 是啊？

甲 抽什么的都有，烧鸡、点心、水果、香蕉、橘子、鸭梨。早晨有烧饼、馃子、羊肉包子……

乙 嗬，吃什么有什么。

甲 有的人抽签儿是为撞手气儿，打哈哈解闷儿，不在乎输赢。

乙 过去有这么一路人。

甲　早晨起来，洗完脸，漱完口。坐那儿正喝茶哪。就听外边吆喝上了："烧饼馃子，脆麻花。"他喊上了："卖烧饼馃子的。""来啦来啦。""有签子吗？抽一把。""有，您老。""怎么抽？""一毛钱抽一把，赢三套儿；巧儿[①]啦，给双份儿。""好，我抽两把。"这位一伸手就抽一把，拿出来一看，赢了。嘿！这位手气真不错，连抽十几把，把把都赢。他手气一壮不要紧，那卖烧饼馃子的汗可全下来了。怎么？这一篮子货都输进去也不够赔的呀。这位一瞅这意思，不抽了，跟卖烧饼馃子的聊天儿："小伙子家里几口人哪？""六口儿。""都指着你呀？""可不是嘛，唉……"

乙　这怎么办呢？

甲　这位听到这儿，一伸手掏出一块钱来，递给卖烧饼馃子的，然后拿起一套儿烧饼馃子，说："行了，甭找了。我赢的那些先存这儿，等我想吃的时候再来拿。"卖烧饼馃子的感动得"谢谢您老，谢谢您老"。

乙　哎呀，真是遇见好心眼的人了。

甲　可不是嘛！这要是碰见我二大爷那样儿的，这卖烧饼馃子的就算倒了霉啦。

乙　怎么哪？

甲　我二大爷最爱抽签儿。大清早起就等上了，一听卖烧饼馃子的吆喝"烧饼馃子，脆麻花"，他喊上了："有签儿吗？抽一把。""有，好您啦。"卖烧饼馃子的拿签筒子这工夫儿，我二大爷一猫腰抄起一套儿烧饼馃子来。"这烧饼多重？""一两六一个。""什么，才一两六一个？人家那边八斤一个。"

乙　啊，那是烧饼吗？

甲　不，那是锅饼[②]。

乙　这不是废话吗！

甲　"这馃子是现炸的吗？"他把这馃子搁鼻子上闻。"哎，我说您别闻哪，那是入口的东西，待会儿怎么卖呀？""好好好。"他不闻了，拿舌头舔舔……

---

① 巧儿，指抽出三根签上的点儿有巧合。如幺五（含幺和五）、花九（含四和五）、大五（含两个五）三根签中，已含四个五点，共合五个五点，称为"巧儿"。余可类推。

② 锅饼：一种较硬而厚的烙饼，大如饼铛。

乙 嗬！

甲 卖烧饼馃子的急了："哎，哎，我说你怎么回事？""别急，别急。"他把烧饼馃子放下了。"巧儿，几份儿？""巧儿，两份儿。""什么？巧儿两份了？我们这儿，巧儿都给八份儿哪。"

乙 没听说过！

甲 "好，两份儿就两份儿吧。"他一抓这签筒子，啪啪！左右开弓，先给来俩嘴巴。

乙 这叫什么毛病啊？

甲 啪啪，给签筒子俩嘴巴，然后再抽。"哎，走——这把不算。"

乙 不算？

甲 "先试试手气。"

乙 瞧，这份儿磨烦。

甲 嘴里说不算；可还看。"走——天，大金屏，二六，哎呀，巧儿啦给两份儿！"

乙 什么就两份儿呀，人家卖烧饼馃子的干吗？

甲 当然不干啦。"哎，您不是说这把不算吗！""谁说的这把不算？""您说的呀。""是我说的吗？"（问乙）

乙 可不是你说的嘛。

甲 "啊，我是说，这把我要是输了，不算！"

乙 这叫什么人性啊？！

甲 "好，重来。"这回他伸手抽出三很签儿来："来，走——"这回抽出签儿来不看，攥着这三根签儿撒腿就跑。卖烧饼馃子的不知怎么回事啊，挎着篮子在后边就追："别跑啊，你上哪儿啊？站住！"

乙 这通儿乱。

甲 他站住了："哎，哎，你追我干吗？""干吗？我知道你上哪儿去呀！""上哪儿去，我还能上外国吗？我上这边来，这边得看。"

乙 好嘛，还带搬家的。

甲 他先看这头一根儿。"走——大天。看见了吗？大天，你活得了吗！"

乙 人家也不至于死呀！

甲 第二根儿。"走——幺六。再来个虎头就拿下来了。"

乙 看第三根儿吧。

甲 剩下这一根儿，他不这么看了。

乙　那怎么看哪？

甲　把这根签子背在身后头，摸。“嗯，嗯嗯……”

乙　怎么样？几点儿？

甲　摸了半天，没摸出来。

乙　这不是瞎耽误工夫吗？拿出来看看吧。

甲　一狠心，一跺脚。“走——”坏了。

乙　怎么？

甲　这时候可巧身后边来了一位——这位跟我二大爷一样，也是见了抽签儿的就迈不开腿了——正猫腰看这签子几点儿哪，噗！正杵上。“哎哟！”血下来了。

乙　这不是麻烦吗！

甲　我二大爷回头一瞅：“嗬！你在后边看什么呀？”“你出签子倒言语一声啊！”“我也不知道后边有人哪！”“噢，合着你应该杵我眼上？”“我也没那么说呀！”“还是的，你瞧，血都下来了。我一家八口全指着我哪，这眼睛要坏了怎么办？”“怎么办？说别的也没用，看病去吧！”“上哪儿看病？”“上医院哪！”“上医院……先别忙，你那是虎头吗？”

乙　还看几点儿哪！

（于宝林述　殷文硕整理）

师傅经

甲　过去有句话，叫“万恶淫为首，百善孝当先”。

乙　这是一句老话儿。

甲　咱们中国人最讲孝道，尊敬长上。

乙　中华民族的美德嘛。

甲　做儿女的要对长辈多尽孝心。千万可别活着不孝，死了孝。

乙　那管什么用啊！

甲　人死如灯灭，气化清风肉化泥，人死了就完了。你说丧事办得再大，管什么用？不管办得多排场，也是假孝顺。

乙　可不是嘛。

甲　过去的丧事迷信讲究太多了。

乙　您给说说。

甲　像什么出大殡，念大经，孝子要披麻戴孝，死人得铺金盖银，院里搭起脊大棚，大棚里还不能空着。

乙　里边摆什么呀？

甲　大棚里要挂“水露”。

乙　“水露”？

甲　上边贴着二十四张画儿，每张画儿都有一人多高。画着十殿阎君、判官、大鬼儿、小鬼儿、牛头、马面、黑无常、白无常。

乙　好嘛，到阴曹地府啦！

甲　还有碓捣的，磨研的，下油锅的，抱火烟筒的，锯胳膊锯腿的，割舌头挖眼的，变骡子变马的，变苍蝇、蚊子、臭虫的。

乙　嚄！

甲　每张画儿都有讲究说词。

乙 哎，那这抱火烟筒、下油锅是怎么回事？

甲 这人活着的时候，贪赃枉法，死了以后，到了阴曹地府就叫他抱火烟筒、下油锅。

乙 对，这叫罪有应得。那锯胳膊锯腿的？

甲 投机倒把的。

乙 割舌头挖眼的？

甲 蒙人骗人的。

乙 变骡子变马？

甲 不孝敬父母的。

乙 变蚊子、苍蝇？

甲 你们说相声的。

乙 哎……像话吗？

甲 这是开玩笑。这些画儿的主要宗旨，就是让人积德行善，吃斋念佛。

乙 教人学做好事。

甲 做了好事，死后走金桥，过银桥，灵魂能够奔极乐世界。听见了没有，极乐世界。

乙 对呀。

甲 极乐世界好是好，可是谁都不愿意去。

乙 哎，去就回不来了。

甲 办丧事，念大经，讲究念七七四十九天，请来僧道尼番……

乙 就是和尚、老道、尼姑、喇嘛。

甲 四棚经轮换着念，为的是超度亡灵。

乙 让死人的灵魂早日升天。

甲 早日升天？且升不了天哪。

乙 怎么？

甲 亡魂不知道往哪边去呀。一起灵的时候，孝子跪在地上。老道身披鹤氅上法台了，一抬手把“幡”举起来了，张嘴就念。

乙 怎么念的？

甲 “召请哪！亡魂，遘奔东方世界，无量天尊！”这是叫亡魂往东边去。

乙 东边好，那是蓬莱仙境啊。

甲 亡魂一听，刚要往东边去。就听和尚也念上了：“亡魂，奔西方世界！”

乙　那就往西边去吧。

甲　刚要往西。尼姑那儿念上了：“亡魂，遘奔南方世界！”

乙　南海有观音大士，地方也错不了。

甲　奔南吧。喇嘛又念上了：“唵摩呢嘛呢哞，亡魂直奔北方世界！”

乙　又跑北边去了。

甲　东西南北，到底听谁的？亡魂一琢磨，干脆，我拜四方得了。

乙　嗐！纯粹迷信。

甲　你说办这种丧事有什么好处？这都是过去有钱有势的人家干的。

乙　有俩糟钱儿瞎折腾呗。

甲　一般的人家也请不起四棚经啊：僧、道、尼、番。

乙　说的是嘛。哎，那一般人家办丧事就不念经了吗？

甲　有的人家也念，请经，但是请的是“师傅经”。

乙　什么叫“师傅经”啊？

甲　念这种经的，可不是真正的出家和尚。

乙　什么和尚？

甲　业余和尚！

乙　业余和尚？

甲　哎，本行干什么的全有，像什么卖金鱼儿的，卖花盆儿的；卖粉皮儿的，卖鸭梨儿的；修雨伞的，织凉席儿的；吹糖人儿的，蹬三轮儿的。

乙　嘿！都是做小买卖的。

甲　五行八作的师傅。赶上谁家办丧事，他们就算来买卖了，有活儿了，应着去念经。

乙　要是揽不来念经的活儿呢？

甲　那就该干什么干什么去了。

乙　好嘛，一帮票友儿。哎，他们会念经吗？

甲　要说全会念，那不可能。反正大部分是滥竽充数，跟着瞎哼哼。

乙　噢，就为蒙吃蒙喝，混俩钱儿。

甲　可不是嘛。不过，像什么笙管笛箫、大镲、铙钹、云锣、大鼓这些法器，还都能拿得起来。

乙 嗯，法器敲错了点儿可不行。

甲 谁家死了人，办丧事，把这帮子人请去念几天，虽说算不上多好，但是保准热闹。

乙 是啊，大伙儿一块儿瞎哼哼，能不热闹嘛！

甲 这些人念经的时候，也都换上和尚的僧衣，手执法器，在法台上一坐。法台上摆着闷灯、五供、香炉、蜡扦儿，还有一碟子小馒头儿。当中这位师父是领头的，叫“大帽儿”。僧衣外边披着袈裟，脑袋上戴着五张扑克牌……

乙 嘻，那叫“五佛冠”。

甲 对，五佛冠。把眼一闭，双手合十，这叫打“问讯”。孝子往地下一跪。当中大帽儿俩手拿起拘魂铃，哗棱棱……一摇晃，这就要开始了。

乙 马上要念了。

甲 哗棱棱……“召请那死去的亡魂，”哗棱棱……“大头鬼、小头鬼、屈死鬼、吊死鬼，勿要欺负亡魂——哪，噢！”

乙 这就要唱。

甲 （学唱念经调，下同）“头一天来到鬼门关呀——”

甲乙 “来到了鬼门关哪！”

甲 “哎嗨嗨，我佛呀如来呀，摩呢嘛呢吽啊。”

甲乙 “摩呢嘛呢吽啊，哎嗨！”

甲 “死去的亡魂哪，两眼泪不干哪！”

甲乙 “两眼泪不干哪！哎嗨！”

甲 “第二天，来到了恶呀恶狗村哪！”

甲乙 “来到了恶狗村哪！哎嗨！”

甲 “我佛呀如来呀，摩呢嘛呢吽啊！”

甲乙 “摩呢嘛呢吽，哎嗨！”

甲 “许多的恶狗哇，真是吓死人哪！”

甲 乙 “真是吓死人哪！哎嗨！”

甲 “我佛呀如来呀，摩呢嘛呢吽啊！”

甲 乙 “摩呢嘛呢吽啊！哎嗨！”

甲 “第三天来到瞭乡台呀！”

甲 乙 “来到了瞭乡台，一去不回来，哎嗨！”

甲 “我佛呀如来呀，摩呢嘛呢吽啊！”

甲 乙 “摩呢嘛呢吽啊！哎嗨！”

甲 “要想再回来呀，回呀回不来！”

乙 多新鲜哪！

甲 乙 “哎嗨嗨！”

甲 “我佛呀如来呀，摩呢嘛呢吽啊！”

甲 乙 “摩呢嘛呢吽啊，哎嗨！”

乙 这不是废话嘛！

甲 可不都是废话嘛。你再听敲的那些法器，就更可气了。

乙 怎么呢？

甲 法器敲的点儿，发出的音儿，都满带蹦字儿的，全是奔着“吃”去的。

乙 是吗？

甲 不信你听啊，大镲一响：“卡了个棱卡，棱棱卡……”，听出来了吗？

乙 什么意思？

甲 “今儿个吃你，明儿吃他，赶后儿不知吃谁家！”

乙 还没谱儿哪？

甲 你再听那笛子。

乙 什么音儿？

甲 “等一等呀，等一等；等一等呀，等一等！”

乙 噢，怕把他落下，叫等着。

甲　小云锣在旁边儿，“凉了，凉了，凉了！”

乙　凉了？

甲　这时候大鼓说话了。

乙　大鼓说什么？

甲　“腾腾！腾腾！”哎，他让熥熥？！

乙　嗐！

（于宝林述　殷文硕整理）

道法无边

乙 今天我给大家说段儿相声。

甲 你们这相声属于哪行人?

乙 生意人。

甲 你们不能叫生意。

乙 叫什么呢。

甲 叫熟艺。

乙 怎么呢?

甲 人熟是一宝，大家都熟悉你这个相声演员，看见你就想起你说的相声很可笑。

乙 对!

甲 看见你就想笑:“哎，这不是那个说相声的吗?真滑稽——他妈的!”

乙 哎，怎么带骂人的?

甲 跟你熟悉了，半开玩笑的意思，不是骂人。

乙 噢。

甲 真正的生意不是你们。

乙 那您说什么叫生意?

甲 那有很多种，大生意:封、麻、艳、缺;小生意:金、汉、立、团。又叫金、批、彩、挂。

乙 您给介绍一下什么是小生意:金、汉、立、团?

甲 “金”是算卦的。相面的叫“抢金”，算卦的叫“坠子金”。

乙 “汉”呢?

甲 “汉”是卖药的。有招汉、托汉、肉汉、将汉和杂汉。

乙 “立”？

甲 “立”是变戏法的。中国戏法叫“单色立子”，又称“土立子”。

乙 “团”？

甲 “团”是说书的，说评书的行话叫“团拆”。

乙 那大生意呢？

甲 那是封、麻、艳、缺，都是没本钱的生意，做一笔就够吃一辈子。

乙 那你说说什么叫“封”？

甲 封分大封与小封，大封即封官骗财，又叫“挑乌纱”。小封是看坟地，使法术骗人。

乙 是啊！

甲 我见过。

乙 什么时候？

甲 那是在我小的时候。

乙 旧社会。

甲 我看见有个老道。

乙 出家人。

甲 头戴道冠，身穿道袍，手拿拂尘，脖子上挂着串珠，背背着个蒲团，胸前挂着个木鱼。

乙 化缘用的。

甲 他化缘可不上一般的地方去化。

乙 上哪儿去？

甲 专找大户人家。

乙 有钱人家。

甲 那天他找了一家大财主。

乙 旧社会有财主。

甲 他把蒲团放在地下，盘腿坐在蒲团上敲起木鱼，两眼一闭就念经。

乙 那就是化缘呢。

甲 家人赶紧往里回报。这个大财主一听：怎么？来个化缘的老道。他笑了笑说：“给他二百钱。”家人拿了二百钱出来就赶这个化缘的老道。

乙 才给二百钱？

甲 可这老道没要，还是在门口念经。

乙 嫌少。

甲　家人赶紧又往里回报："老员外，这个老道不要，他嫌少。"
乙　那就多给他点儿。
甲　这个大财主一听，说："别管他，把狗放出去咬他！"
乙　这家伙还真够狠的。
甲　家人放出去四条大狗，张牙舞爪对着这个老道扑过来了！
乙　那就跑吧！
甲　只见这个老道不慌不忙，用手中这个拂尘冲着狗一甩，这四条狗回头就跑。
乙　奇怪呀，这老道还会法术？
甲　家人又一回报。这个财主说："别管他，叫他化吧！"
乙　是啊！
甲　这个老道在门口整整坐了三天三夜，没吃没喝，也没有大小便。第四天早晨老道站起来用毛笔在墙上写了四个字。
乙　什么字？
甲　"你是恶人！"
乙　是不善。
甲　这个老道写完字拿起蒲团就走了。家人赶紧回报财主："老员外，这老道走了。临走前在墙上写四个大字：你是恶人！""把它擦下去！""是！"
乙　他还不生气。
甲　家人出来擦，怎么也擦不下去。用刀子把外面那层灰挖下来，这四个字又跑里头去了，还是那四个字。
乙　这是怎么回事啊？
甲　这个财主又笑了笑，说："好，别管它，不用擦了。"他又说，"你们跟着这个老道，看他往哪儿走。"
乙　要看他的去向。
甲　家人在后面跟着这个老道，走着走着，前面有一条河，河上没桥，也没船。只见这个老道把蒲团往河里一扔，这个蒲团在水面上浮着，老道往上一跳，直奔河对岸漂去。
乙　哦？
甲　老道到了河对岸跳上岸，把蒲团拿起来甩甩水，背上就走了。
乙　这可是法术。
甲　家人赶紧又向财主回报："老员外，这个老道真是神仙，他到河边没坐船，用蒲团往河里一扔，往上一跳过去了。”

乙 是有点儿怪。

甲 这个老财主一听就急了：“赶紧把老道叫回来！”

乙 还叫回来。

甲 家人跑到河边，看见老道的背影就喊：“仙长请转！我们员外有请！”

乙 他回来了吗？

甲 这个老道微微一笑，回过头来走到河边，把蒲团又往河里一扔，往上一跳又过来了。家人看得直发愣，心说：这真是神仙！

乙 是有点儿奇怪。

甲 这老道跟着家人回来以后，那老财主正站在大门口迎接哪：“这位道长请进！”

乙 非常客气。

甲 老道跟着老财主进了客厅，赶紧叫家人摆酒：“仙长请上座！”

乙 待如上宾。

甲 这位老道也不客气就坐上边啦。

乙 是啊！

甲 老财主满面带笑：“道兄，咱俩是同行，我也是‘封’字上的，现在洗手不干了。”

乙 这就盘上了。

甲 “实不相瞒，我这些家业财产都是我年轻的时候在外面也是这样骗来的。”

乙 这是个老骗子！

甲 老道说：“你我既是同行，我要向您请教。”

乙 要盘道啦。

甲 财主说：“道兄请讲。”“你知道我在你门口坐了三天三夜没吃没喝，也没大小便这是怎么回事？”

乙 为什么呢？

甲 财主说：“这手儿很简单，你脖子上挂的那串珠当中有三个是假的，是用人参做的，吃一个饱一天，所以你有三个人参丸，你才能在我门口坐三天，要不然你第四天怎么就走了？”

乙 再不走就饿死了！

甲 老道说：“为什么你这狗不敢咬我呢？”

乙 老财主说什么？

甲 “因为你拿的拂尘当中有虎须，老虎是兽中之王，什么动物都怕它。你用拂尘冲着狗一甩，这狗一闻着虎味儿就吓跑啦。”

乙 这他都懂。

甲 老道说：“我在墙上写的四个字为什么你擦不下来？”

乙 他怎么回答？

甲 “你用龟尿研的墨，这龟尿往里渗，越擦越往里跑，所以擦不下去。”

乙 到底是内行，都知道。

甲 老道说：“那你知道我过河的时候为什么蒲团在水上面浮着，我站上边也沉不下去，它怎么渡我过河的吗？”

乙 财主说什么？

甲 “哎呀！道兄，就是这手儿我不知道，所以才把道兄请回来向您请教。”

乙 这点儿比他高明！

甲 老道哈哈一笑：“就这手儿你就必须花一千两银子！”

乙 这么多呀？

甲 财主说：“不多，不多，来呀！”

乙 叫家人。

甲 “给道长一千两银子！”家人马上就拿过来了。

乙 他有钱。

甲 老道接过一千两银子：“老兄呀！人外有人，天外有天哪。投师不如访友。今天你花这一千两银子，马上可以学会这一手儿了。”

乙 到底怎么回事呀？

甲 “你问我蒲团扔河里为什么浮着不沉，还把我送过去的呀？”

乙 怎么过去的？

甲 “这河里有四个人，都是我花钱雇的，在水底下等着呢。我这蒲团一扔他们就托住了，我往上一跳，他们把我托过去，回来的时候再把我托回来！”

乙 是啊？

甲 老道把他也骗了！

（赵松林述）

铡美案*

甲　每一出戏都有它的中心思想。

乙　是呀。

甲　就拿《铡美案》这出戏来说，是反映秦香莲敢和封建统治阶级做斗争；陈世美忘恩负义，喜新厌旧；包公主持正义，没有包公就铡不了陈世美。

乙　对！主题思想很明确。

甲　包公是清官。他姓包名拯字希文，世称包文正，又叫包公、包大人、包先生、包老爷、密斯特包！

乙　英语呀！

甲　包公是龙图阁大学士，兼理开封府尹，主持正义，早看出陈世美是个结过婚的人。

乙　怎么陈世美结过婚还能看得出来？

甲　唱词儿里有："我看你左眉长右眉短……"陈世美是当朝驸马，他长得怎么样？

乙　一定好看。

甲　不，非常难看，他左眉长，右眉短（学）。

乙　什么模样儿！

甲　往下听，更难看啦："左膀高来你的右膀低。"陈世美左膀高，右膀低，这样儿（学）。

乙　行了！行了！

甲　"眉长眉短有儿女"，青年人婚后不能要小孩儿。

---

*　《铡美案》是 20 世纪 40 年代中在天津产生的作品。

乙　怎么哪？

甲　没小孩时候五官端正，一有小孩儿就这模样啦！

乙　嗐！

甲　“膀高膀低定有前妻”。青年人千万别结婚。没结婚的时候线条儿、体型儿、模样儿挺好看，结婚以后，全这模样儿。

乙　这都哪儿的事呀！

甲　女人搞对象，看见这模样儿的别跟他搞。

乙　为什么？

甲　他有前妻了！

乙　你这是胡讲啊！

甲　这都是过去的老词儿。

乙　现在改了。

甲　包公好言相劝，陈世美拒不承认，两个人打赌击掌！

乙　这段儿叫“双击掌”。

甲　包公陈州放粮，秦香莲真来找陈世美来了。

乙　对！“闯宫”。

甲　陈世美不认秦香莲，又命韩琪后边追杀！

乙　这段儿叫“杀庙”。

甲　一无冤二无仇，韩琪下不去手，自刎而死，放走他们母子三人。旧恨新仇，秦香莲在包公轿前告了陈世美！

乙　哎。“告刀”！

甲　包公一听就火儿了，“来人！把陈世美逮捕了！”

乙　您等会儿，什么就逮捕了？

甲　包公那脾气，他哪儿管这个。

乙　不行您哪。陈世美是当朝驸马，皇亲国戚，那得请。

甲　对！请陈世美过府饮宴，包公迎到府前，抱拳拱手（天津方言）：“这不陈大爷嘛？哪么来晚了？没给您啦准备吗好饭，贴饽饽熬小鱼儿。二格！打酒去！”

乙　您先等等，包公是哪儿的人？

甲　天津人，这谁不知道！

乙　我就不知道！

甲　那是你不注意，饭馆里写得明白：“天津包”，天津包儿就是包公啊！

乙 嘻，那是包子铺。

甲 对呀！没有包公，哪儿来的包子。

乙 什么乱七八糟的！包公是安徽合肥小包村的人。

甲 对。见了面苦口婆心，好言相劝：“陈驸马，若不相认，她母子三人定流落他乡，沿门乞讨。结发之妻，幼小儿女，你我做父母者哪能忍心！”

乙 真是语重心长。

甲 陈世美是王八吃秤砣——铁了心了。不认。包公火儿了，把证据拿出来了。（唱）“驸马公休要巧言讲，现有凭据在公堂，人来看过香莲状。驸马公近前看端详，上写着秦香莲三十二岁，状告当朝驸马郎，你欺君王瞒皇上，毁婚男儿招东床，状纸押在某的大堂上。驸马！咬定牙关为哪桩？”有人告你，该认了吧？陈世美一看，笑了：“既然有人将我告，你何不升堂问根苗？”包公一听：“斗气儿？爷们儿！”

乙 “爷们儿”！这是包公说的？

甲 我体会剧情发展到这儿，应该有这么一问。

乙 没听说过。

甲 包公火儿了：（唱）“你叫我升堂有什么好？霎时叫你的魂魄消。王朝马汉站堂道。”冬冬冬！“升——堂！带上了秦香莲叫她认夫豪！带香莲！”我给你学两句梅派。

乙 好哇！

甲 秦香莲饱受冤苦，悲悲切切，但很刚强。您注意她这感情。

乙 您给学学。

甲 （唱声音嘶哑）“秦香莲上堂来……”

乙 行了，行了！谁踩你脖子啦？这是什么味儿？

甲 控诉，能有好味儿吗？“秦……”

乙 行了，别唱了！

甲 秦香莲往那儿一跪，陈世美一脚把她踢一个跟头，拔宝剑就要杀。眼看宝剑就到了，包公过去来不及了，一着急，急中生智，撩袍把手枪掏出来了：“不许动！把手举起来！”

乙 不许动！把扇子放下！那时候有手枪吗？

甲 老手枪！

乙 没听说过！用袍袖一挡就成了。

甲　包公心里不痛快，“好小子，这么厉害！”（唱）“你命韩琪行霸道，杀妻灭子为哪条？”（学陈）“我命韩琪你们谁知晓？”（学包）“现有你宫内杀人刀！”（学陈）“为何有刀无有鞘？”（学包）……

乙　怎么啦？

甲　包公让陈世美问得张口结舌。

乙　没有刀鞘！

甲　在这关键时刻，秦香莲唱了一句。

乙　怎么唱的？

甲　（变味儿）“刀鞘现在……”

乙　怎么又唱上了？

甲　你让我唱的。她说：“刀鞘现在韩琪腰。”包公命令：“王朝马汉取刀鞘。”王朝马汉出了开封府，一撇腿，骑上摩托，嘟……

乙　下来！那年头儿有摩托吗？

甲　老摩托！

乙　什么呀？骑的快马！

甲　取回刀鞘，一对正合适，陈世美害怕了！“大堂以上刀对鞘，谅我插翅也难逃。来人与爷忙顺轿。”包公上去一挡：（东北话）“哪里去！你上哪儿？”

乙　这是哪儿的话？

甲　我怕你听不清楚。

乙　全听得明白！

甲　陈世美一撇嘴（唱）：“我与你上金殿面见当朝！”你干吗？在开封府欺负我，走！找皇上去，我不怕你！

乙　怎么啦，这是？

甲　陈世美吓哭了！

乙　没听说过。

甲　他用皇上吓唬包公，包公不怕。（唱）“开封府有人将你告，你先打官司后上朝。”

乙　铁面无私，够厉害的。

甲　陈世美毛驴子不倒架。（唱）“纵然有人将我告，你把我当朝驸马怎开销？”

乙　嗬，嘴够硬的！

甲　包公一听火儿了。（唱）“哼，慢说你是驸马到，就是那凤子龙孙也不饶。头上打去乌纱帽……”他妈的！

乙　骂人哪！

甲　包公没骂，我骂的。（唱）“然后再脱你的蟒龙袍！”坏了，鞋开绽了！

乙　你慢着点儿呀！

甲　那时候四个武士捆上陈世美，往起一架。包公过来：“陈驸马！”“包相爷！”“陈世美！”“包炭头！”

乙　包炭头？

甲　陈世美倒霉，包公本来就黑，他叫他炭头，能爱听吗？

乙　应该哪？

甲　捧他。“小白脸。”包公一听多乐：“夸我小白脸儿，太好了，你走吧！”

乙　像话吗！

甲　就在这时候出事儿了，跟来的太监跑了，禀报公主，公主和太后离了宫院：“三轮，拉我开封府五毛钱，快一点儿！”

乙　下来！那时候有三轮儿吗？

甲
乙　老三轮儿！

甲　你也知道了。

乙　太后、公主能坐三轮儿吗？

甲　着急呀！

乙　那也不能坐三轮儿呀？

甲　坐什么？

乙　无轨……我也乱了。龙车凤辇！

甲　对，到开封府讲情。包公为难了，铡吧，对不起太后，太后是我干娘；不铡吧，秦香莲冤沉海底。回身取了三百两银子给秦香莲，心想：等她走了，铡不铡在我。秦香莲接过银子心里难受：我们千里迢迢找丈夫，不认还要杀我们。告到包公这里，给了三百两银子，上哪儿讲理去呀？心里一难受唱了两句。

乙　怎么唱的……你还说得了，那味儿实在受不了。

甲　她（唱）“人言包公是青天，看来官官相护有牵连。”银子往堂上一扔，领孩子走了。王朝听见她唱了，赶紧告诉包公。

乙　对！

甲 “报告！”

乙 什么毛病？吓我一跳！

甲 王朝一说，包公火儿了：“把香莲叫回来，我要当着你的面，铡陈世美，为你母子报仇。”

乙 好！

甲 就这时候，太后把胳膊塞铡刀里了，要铡驸马连我一块儿铡。戏演到这儿，台上台下全同情秦香莲，主张包公铡陈世美，为香莲申冤报仇，大快人心。看这老太太捣乱，心里别扭，其中有位天津观众，噌！蹦到台上直嚷：“包公，铡！铡！铡！连这老婆儿一块儿铡，完事上法院，我去！”

甲

乙 他去？

（于连仲述）

天文学 *

甲　您念过书吗？

乙　您问过去还是现在？

甲　当然是解放以前啦！

乙　解放前我们哪有资格念书呀！要是有钱念书就不说相声啦！

甲　看您说话倒像个有学问的样子。

乙　我上台还没张嘴哪，我说什么啦？

甲　我一看您这外表就有学问。

乙　那是您夸奖，说相声的也就是记问之学。

甲　这就不容易。懂得天文、地理吗？

乙　啊？说相声的懂得天文、地理呀！没那么大的本事。

甲　我就懂得天文学。

乙　噢，您既懂得天文学，那我倒要向您领教领教。

甲　可以，有不明白的只管问。

乙　啊？好大的口气呀！那我请教您，（看窗外）今天为什么是晴天呀？

甲　就是这个呀！（不屑地）今天为什么是晴天你都不知道。

乙　废话！要是知道我还问您吗？

甲　您问我……我也不知道。

乙　啊？

甲　不，不！我要是不知道还能叫天文学家吗？

乙　哟这会儿又成了天文学家啦！那我请教天文学家，今儿为什么是晴天？

甲　噢，你问今天为什么是晴天呀？记住，这是学问。记在心里，改天，高的桌子，矮的板凳，说得，讲得，评得，论得。

---

* 本篇系借“天文学”引起甲、乙对话，内容与天文学科无关。

乙　是。今天为什么晴天呢?

甲　今天晴天，不就因为（为字音拉长）……

乙　因为什么呀?

甲　不就是……

乙　是什么呀?

甲　它是……

乙　您也转腰子呀!

甲　（肯定地）今天晴天呀!

乙　啊!

甲　因为有太阳。

乙　啊? 就是这个呀?

甲　今天要是下雨呀……

乙　（接口便说）那就是阴天呀!

甲　瞧瞧，学问见长不是?

乙　这就学问见长啦? 您走吧!

甲　这是拿您开心。今天晴天呀，就是没云彩。云彩就是水蒸气。怎么说云彩多了就要下雨呢? 它把天能给挡住。天就怕云彩，云彩最厉害啦!

乙　噢，云彩是厉害。

甲　云彩还不算最厉害，云彩怕风呀!

乙　云彩怎么会怕风呀?

甲　风卷残云散嘛! 来阵大风一刮，把云彩全刮散啦! 雨也下不成啦! 天也挡不住啦!

乙　这么说风最厉害啦!

甲　风也不算最厉害。

乙　怎么?

甲　风怕旮旯儿呀!

乙　风怎么怕旮旯儿呀?

甲　刮大风，在一片平川，那它刮着多痛快呀! 万一有个旮旯儿，它使足劲这么一刮，嗵! 把脖子给扭啦! 再找伤科先生看，麻烦啦!

乙　啊? 风还有脖子呀?

甲　当然有哇！你没听着京戏《黑风帕》[①]吗？

乙　听过呀！

甲　您听高旺唱的那几句：（唱）“抓风头，让风尾，细算分明。”抓风头，让风尾。风有头，那能没脖子吗？没脖子那头长在什么地方啊？

乙　好嘛！（盲从地）照您这么一说，那旮旯儿最厉害啦！

甲　旮旯儿也不算是厉害。

乙　您不是说风怕旮旯儿吗？

甲　是呀，旮旯儿还怕耗子哪！

乙　哦？

甲　多好的墙，没耗子就甭说啦；要是耗子在旮旯儿那儿一打洞，得！上重下轻，这堵墙早晚得塌了。

乙　这么说耗子最厉害啦！

甲　耗子还不算最厉害。

乙　那耗子怕什么呀？

甲　耗子怕猫呀！

乙　对啦！是猫就逼鼠，猫最厉害。

甲　猫也不算最厉害，猫怕狗呀！

乙　噢，狗最厉害啦！

甲　狗也不算最厉害。

乙　怎么？

甲　狗怕大师傅呀！

乙　狗怎么怕大师傅呀？

甲　您看，解放前有钱的大宅门儿养狗，大多数都是大师傅喂，这个狗要是讨大师傅喜欢呀，它就能吃点儿好的。

乙　它怎么讨大师傅喜欢呢？

甲　大师傅买菜回来，它摇摇尾巴呀！大师傅不在厨房的时候，狗往门口儿一趴，猫不敢进来偷嘴啦！要是狗不讨大师傅喜欢，大师傅买菜去啦，它也遛弯儿去啦！大师傅回来一看：嘿！有意思，碗也翻啦，碟子也碎啦，刚炸好的丸子一个也没啦！

乙　哪儿去啦？

---

① 京剧《黑风帕》，通常用名为《牧虎关》。

甲　猫给吃啦！大师傅这个气呀：“他妈的！光吃饭不看家呀！”本来给狗买了二两猪肝，这一气呀，嗵！

乙　怎么啦？

甲　扔沟里去啦！

乙　得！吃不上啦。

甲　要不怎么说狗最怕大师傅哪！

乙　这么说，大师傅最厉害啦！

甲　大师傅也不算最厉害，大师傅怕老妈儿呀！

乙　大师傅怎么会怕老妈儿呀？解放前不是都被人家看作底下人嘛！

甲　嗨！您不知道，大师傅这饭碗都在老妈子手里哪！老妈子要是跟他对劲呀，他这个差使就算干长啦；老妈子要是跟他不对劲呀，他一天也干不了！

乙　怎么？

甲　您想呀，大师傅做好了菜，往上房里端，是谁端呀？

乙　老妈子端呀！

甲　对啦！比方说这两天太太胃口不太好，一吃这炒肉丝，“呸，什么味呀？这大师傅越来越不像话啦！菜做得这么难吃呀！”老妈子要是跟大师傅对劲呀，一句话就没事啦！

乙　哦？

甲　“太太，要是叫我看哪，咱们这大师傅就算不错，手底下又干净，做的菜又得味，买菜还不赚钱，真难得。今儿这肉丝炒得多嫩呀！您刚才吃着不好吃呀，这是乍吃头一口，您多吃两口就是味儿啦！这炒肉丝不比大腌儿萝卜香吗？”太太又来了一筷子：“嗯！是比大腌儿萝卜好吃点儿。”

乙　嘿！老妈子会说话啊！

甲　大师傅这饭碗保住啦！

乙　要是老妈子跟这大师傅不对劲呢？

甲　甭多，几句话，大师傅就得卷铺盖开腿。

乙　是吗？

甲　太太夹起一筷子炒肉丝：“呸，什么味儿呀？怎么这么难吃呀？”“嗐，太太，别提啦！不是我多嘴，咱们这大师傅可用不得，买一块钱的菜他就赚六毛。您看这肉丝炒的，成了锅巴啦！

甭说您吃着不是味儿，连我们都不愿意吃。再说他那份儿脏啊，就甭提啦！俩月都不剪指甲，仨月都不爱推头，烧饭做菜他又净抓脑袋。上回您吃那酸辣汤，浮皮儿那一层您以为是胡椒面儿呀？那就是头皮屑。”“哇……马上叫他走！”

乙　大师傅的饭碗砸啦！

甲　要不怎么说大师傅最怕老妈子哪！

乙　那老妈子最厉害喽！

甲　老妈子也不算最厉害，老妈子怕太太。

乙　噢！

甲　您看雇老妈儿辞老妈儿都是太太一句话。老爷对这事没多大争执。

乙　对！那就是说太太最厉害。

甲　太太也不算最厉害，太太怕老爷。

乙　噢！

甲　您看，解放前，贪官污吏、地主、资本家要是喜欢这位太太呀，行啦，要什么有什么！要是不喜欢这位太太呀，不但要什么没什么，再娶两房姨太太，气也得把太太气死！

乙　嗯，有道理。那老爷最厉害啦！

甲　老爷也不算最厉害，老爷怕上司。

乙　对！过去官大一级压死人嘛，那上司最厉害啦！

甲　上司也不算最厉害呀，上司怕皇上啊！

乙　皇上管百官，是官都属他管。皇上最厉害啦！

甲　皇上也不算最厉害。

乙　皇上怕谁呀？

甲　皇上怕玉皇啊！

乙　噢，玉皇最厉害啦！

甲　玉皇也不算最厉害，玉皇怕天。

乙　玉皇怎么怕天哪？

甲　玉皇在天上坐着，天要是不捣他的乱，他坐得稳稳当当的；天要是捣他的乱呀，一裂缝，玉皇就得掉下来摔死。

乙　那天最厉害啦！

甲　天也不算最厉害，天怕云彩，云彩一来把天挡住啦！

乙　那云彩最厉害啦！

甲　云彩怕风，风卷残云散。

乙　（醒悟）噢，那风最厉害啦！

甲
乙　风怕旮旯儿呀！旮旯儿怕耗子，耗子怕猫，猫怕狗……

乙　您怎么又回来啦？您这叫天文学呀？

甲　我这叫罗圈儿怕。

乙　你走吧！这是起哄呀！

甲　怎么起哄呀？我真懂得天文学，您不信，我懂的您就不懂。

乙　行啦！像你刚才那罗圈儿怕我都懂。

甲　都懂。那我问问您，这地离天有多高？

乙　它……这……这我不太清楚。

甲　不太清楚！您还说全懂哪！您问我，我就知道。

乙　噢，您知道。这地离天究竟有多高呀？

甲　五千二百五十华里。

乙　您也就是这么随便一说呀，没有考较呀！

甲　没考较还行吗？不但有考较，还有见证人。这个见证人自己就上过天，他回来一算："嗯，不错！地离天是五千二百五十华里。"

乙　上过天？谁呀？

甲　灶王爷。

乙　啊？灶王爷会说话，他告诉你："×××（逗哏者的名字），这地离天有五千二百五十华里。"

甲　当然他不会说话啦！你给他计算呀，这儿就用上算术啦！

乙　噢，还得用算术？

甲　当然呀！

乙　怎么算呢？

甲　我问你，灶王爷是多咱上天呀？

乙　腊月二十三哪！糖瓜祭灶嘛！灶王爷二十三上天。

甲　对啦！腊月二十三祭灶，有的人家就祭得早，有的人家就祭得晚，所以二十三就走不成啦，二十四一早儿走。

乙　嗯！

甲　灶王爷多咱回来呀？

乙　大年三十儿呀！

甲　对呀！您算算吧：灶王爷二十四一早就走，（用手指计算）二十四一天，二十五一天，二十六，二十七，二十八，二十九，三十儿回来。一来一去是七天对不对?

乙　嗯!不错。

甲　那就是说;去三天半,回来三天半。

乙　对!

甲　您记住这个茬儿:灶王爷上天,去三天半,回来三天半。我再问问您,从北京到沈阳是多远哪?

乙　里七外八,一千五呀!山海关里边七百,山海关外边八百呀!

甲　火车走多久呢?

乙　整整一天一夜,二十四小时。

甲　这就对啦!灶王爷上天,去是三天半。灶王爷二十四一早儿奔火车站上车。

乙　啊?还有火车呀?

甲　当然呀!天地线铁路嘛!

乙　哟!车站在哪儿呀?

甲　嗐,您就别那么刨根儿问底儿啦!无线铁路,您看得着吗?

乙　好嘛!

甲　王爷上天去三天半,回来三天半,火车一天走一千五百里,三天呢?

乙　四千五百里呀!

甲　半天走多少呀?

乙　七百五十里呀!

甲　对啦!四千五加七百五,不是五千二百五吗?所以地离天有五千二百五十华里呀!

乙　噢,这么算的呀!

甲　对啦!

乙　(自己算)火车一天走一千五,去三天半,回来三天半,这……这不对呀?

甲　怎么不对呀?

乙　它要是那年小年,二十九过年呢?

甲　这……不是还有趟特别快车哪嘛!

(叶利中述　叶利中　张继楼整理)

论　梦

甲　今天我们这个节目是《论梦》。

乙　哎，研究研究做梦。

甲　这个做梦有什么要研究的呢?

乙　是啊。

甲　因为这里头有很多必须研究的。

乙　还很多?

甲　哎。因为过去有信服这个做梦的。

乙　做梦有什么说法呀?

甲　哎，他做这一个梦啊，就能分出运气好坏来。

乙　噢，那您可以提提我们听听。

甲　说一个人做梦要是梦见“马”，这是“信”。

乙　啊，还有这么个说法儿?

甲　要是梦见“驴”呢，这是“鬼”。

乙　噢?

甲　要是梦见“逮鱼”。

乙　是什么?

甲　“捡钱”。

乙　嚄。

甲　梦见“着火”，要“发财”。

乙　噢?

甲　梦见小女孩，有贵人。

乙　嗯!

甲　梦见小男孩就坏啦。

乙 怎么?

甲 犯“小人”。

乙 犯口舌。

甲 哎。梦见那成年的女人呢，这叫“阴人”。

乙 这个不好。

甲 最可气的是这个梦。

乙 什么呀?

甲 梦见上天够月亮去。

乙 啊!

甲 要做皇上。

乙 噢，有这么个说法儿。

甲 其实常有梦见上天够月亮的，我梦见二百多回啦。

乙 您做“皇上”啦?

甲 这不还说相声嘛。

乙 就是嘛。哎，那您说做梦到底灵不灵啊?

甲 压根儿就不灵。

乙 怎么会不灵呢?

甲 有这么两句话，就证明做梦不灵啦。

乙 哪两句话你说说。

甲 男不梦“产”，女不梦“须”。

乙 怎么叫男不梦产呢?

甲 男人做梦，没有梦见生孩子的。

乙 对，那么女不梦须呢?

甲 女人做梦没有梦见留胡子的。

乙 对啦。

甲 你多咱也没听见过两位男人聊天儿聊这个事儿。

乙 说什么呀?

甲 “二哥，前天晚上我做个梦。”

乙 梦见什么啦?

甲 “不能说。”

乙 您可以提提呀。

甲 “不好意思说。”

乙 这有什么不好意思的呀?

甲 “这梦，差点儿没把我吓死。”
乙 您可以说说，我们听听。
甲 “哎，前天晚上我做梦啊，养俩大胖小子。”
乙 嗐！那养得了吗？
甲 是不是男不梦产？
乙 对，那女不梦须呢？
甲 女人做梦没有梦见留胡子的。
乙 噢。
甲 你多咱听见两位女人坐在一起说这话……
乙 说什么呀？
甲 “大姐，前天晚上我做了个梦。”
乙 梦见什么啦？
甲 “醒了之后，我哭了半宿。”
乙 哎，干什么这么难过呀？
甲 （哭……）“喔……”
乙 什么事，您可以提提呀。
甲 “前天晚上我做梦呀，我到理发馆剃头去啦。”
乙 啊？
甲 “那理发师们把我脑壳剃得这个亮。”
乙 好嘛！
甲 “他把我脑壳剃亮了我倒不难过。”
乙 嗯！
甲 “最叫我难过的是我一照镜子……”
乙 怎么啦？
甲 “我的胡子都白啦！”
乙 嗬！
甲 “大姐，今年我才十九岁，我长那么长的胡子，我怎么搞对象？”
乙 嗐！
甲 （哭）“咿……”
乙 行啦，能有这事儿吗？
甲 这就证明做梦不灵啊。
乙 那人们为什么还要做梦啊？
甲 梦是心头想啊，心里要不想什么，梦里就梦不见什么。

乙　对。
甲　我呢，看不见什么梦不见什么。
乙　噢。
甲　要是各位观众没听过我们俩表演过相声，您做梦，梦不见我们哥儿俩。
乙　对呀。
甲　您没去过上海，梦不见上海市的街道。
乙　实话。
甲　您没坐过火车，您梦不见火车里边是怎么一个设备。
乙　没看见过呀。
甲　我们各位白天工作累一点儿啦，夜间做什么梦呢？
乙　梦见什么呀？
甲　惊险的梦，着急的梦。
乙　害怕。
甲　哎，做这个梦啊，也不知道怎么搞的，自己跑到锅炉里边去啦。
乙　挺大的人钻锅炉里去啦？
甲　啊！
乙　他怎么进去的呀？
甲　他做梦着急呀。
乙　是啊！
甲　“我怎么跑这里头来了？”
乙　对呀！
甲　“哎呀，我这是怎么搞的！”
乙　自己也觉得新鲜。
甲　“哎呀，可热死我啦！”那锅炉里有火呀，能不热吗？
乙　烤得慌。
甲　“哎呀，我绕个圈儿，打那边出去。”
乙　啊。
甲　“哎呀！看见火苗子啦。”
乙　更坏啦。
甲　吓醒啦。醒了之后跟着就嚷开啦。
乙　噢？
甲　“几位受累啦，你们把六床棉被都给我一个人盖上啦。”

乙　这位盖多啦。
甲　还有一位，睡觉之前喝了点儿酒，吃点儿好的，没得着喝水……
乙　是呀？
甲　他做什么梦啊？
乙　梦见什么呢？
甲　到处找水去。
乙　他渴呀。
甲　这个渴比饿难受。
乙　对。
甲　张着嘴，瞪着眼，找卖水的。
乙　噢。
甲　“哎，这卖水的都上哪儿去啦？”
乙　渴得够劲儿。
甲　您说，这么大地方没有卖水的。
乙　是啊。
甲　“哎呀，可渴死我啦！哎呀……哎，水铺。”
乙　哎，这就行啦。
甲　“这回我把它喝够了。”进了水铺门这么一看。
乙　怎么啦？
甲　“怎么没有人呀。”
乙　那么大水铺没人？
甲　做梦啊。
乙　对呀。
甲　“哎呀，这么大水铺怎么没人看着呢？”
乙　新鲜哪！
甲　“让我自己把锅盖打开喝吧。喝完了该多少钱，我给多少钱。”
乙　对。
甲　打开锅盖刚要舀水。
乙　喝吧。
甲　没有水！
乙　什么呀？
甲　咸鱼。
乙　水铺来了锅咸鱼？

甲　他渴呀。“哎呀，这是谁出的主意啊？水铺里卖咸鱼呀！”

乙　这不是火上浇油吗！

甲　“哎呀，可渴死我啦！”

乙　嗯。

甲　哎呀，出了水铺一看，那儿有个自来水管子。

乙　行啊，喝点儿。

甲　“得啦，我喝点儿凉的吧。”

乙　对。

甲　把嘴搁在那水管子歪脖子那儿，这手就拧。

乙　啊，喝吧。

甲　没有水。

乙　自来水都没水。

甲　做梦啊。“哎呀，谁给堵死啦？”

乙　多巧哇！

甲　“怎么没有水呀？”

乙　嗐！

甲　哎！这回真见到水啦。

乙　喝吧。

甲　喝不到嘴。

乙　怎么？

甲　不知道那是哪儿。

乙　噢。

甲　身在漫荒野地，一眼望不到边。

乙　嗯。

甲　就在当间儿孤伶仃有个小屋儿，隔着门缝往里边一看——

乙　怎么样？

甲　里边有一个红桌儿，桌儿上有刚泡的一壶茶，由壶嘴突突直冒热气儿。

乙　喝吧。

甲　门锁着哪。

乙　嗬，多巧哇！

甲　“哎呀，谁在这儿住哇？可渴死我啦。”渴急啦，攥好了拳头，叭！

乙　怎么啦？

甲　把玻璃窗给捣碎啦，撸胳膊，挽袖子，往里边够这壶茶。

乙　噢。

甲　做梦到了急人的节骨眼儿啦。

乙　什么地方？

甲　你说没够着吧，刚摸着壶嘴儿一点儿边儿。

乙　啊。

甲　你说够着了吧，拿不过来。

乙　怎么拿不过来呀？

甲　那壶嘴儿滑呀。

乙　对呀！

甲　伸着胳膊揪这壶嘴儿。

乙　嗯。

甲　揪，揪，揪，揪了有二十下。

乙　够着啦？

甲　跟他在一张床上睡觉的那位坐起来，抡胳膊给他一个嘴巴："你老揪我鼻子干吗？我跟你一个床睡觉算倒了霉啦。扒拉开了你揪，扒拉开了你揪！"一照镜子，"好嘛，鼻子歪了，大半都是你揪的。"

乙　把他叫起来不就醒了吗？

甲　哎，就这一个嘴巴把他打醒啦，他说了一句话。

乙　怎么说的？

甲　"对不起二哥，我以为是壶嘴儿呢。"

乙　那是壶嘴儿呀！

（张宝茹　张兴华演出稿　苏连生记录整理）

祖师爷

甲　有这么一句话。
乙　什么话?
甲　“行行出状元，类类有高低”。
乙　对。就看你的能耐大小啦。
甲　咱就说京剧吧，都知道四大须生、四大名旦出类拔萃啦!
乙　四大须生是谁呀?
甲　马连良、谭富英、奚啸伯、杨宝森。
乙　四大名旦呢?
甲　梅兰芳、程砚秋、尚小云、荀慧生。
乙　真好!
甲　好，他们也有师傅啊，一辈一辈传下来的。
乙　那要往上倒，倒到头儿，他们的祖师爷是谁呢?
甲　唐明皇唐玄宗。唐玄宗时梨园歌舞艺人称“梨园子弟”，后来就称“梨园行”嘛!
乙　那别的行业也有祖师爷吗?
甲　三百六十行，哪行都有。
乙　打铁的师傅，祖师爷是谁?
甲　太上老君啊。
乙　木匠师傅祖师爷是谁?
甲　鲁班啊。
乙　啊，种地的农民，祖师爷是谁?
甲　神农氏。神农点药尝百草嘛。
乙　啊，织布的祖师爷是谁呀?

甲 织女，牛郎织女嘛。

乙 唉，牧羊、牧牛的祖师爷就是牛郎啦？

甲 不，苏武，苏武牧羊。

乙 是那么回事吗？那卖酒的祖师爷是谁？

甲 酿酒的发明者杜康，杜康造酒。

乙 那喝酒的祖师爷是谁呀？

甲 刘伶。杜康造酒刘伶醉，一醉整整醉三年，三年后刘伶醒过酒后和杜康一块儿成了仙啦！

乙 喝酒成仙？

甲 啊，你也喝吧，喝完了，你也学刘伶，往地下一躺，你就成仙啦！

乙 我成酒仙啦！

甲 你成“铁锨”啦！

乙 我呀！开药铺的祖师爷是谁？

甲 孙思邈，药王爷嘛。

乙 治病的大夫，祖师爷是谁呀？

甲 华佗。你看《三国演义》里，华佗给关公治病，刮骨疗毒，外科手术。

乙 我听人说，唐诗、晋字、汉文章。历代的才子，至今的文人，祖师爷是谁？

甲 孔圣人。大成至圣先师孔子，万世师表。姓孔名丘字仲尼。他是春秋末期思想家、政治家、教育家，儒家的创始者。

乙 都问不住他！唉——说瞎话的祖师爷是谁呀？

甲 ……这说瞎话是哪一行啊？

乙 就是你们这一行啊！

甲 我们这一行可不是说瞎话的，相声是说笑话的。我们的祖师爷是东方朔，字曼倩。西汉文学家，汉武帝时，为太中大夫，性诙谐滑稽。他在汉武帝驾前称臣，有一天他问皇上：“启奏我主万岁，臣有一事不明，特在万岁驾前领教。”皇上说：“何事？”“人的寿高看哪儿？”皇上说：“看人中。”就是鼻子下边上嘴唇中间那道沟儿。“人中长一寸，寿高百岁。”东方朔一听：“启奏我主万岁，人中长一寸，就寿高一百，彭祖爷寿高八百八，难道说他的人中就八寸八吗？”皇上一听也乐啦！哪有这种人啊？东方朔是说笑话的祖师爷。

乙　那说瞎话的没祖师爷吗？

甲　有啊。说瞎话的祖师爷是——庞涓。

乙　庞涓？

甲　战国时孙膑、庞涓去云蒙山学艺。王禅老祖紧闭山门不收。孙膑、庞涓跪在山门外："师父请您收下我们吧！"怎么喊也是白搭。最后，王禅老祖给了他俩一个台阶儿。

乙　什么台阶儿？

甲　王禅老祖说："你们俩非要给我当徒弟，好吧，我先看看你们的本领，你们谁能用言语把我说出洞外，我就收下谁！"庞涓一听，来了精神啦！说瞎话是他的绝招啊："师父，您快出来看哪！洞外有一只三条腿的鸟……"

乙　鸟儿三条腿儿？

甲　王禅老祖甭说出洞，在洞里蒲团上盘腿打坐，连眼皮都没撩，心说：这明明是说瞎话！庞涓又喊上啦："师父——您快出来看哪，这儿有个飞机！"

乙　什么？

甲　"这儿飞来一只鸡！"

乙　吓我一跳！

甲　"这儿又飞来个没脑袋的苍蝇。"

乙　瞎撞！

甲　他足足地编了有一个时辰的瞎话，王禅老祖纹丝儿没动。庞涓真没辙啦！"孙膑，你来来吧！"孙膑想了想，也说上啦："师父，我俩是跟您学艺来啦！什么也不知道，什么也不懂，我们两个无知的孩子，怎么能用言语把您说出洞外呢？别看我们不能把您说出来，您若是在洞外，我用不了三言两语，就能把您说进洞里去！"王禅老祖一听："什么？庞涓那么半天都没把我说出来，你就能把我说进洞？童儿，拿着蒲团咱到外边去！我倒看看他怎么把我说进洞！"王禅老祖来到洞外，盘膝坐好："孙膑啊！你往洞里说吧！"孙膑当时跪下啦："师父，您这不是出来了吗？"

乙　诳出来啦！

（马敬伯整理）

江河湖海

甲　相声一个人也能说，两个人也能说，三个人也能说。一个人说为单口相声，两人为对口相声。

乙　对啦。

甲　什么叫对口相声？就是两个人一对一口。但是对口相声在艺术水平上俩人可不一样。

乙　怎不一样？

甲　您多会儿看，往我这边站的，艺术水平都是比较高的，最低限度也得有十年八年的舞台经验。

乙　要是往这边站呢？

甲　那是滥竽充数，会个哼、啊、这、是就行。可是算不算个说相声的呢？勉强吧。

乙　嘿！

甲　两人要一对比呢，我这边就是主要的，他那边就是次要的，“搭配”。拿东西来比呢，我这边就好比是翡翠，他呀，（指乙）也就是块搓脚石。

乙　我呀！

甲　要拿水果来比，我这边就是香蕉，他呀，就好比个烂酸梨；要拿菜来比呢，我这边就是海参，这位就是块烤地瓜。我说这话哪，他一定不爱听，但是他应当好好向我学习。

乙　我呀，是得学习。可像他那个比喻可不对头。但是在台上我们也不能打嘴仗，有什么意见我们到后台再交换，暂时我请一场假，另换一位跟他说（乙往台下走，甲上前往回拉）。

甲　你为啥走呀？

乙　我为你着想，我要走。

甲　怎么为我着想?

乙　您挺好一个人为什么和块烤地瓜在一起哪。

甲　唉！暂时就凑合吧。

乙　哎，你慢点儿扯，劲头大，小心把地瓜皮扯坏了。

甲　你看我说这话你不爱听吧。

乙　还不是不爱听，因为你说得不对。说相声的当初学先站你那边，有了经验以后，才敢站到我这边。在我这边站着得问什么知道什么，问什么答什么。

甲　哪能呢？在我这边站着，那才是问什么答什么的，不论是天文哪、地理呀，我全能答出来。

乙　好嘛，那我问你点儿常识你就答不上来。

甲　你问什么我都能给你解答。

乙　好，我问你，全世界最高的山数哪座?

甲　全世界最高的山是喜马拉雅山。

乙　在什么地方?

甲　在我国的西藏和尼泊尔中间。

乙　最高峰叫什么名字?

甲　最高峰叫珠穆朗玛峰。

乙　高多少公尺?

甲　海拔八千八百四十八点一三公尺。

乙　那对吗?

甲　你不信你拿尺量去。

乙　你那不是抬杠吗！那全世界最深的湖呢?

甲　是贝加尔湖。

乙　世界最大的河?

甲　是密西西比河。

乙　最大的江?

甲　扬子江，就是我们中国的长江。

乙　最大的海?

甲　地中海。

乙　最大的洋?

甲　太平洋。

乙 好啦，那么我问你，江河湖海是什么最小？
甲 最小的是溪。
乙 什么叫溪？
甲 河流支出的汊叫溪，溪水长流嘛，溪最小。
乙 比溪再大点儿的哪？
甲 是河。
乙 比河再大点儿的哪？
甲 是湖！
乙 比湖再大点儿的哪？
甲 是江！
乙 比江再大点儿的哪？
甲 是海。
乙 比海再大点儿的哪？
甲 是洋。
乙 比洋再大点儿的哪？
甲 比洋再大……的……是“牛”。
乙 比牛再大点儿的哪？
甲
乙 是骆驼！
乙 比骆驼再大点儿的哪？
甲
乙 是大象！
乙 你离题了吧，这里头还有牛？
甲 不是我离题了，告诉你很明白，最大的就是洋：太平洋。还有比洋再大的吗？比洋再大没问题就是——
甲
乙 牛！
乙 那我再问你全世界动物有多少种？
甲 就四种！
乙 哪四种？
甲 胎、卵、孳、化。
乙 什么叫胎、卵、孳、化？
甲 有胎生的，有卵生的，有孳生的，有化生的。

乙　什么叫胎生的？

甲　凡是圆毛下崽儿的动物，就为胎生，你要不信我给你举个例子。人就是胎生，你看咱这头发、眼眉、汗毛都是圆毛，这就为胎生。你要再不相信，我给你举个详细例子，人是不是十月怀胎呀？

乙　对呀，是十个月。

甲　那么你几个月？

乙　废话，我也十个月。

甲　我能说你四个月吗？

乙　啊，猫三狗四啊！

甲　马、牛、羊、小耗子这都为胎生的。

乙　噢，何谓卵生的？

甲　扁毛下蛋孵出来的就为卵生，举个例子来说，鸡、鸭、鹅，飞的雀鸟都是扁毛下蛋的，为卵生。

乙　何谓孳生的？

甲　水里的动物为孳生的。

乙　何谓化生的？

甲　昆虫类为化生的，蜻蜓、蝴蝶、苍蝇、蚊子、油葫芦，这都为化生的。

乙　你答得对吗？

甲　完全对！

乙　错啦！我问的是全世界，你光说大陆上的啦。水里的你一样儿没说。

甲　水里也分胎、卵、孳、化。

乙　水里胎生的是什么？

甲　水里胎生的如鲸鱼、海马、江猪，水獭，你看水獭那毛完全是圆的，那就是胎生。

乙　噢，那水里卵生的呢？

甲　水里卵生的是王八！

乙　王八？

甲　啊，王八下蛋。还有那么句俗话，（指乙）王八蛋王八蛋嘛！

乙　噢。

甲　王八下完蛋还不走哪！

乙　干吗？

甲　它在那儿瞅呀。

乙　你瞅谁呀？

甲　瞅王八蛋哪！

乙　啊！瞅我哪。那么水里孳生的呢？

甲　是鱼！

乙　噢，水里化生的？

甲　对虾、虾爬子、螃蟹，这都为化生的。

乙　那我再问你点儿事。动物当中，人是热血动物，人类能创造世界，改造世界，人为什么这么聪明、能干？

甲　你问得对，人是热血动物。人能劳动才这么聪明。老说法儿认为，因为人周身机构能比天，天上有什么，人身上有什么。天为一大天，人为一小天。

乙　我不信，天有四季，春、夏、秋、冬。

甲　人有四肢，双手二足，代表春、夏、秋、冬。

乙　天有五行，雷、火、风、云、雨。

甲　人有五脏，肝、胆、脾、胃、肾。

乙　天有三百六十五循周。

甲　人有三百六十五个关节。

乙　天上有天河一道。

甲　人有大肠一挂。

乙　大肠干什么？

甲　大肠代表天河。

乙　你没带点儿牛头肉来吗？你卖羊杂碎来啦。天上有无数星斗。

甲　人有无数毛孔。

乙　天上星星没数，数不过来。

甲　你数数我毛孔有多少？

乙　那我数不过来。天有日月。

甲　人有二目，代表日月。

乙　代表不了，日头白天出来，月亮是晚上出来；人的两个眼睛一块儿睁着，日头和月亮能一块儿出来吗？

甲　人不是有一双眼吗？白天是太阳，夜里就是月亮。

乙　天有阴天。

甲　人有双失目，瞎子那不都过阴天吗？

乙　天有假阴天！

甲　人有近视眼！

乙　天有火烧云！

甲　人有烂眼边！

乙　天要下点儿雨哪？

甲　人有迎风流泪！

乙　有那么一天：假阴天，火烧云，还下俩雨点儿，人哪？

甲　人有近视眼、烂眼边，外带迎风流泪。

乙　嘿！

（赵福生供稿）

大杂烩

甲　这回相声是对口说呀？

乙　咱们俩人唱一回。

甲　唱一段儿怕你不行吧？

乙　说相声讲究说、学、逗、唱。

甲　怎么唱？拉丝弦是不是？

乙　拿什么随便。

甲　得像机关枪似的紧跟着。

乙　那玩儿完啦！

甲　我唱上句，你唱下句。

乙　对啦。

甲　唱一段儿什么呀？

乙　唱段儿什么？

甲　《排王赞》。

乙　什么叫《排王赞》？

甲　又叫《古人名》。

乙　噢，历代帝王图。

甲　打唐、宋、元、明、清直唱到中华民国。

乙　中国五千多年的历史。

甲　对着诸君得唱明白了。

乙　那是啊。

甲　出了我们嘴得入您的贵耳。

乙　一定。

甲　我上句你下句。

乙　对。

甲　可别串辙走板。

乙　那哪儿能够呢！

甲　这诸位听玩意儿都久听。

乙　那是啊！

甲　哪一位古人出在哪一朝不能唱颠倒了。

乙　那是啊，得唱清喽。

甲　来，张嘴。

乙　张嘴。

甲
乙　喂！

甲　别一块儿张嘴。

乙　你不是让张嘴吗？

甲　我上句儿你下句儿。

乙　哦，是啦。

甲　（唱）天地元白宇宙昏[①]。

乙　闹了半天你唱，明白了，天地元白宇宙昏啦！

甲　乾者为天，坤者为地，你唱下句儿。

乙　可以。

甲　（唱）天地元白宇宙昏，

乙　（唱）八月十五就打春。

甲　哎，不对。

乙　怎么不对？

甲　八月十五中秋佳节，怎么会打春呢？

乙　你准是不懂诗书，不晓得历史故事。

甲　我呀？

乙　这是武大郎做皇上元年。

甲　武大郎还做过皇上？

乙　嗯，那一年尽是稀奇古怪的事。

甲　是啊？

乙　嗯。

---

① 唱“太平歌词”调。

甲 （唱）天地元白宇宙昏，

乙 （唱）八月十五就打春。

甲 我老听着别扭。

乙 你听着别扭成吗！

甲 （唱）煤山吊死闯王英明主。

乙 啊？闯王是吊死在煤山上吗？

甲 你查《纲鉴》去。

乙 （唱）坐下这杨广有道明君。

甲 （唱）杨八姐骑着一辆火车她推着一匹马。

乙 这句话你明白了吗？骑着火车推着马。

甲 玩意儿嘛。

乙 （唱）眼望着南唐大营泪纷纷。

甲 （唱）眼望着南唐右眼哭来左眼乐。

乙 （唱）哭声丈夫叫程咬金。

甲 （唱）大破涿州你死得好苦。

乙 （唱）那本是刘伯温害你的命归阴。

甲 （唱）我心中恼恨黄天霸，

乙 （唱）不该拿刀杀了潘巧云。

甲 石秀这会儿去哪儿了？

乙 拉洋车去啦。

甲 （唱）好一个坐怀不乱的西门庆。

乙 （唱）吃喝嫖赌的朱买臣。

甲 （唱）汉刘备要上四圣庙。

乙 （唱）挑了个辈小的娇娘叫佘太君。

甲 （唱）诸葛亮贩卖私烟土。

乙 （唱）孙权要打吗啡针。

甲 （唱）美国的公主叫小香水[①]，

乙 （唱）印度的皇后叫李桂云[②]。

甲 （唱）八国的洋人把北平进。

乙 （唱）共和多亏常山赵云。

甲 （唱）乱七八糟大杂烩。

---

①② 小香水、李桂云均为河北梆子著名女演员。

乙 （唱）下一回三堂会审——

甲 （唱）玉堂春。

乙 （唱）窦尔墩。

甲 这回唱明白啦？

乙 更糊涂啦。

甲 刚才那一段儿都唱反复啦。

乙 是啊。

甲 这一回咱哥儿俩卖口力气。

乙 唱一回正的吧。

甲 唱一唱《世态炎凉》。

乙 什么叫世态炎凉？

甲 就是势利眼。

乙 哦，有这么一种人哪，眼窝子浅。

甲 是啊，有钱的他交际。

乙 哦。

甲 老说好。

乙 哦。

甲 没钱的他蹬得远远的。

乙 是啊？

甲 还是我上句儿你下句儿。

乙 对。

甲 就演这一段儿。

乙 好。

甲 （唱）中华民国颠倒颠。

乙 （唱）有钱的好过没有钱难。

甲 （唱）有钱的开了一个典当铺。

乙 （唱）三分利息钱赚钱。

甲 （唱）没有钱的要把一个小买卖做。

乙 （唱）顾得了吃来顾不了穿。

甲 （唱）有钱的穿衣裤上了画。

乙 （唱）溜沟子说也得有钱爱穿好衣衫。

甲 什么叫溜沟子？

乙 世界上有这么一种人，他的眼光太浅。

甲　哦。

乙　看见有钱的他就奉承人家。

甲　是啊？

乙　看见没钱的就拿话踩人家。

甲　依我想没这种人。

乙　你爸爸就这毛病。

甲　你爸爸才溜沟子！

乙　唱。

甲　老是有钱的好？

乙　是。

甲　（唱）有钱的到处赴席去。

乙　（唱）溜沟子他将人拉拉扯扯坐在上边。

甲　（唱）没钱的到处也赴席去。

乙　（唱）别管怎么能说坐在下边他就另眼看。

甲　（唱）有钱的吃尽了盘中菜。

乙　（唱）溜沟子说您福大寿高海量宽。

甲　（唱）没钱的多吃了几箸子菜。

乙　（唱）溜沟子说八辈子没得饱饭餐，这儿解馋，你是这儿过年。

甲　（唱）有钱的不吃盘中的菜。

乙　（唱）溜沟子说人家嫌这菜平平淡淡味不鲜。

甲　（唱）没钱的不吃盘中的菜。

乙　（唱）溜沟子说扭扭捏捏你假装酸。

甲　（唱）有钱的到处爱说话。

乙　（唱）溜沟子说贵人说话分外的语头甜。

甲　（唱）没钱的到处也爱说话。

乙　（唱）溜沟子说偏你这饿死讨人嫌，你是烦不烦！

甲　（唱）有钱的到处不爱说话。

乙　（唱）溜沟子说贵人语沉你懒得言。

甲　（唱）没钱的站在哪儿也不说话。

乙　（唱）溜沟子说爸爸叫傻儿子戆。

甲　（唱）有钱的要把哈欠打。

乙　（唱）溜沟子说你闻闻这味儿多香甜！

甲　（唱）没钱的要把哈欠打。

乙 （唱）溜沟子说你闻闻这一股子恶味熏死了咱。

甲 （唱）有钱的瞎冤他说高乐。

乙 （唱）没钱的高乐他说瞎冤。

甲 （唱）一文钱。

乙 （唱）世上难。

甲 （唱）里边四方外边圆。

乙 （唱）上边倒有几个字。

甲 （唱）南北统一造上边。

乙 （唱）大人为钱把官做。

甲 （唱）小人为钱要运动官。

乙 （唱）和尚为钱把皇经念。

甲 （唱）尼姑为钱住茅庵。

乙 （唱）买卖他们都为钱。

甲 （唱）起早睡晚不得闲。

乙 （唱）木匠师傅也为钱。

甲 （唱）大锯拉完了把钻子挽。

乙 （唱）石匠师傅也为钱。

甲 （唱）錾子錾成了宝金山。

乙 （唱）剃头的师傅也为钱。

甲 （唱）围着个椅子转圆圈。

乙 （唱）咱们两人也为钱。

甲 一天到晚瞎喊冤。

（焦德海　刘德智唱片记录本）

数来宝

甲　您说相声都讲究什么呀？

乙　说、学、逗、唱。

甲　唱能唱什么呀？

乙　唱的可多了，什么京戏、评戏、梆子、大鼓、数来宝……

甲　您还能说数来宝？

乙　啊！

甲　数来宝可不容易。

乙　那算什么呀，我全会！

甲　算什么？首先说，这七块板儿就不容易打。

乙　你会吗？

甲　会呀！

乙　你打一个。

甲　行。（打板）

乙　噢！他要过饭！

甲　你别瞧这要饭的玩意儿，你还打不上来呢！

乙　这算什么呀！（打板）

甲　噢！他也要过饭！

乙　嗬！这儿等着我哪！

甲　其实从前数来宝也不容易。

乙　怎么？

甲　它得讲究现编词儿，要三快。

乙　哪三快？

甲　眼快、心快、嘴也快。

乙　眼快？

甲　眼睛看见了。

乙　心快？

甲　心里立刻就编好了词儿了。

乙　嘴快？

甲　嘴里就唱了出来。您看，咱一进大街，不管有多少买卖，三百六十行，碰见什么全有词儿。

乙　你行吗？

甲　我最有把握了。

乙　好！这好办，你好比是那个数来宝的，我就来开买卖的大掌柜的，我开什么买卖你全有词儿吗？

甲　你开什么买卖我全有词儿。

乙　行了！由现在起，这个桌子就不是桌子了，它是开买卖的栏柜；我是掌柜的，不定开的什么买卖，你就是这个数来宝的。

甲　行！我是数来宝的，你是开买卖的少掌柜的！

乙　少掌柜的？

甲　内掌柜的！

乙　内掌柜的干吗呀？

甲　反正买卖是你们家的。

乙　不行！我是掌柜的！

甲　行！你开什么买卖我全有词儿。

乙　来吧！

甲　（打板）"打竹板儿，进街来，一街两巷好买卖。也有买，也有卖，也有幌子和招牌。金招牌、银招牌，哩哩啦啦挂起来。这二年，我没来，大掌柜的发了财！"

乙　走走走！

甲　"叫我走，不能走，走到天黑空着手，一分钱，也没有，今天我得饿一宿！"

乙　那你怎么单要饭哪？

甲　"掌柜的问我为什么单要饭，要饭不能把我怨。蒋介石，打内战，法币改成金圆券，由一百，到一千，由一千，到一万，我上街买了一斤面，票子用了二斤半！经济压迫民遭难，因此我才要了饭！"

乙　哎哎哎！

甲　“你也哎，我也哎，哎得我倒乜呆呆，早知道掌柜的规矩大，不叫说话不说话！”

乙　我开什么买卖你要钱哪？

甲　“不是我，不害臊，你什么买卖我也要。天主堂、耶稣教、孔圣人的门徒也许我要，只要你开张有字号，今天我就要得着。”

乙　要得着哇！你看什么买卖？

甲　“从小儿我没念《三字经》，您这字号我认不清。”

乙　认不清啊！告诉你：杂货铺！

甲　“打竹板，迈大步，掌柜的开个棺材铺。您的棺材做得好，一头儿大，一头儿小，装里活人受不了，装里死人跑不了，装里病人养不好……”

乙　等等等！谁告诉你我开棺材铺，我开的是杂货铺！

甲　杂货铺？

乙　啊！

甲　那……您开棺材铺多好哇！

乙　好什么呀？

甲　棺材，棺材，您这买卖准发财。

乙　噢！发财？

甲　对啦。

乙　不开！

甲　你看……它这棺材的词儿我熟。

乙　噢，词儿熟？

甲　对。

乙　不开！

甲　你看！

乙　行了行了，没词儿了是不是？我改个别的。

甲　不用改，什么没词儿了？你开什么买卖？

乙　杂货铺。

甲　杂货铺算什么呀！你都卖什么？

乙　什么都卖，油、盐、酱、醋、青菜、杂粮。

甲　卖青菜？

乙　啊。

甲 卖葱不卖？

乙 卖。

甲 行了！

乙 有词儿了？

甲 “杂货铺儿，你卖大葱。一头白，一头青，一头儿地上长，一头儿土里生，一头儿实，一头儿空，一头儿吃，一头儿扔，掌柜的就卖一棵葱！”

乙 我这杂货铺关板儿了！就卖一棵葱啊？什么都卖！

甲 “不赖不赖真不赖，杂货铺还把棺材卖！”

乙 不卖！告诉你，什么都卖，就不卖棺材。

甲 什么都卖？

乙 啊。

甲 “丁丁丁，当当当，杂货铺里卖手枪！”

乙 没有！

甲 你说的，什么都卖。

乙 啊，什么都卖，就是不卖手枪。

甲 你到底卖什么？

乙 油、盐、酱、醋、青菜、杂粮。

甲 你听词儿吧：“打竹板儿，迈大步，掌柜的开个杂货铺。杂货铺儿，货真全，红糖好，白糖甜，要买砂糖图省钱。买一包花椒张着嘴儿，买一包胡椒滴溜儿圆。小虾米，弯又弯，黄花、木耳上秤盘。筷子犯了什么罪？三道麻绳将它缠。二踢脚，三寸三，大年三十用火点，嘣——叭！上了天！”

乙 还有杂粮呢！

甲 “碾、盘、罗、柜不住磨，每一天都磨万担粮。荞面、白面、大米面，磨出米来似雪霜；粳米好，老米长，要吃小米金黄黄；黑豆黑，黄豆黄，粉红色的是高粱。掌柜的心狠似大老虎，往棒子面里掺黄土！”

乙 没有！告诉你，我不开杂货铺了，我改买卖了。

甲 “打竹板，迈大步，掌柜的开个棺材铺！”

乙 我还没开哪！

甲 这回您该开棺材铺了。

乙 不开！我呀，我这回卖冰棍儿。

甲　卖冰棍儿？

乙　对了！有词儿吗？

甲　那算什么啊！卖冰棍儿啊！（打板）“打竹板儿……打竹板儿……”

乙　没词儿了！

甲　“打竹板儿，真有趣儿，大掌柜的你卖冰棍儿。”

乙　对！

甲　“您这冰棍儿真卫生，完全是开水白糖冻成的冰。吃冰棍儿……吃冰棍儿……”

乙　没词儿了。

甲　“您还得吃冰棍儿！”

乙　这么会儿我吃三根冰棍儿了！

甲　“吃冰棍儿，拿起来瞧，小豆、橘子有香蕉。东西好，材料高，不怕晒，不怕烤，搁在火里化不了！”

乙　这是冰棍儿？

甲　火钩子！

乙　火钩子能吃吗？行了，这回又改了买卖了！

甲　“打竹板儿，迈大步，掌柜的开个……”

乙　又是棺材铺哇！这回我开澡堂子了！

甲　又开澡堂子了？

乙　啊！

甲　“打竹板儿，我走慌忙，掌柜的开个洗澡堂。您这个澡堂真卫生，完全是开水白糖冻的冰！”

乙　啊？好嘛！洗完澡都冻成冰棍儿了！

甲　“您这澡堂真卫生，手巾又白水又清。洗澡的，进门来，胰子香，手巾白，大毛巾，围当腰，就是不把脑袋包！”

乙　没听说包脑袋的！

甲　“有温水儿，有热水儿，越烫越美越咧嘴儿。有一个老头儿八十八，一进池塘笑哈哈，头又晕，眼又花，呱叽摔个大马趴！伙计一见往外搭。”

乙　怎么啦？

甲　晕塘子啦！

乙　那快搭出去吧！告诉你，这回我不开买卖了，我呀，娶媳妇儿！看你有词儿没有？

甲 你干吗？

乙 娶媳妇儿，有词儿吗？

甲 你听词儿吧：“打竹板儿，真有趣儿，大掌柜的要娶媳妇（fèn）儿……”

乙 不像话！

甲 “打竹板儿，真有点儿，大掌柜的娶媳（xì）妇（fǎ）儿……”

乙 我还娶魔术哪！

甲 “我来得巧，来得妙，掌柜的成家我来到，亲戚朋友把喜道，掌柜的堂前哈哈笑。前边儿铜锣开着道，后边抬着八抬轿。八抬轿，抬进门，伴娘过来搀新人。铺红毡，倒喜毡，一倒倒在喜桌前。有一对喜蜡分左右，喜字香炉摆中间；拜罢地，拜罢天，拜罢天地拜祖先，拜罢祖先拜高堂，夫妻对拜入洞房。入洞房，乐悠悠，新郎过去掀盖头，掀起盖头留神瞅，新娘子是个大光头！”

乙 秃子？

甲 “秃头顶，大眼珠儿，张嘴说话嗓门粗。”

乙 男的？

甲 “大胖子体重足有三百斤，掌柜的娶个鲁智深！”

乙 啊！我成小霸王啦！

（于春藻整理）

武数“同仁堂”*

甲　说相声讲究什么？
乙　说、学、逗、唱。
甲　您都会唱什么？
乙　西皮二黄，昆，高腔，梆子，落子，太平歌词，数来宝。
甲　您还会数来宝？
乙　也数不好。
甲　那您成了白薯（数）了嘛。
乙　你才是地瓜哪！
甲　我是说你要是跟我数来宝，我拿您好有一比。
乙　比什么呀？
甲　您是王奶奶找玉奶奶——
乙　这话怎么讲？
甲　您差一点儿。
乙　怎么差一点儿呢？
甲　啊，“王”字跟“玉”字不是差一点儿吗？您差一点儿。
乙　那您要是跟我数来宝，您是马奶奶找冯奶奶，你差两点儿哪！
甲　你要跟我唱数来宝，你是王奶奶找汪奶奶，你差三点儿哪！
乙　你要是跟我唱数来宝，你是王奶奶找马奶奶，你差着四点儿拐弯儿带一钩哪！
甲　你要跟我唱数来宝，你是王奶奶找王麻子——你差不少点儿

* 原为北京莲花落老艺人关德俊（外号“赛活驴”）的拿手节目，其中的药铺部分与众不同，药名比一般的多。

哪！

乙　什么叫不少点儿哪？

甲　我数不过来了。

乙　你要是跟我数来宝，你是从保定府到北河，你差着一百一哪。

甲　我差一百一十里？你跟我数来宝，你从北京到天津卫，差着二百四哪。

乙　你从北京到唐山，你差着四百八哪！

甲　你从北京到山海关，差着七百整哪！

乙　你从北京到沈阳，你差着一千五哪！

甲　你从北京到莫斯科——

乙　差多少？

甲　你差老鼻子啦！

乙　什么叫老鼻子呀？

甲　我知道差多少啊。

乙　说你都不行，还用唱吗？

甲　别看说俏皮话我说不过你，要是数来宝咱可行。

乙　你懂得数来宝的辙口吗？

甲　数来宝是溜口辙，上句没辙下句压上辙就行。告诉您辙口共有十五道，十三道大辙两道小辙儿。十三道大辙可以概括成十三个字：俏、佳、人、扭、捏、出、房、来、东、西、南、北、坐。两道小辙儿是小人辰儿、小言前儿。

乙　行啊！

甲　不行敢穿两条腿的裤子吗？

乙　一条腿那是口袋。

甲　咱俩来一回数来宝怎么样？

乙　行。咱俩是文数还是武数？

甲　文数怎么说？武数怎么讲？

乙　文数咱俩坐着唱，看谁会的词儿多。

甲　这没意思。武数哪？

乙　武数是走大街，进小巷，表表七十二行的祖师爷，说说七十二行的创始人，什么人传留下来的这一行，用的什么样的工具，怎么样做活儿又有哪些个规矩。

甲　这有意思！咱俩武数吧。

乙　武数也有个规矩。

甲　什么规矩？

乙　咱俩人是一对八家的唱，你跟我唱八家，我再跟你唱八家。

甲　行，你先跟我唱八家；你唱完了，我再跟你唱八家。

乙　唱可是唱，买卖是一家挨一家，不能隔三跳两的。

甲　那咱明白。

乙　你起头吧！

甲　开始。（甲乙二人打板）

打竹板儿，迈大步，
进了大街留神瞅。
抬头看，细留神，
头一买卖那儿打铁。

乙　你这叫什么辙呀？

甲　花辙。

乙　你数的这没辙呀！

甲　废话！有辙能数来宝吗！

乙　没饭辙呀，你再起一回头吧。

甲　头一家买卖那儿打铁！

乙　什么就打铁呀？我叫您再从头唱一遍。

甲　我数来宝从不唱二遍，这叫不重词儿。

乙　还不重词儿哪！连你本人都不知道你唱的什么。

甲　头家买卖那儿打铁！能不知道吗？唱吧，打铁的。

乙　站在高山望峨眉，
你不是老君又是谁？
老君打铁砧在先，
口当风箱脚当钳，
磕膝盖打铁整三年，
打得老君疼难忍，
上方赐下洪炉整一盘。
赐给你砧，赐给你钳，
赐给你六块合页板。
四块长，两块短，留个豁口当风眼。
公鸡毛，母鸡毛，

来回来去把风摇。
母鸡毛，公鸡尖，
来回来去把风扇。
打笤箍，和车襻，
铁锅出在获鹿县。
绿豆丝，黄豆条，
叮儿当儿打炒勺。
大云眼儿小云眼，
门鼻儿、钌铞儿、铲锅铲儿。

甲　不管锅铲儿不锅铲儿，大掌柜的那儿卖鞋。

乙　嘍（看甲）！

甲　唱唱卖鞋的。

乙　二月二,三月三，
王禅老祖下高山。
王禅老祖真有分，
收了个徒弟叫孙膑。
孙膑不把山来下，
世上谁留鞋和袜。
孙膑老祖下山早，
随身带来几件宝。
三件宝，件件高，
锥子、剪子、月牙刀。
月牙刀，亮堂堂。
先裁底，后裁帮，
四合页子整一双。
大师傅做活儿真有样，
屁股坐在马扎上。
左一扎，右一拉，
您这买卖有财发。
扎一锥子过一线，
十年八年不开绽。

甲　不管开绽不开绽，
大掌柜的那儿剃头。

乙　七步走，八步遛，
三绺青丝挂门头。
三绺青丝门前挂，
三教九流是一家。
一家人，数一数，
太白金星收罗祖。
罗祖又收汉光武，
汉光武收过吕洞仙，
他给罗祖站过班。
勒住马，下雕鞍，
罗祖堂前拜大仙。
先拜罗祖后拜你，
你是罗祖三徒弟。
罗祖爷，道德高，
七月十三得宝刀。
说得刀，道得刀，
得刀就在洛阳桥。
洛阳桥，万丈高，
块儿块儿石头能磨刀。
上八块，下七块，
当中抽出两块来。
粗石头磨，细石头钢（gàng），
宝刀磨得明又亮。
舀开水，对阴阳，
手巾搭在肩膀上。
男剃前，女剃后，
佛门僧道剃左右。
剃完了头扫扫眉，
然后再打五花锤。
五花锤，打得脆，
起了个名儿叫放锤。
为什么打得那样脆，
学徒的时候受过罪。

甲　唱啊？

乙　完了。

甲　完了？

乙　啊。

甲　你唱的这是剃头棚儿，我说的是理发馆，推头带烫头，你怎么没唱啊？

乙　你问我怎么没唱啊？你唱理发馆了吗？

甲　咱俩斗鸡来了。我要唱出理发馆来哪？

乙　我就唱推头带烫头。

甲　那好，往前看，没多远，
剃头棚改了理发馆。
你听有辙没辙？

乙　你可找着一句辙呀！
如今年头儿改了良，
三色棒子挂门旁。
一进门，把茶喝，
随后就把领子窝。
白苫布，盖前心，
为的是，别把头发茬子弄一身。
剪分头，推平头，
背头转头高平头。
女士烫头请上楼，
往里卷，荷叶头。
往外烫，飞机头。
这边缠，那边绕，
大花儿小花儿烫得俏。
飞机头，真可笑，
就怕遇见高射炮！

甲　不管高射炮不高射炮！
大掌柜的卖豆腐。

乙　一进大街表表古，
我表怀来卖豆腐。
怀来卖豆腐他占先，

后卖豆腐关美髯。
关老爷不把豆腐卖，
世上谁留荤素菜。
一盘磨，两个眼儿，
掌柜的站在磨盘跟前儿舀豆蜡儿。
左一匙儿，右一匙儿，
多出豆腐少出皮儿，
做出豆腐爱死人儿。
豆腐丝儿，豆腐片儿，
拍条黄瓜是凉菜儿。
一个小驴一盘磨，
水中求财更不错。
人吃豆腐猪吃渣，
你这买卖有财发。

甲　不管财发不财发，
眼前来到同仁堂。

乙　别唱了，你够累的啦。

甲　不累不累！

乙　我怕你累着。

甲　你这是怎么说话哪？

乙　你刚才唱的什么买卖？

甲　同仁堂啊。

乙　你是北京人吗？

甲　那没错儿。

乙　同仁堂在哪儿开设，你知道吗？

甲　在前门外大栅栏，说句北京话"大市烂儿"。

乙　大栅栏里有豆腐坊吗？

甲　啊！有啊！新开张的！不信你问问各位。

乙　我甭问，你问了有一位说大栅栏有豆腐坊的，我就唱同仁堂。

甲　有一位说有的？

乙　我就唱。

甲　那好办。您各位不知道他为什么叫我问您，同仁堂不好唱，首先得表一表药王爷的出身。拉拉药抽屉，三百多味草药得合辙押韵地唱一唱。药铺确实不好唱。他想不唱拿什么做借口哪，他愣说大栅栏里没有豆腐坊。别说，也真没有。咱们为了叫他唱同仁堂，一口气唱出三百多味草药名来，就得说大栅栏里有豆腐坊。我问您各位大栅栏里有豆腐坊没有，您各位来个异口同声，有！咱就叫他唱。不叫您白说，我给各位鞠躬了。各位，大栅栏里是不是有豆腐坊啊？——有！有！各位说有。

乙 是有啊？

甲 有！我们昨天在那儿买的豆腐嘛。

乙 你再起个头吧。

甲 今天各位真帮忙，
愣说同仁堂旁边有豆腐坊。

乙 一进大街十里长，
打躬施礼拜药王。
药王爷，本姓孙，
提龙跨虎手捻针。
内科先说孙思邈，
外科得数华佗高。
孙思邈，医道高，
三十二岁保唐朝。
正宫国母得了病，
走线号脉治好了。
一针扎好娘娘病，
两针扎好爱妃腰。
万岁一见心欢喜，
亲身封他在当朝。
封他文官他不要，
封他武将把头摇。
万般出在无计奈，
亲身赐给大红袍。
在旁恼怒哪一个，
怒恼敬德老英豪。
把眼一瞪上金殿，
尊声我主听根苗。

为臣我南征北战东挡西杀功劳大，
我主万岁瞧不着。
就凭那小小先生开了个药方治好娘娘病，
我主就赐那红袍。
革职为民臣不要，
红袍事情我不饶。
老敬德越说越恼越有气，
手提钢鞭赶红袍。
药王爷在前头跑，
后边敬德紧追着。
药王爷，妙法高，
脱去红袍换黄袍。
红袍供在药王阁（gé），
留下个古迹，四月二十八在药王庙内把香烧。
药铺里边有栏柜，
那栏柜三尺三寸三分三厘高。
左边放着轧药碾，
右边摆着铡药刀。
铡药刀，亮堂堂，
几味草药它先尝。
先铡“牛黄”与“狗宝”，
后铡“槟榔”与“麝香”。
“桃仁”陪着“杏仁”睡，
二人躺在“沉香”床。
睡到三更“茭白叶”，
胆大“木贼”跳进墙。
瞧了瞧“黄柏”“茵陈”栽满院，
“甘草”“柴胡”堆两旁。
“白芍”“赤芍”多茂盛，
“黄芪”“薄荷”打鼻香。
槽头拴是“海马”，
“穿山甲”爬满墙。
“大玉竹”“小玉竹”满院跑，

“苍术”圈内直撞墙。
“木贼”够奔“金银花”裤，
摸了摸“牛黄”大锁配“麻黄”。
掏出来“栀子”“木通”打开锁，
走进“木贼”偷盗郎。
“火硝”“半夏”点着“芒硝”照一照，
他把那“生地”“熟地”都照黄。
“桑白皮”糊棚分外亮，
“地榆”木桌椅摆两旁。
桌上摆“木瓜”“瓜蒌”与“佛手”，
有一只“斑蝥”“壁虎”卧一旁。
瞧了瞧床上“砂仁儿”睡了觉，
“车前子”扎在“贝母”怀中吃“乳香”。
“木贼”打开一座“肉桂”，
“玉米”“珠子”放毫光。
偷出来“珍珠”“水银”五十两，
“羚羊”“鹿角”与“麝香”。
偷出了一包“珍珠散”，
惊得那“金毛狗儿”叫汪汪。
有“丁香”去送信，
“人参”这才坐大堂。
“佛手”抄起“甘草”棍，
板棍打在“陈皮”上。
打得“陈皮”流鲜血，
鲜血甩在“木瓜”上。
“桂皮”“枳实”都打破，
拿过来“白矾”“防风”上好伤。
一拍掌打得“木贼”脖子成“荷梗”，
急急忙忙灌“凉姜”。
只打得木贼拉了“使君子”，
“童便”尿了一裤裆。
问了个充军发配“五味子”，
“轻粉”“当归”转回乡。

甲　不管还乡不还乡，
　　大掌柜的卖棺材。
乙　我不唱了！

（张振铎整理）

拉洋片 *

甲 你们是做什么的?

乙 是说相声的。

甲 说相声的怎么不吆喝?

乙 没听说过，说相声的就没有吆喝的。

甲 噢，说相声的不吆喝呀?

乙 对啦，不吆喝。要吆喝:“说相声咧！”那得多难听呀!

甲 不吆喝的买卖，大概除了你们说相声的以外，再没有第二种了吧?

乙 怎么没有? 多得很。

甲 你说说我听听。

乙 变戏法的不吆喝，唱戏的不吆喝，耍狗熊的不吆喝，耍傀儡的不吆喝，耍鼠的不吆喝，卖鸡毛掸子的不吆喝，缝破鞋的不吆喝……要说起这不吆喝的买卖可多了，岂止数十样儿!

甲 对啦! 别的不用说，唯独缝破鞋的与卖掸子的，我实在没有听见过吆喝。

乙 那是一定啊。要是满街上喊:“缝破鞋咧！”“好大的掸子！”那也一点儿不好听。(稍一顿)吆喝也是不一样，有的一张嘴就能听得出来是卖什么的，有的吆喝了半天，您也听不出来。

甲 有有。

乙 我就有一点儿能耐，只要你一张口，我就能够猜着你是吆喝什么。

甲 这话恐怕不一定。

---

* 本篇系文字本，1931 年曾由张笑侠辑入《相声集》上卷。

乙　你不信不要紧，咱们当面试一试看。
甲　咱们就试一试看。
乙　你来吧。
甲　你瞧着……（做张口状，但不出声）
乙　你倒是吆喝呀！
甲　你不是说一张口你就知道吗？现在张口了，你猜吧。
乙　只张口不成！你非得吆喝出两个字来。
甲　好吧！你听着："买硬面……"
乙　"饽饽！"
甲　"新出屉的……"
乙　"包子！"
甲　"磨……"
乙　"剪子磨刀！"
甲　"还有两挂……"
乙　"大山里红咧！"
甲　"苹果青的……"
乙　"脆瓜甜咧！"
甲　"管打咧……"
乙　"西瓜！"
甲　你还真不错，全猜着了。
乙　什么话呢。
甲　我再吆喝几个你一定猜不着。
乙　没那事。
甲　你不信咱们也试试看。
乙　好，咱们试试，你再吆喝吧！
甲　好，我吆喝："大小……"
乙　"金鱼来哟！"
甲　"洋灯罩儿来！"
乙　怎么着拐弯啦？
甲　"蛤蟆骨朵儿……"
乙　"大眼贼咧！"
甲　"大田螺蛳咧！"
乙　又拐弯儿啦！

甲 “收拾……”

乙 “桌椅板凳！”

甲 “洋铁壶咧！”

乙 我说你怎么又拐弯儿啦！

甲 “粥咧……”

乙 “豆汁粥咧、大米粥咧、豆儿粥咧、江米粥咧、小米粥咧、枣儿粥咧、八宝粥咧、高粱米粥咧、莲子粥咧、玉米楂粥咧、杂合粥咧……”我全说了看你还往哪儿跑！

甲 “腊八粥咧！”

乙 没听说过，还有卖腊八粥的吗？

甲 没有不是？

乙 对啦！

甲 我就吆喝嘛。

乙 除你以外，再没有第二份儿了。

甲 别打哈哈。

乙 对啦，别打哈哈！

甲 您瞧这做买卖的吆喝，真是好听的，拿腔用调的非常是味儿！

乙 可也不一样。

甲 当然哪，也有吆喝出来真不好听的。可是话又说回来了，吆喝的腔调与唱戏的腔调虽然不同，其道理可是一样，只要是你生了一个好嗓子，有味儿，吆喝出来一定好听。要是没有好嗓子，就是多好的调，你吆喝出来也是不好听了。

乙 那是一定的道理。

甲 您别看我长得不好，我倒会吆喝不少玩意儿。

乙 啊，你还会吆喝玩意儿哪？

甲 你不信不是？

乙 怎么不信！今天没事您吆喝几样我听一听。

甲 可以！可以！您瞧那拉西洋景的。

乙 啊！西洋景，就是那位拉大片的？

甲 对啦，拉大片的吆喝也不是一样。

乙 噢，不是一种？

甲 对啦，第一种是京南一带的人。

乙 就是。

甲　他们吆喝是这样："往里头瞧哇头一片，十冬腊月的好冷的天。那大雪不住地纷纷地下，那楼台殿阁呀成了银山哪啊唉！"哧……

乙　你哧什么呀？这是什么毛病？

甲　就是拉上一张去了。"再往里头瞧哇又是一片，丈夫怕婆照在里边。那小媳妇就在炕沿上坐，她的丈夫哇，就跪在眼前哪啊唉！"哧……

乙　这又是一片哪？

甲　对啦。还有一种，他们是京东一带的人，可又不是这样吆喝了。

乙　是怎么地吆喝？

甲　他们这一种拉大片的可不同别的拉大片的。

乙　怎么？

甲　你瞧不管你是谁，不管你多么死心眼，只要是你在他的旁边一站，他要是一让你，你是非瞧不可。

乙　这话不一定吧？

甲　你不信不是？

乙　当然我不信哪。不怕你说得天花乱坠，我不看你有什么法子！

甲　让你瞧就有法子嘛。

乙　我不信。

甲　你不信不是？

乙　啊，我不信。

甲　不信不要紧！我就会拉大片，咱们两个人当着大众，今天试一试，你看好不好？

乙　好！

甲　我要是不把你说活了心，你要是不看，我就是你的儿子。

甲　好吧？你要是把我说活了心，看了你的拉洋片，我就是你的儿子。

甲　好吧！就那么办，一定不许改嘴。

乙　当然啦！

甲　来，诸位一站一立的老先生听着，我是一个外乡人，路过贵宝地，把盘缠用短了，今天在这儿把我由上海新带回来的几张洋片叫大家看看。一个铜子儿看八大片，里边所照的全是许多的名胜古迹，还有北平的车站，直奉交战，隔着这个小镜子一照，与真的一个样。诸位花一个铜子儿看一看，一来解闷，二来帮我一个盘缠。说了半天，先请一位，等我下去让一让！

乙　（对观众说）任你说得天花乱坠，我有一定之规，不看（甲到乙的跟前）。

甲　我说这位老乡，你老捧一捧场，你老是头一位，一个铜子儿看八大片。

乙　嘿，一个铜子儿看八大片，那是多么贱呢，哈哈！

甲　看啦吧？

乙　哈哈！不看！

甲　你老是头一位，人无头不走，鸟无头不飞，花钱不多，捧我一捧吧！

乙　对啦，人无头不走，鸟无头不飞，花钱又不多，一者可以捧一捧你，再者又解闷，你说是不是？

甲　对呀！看了吧？

乙　哈哈，不看！

甲　怎么着，还是不看？

乙　对啦！

甲　里边的玩意儿好着咧，又有打仗的，又有唱戏的，还有各地的古迹，一个铜子儿是多么贱呢，看看吧！

乙　嘿！又贱又好玩儿，才一个铜子儿。

甲　对啦，看啦吧？

乙　哈哈哈，不看！

甲　我说你这人怎么不识抬举呀？好话说了千千万，又贱，又看好玩意儿，又捧我，你又解了闷，一举够着八得了，怎么你这么不识时务哇！

乙　好不是？

甲　啊！

乙　我不看难道说还有罪吗？你怎么做买卖说话这么不讲情理呢？

甲　咱们谁不讲情理呀？我跟你说了多少好话，请你老做一位头面人。你一定不看，你是头一位，你要不看别人谁还看呢？你简直是一个破坏党啊！

乙　谁叫你让我来看？你为什么不让别位呀？

甲　我看得起你才让你呢！你真不懂情理。

乙　你才不懂情理呢！

甲　我告诉你是不是，你看看这个是什么，你知道吗（拿一把扇子或一块木头）！

乙　这是一把扇子（甲拿木板时，就说这是一块木板）。干什么？

甲　你今天要是不看，我就打你。

乙　你做买卖让人，人家不看你敢打吗？

甲　怎么你又是不信哪？

乙　我本来有点儿不信嘛。

甲　好，你看不看？

乙　我不看。

甲　敢说三声不看吗？

乙　怎么不敢？我不看！我不看！我不看！

甲　好嘛，好话跟你说了千千万，我也是看中了，不打你是不成啊！（用扇子照乙的头上打一下）你看不看？

乙　我不看！

甲　（又用扇子打乙头二下）你看不看？

乙　我不看，你们做买卖怎么打人哪？难道说不看还有罪呀？

甲　打你嘛！（又打一下）谁叫你不看呢，你要是好好地看了算完事，不然还打你，今天我倒要看你是看不看。（又打）

乙　得得！我看了成不成，您别打了，真他妈的这个买卖，他叫看就得看，没法子，是一个铜子儿看八大片不是？

甲　一个铜子儿？不成！

乙　是你说的一个铜子儿呀！

甲　方才你要是顺顺当当地去看，是一个铜子儿。

乙　现在怎么不成了？

甲　那么我白费很大的劲打你啦！

乙　怎么打了我还跟我要钱哪？

甲　怎么着，不应当吗？（举扇做要打状）

乙　应当，应当！诸位请看一看，我今天多倒霉，不但白挨了打，而且反倒给他钱。

甲　我告诉你，你还别不愿意！

乙　不敢不愿意您！那么多少钱哪？

甲　八块钱。

乙　多少？

甲　八块钱。

乙　花八块钱看洋片！

甲　你不愿意呀？（举扇欲打状）

乙　愿意，愿意。我跟你商量商量，我所带的钱不够，我先回家给您当一趟被褥去成不成？

甲　不成不成！

乙　钱不够怎么办？

甲　看完了一块儿去取！

乙　好，我算认啦！在哪儿看哪您？

甲　等着我给你去弄。

乙　你先弄好了省事不！

甲　（把一个茶壶放在桌前，把壶盖取下再用一个茶碗躺在茶壶上，碗口对外。得了）弄好了，来看吧。

乙　看这个茶碗哪？

甲　不看茶碗看什么？不是才八块钱吗？我还是告诉你，我说有什么就有什么，我说到哪儿就到哪儿，你要是不跟着我说就要打你！

乙　得！就这么办！您横竖得给我一个凳子坐着看哪！

甲　什么？花八块钱还要坐着看，没有。

乙　不坐着怎么看哪？

甲　撅着看！

乙　就撅着看哪？

甲　怎么看？（做欲打状）

乙　好好，就撅着！真没法子，只要是人倒霉，什么气全得忍！

甲　快着！

乙　嗻，快着！（乙俯下身去看着碗）

甲　闭上一只眼看着真。（用手蒙乙一只眼）

乙　请您就不必管我几只眼了，反正我看得了嘛！

甲　不成不成！看我的洋片得有规矩！

乙　好，就用一只眼。（闭上一只眼）

甲　嗨！往里头瞧头一哟哇片，三民主义照在里边，总理的遗像当中挂，正正堂堂上边悬，上有“天下为公”四个大字，左右还有一副对联。上联写“革命尚未成功”，下联配“同志仍须努力”。这本是孙总理亲笔书写，使用美术照在里边。提起总理的名和姓，姓孙名文字逸仙。光绪二十一年逃往日本，方才改名叫中山。致力革命四十余载，故于民国十四年。二月四日低念遗嘱，三月十一把字签，九时二刻命归天。这就是中华民国的开国元老哇，噔不噔噔一噔噔，留在人间万古传哪唉！哧……（乙做惊状）

乙　怎么啦？

甲　拉上一片去，这头一片好不好？

乙　好，好！

甲　你再看这第二片！

乙　我说，照样给钱不看成不成？

甲　不成不成！不好哇是怎么着？

乙　好是好，不过撅着屁股太不好受。

甲　你对付一点儿吧！又不好受啦，好受别出来，在家里好受，打算看玩意儿，就得受点儿罪。

乙　嗻，嗻！

甲　你看这第二片！到了哪儿啦？

乙　我知道吗？这是茶碗！你不说我哪儿知道？

甲　对，我忘了说了，这一片到了北平的东车站，你看那下火车的人，那是多少哇！也有男的也有女的，也有老的也有幼的。你再看由头等车下来两个外国人，一个男的三十多岁，一个女的二十多岁，你看那小鬼娘们儿多漂亮啊，两人拉着手，一边走一边叽啦呱啦的！

乙　对啦，说话呢！（甲打乙一扇子，乙立起来走开。）

甲　你听见了吗？

乙　那你说叽啦呱啦的。

甲　叽啦呱啦的像说话，这是洋片哪儿听得见说话！

乙　劳您驾！谢谢您！给你钱吧！我不看啦！

甲　不看完了不要钱！使人钱财，与人消灾，不看不成。

乙　看完几片了，还有几片哪？

甲　两片还没看完呢，还有六片哪！早着呢，快看来吧！

乙　得，看！（仍做看状）

甲　你看他们两个叽啦呱啦的是不是？

乙　啊！

甲　你怎么不说呀？

乙　我不能说，我一说你又打我呀！

甲　得了。

乙　又拉上一片是不是。

甲　对了，你看看又到哪儿了？

乙　又到哪儿了？

甲　我问你呢，又到哪儿了？

乙　（乙立起）我知道吗？你不说我怎么知道。回头说错了你好打呀！

甲　对，我又忘了说了，这一张到了上海四马路。你看两边的买卖多阔啊，全部是大洋楼。你再看那大书局，玻璃窗里放的书，五光十色那是多么好看。

乙　对啦。

甲　你再看那大马路上，来来往往的人，坐洋车的也有，坐汽车的也有，坐马车的也有。

乙　对啦！

甲　你再看那边坐洋车的，踏的那个脚铃当当的……（举扇要打状，乙立起走开。）

乙　没响！又往那儿领我，你说当当的。我一说“响”你好打我呀！得啦！

（张笑侠搜集整理）

拉洋片 *

甲 在过去，观众管我们这行叫生意，其实，我们这行不叫生意，叫熟艺。您比如说：我们从后台走出来，观众一看认识，这叫作熟艺。

乙 那什么叫生意哪？

甲 金、批、彩、挂，这几种买卖叫生意。

乙 什么叫金买卖哪？

甲 金买卖是相面的、算卦的。这行就是生意，净骗人的金钱。您想，那算卦的要灵，他就不给别人算了，就给他自己算了，根本就不灵。纯粹是生意。还有一种拉洋片的，比算卦的、相面的生意还厉害。这话又说回来了，拉洋片的可也分多少种。有的是生意，也有的不是生意。

乙 你说哪种拉洋片的不是生意哪？

甲 您像天桥小金牙那种洋片，那就不是生意。有的时候不拉洋片，就卖唱，讲的是艺术。他那种洋片是滑稽洋片，脸上的表情好，唱出来的调也好听，我给您学学：（唱）“再往里头再看噢，又一层，大清以上啦，那是大明喽。大明坐了十六帝，那末帝崇祯啦，不大太平。三年旱来，三年涝，米贵如珠，价往上边升。有钱的人家卖骡马，无钱的人家卖儿童。黎民百姓就遭了涂炭，这才出了一位民族英雄。英雄他是哪一个呀？那就是闯王他叫李自成唉。”

乙 噢！这就是小金牙的那种洋片。

甲 还有一种叫京八张，唱出来那个调子跟小金牙那个调子就不一样啦。

---

* 此段系 20 世纪 40 年代的演出本。

乙　那什么味儿呀？

甲　我给您学学：（唱）“瞧哇，瞧哇，是头一片，您老看武昌城头炮火连天。辛亥革命义军勇，打得清兵乱作一团。宣统皇上退了位，清朝政府被推翻，五族共和成立民国，忘不了国父孙中山。”

乙　这就叫京八张。

甲　还有一种叫推片。

乙　噢！三八二十四张，分上、中、下。

甲　唉！上八张、中八张、下八张，二人对唱，这个人唱完了往那边推，那个人接过来唱：（唱）“哎，这一张照下来，多么好看，那小马五的《纺棉花》照至在了上边。”哧！

乙　唉，这是怎么回事？

甲　这是推过一张去。

乙　（唱）“哎！这一张照下来，您老慢慢留神看，看这就是刀铡的那个杜小栓子，照至在了上边。”哧！

甲　这是推回一张来。

乙　唉！这就是推片。

甲　还有一种拉洋片的，叫怯八张，唱出来可好听，跟那京八张的调子差不多少，就是那个调子略微快一点儿：（唱）“瞧哇！瞧哇！瞧哇！头一回，您老看，二姑老爷拜年来在家里，进门先问岳父好，磕了三个头，作了一个揖。老丈人这里不怠慢，急忙上了一桌席，你吃点儿吧，你喝点儿吧，没有外人都是自己。要吃肥的牛羊肉，要吃瘦的你来块里脊。黄花、木耳、海带菜，哩哩啦啦那是粉皮。整个的螃蟹掰了盖，弯着腰的那是虾米。七个窟窿的那是白花藕，唉！你不怕扎嘴，吃上一口鱼。”

乙　这倒很有意思。

甲　有意思？这种拉洋片的最厉害。

乙　怎么厉害法儿哪？

甲　这种洋片，净赶外乡、外庙，棚往那儿一支，锣鼓往那儿一摆，家伙点儿一响，只要你往那儿一站，就得看他的洋片。

乙　那不会不看吗？

甲　人家让座儿的有四五个人，都是二十多岁的小伙子，太阳鼓着，眼睛努着，胳膊挺粗，手里拿着大掸把子。到了夏天，小衬穿着半拉系着半拉，让到跟前瞧了，擦擦镜头。让到跟前不瞧，掸把子掉过来，照准你头上，嗖！嗖！嗖！就是三下！打完了你还得看他的洋片。

乙　哼，据我看，那个看洋片的是贱骨头，拉洋片的没遇见我。

甲　比如说要是遇见您哪？您怎么样呢？

乙　唉！要是遇见我，我就不瞧。

甲　要是遇见您，您头一个就得瞧。

乙　遇见我，我就不瞧。

甲　你准得瞧。

乙　唉！你要不信，你把拉洋片的找来，我准不瞧。

甲　您说那叫废话，我上哪儿找拉洋片的去呀？

乙　噢！找不来呀。

甲　你真僵火儿！咱们这么办，甭找拉洋片的，我去拉洋片的，您去个看热闹的，走道的，我让到您跟前，您就得瞧。

乙　嗐！甭说你这个假拉洋片的，真拉洋片的我也不瞧。

甲　我让你瞧不上，我姓你那个姓。

乙　哼！我要瞧，我姓你的姓。

甲　好！咱俩换了。（把掸子横摆，甲改用怯口说）行啦！别忙啦！紧打家伙当不了唱，烧热了锅台当不了炕。那位老先生就说了："你是干吗的？"话不说不知，木不钻不透，沙锅不打一辈子不漏。我呀，我是个拉洋片的。你把话听明白了，我这个洋片可跟其他的洋片不一样，真正是杭州的十景，粉张立纸，八大张。六张是照的，两张是画的。画的是《王小赶脚》，滑稽的片子。哪位老先生给我开开张吧？

乙　电影这么便宜，谁看这个呀？

甲　怎么这些位一个看洋片的全没有哇？那就散了吧。哎哎哎哎那一位老先生说啦："唉！拉洋片的！你别叫俺走啊！我们这里人都是外场人，你那么说我们是不瞧，你要是下来让我们，我们是不得不瞧两片。"哼！老先生，这话可是你说的，对吗？

乙　啊！这是哪位说的？

甲　你叫我让，可是我让到你的跟前，你要瞧了，咱是两全其美呀！

乙　这是什么味儿呀？

甲　我让到你跟前，您要是不瞧——

乙　不瞧你有什么办法呢？

甲 （拿起托板）哼……你看见我这行子买卖没有？我要是不敢打你，我是个小舅子。让座儿了！坐稳了！街门甭关，一位走不了。

乙 嘿！他要绑票！

甲 让可是让，一让就得，别等我三把推着，两把搡着，钱花了，人也丢人，那就算晚了，我先让让这几位。

乙 这几位您甭害怕，（指自己的头顶）有这儿顶着哪。

甲 打这里到那里——

乙 全瞧？

甲 全过不着啊。

乙 噢！全过不着哇！

甲 这几位全刚来，这几位全是这边溜儿的街坊。难道说这些位我就白请了不成吗？一位看洋片的都没有哇？（转身回头看见乙……）噢！闹了半天在这儿呢。

乙 他这是让我。

甲 这位老先生您给我开个张吧。

乙 什么玩意儿？

甲 拉洋片的。

乙 噢！拉洋片的呀。

甲 我这个洋片可跟其他的洋片不一样，粉张立纸，杭州十景，一共是八大张。六张是照的，两张是画的。画的是《王小赶脚》，滑稽的片子。没到此地来过，头一趟，头一回。先生！您老是头一个主儿。常言说得却好："人无头不走，鸟无头不飞。"会捧场的捧头三回，会喝酒的喝头三杯。您老先生给我开开张吧！

乙 拉洋片的呀？西湖美景，八大张？没到此地来过，头一趟，头一回，我是头一个主儿？打头二年我就想着——

甲 瞧？

乙 不瞧！

甲 您这话我听不懂，怎么想着不瞧啊？

乙 我知道您这多少钱哪？

甲 嘿！先生！您老把话听明白了，这也不是三万三，六万六，大骡子大马，人家买不起呀，八大张瞧完了才一个大子儿。

乙 多少钱？

甲 一个大子儿呀！

乙　才一个大子儿呀？还不够一个烧饼钱呢，甭说在你这儿看洋片，就算坐这儿歇歇腿儿也值，就冲你这便宜——

甲　瞧了？

乙　嗐嗐！不瞧！

甲　这么便宜你也不瞧？

乙　没带钱。

甲　就凭老先生穿得这么干净，你是没钱吗？

乙　您别瞧穿得干净，口袋里也干净。

甲　就看您老先生模样、打扮，不是没钱的人，您看您老也是金胳膊、玉手、锡镴的大腿、翡翠的脑袋！

乙　我这是怎么长的？

甲　真没钱！我让你白看！

乙　白瞧我更不瞧了，我不能搭你这份儿情！

甲　您老别搭我的情，我要搭你的情啊！您老可要知道，我是脚踏生地，眼望生人。城墙高万丈，到处朋友帮。在坐在站的老先生们，不知道我这洋片好不好，我瞧你是个外场人，你是南走一千，北走八百，扎一刀子冒紫血，叽噔咯噔的好朋友。你也不是上炕认得媳妇，下炕认得鞋，您也不是三枪打不透的人！

乙　我一枪就死！

甲　唉！三拳头打不透的人。这么办，你瞧完了甭给钱。您这么一说好，众位老先生一听说我这个洋片好，我挣了他们的钱，回到家去，拿起那个粥碗来，我可忘不了您老的好处。

乙　噢，您这么说我明白了，您头一趟来，没人瞧，你看我是个外场人，你让我给贴贴靴[①]，必必黏子[②]，瞧完了不跟我要钱，我说一声好，诸位老先生一听这玩意儿好，你挣了他们的钱，回到家去，举家大小忘不了我的好处，你要早说这个呀，我早就——

甲　瞧了？

乙　不瞧！

甲　先生我让你白瞧？

乙　没工夫！

---

① 贴贴靴：江湖用语，即由同伙的人充当顾客，诱人上钩。

② 必必黏子：江湖用语，即招来围观的人。

甲　先生我给您作个揖行吗？

乙　作揖呀，磕头都不瞧！

甲　那么我看这意思非打上才瞧呢？

乙　什么？

甲　哼哼！打呀！

乙　我听这话有点儿耳生！

甲　你说三声不瞧？

乙　甭说三声，我的嘴，三百声我都敢说！

甲　你说三声我听听？

乙　一个不瞧！俩不瞧！仨不瞧！

甲　（拿板打乙一下）瞧不瞧？

乙　瞧瞧也没关系呀。

甲　这个玩意儿你不瞧，你他娘的要造反啊？

乙　我倒要造反了？

甲　（对观众说）您看这还有王法吗？

乙　是没王法啦！给您钱。

甲　多少钱哪？

乙　不是一个大子儿吗？

甲　那是前年。

乙　现在哪？

甲　四块八！

乙　四块八？

甲　（把板举起来要打乙）贵呀是怎么着？

乙　不贵！四块八还贵，头年来一个拉洋片的九块六我都没赶上瞧！

甲　哼！贱骨头！

乙　看什么呀？

甲　您别忙啊！还没给您搭上呢。（摆洋片道具——壶、碗）

乙　四块八我就看这小茶碗儿呀？

甲　啊！小碗四块八呀，有大碗，大碗六块四，咱换个大碗是怎么着？

乙　行了！我就看这小碗吧。

甲　你看我的玩意儿，得守我的规矩，你得捧着我说。我说我这玩意儿好，你得说好。我说到哪里，你说到哪里。我要是说好，你要是说不好，我说有什么，你要是说没什么，我说到哪里，你说没到哪里，你成心跟我搅，我是打你个小舅子！

乙　好啦！行！你说到哪儿啦，我说到哪儿啦，你说有什么，我说有什么，这还不行吗？哼！花四块八我这儿过堂哪！

甲　老先生，我瞒了您站的主儿，瞒不了看的主儿，您问问这看的，问问他这玩意儿好不好！

乙　好！

甲　这个玩意儿到哪里啦？到了天津车站，你看到了没有？（打桌子）

乙　你别一惊二乍的，我胆小，你别把我吓着！

甲　我就是这个毛病，你看看这个玩意儿不，到了天津卫车站了没有？往车站里边看，平沈快车进站了没有？站住了吧？下了不少人，下了车啦，车站上没人啦。到了钟点儿了，摇铃的摇铃，晃旗的晃旗，那火车一拉鼻儿闷的一声它就——

乙　走了？

甲　（打乙）你看见了吗？

乙　你不是叫我捧着你说吗？

甲　纸画的洋片，它会走火车？你把我这玩意儿捧假了我不揍你？

乙　那我应当怎么说呢？

甲　你得这么说，对了，仿佛要走，可还没走哪！

乙　噢！我就这么说，对了，仿佛要走，可还没走了哪。这都是什么味儿啊！我问问您，什么玩意儿啊？

甲　八大片！

乙　那么我看了几片了？

甲　头一片还没瞧完呢！瞧！

乙　哎！瞧！他这玩意儿真经瞧，就是费脑袋！

甲　你看看车站的外边有一个大汽车，是公共汽车，上边坐着两个外国人，一个是男的，一个是女的，男的拿着文明棍儿，女的拿着大皮包，嘴里头咿啦哇啦的——

乙　说话呢。

甲　（打乙）你听见啦？

乙　你不是让我捧着你说吗？

甲　纸画的洋片能说话呀？你把我这玩意儿捧假了我不揍你？

乙　那我应当怎么说呢？

甲 你得这么说：

甲
乙 （二人合说）对了！仿佛要说，还没说出来呢！

乙 您这是什么玩意儿？

甲 八大片！

乙 我看了几片啦？

甲 头一片还没瞧完哪！瞧！

乙 唉！瞧！（对观众说）诸位，您哪位认识我家，您给送这个信儿去，您就说我在这儿瞧洋片呢，今儿个我还不一定死活呢！

甲 在汽车旁边有做买卖的，有一个卖豆腐脑儿的，你看这个人有二十来岁，穿着蓝布裤褂，蓝布围裙，捂着耳朵，张着嘴，哧嗬哧嗬的——

乙 他那儿吆喝哪（乙说完就跑了，甲没打着乙）。

甲 你怎么跑了？

乙 不跑又打上了。

甲 总算你机灵，头一片算你瞧完了，我把它拉上去，你看第二片？

乙 躲一下是一下！（二次又去看）

甲 （打乙）这你就跑咧？

乙 噢！没躲开呀！

（王世臣　赵玉贵述）

洪羊洞

甲　一个人有一个人的爱好。

乙　对。

甲　好走东的不走西，好吃萝卜的不吃梨，好吃橘子的不吃橘子皮。

乙　有吃橘子皮的吗？您喜欢什么？

甲　我喜欢京剧。

乙　您是票友儿？

甲　不，我是“科边儿”。

乙　“科边儿”？那叫“科班儿”。

甲　对。科班儿。

乙　哪个科班儿？

甲　北京有个喜……

乙　喜连成？

甲　洗澡堂子。

乙　洗澡堂子？您在那儿唱戏？

甲　我在那儿搓澡。

乙　跟我一样。

甲　您也搓澡？

乙　我在那儿修脚。

甲　全套儿的。

乙　什么叫洗澡堂子？

甲　原来我在洗澡堂子。

乙　后来？

甲　后来进的“喜连成”。

乙 “喜连成”后改“富连成”，“喜连成”有十个字：喜、连、富、盛、世、元、韵、庆、升、平。办了七科就不办了。不知您是哪个字儿的？

甲 我是喜字儿的。

乙 喜字？有个雷喜福？

甲 那是我大师哥。

乙 侯喜瑞？

甲 师哥！

乙 您是喜什么？

甲 我是洗澡。

乙 这位还真是个澡堂子的。

甲 我有个师弟叫李盛藻。

乙 知道。

甲 就是我洗剩下的水他才洗的，“剩澡”嘛！

乙 什么乱七八糟的？你是科班儿的吗？

甲 没错儿，不信你问问去！

乙 我问谁去？您是唱什么的？

甲 什么都行。

乙 什么叫什么都行啊？

甲 生、旦、净、末、丑，神仙、老虎、狗，刷戏报子，扫台毯……什么都行。

乙 花脸怎么样？

甲 拿手。

乙 我也喜欢花脸，咱俩唱一出怎么样？

甲 可以。您挑戏吧。

乙 咱俩唱一出《白良关》？

甲 大小黑儿？没意思。

乙 《父子会》？

甲 这不是一样嘛！

乙 对。唱一回《追鱼》。

甲 真假包公？没意思。

乙 《真假李逵》？

甲 《真假李逵》哈哈……

乙 就唱这出。

甲 我不会。

乙 不会你笑什么？

甲 新鲜。

乙 我再挑一出，您要是不会就算了。

甲 什么戏？

乙 《洪羊洞》。

甲 行。哪个《洪羊洞》？

乙 一说就外行，什么叫哪个？《洪羊洞》就一个。

甲 是新的是老的？

乙 没有新老之分。

甲 内容是什么？

乙 杨六郎派孟良去北国洪羊洞盗老令公的骸骨，焦赞不放心，在后头跟着。孟良进了洪羊洞，焦赞和孟良开了个玩笑，在后头喊了声："拿奸细！"孟良一回身用斧子把焦赞给劈死了。孟良仔细一看是自己的把兄弟，自己自杀身亡。杨六郎知道以后，吐血而死。此剧又叫《三星归位》。

甲 完了？

乙 完了。

甲 唱完了仨死鬼？

乙 啊。

甲 多没意思。

乙 都是这么唱。

甲 您说的是老《洪羊洞》，我说的是新的《洪羊洞》。

乙 新的《洪羊洞》怎么唱？

甲 孟良、焦赞一块儿去盗骨，把骨盗回来以后，杨六郎非常高兴，大搞庆祝活动。孟良、焦赞跳的是现代芭蕾舞，杨六郎唱流行歌曲，佘太君跳迪斯科。然后吃西餐，喝咖啡……

乙 行了，行了，别往下说了。这戏我唱不了。

甲 主要的都是我来，您帮我打个下手儿帮个腔就行，然后你就坐那儿喝咖啡，吃西餐，跳舞、唱歌都是我一个人的。

乙 行。

甲 我来个孟良。

乙　我？

甲　你来个焦赞。

乙　行。

甲　我上场，您跟着我，用嘴打家伙。

乙　行。

甲　走哇！

乙　走哇！（打〔快长锤〕）

甲　（唱）机关秘密要谨慎！

乙　我……

甲　唱啊？

乙　没法唱。

甲　怎么？

乙　词儿不对。

甲　应该怎么唱？

乙　孟良唱："〔西皮导板〕北国倒有洪羊洞。〔流水〕千里迢迢路不平，昨夜元帅得一梦，夜梦他父老元戎。前番盗骨乃是假，他命我二次盗骨下番营。真骸骨，现在那北国洪羊洞，望乡台上第三层，豪杰催动了爷的马红鬃。"焦赞这才接一句腿儿："后面又来焦克明。"

甲　您唱的还是老《洪羊洞》，我这是新的《洪羊洞》。

乙　新的《洪羊洞》也不能唱"机关秘密要谨慎"。

甲　盗骨，盗就是偷偷摸，咱这事是不是秘密？你不能大喊大叫："我盗骨来了！"那非叫人抓住不可。

乙　那我唱什么？

甲　你唱："侦探北国走一程。"

乙　侦探？宋朝就有侦探了？

甲　老侦探。（唱）"机关秘密要谨慎！"

乙　（唱）"侦探北国走一程！"（对观众）真别扭！

甲　俺！

乙　俺！

甲　大花脸哪！

乙　你不要脸哪！

甲　你才不要脸哪！

乙　戏台上有报大花脸的吗？

甲　应该怎么报？

乙　孟良、焦赞哪！

甲　孟良、焦赞？北国人一听，孟良、焦赞来干什么来了？准是盗骨来了，把机枪架上，嘟……

乙　您等会儿，宋朝就有机枪了？

甲　老机枪。

乙　老机枪？

甲　就得报大花脸，你报二花脸。

乙　好，好。大花脸，二花脸。

甲　俺！

乙　俺！

甲　大花脸哪！

乙　二花脸哪！

甲　嗬……来了我的伙计……（用外国人学汉语加京剧韵味）

乙　怎么还有外国味儿？

甲　完全说汉语怕北国人听见——来了我的伙计！

乙　我呢？

甲　你说："我早就来了！"

乙　合着我在前头等着你呢？

甲　对。

乙　"我早就来了！"

甲　"我来问你，你是谁家的儿子！"

乙　我不知道哇！

甲　什么叫不知道？

乙　我知道我是谁的儿子？

甲　你说，我是我爸爸的儿子！

乙　大实话呀？——我是我爸爸的儿子！

甲　"你可愿意？"

乙　……你都反对呀？

甲　你愿意不愿意？

乙　当然愿意。

甲　不能说愿意，得说认可。"你可愿意？"

乙　"我倒认可！"

甲　“把你过继我几天你可愿意？”

乙　我打你个小舅子！

甲　怎么骂上了？

乙　我能不骂吗？凭什么过继你几天？

甲　这出戏就这么安排的，后头跳舞、唱歌都是我的了，你就说一句话：“我倒愿意得了不得呀！嗬哈哈哈哈哈！”

乙　我还得高兴？我倒愿意得……我有毛病是怎么着？

甲　后头都看我的啦！

乙　好啦。

甲　打头儿来。——走哇！

乙　走哇！（打〔快长锤〕）

甲　（唱）“机关秘密要谨慎！”

乙　（唱）“侦探北国走一程！”

甲　“俺！大花脸哪！”

乙　“俺！二花脸哪！”

甲　“嘚……来了我的伙计！”

乙　“我早就来了！”

甲　“我来问你，你是谁家的儿子？”

乙　“我是我爸爸的儿子！”

甲　“你可愿意？”

乙　“我倒认可！”

甲　“把你过继我两天你可愿意？”

乙　“我倒愿意得了不得呀……”

甲
乙　“嗬哈哈哈哈哈！”

甲　行，学得还真快，再见。

乙　再见？

甲　演完了不再见吗？

乙　这就完了？那跳舞、唱歌呢？

甲　都在后头呢。

乙　那接着唱。

甲　后头还没编出来呢。我这出戏分头本儿、二本儿。

乙　嘿！瞧我这倒霉劲儿！二本儿还没编出来，头本儿到这儿完了！

甲　对，再见！（欲走）
乙　别走。二本儿不是没编出来吗？咱们还唱头本儿。
甲　那多没意思！
乙　有意思。
甲　行。——走哇！
乙　别动！哪儿走？
甲　不是还唱头本儿吗？
乙　对，咱俩翻过来唱，我来孟良，你来个焦赞！
甲　不行，你来不了！
乙　我来得了！
甲　后头还有跳舞哪！
乙　跳六我都行。——走哇！
甲　这回该你唱了？
乙　啊！——走哇！
甲　你孟良？
乙　啊！——走哇！
甲　我的焦赞了？
乙　啊！——走哇！
甲　咱俩……
乙　你还走不走哇？
甲　走走。
乙　走哇！
甲　走哇！（打小锣）
乙　这怎么走？打〔快长锤〕！
甲　（打〔快长锤〕）
乙　（唱）"机关秘密要谨慎！"
甲　（唱青衣）"侦探北国走一程。"
乙　"俺！"
甲　（哭）"喔呀呀呀呀！"
乙　你等等儿吧，你这是焦赞吗？
甲　我这是焦赞的妹妹。
乙　回去！换焦赞。
甲　焦赞来了。

乙　走哇！

甲　走哇！

乙　（唱）“机关秘密要谨慎！”

甲　（唱）“侦探北国走一程！”

乙　“俺！”

甲　“俺！”

乙　“大花脸哪！”

甲　“二花脸哪！”

乙　“嘚……嘚……嘚”——我还来不了这味儿。“来了我的伙计！”

甲　我早就来了！

乙　“我来问你，你是谁家的儿子？”

甲　我是你爷爷的儿子！

乙　你可愿……你没个不愿意呀！

（孙少臣忆记）

树没叶儿*

甲 您是说相声的?

乙 可不是嘛。

甲 人家都说说相声的博学多能，无不知，百行通。

乙 我可不敢那么说。我知道的事物也很少。

甲 您这话是客气。我跟您打听点儿事。

乙 什么事?

甲 有这么一句话，我不明白，我要跟您请教请教。

乙 您说吧，我要是知道必定告诉您。

甲 有这么一句话，“干什么说什么，卖什么吆喝什么。”嘿，我不知道怎么讲。

乙 这句话没什么，就是人干哪行说哪行，你卖什么就得吆喝什么。

甲 这话我认为不对，干什么就得说什么?卖什么就得吆喝什么?

乙 当然啦。

甲 那么卖什么的有不吆喝的没有?

乙 那可没有。做买卖的不吆喝，人家知道你是卖什么的?你比方卖青菜的吧，他就得吆喝:(学叫卖声)“卖韭菜!卖萝卜!还有点儿土豆儿谁包圆儿去!”他要是不吆喝，您知道他是卖的，是给人送去的?

---

* 传统相声《树没叶儿》与传统相声《羊上树》的内容如出一辙。《羊上树》中甲教给乙唱的词句为:“闲来没事下趟南乡，树木狼林长成了行，青枝绿叶多么好看，树上落着一只羊。”经乙反复问其原因，甲说:“你要问这只羊它怎么上的树?傻小子，那是我把它抱上去的!”20 世纪 30 年代已见此节目。

甲　那么做买卖若是有不吆喝的呢？

乙　没有不吆喝的。

甲　那卖炸弹的他吆喝吗？

乙　不吆喝，私卖军火呀！

甲　那不也是买卖吗？有吆喝的吗？下街吆喝：（学叫卖声）“谁买手枪？这儿有俩炸弹谁包圆儿去？”

乙　我一个也不要。

甲　卖大烟的，卖吗啡的，卖白面儿的，这有吆喝的吗？

乙　您说这都是犯法的买卖儿。我们说的是将本图利的，在街面儿上做小买卖儿的。

甲　那也有不吆喝的呀。

乙　那可没有。

甲　剃头的，他吆喝吗？

乙　嘻，没见过剃头的有吆喝的。

甲　他就挑着挑子在街上走，手里打着那个叫“唤头”，他就是不吆喝。你说那买卖他怎么吆喝：“快刀儿热水，一秃噜一个！”

乙　那谁敢剃呀？

甲　皮匠，有吆喝的吗？

乙　不吆喝。您说的这是手艺买卖。我们说的是卖吃食的，或者是卖使的东西，那就得吆喝。

甲　那也不见得。卖鸡毛掸子的，有吆喝的吗？

乙　嘻，不吆喝。

甲　还是的，他就扛着在街上走，他要是一吆喝，准把在他头里走的那位吓一跳：“好大掸（胆）子！”“怎么啦我？”

乙　这话不能这么说。他干什么的总得说什么呀。

甲　那么有干这行不说这行的没有？

乙　没有。

甲　小偷！

乙　嘿！找的这个行当！

甲　二位一谈话：“您在贵行发财？”“我在××行。”有这么说的吗：“您在贵行发财？”“我是小偷儿。”“近来您的买卖怎么样啊？”“不好嘛，我打算要改行。”“您要改什么行？”“绑票儿。”这有说的吗？

乙　这你不说还有人逮了去呢。

甲　还是的，这不是干什么不说什么吗？

乙　有这么一句话："僧入禅林匠入作。"

甲　这句话又怎么讲啊？

乙　"僧入禅林"，就是和尚老道都得有庙。

甲　噢，是和尚老道都在庙里头？

乙　那是啊。

甲　在街面儿上卖野药的和尚，他有庙吗？

乙　没有。

甲　练把式的老道，他有庙吗？

乙　您说这个和尚老道，都是假的；这么跟您说吧，是手艺人都得在作坊里头。

甲　是手艺人都得在作坊里头？

乙　那是啊。

甲　棚匠，有在屋里头的吗？

乙　是啊，没见过屋子里搭天棚的。

甲　石匠，拉大锯的，这都在屋里头吗？

乙　他是这么说啊，"戏好啊得有打旗儿的"。

甲　噢，是戏嘛就得有打旗儿的？

乙　那是啊。

甲　《三娘教子》，有打旗儿的吗？老薛保出来带着四个打旗儿的？

乙　没有。反正"一个人唱不了一出戏"。

甲　《花子拾金》，那不就是一个人吗？

乙　嘿！就是这么一出戏，让他找着了。那还得有打锣鼓家伙的呢。跟您这么说吧，"花儿好得叶儿扶着"。

甲　噢，是花儿就得有叶儿？

乙　当然了，红花儿绿叶嘛。

甲　仙人掌，有叶儿吗？

乙　嘿！大青梃子！霸王鞭也没叶儿。我说那是木本的。

甲　噢，木本的？干枝儿梅，有叶儿吗？

乙　没叶儿。

甲　还是的，净花儿没叶儿，我能说出二百多种。

乙　那您说说都什么花儿没有叶儿。

甲　冬天下雪那雪花儿，有叶儿吗？

乙　这……这也叫花儿啊？

甲　多新鲜哪，都得这么说："今儿天儿不好，外头飞雪花儿哪。"有说"飞雪叶儿"的吗？

乙　嘻，没这么说的。

甲　炒菜搁点儿葱花儿，有叶儿吗？

乙　没有。

甲　这个菜口轻，搁点儿盐花儿，它有叶儿吗？

乙　没有。

甲　肉铺卖的肘花儿，有叶吗？

乙　没有。

甲　吃的那个玉米花儿，有叶吗？

乙　没有。

甲　小姑娘梳的那个辫花儿，它有叶儿吗？练武术要的那个大刀花儿，它有叶儿吗？俩猫在那儿撒欢儿，它有叶吗？

乙　您这都是什么呀？我们说的是"花儿"。

甲　那也有没叶儿的。木匠刨下来的那个刨花，有叶儿吗？吃的那个松花，有叶儿吗？放的那个旗花[①]，有叶儿吗？

乙　没，没有。

甲　"萝卜花"，有叶儿吗？

乙　没有……哎，这有叶儿。

甲　什么萝卜？

乙　什么萝卜都有叶儿呀，那萝卜缨儿就是叶儿。

甲　我说的不是这个萝卜；眼睛里头这个"萝卜花"，它有叶儿吗？

乙　没有。

甲　眼睛里长的萝卜花，这儿滋出四个叶儿来，那怎么戴眼镜儿呢？

乙　您说的这个我都听着新鲜。

甲　新鲜哪？还有新鲜的哪，不但花儿没有叶儿，树还有没叶儿的呢。

乙　树还有没叶儿的？我听着这真新鲜。

甲　这棵树不在咱们中国，出在外国，就在新加坡，道旁有一棵树，净是枝儿，就是没有叶儿，谁都不知道这棵树叫什么名儿。后来

① 起火，花炮名，口语叫作"旗花"。

出一张告示，不管是哪国人，如果知道这棵树叫什么名儿，说得真真切切，赠送现大洋两万块。

乙 啊。

甲 在新加坡有我一个同学，知道我在植物学上有研究，给我拍来电报，叫我上那儿去，报告这棵树叫什么名儿。

乙 那您去了没有？

甲 去啦。我这不是新近才打那儿回来了嘛！

乙 这么一说，两万块您挣到手了？

甲 啊。不久咱们中国也要发现这棵树啦。这回我要是去报告去，钱还得挣得多。

乙 怎么还得您去呀？

甲 没告诉你吗，就是我一个人知道这棵树叫什么名儿，我不去，谁去呀？

乙 噢，要是知道这棵树叫什么名儿，就能挣两万块？

甲 啊。

乙 （对观众）这我得打听这棵树叫什么名儿。明儿这棵树一出来，我去报告去，我挣这两万块钱去。（对甲）那么这棵树叫什么名儿呢？

甲 干什么呀？

乙 我打听打听。

甲 噢，你打听打听。回头我没心说，你有心听，你记住了，明儿这棵树一发现，你挣这两万块钱去？真是见便宜就钻哪！

乙 您要是告诉我了，明儿这笔钱要是挣下来，我给您一半儿。

甲 噢，你给我一半儿？那也不如我去挣这两万块钱呀，我干吗要你这一半儿啊？你要打算学啊，我教给你呀倒行。咱们别绕脖子。

乙 那我就跟您学学吧。

甲 咱们可说明白喽，我怎么学来的，我怎么教给你。

乙 好吧。您多少钱学来的，我给您多少钱。

甲 我不要钱。我那儿有两万块哪，我还要钱干吗？我不是拿钱学来的。

乙 那您怎么学来的呢？

甲 我是给人家当儿子学来的。

乙 那我要是跟您学呢？

甲 你学还不好办吗？咱们哥儿俩又有交情。

乙　那就甭当了。

甲　少当两天吧。

乙　噢，还得当啊！

甲　那是啊，我怎么发来的我怎么卖。

乙　好嘛。这我还得当你一辈子儿子。

甲　什么？一辈子？那你敢情挣上啦，“半大小子，吃死老子”，我外头一奔，你坐在家里一吃。哪儿有这好事啊。咱们这是临时的。哪会儿学会哪会儿吹。学好了之后你要是挣了钱，给我买包茶叶，那是你的孝心；要是走在街上你不理我，我也不挑眼。如果你感觉不过意，要是叫我一声，我也不能不理你。比如说我打那边儿来，你见着我了，叫我一声：“爸爸！”

乙　啊。

甲　“您上哪儿？”

乙　我洗澡去。

甲　嘿！先挣我一个去啊。咱们是打头儿学啊，是打中间儿学啊？

乙　当然要打头儿学了。

甲　当初这棵树一发现的时候，有父子二人在那儿耪地。他儿子瞧见了，不知道这棵树叫什么名儿，问他爸爸，他爸爸就告诉他了，这棵树叫什么名儿。咱们要是打头儿学呢，还得学他们爷儿俩耪地的那个姿势。拿手巾把脑袋包上。拿这把扇子就当耪地的那把锄。这儿还有几句唱词，你跟着我唱啊。

乙　好吧。

甲　（唱）“今天没有事儿。”

乙　（一笑）这叫什么味儿啊？

甲　这味儿不好哇？你还得学这味儿呢。

乙　我也这味儿啊？

甲　是啊，你学嘛。

乙　哎，好。

甲　（唱）“今天没有事儿。”

乙　（唱）“今天没有事儿。”

甲　这倒好，爷儿俩都没事。那咱就待着吧。

乙　你不让我跟着你唱吗？

甲　你唱第二句呀。（唱）“前去耪耪地儿。”

乙　噢，您没事儿，我耪地儿。

甲　（唱）“今天没有事儿。”

乙　（唱）“前去耪耪地儿。”

甲　（唱）“来在了地头儿上……哽（怪腔）”

乙　啊，怎么意思？

甲　这个是个腔儿。

乙　好嘛，我当这儿要猴儿呢。（唱）“前去耪耪地儿。”

甲　你还耪地哪？你们家有多少地让你耪啊？

乙　你不让我唱这句吗？

甲　你唱第四句呀。

乙　四句是什么？

甲　你不会呀？

乙　多新鲜哪，会我跟你学？还得给你当儿子！

甲　你唱：（唱）“看见树没有叶儿。”

乙　噢，这就看见这棵树啦？（唱）“看见……”

甲　忙什么的，唱完了这儿还有几句白呢。

乙　什么白呀？

甲　“放下了锄儿，一锄儿二锄儿连三锄儿，耪到了地头戳下了锄儿，嗯！不用锄儿！”

乙　唉，这“嗯”是怎么回事？

甲　这是闪一眼，落在板上。

乙　就这玩意儿还有板有眼哪？

甲　要不怎么它值钱就在这地方呢。咱们还得“嗯”到一块儿，不齐可不行。

乙　没错儿。

甲　从头儿来。（唱）“今天没有事儿。”

乙　（唱）“前去耪耪地儿。”

甲　（唱）“来在了地头儿上……哽。”

乙　您就甭使腔儿了，（唱）“看见树没有叶儿。”

甲
乙　（合说）“放下了锄儿，一锄儿二锄儿连三锄儿，耪到了地头儿戳下了锄儿，嗯！不用锄儿！”

乙 嘿！真齐！

甲 “俺的儿子！”

乙 （自语）啧，就这玩意儿，能挣两万块钱。可真新鲜哪。

甲 你是学不学啊？

乙 学啊。

甲 学吗？你拿事不当事！你这儿穷嘟哝什么呀？我这儿叫你你怎么不答应啊？

乙 噢，您这是叫我哪？

甲 多新鲜哪，不叫你我这儿叫谁哪？

乙 这还得应叫应声？

甲 那是啊。

乙 “啊！”

甲 “啊”不行。有爸爸怯儿子不怯的吗？让人一听这像亲的吗？

乙 咱们蒂根儿就不是亲的嘛！

甲 你也得学这个怯味儿。你听我一叫你，你往前一倾身儿啊，脸上带着笑么滋儿地：“喔！”就好比发于肺腑乐意得了不得的那个劲儿。

乙 啊，我呀？

甲 答应完了你还得道启道启，你说：“俺不是你的儿子，可俺是谁的儿子呢？”

乙 嘿，您听我这味儿。

甲 道启完了你还得叫我：“你不是俺的爹呀？”

乙 （对观众）您听我够多贱骨头！

甲 你这么一问我，起这儿我就滔滔不断，全都告诉你，听明白了吗？

乙 听明白啦！

甲 打头儿来。（唱）“今天没有事儿。”

乙 （唱）“前去耪耪地儿。”

甲 （唱）“来在了地头儿上……哽。”

乙 您就甭使这腔儿了。“看见树没叶儿。”

甲
乙 （合说）“放下了锄儿，一锄儿二锄儿连三锄儿，耪到地头戳下锄儿，嗯。不用锄儿！”

甲 “我说俺的儿子哎。”

乙 （不满意地）“喔！”

甲 啧，看你这意思好像不乐意似的。

乙 我是不乐意。“俺不是你的儿子，俺是谁的儿子呢？”

甲 “那还用说啊？”叫我呀！

乙 “我说说……俺的爹呀。”

甲 “喔！”你听这够多痛快！

乙 是啊，我可别扭啦！

甲 “我说俺的儿子啊。”

乙 “喔。”

甲 “你叫爹做吗呀？”

乙 我呀，揍你！

甲 哎，你怎么打我呀？

乙 我是得打你！我叫你干吗？我要学这个“树没叶”。

甲 那你倒是问我呀，有举手就打的吗？我是你爸爸！这还没学会呢，就打上我了。这要是学会了，还不把我打死啊？算了吧，你别学了。（做欲下状）

乙 哎哎，您别走哇。我怎么问您哪？

甲 你说：“俺的爹呀，那棵树儿怎么会没有叶儿啊？”我这不就告诉你了吗？

乙 那行。“我说俺的爹哟。”

甲 不行。打头儿来。（唱）“今天没有事儿。”

乙 （唱）“前去耪耪地儿。”

甲 （唱）“来在了地头上……哽！”

乙 我就听这腔儿别扭（唱）“看见树没叶儿。”

甲
乙 （合）“放下了锄儿，一锄儿二锄儿连三锄儿，耪到了地头儿戳下了锄儿，嗯，不用锄儿！”

甲 “我说俺的儿子哎。”

乙 啧，又到这儿了。“喔！俺不是你的儿子，俺可是谁的儿子呢！”

甲 “那还用说啊。”

乙 “我说俺的爹呀。”。

甲　“喔！你叫爹做吗呀？”

乙　“我说俺的爹呀，那棵树它怎么没有叶儿啊？”

甲　“哪棵树没有叶儿啊？”

乙　“就是眼前那棵树。”

甲　“哇，就是那棵树啊？你是他娘的傻小子，那是个电线杆子！”

（郭启儒述）

口吐莲花

甲　学相声占四个字：说、学、逗、唱。就是不会变戏法儿，因为戏法儿得身上带着。不带着变不出来。有这么一手儿戏法儿叫空箱取酒。

乙　那可是真的？

甲　假的。在他胳肢窝那儿有一个尿泡，尿泡里头灌着水，尿泡那头那儿有一节气门芯，这头儿有一节笔管，笔管当中间不是有一个窟窿吗，上边堵有一个黄蜡疙瘩。变的时候，他拿手绢一盖。他得念咒，是这词儿："一二三四五，金木水火土，要得戏法变，还得来点儿土。"他不为抓土，就为用手抓那个蜡疙瘩，抠下来往下一控，水就流出来啦。有一次他变露了，因为天热，蜡疙瘩软和了，一抠口儿，下来半拉，水堵住了出不来了。

乙　那怎么办哪？

甲　他有主意，他用手挤这尿泡。

乙　那愣挤多寒碜哪。

甲　他有主意，嘴里有话。

乙　说什么？

甲　"天荒荒，地荒荒，胳膊肘，好痒痒。"一挤，滋滋水流出来了。

乙　愣挤呀！

甲　你倒小心点儿，他这么一使劲，劲头大了，尿泡破了，这水呀没顺袖口出来，从裤子流下来了，观众这个乐呀，好哇，变戏法儿的尿裤子啦！

乙　那多寒碜哪！

甲　变戏法儿的只有四手儿是真的。

乙　哪四手儿？

甲　剑、球、豆、环。吞宝剑，您知道怎么练吗？

乙　使什么练哪？

甲　乍练使白菜帮子练，白菜帮子练成了，再使竹子宝剑练，竹子宝剑练好了，换铁的。铁球，您知道怎么练吗？

乙　使铁球哇。

甲　不行，乍练是使棒子面。棒子面买来，揉成球，用蒸锅蒸好，拿出来蘸点儿凉水，往下这么一吞，吞到嗓子眼里用气托着。比方没托住，掉肚子里头了，没关系，来点儿咸菜，甭吃饭了。

乙　当窝头吃了。

甲　这是假的，我有一手儿真的。

乙　您也会变戏法儿，那一定也是假的。

甲　不，我这是真的。

乙　您这戏法儿什么名儿？

甲　我这叫“口吐莲花”。

乙　怎么叫“口吐莲花”？

甲　您给我倒过一杯水来，我就慢慢地掐诀念咒，把这水端起来，一憋气我咕嘟咕嘟地，喝了。

乙　不怎么样，你还不如我哪。我这手儿比您强。您给我烙一斤饼，卷上来，我让您眼瞧着，吭哧吭哧地，给吃了。

甲　吃了哇，那不算功夫。

乙　吃了不算功夫，吃完了之后用不了五分钟，当当放屁。

甲　不怎么样。

乙　你这喝水也不怎么样。

甲　喝完之后有点儿功夫，我就蹲裆骑马式用我丹田气功把水提上来，一张嘴还能把它喷出来。喷出来是个水球，这水球到半悬空“啪”这么一开，要变朵莲花，莲花当间站个小娃娃，冲台下三鞠躬，表示祝君晚安。鞠完躬，落在平地上，还是那点儿水。

乙　这手儿真好，您变一下我看看。

甲　喜欢看，您得帮我个忙。

乙　我不会变。

甲　不用你变，戏法儿少不了打锣的，你得给我借个锣。

乙　借锣可没地方。

甲　找个代替的。

乙 拿什么代替啊？

甲 使你这脑袋当锣！脑袋当锣，拿扇子一打您这脑袋就算打锣了。我念几句咒，就是锣套子溜口辙，这可不为念咒，就为用我这念回头我好变。

乙 您念吧。

甲 听我念咒，一二三,二二三。变不了。

乙 怎么变不了？

甲 这锣不响。

乙 是呀！这脑袋是肉的，怎么能响呀？

甲 可以用你那嘴发音，我这儿打两下子，您那儿就："当！当！"

乙 可以。

甲 一二三,二二三。

乙 当当！

甲 不行，太慢，快着点儿。

乙 行了，当当！

甲 我还没打怎么就响了？

乙 这可难办，快了又快了，慢了又慢了，怎么合适？

甲 锤到锣鸣。

乙 行了。

甲 一二三，二二三。

乙 当当！

甲 跟我师父学艺在茅山。（乙：当当）茅山有个毛老道，他把戏法儿对我传，传会了徒弟整八个，倒有七个成了仙。因为我贪财没得道，我师一怒把我轰下山。轰下山来没有别的干，变个戏法儿大家观，变个珍珠倒卷帘，珍珠倒卷帘啊——（乙连打当）

甲 好。

乙 您变哪。

甲 现在变不了。

乙 怎么？

甲 我这是试试锣。

乙 啊！试试，白打了。那我这锣行不行啊？

甲 行。

乙 那您继续变吧。

甲 我正式请神。

乙 怎么您还请神？有神吗？

甲 没告诉您这是锣套子溜口辙吗？请神可是请神，你可别说话，因为我请这神仙脾气都大。你一说话他就走了，他一走我就变不出来了。

乙 好，那我不说话。

甲 老不说话也不行。

乙 什么时候说话哪？

甲 我念完咒，打完锣，水喝下去了，我往这儿一蹲，运这口气的时候，就用着您说话了。您这姿势要摆好了：前腿要弓，后腿要绷，眼睛瞪圆了，抱拳拱手，高高的声音，叫我这么一声："先生，您倒是喷哪！"我一张嘴，嗨，啪就喷出来了。

乙 喷多高？

甲 距离我这头二尺多高。

乙 这莲花有多大个儿？

甲 茶盘大小。

乙 您变吧。

甲 我正式念咒（同时乙打锣）。一请天地动，二请鬼神惊，三请毛老道，四请孙伯龄，五请桃花女，六请老周公，七请小悟禅，八请是沙僧，九请李丽华，十请陆露明。

乙 您别请了，这二位是演电影的呀。

甲 我知道，为什么李丽华、陆露明的片子那么好？

乙 人家演得好。

甲 不对，她有仙根。

乙 是呀！我不知道。

甲 不让你说话，你还说话，这下人家回去啦，还得打头起。一请天地动。

乙 又请天地动啦，十请陆露明。

甲 十请陆露明。请来金少山，又请裘盛戎；请来马连良，又请谭富英；请来奚啸伯，又请梁益鸣；请来侯宝林，再请高德明；请来花小宝，再请王桂英；请来王佩臣，又请宋慧玲。早请早到，晚请晚到，如若不到，铜锣相叫。接神接仙，八抬大轿。凉水泼街，黄土垫道。腊月二十三，糖瓜祭灶。请高香，抓草料，麻雷子，二踢脚，五百一堆，少了别要。腌菜瓜，酱青椒，喝豆汁儿，吃巴豆，跑肚拉稀，吃药就好。走走留神，汽车来到，大车切轴，三轮放炮。老头儿咳嗽，小孩儿撒尿；法院过堂，手铐脚镣；机关枪，迫击炮，快看新闻，今日晚报。哈咿叭嘎，顶好顶好。抬头一看，神仙来到哇……

乙　先生，您倒是喷哪！

甲　我全咽了！

乙　嗐！

（赵连甲供稿）

学电台

甲　“当当当！……”

乙　怎么啦？

甲　“少林寺老和尚广播电台……”

乙　这是电台呀？

甲　“本台 1234567 千周，400 公尺……”

乙　这是什么频率？

甲　“现在开始广播。”

乙　咱听听广播什么？

甲　“由零点至二十四点为本台广播时间……”

乙　连轴儿转哪？

甲　“希望听众按时收听。”

乙　受不了！

甲　“下面请听广告节目……”

乙　先做广告。

甲　“太太小姐们，春天就要到了，春季里家家忙，家家忙做新衣裳，要问谁家料子好，山东老号瑞蚨祥。瑞蚨祥绸缎布匹财源来，欢迎比较任意择（zhái）。布匹颜色鲜，欢迎比较、欢迎批评。瑞蚨祥地址在济南经二路纬三路路北，全国各地均有分号，欢迎购买。”

乙　还真清楚。

甲　“先生们太太们，您知道世界上什么最苦吗？”

乙　什么最苦？

甲　“那就是小孩没有奶吃最苦，如果没有奶吃，请用天津大同药房生产的寿星牌的生乳灵吧。寿星牌‘生乳灵’夫人奶妈吃下去当天可以催下奶来，催得奶就和自来水一样！”

乙 嚯！受得了吗？

甲 “可以吃喝、洗澡两用……”

乙 没听说过。

甲 “老头儿吃了无效。”

乙 废话！

甲 “大同药房的地点在天津东马路大同胡同里面，电话4582，分店在北京西城缸瓦市大街，电话——！”

乙 多少号？

甲 “不知道。”

乙 不知道你说什么？

甲 “下面请听京剧《二进宫》……”

乙 好！

甲 “百代公司，特请梅兰芳、金少山、马连良合唱《二进宫》……”

乙 咱也过过瘾。

甲 （唱）“怀抱着，幼主爷，江山执掌……”

乙 这是花脸。

甲 （唱）“为什么恨天怨地假带愁肠所为哪桩……”

乙 这是老生。再听青衣的。

甲 （唱）（歇斯底里，不搭调）：“并非是……哀家……假带……愁肠，为只为，我朝中不得……安康……”

乙 哎哟我的妈呀？

甲 “各位听众：刚才是梅兰芳先生吃咸菜吃多了！”

乙 不像话！

甲 “当！当！当！当！”

乙 （对观众）这是敲的云板。

甲 “少林寺老和尚广播电台……”

乙 上哪儿找这电台去？

甲 “J、Q、K。”

乙 三张扑克牌！

甲 “下面请听广告……”

乙 广告倒挺勤的。

甲 “先生们，女士们，夏天快到了，您不想买皮帽子？”

乙 夏天买皮帽子？

甲 “请你到盛锡福帽店去买吧，戴上以后准能出汗……”

乙 能不出汗吗？

甲 “先生们，下班后抽根烟，能解累解乏解心烦，要问什么牌子好，前门香烟最可观。前门香烟气味芬芳，包装美观，每包二十支，前门烟最大的特点，准能冒烟儿……”

乙 不冒烟那是粉笔！

甲 “不过也有缺点……”

乙 什么缺点？

甲 越抽越短！

乙 废话！

甲 “当！当！当！当！”

乙 又完了。

甲 “少林寺老和尚广播电台……”

乙 别提名字了！

甲 “哎哟，哎哟……”

乙 哎哟什么？

甲 “踩脚了！”

乙 谁踩你脚了？

甲 “下面请听刘文斌演唱的京东大鼓《拆西厢》。”

乙 好！

甲 “刘文斌上台鞠躬，今天给大家唱一段儿京东大鼓《拆西厢》。”

乙 唱吧。

甲 （唱）“崔莺莺得了病就手托着腮，叫声红娘你过来。你姑娘有一件不明事，事到如今我还是没解开呀。咱们老爷在朝把官做，当朝一品位列三台。唐宋相隔二百载呀，是何人编出这部《西厢》来呀？时间已到，刘文斌下台鞠躬。”

乙 刚唱几句就完了？

甲 “下面请听相声大王张寿臣与陶湘如合说的相声……”

乙 这回好！

甲 “学徒张寿臣、陶湘如上台鞠躬，每天十八点五十九分半至十九点……”

乙　半分钟？

甲　“在少林寺老和尚广播电台伺候您一段儿相声，现在时间已到，张寿臣、陶湘如下台鞠躬明天再会……”

乙　完了？你说什么了？对呀，就半分钟嘛！

甲　“少林寺老和尚广播电台，现在是广告节目时间……”

乙　除了广告没别的！

甲　“太太小姐们，您每天早晨洗完脸都应该润面吧？”

乙　当然。

甲　“我给介绍一种化妆品……”

乙　什么化妆品？

甲　“就是骆驼牌爱尔染色……”

乙　颜色。

甲　“骆驼牌的爱尔染色能染白布五尺，毛线半磅，每天您洗完脸抹上半袋儿就行了，抹完您一照镜子——”

乙　漂亮了！

甲　就成窦尔敦了！

乙　这叫什么广告？

甲　“先生们、女士们，亨得利钟表店由瑞士新进一批大三针游泳表，样子美观，价钱公道，每块卖您八块二毛五……”

乙　怎么这么便宜？

甲　“就是没瓤子！”

乙　外壳呀？

甲　“各位听众，您想吃烤地瓜吗？烤地瓜营养丰富，价格低廉，含有多种维生素，要买烤地瓜请您到……”

乙　什么地方？

甲　“马路上找去吧！”

乙　这不是废话嘛！

甲　“下面请听唱片……”

乙　干脆放唱片吧。

甲　（拿唱片擦擦，放在唱机上，手摇弦）

乙　老式唱机。

甲　（拿针儿按上）“嘶——哼……”

乙　怎么啦？

甲　（看看针儿，然后扔掉，换个针儿。）

乙　针不行了。

甲　（再换一个）"嘶——哼……"

乙　怎么啦？

甲　（再看看针儿又扔掉了。）

乙　还是个废针儿！

甲　（找，没有针儿的样子。看看自己的眉毛，最后拔一根儿放在唱盘上。）

乙　哎哟，受得了吗？

甲　（唱片正常旋转）"嘶——"

乙　眉毛也管事儿？

甲　"百代公司，特请乔清秀老板唱河南坠子《玉堂春》。"

乙　好。

甲　（唱）"我本是北京城一个妓女，结交下王三公子他是南京城的人哪。哎我们两个人相交足够两年半哪，直花得他的囊中空虚无有分文。最可恨那王八鸨儿多么……心……狠，我的……大人……哪。"（手摇唱机状）

乙　怎么啦？

甲　没弦啦。

乙　这叫什么唱机。

甲　"当！当！当！当！……"

乙　完了完了吧。

甲　"少林寺老和尚广播电台现在转播少林寺小和尚广播电台的播音。"

乙　弄一群和尚！

甲　（做转播状：戴耳机、弄旋钮）"哼……哼……嘚……"（做触电状）

乙　怎么啦？

甲　跑电啦。

乙　寸劲儿。

甲　"少林寺小和尚广播电台……"

乙　通了。

甲　"梆！梆！梆！少林寺小和尚广播电台，现在两点半，请您对表。"

乙　（对观众）别对，不准！

甲　"当！当！匹——"

乙　这是什么?

甲　半点。

乙　半点?

甲　“少林寺小和尚广播电台，现在报告新闻：新闻有三点。第一点，第一项，第一条，第一节，第一回，第一次，并且它包括了第二点，第二项，第二条，第二节，第二回，第二次，也包括了第三点，第三项，第三条，第三节，第三回，第三次……”

乙　说明了半天就一点。

甲　“一点说得过去，过去从前，似乎对付，马马虎虎，大概其……当然的了！总而言之新闻报告完了！”

乙　你报什么了？一嘴茄子！

甲　“下面请听外国歌曲……”

乙　又外国歌曲啦?

甲　（用外国味儿唱出谁也不懂的歌曲）（白）我这外国话连外国人也听不懂。

乙　是听不懂！

（孙少臣忆记）

群口相声

牛头轿*

甲　大哥，您说这个年头儿真叫人没有法混！

乙　怎么？

甲　不但人心大变，而且简直的是大变人心！

乙　可不是嘛，没有法子说！

甲　你打开每一天的新闻报纸，您看看社会新闻，不是抢案，就是明火，再不然就是绑票、骗案。

乙　可不是嘛！

甲　还有呢！要不是这些事，就是十八九岁的大姑娘走失，二十三四岁的小媳妇跟人跑了；再者，就是父女同眠，翁媳同寝，叔嫂为夫妇，朋友纳友妻。您看吧，真说是琳琅满目，美不胜收。

乙　可不是嘛，现在的报纸我全不敢看了。因为看它实在没有不看的好受。

甲　对呀！因为这个我也是不看它了。

乙　实实在在的是没有法子说。还有现在的北平小报上的小说，你上眼看吧，十篇之中，要有九篇半，全都以“性”字为本题，这一帮小说家倒是像一个师傅的子弟。描写旁的事全都没能耐，唯独一描写“性”，嘿，一看吧，真得说高，描写得非常细致，大可以说是：“水银泻地无孔不入。”

甲　对对！这也不能说是小说家不好，只怨一般读者不好。

乙　那怎么会怨读者不好呢？

甲　当然要怨读者，你想想，小说家是随着社会的潮流走的，报馆也

* 对口相声《抬寡妇》又名《牛头轿》。这篇《牛头轿》则是群口相声本。

是如此，报馆是为迎合社会人的眼光起见，不得不登这种小说。小说家呢，为自己生活的关系，也不得不如此写。

乙　对！你这话真对！

甲　什么话呢，你不登那样小说就没有人看吗？还有一般书局也是为发财起见，花许多的钱，偷偷地去买一些诲淫的小说稿，又偷偷地到印刷所去印，印好再偷偷地去卖，可是说也难怪，你看偷着卖诲淫小说稿，比明着卖好小说稿酬金得的多。

乙　那谁不偷着作诲淫小说？

甲　当然！你说偷着印诲淫小说，也比明着印别的书多得印刷费。

乙　那谁不偷着印小说？

甲　当然！你看虽然多花几个钱买稿，多花几个印刷费不是，嘿！您看他们偷偷地卖，别看他们不登广告，可真卖得快，要是印它三千五千的，不上一个月，就能够卖个干干净净，巧了就许翻印两版。

乙　社会上人们的心，这真是没有办法！

甲　您就拿最近我们家来说吧。

乙　您家又怎么啦？

甲　您弟妹是我媳妇，您说她应当跟谁睡觉？

乙　当然是应当跟您睡觉啊！

甲　可是她偏偏跟我哥哥睡觉。

乙　怎么着！你媳妇不跟你睡觉，她跟你哥哥睡觉？

甲　可不是吗！

乙　得了！得了！家丑不可外扬！

甲　这里没有外人我才跟您说。

乙　这还没有外人哪！（指观众）

甲　没有外国人哪！

乙　噢，没有外国人哪！得啦，得啦！您别说啦，不好听！

甲　您说她不跟我睡，而跟我哥哥睡，应以何法对待她？

乙　得啦，别转文啦！让我说呀，干脆拿把刀把你哥哥跟媳妇全杀了得啦。

甲　那么一来，叫人看着一点儿宽宏大量没有了。

乙　这还宽宏大量哪？那么你怎么办呢！

甲　我一气……

乙　气坏啦？

甲　不，把我媳妇倒给我哥哥啦！

乙　你们家里怎么这么糟心哪？媳妇还有倒给哥哥的哪？

甲　我这媳妇也不是我用花红轿子娶来的。

乙　是怎么来的，是自由结婚来的？

甲　不是！

乙　是轧姘头轧上的？

甲　不是！是我兄弟倒给我的！

乙　唉（做摇头状）你们家真够糟心！

甲　这有什么糟心！娶一个媳妇全家有媳妇，岂不省钱哉！

乙　得啦，你别哉啦，没有这么办的！

甲　这还算新鲜，多会儿把她倒给我父亲就算完事。

乙　得啦，得啦，别说啦！

甲　这不是把我媳妇倒给我哥哥了吗，我自己挣钱自己花，倒好了，没有要嚼裹的了。

乙　当然，她归你哥哥养着了。

甲　半年的工夫，我存了几个钱。那一天我妈把我叫到跟前，说："这不是你媳妇归你哥哥了吗，你也存了几个钱，我再给你娶一个。"我说我不要。我妈说："孩子，不孝有三，无后为大，你也不是不懂，不是三岁两岁的孩子，难道还叫妈妈我跟你着急吗？"

乙　对呀！

甲　我说："好吧。"过了几天就说妥一个。

乙　是大姑娘吗？

甲　不是，大姑娘谁给我呀？是一个再醮妇。

乙　是一个晚婚？

甲　对啦！说妥了定日子就娶。

乙　她使了多少钱哪？

甲　一个铜子儿没使！

乙　嘿，真不错！这年头不使钱可真少有的呀！

甲　可不是吗！你猜我这棚事花了多少钱。

乙　顶少也得二百块钱！

甲　哪儿呀！才花了这个整儿（伸出一个手指），这个零儿（伸出五个手指）。

乙　一百五十块？

甲　不是，十五枚。

乙　什么？办一棚喜事花十五枚？

甲　不信不是？

乙　我是不信哪！就是雇轿子十五枚也不成啊！

甲　你得说这个，我的亲戚朋友多，听说我娶媳妇，这位送棚，那位又送肉，那位又送菜，厨子是票活，茶叶全有人送。我那十五枚是打发念喜歌用的，不然连十五个子儿全花不了。

乙　什么轿子？

甲　轿子是我舅舅的，您知道某处某号轿子铺呀（不限定说某处，反正找大轿子铺说）？

乙　是呀，我知道！

甲　那是我舅舅开的。

乙　噢，那是令舅开的呀？今天我才知道。

甲　事前我上我舅舅那儿去了，先给我舅舅磕头。

乙　那是应当的。

甲　磕完了头，我舅舅问我，说你干什么给我磕头呀？我说您二外甥媳妇不是倒给您大外甥了吗？

乙　唉，还说这个干什么！

甲　我舅舅一听气了，把两只眼一瞪，说："怎么着？你把你媳妇倒给你哥哥了？你们这叫什么事呀！"

乙　老人家一定生气了！你们这叫什么事呀？

甲　他又说："真可恨！哪有这么办的！怎么倒给你哥哥不倒给我？"

乙　嘿，你舅舅更缺德！

甲　我说您不用忙，过些日子我哥哥也就倒给您了！

乙　（做摇头状）

甲　我说："不是这么着吗，我现在又说了一个媳妇，来给您磕头来了，请您给一顶轿子，找几个人。"我舅舅说："好吧！那天使两顶轿子，锣九对，外加十二只金灯，成了吧？"我说："成了。"

乙　一定成啦！

甲　等到日子你猜怎么着？

乙　怎么着？

甲　天已到十点钟，轿子还没来哪！

乙　那是怎么回事呀？这多着急呀！

甲　谁说不着急呢，我一气就跑到我舅舅轿铺里去了。进门一看，他老人家在柜房里睡了。我叫了两声没叫醒，我就把他给摇醒了。他张开眼你猜说什么？

乙　说什么？

甲　问我干什么去了。我说今天我娶媳妇，您怎么天到这般时候轿子还不去。你猜他怎么说？

乙　一定是已经去了！

甲　得啦，他说忘啦！

乙　怎么着？忘啦？这可真奇怪！那怎么办呢？

甲　我也这么说："不成，您答应我了，到现在您给忘了，那您得给想法子。"

乙　一定得跟他要主意！

甲　他说今天忙，轿子全赁出去了，过年再娶吧。我说不成。后来实在没有法子了，我舅舅说这有一个轿没帷子拿去使吧！

乙　没有轿帷呀？

甲　用一个被子。

乙　那多不好看哪！

甲　虽然不好不是，可暖和呢！

乙　没有轿子盖呀？

甲　加上一个鸡笼！

乙　嘿，没有轿顶啊！

甲　使一个窝头！这是金顶轿。

乙　得啦，没有轿杆哪！

甲　我舅舅铺里有一根半，加上了半根扁担！

乙　好缺德。没有轿底呀！

甲　我家里有一个我妈洗衣服用的大瓦盆，用两条绳子十字架一拴。

乙　真能对付。八个人抬是四个人抬呢？

甲　也不是八个人，也不是四个人。是三个人。

乙　三个人怎么抬法？我没见过！

甲　你哪儿见过！

乙　对啦，我没见过！

甲　前边两个人抬，后边一个人抬。

乙　不好看！

甲　不好看这还有个名字呢！

乙　叫什么？

甲　这叫“牛头轿”！

乙　好一个“牛头轿”。干脆说，为省一个人的钱！

甲　为什么省一个人的钱哪！这三个人也不要钱。

乙　全是谁呀？

甲　一个是我舅舅，那两个是我行人情的水夫。

乙　真能穷对付！

甲　把轿放在这家的门口，这么一亮轿。

乙　还亮轿呢！

甲　一会儿的工夫轿顶就丢啦！

乙　就是那窝头！

甲　可不是嘛！叫一个念喜歌的给偷去吃了！

乙　没有轿顶怎么办？

甲　我急中生巧，又拿一个馒头给戴上了！

乙　嘿！总没离开吃食！

甲　你别看这个，里边有典故。

乙　这里边还有典故哪？得啦！

甲　你瞧：这叫“金顶轿改换银顶轿，无祥女改为马昭仪”。

乙　得啦，得啦。

甲　天到了十二点钟，我发轿。

乙　午时发轿。

甲　先用长寿灯照了照轿。

乙　先照轿。娶亲太太是谁呀。

甲　娶亲太太不是外人。

乙　是谁？

甲　就是倒给我哥哥的那个媳妇！

乙　她还给你娶亲哪！真不知羞耻！

甲　我算计着这顶轿子一去，一定是糟糕！

乙　那是一定！人家虽然是个晚婚也不能是个轿子就成啊！

甲　你猜怎么着？

乙　啊！

甲　人家竟没闹，到了女家就好好端端地上了轿。

乙　嘿，人家真不错，怕你着急！
甲　可不是吗！轿子娶回来，快到门口儿了就听轿子底下啪嚓一声。
乙　怎么啦？
甲　绳子断了，大盆也掉在地下碎了，新娶来的媳妇坐在了盆上，把裤子也剐破了，连带着屁股也破了一块。
乙　轿子底破了怎么办？就在街上下轿子吧！
甲　在街上下轿子那成什么规矩？
乙　那怎么办呢！
甲　我媳妇在轿里站了起来，说了话啦。
乙　她说什么？
甲　“你们抬着走你们的。”
乙　她呢？
甲　她在里边跟着走，你看上边——
乙　是三个人抬着。
甲　你再看下边——
乙　八条腿！
甲　等到娶了过来，先拜了天地，等我把盖头拿下来，一看哪！
乙　就不用说多么好看了！
甲　就不用说多么糟啦！
乙　怎么糟？
甲　一看那两鬓哪！
乙　刀裁的一般齐！
甲　全都白啦！一脸的皱纹，满头的白发，满嘴里一个牙全没有，插了许多小地梨儿，两个鼻子眼耷拉出来两条小长虫，两个耳朵眼里的土，全能种麦子啦！
乙　好嘛！
甲　我一看，赶紧给作了一个大揖，说：“我妈您好哇！”
乙　你怎么管她叫妈呀？
甲　叫什么？她比我妈还大呢！
乙　那也不能叫啊！她说什么？
甲　她坐在炕沿上直喘，说：“你别要滑头！等我喘过这阵子再说！”（这两句话必须学没牙的老太太的口气）

乙 好缺！

甲 我说："您多大岁数了老太太？"她说："我三十六啦！"

乙 三十六岁会白了头发没有牙？想是费心费的！

甲 我说："您才三十六岁？"她说："可不嘛，三十六岁加一番！"

乙 好嘛！七十二啦。

甲 我说："您怎么这么大岁数还改嫁？"她说："你嫌我哇！不要紧，我回去给你换一个来。"我说："换谁？"她说："换我姐姐来。"我说："你都七十二了，你姐姐也不用加番了，一定够满贯！"

乙 那不能成！

甲 我一定不认可。她又说啦。

乙 她又说什么？

甲 她说："你娶媳妇为的是什么？"我说："为的是生儿育女。"

乙 为的是儿女！

甲 她说："不要紧，有你的儿女得了嘛！"

乙 七十二岁还能够养儿子？

甲 我也是这么说来着。"你七十二岁还能养儿子？这不是打哈哈吗？"

乙 对呀！

甲 她又说啦！

乙 她又说什么？

甲 她说："我现在虽不能养，可是我有两个大儿子，全都能挣钱啦，明天一定来认亲。咱们先睡觉吧！"

乙 别睡觉！

甲 怎么？

乙 一过了夜就不好办了！你这得找媒人问问她是怎么办的，她们这叫骗人。

甲 怎么是骗人？人家有两个能挣钱的儿子带过来，养活着我。

乙 哪里有这事！你想她要是有两个儿子挣钱养得了她，她也就不嫁人了。他们这叫圈活，说北京话他们是"打虎"的。这是软虎，把你吃个泰山不下土，叫你由嘴里说：得啦，请您走吧，我养不起你了！还有一种是硬虎，千万别上了她的当！

甲 我也是这么说来着。"你们这叫打软虎。你们瞎了眼啦！打到我这儿来了！你也不打听打听我是干什么的？咱们不过这个，水贼不过狗刨儿！”

乙　对呀！

甲　“要说起打虎来，咱们是门里出身，我也干过这个！”

乙　别说你干过呀！

甲　可不是嘛！我小的时候常跟我妈出去打虎！

乙　那也不能说！

甲　她说啦：“什么？打虎？谁要说我是打虎的谁就是儿子！咱们有话明天再说吧，天也不早了。”

乙　到了儿还是睡了觉啦？

甲　可不是嘛！第二天一清早，我们两个人还没起来，你猜怎么着？

乙　啊！

甲　我那两个儿子来了。

乙　真来啦？

甲　可不是嘛！

乙　你说这年头儿怎么好！他妈嫁了人，本应当远走高飞。他竟会认亲来了，真不知羞耻！

甲　他们哥儿俩站在院里这么一叫：“妈！您在哪屋哪？”我们住的是大杂院。他妈说：“这屋！你没看见贴喜字儿吗？”

乙　看喜字儿吧！

甲　两个儿子进来了。大儿子拿着一个蒲包，二儿子拿着四盒点心，进门先给他妈请安说：“妈！您大喜！”

乙　还给他妈道喜哪！真不要脸！

甲　他妈说：“你们不喜吗！”

乙　瞧这高兴劲！

甲　这老梆子也不要脸！大儿子说：“妈！您给我们见一见，哪位是我爸爸。”他妈说：“那不是嘛！穿灰布棉袍青马褂的（此处衣服不限定，自己穿着什么说什么）就是你爸爸！”我大儿子一笑，说：“原来是他呀！不用引见了，我们爷儿俩常见。”说着话就把他兄弟叫了过来：“给爸爸磕头。”他哥儿俩说着话就把头给磕了。

乙　真正地不知道什么叫羞耻！

甲　我赶紧站了起来，说：“二位兄弟少礼，快坐下说话！”

乙　怎么你管他们叫兄弟？

甲 他们两人论岁数比我小不了多少，不叫兄弟叫什么？

乙 那不能论岁数！

甲 怎么！

乙 我问你，他妈嫁给你没有？

甲 嫁给我啦！

乙 他妈既然嫁给你了，他们是他妈的儿女，也得是你的儿女。

甲 应当怎么说呢？

乙 你应当拍老腔，说："得啦，得啦，起来吧！不用磕头。这不是你妈嫁给我了吗？你们俩人来认亲，从今以后，好好和我过日子。过两年我一人给你们娶一个媳妇，也是一家子人家。"

甲 对啦，我媳妇也是这么说来着，说："你怎么这么拿不起来！我嫁了你，他们就是你的儿女，你说什么他们全得听。"

乙 对呀！

甲 可是我怕他们打我。

乙 不敢，他们打你还有他妈呢！

甲 我媳妇也是这么说来着："他们不听话你就打他们，实在急了拍脑袋把他们送了忤逆，再说什么，就说有我的话。"

乙 对呀！有他妈的话。

甲 我真不敢。

乙 不要紧！

甲 咱们先试一试看。我说："我告诉你（甲眼睛看乙，如在地场子，乙往前走，甲在身后随着说），你妈这不是嫁给我了吗，你们两个人来认亲，我也不能不留你们。"

乙 对！

甲 "可是这么着，你们俩人得好好地干，不许不听话！"

乙 对！

甲 "你们要是不听话，我可告诉你们（说至此乙双手叉腰，两眼看甲），要是不好好干或是不听话，我拍了脑袋送你们的忤逆（说至此，丙暗上）！这不是你兄弟也在这儿吗（甲看着丙说），你也得听话，不然全把你们送下来（乙、丙二人做瞪眼状）！我还告诉你们，你们不用瞪眼睛，有你妈的话！"（甲说完此一段儿站在一旁不语）

丙 我说你妈嫁他啦？

乙　胡说八道！你妈才嫁他了呢！

丙　你妈没嫁他，他为什么直对你说呀？

乙　可说哪！我也不明白，还有你哪！

丙　真他妈的可恨！咱们打他吧！

乙　你先别忙！

丙　还别忙哪！老太太全嫁他啦！

乙　你等等，我先去问问他，这两个儿子他见着了没有。

丙　好，你去问问他！

乙　（乙走到甲的跟前）我说我妈是……（做摇头状）这多么难出口，真是没有的事。

丙　我去问他！

乙　好，你去吧！

丙　（丙走到甲的跟前）我说我妈是……（摇头走回）这真没法子问！

乙　还是我去吧。（走到甲的跟前）我说你说了半天这两个儿子你看见了没有哇？

甲　怎么没看见，跟我那大儿子还说了半天话呢！（乙走回）

丙　这一定是你了！打他吧！

乙　别忙！别忙！

丙　怎么还别忙呀？

乙　跟他说话不是我一个人啊，等我问明白了他那两个儿子穿什么，什么长相。

丙　好，你去问吧！他要是说大儿子三十多（乙多大岁数说多大），二儿子二十多岁（丙多大岁数说多大），大儿子穿青布棉袍（乙穿什么说什么），二儿子穿灰布棉袍（丙穿什么说什么），咱们俩人就打他！

乙　好，就那么办。（乙走到甲的跟前）我说你这两个儿子有多大岁数？怎么个长相？穿什么的呀？

甲　我那大儿子穿青布大棉袍，青织贡呢的棉裤，毛袜子，毛绳打的棉鞋（此处不一定与前同），有三十多岁，脸上黄色，圆脸蛋，重眉毛，大眼睛。（乙怎么长相就怎么说）

乙　那二儿子呢？

甲　我二儿子二十多岁，白脸膛，长得很好看，穿一件灰布大棉袍，白布家做的袜子，青绒毛窝。（此处均不限，需看丙是多大，不能

与前丙说的不合即可）

丙　一定是啦！非打他不可！

乙　你别忙！

丙　怎么又别忙啊？我听他说年岁、长相、衣服全没错！非打他不可。

乙　三十多岁的人，二十多岁的人，多得很，就是咱们两个人吗？

丙　多得很！

乙　还有世界上白脸膛人多了，穿灰布大棉袍的多了，就是你一人吗？

丙　对对！

乙　你等一等，我再问问他那两个儿子是做什么的，他要说是说相声的（此处也可更改他业）那就没错了，咱们俩人再打他，你看好不好？

丙　好！就那么办！你去问吧！

乙　我说你那两个儿子是做什么的，你问了没有？

甲　那我如何能不问。

乙　你问啦。

甲　我问啦！我说你们两个人素日做什么呀？我可是告诉你们，你们要是无业的游民我可不能要你们。

乙　他们说什么？

甲　他们说啦："爸爸您不用问，我们有正当营业，多了不敢说，我们哥儿俩一个人一天交给您一块钱过日子！"

乙　没问你那个。我问你他们是做什么的，你快说！

甲　你不用着急！他们说啦，他们俩人是说相声的。（此处亦可改他业，但须与前者相合）

丙　这没错了吧，打呀！

乙　打，打！（乙、丙走到甲的跟前乱打不停）

甲　我说什么来着！到不了一块儿不是！

乙、丙　（同）什么到不了一块儿呀！打你！

甲　我可告诉你们是不是，有你妈的话，你们要是这样不要脸，我非把你们送下来不可！

（张笑侠搜集整理）

垫话儿（单口）

属　牛

如今跟过去可大不相同，劳动光荣，不劳动，不得食。在旧社会有这么一种升官发财的思想，大人教育孩子，从小儿就给他灌输毒素。爸爸拍着儿子的肩膀儿："好小子，长大了可得做官呀，给咱们家里改换门庭！"因为一做官就发财，有财有势，改换门庭。旧社会有这么句话："三年清知府，十万雪花银。"做三年官要落十万两银子，这还是清官、清知府哪！要是做三年赃官，拿耙子一搂还了得吗？知府是四品官，官不算大，三年清知府要落十万两银子，怎么来的？有来钱的道儿。

知府管知县，一个府管着几个县。都是知县，县跟县不一样，地土有厚有薄，有肥有瘦。打比方说吧，离天津不几步儿有这么几个县，人人都知道，叫："金宝坻，银武清，不如宁河一五更。"怎么讲哪？宝坻县管一千二百多村子，是个金缺，这个知县进项大啦，"金宝坻"！"银武清"哪？武清县是个银缺，武清县管下是八百八十八个半村，要是一个好年月好收成，多大的进项啊！这俩知县怎么样？"不如宁河一五更"！就五更天一早儿，宁河县知县的进项就超过武清县、宝坻县。怎么？宁河县芦台出盐，就这一点儿就成。这是肥缺呀！在这儿做上三年，他不是吃得顺嘴流油儿吗？肥实呀！这几县全属北京顺天府管。顺天府管着五州十九县，全一样吗？也有苦有甜。京南有个保定县，后来改名叫新津县，这个县管十八个村子，这点儿进项连人家的零儿还不够哪。这个县的进项小点儿。这就是知府生钱的道儿。知府不用去搂，叫知县搂去，给他往嘴里抹蜜！宁河县不是进项大吗？你要是不运动知府，他把你调动走。这位知府透出信儿来，要把新津县知县调宁河去，把宁河县知县调新津来，那宁河县知县受得了吗？到这时候，他就得给知府送礼，运动知府。可不敢送钱，一送钱落个贪赃，让御史知道了，全参下来啦。怎么办哪？知府一年办两回事就得啦，办俩生日——他一个，他太太一个。到办生日啦，凡是他的属员都到府衙门班房那儿去打听：

“大人快办生日啦？”

“啊。”

“哪天哪？”

“啊，哪天哪天。”

“大人想让我送点儿什么礼？”

“那我哪儿知道哇！你爱送什么送什么呀！”

“大人高寿啦？”

“五十六哇。”

五十六，送点儿什么合适呢？得想想。一想啊，五十六岁属鼠的，嗯，上金店给打个金耗子。金子是一寸见方十六两啊！这金耗子一尺二长，光一根尾巴一根金条不够；俩眼睛两块钻石，五克拉八一个。拿这个金耗子往寿堂上一摆，知县得在旁边儿盯着，好让知府看见他。这知府到时候得上寿堂转悠转悠，理着小胡子，看看各样的礼物，一眼瞧见这金耗子啦，理着胡子，要拿手掂掂。要是他一拿拿起来啦，那是分量轻，就是一层皮，就搁那儿啦！这一拿没拿动，看了看下款儿，再看知县在旁边站着哪，回手一拍这知县的肩膀儿：

“太好啦，太好啦，这个真可心，这个真可心！”

这就是告诉那知县：“你放心吧，你那儿做着吧，我绝不调你。”

又说：“这手工太巧啦！”

“手工巧”干吗呀，他说的是分量真大啊！

“哎呀，你怎么这么用心哪，你就知道本府我是属鼠的！哈哈，就打一个金鼠。好！用心！啊，下月太太生日，太太比我小一岁。”

弄去吧！小一岁，属牛的，你给弄个金牛得多少钱哪！老百姓还活得了活不了！

（张寿臣述　张奇墀记录）

家　兄

赵钱孙李，周吴郑王，冯陈褚魏，切糕蘸白糖。这段儿单口相声就算开始了，今天说这段儿叫《家兄》。什么内容呢？就是说这个……我说完了你们就明白啦。

过去的官呀没有不贪的，大官是大贪，小官是小贪，每个人哪都有一把耙子，这把耙子比猪八戒那九齿钉耙还厉害呢！阎王爷住在十八层地狱，他们能搂到第十九层去，能把阎王爷给赶跑了。

有这么个笑话。在过去有个知府，这位知府他爸爸死了，按规矩是请假三年，回家守孝。在回去的路上，后边总有个老头儿跟着这个知府，一直跟到他家门口。这位知府可就生气了，问这老头儿："老头儿啊，你是干什么的呀？""回禀知府大人，您是那儿的知府，我在那儿当土地爷。""你不好好当你的土地爷，你跟着我干什么呀？""回禀知府大人，您把地皮都刮来了，我不跟着您走我上哪儿去呀？"这是个笑话。

今天说的是另外一回事情。说有这么个县，这个知县哪调走了，新任知县还没来。这时候，衙门里剩下的三班衙役个个儿心里头打鼓。为什么呢？就怕新任知县一到啊，打碎自己的饭碗。为什么呢？那会儿的官场向来是一朝天子一朝臣，新官一上任，旧人满得换。就拿一个县来说，从师爷，管账的，书吏，一直到三班衙役，厨子，门房，全得换成自己的亲戚朋友，换成自己的亲信哪，有什么事就好办，可以任意地贪赃舞弊。过了几天，这位新任知县来了。姓什么？姓钱，外号叫"耙子"，钱耙子。您一听这外号就知道这位县太爷怎么样了。总算还不错，他就带来一个师爷和一个管账的。大伙儿这才放了心。可是哪，内中有个刑房书吏心里头还是有点儿打鼓。怎么？他是掌管刑名的呀，所有打官司的人，都是打他手里经过，油水很大。当然，打碎饭碗的危险也就更大了。他心里想啊：哼！别看这家伙现在没带人来，就冲我这差使，早晚也得换成他的亲戚呀！就算是不换，以后我的事情也没法办了，好钱没法儿搂啦！怎么办呢？想花俩钱儿“运动运动”吧，可又不知道这位县太爷什么脾气。哎，想了半天哪，他想出一好办法来，赶紧跑到一家金银首饰楼，他定打了一个银娃娃。说明了第二天早晨就要。到第二天一早啊，这位刑房书吏就来到首饰楼，取了这银娃娃，拿布包起来，抱着它就回了衙门。到了衙门以后，把这银娃娃放在了书房里一个书桌上。然后，一个人来到后堂。见知县钱耙子，躬身施礼：“启禀太爷，家兄前来拜望太爷，现在书房候见。”钱耙子一听就愣了：“令兄是谁呀？”“家兄就是我哥哥。”“废话！我知道是你哥哥。我跟他素不相识啊！”“回禀太爷，家兄与太爷交情甚厚。”“嗯？不对呀！我怎么不记得令兄是谁哪？”“回禀太爷，您到了书房一看就明白了。”“好。请令兄在书房稍等一会儿，我马上就到。”刑房书吏就出来了，待了一会儿，这位钱耙子慢慢腾腾地来到书旁，进了门一看，书房里头一个人没有。细一打量呢，在桌上放着一个银娃娃，走过去用俩手一掂，分量还不轻，心里头可就明白了：“噢，这就是刑房书吏的家兄啊。哈哈哈……好！请到后堂吧。”他给抱走了。

这位刑房书吏自从有了这位好“家兄”之后，这差事果然稳住了。胆子呢，可也就大了。过了没有半个月，可巧来了一个打官司的，送来一百两银子。这位刑房书吏仗着他那位好“家兄”，私自就克去了五十两。可是事机不密，钱耙子把这件事情给查清楚了。哎！这下子可把他气坏了，就跟要了他的命一样，立刻就升坐二堂。把这刑房书吏叫了上来，一拍那惊堂木：“好大的胆子！我问问你，父子分家那件案子被告送来多少银子？”刑房书吏赶紧回答：“……嗯，回禀老爷，五十两。”“胡说，明明是一百两，你为什么就给我五十两？”“这……”书吏知道瞒也瞒不过去了，干脆我实说吧，“不……不是，这……这个回禀太爷，本来五十两，可被告今天又送来五十两，我正打算给太爷送去哪。”“混账的东西！老爷不问，你也不说又送来五十两，哼！明明你是想要吃掉老爷这笔银子。来！打他五十大板！”刑房书吏一听要打五十大板，赶紧给钱耙子跪下啦：“哎——老爷饶命，老爷饶命！小的下次不敢了。”“饶了你？哼！老爷外号叫钱耙子，你竟敢搂起老爷来了。嗯！今天我叫你认识认识哪把耙子厉害！来！给我打他五十！”“哎——老爷饶命，老爷饶命！”“饶了你？一两银子我打你一板。”书吏一听心说：我的妈呀！一两银子打我一板，我这屁股还不打飞了！赶紧给钱耙子磕头：“……老爷饶命，老爷饶命……”一着急呀，就想起他那个“家兄”来了：“请老爷看在‘家兄’的分上，饶了我这一回吧！”这位钱耙子一听他提起“家兄”，火儿更大了：“浑蛋！不提你‘家兄’还则罢了，要提起你那‘家兄’，我要打你一百大板！”刑房书吏也纳闷儿呀：“哎……难道‘家兄’不好吗？”“好倒是好，可为什么就来一回，老也没来呀？”他还惦记着哪！

（李金铠述）

乖嘴衙役

这回我说段儿相声，那位(指观众)说啦:怎么你一个人说呀?啊，我这是单口相声嘛！别看一个人说，也得逗乐儿。那位说：我要是不乐呢?那……我就没法子啦！您不乐，我也不能挠您胳肢窝去！我过去一挠，您说您怀表丢啦！我赔得起吗?这是说笑话儿，哪有观众讹演员的?讹诈、欺负人的人都是仗着有势力。从前有这么个知县，就知道搂！专门刮地皮，坑害百姓，老百姓没有不骂他的。这衙门里有个衙役，姓乖，叫乖嘴儿。他对他的上司乖嘴儿，对老百姓就不乖啦，张嘴儿就骂，举手就打呀！这就叫“狐假虎威”，知县真得意他。为什么?因为这乖嘴衙役不但嘴乖，而且还会察言观色，见机行事。比如一看知县这两天不愉快，他就知道是缺钱花啦。怎么办呢?他就能帮着出个馊主意，敲诈老百姓的钱。这样儿整整三年光景，这知县总算任期满啦。临走那天，全城的百姓联名给知县送了一块匾，匾文是四个字——天高三尺。那位要问啦，这么个贪官还配“天高三尺”的美称?这是一语双关，并不是说他比青天还高出三尺，而是说他是贪官。您想啊，天怎么会高出三尺呢?是因为他把地皮刮去三尺，天就显得高了三尺。知县上了官船，刚刚离岸，就见岸上有一伙儿人拾起砖头土块往船上扔。乖嘴衙役也站在人群里，一边扔砖头石块，一边指着官船破口大骂:“你这个狗东西，把全县百姓都害苦啦！属螃蟹的——横搂哇！欺负百姓，勒索百姓的事都是你逼着我们干的……”众百姓一听，明白啦:“噢，原来这个衙役是好人。”其实是一个味儿！乖嘴衙役越骂越起劲儿:“这回你可走啦！也该我们喘口气儿啦，滚你妈的蛋吧！”知县在船舱里这个憋气呀！心里说:“好小子，等着吧，有朝一日咱再见着面，我剥了你的皮！”

事也凑巧。知县在别处三年任满，又回到这个县。全城百姓都愁眉苦脸，唉声叹气。乖嘴衙役知道自己把知县得罪苦啦，这次回来一定饶不了他。乖嘴料得不错，知县一上任，先叫人把乖嘴绑上啦。知县说："乖嘴儿啊，当年你骂得好痛快呀！你没想到我今天又回来啦！属螃蟹的——横搂。欺负百姓，今天我先欺负你，来呀！重打四十大板！"当时乖嘴衙役跪爬了半步："大人容禀，我料到您一定会回来的，当年我骂您，那是假的，是逢场作戏，您在本县任职，我是得吃得喝；您走这三年我什么外快也没捞着，我怕您不回来，就用话激了您几句……"知县一听："啊——原来是这么回事儿，来呀！给他松绑，赏他二两纹银。"他真能说呀！

（马敬伯整理）

草船借箭

有的人拿诸葛亮当神仙，这是个大错。世上没有神仙，诸葛亮也是人。可是他怎么会算呢？这是学问。草船借箭就包括好几门学问，短一样儿，箭也借不成。都有什么学问呢？天文学、地理学、心理学，最重要的是算学。天文学用在哪里呢？他应了周瑜三天交箭，他知道第二天夜里有雾，箭准能借来。这门学问不是迷信，咱们现在就有。什么呢？就是气象台。明天什么天气，今天就报告了。诸葛亮就有这门学问，故此应周瑜三天交箭。地理学呢？下雾的时候瞧不见对方的营盘，他来到这儿很多日子了，早就看好地点了，他这二十只船往敌人大营里去，天下着大雾，船在江心走，是顺流，是逆流，哪边的风，都有一定的时间，掌握不好不行。离敌人近了，敌人有哨船，一包围就成了俘虏了。离远了，敌人放的箭他这儿得不着。不远不近，传令把二十只船停住了，一字排开，击鼓鸣锣，这就是地理。心理学最要紧，就是揣度人的心理。周瑜的心理是想法子杀诸葛亮。可是诸葛亮又不能躲开，躲开，自己的事不能成功了。这叫居于虎口，稳如泰山。派他造箭，他就应了。箭交上去你还能杀我吗？鲁肃是什么心理呢？他是个忠厚长者，借什么有什么。曹操是什么心理呢？夜间下大雾，敌人击鼓鸣锣，曹操怕偷营劫寨，所以准放箭。这三样学问，少一样也不行。可是还有一样最高最重要的学问就是算学。算学要是不好，决不能成功。怎么讲呢？他得交给周瑜十万支箭，只许多不许少。除去损坏的十万出头。那坏了的得去三分之一，至少总数也得够十五六万支。再一支箭按四两计算，这十六万支得多少斤哪！可有了重量了。这船是在水里，对着敌人方面的草人中箭了，背着敌人这一面没有箭。如果十六万支箭全放在一面的话，这船就沉了。可不是嘛！船一偏，水进去了，不就沉了？故此把算术得掌握好了。这方面够八万支了，传令调头。够十六万支了才能成功。这个算学怎么算呢？诸葛亮算账《三国演义》原文上也有。唱的戏，《群英会》也有。大鼓上也有，可是谁也没在这上头注意。诸葛亮在船舱和鲁肃喝酒的时候，这个账就算了。他给鲁肃斟了一杯酒，鲁肃害怕，一点儿也没喝，趴在桌子上装睡觉。就以这杯酒当作测量的标准，酒斟了七成满，外边，对着敌人这一面，草人上中箭越来越多，船也越来越偏，这船一偏，杯中酒也就偏了，等里边的酒偏到杯边上啦，这八万支箭就够了。再多了这酒就洒出来了，酒一流出来，那水也就进船了，到这时传令船只拨头。带箭的这一面到背面来了。空草人面对敌人了。空草人中箭越来越多，酒杯呢也越来越端正了。直到杯中酒完全平了，十六万支够数儿了。天亮雾收，传令回去。

（张寿臣述　夏之冰记录）

战长沙

这段儿《战长沙》又名《两将军》，关羽、黄忠，两个人俱有惊人的本领。大鼓词是一共五段儿，头段儿是韩玄派将，二段儿是关黄对刀，三段儿是马失前蹄，四段儿是箭射就缨，五段儿是魏延杀韩玄。这几段儿可算有意思，紧凑。关公有关公的精神，黄忠有老年人不服老的气魄。二人大战多少回合不分胜败，为什么马失前蹄呢？关公要用败中取胜使用拖刀计，一般的说书的也说这段儿，关公在前面败，黄忠在后边追，直追到两匹马嘴尾相连，黄忠举起刀来往下就落，关公不用回头，就知道刀来了。他怎么知道刀来了呢？说书的说大将军眼观六路，耳听八方，听见金刃劈风。这叫胡说八道。怎么讲呢？刀砍下来带风这固然不假，可是风在后边，刀在前边，要是等听见风脑袋就开了。这拖刀计怎么用呢？我是不懂得，听武术家谈论过，如果是败中取胜，他得看日头，是上午、中午还是下午。败的方向得背着日光走，上午往西边败，下午往东边败，前边就有人影，手里拿着大刀。古时战马的丝缰不在手里，是在马镫上，左右一边一个。马往里叫拐，往外边叫削。关公败的时候瞧着地上影儿，后边的大刀举起来了，他的拖刀计要是用早了，敌人还能还手，用晚了命就没有了。大刀要往下落了，就在这时候踹右边的马镫，马向右一跨，后边的马还直着向前跑，这刀就落空了，可是关公的马就圈回来了，大刀一落准在黄忠的脖子上，故此这叫拖刀计。什么事儿也是寸劲儿。就在这时黄忠的马打了个前失，黄忠从马上掉下来了。大刀也撒手了，仰面朝天。关公刀就下来了，离着黄忠的脖子也就是二寸六分三吧——您瞧还有尺寸——关公把大刀停住了，没有往下落，为什么呢？关公这个人性情最骄傲，他心里是这个想法：拖刀技用上了，可是不能杀黄忠，后人要是一谈论，不说我是用拖刀技胜了黄忠。说我是侥幸成功，说我败了，他从马上掉下来了，我得手了，才胜了黄忠。我不落这坏名声。故此关公把刀停住了，勒住马就说话了：“黄先生，起来遛遛，没摔着哇？咱们明天再会。”还真客气。关公回营了。黄忠只好起来上马收兵回城。韩玄摆酒给黄忠压惊，这就叫马失前蹄。第四段儿箭射盔缨。更好啦。第二天黄忠换了马啦，出城与关公又战上了。黄忠也来了个败中取胜，前边一败，关公在后知道他是假败，关公性情极其骄傲，打马便追。离着很远，倒看看他有什么招数。黄忠听见后边马响銮铃，知道关公追下来了，一抬腿，在马鞍韂得胜钩上挂上大刀，抽弓搭箭。这箭也分好几种：古时候将官的箭壶里有透甲锥，狼牙箭，有一支长的还带着个葫芦，那是信箭，又名叫包头。单有一种鱼尾箭。黄忠没用透甲锥，为什么他不用这支箭呢？他想：可是两国相争，昨天我从马上掉下来，他没杀我，今天我要是一下子要了他的命，到后来落个骂名千载，这叫以怨报德。我要是不给他一箭呢？他也不知道我吃几碗干饭，故此用鱼尾箭射他的盔缨。回身一箭，直奔关公去了。平常人射箭能躲得开，大将的箭躲不开。为什么呢？他的弓力大速度快，听见弓弦一响箭就到了，关公心里一惊，心里说：坏了，吃了黄忠的亏了，他的百步穿杨箭天下驰名，只好闭眼等死。身上也没觉得疼，一阵风在头上过去了，回头一看，盔缨射掉了。关公知道这是成心，绝不是箭射走了，这是补昨天的情。昨天我没杀他，今天还我这么一箭，这叫一命还一命，别追了，再追第二箭就没好地方了，收兵吧。关公吓了一身汗，把脸都吓红了。要不怎么关公是红脸儿呢？让黄忠给吓的。

（张寿臣述　夏之冰记录）

白蛇传

《白蛇传》是一段儿描写青年男女自由恋爱的神话故事，内容非常动人。

在杭州啊，有个书生叫许仙，有一天逛西湖去可巧下雨了。正这时候来俩大姑娘——就是白娘子和小青——找他借伞。哎，从这儿起就交上朋友了，一来二去，俩人有了感情啦，后来就结婚——成夫妻啦。您看多好。

要不现在有的小伙子一到下雨天儿，就夹把雨伞在公园湖边儿上溜达呢。那是干什么呢？那……那是憋着等白娘子哪！

其实啊，白娘子和许仙的媒人并不是雨伞、是小青！怎么见得是小青给做的媒哪？我有证据。您看现在市场上卖的酒当中有一种酒，叫“青梅酒”，哎，就可以说明这个问题。怎么？“青梅酒”嘛，青梅酒，青梅酒——小青为媒能长久！

那位同志说了:要是“红娘”给做的媒呢？那您就喝“红玫瑰”吧！为什么哪！红玫瑰，红玫瑰——红娘为媒才可贵哪！

嘿！

本来呀，许仙和白娘子夫妻俩感情挺好，生活得很幸福。可是这里边有人给破坏。谁呀？法海！法海是金山寺的和尚，许仙去金山寺烧香的时候，让他给截住了，说许仙面带妖气，家中有妖精。许仙不信哪，他让许仙在五月初五过端阳节的时候，给白娘子喝点儿雄黄酒。结果白娘子现露原形，变成一条大白蟒，把许仙吓死啦。

白娘子酒醒以后，一看：坏啦！赶紧去昆仑山盗来灵芝草，把许仙又给救活了。可是从打这儿起夫妻俩的感情就冷淡了，许仙老躲着白娘子，总疑心她是妖精。

这怎么办呢？后来呀，白娘子想了个主意。有一天，白娘子陪着许仙到后花园去游逛，来在一片草地，白娘子就说了：

“许郎，五月端阳，你瞅见一条大白蟒，就疑惑为妻我是妖精，好，你来看。”

说着话，由袖筒儿里掏出一条白手绢儿来，往草地上一扔，说了声：

“变！”

嗬！当时在草地上就盘起一条大白蟒，八丈多长，水桶粗细，眼如铜铃，血盆大口，三尺多长的芯子，突突乱窜！可把许仙吓坏了。白娘子笑了，说：

“许郎，别怕！”

用手一招，说：

“走！”

您再瞧，草地上这条大白蟒顿时踪影皆无。只见半空中飘落下一条手绢儿来，白娘子用手一接，塞到袖筒儿里了。

“许郎，这回你清楚了吧，那天为妻是跟你逗着玩儿哪。”

许仙看完以后，疑心病去掉了。当时说了一句话，把白娘子都给逗笑了。

“嗯，这回我明白了，你不是妖精，你是变戏法儿的！”

嗐！

（刘宝瑞述　殷文硕整理）

携琴访友

《今古奇观》上有段儿《俞伯牙摔琴谢知音》。俞伯牙是一个大夫，大夫可不是瞧病的，古时候三品官叫大夫，清朝、明朝叫九卿，这个官儿是御前的，在皇上跟前做事。钟子期哪，是一个打柴的樵夫。这两个人哪，不能平起平坐，按说交不了朋友，就因为这琴，朋友交成了，知音。俞伯牙抚琴别人不懂，携琴访友，俞伯牙辞官不做，带着琴上汉阳访钟子期，由打晋国——就是山西——到湖北。到那儿，子期死啦！死了怎么办哪？就在他坟前抚了一回琴。又有别的樵夫打这儿过，一听这琴音挺好听，可就是不懂怎么回事，在旁边儿一听一乐，俞伯牙把琴摔碎了！这是为什么哪？“子期不在与谁弹”！琴可是好，好哇，可是没有知音的，不弹了！

提起弹琴来，倒退三十来年，我三十来岁的时候[1]，我们那儿有家儿街坊，住一个院儿，他这人附庸风雅，自命清高，本为没练过琴，也要抚琴，表示自己不凡，一宿一宿地抚这个琴。大杂院儿里的街坊起先倒爱听：“有意思啊！”听着听着，这院儿里街坊就都搬家啦。他怎么样啊？“你们搬家搬你们的，我这儿还抚。”房东老太太到半夜里过来一拍窗户：

“这琴抚得真好啊，下月的房钱别给啦！”

这位一想，说：“老太太您一定知音哪！”

“什么叫知音哪？你给我搬家，别人都搬啦，就因为你！人家嫌吵得慌。连我晚上也睡不着！”

他怎么样哪？“搬吧！不知音我走哇！”搬了之后一想：“上哪儿

① 大约指 20 世纪 30 年代初。

去找钟子期呀？哪儿人多哪儿去。天津是繁华地方，最繁华是南市呀，南市有市场啊！我上那儿抚去，我不要钱哪！”买块白布写上：“以琴访友”。爱喝茶这儿喝，一个子儿不要。坐在这儿他就这么一抚！刚这么一摆，这人哪围得里三层外三层，风雨不透。他心里高兴：知音的不少，抚！打这儿一抚哇，越来人越少，就剩下一位在旁边儿站着。他一瞧：成啦，一人知音，胜似百位！把琴这么一收，得跟他谈谈，这就是钟子期。

“阁下一定知音哪？”

这人说：“我不懂！”

“你不懂这儿站着？”

“是得这儿站着！”

“别人都走，你怎么不走？”

“我不能走，我等这桌子哪！”

敢情这张桌子是人家的。

打这儿他不在街上抚啦，在家里闷着头儿抚。闷着头儿抚哇，嗯，该着，都不懂啊，有个老妈子懂！这老妈子伺候他茶水，他这儿抚着琴，正抚着是悲调子，哪个调子？就是“孔仲尼叹颜回才高命短”，正抚到这儿，一看这老妈子眼睛也红啦，眼泪吧嗒吧嗒往下掉！嗯，有门儿！别人都不懂啊，这老妈子懂，她哭！我这正是悲调子！把琴这么一收，不敢就问“你知音”，前者碰俩钉子啦，问房东老太太，房东老太太嫌吵得慌，让他搬家！那回在南市遇见个知音的，那是要桌子的！到这儿不敢这么问啦，他来了个引而不发：

“你为什么哭哇？”

这老妈子说：

“我怎么不哭哪！大爷，您这琴的声音实在叫人惨得慌！”

有门儿！有门儿！她懂！知音啦！还不敢问，慢慢儿诓：

“噢，你为什么惨得慌哪？”

“我一听您这声音哪，想起我爷们儿来啦！”

“噢，你爷们儿在家？”

“哪儿呀，他死啦呀！”

“噢，他多大年纪死的？”

“三十三。”。

这更对啦！他跟颜回同岁呀，颜回也是三十三岁死的，满对呀！

“你爷们儿想当初做什么事呀？”

“我爷们儿弹棉花。我听您这声儿啊，跟弹棉花一个味儿！”

这哪儿是知音哪，她想起弹棉花的来啦！

（张奇墀记录　何迟整理）

杜十娘

这一个是《今古奇观》的节目,《杜十娘怒沉百宝箱》。说的是李甲负义,杜十娘痴情,叫人看着,听着,可气又可怜。可气的是李甲,可怜的是杜十娘。事实上不可能有这样的事儿,这是作小说的弄笔。怎么知道不是真事儿呢?就在这三个人名字里藏着哪。杜十娘偏遇见李甲,半道上又遇见孙富,这三个人名字里别有含义。杜十娘,就是太"实"在了。杜是度量的度,自己受苦当妓女想从良,度量着客人里有可靠的,就可做一生的伴侣。太实在了,跟了李甲了,所遇非人。李甲呢,这李暗隐是理义之理,甲暗隐真假之假,杜十娘度量人太实在。遇见了"理假",最后落个死亡。可又偏遇见孙富,怎么那么巧偏遇见孙富呢?这个名字说明了就是骂这个孙子净造孽,就富余俩钱儿!

(张寿臣述 夏之冰记录)

请 客

说话也得有技巧。有的人说出话来叫人听着高兴，有的人说出话来叫人听着别扭。我们那儿有家街坊，这位大哥就不会说话。有一次在饭馆儿里请朋友吃饭，本来请客是一件好事，就因为他不会说话，把朋友给得罪了！

那天，他请的是四位，来了三位，有一位没来。等着等着他急了："你看，该来的不来！"三位里头有一位多心了：嗯！该来的不来，合着我是不该来的？这位当时站起来了："我跟诸位告个便儿。"这位出去告诉茶房，"你告诉他们甭等我了。"

"唉！您别走啊！"

"不走？你没听说嘛，该来的不来，合着我是不该来的。不该来，还不该走吗？"

这位走了。茶房进去问："给您摆吧？"

"别忙！我们这儿还等人哪。那位哪儿去啦？"

茶房说："刚才不知道哪位说的'该来的不来'，那位挑眼了，因为这个走了。"

我们这街坊一听，又说："嗐！不该走的走了！"

在座的还有二位哪，其中一位也多心了：嗯！不该走的走了？合着我是该走的呀？该走还不走，走！这位一声儿没言语就走了。还剩下一位。我们这街坊还直纳闷儿哪："怎么二位都走了？"

那位说："是得走！因为您太不会说话了。您说'该来的不来'，那么来的一定是不该来的呀，不该来，还不该走吗？等那位走了嘛，您说'不该走的走啦'，那么没走的一定是该走的呀！该走，还不走吗？人家挑眼了，以后您千万别这么说话了。"

“嗐！我说的不是他们！”
“噢！说的是我呀？”
这位也走了！

（孙玉奎　回婉华述）

九月九

过去我家有个街坊，夫妻俩过日子，日子老过不好，男的三十岁，女的二十九，全有嗜好。男的好喝酒，女的好打牌，日子穷，互相埋怨，男的怪女的打牌把日子输穷了，女的怪男的喝酒把日子喝穷了。

后来两口子一狠心，男的不喝了，女的不打了，戒牌戒酒。还有一条儿，不准说两个字，男的不准说“牌”字，女的不准说“酒”字，谁说了谁就受罚。比如男的说一个“牌”字，罚男的站那儿看着女的打四圈儿。女的说一个“酒”字，就罚女的站那儿看着男的喝一斤酒。“咱们说话算数，从今天开始。”那天正赶上九月初一，男的问女的：“从今天开始，今天是几月几日？”女的说：“今天是……过完了八月的下月第一天。”女的心想：以后说话我可得多注意。

男的是酒迷，一天不喝心里都难过，女的一连七八天一个“酒”字也没说出来，把酒迷给瘾坏了。这天出门儿碰见两个兄弟，张三和李四，他们是好朋友儿。张三说：“大哥，这么多日子不见啦，今天您得请客，请我们哥儿俩喝酒。”

“兄弟，不能喝了，我和你嫂子打赌了，我戒酒，她戒赌。”

张三说：“大哥，咱们在外边喝没人跟她说，她怎么会知道？”

“哎，回家一闻我嘴里有酒味儿，我就得受罚。不但不能喝，还不能说，我说一个‘牌’字，她打四圈儿，她说一个‘酒’字儿，我喝一斤。我等了七八天她一个‘酒’字也没说。”

“大哥，我有办法叫她说。”

“你有什么办法叫她说？”

“大哥，您在这儿等着，我们哥儿俩到家去找您，您不在家，我给大嫂留下话，话里多说几个‘酒’字，您回家一问，保险她得说出几个来，咱们能没酒喝吗？”

“这是个好办法。”

“好，您等着，我们去了。”

说完，这哥儿俩走了。先到菜市场，张三买了捆儿韭菜，李四买了两瓶酒，抱着韭菜，提着酒，来到大哥家门口叫门：“大哥，大哥在家吗？”

“谁呀？”女主人出来一看不认识。

“大哥在家吗？”

“我那口子他出去了。”

“唔，您是大嫂子。”

“您贵姓？”

“我姓张，叫张九。”

“那位呢？”

“他姓李，叫李九。”

“找他有什么事呀？”

“我们哥儿仨是好朋友，明天九月九是我的生日，请大哥大嫂到我家去喝酒。也没准备什么，很简单，这不我买斤韭菜，他买两瓶酒。韭菜炒鸡蛋，喝点儿酒。大家热闹热闹，高高兴兴过个九月九。”

“唔……我知道了，等他回来我跟他说。”

“时间是明天早九点，您可别让我们等很久。”

“好。”

“大嫂，再见吧。”

“不远送了。”

“再见。”

这哥儿俩走了，回去原原本本跟张大哥说一遍。大哥高高兴兴回家了，进门就问：

“家里的，今儿个有人找我吗？”

“有两个人找你，可我全不认识。”

“没问问吗？”

“问了，一个姓张，叫……张三三。”

“那一个呢？”

“他姓李，叫……李四五。”

“他们全拿着什么东西？”

“张三三抱着一捆儿……扁叶儿葱，李四五提溜两瓶……年终数。”

“他没说找我有什么事吗？”

“请你去过……重阳节。去喝俩二一个五！”

酒迷一想：我费了这么大劲，一个“酒”字也没问出来！瘾得他直翻白眼儿。咕咚一声倒在地上，瘾死了。

女人一见这悲惨情景，糊涂了，心一酸，眼泪下来了：“我的天儿呀，我可害了你呀，你早不死，晚不死，单独死在九月九哇。”

“九月九，好，两个九，我喝二斤！”——他起来了。

（康立本述）

文庙

曲艺形式丰富多彩。我说的单口相声，差不多都是有头有尾的一个故事，里头穿插着笑话儿。要是对口相声呢，比较灵活多样。有讲戏曲的，有谈电影的，有文字游戏的，吟个诗啊，答个对儿啊。哎，我要是表演这路节目比他们强，因为我这个文化够水平，水平虽然不算最高，反正能保暖二十四小时——正品暖水瓶！这是开玩笑。我幼而失学，文化水平不高，净念错字、别字儿。今天，我讲一段儿清代的念别字的笑话。

有这么二位，一个姓贾叫贾斯文，一位姓甄叫甄不懂。他们没事在街上闲逛，走着走着看见前面有一道红墙，在门上挂着块匾，上写两个字“文庙”。——您注意听啊，那会儿庙字儿还写繁体，一点一横一撇儿，里面一个“朝”字。贾斯文说：“聊着天儿走道不显工夫，咱们都到‘文朝’啦。”甄不懂一听，噗嗤乐了：“兄弟，不认识字就别念，念错了让人家笑话。你再仔细瞧瞧，那是‘文朝’吗？这念‘丈庙’，记住喽！”——还教人家记住了哪，他也念错啦！

贾斯文偏要念“文朝”，甄不懂犟着念“丈庙”，俩人就在庙外头吵起来了。正在这时候有一个小和尚由此处路过，手捧锡镴佛钵，上头有两个字是“打斋”。小和尚一看是俩人吵架，就过来啦：“阿弥陀佛！哎，二位施主因何争吵？”贾斯文说：“你是干吗的？”“我是大佛寺的小和尚。”“噢，少当家的。你来了，这事就好办了。我们就因为念这块匾，我说念‘文朝’，他说念‘丈庙’，你给评评这个理儿：是我错了，还是他错了；是‘文朝’对，还是‘丈庙’对。”小和尚一听，摇了摇头：“文朝也罢，丈庙也罢，我没工夫跟你们磨牙，我还急着给我师父‘打齐’去呢！”——唉，他把“斋”念成“齐”啦！

那两人一听就急啦："嘿，你也念错字啦！什么叫'打齐'呀？都说'吃斋念佛'，有'吃齐念佛'的吗？""'打齐'？和尚打旗。老道打伞——像话吗？！"这回可热闹啦！刚才是俩人吵，这回小和尚也加入战团了。"文朝"啊，"丈庙"啊，"打齐"呀，"打斋"呀，正在那儿嚷嚷哪，可巧庙里头住着个教书的先生，这位老夫子打庙里出来了，因为听到仨人吵架，手里的字典都没顾得放下，赶忙过来就劝："三位，为什么吵起来啦？"贾斯文就问："您是干什么的："我在这庙的后院教学呢，是教书的先生。"贾斯文一听，救命星来啦："哎呀，老夫子，您识文断字，我们正因为字儿的事吵呢：门上那块匾，我说念'文朝'，他说念'丈庙'，我们这儿正吵着哪，这位少当家的过来了，我问他究竟念什么，他说他不管，他急着给师父'打齐'去。谁不知道是'打斋'呀，有念'打齐'的吗？得了，您是教书的老夫子，满腹才学，您说'文朝'对，还是'丈庙。对'打齐'对，还是'打斋'对。"这位老先生一边捋胡子一边摇头："哎呀，不要忙，不要忙。你嘛念'文朝'，他嘛念'丈庙'；和尚说'打齐'，你们说'打斋'。哪是正字，哪是错字？哎呀，这……"他低头一看手里的那本字典，乐啦："要想弄清，却也不难，来来来，咱们查查这本……字曲。"——嗨，他也念错啦！

仨人当时就都火啦："好嘛，怪不得这么多人念错别字哪，闹了半天根儿在你这儿呢！教书先生净念错字，将来得造就出多少别字先生呀？这不是误人子弟嘛！干脆咱们见官去！"上去一把揪住这位老夫子的领子："走，咱们打官司！"贾斯文拉住老夫子，甄不懂过来就抓小和尚："得啦，咱们就一锅熬啦！"四个人奔了县衙门啦。

凡是县衙门口儿都有面堂鼓。在道上这四个人各有各的想法。念"文朝"的一想："到那儿我先打堂鼓，我算原告，对。"半道上就捡了块砖头。念"丈庙"的这个也想当原告，到那儿先打堂鼓，就找了块石头子儿揣到怀里了。小和尚也想当原告哇，拿什么打堂鼓呢？就拿这佛钵。到衙门口儿了，这教书的老夫子也想先打堂鼓抢个原告儿，一看墙边立着个粪叉子，顺手就抄起来了。四个人蜂拥而上，就奔这面堂鼓来了，砖头、石头子儿、锡镴佛钵、粪叉子，噔卜嘮噔，噗！堂鼓破啦！

衙役往里禀报。县官一听：把堂鼓打破了，指不定有多大的冤枉呢！吩咐更衣，即刻升堂。三班衙役站列两厢，齐声呐喊："升——

堂——了——！”“威武！”堂威喝罢，县官升堂，一拍惊堂木：“来呀，带原告儿！”把四个人都带上来了。为什么带四个？他们全打堂鼓了嘛。县官说：“带被告！”班头赶紧请安：“跟老爷回，这官司没有被告儿。”知县一听：那这官司跟谁打呀！

“你们谁是原告？”四个人都说：“我是原告儿！”“我原告儿！”“我原告儿！”“我是真正的原告儿！”

“……那么，被告儿呢？”“没有。”“没有？你们就告我得啦！”

这位县官是捐班出身。什么叫捐班呀？就是花钱买官做。他姓苏，叫苏惠林。别看他斗大的字认不了两升，还假装文雅。当地的士绅为奉承他，给他送了一块匾，上写三个大字“赛东坡”。宋朝不是有个苏东坡嘛，县官姓苏，就说他这学问赛过苏东坡。其实他这学问赛不过苏东坡，倒能气死苏东坡！“赛东坡”这块匾就悬挂在大堂上。

县官一听说没有被告儿，把惊堂木一拍：“那么你们四个人为什么打官司呀？”“老爷，我们为字儿。”县官以为他们为房契、地契的字据呢：“噢，什么字据呀？”“不是字据。老爷，我们是为念错别字打官司。”老爷心想：这可新鲜。“你们念什么错字来着？”“我们走到一道红墙那儿，在门口有一块匾，我说念‘文朝’，他说念‘丈庙’。这时候小和尚打这儿过，我们问他哪个对呀？他说他没工夫，还急着给师父‘打齐’去哪。谁不知道是‘打斋’呀！这工夫出来个老夫子，他在这庙后院教书，我们想，问问他就明白了，谁知道一问他更糊涂了。他说，你们想明白也不难，我来给你们查查这本‘字曲’——字典他叫‘字曲’。我们就因为这个打官司。求老爷公断，您说是‘文朝’还是‘丈庙’；是‘打斋’还是‘打齐’；是‘字典’还是‘字曲’？”

县官没等说完就恼了：“啊哇！糊涂！讨厌！可恶！唉！可恶之极！本县以为你们因为房地契的字据打官司，闹了半天是因为念错了字。这值当打官司吗？找一个明白人问一问，不就得了吗？”

“老爷，我们要不是找人问还吵不起来呢！”

“胡说！你们应该问那有学问的人，为什么单问糊涂人呢？”

“老爷，咱们这趟街上明白人太少啦。”

“放肆！既然打官司，就应该按规矩来告状，该有原告、被告。你们来了四个都是原告儿，难道老爷我是被告吗？！更可气的，把我的堂鼓也打破了，你们赔得起吗？！真是目无法纪，搅闹公堂，应该每人打四十大板！”贾斯文一听吓得直哆嗦，甄不懂也吓傻了，小和尚也哭了，老夫子眼圈儿也红了，四个人冲上磕头：“老爷，老爷！小人知罪，求您恩典！”县官苏惠林瞧这情景，不由得叹了一口气：“唉，按说每人该打四十大板，看看你们这可怜的样子！本县幼读诗书，深通礼义，为国执法，爱民如子。”——他自吹上啦！“念你等愚昧无知，本县也不怪罪你们，现在给你们说四句判词儿，就把你们谁是谁非、哪是正字、何为错读，统统说明白了。下堂之后，各安生理，不得寻衅滋事，如若再犯，定要严惩！”四个人闻听，赶忙叩头：“大老爷清如水，明如镜，乃是民之父母。您快宣读判词，叫我们明白明白吧！”县官说：“听着！‘文朝’‘丈庙’两相异，和尚不该说‘打齐’。”冲那老夫子大声说，“哪有先生查‘字曲’？气坏本县……”一指堂上这块匾，“……‘赛东皮’。”

哎，他也错啦！

（刘宝瑞述　殷文硕整理）

假斯文

今天我说的这段儿叫《假斯文》。这假斯文是谁呀？是我的一个亲戚。什么亲戚呢？是我堂叔伯两姨姑舅哥哥他丈母娘的内侄女的表叔！反正这亲戚够远的。算来算去，也不知道叫什么好了。后来一琢磨，干脆就叫他表叔得啦！

我这位表叔啊，斗大的字不认识半升，是个大文盲。您别看他不认识字，还爱在人多的地方装作识文断字的样子，摆出一副斯文的架子。故此，大家给他起了个外号，叫假斯文！

比如说，大街上贴张告示。哎，他总爱挤在前边儿，一边儿看，一边儿嘴里还直嘟囔，让外人一瞅，仿佛他认识字儿似的。其实他一个字儿也不认识。那他嘴里怎么嘟囔呢？他有办法，买个烧饼，一边儿吃一边儿看。知道的他是吃烧饼哪，不知道的还以为他那儿念告示哪！

可巧过来一位也不认识字，想打听打听告示上说的什么。你倒是跟别人打听啊，单跟我这位表叔假斯文打听：

"哎，先生，那是什么？"

他也不知道啊，他跟人家打岔：

"啊，烧饼。"

"嗐，我说那上面儿的。"

"上面是芝麻。"

"我说上面儿那黑的。"

"黑的是烙煳啦。"

嗐！

这位一生气，说了一句：

"什么东西？"

他把手一伸：

“烧饼！”

嗐！

有一回我们俩逛厂甸[①]儿。走到一家书店门口儿，哎，他非拉着我进去看看。我心想：你又不识字儿，进书店干吗呀？没办法，陪他进去吧。进门一看，屋里有不少顾客，书架子上摆着各种书。

这位假斯文又把架子端起来啦，随手拿起一本儿来，摇头晃脑地还念上啦。

“学富五车读《诗经》。”

我过去一看，差点儿没乐趴下。怎么？他拿的是本儿皇历！就小声儿说：

“表叔，您拿的不是《诗经》，是本儿皇历。”

假斯文一听：怎么着？这是本儿皇历。马上就改口了：

“择吉上梁好动工。”

那意思是：我看这本儿皇历，想查个日子，看哪天日子好，我盖房上梁。

嘿，他转得还真快！

我仔细一看，又发现问题了：他把皇历愣给拿倒了。

我说：

“那也不对呀，您怎么把书拿倒了啊？”

这位假斯文还有的说哪：

“十年寒窗练绝技。”

啊？这是绝技呀？

我实在绷不住了，大声问他：

“您这叫什么绝技呀？”

假斯文回答了我一句话，把全屋的人都给逗乐了。

“倒视才能看得清！”

没听说过！

（刘宝瑞述　殷文硕整理）

---

① 厂甸：北京地名，旧称海王村，在今北京和平门外，店肆多以售卖古玩、字画、书籍、文具为业。

兄妹联句

常言说呀，干什么你得研究什么。您看，我们相声演员凑到一块儿没别的事儿，就是研究怎么说才能让您听着可乐，研究表演技巧，一共四个字儿——说、学、逗、唱。

文学家要到了一块儿，就该研究诗、词、歌、赋啦。古时候就这样儿。宋朝有位大诗人叫苏东坡，他有个妹妹叫苏小妹。这兄妹俩全都有学问，这俩人儿见面儿就研究诗。就连日常生活中哥儿俩开个玩笑，哎，全作诗。

这苏东坡长得这模样儿是大连鬓胡子，大长脸。苏小妹呀，长得并不难看，就是眼窝儿略深，有点儿往里眍。眼窝儿往里一眍，就显得前额骨突出啦。前额骨突出可就有名称啦，说句现在的通用语吧，叫什么呢？叫——奔儿头！

嗐！

有一天哪，兄妹俩坐在一块儿谈诗论文。苏小妹说啦：

“有这么两句，‘轻风细柳’，‘淡月梅花’，您看中间嵌入何字作‘腰’为好呢？”

古代诗人对诗句特别讲究，精心锤炼，反复推敲，要求有“语不惊人死不休”的精神。苏东坡一听挺高兴：苏小妹素常倚仗才学好，性情高傲，想不到也低声下气求教来了。稍假思索，就说：

“‘轻风细柳’中间可以加个摇动的‘摇’字；‘淡月梅花’中间可以加个映照的‘映’字。那么这两句可以成为：轻风‘摇’细柳，淡月‘映’梅花。”

苏小妹把头一晃，说：

“再思！”让再想想。

苏东坡一听："噢，这俩字儿不好。那改为：轻风'舞'细柳，淡月'隐'梅花。怎么样？"

苏小妹把手一摆，说："欠妥！"

又不行！

"轻风'吹'细柳，淡月'看'梅花。如何？"

苏小妹把眉一扬，说："太俗！"

嗬！

苏东坡心想：怎么这么费劲哪？就说："依小妹之见呢？"

苏小妹说："最好改成：轻风'扶'细柳，淡月'失'梅花。兄长您看如何？"

苏东坡仔细一琢磨：轻风跟人一样，小心地"扶"着那细细的柳条儿；淡月失梅花，月色淡淡，照得梅花似有若无，这是月色朦胧之美。好！赶紧站起来给苏小妹作了一个揖，说："贤妹才思敏捷，愚兄不及也。"

那意思是你填上这俩字儿作腰，来得真快呀，佩服佩服。

哪儿知道苏小妹扑哧儿乐啦："此乃宿构，聊以相试耳。"

就是说，昨天晚上我就编好啦，今儿特地来憋憋你！

嘿！

苏东坡心说：你早就想好词儿啦成心来考我！抬头一看他妹妹这深眼窝儿……一琢磨：嗯，跟她开个玩笑，就说："小妹，我想作一首七言绝句，刚有两句，你给续上两句如何？"

苏小妹说："兄长请讲。"

苏东坡说："数次拭脸深难到，留却汪汪两道泉。"

苏小妹一听：怎么着？说上我这深眼窝儿啦！我没招你呀，咱们不是在一块儿研究诗句的腰字儿吗？你做哥哥的填不出好字来，就讽刺我这深眼窝呀？你怎么不说说你那大连鬓胡子呀！好，我给你也来两句。就说："口角儿回无觅处，忽闻须内有声传。"

那意思是：看看你自己吧，那大胡子长得都找不着嘴啦！

嘿，她倒不吃亏儿！

苏东坡又说了两句："迈出房门将半步，额头已然至庭前。"

说苏小妹刚迈出房门半步，那奔儿头已经到了前院啦！这奔儿头是够大的啦！

苏小妹一听：嗬，又冲我这奔儿头来劲啦。行，我再回你两句。

“去年一滴相思泪，今朝方流到腮边。”

就是说苏东坡呀，去年从眼睛里流出一滴眼泪，整流了一年才到腮帮上！

哎，这脸也太长啦！

（刘宝瑞述　殷文硕整理）

双音字

一个聪明人有时也会糊涂，有的糊涂一阵子，有的糊涂一辈子。我属于后者，糊涂了一辈子。现在才知道学文化的重要性，晚了。

这话叫我怎么说呢，说我没上过学吧，屈心。说我念过书吧，又亏心。老人叫我上两年学，可我病了一年半。就剩半年，我又请了五个月的假。还有一个月，我逃了二十九天学。最后剩一天，还赶上个礼拜日休息。

中国字很难学，有的字，一个字就有两个音。一个音，又有很多字，全读一个音。比如，数目之首的“一”，就有很多的字全念一，如：衣服的“衣”，病急乱投“医”，大写的“壹”，作揖的“揖”，不依不饶的“依”，您说有多少一？

一个音就有一个字，写不出第二个来，这个字有没有？有，不多。像东西南北的“北”，只有一个。大小的“大”，只有一个。户口的“口”，只有一个。山水的水，只有一个，找不出第二个；不信您就找，找出来不白找，我请客。真的请客，不论哪位找，谁要找谁找，谁找出来谁请客。您找吧。可不您请客嘛，我才认识几个字？我能请你嘛！中国字，不但一个音有很多字，而且一个字还有双音。同是一个字，搁在这里一个音，放到那里又读另外一个音。您就拿这自行车的“车”字来说吧，自行车，手推车，马车，汽车，火车，三轮车，全读车。同是这个“车”字，换个地方，它又不念车。象棋比赛得读车（jū）。当头炮、跳马、出车（jū）。不能说成当头炮，跳马，我出车（chē）。出车（chē）？棋盘压碎了。

中国人最聪明，识字不多，用字不错，该念车（jū）的念车（jū），该念车（chē）的念车（chē）。

比如这位要坐三轮车，到火车站去，赶火车，准这么说："三轮车！""哪儿去您哪？""我去火车站，赶火车。""好您上车吧。""请您快点儿蹬可别误了车。""您放心吧。"一会儿蹬到了。"您看不误事吧，到火车站了，您下车吧。"以上这些话，全得读车，不能说车（jū），说车（jū）难听。

"三轮车（jū）！"

"您到哪儿去？"

"我到火车（jū）站，赶火车（jū）。"

"好您上车（jū）！"

"请您把车（jū）蹬快点儿，可别误车（jū）。"

"您放心吧。"

一会儿蹬到了。

"先生，您看不误事吧，到火车（jū）站了，请您下车（jū）。"这多难听。

还有自行车的"行"字谁都认识。行走，旅行，行李，人走人行道，徒步而行，行不行……全说行（xíng）。还是这个字，换个地方，又不念行，得念（háng）。人民银行，某某商行，行情，行市，行约，行规，你真内行，三句话不离本行，全得念行（háng）。不能说行（xíng），你真内行（xíng），三句话不离本行（xíng）。这多难听。

还有那个"长"（zhǎng）字，家长的长。学校校长，村长，乡长，小组长，县长，班长，排长，连长，师长，北京市长，全念长（zhǎng）。还是这个"长"字，换个地方，又不念长。念长（cháng），万里长（cháng）城，万里长（cháng）江，时间很长（cháng），日久天长（cháng），这都念长（cháng）。还有这么个说道：遇上活物得念长（zhǎng），遇上死物就得念长（cháng）。

活物：比如栽棵小树苗儿。哎呀！栽上树苗儿两年没见长（zhǎng）这么高啦，长得真快，用不了几年就长成材了。

成材之后，把它砍下来，变成木头，死物就得说长（cháng），这根木头可够长的，做房梁用不了这么长，锯下的废料，还可以用它做个桌子腿儿。桌子腿儿也用不了这么长。不能说：桌了腿儿用不了这么长（zhǎng），桌子腿能长吗？

还有开会的"会"字，大会，小会，会议室，开大会，大会发言，小会讨论，汇报会，这全读会（huì）。也是这个字，换个地方又不念会，念会（kuài）：张会计，王会计，到会（kuài）计学校开大会（huì）。不能说成张会（huì）计，王会（huì）计，到会（huì）计学校开大会（kuài）。

我认为中国人最聪明，不认识这几个字，但在他说时也说不错，该说行（xíng）说行，该说行（háng）说行，该说长（zhǎng）说长，该说长（cháng）说长。不信我说您听："张会（kuài）计，今天我参加大会，求你点儿事，把你的自行车借我骑骑，我到人民银行（háng），找行（háng）长办点儿事，行不行？"张会（kuài）计说："行，行，行。"

您听：行是行，行（háng）是行（háng），长是长，长（cháng）是长(cháng)，不能给说颠倒了。说颠倒了特别难听。没这么说的："张会（huì）计，今天我去参加大会（kuài）。求你点儿事，把你那自行（háng）车（jū）借给我骑一骑。我到人民银行（xíng）找行（xíng）长（cháng）办点儿事，行（háng）不行（háng）？"

您再听老张："不行（háng），不行（háng）！"这谁懂啊！

（康立本整理）

倒坐观音台

方才唱这段子很好，实事，这是真人真事的段子，新段子跟老段子不一样，老段子里头有的就有点儿迷信，怎么回事呀？旧社会里宣传迷信，就为让人糊涂，愚民政策。

提起这迷信，有这么一段儿，这是实事，说完了我负责。哪儿呀？永定门外头，叫“倒坐观音台”，现在这庙没有啦，这迹址还有哪，这个庙哇冲北，倒坐嘛。观音台在民国十二年特别香火大，重修一回。怎么回事呀？门口儿搁着一辆车，一个卖花儿的挑子。拉车的冲着这庙里嚷：

“您把车钱给我们哪，等的工夫太大啦！”

把街坊都喊出来啦，街坊一问：

“怎么回事呀？”

“有一老太太进这门儿啦，坐车没给钱，等了半天啦。”

一叫把和尚叫出来啦。其实这庙不大，拉车的这么嚷了半天，那和尚能没听见吗？就你睡着了不也吵醒了吗？到这时候大伙儿一叫，他才出来。出来就问：

“怎么回事呀，施主？”

“有一老太太进这门儿啦，坐车没给钱。”

“打哪儿拉来的？”

“西直门。”

“多少钱哪？”

“四十子儿。”

和尚说：

“不对呀，这是庙，哪有老太太呀？没有哇！”

旁边儿那卖花儿的给做见证：

"有，有一个老太太，她下车还拿我两朵花哪，也没给钱，也让我在这儿等着哪。"

"两朵花多少钱？"

"俩子儿一朵。"

"没有哇！你们里头看看去。"

"里头看看，我这挑子谁管哪？"

"我这车谁管哪？"

街坊说：

"不要紧，我们给你看看，咱们到里面找去。"

连街坊都进来啦，这屋里那屋里都看啦：

"没有哇！"

"有一老太太进来，怎么没啦哪！"

转悠来，转悠去，转到西北犄角，西北犄角有这么一间殿，上头有块匾，写的"王三奶奶行宫"。再往屋里一看哪，这拉车的跟卖花儿的：

"哎，就这老太太！"

一瞧王三奶奶呀，在那供桌上坐着，手里拿着一朵花儿呀，头边儿插着一朵花儿。桌上搁着两摞铜子儿，一个四十子儿，一个四个子儿。数数钱。

"哎，这是四十子儿，这是车钱！"

"这四个儿子，花儿钱！"

对嘛，打西直门来啦，王三奶奶在妙峰山住，这儿是王三奶奶行宫。嘿！打这儿一宣传，了不得啦，王三奶奶显圣啊，这个庙的香火特别的旺，初一到十五，就这半个月，这和尚卖香火就卖两吨多。这和尚赚这个钱可扯啦！和尚怎么样啊？娶了仨媳妇，抽白面儿抽得特别的多，临完怎么样啊？扎吗啡烂死啦。您说王三奶奶怎么那么缺德，单保佑抽白面儿的哪？单上他那儿显圣去？我就不信这个，后来一打听我才明白，这个拉车的是和尚他舅舅，卖花儿的是和尚他姨夫，全是亲戚，错了亲戚他不给他那么宣传。

（张寿臣述　张奇墀记录）

下神儿

世界上的事万不能迷信，迷信耽误事。过去有人迷信神仙，什么事都去求神仙，有病求神仙，没钱求神仙，没小孩儿也去求神仙，其实一点儿用处没有！

说："娘娘庙，娘娘宫啊，烧香就得小孩儿啊！"这人太糊涂啦，脑筋的油泥没擦好！如今哪？不上娘娘宫烧香啦，偷娃娃的也没有啦！没有怎么样哪？如今的小孩儿更多啦！就我们那胡同儿，五个门儿九十七个小孩儿，都是五六岁，解放以后生的。说："小孩儿不是打老娘娘那儿来的吗？"与她有什么关系呀？如今怎么会这么些小孩儿哪？有真理：头一个，生活富裕，结婚的多啦；二一个，收生的这个主儿哇，是专门产科，有学问，对于婴儿，对于产妇，她完完全全得负责，跟原先那收生婆不一样。旧社会的收生婆就知道要钱，什么叫消毒，她不懂！不消毒，脐带带进脏东西去啦，就得病，四天、六天都是危险期，叫"四六疯"，抽死啦！如今小孩儿有得四六疯的吗？没有。这都是医学科学的好处，与娘娘没关系。再说，到什么时候注射什么针，预防牛痘啦，白喉啦，卡介苗哇，这都是保护儿童啊，儿童又健壮又好，与娘娘没关系，这是新社会才有的幸福。如今的小孩儿呀叫第二代，您瞧这名词多好听，第二代！您拿我说吧，倒退六十来年我不也是第二代吗？我就没人管！

还有的人没钱也去找神仙，说："给财神爷烧香能发财！"这人多糊涂哇，你不劳动这钱打哪儿来呀？给财神爷烧香能发财？财神爷他是泥胎，你把脑袋磕破了他也不给你钱，他也没有钱，他让你捡皮包，你乐啦，丢主儿怎么办哪？

还有一种人，有病不吃药，上药王庙烧香去，这个更糟心！有病得上医院，不愿意上医院哪，哪条街上都有中医联合诊所，中西医都可以，千万别上药王庙去烧香，讨偏方，那不成。还有比这糊涂的，有病啊，他不找大夫，请瞧香的老婆儿吃点儿仙丹，什么仙丹哪？就是香灰！病人那儿躺着，她把香往那儿一烧，一磕头，一打嚏喷神仙就来，一打冷战神仙就走！瞧这个劲儿（做神仙状），神仙来啦！“啊嚏！”神仙有这么缺德的吗？您再听她说话，让你猜一半听一半，一边摸着病人，一边唱：“你这个病啊，真难看哪，这边儿是火呀，这边儿是寒哪！”这家子的人跪地下一求：“大仙姑，您赏点儿什么药哇？”你再听这开药方：“仨红枣哇，两片姜啊，白开水呀，沏红糖啊！”您想这药能治病吗？纯粹蒙事，你说她蒙事，她说是神仙说的。我有一句话专治神仙，一说神仙就跑，不但我能成，哪位拿这句话说去都能成。不信您就试验试验，多会儿您瞧见大杂院里有瞧香的，她在屋里正那儿跳哪！你站在门口来一句：“查户口！”这神仙就走。你说这神仙她怎么怕查户口哪！

（张寿臣述　张奇墀记录）

看葡萄

这回我说段儿单口相声。单口相声是一个人儿说，它跟讲故事还不一样，区别在哪儿？单口相声得逗乐儿；讲故事呢？一般都是真人真事。除了新故事，都是讲以前的事，所以叫“故事”嘛！听故事的人也不同，有爱听文的，有爱听武的，还有专门爱听“闹鬼”故事的，有人传说什么“鬼拉替身”[1]，有没有呢？这个，我大爷遇上过一回。我大爷在乡下，他们那个屯子叫泡子沿。听这名儿就知道有水。这个屯子紧靠大水泡子。我大爷在屯子西头住。干一辈子农活儿，又有莳弄葡萄的好手艺。临老了，老伴去世啦！我大爷就把莳弄葡萄当成了唯一的安慰啦！种了十几棵葡萄，秋后能结三四千斤。可是累没少受，觉没多睡，为什么。特别是到立秋以后，他每天白天睡一会儿，晚上就不睡啦，得看他的葡萄。这天半夜漆黑一片，正是月黑天，我大爷正盘算着葡萄收完之后卖下钱来置点儿什么……就听泡子水响，哗，哗，哗，一会儿又听见好像有人说话。我大爷细听，当时头发根儿都立起来啦！为什么？因为这俩说活的，像是鬼说话。这个说：“大哥，给你道喜啊！听说你明天拉替身儿，拉谁的替身儿？”那个说：“拉这个屯子的周福林。”“明天什么时辰。”“正午时。”“你用什么法子拉替身儿？”“正午周福林到屯子当腰那口井打水，我顺势一拉，他就掉井里啦！”“这可太好啦，明天我听喜信儿……”哗，哗，水一响又没动静啦！我大爷心里这个扑通啊！心想：我活这半辈子啦，净听人说“闹鬼”“闹鬼”的，这回真叫我遇上啦！鬼还拉替身？明天正午周福林去屯子当腰那口井打水……福林这孩子，年轻轻的不学好，总跟那不三

① 迷信传说鬼能拉活人致死，鬼就可以得到托生为人的机会。

不四的人鬼混，放着农活儿他不干，跑高粱地里要钱，这回看你还要不要啦！这时候天都大亮啦，我大爷也没睡，直到十点半，他就奔屯子当腰那口井去啦。找个土台一坐，净等周福林来打水。到正午啦！十二点，就看周福林远远挑着一副水桶，嘴里还哼着小调奔这口井来啦！刚把水桶一撂，我大爷抄起空桶就走，周福林一看：“唉，× 大爷（说表演者的姓），我打水，您把桶拿哪儿去？”我大爷也不理他，一直出了屯子，我大爷才把水桶放下，对周福林说：“孩子，你命大啊！”周福林一听愣啦！“什么事啊？大爷。”我大爷就把夜里听到的一五一十地全告诉了周福林啦。周福林当时给我大爷跪下啦：“您是我的救命恩人啊！”“起来，自己爷们儿没说的。挑水去吧，这时辰过去啦。”周福林挑水去啦，我大爷回家吃了点儿饭高高兴兴地睡啦。他救了一条命啊！当晚，照常看葡萄。到了半夜，又听见泡子水哗哗哗响上啦，还是昨天那俩又来啦！那个说：“大哥，给你道喜呀！”“喜什么？”“你不是拉替身了吗？”“嗨，别提啦！没拉了，有人把时辰给搅啦！咱们说的话是不是有人偷听啦？”“不能吧。”“怎么不能呢？这房前左右就有住家，唉，这老头儿是跑腿子（即单身汉）的，可能是他偷听啦！我呀，干脆就拉这老头儿的替身啦！”我大爷一听，咣！一踹后窗户，噌！噌！噌！就跑啦！“怎么样？是他吧，你帮我追！”我大爷一气跑了三里多地，到了赵家屯我表叔赵万才家，半天才喘匀了气儿，这才把经过告诉了我表叔。我表叔半信半疑，直等到天亮，我表叔把我大爷送回家。回到家一看，院里的葡萄全没啦！后来才知道，敢情周福林和那俩“水鬼”都是偷葡萄的！

（马敬伯整理）

灶王爷

在旧社会呀，人们都迷信，家家户户起码都供灶王爷。

那时候，封建统治阶级为了麻醉人民，净宣扬这些个，愣说：天底下的人哪，都归玉皇大帝管着。灶王爷哪，是玉皇大帝从天上派下来的，到谁家就是谁家的"一家之主"！这不是胡说吗？灶王爷算一家之主，可哪家儿的户口本儿上也没他！

要真给他往上写，还麻烦，怎么？他没准姓啊！

那位同志说了，我知道：灶王爷姓"张"，常言说"灶王爷本姓张，一碗清茶三炷香"嘛。

哎，您说的是"武王伐纣"的故事，张奎把守渑池县，姜太公斩将封神封他为灶王爷，灶王奶奶叫高兰英。这是按《封神演义》的说法，灶王爷叫张奎，姓张。

可《礼记》上说，灶王爷不姓张，也不叫张奎；灶王爷叫祝融。再瞅《五经异义》——灶王爷姓苏，叫吉利。

哎，出来仨灶王爷啦。究竟哪个是真的，这让高兰英也为难哪。仨灶王爷一个灶王奶奶，您说她到底嫁谁呀？

其实要按南方的习惯哪，她谁也没嫁。怎么呢？在黄河南边儿是"独龛"。没有灶王奶奶，就灶王爷一个人儿。合着是光棍儿灶王爷！

到了黄河北岸变双座儿啦，有灶王奶奶啦，从哪儿分界呢？以济南泺口桥为界。我细这么一琢磨，敢情灶王爷是过了黄河才结的婚！

到了黄河北边儿，灶王龛儿上人多啦。不但有灶王奶奶，两边儿还有俩小童儿，一人儿捧着一个小罐儿，罐儿上写着字儿，一个写"善"，一个写"恶"，这叫善恶罐儿。前边儿还有些零碎儿，这边儿画条狗，那边儿画只鸡。这是什么意思呢？"犬守夜，鸡司晨"嘛。

就是说，灶王爷有休息的时候，一早一晚儿让鸡跟狗替他值会儿班儿！

嘿！

这家儿，每天干了些什么，灶王爷全都记下来。办好事儿，写一条儿，放善罐儿里头；办了坏事儿，写一条儿，放恶罐儿里头。要是坏事儿干得太多了，恶罐儿就装满啦。您听有这么句话“恶贯满盈”，哎，八成儿就是从这儿留下的！

这灶王爷专门记录人间善、恶，到时候上天向玉皇大帝汇报。什么时候上天汇报呢?！旧历腊月二十三，老百姓管这天叫小年。小年，小年，就是“小”结这一“年”！

这天家家都祭灶，欢送灶王爷。还贴副对联：“上天言好事，下地保平安。”那意思是，让灶王爷上天多多美言，拣好事儿汇报，下地就能保平安；如果上天净说坏话，那下地就……非摔死不可！

还得上供，买些糖瓜儿、草节儿、料豆儿，往那儿一摆。这是干吗呀？有用。灶王爷上天怎么去呀？又不趁汽车！得骑马。草节儿、料豆儿，是喂马的。您想天地之间那么远，马不吃饱了行吗？不然回头马一卧槽，灶王爷就趴半道儿上啦！

干吗买糖瓜儿呢？糖瓜儿甜哪，让灶王爷嘴一甜，就净说好话了。常言说：吃了人家的嘴短嘛！

还有的人哪，不放心，死乞白赖往王爷嘴上抹糖稀。他那意思是：我把你嘴糊上啦，到天上你就说不了我的坏话啦。其实这人也糊涂，糖把嘴糊住了，坏话是说不了啦，可好话也说不成啦！

哎，这不是瞎掰嘛！

（刘宝瑞述　殷文硕整理）

十二缺

我们常说相声演员是“无不知，百行通”，无非是说什么事儿都得研究，您看我就爱研究。什么历史知识、生活趣闻，我都研究，所以我知道的事情就多。这也不是说大话，跟您这么说吧，除了“三国”的诸葛亮，就是数现代的刘宝瑞啦！

您要是不信，我提个问题就够您琢磨一会儿的。您说，咱们每个人都有一个“属相”，这是怎么回事呢？

（稍停）怎么样？说不上来吧。听我告诉您。咱们国家古时候是用“天干”“地支”来记年。什么叫天干哪？就是甲、乙、丙、丁、戊、己、庚、辛、壬、癸。地支是子、丑、寅、卯、辰、巳、午、未、申、酉、戌、亥。后来为了便于记忆呀，又找了十二种动物来配合地支，叫作子鼠、丑牛、寅虎、卯兔、辰龙、巳蛇、午马、未羊、申猴、酉鸡、戌狗、亥猪。哎，这就是属相[①]！

您看过去问岁数都这么问：

“你多大岁数了，属什么的？”

“啊，我二十三啦，属鼠的！”

您多咱见过有这么说的：

“你多大岁数了，属什么的？”

“啊，我二十三啦，属猫的！”

哎，您听着就别扭！怎么？十二个属相里没有猫啊！其实动物有的是，干吗单挑这十二种动物呢？

（向观众）哪位能说上来，请举手！

① 关于十二属相的说法，在《戒庵老人漫笔》《浪迹续谈》等书中都有所记载。

（目光巡视观众）噢，没人举手。那还听我说吧！

现在一天分二十四小时，过去古代分十二个时辰，一个时辰合俩钟头。那么头一个时辰从什么时间起算呢？从半夜开始，叫“夜半子时”嘛。子时，就是晚上的二十三点到凌晨一点，怎么是“鼠”呢？老鼠俗称耗子，这耗子最喜欢夜里出来活动，还满处乱窜，逮什么咬什么。据说，这时候，天地浑圆一体，漆黑一团，耗子这么一咬，清气上升为天，浊气下降为地，天、地就分开啦。您说这耗子多大咬劲！您听说过“女娲氏炼石补天”吧？哎，天上那个窟窿，当初就是耗子咬的！

“日出卯时”，卯时是五点到七点，“卯”为什么是“兔”呢？您想啊，日属“太阳”，月属“太阴”；日为“金鸡”，月乃“玉兔”，太阳要出还没出来呢，这工夫，大地还属月亮掌管哪，所以这个时辰给玉兔啦，“卯兔”。

戌时，是十九点到二十一点，在古代呀，没有电灯，全点个小油灯，睡得都早，这时候差不多的人都睡觉啦，人是睡觉啦，狗该看家啦，“犬守夜”嘛。戌时归狗啦，“戌狗”。

二十一点到二十三点为亥时，天地漆黑，昏昏沉沉。猪就是这样，吃了睡，睡了吃，整天昏昏沉沉，哎，亥时属猪啦。

（向观众）这些知识，您都头回听说吧？啊！要不怎么说，常跟我在一块儿您长学问哪！

我还发现，这十二个属相的每种动物本身都有一点儿缺欠，不是发育不全哪，就是缺一样儿。

先说“子鼠”吧，鼠无脑！那位说了，鼠无脑？耗子有脑子呀！有倒是有，记忆力差点儿。耗子到晚上要出洞啦，先抬起前爪儿来，一琢磨，（学耗子抬爪状）嗯，别出去，外边儿有猫。算计得挺好，可它把爪子一撂就忘了，刺溜！出去啦，嗷！让猫逮住吃啦！常言说，“属耗子的，撂爪儿就忘”嘛，所以——鼠无脑。

“丑牛”，牛无牙，牛没有上牙。上腭骨全是肉包着哪，没上牙，草嚼不烂怎么办呢？没关系，它得不了消化不良！牛是反刍动物，胃分成四部分哪，吃完了，慢慢再倒嚼一次！

“寅虎”，虎无颈，老虎没脖子。常言说：“老虎不吃回头食”嘛！老虎要回头，得整个儿身子--块儿转。您多咱见过老虎回头问：（学回头状）“几点啦？”

“卯兔”，兔无唇。您看那兔子是三瓣嘴儿，没有上嘴唇。

“辰龙”，龙无耳。您要是到故宫太和殿或者北海九龙壁去看，那龙仿佛有耳朵，其实那也是摆设。您看那聋子的“聋”字，就是由“龙耳”组成的，所以，龙有耳也白搭，怎么，“聋”耳嘛！

“巳蛇”，蛇无足。“画蛇添足”，形容多此一举！

“午马”，马无趾。您看牛、羊、猪的蹄子，都是两瓣儿的，唯独这马蹄子不分瓣儿，是个整个儿的。在动物学分科上，马属于“奇蹄目”，马无趾。

“未羊”，羊无神，羊眼无神：羊的眼珠不会动，一天到晚老那相儿，常言说，“死羊眼”嘛！

“申猴”，猴无腮。常言说，“尖嘴猴腮”嘛，就是说这猴儿啊，它腮帮子上没肉。您看，再肥的猴儿（学嘬腮）也这模样儿！

“酉鸡”，鸡无肾。鸡是拉屎不撒尿，鸡无肾。

“戌狗”，狗无味。哎，可不是肠胃的“胃”，是滋味的“味”。这狗鼻子最灵，能闻，可舌头尝不出滋味儿来。所以不管脏的、臭的，它全给“开”啦！

“亥猪”，猪无寿。就是说猪啊，没有寿数，活不长。怎么？您想啊，咱们养猪，就为吃肉啊，一般来说，有八个月就喂肥了。顶多一年，到时候就宰啦！故此，猪无寿！

（刘宝瑞述　殷文硕整理）

一妻一妾

婚姻法公布了，一夫一妻制，这多好啊，夫妻和和美美，白头到老。旧社会不是这样，一夫多妻制，我们村儿有个财主，都五十多岁了，又娶了一个妾——就是小婆儿。

小婆儿三十刚出头儿，比老头儿小不到二十。总觉着自己和老头儿不般配，怎么办哪？穿衣裳啊，往年轻上打扮老头儿。晚上，老头儿睡着了，她不睡，坐在老头儿旁边儿，给老头儿往下拔白头发。干什么？她这么想：老头儿白头发少了，不就显得年轻了嘛！

大婆儿就不这么想了。

大婆儿想：好你个糟老头子，五十多了，又弄个小妖精，日子都过不安生。你只要到我这儿来，我自有办法。

老头儿到大婆儿这儿来了。大婆儿哪，从衣裳上啊，往岁数大上打扮老头儿。晚上，老头儿睡着了，她不睡，坐在老头儿旁边儿，给老头儿往下拔黑头发。她这么想：嘿嘿，我让你一脑袋老白毛儿，跟我安安生生过日子。

老头儿往小婆儿那去，小婆儿给老头儿拔白头发；老头儿往大婆儿那去，大婆儿给老头儿拔黑头发。没过半年，再看老头儿——成秃子了！

（张寿臣述　张立林　陈笑暇整理）

刮眉毛

我们有个街坊，平时好吃懒做，游手好闲，到了年根儿底下，缺米少面，手底下一个子儿没有。他女人着急了："你说，咱这年怎么过！"他沉得住气："你别管，我自有办法。"

转过天来，大年三十。他出了门儿，溜溜达达就进了理发馆了："给我剃光！"伙计一看有主顾，赶紧让座，围上白被单，打好胰子，剃完了头又刮脸儿，都完事了，他不站起来："伙计，把眉毛给我刮了去。""啊！先生您刮眉毛做啥呀？""过年了，干净干净，去去晦气。""我剃了二十年头了，没听说刮眉毛的。""让你刮，你就刮，刮完我多给钱。"伙计没办法，拿起刀子，刺儿，把眉毛给刮下去一个。眉毛也下去了，我们这位街坊也撺儿了。"哎，你怎么把眉毛给我刮去了！"伙计愣了："啊，你刚才让我刮的。""什么？我让你刮的。我吃饱了撑的，我疯魔，诸位听听，这合乎情理吗？"伙计这时候有一百张嘴，也说不出话来了。

两个人一吵，掌柜的出来了。年根儿底下，理发馆的生意正忙，正月不剃头嘛。掌柜的怕耽误生意，赶紧了事："先生，我们伙计一时不留神，算了，这个头钱您甭给了。""噢，我这儿讹你头钱来了，大年下，我这一个眉毛怎么出门儿，到现在，什么东西还没买了，怎么见人！"掌柜的一听，明白了。"先生，您多担待，我这儿刚买的两棵白菜，一斤羊肉，您拿回去包顿饺子。您全看我吧！"他把东西接过来，心里高兴，嘴里还不依不饶："要不是看着掌柜的面子，咱找个地方儿说说。掌柜的，我留一个眉毛也不好看，您受累把这个眉毛也刮下去吧。"掌柜的一听乐了："先生，您这个眉毛留着明年再刮吧！"

（张寿臣述　张立林　陈笑暇整理）

卖鞋

说相声以说当先。你们这嘴能说呀？“能说”这两个字我可不敢说。因为什么哪？有比我能说的。那个能说的是什么人哪？买卖人里头哇，数鞋铺能说！怎么哪？一进门儿买鞋，穿着合适给钱，他给您开发票，这用不着能说，什么时候用着能说呀？穿哪双鞋也不合适！连换了三回不是大就是小，换换这种式样，这位不要，要那种式样，这尺寸没有啦！没有怎么办哪？得明儿个来，怎么说哪？“您明儿来吧，现在这尺寸没有啦！”这位:“好吧！”这位一出门他明儿不来啦，他上别处买去啦！鞋铺一家挨一家。怎么样哪？变着法子让你把这双鞋拿走，说不合适也得拿走！褒贬是买主哇！你褒贬绝对跑不出六样儿去。哪六样儿哪？大啦，小啦，肥啦，瘦啦，底儿薄，底儿厚，六样儿！你说哪句，他拿哪句回答你，这位就把鞋拿走啦！拿走穿着不合适，明儿再换来，换来他这尺寸就有啦，没有哇，你等一个月也得等，换钱，换不了去啦！好比说吧：

“这个底儿厚！”

“您现在穿厚的最好，怎么哪？天气热呀，您走道儿热气上不来！”

“底儿薄！”

“您穿着脚底下图轻省！”

“肥！”

“肥，您脚不受屈！”

“瘦！”

“瘦哇，您穿着利落，跟脚。”

“小！”

“小哇，您穿两天它就松楦儿啦，一松楦儿您穿着就合适啦！”

“大！”

“大，一着潮气呀它回楦儿。”

合着他这鞋能松能紧！

（张寿臣述　张奇墀记录）

黄白胖子

我初学相声的时候，老师教我学“绕口令”，练基本功，锻炼唇、齿、舌、牙、喉。

学第一段儿时没费什么劲儿，我就说上来了。

“凸玻璃比凹玻璃凸，凹玻璃比凸玻璃凹。”“凸玻璃比凹玻璃凸，凹玻璃比凸玻璃凹。”“凸玻璃比凹玻璃凸，凹玻璃比凸玻璃凹。”连说三遍没费劲儿，吐字清楚，发音准确。自我感觉良好。我觉得说“绕口令”也没什么。

教我学第二段儿时，可麻烦了，叫我说两个胖子，我怎么也记不住。越说越糊涂。一个黄胖子，一个白胖子。一个脸白，一个脸黄。黄脸的姓白，白脸的姓黄。黄胖子掰白棒子，白胖子掰黄棒子。比看掰多掰少，一个字不能错，要一口气说上来，这下子麻烦了。一说这段儿我就糊涂，今天再说一回试试。

“黄胖子，白胖子，背筐比赛掰棒子。黄胖子掰白棒子，白胖子掰黄棒子。黄白胖子可不能掰错了黄白棒子。黄胖子掰了半筐白棒子，白胖子掰了半筐黄棒子。黄胖子又掰了筐半白棒子，白胖子又掰了筐半黄棒子。黄、白胖子一共掰了八个半筐黄白棒子。黄胖子、白胖子掰完了棒子背棒子。黄胖子碰倒了白胖子，白胖子又绊倒了黄胖子，撒了一地的黄白棒子。黄胖子、白胖子，弯腰低头捡棒子。黄胖子捡白棒子，白胖子捡黄棒子。捡完了棒子抱棒子，抱完了棒子背棒子。背回家里扒棒子，黄胖子扒白棒子，白胖子扒黄棒子，黄胖子扒出黄棒子不噜噜噜噜噜就扔给白胖子，白胖子扒出白棒子不噜噜噜噜噜就扔给黄胖子。黄胖子又扒了筐半白棒子，白胖子又扒了筐半黄棒子。黄白胖子，掰了棒子，抱了棒子，背了棒子，扒了棒子。黄胖子，白胖子，掰了，抱了，背了，扒了一共八个半筐黄白棒子。”

（康立本忆记）

皇帝选陵

风水先生惯说空，
指南指北指西东。
若是真有龙虎地，
何不当年葬乃翁？

在旧社会，人们都迷信，讲究看阴、阳宅的风水。什么叫阴、阳宅呢？阳宅就是住的房子，阴宅就是坟地。说是如果这家儿住的房子风水好，家里就人财两旺。要是坟地风水好，后辈子孙就能做大官儿。其实这都是瞎掰的事儿。可是在那个年月，越是达官贵人、有钱的，越迷信风水。特别是皇上，认为风水太重要了。尤其是对坟地的选择极为关心。怎么？他怕坟地选不好，破了风水，子孙后代就当不成皇上啦。

您看，历朝历代的皇上登基之后的头件大事，就是……找坟地！拿明成祖朱棣来说吧，刚即位，就派出三十多个风水先生给他找安葬的宝地。这帮风水先生围着北京四周转悠了两年多呀！那位说了，找块坟地干吗费这么大劲哪？因为明成祖忌讳太多，风水先生初选了几处陵址，他都不满意。

开始选中京西门头沟的“燕家台”，这地方不错，群山环抱，翠柏成荫。请圣上钦定吧，结果批驳回来了，让另选陵地。后来细一打听才明白，封建时代，皇上死了称为“晏驾”，“燕家”跟“晏驾”谐音，多不吉利呀，只好放弃了。

还选中一处，在昌平西南的“狼儿峪”，此处山清水秀，风景优美。奏明万岁吧，皇上一听：什么地方？狼儿峪——不敢去！怎么？明朝的皇上姓朱。您想啊，朱（猪）旁边挨着狼，那多危险哪！

又选中了长城外边儿的“屠家营”，这里是山峦起伏，巍峨壮丽。赶紧画成图帖，呈送宫内。皇上接到奏章一看，当时龙颜大怒：屠家营更不行了！这不明摆着吗？朱（猪）入屠家，是非宰不可呀！合着刚逃出狼窝，又跑这儿挨一刀，皇上能不火儿吗？

最后明成祖亲自巡视，才选定在昌平东边儿的山区修筑陵园，就是今天的“十三陵”。这里的地势太好了，三面山峰林立，如同护屏，中间平坦豁亮，南端有两座小山，分列左右，好像一龙一虎，守卫大门。明成祖到这儿一看，非常高兴，认为此处乃是“宝地”“吉壤”。随即传旨：圈地八十里，定为陵区。可一打听这地名儿，烦了！怎么？四周的山叫“黄土山”，当间儿的地叫“绝龙坡”。——嗬，瞧这倒霉劲儿——后来转念一想：朕贵为天子，金口玉言哪，地名不雅，我不会改嘛。于是改“绝龙”为“九龙”。在古代呀，“九”是最大的阳数。刚改完一琢磨，也不好。皇上称为真龙天子，九龙，九个皇上，传九辈儿就完啦，那哪儿成啊！再不然叫“金龙”？还是不合适，“金”“禁”同音，“禁龙”，合着把皇上圈起来啦！最后钦定为“卧龙”。“黄土山”，也太俗气啦，改名“天寿山”。

这回明成祖满意了，他以为安葬在这块风水宝地之内，后辈就能永保皇位，子孙万代啦！他哪儿想到刚传了十辈儿，到崇祯这儿就完啦。怎么？吊死煤山啦。不但皇位丢了，连命全搭上啦！

他原来改名的意思是：天寿天寿——与天齐寿；卧龙卧龙——藏卧真龙。可当地的老百姓不这么解释。他们私下是这么讲的：“天寿”啊，就是说皇上天天难受！“卧龙”哪，“卧”是躺倒的意思，就是说，是龙就得躺倒——谁当皇上全得趴下！

哎，还真说对啦！

（刘宝瑞述　殷文硕整理）

慈禧入宫

这段儿节目又叫“咸丰立后”，就是咸丰皇上立皇后——结婚，娶媳妇。在封建时代，皇上究竟娶多少媳妇呢？都说“三宫、六院、七十二嫔妃”，究竟是不是这个数字呢？我给您一个准确的答复——没准儿！

怎么没准儿呢？那年月，皇上一到十六岁就该结婚啦。皇上结婚不叫结婚，叫“立后大典”。立一位皇后。这皇后就一位，皇后以下可就多了。一等的叫贵妃，二等的叫妃，三等的叫嫔，四等的叫贵人，分多少等儿。皇后是一个，其余的贵妃、妃、嫔、贵人，加起来一共有多少呢？只要皇上不死，三年娶一拨儿，所以我告诉您，没准儿！

就拿清朝来说吧，每三年，都要从满、蒙官员家里头选一批十四岁到二十岁的“秀女”，往宫里送。有才貌出众的，碰巧让皇上看中啦，就能当贵人，也许能选上嫔、妃、贵妃，甚至当上皇后。有这事儿吗？有哇。像慈禧太后年轻的时候就是这么入宫选上的。

咸丰二年，皇宫里头要选一拨儿秀女。应选的一共有六十人，经过初选，留下了二十八个，从这二十八个当中挑来挑去，最后就剩俩啦。一个是后来的东太后，慈安，钮祜禄氏；一个是后来的西太后，慈禧，叶赫那拉氏。

应选那天，她俩来到寿康宫，往地下一跪，上边儿坐着皇太后和咸丰。

慈安长得是端庄淑雅，雍容华贵；慈禧呢？长得是容颜娇秀，媚态横生。全够漂亮的。太后一瞧，打心眼儿里喜欢慈安。咸丰呢？看上慈禧啦！按理说，皇上喜欢谁，谁就能当上皇后啦。可慈禧倒霉就倒在她那一口牙上啦。牙怎么啦？没毛病，又白又齐，特别好看。就因为牙长得好看，她说话老想找露牙的字眼儿，结果，皇后没当上！慈安呢，长了一嘴里出外进的黄板牙，别看她牙有毛病，可挺有心眼儿，说话想法儿不张嘴，让人看不出来。哎，她倒当上皇后啦。

皇太后就问慈安了：

“你姓什么呀？”

由这儿起，您注意听，慈安全使小口型的字儿来回答。

“姓钮祜禄。”

钮祜禄！不用张嘴吧？黄板牙看不出来。

咸丰问慈禧：

“你姓什么呀？”

慈禧一琢磨：论模样儿我们俩不相上下，我这口牙比她强。嗯，我呀，回话的时候，得想办法把这口白牙露出来，她是怎么回奏的：

“姓那拉氏。”

说“氏”字儿故意拉点儿长音儿。“氏——”，嘴唇往上下一分，把牙龇出来啦。

“那拉氏——”（学状）

咸丰一看：嗬！这口牙好似排玉一样，美！

太后又问慈安：

“你多大啦？”

“十五。”

“十五”，不用张嘴。

咸丰又问慈禧：

“你多大啦？”

慈禧刚想说，十六。一琢磨，不行，十六露不出牙来呀。灵机一动：

“明年十七——”

哎，这不是废话吗？后年还十八哪！

太后又问慈安啦：

“你家住哪儿啊？”

“乃兹府。”

咸丰问慈禧：

“你家住哪儿啊？”

慈禧住李广桥哇，李广桥，“桥”字儿露不出牙来呀。对，这么说：

“家住鼓楼西——”

嘿，变着法儿龇牙！

太后问慈安；

“你叫什么呀？”

“玉珠。”

赶寸啦，到慈安这儿全不用张嘴。

咸丰又问慈禧：

“你叫什么呀？”

本来她叫“兰儿”，“兰儿”不行啊。

“我叫兰芝——”

哎，连名儿都改啦！“兰芝——”

太后问慈安：

“你家还有什么人哪？”

“父母。”

咸丰问慈禧：

“你家有什么人哪？”

慈禧一想：我爸爸死了，光剩下妈啦，可这怎么说呀，“妈——”“母——”全露不出牙来呀。哎，有了：

“妈和姨——”

哎，连亲戚全饶上啦！

皇太后一看问得差不多啦，决定吧。按规矩，皇上把一个碧玉如意赐给谁，谁就是皇后。咸丰为难了，自己喜欢慈禧，太后喜欢慈安，到底给谁呢？他拿着如意直犹豫，嘴里叨念：

“谁当皇后？谁当贵妃？”

慈禧正那儿琢磨着能龇牙的字儿哪，一听赶紧搭茬儿：“我当贵妃——”

得，皇后归慈安啦！

（刘宝瑞述　殷文硕整理）

垫话儿（对口）

十遍安*

甲　旧社会有很多老封建的风俗、礼节，在婆媳关系上也反映出来了。

乙　旧社会的儿媳妇儿不好当。

甲　有这么句话："多年的大道走成河，多年的媳妇熬成婆"嘛！

乙　熬成婆以后再接着管儿媳妇儿。

甲　清朝末年，不论满人汉人，见面都讲究请安问好。

乙　这是当时的礼节。

甲　男的请安这样，单手下垂一猫腰："请老爷安！"

乙　是这样儿。

甲　女的不行，得半蹲半站："您好啊！"

乙　这多难受。

甲　赶上有喜寿事连着请安，你看，这可真够累的。

乙　演清装戏有这动作。

甲　那时候的儿媳妇儿，按正常的生活习惯来说，一天得给婆婆请十遍安。

乙　用得着吗？

甲　要不怎么叫封建礼节呢？

乙　怎么个一天十遍安？

甲　先说早晨起来，儿媳妇儿到婆婆房里先请安："奶奶，您睡得好。"请完安再去叠被，收拾屋子。

乙　这是第一遍，第二遍呢？

甲　"奶奶，请您用早点。"

---

*　《十遍安》，张寿臣作。

乙　这也请安哪！

甲　两遍了吧！等婆婆吃完了，儿媳妇儿喝点儿汤啊水儿的，赶紧把梳妆盒打开："奶奶！请您梳头！"

乙　三遍了！

甲　梳完头儿媳妇儿去做饭，得说一句："奶奶，我少陪了。"

乙　四遍了！

甲　做好了饭，端上来，摆好了筷子、碗，又得一遍安："奶奶，您用饭。""你也一块儿吃吧！"儿媳妇儿得欠身坐着，就这样儿。

乙　干吗欠身儿？

甲　好顶着盛饭哪！

乙　也就是跨着点儿椅子边儿。

甲　儿媳妇儿光吃饭，不敢夹菜。

乙　婆婆不让吃菜？

甲　不是。可是婆婆让她，她也不敢夹。

乙　又是封建意识。

甲　夹菜也只能"骑马夹"，不能"抬轿夹"。

乙　怎么还分骑马、抬轿呢？

甲　骑马夹是在上边轻轻一过，抬轿夹是抄底儿。儿媳妇儿夹菜也就是"骑马夹"，比如吃"红烧鱼"，挑点儿鱼皮就走，真要一抬鱼背，婆婆马上就瞪眼："哼！"

乙　你冲我瞪眼干吗？

甲　吃完饭还得请一遍安："谢奶奶的饭。"

乙　这就六遍了！

甲　晚饭照旧请这么两次。那就八遍了！

乙　还短两遍呢？

甲　"请奶奶休息。"把被窝铺好了，临出来请最后一遍："奶奶，跟您告假啦！"这才能回到自己屋里去。你算算，是不是整整十遍安？

乙　纯粹是折腾人！

甲　这还得赶上婆婆顺心。

乙　要不顺心呢？

甲　一次就十遍。

乙　怎么？

甲　"奶奶，请您用饭。""什么，我还吃饭？气也让你气饱了！从打娶你过门，我没过一天舒心日子。你说，我怎么看见你心里就发堵呢？”这下儿麻烦啦：“奶奶，您别生气，怪我不好，我下次再也不敢啦，您快趁热儿吃吧！”

乙　这就五遍了！

甲　“我不吃！”“奶奶，您可别这样，我们这儿给您请安啦！”

乙　又两遍！

甲　“您可别不吃饭，气坏了身子我们可担当不起！”“少废话，我不吃？”“您要一准儿不吃啊……”

乙　怎么样？

甲　“不吃活该！”她腿都酸啦！

乙　是啊！

（张寿臣述　陈笑暇记）

搬　家

甲　您在这儿哪？

乙　可不是吗。

甲　成天老说，可真够累的。

乙　也不算累，白天说，晚上休息。

甲　您比我强多了。

乙　您哪？

甲　我是白天说相声，晚上打更。

乙　打更？

甲　啊！夜里一会儿睡不着。

乙　为什么哪？

甲　因为院里街坊吵得太厉害。

乙　噢！您那院里街坊多？

甲　也不多，就三家。我们院里就有三间北房，我住当中间儿，东边儿那间是一个铁匠，西边儿这间是个木匠。白天两个人谁也不干活儿，到夜里十二点，他们打夜作，东边铁匠叮叮当，西边木匠咣咣咣。您说我睡得着吗？

乙　可以跟他们说一说。

甲　我一说，他们说："我们指着这个吃饭。"我一想啊，说好的是不成了，非得动损狠奸坏。

乙　那你有什么主意呀？

甲　我到房东那儿去一趟，我要不叫他搬家，我姓他那个姓。

乙　别说你呀，人家不欠房钱，房东也不能叫人家搬家。

甲　架不住我给他说坏话呀。

乙 什么人性啊！

甲 没过两天，我上房东老太太那儿去啦："大妈在家吗？"老太太出来了："谁呀？""我！""有事吗？""有点儿事，我住您这几年的房子一个子儿不欠。"老太太说："我知道。""今儿我来看看你，我就要搬家啦。"老太太说："你住着好好的为什么搬家呀？""其实我也不乐意搬，我怕打挂误官司。"老太太说："你怕跟谁打挂误官司呀？""您知道东边那家儿是干什么的呀？"老太太说："他不是铁匠吗？""应名儿他是铁匠，黑夜净做炸弹。"

乙 说话可要留德。

甲 留德？他吵得我黑夜睡不着觉你管哪？"西边那个木匠啊，成天净卖白面儿，烟土。"老太太一听："啊！""其实我说这话是向着您，一月收俩房钱儿，您不担心吗？"

乙 变着法儿你多长点儿肉好不好？

甲 肉多了走道儿累得慌。老太太说："你别搬家，我叫他们两家儿搬。""大娘您别叫他们搬哪！他们两家儿要知道是我跟您说的，他不骂我吗？"老太太说："我决不说你跟我提的。""大娘回见吧。"我就回家啦。没过三天还真发生效力啦。

乙 发生什么效力啦？

甲 早晨我正在院里漱口哪，我一看铁匠跟木匠往出归置东西哪，我心说："这点儿坏没白使。"

乙 这回你可心平气和啦。

甲 "二位怎么不节不年的扫房啊？""唉！好容易住得挺投脾气的，又搬啦。""可是我们也不愿意搬，这里边出了坏啦，说那个铁匠啊，半夜里做炸弹，说我呀，卖白面儿、烟土。据我想，说坏话这个人很远不了。"

乙 你心里难受不难受？

甲 不管你怎么说，你得搬家。我说："二位搬哪儿去呀？我帮你们搬两趟。"

乙 人家说什么来着？

甲 "行啦！你别受累啦，不远儿呀。""不远是哪儿呀？""你看，不远不远的，你还问什么哪？"

乙 那你就别问啦。

甲 不成！我问他到底儿搬到哪儿去！把他问急啦，他说出来啦。

乙　搬哪儿去啦？

甲　“你要问哪，他搬我那屋里去，我搬他那屋里去！”我一听呀，那么……干脆我搬吧！

（武魁海述　胡仲仁记）

底　漏

甲　新社会讲究尊婆爱媳，婆媳和睦，夫妻感情就能好。过去，往往有的老太太都不疼儿媳妇儿，疼自己的闺女。其实闺女跟儿媳妇儿不是一样吗？

乙　这种老太太想不开。

甲　在家里什么都不干，到姑奶奶家，一洗衣服就是好几大盆，洗一天。回家来抱怨："哎哟！我胳膊疼噢！"她不能不疼啊！

乙　怎么？

甲　洗衣服洗的，有这么句老话儿："儿子是自己的好，媳妇是人家的好。"两个老太太一说话儿，您听，儿子不好是儿媳妇儿给带累的！

乙　是吗？

甲　俩老太太一见面："大姐！您好哇？""好！""您真有造化！您那儿子多孝顺哪！""可不是吗！我们那孩子倒是不错，真孝顺我，每天下班回家，给我买点心，我想吃什么给我买什么。从先好着哪，自从一娶媳妇呀，嗐！"打这儿就来劲儿！"自从一娶这媳妇，可学坏啦！每天下班还买点心，不往我这屋里拿啦，都拿到他媳妇屋里去啦！我这屋里甭说点心，连点心渣儿都瞧不见啦，嗐！""哟！我看您那儿媳妇儿挺好哇！多机灵啊！""还机灵哪？你看她那俩大眼睛啊！又浑！又犟！又拙！又笨！什么都不会，上月我让她做个被卧，俩礼拜，好容易做得了，又拆啦！"

乙　怎么？

甲　"把猫缝在里头啦！"

乙　有这么笨的人吗？

甲　"不但笨，心眼儿还不好，她底漏！"

乙 什么叫底漏哇？

甲 那位老太太也不懂：“大姐！什么叫底漏哇？”“连底漏都不懂？底漏哇，就是往娘家偷东西！米呀！面呀！逮着什么偷什么！去年我买了三丈白布，搁箱子里啦，今年我一找，没啦！前几天我看她娘家爹穿一件白小褂儿，那就是我买的布让她偷走啦。嗐！我这儿子给她养活啦！”这位一听，说几句闲话儿，招她难过干什么，找她爱听的问吧：“老姑娘没家来呀？”

乙 老姑娘是谁呀？

甲 老太太的闺女。一问闺女，您再瞧老太太这模样：“老姑娘可好，真惦记我，常回来，哪趟都不空着手儿来，什么都往我这儿拿！”这不是也底漏吗？

乙 一样啊！

（全常保搜集整理）

顺情说好话

甲　先生，您是哪里人氏？

乙　我是北京人。

甲　北京好哇，大邦之地，文化之区，千万别搬家，住着好。

乙　住着好哇？我又搬啦。

甲　搬哪儿去了？

乙　我搬通州去了。

甲　好哇。

乙　怎么好法儿呢？

甲　"一京，二卫，三通州。"除去北京、天津，就得数通州了。住着好，别搬家了。

乙　我又搬了。

甲　又搬哪儿去了？

乙　我又搬天津去了。

甲　好哇！

乙　怎么又好哇？

甲　"九河下潲天津卫，三道浮桥两道关。"水旱码头。别搬家，住着好。

乙　我又搬了。

甲　又搬哪里去了？

乙　我又搬唐山去了。

甲　好哇！唐山烧煤最贱，夏天你们在小山儿这么一说相声多么好哇！别搬了。

乙　我搬了。

甲　你吃耗子药啦！又搬哪儿去了？

乙　我搬山海关去啦。

甲　好哇！

乙　怎么好法儿呢？

甲　秦始皇修造万里长城，东起山海关，山海关是天下第一关。住着好，别搬了。

乙　我搬了。

甲　搬哪儿去了？

乙　搬到沈阳去了。

甲　好哇！

乙　怎么好法儿呢？

甲　沈阳是九门九关，出三宗宝：人参、貂皮、靰鞡草。别搬家，住着好。

乙　搬啦！

甲　又搬哪儿去了？

乙　我搬到保定去了。

甲　好哇！

乙　怎么好哇？

甲　保定府是北京的大道。保定也有三宗宝：铁球、面酱、春不老。别搬家，住着好。

乙　搬啦！

甲　又搬哪儿去啦？

乙　我搬回北京来了。

甲　好哇！您是故土难离，水流千遭归大海。好哇！您高寿啦？

乙　我五十五了。

甲　好哇！不像五十多岁的。

乙　我像多大岁数的？

甲　像四十多岁的。跟前有几个少爷？

乙　我有六个儿子。

甲　好哇！一个儿子一天给你两块钱，一天就十二块钱。好哇！

乙　好什么呀，死了五个啦！

甲　好哇！

乙　还好哪？六个儿子剩下一个了，还好哪？

甲　你不懂呀！常言说得好："好儿不用多，一个顶十个。"

乙　嗐！这一个儿子也没落住。

甲　怎么没落住哇？

乙　前些日子我们家里着火啦，烧在里头了！

甲　好哇！这您过得可旺盛啦！

乙　还好哪？我们都家败人亡啦！

甲　好哇！那您就干净啦！

乙　像话吗？

（产授宸述）

见人矬寿

甲 说话不容易。

乙 那有什么不容易的，就随便说呗。

甲 随便说？在新社会没什么，话说得对不对的，同志之间都有个谅解，说得太不对了，有了意见交换交换，完了。

乙 是啊。

甲 在旧社会你要是不会说话，就容易得罪人。

乙 是吗？

甲 在旧社会，会说话的专门奉承人，讲究见人矬寿，见物增价。

乙 什么叫见人矬寿呢？

甲 比如说这位老大爷今年六十三岁，你过去一问，你要是会说话，他就高兴。

乙 怎么说？

甲 “噢，老大爷，您今年高寿了？”

乙 他说什么？

甲 “唉，我今年还小哪，六十三了。”

乙 噢，六十三啦！

甲 六十三了他为什么还说小呢？

乙 是呀！

甲 这就是客气，一方面说，我呀虽然六十三了，比你也大不多少。

乙 噢。

甲 另一方面说，我呀离死还早哪。

乙　你这不是废话吗！
甲　一听他说六十三啦，你要是会说话，他就高兴啦。
乙　怎么说？
甲　“您不像六十三的，您体格多好，您这是留胡子显的。”
乙　噢，真会说话。
甲　“您要是不留胡子，顶大像五十来岁，您看您的腰板还没塌呢。我爸爸那年三十五岁，腰就直不起来了。”
乙　怎么呢？
甲　罗锅。
乙　这不是废话吗！
甲　“您年轻的时候好练吧？”“唉，可不是，托您福。”这他爱听。
乙　噢，就是把岁数往小里减，叫见人矬寿？
甲　对了，不过矬寿你也别太矬喽，太矬了他也不太乐意！
乙　怎么？
甲　你见着六十多岁老大爷，你问：“老头儿！几岁了？”“啊！几岁了，比你爷爷还大呢！”
乙　不愿意听。
甲　不愿意听，所以也不能太矬寿了。
乙　对，那么什么叫见物增价呢？
甲　比如你买这条手绢，我问：大哥，您买的？
乙　啊。
甲　多少钱买的？
乙　五毛。
甲　五毛！不对吧？
乙　这我还说瞎话吗！
甲　卖手绢的和您认识？
乙　不认识。
甲　不认识怎么这么便宜呀？上回我买的花十五块。
乙　是手绢吗？
甲　不，被面。
乙　这不是废话吗！
甲　您这手绢现在卖，还能值五十块。
乙　就这条手绢？

甲　再搭上一件皮袄。

乙　你呀！外边溜达溜达去吧！

甲　他爱听。

乙　没法爱听！你都给捧假了。就这条手绢值五十块？

甲　反正这么说话他不生气，不信你给两边换过来，非打起来不可。

乙　怎么换？

甲　见人增寿，见物矬价。那就不行啦。

乙　您来来！

甲　比如说这位老大爷六十三，你一见面先来这么一句。

乙　哪句？

甲　“嗬！还活着哪？”

乙　这像话吗？

甲　“今年高寿了？”“唉，我还小哪！”“噢，还没满月哪？”

乙　啊，什么叫还没满月哪！人家那是客气话。

甲　“你多大岁数了？”“唉，六十三啦。”“六十三还小啊！你想活多大，你是赶上好年头了……”

乙　怎么？

甲　“秦始皇那年头，六十岁不死活埋。”

乙　这是怎么说话呢！

甲　“眼神儿还行吗？”“唉，眼神儿还行啊。”“噢，眼神儿还行，你看（晃五指）这是几个？”

乙　啊！那甭说是老头儿，小伙儿也看不见。（学甲晃手）你说这是多少？

甲　“牙口儿还行吗？”“行啊！”“牙口儿还行，我这儿有个铁球，你把它嚼了吧！”“你呀！玩儿去吧！”

乙　那能不让你玩儿去吗？有这么说话的吗？

甲　见物矬价也不行。比如说你这条手绢，我问：大哥，这条手绢多少钱买的？

乙　五毛啊。

甲　啊！多少钱？

乙　五毛钱。

甲　五毛钱！就买这一条手绢五毛钱！你可真有钱，这叫什么玩意儿？像小孩儿尿布子似的。

乙　你呀，拿过来吧！

甲　我们那小孩儿花一毛五买的，比你这个还好。你呀！你纯粹地瓜！

乙　你才是地瓜呢！

（张嘉利口述　张继英记录）

奉承话

甲　人们都爱听好听的，奉承话。

乙　不见得吧?

甲　不见得?比方说吧，咱俩老没见，今天在街上碰见啦，我和您说几句……

乙　好吧!（二人走碰头）

甲　老×!总没见?

乙　我出趟门儿。

甲　发福啦!

乙　（用手摸脸）我没变化……

甲　胖多啦!

乙　我没觉出来。

甲　您气色也好啊，满面红光。今年三十几?

乙　三十几?我都快五十啦!

甲　嗬!照您这身体，再活五十岁没问题。

乙　瞧你说的。（笑模样）

甲　怎么样，高兴了吧?我要是不这么说，你听着就别扭。

乙　是吗?咱们再来一次。（二人走碰头）

甲　老×，总没见?

乙　我出趟门儿。

甲　你怎么这么瘦哇?

乙　（用手摸脸）我没变化……

甲　瘦多啦!

乙　我没觉出来。

甲　你气色也不好哇，脑袋都绿啦！

乙　我是香瓜儿呀！

甲　五十几啦？

乙　哪儿啊，我才三十八。

甲　三十八岁长这么老？就你这身子骨儿，好好活着，也就再活俩礼拜！

乙　我呀？我招你啦！

甲　怎么样，你不爱听吧？

乙　这谁爱听啊！

甲　奉承话和老实话可不同。比如你不学好……

乙　你才不学好呢！

甲　这是打个比方，你不学好，我劝劝你，说你几句是为你好，这就叫“良药苦口利于病，忠言逆耳利于行”。

乙　对。

甲　这个奉承话跟客气话也不同。

乙　怎么？

甲　客气话是待人接物讲礼貌的语言。

乙　那奉承话呢？

甲　奉承话是属于谄媚，溜须拍马。

乙　是啊！

甲　这种人自古就有，至今不见衰亡。

乙　为什么呢？

甲　因为有人吃这个呀！

乙　你说古时候有，什么朝代？

甲　周朝，东周列国时出了一位圣人，姓孔名丘字仲尼。是位古代教育家，他的学生有三千徒众。七十二贤人，就是七十二名最优秀的学生。圣人也最喜欢这七十二个人啦，有一天，圣人和他们闲谈，说：“你们毕业之后，想做什么工作？”

乙　这是圣人说的吗？

甲　这是我说的。当时圣人问的那意思是：你们不能跟我一辈子啊，将来离开我了，你们干什么去？

乙　是啊。

甲　有的说：“我要继承老师的事业。”

乙　搞教育。

甲　还有的说："我要弃文习武捍卫国土。"

乙　当军人。

甲　还有的说："我要搞耕、种、锄、刨，秋收冬藏。"

乙　当农民。

甲　还有的说："我要搞半导体……"

乙　你先等等，那年头有半导体吗？

甲　有哇。就是两人互相较量，看谁把谁"绊倒"了身"体"……

乙　这么个"绊倒体"呀！

甲　圣人问到最后一个贤人啦："你干什么去？"这人站起来一乐，说："我什么也不干，就凭我这张嘴，走到哪儿都能吃香的，喝辣的。"

乙　嚯！

甲　圣人一听也纳闷儿："你这张嘴有什么神通？"这人说："我的嘴会说奉承话、普天下谁人不爱听奉承话？"圣人有点儿担心，问："你到一处，万一遇着不喜欢奉承的人，你岂不活活饿死？"

乙　是啊！

甲　那人摇摇头："不可能，世上谁不爱听奉承话呀！"圣人问："万一你遇见这位，人家就是不吃你这套，你怎么办？"那人一想："是啊，如果徒儿遇见您这样的伟人，徒儿就没饭啦，因为您的才高智广，六韬三略无所不知，三教九流无所不晓，徒儿所知道的还不都在您心里装着哪吗？"圣人点点头："那倒是。"

乙　他也吃这个！

（马敬伯整理）

说大话

甲 您说相声有多少年啦?

乙 二十多年。

甲 老人儿啦。

乙 不敢说，反正知道的多点儿，我们这行叫无不知、百行通。

甲 噢! 什么都知道?

乙 对啦! 就是经得多，见得广。

甲 您都见过什么呀?

乙 什么都见过。

甲 见过高人吗?

乙 高人可见多啦，跟我有来往的人，都是有学问的人。

甲 不! 我问你见过身量高的人吗?

乙 噢! 身量高啊，那见过啊! 您知道动物园吗?

甲 知道哇。

乙 过去叫三贝子花园，那阵儿门口儿有俩收票的，那就是高人哪。

甲 多高啊?

乙 一丈多高。

甲 那不算高，我看见过一个人，比那俩人高得多。

乙 多高身量儿?

甲 城门楼子高不高?

乙 高。

甲 这个人坐在城门楼子上，两只脚挨着地。

乙 嗐! 这不算高，我见过一个人，他坐在井底下，脑袋顶着天!

甲 坐着? 他怎么不站起来呀?

乙　不能站起来，一站起来把天顶一个窟窿！

甲　我见过一个人，比你说这个人还高！

乙　多高身量儿？

甲　甭说身量儿，先说他这嘴，这个人一张嘴，他上嘴唇接着天，下嘴唇挨着地！

乙　上嘴唇挨着天？下嘴唇挨着地？他这脸在哪儿呢？

甲　嗐！这小子有嘴说大话，还要脸干吗呀！

乙　我呀！

（全常保整理）

和　气

甲　营业员对顾客的态度应该和蔼可亲！

乙　那是。

甲　您没事到百货公司溜达，本来不想买东西，可叫营业员的态度一影响，不但买了点儿，心里还很高兴。

乙　我就不信。

甲　您要不信咱俩就比方比方，我比作营业员，您比作闲溜达的。

乙　好吧！

甲　啊！×先生。

乙　哎！

甲　上街绕弯儿呀，您？

乙　对，没事闲溜达。

甲　听说头几天您上我们这儿买暖瓶来了？

乙　可不是嘛！

甲　头几天货没来全，最近新由上海来一批货，您瞧这个，天蓝色。

乙　不错。

甲　这是粉的。

乙　也不错。

甲　给您包上这俩？

乙　俩。

甲　您不是要送朋友吗？

乙　对。

甲　剩这零钱也甭找了，给您的小孩儿带回俩胶皮娃娃去。您走啊？

有时间来。

乙 对！什么买卖都得这么和气。

甲 不，有的买卖就不能这样和气。

乙 要这样和气呢？

甲 非打起来不可。

乙 什么买卖？

甲 棺材铺！

乙 棺材铺？我不信。

甲 不信咱俩试试？

乙 好！

甲 噢！×先生，您怎么老也不上我们这儿买货来呢？

乙 我，我这辈子也不打算上你这儿买货呀！

甲 等您死的时候，可千万上我们这儿买棺材来呀！

乙 一时半会儿我还死不了！

甲 您瞧这个怎么样？

乙 不怎么样！

甲 这是杉木才五十多元。您尺寸怎么样？等我把盖打开，您躺里边试一试。

乙 我呀？

甲 您要不要？

乙 不要。

甲 您不要。再不您给小孩儿捎回俩小棺材去。

乙 我要那个干吗？

甲 底下安俩轱辘，上头安个把，这不是小车儿吗？

乙 那不把孩子吓哭了吗？

甲 把盖一盖小孩子就不哭了。

乙 好了？

甲 吓死了！

（于世德等整理）

音高音低

甲　说话很有讲究。

乙　有什么讲究？

甲　问话的人声音要高，回话的人声音要低，听起来顺耳。

乙　是吗？

甲　比如，俩人在马路上碰上了，这位喊那位："二哥！干什么去？""兄弟，刚下班。""走，咱们喝茶去！""不渴。""咱们吃饭去！""不饿。""咱俩玩儿去。""没工夫。"您听好听吧？

乙　好听。

甲　问话的人声音高，回话的人声音低。

乙　要是换换行不行？

甲　怎么换？

乙　问话的人声音低，回答的人声音高，你看行不行？

甲　不行。

乙　你试试。

甲　"二哥，您干吗去？""刚下班！""走，咱们喝茶去？""不渴！""咱们吃饭去？""不饿！""咱们玩玩儿去？""没工夫！"非打起来不可！

乙　那还不打起来！

（孙少臣整理）

三言五语

甲　在旧社会，咱们说相声的多数是文盲。

乙　家里穷念不起书嘛！

甲　学艺时专讲究“口传心记”。

乙　那是。

甲　演出时专讲善于灵活运用，这就是“心灵嘴巧”了。

乙　那当然了。

甲　所以说，一个相声演员首先必得聪明，心灵口巧。

乙　那是呀！您就拿我说吧，我这个人的最大特点就是聪明。

甲　我问你了吗？

乙　我这是自我介绍啊！为了叫大家都知道我的机灵劲儿。

甲　就是你真机灵，也不应当自己往外说呀！

乙　谁说呀？

甲　应当我给你介绍。

乙　那不是一样嘛！

甲　那怎么能一样呢？比方说，您有优点，我给介绍就顺耳：“您看我们 ××× 先生非常聪明……”

乙　您夸奖。

甲　我夸你干吗？

乙　没有吗？

甲　这是打比方，你当我真夸你哪！你本来就没这个优点嘛！

乙　我说我比他们强一点儿。

甲　那看强多少啦？

乙　强不了多少，也就是百分之九十五以上。

甲　您还不如说是强百分之百哪！

乙　那就显着不客气了。

甲　这你也没客气呀！

乙　客气着哪！

甲　要是不客气呢？

乙　要是不客气，我就要说比他们强百分之九十九点九。

甲　行啦行啦！我看您这不叫自我介绍。

乙　叫什么？

甲　自我吹牛了。

乙　我吹牛干吗，本来就机灵嘛！

甲　这么办，咱们当场试验。

乙　怎么试验？

甲　学说话你行吗？

乙　那怎么还不行呢！

甲　我说什么你学什么。

乙　不就是那绕口令吗？

甲　不是。咱们要学说普通话，不单你我说得上来，大家都能说得上来。

乙　那更没什么了！

甲　还不用多学，就三句。

乙　咱们先来三十句……

甲　（急拦）您先等会儿再吹。

乙　这是表明我真机灵。

甲　三句都学对了我请客。

乙　你就准备好了钱吧！

甲　一个字也不许差的。

乙　就连高矮音、动作都能完全一样。

甲　由现在开始：我吃饭我也请你吃饭。

乙　我吃饭我也请你吃饭。

甲　我喝茶我也请你喝茶。

乙　我喝茶我也请你喝茶。

甲　错了不是。

乙　没有啊！

甲　重新来。我吃饭我也请你吃饭。
乙　我吃饭我也请你吃饭。
甲　我喝茶我也请你喝茶。
乙　我喝茶我也请你喝茶。
甲　错了不是。
乙　没有啊！
甲　我说咱们规定学几句？
乙　三句呀！
甲　还是啊！怎么第三句这“错了不是”你就不学呢？
乙　怎么，这也算一句呀？
甲　那当然啦！应当是我说“错了不是”，你也得说“错了不是”才对呢。
乙　我寻思我真说错了呢！
甲　我说你这个机灵劲儿好吗？
乙　刚才我是一时大意。
甲　下一回怎么样？
乙　这回精神集中了，不再错的。
甲　这回咱学说五句！
乙　才加两句呀？
甲　这回是我问你答。
乙　你问什么我答什么？
甲　不！这回是要所答非所问。
乙　怎么叫“所答非所问”呢？
甲　比方说我问你“您贵姓”。
乙　我姓 ×。
甲　这就错了。
乙　我真姓 × 嘛！
甲　因为你答对了。
乙　答对了就是错了。
甲　对。
乙　行，打岔谁还不会！
甲　记住了可是五句。
乙　没错儿。

甲　我要问啦？

乙　问吧！

甲　您贵姓啊？

乙　我吃饭啦！

甲　怎么刚吃饭哪？

乙　电灯够亮的了。

甲　干吗这么些灯？

乙　这是扇子。

甲　几句了？

乙　三句。

甲　又错了不是？

乙　怎会又错了呢？

甲　那还不错！我问你“几句啦”。

乙　啊，我说三句……噢！这也是一句呀！

（于世德整理）

山东跑堂

甲　你知道什么人最规矩吗？

乙　这可说不好。

甲　商人最规矩。

乙　怎么呢？

甲　商人有商人的宗旨。

乙　什么宗旨？

甲　挣钱。

乙　钱哪！

甲　商人能忍，度量大，什么话都能听得进去。过去马路上有一种卖唱本的，专门唱《劝人方》。

乙　什么味儿？

甲　“买卖人能忍，和气生财，不论穷富一个样看待。买卖做的熟主道啊，迎上来，笑颜开，休要发死莫要发呆。像你这买卖怎么会不发财。”

乙　是这味儿。

甲　过去做买卖最能干的是山东人和山西人。

乙　是吗？

甲　过去讲究三年一回家。有这么一句俗语。

乙　怎么说的？

甲　“山东人回家大褥套，山西人回家骡驮轿。”都是满载而归。

乙　要是我们北京人回家呢？

甲　“瞎胡闹”。

乙　瞎胡闹？

甲　挣多少花多少，三年回家你看，一块手绢儿一兜……

乙　金条？

甲　两双破袜子。

乙　嗐！

甲　到门口一下三轮儿："妈，拿车钱。"

乙　啊？找他妈要车钱哪？

甲　要不怎么说"瞎胡闹"呢。

乙　可不。

甲　北京、天津过去有很多银号、钱庄，都是山西人开的。很多大饭庄子，什么"登瀛楼""天和玉""鼎和居""泰丰楼"……都是山东人开的。

乙　对。

甲　开饭庄子的就数山东的胶东一带——什么文登、掖县、乳山、黄县——的人多。

乙　是。

甲　鲁菜是中国八大菜系之一，也是四大菜系之一。山东饭馆不但菜好，主要是招待得好。和气，任你有多大的气他不着急，最后达到顾客的满意。

乙　是吗？

甲　比如说吧，来三个人吃饭，有两个人谈得很热闹，把那一位给干了。这位这个气呀！走也不是，坐也不是，光坐那儿生闷气。

乙　怎么办呢？

甲　这时就看跑堂的来了，他会主动过来拿起茶壶：（说胶东话）"先生，你老喝茶。"

乙　喝茶。

甲　你看这位："不渴！"

乙　气儿挺足的。

甲　要搁你就没词儿了。人家就有话说："对，不渴别喝，喝了胀肚子。"

乙　胀肚子？

甲　又拿过烟来："先生，你老抽烟？"

乙　这位？

甲　"不会！"

乙　还气着哪。

甲　“对，不会就别抽了，抽了没好处，净咳嗽。你老先吃点儿瓜子儿、点心？”

乙　这回？

甲　“不饿！”“对，不饿先别吃，吃了不好受，你老多咱想吃再吃。”

乙　这回？

甲　这位扑哧一乐：“哎呀，你们胶东人真能说呀！”“哪里，我们怎么能说呢？再能说我们也不如说相声的能说。”

乙　哪？还给我做广告了？

甲　人要一高兴话就多了。

乙　那是。

甲　这位要和跑堂的拉拉家常：“小伙子，今年你多大了？”

乙　他怎么说？

甲　“多大了？还用我说嘛，你老人家走南闯北的，你老就猜吧，一猜就对。”

乙　一猜就对呀？

甲　“我猜呀，你不是十八就是十九。”“对，你老说得真对呀，我又是十八又是十九。”

乙　到底十八呀还是十九呀？

甲　“我去年十八，今年不十九嘛！”这位说：“对了，明年你还二十哪。”这位气消了一大半了，还想问问：“小伙计，我还得问问你。”“你老问吧，你问什么我说什么。”

乙　倒好说话。

甲　“小伙子，你是胶东什么地方人哪？”“你老猜吧，一猜就对。”

乙　还是一猜就对。

甲　“我猜呀，你不是掖县的就是乳山的。”“对，你老说得对，我又是掖县的又是乳山的。”

乙　他怎么俩地方人呢？

甲　“你老不知道，我爸爸是掖县的，我姥姥家是乳山的。”

乙　谁问他姥姥家了？

甲　这位问他：“你十九了，是几月的生日？”“我就别说了，你老猜吧，反正一猜就对。”

乙　生日还有猜的？

甲 这位一想：我怎么猜？我说你不是七月的就是八月的，你会说，对，我又是七月的又是八月的；我问你怎么又是七月的又是八月的，你又说，我是阴历七月，阳历八月。这回，我叫你两本皇历也对不起来。

乙 是呀？

甲 这位这气全消了，笑嘻嘻地说："伙计，你这生日，不是六月的就是腊月的对吗？"

乙 啊？差半年哪？

甲 他这回可真出汗了："啊……对呀……你老猜得太对了，我又是六月又是腊月的。"这位想乐也不敢乐。"你到底是六月还是腊月？""啊……什么……你老不知道，我应该是六月生人，我出来一看，天太热了，我回去了，腊月才出来的！"

乙 太不像话了！

（孙少臣忆记）

画扇面

甲 现在这相声很普遍哪，大多数的观众都爱听相声。

乙 对。

甲 因为这个相声说出话来使人发笑。

乙 对，观众也是非常地欣赏，说到可笑的地方，大家哈哈一笑能够提神助兴。

甲 也不能光说是相声好，别的曲艺——快板、单弦、地方戏，也都是很受观众欢迎的。

乙 那是呀，百人食百味嘛，要不为什么我们现在要“百花齐放”呢。

甲 对呀，爱好什么的都有嘛。常言说得好，好走东的不走西，好吃萝卜的不吃梨，好养鸭子的不养鸡，好吃长虫的不吃鳝鱼。

乙 啊！

甲 不，不吃长虫净吃鳝鱼。

乙 吓我这一跳哇。

甲 反正这么说吧，好动的不静，好静的不动，好文的不武，好武的不文，爱写爱画的你要让他出去打打球、跑跑步他绝不同意。

乙 那是呀，各人有各人的爱好嘛。

甲 提起写、画，没有功夫办不到，画绝好的那个主儿，可不好求哇，你要是求他画个扇面那可得时间了，少说也得三个月、五个月的。

乙 为什么呢？

甲 恐怕给你画完了，你有个如意不如意的。

乙 噢，慎重。

乙 你不信你见面一求他：“我这儿有个扇面，求您给画一画。”对方就说了："对不起，我没有时间。"

乙　这就是推辞嘛。

甲　再三地要求："我这扇面儿还是去年买的，求您给画，您就没给画；今年无论如何您给我画画，画什么都行。"对方一看哪，这位实在是恳切，这才回答："画是画，我可画不好。"一听说画不好，这就算有了希望啦。这位说："那您就别客气了，您随便画，画什么都好。""可是您可多容出我点儿时间来。""可以，您几时画得了，我几时再取。""您等八月节再来取吧。"

乙　啊！有过八月节扇扇子的吗？

乙　根本人家拿扇子就不为扇，爱好嘛，拿着就为瞧。这个扇子拿出去碰见行家一瞧，那是非得欣赏欣赏不可，过来很客气地说："嗬！您这把扇子很好哇！能不能让我瞻仰瞻仰？"这位一听双手捧过来很客气地说："可以，请您小心。""是，是。"右手拿扇子，左手用中指和拇指一推扇子的大边，慢慢地打开一看："好！季砚的山水画得就是好，人家画的这个'千山'你就拿着扇子对去吧，丝毫不差，真好。这个扇面儿您好好地保存起来，几时不拿的时候您买个镜框把它镶起来。"这是爱好者，知道求人画这东西不易。类似我等之辈不懂，人家瞧他也跟着看，人家拿着扇子，他不取得人家的同意，伸手就夺："我瞧瞧！"拿到手里唰啦一打，呼嗒呼嗒扇两下哗啦一折："给你。"就他这两下连瞧带扇，本主儿差一点儿没得了半身不遂。

乙　怎么呢？

甲　人家求人画这扇面儿，一年多才画出来，不知道深浅拿过来呼嗒呼嗒那么一扇，人家心里能不疼吗！

乙　本来嘛。求人画的时候就难，人家工作再忙，哪有时间给画。

甲　也不然。我二大爷就能画，他不等人家求他给画，成天没事净到处追着人家给画去。

乙　这一说他的字画一定是不少了？

甲　嗯……也不多。在前几年还能画点儿，近几年来腰腿不行了，就画不着了。

甲　这画画儿碍着腰腿什么事了？你要说眼神儿不好不能画那还可以，这与腰腿有什么关系？

乙　我二大爷是追着人家画，看谁要是拿把好扇子他就凑合过来啦：

“嘿！你这扇面儿还真不错，来来来，我给你画画。”人家一听：“怎么着？您给我画，您快饶了我这把扇子吧。”说完了这话，人家是撒腿就跑，我二大爷跟着就追，一边追一边嚷嚷：“我好心好意地给你画扇面儿，你还不乐意。你跑到哪儿我追到哪儿，我是非画不可。”一把就把这位给揪住了，从人家手里把扇子抢过来，这就算画上啦。人家要是跑得快，扇子没抢过来那就算画不上啦。

乙 噢，怪不得腰腿不行就画不了啦。

甲 你还别说他画得不好，你说他画得不好他还有气哪。前些日子跟我吵起来啦。

乙 因为什么呢？

甲 我朋友送给我一个扇面儿，挺好，也不知道怎么让他知道了，见了我就问：“听说你有个好扇面儿呀？快拿来我给你画画。”

乙 那就让他给画吧！

甲 我说：“我那扇面儿打算托别人画。”他问我：“你打算画什么吧？”我说：“我打算画美人儿。”“你画美人儿还找别人干什么？我最拿手，我给你画。”“您画美人儿？您知道美人儿都有谁吗？”“美人谱我最有研究。美人儿有四绝。”

乙 哪四绝？

甲 “病西施、笑褒姒、醉杨妃、狠妲己。”我说：“您能画谁呀？”他说：“环肥燕瘦，我拿手的就是画杨妃，我给你画一个贵妃醉酒吧。”

乙 这也不错。

甲 我一听他说得挺在行，就说：“那好。您去画吧，得几天画得？”“一个礼拜。”

乙 日期还不多。

甲 到了一个礼拜我问他：“您这贵妃画得怎么样了？”“嗐！别提了，画坏了，可是你别着急，扇面儿可没糟蹋，不过就是走了点儿样子，我画得不像贵妃了。”

乙 像谁呀？

甲 “像张飞。”

乙 啊！张飞？美人儿都画成张飞了。

甲 我说：“那怎么办哪？”他说：“索性咱就改一个张飞吧。”我一听张飞就张飞吧。“张飞得几天哪？”“啊……还得一个礼拜。”到一个礼拜我问他："张飞画得怎么样了？""嗐！又画坏了。"

乙　那怎么办哪？

甲　他说还能改。

乙　改什么呢？

甲　"我给你改个'判儿'，来个五鬼闹'判儿'。"

乙　那也不错。

甲　我说："这'判儿'得几天？""这个有三天就行了。"到了第三天我问他："我说您这'判儿'画得怎么样了？""又坏了。"

乙　啊！又坏了？坏了再改吧。

甲　也就是那意思。他说："好改。"

乙　改什么呢？

甲　"我给你画一匹礼服呢吧。"

乙　礼服呢？我还没听说扇面儿上有画礼服呢的哪。

甲　我说："礼服呢得几天哪？""明天就得。"第二天我问他："礼服呢怎么样了？""坏了。"

乙　那怎么办哪？

甲　"我给你画个黑扇面吧。"

（冯立章述）

做大褂

甲　您看居家过日子，抬杠拌嘴也是不禁不由的。

乙　唉，过日子嘛，没有马勺不碰锅沿儿的。

甲　话虽然是这么说呀，可也不能天天碰啊！

乙　您跟谁抬杠啦？

甲　就是跟我媳妇。

乙　你们两口子不是挺好的吗？

甲　现在是好了，早先不行，净抬杠。

乙　都为什么呀？

甲　没什么大不了的事，我媳妇不会做活儿，可是还不让人说她，一句话也不吃。

乙　怎么回事？

甲　那一年，我买了一丈三蓝布，想做一件大褂儿上台穿。我跟我媳妇说："你要会做活儿多省事呀，这还得拿外边做去，又得花手工钱，还费布。""废话！我让你拿外边做去啦？这又不是描龙绣凤，不就是做件大褂儿吗？你不叫我做，说那些没用的话让谁听啊！"

乙　这么说你老婆会做呀。

甲　唉，我老婆是横针不懂竖麻线，会做什么呀？我说："你要能做得了，谁愿意非拿到外边做去呀？""甭废话，放家里我给你做，只要你别嫌不好就得了。你可得耐心等着。"我说："得几年哪？""几年干吗呀？有六个月就行了。"

乙　做件大褂儿得半年哪！

甲　当时我一想：半年也没关系，好在我不是急等着穿。等着吧，过了不少日子，那天我问她："我的大褂儿怎么样啦？""哟！你要不说我还真忘了。”“你没做呀？”“大褂儿我倒是给你铰了，铰坏了！”“怎么样，我就知道你做不了不是！”“哎，你先不要着急，铰坏了没关系，我会改，我给你改个小褂儿穿得了。”

乙　噢，改成小褂儿了？

甲　“还得半年哪？”“用不了，有仨月差不多了。”我等了三个多月，那天我说：“怎么样，小褂儿改得了吧？”“哟，我倒是给你铰了，让我铰坏了。”“啊，又铰坏了？”“别急嘛，我会改。”“又改什么呀？”“我给你改个坎肩儿穿吧？”我一听这倒不错，穿上蓝坎肩儿，后边再钉上几个字，我成拉车的了！

乙　好嘛！

甲　我问她：“这坎肩儿得多少天哪？”“这有一个半月就可以啦。”等到时候我一问她：“坎肩儿怎么样了？”“哟，我给你铰坏了，我会给你改！”

乙　还改什么呀？

甲　“我给你改个兜兜吧。”“我都四十多岁了，来个蓝布兜兜穿？行！这回得多少日子？”“有半个月就行了。”又过了二十多天，我说：“我的兜兜呢？”“我倒是给你铰了，铰坏了。”“是不是这个意思：我会给你改！这回你还改什么吧？”“我给你补袜子吧？”

乙　好嘛，一丈三蓝布就够补袜子的了！

甲　有什么法子哪。“这又得几天哪？”“有一个星期就行了。”我等了十来天，你别说，这回还真是把袜子补上了，可就是穿不得。

乙　怎么？

甲　把袜底儿补脚面上啦！

乙　嗐！

（郭全宝述）

聋子打岔

甲　您贵姓？

乙　我姓叶。

甲　噢！你姓聂呀！是不是三耳聂呀？

乙　唉！我姓叶。

甲　噢！您姓岳，岳飞那个岳呀？

乙　（大声）我姓叶。

甲　噢！姓疥呀！

乙　有这个姓吗？您聋子。

甲　什么？红子。那是鸟儿呀，好玩意儿。红子、靛颏儿、呼呼黑儿[①]嘛！

乙　唉！我说你耳聋。

甲　噢！二红呀？

乙　什么二红呀！

甲　结婚啦！嫁了个工人，听说还不错。

乙　你耳背。

甲　小魏？

乙　啊？

甲　小伙子满有出息，去年参加海军啦！听说在天津哪！

乙　你听不真。

甲　陈子贞？

乙　合着他谁都认识。

---

① 红子、靛颏儿、呼呼黑儿都是鸟名。

甲　说相声的呀！陈子贞，广阔泉嘛，早就死啦，您找他呀？

乙　我找他干什么呀！你听不见？

甲　上法院？没多大的事可别打官司。

乙　上法院我告谁啊？

甲　噢！告贼呀！为什么事呀？最近小偷少多啦，丢了什么呀？

乙　我说，这是哪儿？

甲　为了件布衫儿呀？

乙　（大声地嚷）这是哪儿跟哪儿？

甲　噢！布衫里还有盒烟卷儿啊！

乙　你不是东西！

甲　你才不是东西哪。

乙　这回你怎么听见啦？

甲　你骂我还听不见！

（叶利中　张继楼整理）

笑的研究

甲　人都喜欢听相声。

乙　哎。

甲　因为相声能使人发笑。

乙　对。

甲　发笑就是让大家乐，并不是听完相声就起化学作用。

乙　就是逗乐儿。

甲　这对人有很大的好处。

乙　这有什么好处？

甲　能使人精神愉快，身体健康。

乙　啊，听相声有这么大好处？

甲　卫生家说过：人能每天大笑三次，生命就能延长；常常愁闷，容易衰老，就能使生命缩短。

乙　这我倒听说过。

甲　医学家也有说法。

乙　说什么？

甲　说：人哪，最好是多听相声，少看病。

乙　啊！听相声有什么好处呢？

甲　哈哈一乐，可以清气上升，浊气下降，二气均分，食归大肠，水归膀胱，消食化水，不生灾病。

乙　有这么大好处？

甲　这都说明乐对人的好处。俗语有这么句话……

乙　什么话？

甲　“笑一笑，少一少。”

乙　嗯？

甲　就是说：人一乐，年轻一点儿；一发愁，就能老一点儿。老发愁头发就能白了。要不怎么有那很年轻的人头发就白了，那是怎么回事？

乙　那是少白头。

甲　那是不常听相声。

乙　啊！

甲　听以说，“笑一笑，少一少；愁一愁，白了头。”

乙　你这说法儿不对，我记得有这么句话：“笑一笑，十年少。”

甲　嗯？

乙　人一笑，能年轻十岁。

甲　噢，你这是定期的？我那是活期的。

乙　干吗，存款哪？

甲　你说，一乐就能年轻十岁？

乙　啊！

甲　比如来个三十岁的人听相声，哈哈一乐，剩二十了。再一乐，十岁了。你再说什么他也不敢乐了。

乙　怎么？

甲　再一乐，没啦！

乙　没啦！挺大一个人能没了吗？

甲　人不能没，岁数没啦，成初生小孩儿啦，来时骑车来的，走时让保育员抱走啦。让你这么一说，哪个剧场也不能演相声，演完了转业，剧场改托儿所。

乙　啊！

（侯宝林整理）

扇子规矩

甲 现在的事儿，有时候得打破常规。

乙 对！

甲 过去的规矩也太多。

乙 那时候专讲“没有规矩不成方圆”嘛！

甲 就拿扇扇子来说吧，也有一套说法。

乙 都怎么说法？

甲 文胸、武肚、僧道领、书口、役袖、媒扇肩。

乙 什么叫“文胸”啊？

甲 过去念书的文人扇扇子都扇胸口，搁在这儿（把折扇打开竖在胸口前边），扇面都是名人字画，舍不得扇，用脑袋找扇子，（低头在扇子上摆）就这样。

乙 这倒是省扇面儿。

甲 就是有点儿累脖子。

乙 好嘛！“武肚”哪？

甲 练武的扇肚子，使的是桑皮纸的大扇子，一说话都是瓮声瓮气的（一边扇肚子一边说）：“二哥，这两天练了吗？”“没有，天儿太热。你练了吗？”“我练来着，昨天没留神，踩死俩马！”

乙 啊？

甲 俩蛤蟆（音马）。

乙 俩蛤蟆呀？“僧道领”哪？

甲 出家人和尚老道都扇领子，因为和尚穿的叫衲头，特别厚，不容易进风，所以扇领子（左手揪领口，右手扇，边扇边说）：“师兄，近来佛事忙吗？”“够忙的，前天晚上去‘放焰口’，到那儿人家没让进去。”

乙　怎么？

甲　“本家儿老太太还没死哪！”

乙　是不让进去！“书口”是什么意思？

甲　说书的扇嘴，说得工夫一大了，嘴里有白沫子，嘴里热。

乙　“役袖”哪？

甲　过去当“跟班儿”的，跟着官儿出去，天热得给老爷打扇，一边给老爷扇着，张着袖口自己也凉快凉快。

乙　最后这句“媒扇肩”哪？

甲　过去当媒婆的都是扇肩膀，她可不使咱们这折扇儿。

乙　使什么？

甲　蒲扇、芭蕉扇，一边扇一边说，有扇子岔着对方精神，她好想词儿，什么好听说什么。

乙　您给学学？

甲　（右手拿扇扇左肩，边扇边说）“哟，大嫂子，要说您这少爷可得娶媳妇啦，今年也老大不小的啦，再不结婚可就要‘绝户’啦！”

乙　多大呀？

甲　“六岁啦！”

乙　啊？

甲　“在我们那儿有个姑娘，长得别提有多好啦，真正是柳叶眉，杏核眼，樱桃小口一点点儿，不笑不说话，一笑俩酒窝儿，最近烫的飞机头。”

乙　真漂亮。

甲　“就是没鼻子！”

乙　嗐！

（于世德等整理）

雇 车

甲 您看生活当中这说话就有个规矩。

乙 什么规矩？

甲 比如俩人见面客气一下："您来啦，请坐吧！""您走哇？不送啦！"

乙 是这样说。

甲 "您来"是正字得有个"啦"，"请坐"得有"吧"，"您走"有个"哇"，"不送"有个"啦"。

乙 有虚字儿衬着。

甲 这样儿显着客气。

乙 没有虚字儿也一样！

甲 那听着就干得慌了。这么说："你来！坐下！走！不送！""干什么你！"

乙 打起来了。

甲 妇女说话也有规矩，一句话的前头爱加个"哟"字。

乙 "哟"字儿当先。

甲 "哟！大娘您还没吃饭哪！""哟！大娘您做什么活儿哪？""哟，大娘您没上街呀？"

乙 是这么说，"哟"字儿在话前边。

甲 如果你把"哟"字放在一句话后边，听着就不舒服了。

乙 那也没什么。

甲 这么说："大娘，您还没吃饭哪？哟！"

乙 吓我一跳，怎么回事儿？

甲 这儿踩猫尾巴了。

乙　嗐！

甲　如果你注意的话，街上雇三轮，研究起来很有意思。

乙　您说说。

甲　一个是拉车的，一个是雇车的，两个人两个心理……

乙　什么心理。

甲　雇车的总想少花俩钱，拉车的总想多挣俩钱。

乙　是这么两种心理。

甲　比如这儿一叫车："三轮儿！""哪儿您哪？""西四牌楼。""您给五角吧！""什么五角，这么几步儿要五角钱？两角。""您给四角怎么样？""两角伍。""您多给一角我拉快点儿。""三角！多了不要。"这听了多干脆。

乙　对！是这样。

甲　如果你把两个人心理掉一个儿，雇车的总想多给钱，拉车的总想少要钱，您听着就可笑了。

乙　怎么说。

甲　"三轮儿！""哪儿您哪？""西四牌楼。""您给两角行吗？""什么两角？瞧不起我，一块六。""哎，要不了，您给一角就够了。""什么一角，三块八！别捣乱。""干脆您上车我白拉您得了。""白拉干吗？这么着吧，给你五块钱，你拉别人去吧，我溜达着走啦！"

乙　嗐！

（郭全宝整理）

酒色财气

乙　（念定场诗）酒是穿肠毒药，色是刮骨钢刀，财是惹祸根苗，气是无烟火炮。

甲　您这四句定场诗不合事实，太夸大了。

乙　怎么夸大啦？

甲　您想啊！这四句本来是劝大家，不要对这四样儿贪而无厌。因此用“比”字合适一些，如果像您说的那样，“酒是穿肠毒药”，谁还敢喝酒哇！“色是刮骨钢刀”，就都甭娶媳妇了。

乙　怎么？

甲　比方说，你下礼拜结婚，咱俩在街面上碰见了。

乙　好吧。（两人做行路见面状）

甲　大哥您好哇？

乙　好哇！

甲　听说您下礼拜娶媳妇？

乙　是啊！请您一定喝酒去呀！

甲　这多好听！如果用您那定场诗上的词儿一说就热闹了。

乙　来试试看。

甲　大哥您好？

乙　好哇！

甲　听说您下礼拜娶个“刮骨钢刀”？

乙　啊？……啊！我请您喝“穿肠毒药”啊！

甲　俩死鬼！

乙　全完啦！

（于世德忆记）

行者让路

甲　才说呀，您哪？

乙　可不是，头一回。

甲　买卖好吧？

乙　还不错。

甲　现在年头儿好啦，说相声也比早年好说啦。

乙　嗯。

甲　早年相声不好说。因为那时候的人，对中国的封建礼教太认真了，在说话的时候有好多忌讳。所以说相声的有这么两句话："进门问讳，异地讯风"。要往远里说，那个时候您没赶上。

乙　什么时候？

甲　列国时候。您赶上了吗？

乙　我没赶上。你赶上啦？

甲　我也没赶上。

乙　你这不是废话嘛！好几千年啦，谁赶上啦？

甲　那太远了，就以帝制时代说吧，帝王用的都是愚民政策，所谓"民可使由之，不可使知之"。把人弄得都成了迂腐的老道学了，尤其是对待女人，要求得更严格了。女人的一切举止动作，言谈话语，都有严密的限制。什么"男女不同席"啦，"男女授受不亲"啦，"擦襟沾油"都不行！记得有这么一个故事：有一个大姑娘上猪肉铺买肉去啦，卖肉的给她称好了递给她，这个姑娘不用手去接，叫卖肉的搁在案子上，她再拿起来。

乙　这是为什么？

甲　这就叫"男女授受不亲"嘛。

乙　是了。

甲　这个卖肉的不是好东西，心里说：你不用手来接肉，是怕我的手挨上你的手。哼！今天我非要挨挨你不可。卖肉的见大姑娘掏出钱来，没等姑娘搁到案子上，就伸手去接钱，在接钱的时候，卖肉的成心摸了姑娘的手一下儿。这个大姑娘当时满面通红，认为失去了贞节，拿起案子上的肉刀，当的一声，把自己的那只手剁下来啦！

乙　啊？

甲　那个意思就是说："我这只手，被男人摸了，脏啦！要不得啦！"

乙　好家伙！

甲　您看，这都是什么事儿！那个年头儿，大姑娘不敢见大学生[①]，大学生不敢见大姑娘，见了彼此都害臊。比方说，这一条胡同僻静一点儿，有一个大姑娘从这儿走，正走在中间儿，由对面来了一个大学生。这姑娘一看，当时面红耳赤，心中乱跳，心里说：哟，这可怎么办哪？那边儿来了个学生，这要是走到对脸儿，他一看我，那不臊死了人吗？唉！有主意啦，这里有个墙犄角儿，我在这旮旯儿藏一会儿，等他走过去，我再走。对！这个姑娘脸冲墙趴在那儿啦。那边儿那个学生看见这边儿走过来一个大姑娘，心里也是直嘀咕，心里说：糟糕！那边儿来个大姑娘，我要是早知道我就不由这条胡同走，你瞧，这多臊人哪！有了，我在这门垛子后边躲一躲，等她过去，我再走。这学生脸冲墙趴到这边儿啦。俩人对等着。一趴趴了四个钟头，谁也没动窝儿。

乙　这是为什么呢？

甲　这还不是因为一个男一个女，都是十七八岁的年纪。更可笑的是，两个都是上了岁数的，也这么愚，你说这腐败习气有多大！

乙　怎么档子事儿？

甲　我有一个远门儿的二大爷，那年他二十上下，有一天，他家里有人得了暴病"绞肠痧"，三四个钟头就能要了命。请大夫看了，开了个方子，叫赶快去抓药，在两个钟头内吃了药就能有救。我这位二大爷拿着药方子上街抓药去。走到一条很窄的胡同里，地当中有一个泥坑儿，是前两天下雨存的水，靠墙根儿有一点儿干道，

---

① 大学生：北京对少年习称"学生"，对青年即称"大学生"。

可是只能走一个人。我二大爷走到泥坑这边儿，恰巧，坑那边儿走过来一个六七十岁的老头儿，我二大爷一看，就站在这边儿，让老头儿过来，他再过去。

乙　这是应该的，“行者让路”嘛！

甲　对！他们就坏在这“行者让路”上啦。

乙　怎么？

甲　他们把这“行者让路”的意义全解释错了。我二大爷站在这边儿等老头儿先走，可是老头儿站在那边，等我二大爷先走。我二大爷说：“老大爷，您先走！”老头儿说：“不，小伙子，你先走吧。”我二大爷说：“不！我是受过教育的人，我知道‘长者先，幼者后’，是应该您先走。”老头儿说：“我比你懂得。‘青年有为’，你们年轻的出来就是有事儿，不能耽误你们的时间，我是没事儿闲溜达，早点儿晚点儿不要紧，还是你先走吧！”我二大爷说：“我理应‘尊敬长上’，还是您先走。”老头说：“我应该‘慈惠青年’，还是你先走。”我二大爷说：“我不敢以年幼向长辈撒娇儿。”老头儿说：“我不能仗着有了年纪，朝晚辈倚老卖老。”我二大爷说：“我要是先走，叫人看我是欺侮老人，没有道德。”老头说：“我要是先走，叫人说我和小孩子一般见识，没有大量之才。”我二大爷说：“无论如何，也得您先走！”老头儿说：“说出‘大天’[①]来，也得你先走！”两个人站在那儿都不走。那个泥坑都干了，两个人才走。

乙　真有决心。

甲　我二大爷抓完了药回家，家里正等着他呢！

乙　等着他吃药？

甲　等着他买棺材。病人早死啦！

（韩子康整理）

① 大天：骨牌中的天牌。

不宜动土

甲　你看解放以后人的思想有多大变化，过去的人信神信鬼。

乙　可不是嘛！

甲　今天没人信这套。

乙　是啊。

甲　你说哪儿有鬼？鬼什么模样？谁跟鬼一块儿喝过酒？

乙　谁跟鬼喝酒啊！

甲　就那么说，过去有很多很多像这样的鬼故事。有人就信这一套。

乙　就信以为实。

甲　可是谁也没看见过，可都信。

乙　你说谁看见过鬼呀！

甲　就是嘛！根据巴甫洛夫学说，这叫交替反射。

乙　怎么叫交替反射？

甲　小时候你听到的鬼故事，到一定的时候，就在你的脑子里反映出来了，使你恐惧。现在没人信这套，烧香磕头的没有了。

乙　没有了。

甲　都追求真理了嘛！

乙　这话对呀！

甲　过去真有这样的人，像我小时候，我们街坊住着一个老头儿，光棍儿一个人，这老头儿这迷信哪！他的唯一的宝贝，他的行动的指南针……

乙　是什么？

甲　历书！

乙　历书？

甲　过去叫皇历。要干一件事，他得看看皇历。

乙　他得看看皇历。

甲　皇历不是打初一到三十，小尽是二十九天，每天怎么样，天天干什么，都一条一条写着。

乙　对呀！

甲　今天是黄道日啊，黑道日啊，明天是宜沐浴呀，宜探亲哪，宜出行啊，还有什么诸事不宜，这天干什么都不好。

乙　诸事不宜。

甲　有的人他真信这套。他的行动，得先看看历书，每天他都看。

乙　好嘛！

甲　今天想洗澡去……

乙　那怎么样啊？

甲　先看历书，没有。

乙　不宜沐浴？

甲　不是不宜沐浴，这一条还没有，这天是洗澡的日子，他就写“宜沐浴”。

乙　找洗澡的那日子。

甲　哎！也有的时候这一栏有好几样儿事，宜沐浴、探亲、出行。他一找啊，由初一到十五都没有。

乙　那得往后找啊。

甲　那得往后推了，这半个月就算不能洗了。等下半月再说吧，下半月把这茬儿忘了。

乙　这半个月又隔（jiē）过去了。

甲　一个月没洗呀！

乙　太不好了。

甲　是啊！等下月，由初一到十五又没有。

乙　还没有。

甲　结果哪，那一个半月就算没洗。

乙　这多不卫生。

甲　你说这人迷信到这程度。今天要出去办点儿事，上边写着宜出行，这才出去。

乙　这才出门。

甲　如果说今天诸事不宜，哪儿也不敢去，就在家等着吧！

乙　诸事不宜嘛。

甲　哪儿也不敢去，就在家待着，什么事都不敢干，话也少说，往屋里一躺，看书。夏天的蚊子短不了啊，待着待着来个蚊子，往他腮帮子上来一顿改善生活。

乙　改善生活？打算叮他一下子。

甲　一叮他哪，老头儿下意识地用手一拍，叭，拍腮帮子上了，你想那有不疼的吗？

乙　是啊！

甲　拍得老头儿直搰搪，一想：噢！你看是不是，得亏我没出门，出门不知会闯什么祸，诸事不宜嘛！不敢动还挨一嘴巴哪！

乙　这不是自己打自己吗？

甲　是啊，就说他这迷信哪！

乙　你说这迷信到什么程度了。

甲　哎呀！可不能出门啊！不出门就在家待着吧！住一间屋子，半间炕，这房全老了，下午一下大雨，一漏，这房啊，咵嚓一下子，墙塌了。房这一塌可坏了。

乙　老头儿怎么了？

甲　老头儿在屋子里头哪！

乙　好嘛！

甲　老头儿在炕上躺着看书哪！这房子还好，没砸死人，当初盖的时候是硬山搁[①]。

乙　噢！硬山搁。

甲　咯！一下这头儿的檩头糟了，落在地下了，那一头哪，还在山墙上头。整个的斜着坡，可巧他躺着的那地方正是个小窝棚。

乙　你瞧！

甲　街坊可吓坏了，哄地一下大伙儿全跑出来了。“坏了，老头儿在家哪，没出门儿。”街坊邻居都来了。七手八脚地，就给抢东西，把窗户拉开了！拉开了一个洞，一瞧，行，瞧见那老头儿的脚了。这下儿没砸着，可能吓坏了，准把老头儿吓晕了，往出拉吧。大

① 硬山搁：硬山搁檩的简化语。

伙儿伸手往出一拉他，他在里边嚷上了："别动，别动！瞧瞧皇历，要是不宜动土啊，明儿再弄！"

乙 嘿！这迷信。

（侯宝林整理）

盖 被

甲 旧社会结婚入洞房头一宿不许说话，说什么谁先说话谁先死。这完全是吓唬人。真有胆小相信这个的，结婚好几天了，俩人谁跟谁也没说过一句话。

乙 怕死。

甲 纯粹是骗人。谁先说话也没关系，可多半儿还是男的先说话。我就因为这事过去跟人打过赌。

乙 打赌？跟谁啊？

甲 过去我有一个朋友，我们俩岁数差不多，那会儿都二十来岁，那个人平常好说好闹的，挺诙谐。谁结婚他都要闹喜房，他说句笑话儿能把新婚夫妇乐得直不起腰来，屋子里有多少人都得乐。

乙 嗬，这么滑稽。

甲 谁结婚他都闹，到哪儿都受人欢迎。

乙 有他就热闹嘛！

甲 到他结婚的时候，我们大伙儿围着他。我问他："别看你这么能说，谁结婚你都闹，今天你结婚，头一宿你要是能把新娘招得说了话，我请客。"

乙 干吗打这个赌啊？

甲 因为我跟这位新娘住过同院儿，这姑娘特别老实，在家一天也看不见她说一句话。你想，平常都不爱说话，到结婚入洞房的时候，她更不会先说话了。

乙 噢，你知道这个才跟他打赌，那他怎么说来着？

甲 "她不说话我请客，你们订一桌菜，连酒带饭吃多少钱我给。她要是说了话你怎么样呢？"

乙　对呀！人家问你啦，你怎么说呢？

甲　“她要是说一句话，我输给你一块钱。”那会儿还花现洋[①]呢！

乙　噢，一句就一块。

甲　“可有一节，你入洞房，我得在外边听着。”

乙　你干吗听着呀？

甲　不听着没凭据啊！第二天他告诉我新娘子说了十句，我给十块啊？

乙　也对。

甲　等到亲友都走了，就我还在洞房外边，窗户帘那儿露着个缝儿，我往屋里瞧着。新娘子在床边儿坐着，低着头。这小伙子脸皮也厚，嘴也能说。从外边进来，一边走一边说：“哎呀，真够累的，这哪儿是结婚，受罪呀！哎，你怎么样？累不累？咱俩的罪过儿一样，我看你比我还累，打下轿就在这儿坐着，我都替你累得慌。说真的，你累不累？说话，没关系啊，什么谁先说话谁先死啊，咱不信那个。咱家没迷信，你说你的。累不累？”他挤对人家说话，新娘要是说不累，我一块钱没了，这打赌他就算赢了！

乙　那么要是说累呢？

甲　也是一块钱。反正只要对方说一句话，我就得输一块钱。他哪儿知道人家新娘不爱说话呀，越问越低头。（学）

乙　新婚之夜，新娘都害羞。

甲　人家不理他，他还说：“怎么着？这儿跟你说话哪！噢，没听见啊？不会说话？哑巴！”他这是逗人家说话。新娘子要是一生气：“你才哑巴哪！”完！我一块钱没啦。这新娘子还不理他，心里想：咱俩不得过一辈子嘛，过两天你就知道我是哑巴不是啦。今天说什么我也不理你。他一看，问了半天没说话：“你不累我累了，我可得先睡了！”说着话，他把长衣服脱下来了。那阵儿结婚，新郎都穿袍子马褂儿，把衣服往衣架上一挂，里边的小衣裳可没脱。他把床上的被窝给抖搂开了。头一宿盖的被窝、褥子都是女方的陪嫁，那会儿有条件的都是陪上四铺四盖。

乙　哎，那叫四平八稳。

甲　不给四套，也给两套，那叫双铺双盖。讲究给双不给单儿。这家

① 现洋，即银元。

儿陪送的被窝还真讲究，都是洋绉的面儿。他拉过来横着盖在身上。你想，这被卧要是横盖着，左右长，上下短，盖在身上连脑袋带脚都露着。他想：我这么盖被卧你还不理我吗？新娘瞧着，就是低头儿乐，还是不理他。他往上拽这被卧，本来这被卧就短，往上一拽，脑袋盖上了，腿又露着了，拿脚往下一踹，腿盖上了，前胸又露着了。他来回折腾这被卧，新娘还是没说话。我在窗户外头这个乐啊，心说：行，这顿饭我算吃上啦。

乙　你赢了！

甲　赢？这小伙子真高。他一看新娘还不说话，这回他改味儿啦。刚才是高高兴兴，这回是气气哼哼：“哼！这都是你们娘家陪送的东西。你们就是什么不给，我们这儿也不挑眼；要打算陪送，别这么算计，多扯几尺料子。你弄这么个小被卧，我怎么盖？上下够不着！”他这是抱怨的话，这一说新娘也不高兴，心里想：什么，我们娘家算计？这是多么讲究的被卧。被卧小哇，谁叫你横着盖啦？新娘实在憋不住啦，一扭脸：（学）“你把它顺过来盖。”他一听，赶紧冲外边喊：“一块啦！”这是告诉我哪，她可说了一句话，你输我一块啦！新娘不知道哪儿的事，什么事半夜三更喊一块啦，“噢，你问这被面儿呀？”“两块啦！”“用不了那么些钱。”“三块啦！”“连棉花啊？”“四块啦！”我在外边儿搭茬儿啦：“我说你别问啦，我就有五块钱！”

乙　是啊。

（赵佩茹述　颂华整理）

全上来

甲　说相声不易呀！

乙　对。

甲　得有各方面的常识，舞台上的经验，起码要有一定的文化水平，不认识字可不行。拿起脚本来现求别人给念就麻烦了。

乙　当然啦！

甲　平常看脚本的时候，有不熟悉的字我们都找人问问，要不念出白字来让人家笑话。

乙　还是慎重点儿好。

甲　一般的演员在过去多数是不识字的，因为在旧社会相声演员大部分是穷苦家庭出身，小时候念书的机会少，所以有的人在解放以后才学文化，有的是靠自修。

乙　对，现在的水平也不算低了。

甲　过去不但艺人念不起书，有很多人都这样儿，也是想念书，可是念不起。也有那有钱的人，供给孩子念书，可是他不好好地念，家长也不重视。

乙　为什么？

甲　因为有钱哪！家长就认为“有钱能使鬼推磨”，只要稍微认识点儿字，将来用钱就能“运动”个事情做。

乙　噢！他有他的算盘。

甲　在我们那边有一位白字先生，“泰山石敢当”他念“秦川右取当（dàng）”，“孔夫子”他念“扎天了”，“太医院”他念“大酱碗”，最可乐是“糖炒栗子”他念“糖炒票子”！

乙　那谁能吃啊！

甲　就凭他这人儿，还做过知县哪！那时候是花三千两银子捐的知县。
乙　他这学问做知县？批公事什么的怎么办哪？
甲　他有个师爷呀！由师爷给办。有一次闹了个大笑话儿。
乙　怎么回事？
甲　师爷那天闹肚子不在，赶巧来了打官司的啦。
乙　什么事呀？
甲　债务。原告叫金止未，金银的金，禁止的止，辰巳午未的未。
乙　叫金止未，被告哪？
甲　被告的名字也不常见，叫郁卞丢。郁是一个有没有的有字旁边直个耳刀儿，卞是上下的下字上边多一个点儿，丢哪是丢东西的丢。
乙　郁卞丢，证人哪？
甲　证人姓干钩儿于，叫于斧，就是斧子的斧。
乙　这仨人名字真新鲜。
甲　所以就闹出笑话儿来啦！
乙　什么笑话儿呀？
甲　他一看公文上边写着原告“金止未”，他全给念白了：“带全上来！”
乙　全上来？
甲　衙役连原告带被告、证人全给带上来啦。
乙　这可热闹！
甲　他不知道自己把字念白啦！还纳闷哪，心说：怎么叫一个来了仨呀？我再叫被告，看还把谁带上来？
乙　对，叫郁卞丢吧？
甲　“都下去！”
乙　都下去？又念白啦？
甲　衙役又都给带下去啦。
乙　好嘛！
甲　就这样儿“全上来”，“都下去”，“全上来”，“都下去”……打官司的来回跑了二十多趟。
乙　这份儿倒霉！
甲　这会儿师爷带着病来啦，知县的书底儿他知道哇！不放心，到堂上看看。
乙　看看这热闹儿吧。
甲　到堂口一看，“全上来”，“都下去”，稀里呼噜，越看越别扭，绕到知县身后头一看公文："嗐，敢情都念白字啦！"赶紧拦着知县嘀咕："老爷，那不是'全上来'，'都下去'，原告叫金止未，被告叫郁卞丢，证人叫于斧。"

乙　知县说什么？

甲　知县说："哎呀，多亏你来得早！"

乙　要是来得晚哪？

甲　"我管于斧就叫干爹啦！"

乙　又念错啦！

（于世德整理）

糖葫芦

甲 您这说相声的也都上过学吗？

乙 倒是念了几年书。

甲 几年？

乙 四年。

甲 比我强。

乙 您上过几年学？

甲 二年。

乙 要是二年勤学也还凑合。

甲 说二年不够二年。

乙 怎么又不够二年呢？

甲 我闹了些日子病。

乙 病了多少日子。

甲 一年零十一个月。

乙 才念了一个月的书哇！

甲 还逃了二十九天学。

乙 才一天！

甲 那天是礼拜日。

乙 嗐！一天没念哪！

甲 这是说笑话。念过几天书，我的算术还比较不错。

乙 您不行，算术您可比不了我，我算术最好。

甲 噢，您算术好？

乙 好！加减乘除、鸡兔同笼我都学过了，小数点儿、分数儿这我都会。

甲　那好，我给您出一道题，您算得上来吗？

乙　可以。

甲　一个加一个等于几个？

乙　一个再加一个那等于两个呀！这是加法。

甲　对！要是一个再减一个等于多少？

乙　一个再减一个……这没有了。

甲　怎么？

乙　您想，一个要再减去一个那不是没啦吗！

甲　不对了。一个减（捡）一个等于俩呀！

乙　怎么会等于俩呢？

甲　嘿！怎么不明白。比方说扇子吧，这儿已经有一个了，你要再捡（减）一个那两个了嘛！

乙　噢，往起捡呀？

甲　啊！

乙　好嘛！我是往下减，他那往上减（捡）。

甲　不管怎么说你没算上来。

乙　你再出一道题。

甲　一竖儿，这边一个圈等于多少？

乙　等于十啊。

甲　嗯，再加一个圈？

乙　一百。

甲　再来一圈儿？

乙　一千。

甲　再画一个圈儿？

乙　一万。

甲　行。把这一竖儿横过来，放在这四个圈儿里边儿等于多少？

乙　这……不知道。

甲　糖葫芦啊！

乙　糖葫芦呀！！

（郭全宝整理）

谁有理

甲 人要是生气，没完。

乙 怎么啦？

甲 前几天我生了一肚子气。

乙 为什么？

甲 您知道我们家房后头是一条街，房后头经常有人扔西瓜皮、烟头儿、纸屑，乱七八糟的，苍蝇嗡嗡直叫，甚至于有人在房后头解小手。

乙 多不卫生。

甲 有一天，我起了个大早儿，把垃圾都打扫干净了，撒上点儿石灰。拿粉笔在墙上写上了几个字。

乙 写的什么字？

甲 “行路人等不得在此小便。”

乙 好。今后再有人想解手，一看这条儿也就不尿了。

甲 对。

乙 拾掇完了，弄个小板凳往那儿一坐，心里挺痛快。

甲 那当然。正坐着哪，由那边过来一位，看了看那条儿，站那儿就尿。

乙 耶？

甲 我说：“这位，怎么回事？这儿写着条儿哪，你看见了没有？”

乙 啊！

甲 你要是说没看见不就完了嘛！

乙 对呀！

甲 他冲我一乐：“看见了！”

乙　看见了？

甲　那儿写着，不叫尿。“不，上头写着叫尿。”

乙　叫尿？

甲　“好，你念念，上头如果写着叫尿，就算白尿；如果写着不叫尿，咱得找个地方说说去。”

乙　对！

甲　“您别着急。你是怎么念的？”“我这么念的：‘行路人等，不得在此小便。’”“您这么念当然不叫尿了。我给您念？”

乙　他怎么念的？

甲　“听着：‘行路人，等不得，在此小便。’”

乙　那意思？

甲　那意思：行路人实在等不得了，就在此尿吧！

乙　嗐！

（孙少臣整理）

糊　涂

甲　做一个相声演员脑子得聪明啊！

乙　是呀！

甲　您就挺聪明的。

乙　对了，因为我脑袋大。

甲　没听说过，脑袋大就聪明！

乙　人家都这么说嘛！

甲　我看一个人只要爱学习，遇事爱思考，就会慢慢聪明的。脑袋大管什么？我们有个街坊脑袋倒是大，可是比谁都糊涂，一家子都是这样儿。

乙　怎么回事？

甲　还是从前的事哪！有一天，他们孩子在门口儿玩儿，趴在防火水缸的边儿上，里边还有半缸水，一照，哎！有个小孩儿！

乙　就是他自己呀！

甲　他冲缸里这影子说话："咱俩玩儿，不许你打我，你要打我，我也打你。（做动作）你干吗打我！"小孩儿赶紧往家跑，告诉他爸爸去了："爸爸！门口儿有个小孩儿要打我！"他爸爸说："走！我瞧瞧去！"小孩儿把他爸爸带到缸旁边儿，他往里一瞧，来火儿了！

乙　怎么？

甲　"哎！这你就不对了！小孩儿打架，你大人出来干吗？"

乙　嗐！

甲　"太不讲理了！"他由地下抄起一块砖头，往里一扔，就听见哗啦！

乙　缸碎了！

甲　因为他把缸底儿打碎了，水都流出去了。可有几块破缸碴儿，还积着水，把他的脸照得一块儿一块儿的，他一瞧，吓坏了！

乙　怎么？

甲　“坏了！我打坏了人啦！”

乙　哪儿的事呀！

甲　回家跟他妈一说，他妈说：“那你跑吧！”他就跑了。一走好几个月，他妈想他呀，叫他给家捎信的时候寄张相片来。

乙　对！

甲　他上街一转悠，看见一个小镜子摊：“哎呀！我这么些相片在街上摆着哪！”

乙　哪是他的相片呀！

甲　买一个小镜子，寄家去了。他媳妇一看，跑到他妈那儿就哭上了。

乙　哭什么？

甲　“妈……他在外头胡来！”

乙　怎么？

甲　“他又结婚了！您看还把那个女人的相片寄来了！”

乙　嗐！

甲　他妈说：“我瞧瞧！”拿过来一照，“嗐！你胡说什么呀！他就是再找，也得找个年轻的，你看，他哪能找个老太太呀！”

乙　嗐！一家子糊涂！

（于春藻整理）

疑心病

甲　不论对人处事，就怕乱怀疑，这种人天下日久就坐下病了。

乙　这是什么病？

甲　神经过敏，疑心病。

乙　还有得这种病的？

甲　怎么没有！早先我们街坊住着小两口，那个女的就有这种病。

乙　疑心病？

甲　可不，女的老疑心男的在外边有情人，常了就成了她的一块心病了。

乙　这种病可不好治。

甲　偏巧同院住着一个姑娘，长得非常漂亮，这小两口就因为这个姑娘发生了矛盾。

乙　因为啥呀？

甲　女的总怀疑男的爱上了这个姑娘。

乙　这不是没影的事嘛！

甲　你说住在一个院里。哪有见面不说话的？你可别说话，一说话等进屋她就问。

乙　为什么呀？

甲　“哪儿来那么些说的，说起来没结没完的，你也不怕得话痨！你要是喜欢她，咱俩可以离婚，你跟她结婚去！”

乙　这都是哪儿跟哪儿呀！

甲　男的说：“我不跟她说话还不行嘛！”

乙　这回没事了。

甲　事更多了！男的怎么都不合适，男的见着那个姑娘瞧也不好，不瞧也不好。

乙　怎么?

甲　男的瞧了那个姑娘一眼，回来她说问:“你瞧她干吗?她长得漂亮啊?咱俩可以打离婚，你跟她过去吧!”男的一赌气，见着面不瞧啦，扬着脸就过去了。

乙　这回行啦!

甲　也不行。“你往上瞧什么呀?她烫的发好看哪!”

乙　嗬!

甲　男的一想，别扬着脸走道了，再见着她低头走吧!

乙　这回许行啦。

甲　还不行!

乙　还不行?

甲　“你低头走干吗?噢!你看人家新买的皮鞋好哇!咱俩打离婚，你跟她结婚去!”

乙　扬头不行，低头也不行?

甲　男的实在没办法啦，再见着那个女的，赶紧把眼睛闭上了。

乙　这回没词啦!

甲　没词啦?更厉害了!“你闭眼干啥?”男的说:“我抬头也不行，低头也不行，我闭上眼睛不瞧啦，还不行?”“你哪儿是闭着眼哪?”

乙　干吗哪?

甲　“你那是琢磨哪!”

（于世德整理）

忙人遇忙人

甲 人要该着生气，怎么也躲不开。

乙 怎么啦？

甲 早晨起来，到饭馆儿吃点儿饭，生了一肚子气。

乙 在饭馆儿生什么气？

甲 一看，饭馆儿里人挺多，吃点儿简单的吧。

乙 什么简单？

甲 麻酱面。

乙 对。

甲 我往那儿一坐："伙计，来碗麻酱面！……"我连喊七八声，伙计不理我。最后过来一个老头儿："你喊什么？你没看这么多人吗？"我说："我忙，吃完了我还有事。""忙也得等着啊！"他刚一走，我说："不要蒜啊！"老头儿一听："什么？不要了？算了！"

乙 啊？

甲 我又一想：不要就白等了？忙说："要，要，要，快点儿，我忙啊！"又等了半个钟头，面才端来。

乙 够慢的。

甲 端过来不放下，他问我："你在哪儿吃啊？"多别扭？在哪儿吃！我说："在桌上吃！""噢，在桌上吃。"咵！咵！都倒在桌上了！

乙 这可不像话！

甲 当时我就火儿了！"回来！你们家都这个规矩？有倒在桌上吃的吗？""你别喊了，我问问你。我问你你说什么？""我说我忙啊。""我也忙啊。我忙着刷碗！等你吃完了再刷得什么时候？这回不等你吃完了我就刷完了。"

乙　嚄！

甲　倒霉！谁叫咱说忙呢！在桌上拌吧。正拌着哪，由外头进来一个拾大粪的。一句话没说把面条都划拉他粪筐里啦！

乙　啊？

甲　差点儿没把我气晕了："怎么回事？太不像话了！我还没吃哪，你怎么都划拉粪筐里啦？"拾粪的说：（倒口）"别忙，我问问你。你刚才说的什么？"我说："我忙着有事！""他呢？""他说他忙着刷碗，你呢？""我忙着捡粪！""你忙着捡粪你也等我吃完了拉出来你再捡哪？""等你吃完了再拉出来多麻烦！不如我都给你划拉了多省事啊！"

乙　嗐！

（孙少臣整理）

捡 钱

甲 人的脾气不一样，爱好也不一样。

乙 麻辣凉香，各有所好嘛！

甲 可是就怕入迷。

乙 那是。

甲 听书的有书迷，听戏的有戏迷，喝酒的有酒迷，另外还有一种财迷。

乙 还有财迷？

甲 这种人净琢磨着怎样能发财，老想着出门要是捡俩钱才合适。

乙 哪儿有那事呀！

甲 在我们那边有哥儿俩，在街上走着走着就聊起来了。

乙 聊什么？

甲 大爷跟二爷说："今天我要捡着一千块钱有多好，我一定给你三百，我来七百。"二爷说："凭什么你来七百呀？见面分一半儿嘛！我得来五百。"

乙 这就争上啦？

甲 "你也太难了，我捡的钱，给你三百就不错了，你别不知足。"二爷说："要不叫我跟着你，捡钱哪，你也配！"

乙 这就吵上啦！

甲 "冲你这么说，我一个子儿也不给你！""他姥姥的！你不给，我打你！""你敢！"叭！那位给这位一个大嘴巴，这位把那位的头发揪住啦。

乙 这值当的吗？

甲 两人打了有一个钟头，警察来啦：“撒手！怎么回事？”大爷说：“我捡了一千块钱，给他三百都不行，非要五百不可。您瞧，他把我耳朵给咬下半拉来！”警察问：“钱哪？”“啊！……还没捡哪！”

乙 啊？

（于世德整理）

明 偷

甲 小偷儿最可气了，你一不小心，东西就没了。
乙 是，得防备点儿。
甲 还有明偷的，当着你面儿愣把东西拿走了。
乙 是啊?
甲 你听，有这么一回事。
乙 什么事?
甲 有一位老太太，用个大铜盆洗衣服，小偷儿就看上这铜盆了。老太太洗完衣服得泼水，端着盆出来了。小偷儿赶紧跑过去:“大妈，您怎么自己出来倒水呀? 孩子呢? ”这话问得能叫人不疑惑他。
乙 怎么?
甲 你要是问你儿子呢，你要是问儿媳妇儿呢，人家要是没有儿子不就露馅儿了? 问儿媳妇儿，人家儿子要是没结婚呢? 问“孩子”肯定错不了。老太太一看不认识:“你是谁呀? ”“大妈，你怎么连我都不认识了? 我不就是‘二百五’哪。”
乙 “二百五”?
甲 “我小时候您还常领着我买糖吃呢。”老太太一想:“不错，是有个二百五。”老太太也糊涂，“二百五”那是《大劈棺》里的。老太太说:“噢，你就是二百五啊? 我真想不起来了。”“大妈，您这么大岁数了，端个盆多沉哪? 来，我替您端吧! ”老太太也是不放心:“不用了，不用了! ”“大妈，您跟我还客气什么? 我不就跟您的孩子一样吗? 来来，我给您倒。”说着把盆就接过来了。把水倒了，一句话不说，拿着铜盆就走。老太太一看，怎么走了? “嗨，你别走哇? ……你叫什么来着? ……对! 二百五。

二百五！二百五！你回来呀！”二百五！小偷儿不慌不忙地一回头：“老太太，二百五哇？您给三百我也不卖呀！”

乙 噢，他成卖盆的啦！

甲 还有瞪着两眼看着叫小偷把东西拿走的。

乙 还有这事儿？

甲 过去，买卖家儿柜台上都摆着大煤油灯，大玻璃罩子，非常好看，这盏灯要买也得十块、八块的。小偷儿愣叫掌柜的看着把灯端走了。

乙 那怎么端呢？

甲 有办法。掌柜的在柜台里坐着呢，小偷儿由外头进来。掌柜的马上站起来：“先生，买什么？”“不买什么。掌柜的，告诉你个新鲜事儿，对过儿那家买卖，好几个人看着，愣叫人家把灯偷走了。您可得留神小心别丢了！”掌柜的一听：“嗐！哪儿有这事儿？瞪着眼睛叫人家把灯端走了？我不信。他是怎么端走的？”“掌柜的，他是这么端走的！”他把灯端起来（做端灯的姿势）走了（往外走）！

乙 真端走了？

（孙少臣整理）

小相面

乙　石崇豪富范丹穷，甘罗早发晚太公，彭祖寿高颜回短，各人皆在五行中。

甲　听您刚才念的这几句诗，看得出您对星相学颇有研究。

乙　研究咱可不敢当，不过是看过几部相书，什么《水镜机》《麻衣相》《相理衡真》《相法大全》《柳庄相法》等等。

甲　您既然看过相书，我想向您领教一二，不知肯赐教否？

乙　行啦，行啦，有什么话您就直说吧。

甲　请问这人的寿数长短，需要看什么地方。

乙　看人中哪！就是上嘴唇。按照相书上说：人中长一寸，寿活一百岁，就是说人的上嘴唇越长，寿命就越长。

甲　噢，我明白了。人中长一寸，寿活一百岁。就是说，要是长二寸，那甭问就得活二百岁啰！当初彭祖寿活八百八十岁，那他的上嘴唇一定要长八寸八啦！

乙　那成驴啦。

甲　古时候称呼皇上为万岁万岁万万岁，他要活万万岁，那么皇上的上嘴唇该有多长啊！他要是站在北京城一噘嘴，那上嘴唇还不到山海关哪！

乙　没听说过。

甲　这是你说的？

乙　什么呀，这是相书上写的。

甲　我就不看那玩意儿。

乙　玩意儿？

甲　我照样能相面，会算卦。

乙　吹牛。

甲　没那毛病。

乙　你给人相过吗？

甲　不但给人相过，而且还一看一个准儿，就连看相的人姓什么，在哪儿住，我都能算得一点儿不差。

乙　真有这事儿？

甲　看这意思你是有点儿不大相信。

乙　我不是不大相信，而是根本不信。

甲　这么着我先跟你说件事儿，有一年我在山东济南府，九月九，到千佛山赶会去。回来的时候下小雨，因为是牛毛细雨，我没打伞，淋着往回走。那天刮的是北风，我由南往北迎着风走。九月九，有点儿冷，前身上的衣服全湿了，距离南圩子门还很远呢，正好，路边儿上有一座乡间茶馆，还带卖便饭，我想进去喝会儿茶，避避雨。

乙　等雨住了再走。

甲　雨不大，可是下个没完，就在这个时候由外边走进一个人来，问堂倌："请问在这外边儿摆卦摊儿的先生今天来了没有？"

乙　他是来找算卦的。

甲　对！当时堂倌说："来啦，因为下雨，收摊儿回家了。"

乙　那个人呢？

甲　那个人听了以后没精打采地往外走。他刚走到我跟前，我站起来对他说："你是不是想算卦？我也是一个算卦的。"

乙　他说什么啦？

甲　他上下看了我两眼，那意思有点儿不大相信。

乙　别说他不相信，就连我也不信。

甲　我说："王先生，你先坐下，咱们聊聊怎么样。"那个人听了以后，当时一愣。我说："你是南乡的人吧？"他点了点头儿。我说："您家里有病人，你这是由南乡来，进城抓药去。你是骑着牲口来的，对不对？"他又点了点头儿。我说："病的是个女人，还不是外人，是你老婆，对不对？"那个人听到这儿，就坐下来了，他说："先生，您说的都对，就请您给算一算，她这病能不能好哇？"我说："能好，吃了这服药，一定会好的。"那个人一听喜欢得不得了，替我给了茶钱，千恩万谢地走了出去。

乙　这么一说，你算得还真灵。

甲　没什么，我要说出来你也能算。

乙　不行，我没那能耐。你看他姓什么，哪儿的人，干什么去，你都算出来了，那还不灵？

甲　那不是我算出来的，那些事儿都在他身上带着呢，只要你留心注意，仔细观察，便可一望而知。

乙　我先问问你，你怎么一见面就知道他姓王？

甲　我看见他在肩上扛着一个布褡子，到河北省叫捎马子，上边写着四个大字“三槐堂记”。你想呀，他的堂号是“三槐堂”，那一定是姓王。要是“百忍堂”一定姓张，要是“有余堂”一定姓刘。

乙　对！要是“四知堂”准姓杨。

甲　这不你也会算了吗？

乙　就这个呀！

甲　这就可以啦。

乙　你怎么知道他在南乡住呢？

甲　今天下小雨儿，刮北风，我见他前身的衣裳淋湿了，后心的衣裳还是干的，他一定是由南往北走的，所以我断定他是由南乡来。

乙　他骑牲口你是怎么知道的。

甲　我见他身上的衣裳淋湿了，可脚上的鞋底全是干的，连点儿泥都没有。所以断定他是骑牲口来的。要是坐车来的，身上绝对不能淋湿了，要是走着来的，鞋底儿一定有泥巴。

乙　这不一定吧，他要是骑自行车来的呢？

甲　不可能。

乙　怎么呢？

甲　因为他左手提着个马鞭子，哪有骑自行车带鞭子的，自己赶自己？你来一回试试。

乙　来不了。

甲　还是的。

乙　你怎么知道他家里有病人，这会儿是去抓药的呢？

甲　我看见他耳朵边儿上夹着一个药方子，这一定是进城抓药哇，既然是抓药，那家里一定有病人。你们家是不是没病也抓药哇？

乙　你们家才没病找病哪。

甲　这不是打个比方嘛。

乙　没这么比方的。

甲　真急了。

乙　不行，我还得问问你，你怎么知道有病的是个女人呢？

甲　他那药方子不是叠着夹在耳朵边儿上吗？方子面儿上露着两味药，一味是甘草，一味是红花。甘草是去毒的，差不多开药方子的时候都要加上它。可是红花就不然了，红花是专门治妇科的药，男人不论得什么病也很少用红花，所以我断定他家病的是个女人。

乙　你说的都对，可是我还是有点儿不明白，你是怎么知道得病的是他老婆呢？

甲　这还不明白吗？今天这样的天儿，又是风又是雨的，他不顾一切顶风冒雨地进城抓药，一定是他老婆有病，要是他妈妈有病啊，这样的天儿说什么他也不出来呀！

乙　你得了吧。

（韩子康述　薛永年整理）

戏　迷

甲　你说我唱戏唱得怎么样？

乙　啊，你呀？唱得不怎么样。

甲　不怎么样？你别看我唱不好，我敢在舞台上唱。

乙　噢，敢在舞台上唱。

甲　这是我最大的特点。

乙　这是你的优点哪？

甲　有这么一种人，他不敢在台上唱。

乙　在哪儿唱啊。

甲　到胡同儿里唱。

乙　胡同儿里头唱不是拢音嘛！

甲　什么拢音哪？夜里头走黑胡同他害怕才唱哪！

乙　胆小儿啊！

甲　他怕鬼掐他。其实没有鬼，就是小时候听过鬼故事，脑子里印象总有鬼，所以一走黑胡同儿他就害怕，唱上几句，就可以帮着壮壮胆子。哎，这种人唱出来什么味儿！

乙　唱出来不是味儿呢。

甲　宰羊似的。

乙　你学学。

甲　好，我学学。一进黑胡同儿，越想越害怕，他就嘀咕，他怕鬼掐他呀：“倒霉，今儿又没灯啊！”（唱）“我……正……在……城……楼……观……山……哪……景……啊！”（怪声大叫）

乙　都岔声儿啦！

甲　他这么一喊哪，警察过来了。

乙　那还不过来。

甲　“你这儿喊什么哪？”“有……有鬼！”

乙　有鬼？什么模样儿？

甲　“挺高的个儿跟那儿直晃！”警察也纳闷儿，掏出手电一照：“你看那是鬼吗？”他一瞧，也乐了：“噢，电线杆子！”

乙　噢，叫电线杆子吓得那样儿！

甲　你说这种人唱出来能好听吗？

乙　绝对好听不了。

甲　还有一种爱唱的人，都成戏迷了——这也不好。

乙　要是真正入了戏迷也不错。

甲　什么不错啊？生活戏剧化。

乙　是啊？

甲　行动坐卧走他都唱。

乙　有这事吗？

甲　有。我们那儿住着一家街坊，夫妻俩都是戏迷，我天天回去很晚，十二点多钟到家一听啊，那儿还没散戏哪！好，第二天早上刚起来，他们那儿又开台了。

乙　又接上了。

甲　有一天早晨我拿着脸盆，心想着打盆水洗洗脸，好上班儿去呀。好，走到他们窗根儿底下，那儿又唱上啦。

乙　唱哪出啊？

甲　老两口子商量吃什么饭。

乙　这也唱啊？

甲　他这称呼都特别。

乙　怎么称呼？

甲　老头儿管老婆儿叫“妈妈”，老婆儿管老头儿叫“老老”。

乙　这……什么辈儿啊？

甲　老头儿说：（学京剧道白腔）“啊，妈妈，今日你我二老吃什么饭哪？”老太太说了：（白）“啊，老老，你我二老吃炸酱捞面吧！”

乙　嗐！

甲　老头儿又说啦：（白）“哎。拿来！拿钱来我去买面哪！”老太太一听要钱：（白）“这钱嘛……惭愧了！”

乙　惭愧什么？

甲　就是没钱哪！老头儿一听说没钱："哎呀！"

乙　叫起板来了。

甲　我一听，我别打水去了，听戏得啦！什么戏都听过，唯独"炸酱面"没听过。

乙　是没听过。

甲　还真唱上了。（唱〔二黄摇板〕）"听说要吃炸酱面，怎奈手中无有钱，眼望着……切面铺哇啊……"空——哐！

乙　怎么这儿还一锣哪？

甲　哪儿呀，我把脸盆掉地下啦！

（侯宝林整理）

批京戏

甲　要说听京戏可太普遍啦！

乙　是啊！差不多全国各大城市都有嘛！

甲　因为它唱的念的大家都听得懂。

乙　词句也比较通俗。

甲　但是也有前后矛盾的地方。

乙　京戏的词还有前后矛盾的地方？这我倒没注意。哪出戏呀？

甲　《四郎探母》。

乙　《四郎探母》哪儿矛盾呀？

甲　您听四郎一上来，先念个〔引子〕。

乙　怎么念呀？

甲　这么念的（念定场诗）：“金井锁梧桐，长叹空随一阵风。”

乙　对呀！

甲　凡是台词，唱也好，念也好，总得说明问题呀！

乙　当然啦，这是内容嘛！

甲　四郎这个引子，说明什么问题呀？如果说的是天气，照他这两句词来推断呀，是秋天。

乙　对！金井锁梧桐嘛！

甲　您单听四郎这个引子可没矛盾。

乙　对呀！

甲　如果您再听铁镜公主唱那四句〔摇板〕，那就砸啦！

乙　怎么？

甲　您听铁镜公主上来唱那〔摇板〕：（唱）“芍药开牡丹放花红一片，艳阳天春光好百鸟声喧。”铁镜公主过的是春天。

乙　对呀！

甲　还对哪！同一天，四郎过秋天，公主过春天？

乙　哟！

甲　您说这是不是矛盾？

乙　一点儿不假。

甲　还有一出戏那矛盾更大啦！

乙　哪出呀？

甲　《珠帘寨》。

乙　噢！沙陀搬兵！这出戏的矛盾在哪儿哪？

甲　（流水）呀！您听李克用唱：（唱）“哗啦啦，打罢了头通鼓，圣贤提刀跨雕鞍。哗啦啦，打罢了二通鼓，人有精神马又欢。哗啦啦，打罢了三通鼓，蔡阳人头落在马前。”

乙　这没矛盾呀！

甲　没矛盾？哗啦啦，这仨字是什么意思呀？

乙　这您都不明白，这是敲鼓的声音呀！

甲　你们家的鼓是这声音吗？

乙　这……不是！

甲　不论什么鼓，都是咚咚咚呀！哪有哗啦啦的呀？从楼上往下倒水才哗啦啦的哪！

乙　啊？

甲　我老纳这个闷儿，我得找个内行问问。我问到谭富英啦：“《珠帘寨》敲鼓为什么要唱哗啦啦呀？”“您不知道，因为这六句词呀，是一句比一句高，哗啦啦是平声字，唱起来好听，嗓子放得开。咚咚咚是仄声字，唱起来闷音，难听。”“我不信，我非唱成咚咚咚。”“好，您试试看。”结果我这么一唱呀，是难听。

乙　您唱我听听。

甲　（唱）“咚咚咚，打罢了头通鼓，圣贤提刀跨雕鞍。咚呀咚格咚，打罢了二通鼓，人有精神马又欢。咚（dōng）咚咚……”

乙　怎么啦？

甲　掉沟里一个。

乙　啊！

（叶利中述　张继楼整理）

万里云南

甲　有这么句话，叫作“说书的嘴，唱戏的腿”。

乙　什么意思？

甲　这句话是形容说书的嘴快，唱戏的腿快。

乙　怎么个快法？

甲　甭管多远的路程，说书演员的上嘴唇一碰下嘴唇就到了。

乙　这么快？

甲　“饥餐渴饮，晓行夜宿，这一天到了昆明。”

乙　这就到了呀？

甲　说书的嘴嘛！

乙　那唱戏的腿呢？

甲　也是甭管多远的路程，他在台上绕个弯儿就到了。

乙　也够快的了。

甲　有一出京戏叫《反云南》[①]

乙　听说过。

甲　云南多远哪！万里云南。

乙　那得看打哪儿算。

甲　一员大将带着四个龙套，这大将一声令下：“众将官！”

乙　有。

甲　“兵发云南去者！”“得令哦。”乐队吹打个〔三枪〕“隆咚仓，隆咚仓，隆咚……仓……”龙套顺着舞台转了一圈儿站住了。

乙　怎么不走了？

---

① 京剧《反云南》，不详。《京剧剧目初探》《京剧剧目辞典》均未收此目。

甲 是呀，大将还装模作样问哪：“兵马为何不行？”龙套回答了：“兵至云南。”

乙 这就到啦？

甲 这就叫艺术的真实，它不能和生活的真实一样。

乙 要和生活的真实一样呢？

甲 那就热闹了。

乙 热闹点儿好哇。

甲 大将一声令下：“兵发云南去者！”大伙儿叽里骨碌回后台了，洗完脸把行李卷儿一打，奔车站买票上云南了。

乙 这多真实啊！

甲 他们真实了，观众蒙了：怎么半天台上没动静了？赶紧问剧场服务员：“哎，这戏怎么不唱了？”

乙 服务员怎么回答的？

甲 “谁说不唱了？”“那怎么台上不出人了呢？”“您没听吗？兵发云南去者——演员都上云南去了。”“他们上云南去了，我们怎么办呢？”

乙 观众着急了。

甲 服务员一笑：“怎么办？那看各位还想不想接着往下看了，要是不想看，就回家休息去吧。”

乙 要想看呢？

甲 “赶紧上车站买票一块儿去云南。”

乙 受得了吗！

（纪元供稿）

难诸葛

甲　这回该我表演了。

乙　您是相声演员？

甲　不，我是唱京剧的。

乙　噢，京剧演员，那么您是演哪个行当的呀？

甲　甭管哪个行当，哪出戏都少不了我。

乙　这么大能耐？

甲　当然了。

乙　总得有个正工啊。您是包头哇，还是勾脸儿呀？是挂髯口啊，还是画豆腐块儿呀？

甲　您问我的扮相？

乙　是啊。

甲　我是头戴扎巾身穿帔，脚蹬薄底儿手拿旗，主角未出我先上，不是喊噢就是叫咿——

乙　龙套哇！

甲　有时候还来个朝臣、家院、旗锣伞报什么的。

乙　反正也是零杂儿。

甲　我这么大个子，跑龙套、演零杂儿，公平不？

乙　话不能这么说，你没有演角儿的艺术水平，也就得跑个龙套。再说了，红花总得绿叶扶，龙套就好比绿叶，也是一出戏里不可缺少的。

甲　说得好听，可上台红花他怎么在中间坐着，我们绿叶怎么在旁边站着？

乙　这是剧情需要。

甲 我看着这情形心中就有气。

乙 有气也白搭。

甲 白搭？等哪天我这绿叶一定好好治治那红花。

乙 这可不应该。

甲 哎，机会来了。

乙 怎么？

甲 那天演《空城计》，让我来个旗牌。

乙 就那报事的？

甲 对。

乙 你要什么坏招儿啦？

甲 那场戏不是这样嘛：诸葛亮上来念："兵扎祁山地，要擒司马懿。"然后坐好，这时候旗牌上来："人行千里路，马过万重山。"

乙 是这么回事儿。

甲 琴童通禀完毕，旗牌向前："参见丞相。""罢了。你奉何人所差？""王平将军所差。""手捧何物？""地理图。""展开。"诸葛亮看完地图大吃一惊，赶紧吩咐："旗牌过来，命你去到列柳城调回赵老将军。快去！快去！"旗牌应了一声："得令！"跑下去了。

乙 这场戏就应该这么演哪。

甲 我就不这么演。

乙 你怎么演的？

甲 前边还都一样，就是到了诸葛亮传令的时候，我给他出个难题。

乙 什么难题？

甲 诸葛亮说："旗牌过来，命你去到列柳城调回赵老将军。快去！快去！"

乙 得令下去吧！

甲 不下。

乙 不下？

甲 我反问那位"红花"诸葛亮一句。

乙 什么叫"红花"诸葛亮啊？

甲 他是"红花"我是"绿叶"嘛！

乙 怎么净想着这个呀？

甲 我问他："啊，丞相，若是那赵老将军不在那列柳城呢？"

乙 戏里没这词儿呀。

甲　有这词儿我就不问他了。哈哈哈。

乙　你可够缺德的了。

甲　红花呀红花，我叫你尝尝我绿叶的厉害。

乙　哎，那位演诸葛亮的怎么回答你的?

甲　只见他卡巴卡巴眼儿，冲我一笑:“赵老将军若不在么——此乃军机不可泄漏，你附耳上来。”

乙　要小声告诉你。

甲　我把耳朵往他嘴边儿一凑，他用羽扇一挡说——

乙　说什么?

甲　“你小子再捣乱，我告诉团长扣你这月奖金，赶快滚下去！”

乙　你怎么回答的?

甲　“得令哦！”（做戏中动作）

乙　还亮相哪！

（纪元搜集整理）

马路红

甲 京剧讲究的是唱念做打。

乙 这是四门基本功。

甲 只有勤学苦练才能掌握真本领，受到观众的欢迎。

乙 那才算唱红了哪。

甲 这叫前台红。

乙 前台红？这么说还有后台红？

甲 不光有后台红，还有池子红、马路红。

乙 这可头一回听说。哎，你给大伙儿说说。

甲 讲讲这几种红的特点。

乙 对。你先说说前台红。

甲 前台红是真红。像四大名旦，四大须生，以及许多著名演员那样，有扎实的基本功，有娴熟的表演技巧，知名度很高，只要一登报，剧场就满员，一出台观众就鼓掌，一唱大家就叫好。

乙 噢，这就是前台红。那后台红呢？

甲 后台红？这种人不虚心学习，不钻研业务，长年在剧团里混，一瓶子不满半瓶子逛荡，没事老在后台哼哼，什么戏都会，什么行当全行。

乙 这也可以呀。

甲 在后台咋咋呼呼，上前台马马虎虎，站没站相，坐没坐相，只要一张嘴，要多难听有多难听。

乙 不是味儿呀？

甲 他嗓子痛快了，观众回家恶心了三天。

乙 嗄！这可真够坑人的。那么池子红是怎么回事儿？

甲　池子红就是在浴池里红。

乙　澡堂子呀！

甲　这种人哪儿也不唱，只要进了澡堂子，一下浴池："啊啊——"

乙　这就要唱。

甲　热水烫的。

乙　嗐！

甲　（边做洗澡动作边唱）"包龙图打坐在开封府哇——突突突"。（做吐水状）

乙　怎么了？

甲　洗澡水进嘴里去了。

乙　喝汤啦！这是池子红，那马路红哪？

甲　马路红最有意思了，这种人专爱在街上唱。特别是那胆儿小的，走黑道他害怕，用唱来壮胆儿。

乙　怎么唱？

甲　（用颤抖声音唱）"听他言吓得我……"

乙　嗯，听出来了，这是真吓的。

甲　（接唱）"心惊胆战——哎呀妈呀！"

乙　怎么了？

甲　跑过去一只猫。

乙　胆子也太小了。哎，马路红都是夜里唱吗？

甲　也不一定，像我二哥他就白天唱。

乙　你二哥也是马路红？

甲　红得厉害哪！一上街就摇头晃脑走台步，嘴里边儿哼哼呀呀地唱，后头跟了一大群人。

乙　这不影响交通吗？

甲　交通民警批评他好几回。

乙　别在大街上唱了。

甲　不在大街上唱还算什么马路红啊？

乙　噢，还唱？

甲　唱。那天领完了工资，在饭馆喝了半斤老白干，出了饭馆一上马路他就唱上了，前后左右围了好几十人。

乙　唱的什么？

甲　（唱）"洞宾曾把牡丹戏，庄子先生三戏妻，秋胡戏过罗氏女，薛平贵耍戏自己妻，弓插袋内假意取——”（摸兜，惊慌失措）“呜呜呜——”

乙　怎么哭了呀？

甲　“我钱包儿没了。”

乙　看看糟不糟。

甲　（接哭唱）“我把大嫂——呜——书——呜——信哪——失——”

乙　还唱哪！

（纪元搜集整理）

梆子迷

甲 （唱）“刘大哥讲话理太偏，谁说女子不如男。”

乙 唱上了？

甲 （接唱）“男子打仗到边关，女子纺织在家园。白天种地夜晚来纺棉，不分昼夜辛勤把活干。你若不相信哪就往身上看，穿的鞋和袜还有衣和衫。千针万线都是她们连哪！”

乙 好！

甲 听得懂我唱的是什么吗？

乙 您唱的是豫剧《花木兰》。

甲 对，也叫河南梆子。

乙 对。

甲 它吸收了蒲州梆子、秦腔与当地的民歌小曲所形成。有豫东调、豫西调、沙河调。

乙 是。

甲 要说梆子可太多了。

乙 都有什么梆子？

甲 有陕西梆子、山西梆子、河北梆子、山东梆子、莱芜梆子、枣庄梆子……还有“老梆子”。

乙 还有小伙子。

甲 小伙子干什么？

乙 “老梆子”干什么？

甲 老调的“河南梆子”。您听过吗？

乙 没有。

甲 过去老梆子……不，老调的梆子，都不正规，词儿随便唱，辙韵不限，可以唱“花辙”。

乙　是吗？

甲　我听过一出戏叫《陈州放粮》。

乙　包公戏。

甲　包公一出场，只穿袍子没靴子，纱帽翅前头一个后头一个，一上场就跟端着一屉包子差不多。

乙　唱出来什么味儿呢？

甲　我学学！锵锵锵……“下陈州路过太康县，我问问地瓜卖啥价钱。马汉就说二百三，王朝就说二百六，称上几斤好过年。身上背着个大篮子，称上二斤绿豆丸子，葱花油饼烙两张，再来碗又酸又辣的胡哇辣汤啊！”

乙　包公这样儿放粮啊？

甲　包公赶集去了。您别看这些梆子，还真有听入迷了的。

乙　还有入迷的？

甲　有。

乙　谁呀？

甲　我舅舅。

乙　你舅舅怎么入迷？

甲　行动坐卧都要唱，就是不唱嘴里也得打着家伙。

乙　是啊？

甲　早晨起来赶集去，嘴里拉弦儿“等哏儿冷哏儿一个冷哏儿等……”有人问他：“大哥，你上哪儿去？”

乙　他呢？

甲　回头看看人家“等哏儿冷……”

乙　不理人家？

甲　知道的，你得唱着问他。

乙　怎么唱？

甲　（唱）“问一声老大哥你上哪去？”

乙　他呢？

甲　（唱）“今天没有事我前去赶集。”

乙　回答上来了！

甲　就是在家里，我舅母问他吃什么饭，问一天他也不回答你。

乙　那怎么办呢？

甲　唱着问：（唱）“问一声小儿他爹，咱把啥饭来用？”

乙　你舅舅怎么回答的呢？

甲　（唱）“贴饼子打糊涂，面条也中。”

乙　这位吃什么都行。

甲　有一天我舅舅和我舅母在菜园子里浇水，我舅舅摇着辘轳把，我舅母看沟子。打那边过来一个人，扛着个行李卷，想打听路。你倒跟别人打听，他偏跟我舅舅打听！“大哥，上开封怎么走？”他看看人家，嘴里还“等哏儿……”问了好几遍他都不回答人家。这位一想，这位是哑巴？不能，哑巴怎么嘴里还哼哼呢，不是哑巴是聋子？不能，聋子怎么听见呢？这位不高兴了，“喂！你怎么回事？知道你告诉我，不知道你说不知道，为什么不理人？今后你就不出门在外啦？”

乙　对呀。

甲　我舅母在旁边听见了。（河南口音）“咦，我说那位大兄弟，你不知道，俺这个老头子是个梆子迷，你这样问他，一天也不告诉你，你会唱吧？你要唱着问他，一问他就告诉你了！”这位一听，怎么？唱着问？巧了！

乙　怎么？

甲　这位是梆子剧团唱大花脸的。

乙　寸劲儿！

甲　这位把行李卷往地下一放，打着家伙点儿就过来了。“锵锵锵……”（唱）“走上前打一躬，问声挑水的大长兄，我上开封要走哪条路哇——”

乙　问下来了。

甲　我舅舅高兴了：（唱）“你要上开封你奔正东。”

乙　回答上来了。

甲　坏了！

乙　怎么啦？

甲　一松手，辘轳把往回一转，吧！

乙　怎么啦？

甲　正打后脑勺上，咚！

乙　怎么啦？

甲　掉井里头啦！

乙　哟！

甲　打听道的一看，掉井里了，扛起行李卷就跑了！

乙　这位也不怎么样！

甲　我舅母正看沟子哪，一听没动静了，回头一看，俩人一个都没有了。哪儿去了？“小儿他爹，小儿他爹！……”喊了半天也没人搭茬儿。就听井里扑通通，扑通通……他正在井里玩命哪。

乙　是呀？

甲　我舅母可吓坏了，刚才还俩人哪，怎么现在一个人也没有了？一听在井里哪！“小儿他爹，你怎么上井里去了？快，你抓着井绳，我把你摇上来吧！”一边摇一边问：“小儿他爹，你淹着没有？你碰着没有？”

乙　你舅舅怎么回答的？

甲　他在井里：“嘟……嘟。”

乙　这是什么意思？

甲　那意思淹得够呛了。

乙　还做戏哪！

甲　我舅母一想：噢，他是个梆子迷，我得唱着问他。

乙　你舅母怎么唱的？

甲　（唱）“在井台我泪涌涌啊，出言来叫声奴的相公，我问你淹得轻来还是重？”

乙　问下来了。

甲　他在井里也唱上了。

乙　怎么唱的？

甲　（唱）“昏昏迷迷我也不知情啊——”咚！

乙　怎么啦？

甲　一松手又掉里头啦！

乙　嗐！

（孙少臣整理）

戏迷起床

甲　干什么都有人入迷的。

乙　是吗?

甲　打球的有球迷。

乙　对。

甲　跳舞的有舞迷。

乙　是。

甲　喝酒的有酒迷。

乙　有。

甲　听戏的有戏迷。

乙　还有戏迷?

甲　有。我兄弟就是个戏迷。

乙　他喜欢什么戏?

甲　京剧。一天到晚，走哪儿唱到哪儿。

乙　是吗?

甲　在马路上走道儿也唱，低着头:（唱）“我本是卧龙岗散淡的人……”咣!

乙　怎么啦?

甲　脑袋碰电线杆子上了。

乙　看着点儿啊。

甲　还给人家作揖哪:“对不起，我光顾了唱啦，没留神碰您身上了……您怎么不说话呀？”（抬头）“哦，电线杆子！”

乙　给电线杆子道歉哪?

甲　在澡堂里洗澡也唱:“店主东带过了……”稀里哗啦!

乙　怎么还稀里哗啦呀？

甲　往身上撩水哪。

乙　好嘛。

甲　（唱）"……黄骠马"稀里哗啦！"不由得秦叔宝……"稀里哗啦！咚！

乙　怎么还"咚"啊？

甲　掉后头池子里了。

乙　瞧这倒霉劲儿！

甲　就是不唱，嘴里也闲不住。

乙　干什么？

甲　打家伙。

乙　文武场？

甲　对，早晨起来一起床打〔四击头〕：哒台……

乙　怎么啦？

甲　坐起来了。"仓仓哒巴才登仓！"（穿上衣状）

乙　这是穿上褂子了？

甲　然后打〔撕边〕。瓜儿仓（系扣子状）！瓜儿仓（穿裤子状）！瓜儿仓（穿袜子状）！瓜儿仓（穿鞋状）！瓜儿仓（系腰带状）！康才才才……

乙　这是？

甲　下地了！

乙　嘿！

甲　下地以后，首先要漱口。

乙　对

甲　打这家伙点儿叫〔水斗〕。

乙　水斗？

甲　您看过蒋平捉拿花蝴蝶的戏吗？

乙　看过。

甲　就是在水里打仗时的家伙点儿。

乙　对。

甲　吧嗒……

乙　怎么个意思？

甲　挤上一点儿牙膏。然后刷牙。吧嗒，达锵，锵锵锵锵，吧嗒嗒锵，锵锵锵锵……（换方向）吧嗒一达锵，锵锵锵锵……吧嗒一达锵，锵锵锵锵！吧嗒一达锵，吧嗒一达锵，锵锵——噗儿！

乙　怎么啦？

甲　腮帮子捅漏了！

乙　嗐！

（孙少臣整理）

鸡蛋糕

甲 你看现在做买卖的都公买公卖。

乙 那当然啦，现在都是为人民服务嘛。

甲 过去做买卖蒙人的太多。甭说别的买卖，就说点心铺吧。

乙 点心铺还蒙人哪？

甲 你看，我就上过当。

乙 是呀？

甲 我看见马路边儿上有一家点心铺，门口儿有个招牌。

乙 写的什么？

甲 “鸡蛋糕大减价一百元五块”。

乙 真便宜。

甲 是呀，就我这饭量儿，有五块我饱啦。

乙 嗯！

甲 我进了点心铺一瞧，在玻璃盒子里头放着的全是鸡蛋糕，有这么大块儿。

乙 那有五块我也饱啦。

甲 我说：“掌柜的，您给我来五块。”说着话他由玻璃盒子里给我拿出五块，用纸包好，就给我啦。我一看这纸包儿太小哇，我把包儿一打开这么一看哪，哟！这鸡蛋糕就跟棋子儿似的！

乙 这是怎么回事？

甲 我也纳闷儿呀，我看着玻璃盒子里摆的挺大块儿呀，怎么拿出来这么一点儿哪？

乙 那你叫他换换吧。

甲 对！我说：“掌柜的，你给我拿错了吧，我要的是玻璃盒子里的大块儿的。”掌柜的说：“都是一样。”

乙 不能！

甲 我也是这么想，我说：“不管一样不一样，我是要大块儿的，您给我换换吧！”掌柜的又给我换了，眼看着他把里头的大块儿给我包好，递给我。

乙 这就没错啦。

甲 我把包儿一打开，哟，还是这么一点儿。

乙 这是怎么回事儿哪？

甲 我细一看哪，他这玻璃盒子是放大镜的！

乙 噢！都放大啦！

（连笑昆述）

买肥皂

甲　现在的商业都讲究实事求是，公约上写着：“百问不烦，百拿不厌。”

乙　那是呀！

甲　旧社会做买卖就不一样，宣传得蛮好，实际净骗人，门口都写两块大牌子。

乙　写的什么？

甲　写着“货真价实，公平交易”。

乙　写得蛮好看！

甲　实际是货不真，价不实，大秤买，小秤卖，想尽一切办法多赚钱。大买卖讲究宣传，门口弄一份儿洋鼓洋号吹吹打打。还有的在电台登广告。广告都这样。

乙　您给学学。

甲　“各位先生，各位女士，早晨起来您不喝茶吗？您要想喝好茶叶的话，报告您一个好消息，××茶庄备有专人到南省产茶名区，采办各种红绿花茶，加花熏制，西湖龙井，铁叶儿大方，清香适口，气味芬芳，馈送亲友最为相宜。他家的地址：××大街往北路西一百七十三号，电话三局六二九四号。”

乙　是这样儿！

甲　这是那时候的大买卖。小买卖儿可报不起，做一天买卖连本带利将够一家子吃饭的，花不起广告费呀。像卖烤地瓜的也这么登广告就不行了。

乙　是吗？

甲　那稿子念起来也不受听啊！不信我给您念念。

乙　好。

甲　“各位先生，各位女士，早晨起来您不吃烤地瓜吗？烤地瓜里有一种维他命，吃了能使人精神健壮，身体健康，烤地瓜红皮黄瓤，滋味甜美。您要买地瓜的话，就请到……”

乙　哪儿呀？

甲　马路上去找吧！

乙　多新鲜哪！

甲　所以说过去报广告的都是些大买卖。别看宣传得挺好听，其实一到他那儿买东西，准得上当。别家茶叶卖八块钱一斤，到他那儿就得十二块，他连广告钱也算到一块儿啦。

乙　对。“买的没有卖的精”嘛！

甲　还有哪，门口写得很漂亮，什么九五折啦，买一送一啦，甩卖大牺牲啦，实际就是为把你骗进去。到里边一问，卖完啦。不好意思空手出来呀！只好买他点儿别的东西。

乙　还有这事？

甲　有，过去我就上过当。

乙　怎么回事呀？

甲　从前我在街上走，看见一家百货商店，门口立着一个大牌子，写着：“好消息，日光皂每块一千元。”我一看，这可真便宜，那时候别处的胰子最贱的还卖五六千一块儿呢，这儿才卖一千块钱，并且还是日光皂，我买五块儿去。我一进门儿：“掌柜的，给我拿五块儿日光皂。”掌柜的说：“对不起，卖完啦，明儿再买吧。”

乙　真巧！

甲　我一想，空手儿出去多不好意思呀，得了，买把牙刷儿吧，花了一万二。

乙　没省了钱倒花了一万二。

甲　没关系，明儿我再来。第二天一早我就去啦。一进门儿：“来五块儿日光皂。”“对不起，卖完啦。”

乙　真快呀！

甲　这回我也学机灵啦，什么也没买就出来啦。

乙　还没买着日光皂哇！

甲　不要紧，明天我还去。第二天天还没亮哪，我就起来啦，赶紧往那儿跑，到门口一看，还没开门儿哪。我心想：这回没错儿了。

又等了一个多钟头，他那儿刚开门我就挤进去啦："来五块儿日光皂。"掌柜的一乐："我们每天就卖一块儿。"

乙 嘿！

甲 我一赌气："一块儿我也买！"掌柜的又一乐："对不起，卖完啦。"

乙 啊？

甲 我说："我头一个进来的，你怎么会卖完啦？你卖给谁啦？"掌柜的说："就卖一块儿，我留下啦。"

乙 白跑啦！

（于世德述）

褒贬是买主儿

甲　说相声，得随时注意观察事物。

乙　噢！您对这方面也有研究？

甲　比如您站在地摊儿跟前，看人做买卖，只要多看一会儿，就能看出谁是买东西的，谁是起哄的。

乙　那怎么看得出来呀？

甲　常言说“褒贬是买主儿，喝彩是闲人”嘛！

乙　这怎么解释呀？

甲　您看他越挑这东西的毛病，他就越想买。

乙　噢！

甲　比方说，有人看见地摊儿上有个小古董：“你这个小花瓶儿怎么卖呀？”“五块钱您哪。”他拿在手里一边儿端详，一边儿摇头，撇嘴……

乙　不想买？

甲　他才真想买哪！“嗯！五块，哪儿值那么多呀！瓷儿太新呀！”“先生，老瓷。真正康熙五彩。”“什么康熙五彩呀，江西瓷！”“您是识货的人，哪有这么好的新瓷呀！”“那也不值五块呀！给三块吧？”“先生，三块可卖不了，您给四块五吧！”“值不了这么多，这儿还有点儿伤呀！”“先生，那不是伤，是道璺。”

乙　还是伤呀！

甲　“得啦！我给三块五。”“先生，您多花五毛，管保您不上当。”“好吧，好吧！上当事也不大，开发票吧！”

乙　买啦！怎么又说喝彩是闲人呢？

甲　他只要一夸好，这档买卖准吹。“这花瓶怎么卖呀？”“先生，五块。”他一边看一边笑，“五块？太便宜啦！明瓷呀！”

乙　康熙五彩他愣说成明瓷啦！

甲　“好，真没看到过这样细的瓷器，多干净呀！难得一点儿伤都没有。五块钱，哪儿买去呀！”“先生，那给您包上吧？”

乙　他买啦？

甲　（微笑）不要！

乙　啊？不要啊！

（叶利中述　张继楼整理）

刮过去啦

甲　大鼓的种类很多。

乙　唉！

甲　有京韵大鼓、梅花大鼓、西河大鼓、唐山大鼓、奉天大鼓、乐亭大鼓、梨花大鼓、山东大鼓，还有大鼓大鼓。

乙　什么叫大鼓大鼓呀？

甲　两面鼓一齐打，就叫大鼓大鼓。

乙　没听说过。

甲　有的唱小段儿，有的唱蔓子活——长篇。京韵、梅花呀，都唱小段儿；西河、乐亭呀，就是唱蔓子活的多。

乙　噢！

甲　过去天津有一位唱乐亭大鼓唱出了名啦，专唱《刘公案》。

乙　哪位呀？

甲　刘文彬，从他那儿一兴呀，后来不知怎么又出来几位，也唱《刘公案》，那可就赶不上刘文彬啦！

乙　怎么？

甲　人家刘文彬有一定的词儿呀！后来这几位现编现唱，您想，那能好得了吗？往他那儿一坐，半个钟头也听不出什么玩意儿来。

乙　怎么？

甲　他净唱废话呀！那词儿呀，讲不通的地方多得很。

乙　噢！还有讲不通的地方？

甲　不信，我学学您听听。

乙　对！您学学。

甲　您听着，这嘣嘣嘣嘣嘣，嘀嘀嘀嘀嘀，哐哐哐哐哐。（唱）“小弦子一弹响叮咚，各位压言我开了正封。”

乙 唱正书啦！

甲 唱正书？还差六里地哪！

乙 那开什么正封呀？

甲 （唱）“小弦子一弹响叮咚，各位压言我开了正封。您爱听文爱听武？爱听奸的爱听忠？爱听文的是包公案，爱听武的是杨家兵；爱听忠来唱寇准，爱听奸的唱潘洪。半文半武双合印，酸甜苦辣白金羹。”

乙 唔！是啰唆。

甲 （唱）“我刚才唱的本是半本刘公案，还有那多半本没有交代清。哪里丢来哪里找，哪里截住接着唱，哪里破了哪里缝，奉敬众明公。丝绦断了丝绦续，续上了麻绳万万不中。那位说，你们唱书的怎么嗓子哑，众明公，你别看俺的嗓子哑，字眼可交代得清。那位说，你们说书的爱把词儿忘，俺从小投师记得更清。”

乙 唱这些有什么用呀？

甲 （唱）“东屋里点灯东屋里亮，西屋不点灯黑咕隆咚。”

乙 废话！

甲 （唱）“小燕子南飞尾巴冲着东。”

乙 啊？您别唱啦，小燕南飞尾巴冲着北呀，怎么尾巴冲着东啊？

甲 （唱）正赶巧那天刮的西北风。

乙 噢，刮过去啦？

（叶利中述　张继楼整理）

美人赞

甲　观众们，您看看我们俩谁长得美？

乙　咱俩呀，都不怎么样。咱们说相声来了，也不是找对象，美不美能怎么着。

甲　您说这话可不对，每个人都有一种爱美的观点。

乙　那您说什么是美呢？

甲　一个人长得不高不矬，不瘦不胖，身体好，能劳动，这就是美。可是这美没有标准，也不管您怎么打扮，怎么修饰，也达不到标准。

乙　有标准。

甲　什么标准？

乙　唉，这男人我不知道，女人我可知道，形容美，有这么几句话。

甲　哪几句话呀？

乙　柳叶眉，杏核眼，通天鼻梁，樱桃小口一点点儿，不笑不说话，一笑俩酒窝儿，杨柳细腰，燕语莺声。

甲　你说的这话是说书先生常用的《美人赞》。又是什么柳叶眉，杏核眼，通天鼻梁，樱桃小口一点点儿，不笑不说话，一笑俩酒窝儿，杨柳细腰，燕语莺声。你说女人长这样能好看吗？

乙　我是听人家说女人长这样好看。

甲　你先说这个柳叶眉吧。（用手比画柳树叶）柳树叶都见过吧？这么宽，这么长，由打这儿（形容由眼眉往下比）到这儿。像话吗？

乙　对，是不怎么样。

甲　杏核眼。杏核多大一点儿呀？滴溜圆的，一个人长这么两个跟手指盖似的小圆眼睛，啊？

乙　这不好看。

甲　你再说这鼻子，通天鼻梁由鼻子尖一直长到天灵盖这儿。还有樱桃小口一点点儿。樱桃小口哇！女人嘴长樱桃那么点儿，那吃大饼怎么吃呀？吃米饭一个粒一个粒的那么吃，那不成了蛐蛐了吗！那只能吃面条啦，吃汤面还可以，夹一根找着头儿往嘴里一搁，一忒儿喽面下去啦。吃炸酱面都没法儿，面捞出来，拌好酱找着头儿往嘴里一搁，一忒儿喽面下去了，你再瞧酱全糊到嘴上啦。

乙　您这形容得也太过火了。

甲　不笑不说话，一笑俩酒窝儿，再搭上樱桃小口，离远了一看整跟三个嘴一样。还有杨柳细腰，那个杨柳多细呀！女人那个腰像杨柳那么细。啊！有那么细的腰吗？真要长那么细可好啦，跳舞就甭搂着啦，这一只手掐着就跳啦。

乙　你这也不像话啦。

甲　最可气的是这燕语莺声。燕子叫的声音多快呀，黄莺的声音多细呀。比如你下班了，你爱人看你回来啦，问你："刚下班哪？你先喝点儿水我去热菜去，回头一块儿吃。"你听这多好听！要是用燕语莺声来说，你听着就别扭了。

乙　怎么？

甲　我给你学一学。你爱人瞧你下班回来了，燕语莺声地来跟你说话：（学燕子和黄莺的声音）"你下班了，先喝点儿水，我去热菜去，回头一块儿吃。"

乙　得得得，您别学啦！

（张嘉利述　张继英记录）

姓名学

甲　您在这儿说相声呢?

乙　是啊!

甲　最近挺忙啊?

乙　反正也闲不着。

甲　我说您贵姓呀?

乙　说了半天还不知道我姓什么。免贵，我姓于。

甲　是弓长的于，还是立早的于?

乙　我……您等等，弓长念张，立早也念章。

甲　那您姓哪个张啊?

乙　我哪个张也不姓，我姓于。

甲　姓于? 我就纳这个闷儿，您为啥要姓于，谁给你出的主意姓于?

乙　干吗谁给我出主意啊!

甲　那您有许可吗?

乙　要许可干什么?

甲　那么你有证明吗?

乙　我要证明干什么?

甲　没许可没证明怎么单姓于呢? 这事儿我可真纳闷儿。

乙　不但你纳闷，连我也纳闷。跟您这么说吧，这个姓于，不怨我……

甲　噢，怨我!

乙　怨你干什么!

甲　那么不怨我，怨哪位呢?

乙　哪位也不怨。他是这么回事儿，想当初我们家有姓于的。

甲　你们家谁出主意姓于呀？

乙　干吗谁出主意呀？跟你这么说吧，打我爷爷那儿姓于，传到我爸爸这儿也姓于，我爸爸生养了我，我也跟着姓于。这叫子随父姓，曾祖父遗留。

甲　啊，那您姓刘！

乙　我姓刘干什么？

甲　既然曾祖父遗留，你怎么不姓刘呢！

乙　噢，曾祖父遗留，我就得姓刘啊？

甲　那你不姓刘姓什么？

乙　曾祖父遗留，我并不姓刘。

甲　您姓什么？

乙　我姓曾！

甲　噢！您姓曾。

乙　我姓曾干什么！

甲　那不是您说的嘛！

乙　我都让你绕糊涂了，告诉你，我就姓于！

甲　你这么一说我就明白了。想当初，打你们上辈子姓于，你就跟着姓于。也就是打你姥爷那儿就姓于。

乙　这跟我姥爷有什么关系！

甲　那不是你们上辈吗？

乙　这都挨不上。

甲　那……这上辈子是谁呢？

乙　打我爷爷那儿姓于！

甲　噢，打你爷爷那儿姓于，这以后又生养了你舅舅了……

乙　你先等会儿。干吗又生养我舅舅了呢？

甲　那生养谁啊？

乙　生养的我爸爸，我爸爸姓于。

甲　对！以后你爸爸把你给请出来了……

乙　这都不像话！

甲　把你给牵上来了；不，把你给拽上来了；也不是，钓上来了，把你……

乙　别费劲儿了，那是把我生养下来！

甲　噢，生养下来。

乙　唉！我就跟着姓于了。

甲　你这么一说，我就全明白了。打你爷爷传到你爸爸那儿，你爸爸又生养了你，到在五六岁上，你也懂得人情世故了，于是，你爸爸把你叫到跟前说：孩子！今后你要出门玩耍，如果走丢了你可别哭，有人问你姓什么，你就说你姓于，人家就知道你是姓于的儿子了；你要是说姓张，你就是姓张的儿子了；你要是说姓王，就是姓王的儿子了，你要是说姓……

乙　你要是说姓孙，你就是姓孙的孙子了。

甲　嗨，你这是怎么说话？

乙　你那是怎么说话？

甲　我把你好有一比。

乙　比从何来？

甲　你是八仙桌子盖井口——随得方，就得圆。你是将了将就，凑了凑合，委了委屈，窝里窝囊，一咬牙，一跺脚，把心一横，嗐！我认了命了，就姓于吧！

乙　您瞧我这姓多麻烦！

（于春明整理）

三生有幸

甲 您贵姓?

乙 我姓李。

甲 噢!咱们还是当家子。

乙 您也姓李?

甲 我姓赵。

乙 嗐!那叫什么当家子啊?

甲 都在《百家姓》上,不是当家子吗?

乙 不像话,《百家姓》上都是当家子呀!

甲 这您也不至于瞪眼哪!行了,您说吧赵同志。

乙 哎,您听吧李同志……又换姓了!

甲 怎么啦?

乙 什么呀?应该是您姓您的李,我姓我的赵……

甲 对了。

乙 不对,他是我姓赵哇……不是您不是姓李……不……他是我呀姓赵……嗐!

甲 您愿意姓什么哪?

乙 我愿意姓赵,嗐!我姓赵干吗呀,我愿意姓李我不管你了。

甲 您姓李?

乙 对了。

甲 您那儿老爷子姓什么?

乙 姓刘……您走吧!有这么问的吗?

甲 又怎么了?

乙 我姓李,我爸爸也姓李。

甲　父子同姓？

乙　啊！

甲　这可就矛盾了。

乙　不！这完全合乎发展规律。

甲　是呀！您这李是弓长李呀？还是立早李呢？

乙　嗐！弓长，立早那都是张（章）。

甲　噢！那么您姓哪个张？

乙　我姓弓长张，嗐！我姓那个立早李！也没这么个字呀！我姓十八子的那个李。

甲　这是跟您开玩笑，认识您，您叫李××。

乙　对！

甲　相声演员李××就是您。

乙　是呀！

甲　哎呀！说相声您可有年头儿了，您说相声都四五十年了，在这四五十年中……

乙　您等等吧！哪儿有四五十年哪！我今年才多大？

甲　有六十几？

乙　没那么大岁数，我今年才二十八岁。

甲　二十八岁？您长得面嫩。

乙　也就像二十一二的吧？

甲　像七十几的！

乙　那叫面嫩哪？那叫面老！

甲　本来嘛？二十多岁的人留这么长胡子。

乙　是呀。我不是该刮脸了吗……您没睡醒哪？我哪儿有胡子呀？

甲　让各位瞧（摸乙的眉毛）这不是胡子吗？

乙　这叫胡子呀，这是眉毛。

甲　您也有眉毛？

乙　废话。没眉毛多难看哪！

甲　对了，您要是不留眉毛那更年轻了。

乙　眉毛有留的吗！这是长的！

甲　您要是不长眉毛……

乙　您会说中国话吗？谁也得长眉毛哇！

甲　知道，您对说相声可算是老经验了。

乙　那可谈不上有经验。

甲　久仰您的大名，不亚如驴贯耳。

乙　如驴干吗呀！如雷贯耳。

甲　对，如雷贯耳，皓月当空，天下第一，全球无二，久想遇会尊颜，今日一见李先生尊容真乃是三生……

乙　有幸。

甲　也不怎么样！

乙　我叫你捧我来着？捧高高地把我摔下来。

甲　三生有幸。

乙　哎！

甲　您是一位优秀的相声演员。

乙　不敢当。

甲　人类灵魂的工程师。

乙　这个光荣的称号，更担当不起了。

甲　您是我们相声界的第二代呀！

乙　第二代？我是小孩儿呀！

（于世德等整理）

开场小唱

问答歌 *

一

自尊自贵什么样的人？
有颜有色是什么样的人？
登梯子爬高是什么样的人？
挨打受骂是什么样的人？

自尊自贵是得道的人，
有颜有色是江米人，
登梯子爬高是贼人，
挨打受骂是小人。

二

自尊自贵什么样的门？
有颜有色是什么样的门？
登梯子爬高是什么样的门？
挨打受骂是什么样的门？

---

* 过去相声艺术多半在露天设场，与各种杂耍技艺分别演出。相声开演前，演员们借用当时流行的小调，唱些能够吸引观众的时兴词句，以招徕观众，后来称之为“开场小唱”。各地区相声演员对歌词也有不同选择，《问答歌》等较为流行。

自尊自贵是佛门，
有颜有色庙山门，
登梯子爬高是楼门，
挨打受骂是邪门。

三

自尊自贵什么样的神？
有颜有色什么样的神？
登梯子爬高什么样的神？
挨打受骂什么样的神？

自尊自贵是财神，
有颜有色是门神，
登梯子爬高是山神，
挨打受骂是瘟神。

四

自尊自贵什么样的花？
有颜有色是什么样的花？
登梯子爬高是什么样的花？
挨打受骂什么样的花？

自尊自贵牡丹花，
有颜有色是百花，
登梯子爬高喇叭花，
挨打受骂是弹棉花。

（冯景顺忆记）

比较歌

一

天上星多月不明，
河里鱼多水不清，
山上花多开不败，
世上人多心不同；
腰里钱多乱伦理，
饭要是吃多了肚子疼。

二

山上青松山下花，
青松红花似一家，
蜂蝶纷飞把花恋，
花笑青松不如它；
有朝一日严霜降，
只见青松不见花。

三

山前麋鹿山后狼，
狼鹿结拜在山冈，
狼要有难鹿搭救，

鹿要有难狼躲藏；
劝君莫交无义友，
狼心狗肺坏心肠。

四

闲来无事出城西，
瞧见了他人骑马我骑驴，
回头瞧见了推小车的汉，
比上不足比下有余；
切莫做人心不足蛇吞象，
到头来损身折寿多劳疾。

（冯景顺忆记）

仁义礼智信

小小笔管中间空，
能工巧匠把它造成。
渴了来喝的是研墨水，
闲了来在绢纸上任意纵横。
仓颉造字人间用，
留下了仁义礼智信五个大字教化愚蒙。
仁字到处多么和顺，
义字交友亲似弟兄，
礼字奸淫邪恶均不染，
智字豪杰逞英雄，
信字说话如同白染皂，
大丈夫一言出口板上钉钉。
你若问谁能够占全了仁义礼智信，
除非是河东解县的美髯公。
他占了个仁字扶保二皇嫂，
占了个义字千里去寻兄，
占了个礼字古城说服了张翼德，
占了个智字温酒斩华雄，
占了个信字捉曹放曹华容道，
老奸雄在他青龙刀下逃了残生。
关云长占全了仁义礼智信，
谁不敬成佛做祖的关寿亭。

（白万铭述　白泉整理）

十字锦

写了个一字一架房梁，
写了个二字上横短来下横长，
写了个三字推倒就是川字样，
写了个四字四角四方，
写了个五字亚赛一只虎，
写了个六字好比量地弓一张，
写了个七字凤凰单展翅，
写了八字一撇一捺分为阴阳，
写了个九字金钩模样，
写了个十字一横一竖站在中央。
十字添一撇念个千字，
千里寻兄关云长。
九字添一点念个丸字，
丸散膏丹供着药王。
八字接头念个人字，
人人都夸黑宋江。
七字添白念个皂，
田三姐分家打过皂（灶）王。
六字连笔念个大，
大刀关胜美名扬。
五字添立人儿还念伍，
伍子胥打马过长江。
四字添三点还念泗，

泗州城捉妖纪小塘。
三字添一竖念个王字，
王祥卧鱼孝敬亲娘。
二字添一竖念个干，
比干无心把财神当。
一字添一竖钩念个丁字，
丁香割肉万古流芳。

（白万铭述　白泉整理）

一窝黑

世间好汉属着霸王黑，
摆桌酒席他要请李逵。
打唐朝来了位黑敬德，
又请那王蕑专把客陪。
弟兄四人吃罢酒，
商量商量去挖煤。
呼延庆挂帅去扫北，
出来个焦赞来做贼。
你说焦赞有多大胆，
偷了元帅一顶黑盔。
张飞、周仓来办案，
包老爷坐堂审黑贼。

（白泉搜集）

酒色财气

太阳出来照九州，
酒色财气世上留。
好酒的喜欢把酒杯拿在手，
他说是一醉解千愁。
好色的常往烟花巷里走，
他认为死后做鬼也风流。
好财的家有千间房子万顷地，
他觉得不如摇钱树长在屋里头。
好气的常在街上走，
看见那不平事就气冲斗牛。
谁能说酒色财气不该有，
要看你怎样对待才对头。
没有酒招待亲朋不能摆酒宴，
没有色世上人怎能把后留，
没有财世上人谁会川流奔走，
没有气人世间理歪不能周。
劝君要吃酒不醉、遇色不迷、贪财有道、好气识理
就能帷运千筹！

（白泉搜集）

刻心鬼催活

正月里来是新年，
刻心鬼催伙计马老三，
未曾干活先讲下来吧呀依哟，
地头短了少吸烟依个呀儿哟。

二月里，龙抬头，
刻心鬼做的红高粱粥，
晌午又把糠饽饽烙来吧呀依哟，
拌一碟咸菜不滴油依个呀儿哟。

三月里，是清明，
家家户户都把地耕，
人家都尝一口酒来吧呀依哟，
刻心鬼摆手说不中依个呀儿哟。

四月里四月十八，
娘娘庙里又把香插，
人家散活是钱五百来吧呀依哟，
刻心鬼他给二百八依个呀儿哟。

五月里，麦头黄，
刻心鬼来到地头上，
伸手揪了个麦子穗来吧呀依哟，

今年倒比去年强依个呀儿哟。

六月里，看三伏，
天长夜短日头毒，
人家吃的本是过水面来吧呀依哟，
刻心鬼给咱喝高粱糊涂依个呀儿哟。

七月里，七月七，
刻心鬼叫声打头的，
你要下地拉着一匹马来吧呀依哟，
小伙计下地拉着驴依个呀儿哟。

八月十五月儿圆，
西瓜月饼供苍天，
刻心鬼吃的是八大碗来吧呀依哟，
伙计们吃的是菜团依个呀儿哟。

九月里，秋风凉，
刻心鬼的老婆下了厨房，
手里端着半碗米来吧呀依哟，
饭要不够就得喝米汤依个呀儿哟。

十月里十月初一，
家家户户散伙计，
人家吃的本是大炖肉来吧呀依哟，
刻心鬼买了四两虾皮依个呀儿哟。

十一月里到初三，
刻心鬼叫声打头的你听言：
下年的活你是做不做来吧呀依哟。
送你双靰鞡二斤烤烟依个呀儿哟。

十二月，整一年，

家家户户贴对联，
伙计们走街串户去讨饭来吧呀依哟，
刻心鬼过个团圆年依个呀儿哟。

（大饭桶词　白泉整理）

莫忘父母恩

人生在世命凭天，
别把那报应循环忘在一边。
借人家一升要还个满，
借人家五两把半斤还。
为什么东庙烧香西庙还愿，
为的是报答老娘养儿那一天。
娘养儿那一天如同半死，
又好似去见阎罗一样般。
一岁两岁在娘怀里抱，
三四岁不离娘的身边。
五岁六岁贪玩耍，
七岁八岁讨人嫌。
好容易将养到十八九岁，
给他娶个媳妇就算玩儿完。
拜罢了天地把洞房入，
就好比给他媳妇送张过子单。
做爹娘说句好话儿子不理，
他媳妇放个屁他都感到甜。
我说这话诸君若不信，
你留神看吧，怕媳妇之人嘴唇都发干。

（白万铭述　白泉整理）

劝忌鸦片烟

大清国里颠倒颠，
明清两朝不一般。
明朝官全都戴纱帽，
清朝官全把顶戴安。
明朝官吃喝嫖赌全都占，
清朝官又添一项鸦片烟。
那皇上若吸烟江山不稳，
做官的若吸鸦片准把赃贪。
买卖人吸鸦片全都赔了本，
工人们若吸烟就别想剩钱。
妇女们若吸烟懒怠拿针线，
学生们若吸烟不想念书篇。
那本是英国鬼子送来的毒药，
有的人却把它当成仙丹。
众明公听了我的良言劝，
千万别吸鸦片烟！

（白泉搜集）

怕婆歌

为人别说两房老婆，
两房老婆可是犯争夺。
大老婆说：“我今天要吃过水面。”
二老婆说：“我今天要吃挤饸饹。”
大老婆说：“我今天要吃三鲜饺。”
二老婆说：“我今天要吃韭菜盒。”
大老婆说：“我今天出门要坐四轮电。”
二老婆说：“我今天出门要坐玻璃车。”
大老婆说：“我今天出门要骑高头大马。”
二老婆说：“我今天出门要骑大骆驼。”
大老婆说：“先有你可是先有我。”
二老婆说：“皆因你是不生不养才把我来说。”
大老婆说：“你生在哪？养在哪？”
二老婆说：“我养了三个完全都没活。”
大老婆越说越恼越有气，
二老婆越说越怒把嘴噘着。
大老婆拿起了镐头去刨炕，
二老婆搬起了水缸要砸锅。
正是二人疯魔闹，
老头子进来把话说：
“好好的日子你们不过，
每天每日就是作。”
老头子越说越恼越有气，

伸手掏出自来得。
大老婆说："慢说你是自来得，
机关枪我也不在乎！"
二老婆说："别说你是盒子炮，
我常拿炸弹压咳嗽。"
闹得老头子麻了爪，
双膝打跪地平坡，
从此之后你们不吵，
你说怎么过就怎么过。
若问怕老婆出在哪？
哪的也没有沈阳[①]多，
二十多岁的老婆子怕，
他的嘴唇子巴着。
三十多岁的老婆子怕，
脑瓜顶上没头发。
四十多岁的老婆子怕，
他的小胡撅巴着。
说好说歹众位先生别净乐，
我这里冲您鞠躬把揖作把揖作。

（傅兰英述　穆凯记录）

① 在何处演出，即用当地地名。

抽大烟人十声叹

抽大烟人了瘾叹罢头一声，
思想起当初错后悔也伤情。
在先抽烟闲解闷觉得是乐景，
至如今入了瘾不能把它扔。
口打哈欠无精神难把眼来睁，
到清晨懒得起叫他他不应。
可惜了年轻人身子骨儿好，
只抽得夹着一支烛好像一个人灯。
抽大烟的穷到底叹罢了第二声，
想起抽烟无烟枪缺少个大烟灯。
砂酒壶钻个眼安上个小笔管，
点上个小蜡头找一个破茶盅。
三淋子大烟灰越呼越稀松，
无奈何吹吐沫着不成了功。
忽忽悠悠将就着这才上了斗，
使劲抽吱喽喽要想过瘾万不能。
抽大烟的去赶集叹了第三声，
瞧见个屎壳郎他说有救星。
抽大烟的着了急追赶不放松，
连颠带跑累得他喘气又哼哼。
一行跑着急捣鬼说是真奇怪，
无时运赶上穷烟泡也成了精。
抽大烟的得了病叹罢第四声，

到时候不过瘾浑身骨节疼。
躺在炕上昏迷不醒好像个死长虫，
一定是烟后痢小命要吹灯。
阴风刮得发糊涂心内总不明，
扑哧的声出大恭尽拉血和脓。
一合眼我梦见可把瘾来过，
两只手瞎划拉满炕净扑空。
抽大烟的丢了瘾叹罢第五声，
听说是禁烟局好不心担惊。
在屋内圈的我心忙意又乱，
两只手挠炕席两腿把墙蹬。
心想着要逃跑万万又不能，
他们要抓着我也是不容情。
看烟的人他待我心中太也狠，
倒不如半夜里跳墙扔了崩。
抽大烟上小市叹罢第六声，
卖点子乱棉花卖几个破茶盅。
找一天到晚上竟把大烟奔，
打梆鼓才回转挑子一旁扔。
拾点子破烂纸卖了二百铜，
不顾的吃不顾的喝一旁去开灯。
抽口烟立刻精神往上涨，
捧着个小箩筐又去捡煤丁。
抽大烟的白听戏叹罢第七声，
拦门的看见我嘴内直咕哝。
查堂的说借光他就装愣怔，
黑脸的上了台他就乐无穷。
看人家在一旁吃的是黑枣，
瘾得他咽吐沫嘴里乱咕哝。
出戏馆时气好捡贴废膏药，
他说是好大烟布上混咕咚。
抽大烟的去逛庙叹了第八声，
有许多众人等乱乱闹哄哄。

分开了众人等就往里边跑，
远看着是烟泡近看影无踪。
瘾得我好热闹不能把它看，
捡粪球当烟灰就往嘴里扔。
抽大烟的拜把子叹罢第九声，
写折子就叩头对天把誓盟。
大爷的名叫郑难二爷赵夜灯，
咱三爷孙有瘾四爷李该穷。
五爷姓钱起大号名叫钱化净，
他六爷本姓吴名叫吴头懵。
他几人想当初俱是胎里红，
到如今穷到底不如一包脓。
抽大烟的照镜子叹罢了第十声，
小辫顶起楼子头发似青翎。
脸上的黑油泥总有一钱厚，
瘦得他皮包着骨瞪看两个大眼睛。
好可怜年轻的人身子抽坏了，
不用那人家瞧自觉着像个狗熊。
躺在地下打哈欠气儿不够用，
放两个屁眼一闭进了酆都城

（王涛搜集整理）

太平歌词

劝人方*

那庄公闲游出趟城西，
瞧见了那他人骑马我就骑着驴。
扭项回头瞅见一个推小车的汉，
要比上不足也比下有余。
打墙的板儿翻上下，
谁又是那十个穷九个富的。
说是要饱还是您的家常饭，
要暖还是几件粗布衣。
那座烟花柳巷君莫去，
有知疼着热是结发妻。
人要到了难中拉他一把，
人要到了急处别把他来欺。
要远看青山一块石，
那近瞅松林长不齐。
十个指头伸出来有长有短，
在树木狼林有高有低。
在那山上石头多玉石少，
世间的人多君子稀。
劝君没有钱别卖您的看家狗，

* 本篇系自《人民首都的天桥》第四章移录。太平歌词是过去相声场地常能听到，在“说、学、逗、唱”中占一个“唱”字，曾演出的太平歌词目录约近百篇。以演唱太平歌词著称的演员有王兆麟、吉坪三、常连安、大饭桶（佚名）、王本林等。《劝人方》等都是太平歌词中常见的篇目，太平歌词在传统相声中应有一定的位置。

有了钱别娶活人的妻。
要屈死三分别去告状，
宁饿死别做犯法的。
有三条人道在当中间儿走，
曲曲弯弯使不得。
天为宝盖地为池，
人生世界上混水的鱼。
那父母养儿鱼甩着子，
有孝子贤孙水养鱼。
弟兄们要相和鱼儿帮着水，
妯娌们要和美水帮着鱼。
您要生了一个孝顺的子，
你叫他往东他不往西。
您要生了一个忤逆子，
你叫他打狗他去追鸡。
人要到了十岁月儿过，
人要到了二十花儿开了枝，
人要到了三十花儿正旺，
人要到了四十花儿谢了枝，
人要到了五十容颜改，
人要到了六十白了须，
那七十八十争了来的寿，
要九十一百古又稀。
那位阎王爷比做打鱼的汉，
也不定来早与来迟。
今天脱去了您的鞋和袜，
不知到了明日清晨提不提。
那花棺彩木量人的斗，
死后哪怕半领席。
空见那孝子灵前奠了三杯酒，
怎见那死后的亡人把酒吃。
您就空着手儿来就空着手儿去，
纵剩下万贯家财拿不得。

若是趁着胸前有口气儿在，
您得吃点儿喝点儿乐点儿行点儿好积点儿德为点儿人那是赚的。

太公卖面

石崇豪富范丹穷，
甘罗运早晚太公。
彭祖寿高颜回命短，
六个人俱在五行中。
西岐山住着一个姜吕望，
买卖行内做过经营。
他贩得牛来羊增价，
他贩得羊来牛又把价增。
太公牛羊一齐贩，
殷纣王传旨就断了杀生。
姜太公削本赔了一个净，
只落得肩担着八根绳。
大街上量了一斗高白麦，
夫妻磨面苦用工。
磨面磨到天明亮，
肩担着圆笼喊高声。
从清晨卖到晌午过，
并无有一个人把面称。
太公无奈回家走，
柳林树下在那儿歇工。
正然太公歇凉避暑，
来了一个贫婆要把面称。
您若问贫婆怎么打扮，

列明公不知贵耳听：
她头上梳着一个马尾髻，
髻上绑着一根旧麻绳。
身穿夹袄实在破，
左边窟窿右边摞补丁。
左手拿着铜钱一个，
右手端着半拉破茶盅。
未曾开言把掌柜的叫，
叫一声："掌柜的要你听，
我问你白面怎么卖？"
太公说："二十四个大钱一斤准秤称。"
贫婆说："我家的孙孙爱淘气，
窗户纸撕了一个大窟窿，
你今天卖给我一个钱儿的面，
我打一点儿糨糊补补窗棂。"
太公闻言把头低下，
腹内辗转犯叮咛：
我有心卖给她一个钱儿的面，
够着我的本钱不够秤称。
我有心不卖她一个钱儿的面，
这穷婆的打扮比我还穷。
万般出在了无计奈，
我开上一个张儿做个营生。
高高秤约了一两半，
不睁眼的贫婆把秤争。
正然二人来争秤，
忽听得西北角上马跑响銮铃。
您若问来了哪一个，
武威王黄飞虎校军场内操练兵。
太公正赶时运背，
战马蹄儿蹚着圆笼的绳。
只听嗖叭一声响，
将白面撒在地上雪白一层。

只吓得太公发了愣，
腹内辗转犯叮咛：
我有心上前将他追赶，
他是一个王爷惹着活不成。
万般出在无计奈，
蹲在那儿忍气吞声。
白面捧了那么三五捧，
忽听背后又起了大风。
大风刮了那么三四阵，
白面刮在半悬空。
太公朝天一声叹，
正赶上树上乌鸦在那儿出恭。
拉了太公一嘴屎，
您说恶（ě）应（yīng）不恶应。
拾起一块砖头把乌鸦打，
砖头底下趴着一个护背虫。
蝎子蜇了太公的手，
甩着一个手腕直嚷疼。
疼不疼的朝上砍，
没砍上乌鸦砍上树上一窝马蜂。
您说马蜂多么坏，
围着太公的脖子乱嗡嗡。
蜇得太公朝前跑，
南墙上钉着一个枣核钉。
只听咔嚓一声响，
太公的脑袋碰了一个大窟窿。
疼得太公朝后退，
后面倒有臭屎坑。
陷了太公两腿屎，
招了一身绿豆蝇。
太公就说："我今天八成要该死，
步步走的是枉死城。
打今天起再也不卖面，

朝歌城内摆卦棚。”
第二天清晨把卦棚摆好，
惊动了黎民乱哄哄。
这个就说：太公的八卦算得准，
那个就说：太公的字相测得灵。
且不言黎民来轰动，
惊动深山一个精灵。
您若问惊动哪一个，
多年玉石琵琶精。
脚驾着清风来得快，
不多时来到朝歌城。
无人之处落下脚，
摇身变作一个女花容。
头戴着白，身穿着孝，
三寸的金莲白布蒙。
扭扭捏捏朝前走，
不多时来到算卦棚。
分开众人走进去，
开言有语叫先生：
人人算我娘娘命，
你算我与何人把亲成。
太公闻听抬头看，
原来是个女子测生平。
太公一见哪敢怠慢，
忙把卦子儿拿手中。
按定了乾、坎、艮、震、巽、离、坤、兑查个遍，
查不出来人死共生。
屈指一算明白了，
便知来人是个精灵。
开言便把来人叫，
叫一声：“女子你要听。
你的八卦查不准，
伸出手腕便知情。”

妖精上了太公的当，
描花腕递与老先生。
左手按定寸关尺，
右手将砚瓦举在空。
只听嗖叭一声响，
妖精的脑骨碰了一个碎零零。
这一回姜太公算卦打死人命，
下一回摘星楼前火炼玉石琵琶精。

（王本林演唱稿　王双福整理）

刘伶醉酒

混沌初分不计年，
杜康造酒万古流传。
这一日杜康正然门前站，
从那边来了一位贪酒仙。
刘伶上前开言唤，
尊了声："老兄，我要你听言：
四大部洲我全走遍，
无一个酒家能叫我醉上一天。"
杜康闻听哈哈大笑：
"君子你不必口出大言，
我这里卖的是好高粱美酒，
不醉你三年我也不跟你要钱。"
刘伶摆手："我倒不信。"
杜康说："你要是不信就请到里边。"
他二人拉手托腕往里就走，
四个酒菜碟布得周全。
杜康他满满提上一壶酒，
放在了刘伶他的面前。
一壶美酒未曾饮尽，
好奇怪醉倒在尘埃头昏目眩。
大叫："老兄我可吃醉了，
你快快送我转回还。"
杜康他搀扶着刘伶往外走，

刘伶他离落（là）歪斜回了家园。
他到了家门来到上房内，
见着贤妻便开言：
“今日你的丈夫丢了脸，
我信步行在杜康酒馆门前。
他那里卖的是好高粱美酒，
他倒说不醉三年不跟我要钱。
一壶美酒方饮尽，
醉得我眼看就要入黄泉。
为丈夫有几句知心的话，
要你牢牢地谨记心间。
万贯家财由你看管，
好好地抚养我那小儿男。
我死后休要与我把供上，
好酒菜摆上这么几大盘。
我死后休要与我祭奠浆水，
好酒放上了三四大坛。
我死后休要与我焚化钱纸，
酒幌子就当我的引魂幡。
我死后休要把我埋葬，
你可千千万万哪把我葬在那酒缸里边。”
说着说着断了那口气，
小佳人见了好心酸。
一家人男男女女号啕悲痛，
忙把他装在了棺椁里边。
隔日发丧出了殡，
再表那杜康他造酒的神仙。
这一日闲暇无事酒馆闷坐，
忽然有一事想在心间：
拿来了账本展开观看，
上写着刘伶下欠酒钱。
拿来了算盘一核算，
不多不少整整三年。

叫一声："伙计跟着我来走，
咱去找刘伶要酒钱。"
一前一后来得好快，
来到了刘家大门外边。
叩打门环就把刘哥叫，
叫了声："刘哥呀你给我把账还。
自从你前三年吃了我的酒，
到如今已三年你没把账还。"
按下杜康把门叫，
再把小佳人细说周全。
小佳人正在上房坐，
哟，猛听得外边叩打门环。
慌忙忙往前走开开门两扇，
叫一声："掌柜的要你听言：
盘古至今你从头算，
哪有寡妇人家欠你的酒钱？"
杜康说："并非大嫂把我账欠，
你家的刘哥欠我的酒钱。
他自从前三年吃了我的酒，
直到如今三年他没把账还。"
小佳人一听心好恼，
霎时之间就把脸翻：
"我家的夫君吃了你的酒，
现如今死去整整三年。
定是酒里下了毒药，
你把那蒙汗药往酒里掺。
毒酒毒死了我的夫主，
还敢登门跟我要钱。
你要是三声唤回我的夫主，
典房卖地我把账还。
三声唤不活我的夫主，
我和你老儿去见当官。"
杜康听此言哈哈大笑：

“贤嫂你不必把脸翻。
你倒说你的夫吃了我的毒酒，
现如今死去整整三年。
今日咱大家开棺看，
刨出来死尸我也要钱。”
一前一后来得真叫快，
来到刘家的坟墓前边。
吩咐人刨开了坟头上的土，
现出了刘伶木灵棺。
杜康撬开了棺材盖，
刘伶死尸躺在里边。
民家凡胎全都不见，
变成了庙中一神仙。
一字方巾头上戴，
八卦仙衣身上穿。
黄绒丝带腰中系，
水袜云履二足穿。
杜康走上前开言唤，
叫声：“刘哥要你听言：
嘿，起来吧你起来吧，
你跟我装的是什么憨。”
照定头顶击了一掌，
惊动上方一位贵仙。
刘伶他爬起来揉了揉眼：
“嘿，你不该惊醒我好梦一番。”
小佳人一见吓了一跳，
怎知道刘伶杜康是神仙。
上前就把杜康拜，
道一声：“杜掌柜的听个周全：
果然你有仙家手，
把我丈夫唤回阳间。
搀着我的丈夫回家转，
典房卖地把账还。”

杜康说:“我大哥倒有还钱日,
误了蟠桃三月三。”
二人说罢一席话,
手挽着手儿奔了西天。
这就是杜康造酒刘伶醉,
愿诸位福如东海寿比南山。

(王本林演出稿　王双福整理)

韩信算卦

汉高祖有道坐江山，
君正臣良万民安。
有一位三齐贤王名叫韩信，
他灭罢了楚国把社稷来安。
三齐王这一日闲暇无事，
信马由缰来到街前。
两眼不住朝前看，
见一座卦棚坐北朝南。
相面的道长仙风道骨，
鹤发童颜举止不凡。
九梁道巾头上戴，
八卦仙衣身上穿。
水火丝绦腰中系，
银髯飘洒在胸前。
不由得三齐王暗暗赞叹，
这道长超凡脱俗不一般。
想到这甩镫离鞍下了马，
进卦棚伸手抽出一根签。
他未曾开言面带着笑，
口尊声："道长，你听言，
你算算在那万马营中谁为首？
那火红的帅字旗立在谁的门前？
谁敢饮高祖赐的三杯御酒？

那黄金大印挂在谁的腰间？”
这道长听罢多时微睁双眼，
他把那卦筒拿在手间。
把三个青铜钱放在里面，
哗啷哗啷摇了大半天。
紧接着摆放好七个棋子，
端详许久这才开言：
“我算就万马营中你为首，
帅字旗立在你的门前，
你敢饮高祖赐予的三杯御酒，
黄金印只配挂在你的腰间。”
只算得三齐贤王哈哈大笑，
心暗想这道长果然是神仙。
说：“仙长还得替我掐算掐算，
你算我阳寿能活多少年？”
老道说：“你的阳寿不用掐来不用算，
你只能寿活三十三。”
听此言三齐贤王气炸了肺，
骂了声：“疯老道信口胡言。
我朝的张良先生与我算过卦，
他算我寿活到七十有三。
疯老道你还我阳寿还则罢了，
你再敢咒我我跟你没完！”
道长含笑忙站起：
“我跟你一无仇来二无冤。
张良算的一点儿也不错，
皆因你铸成几件大错损寿四十年。
九里山前杀戮过重，
老天爷损你阳寿整整八年。
二不该问路你把樵夫斩，
又折你阳寿整整八年。
三不该安下九龙埋伏计，
老天爷损你阳寿又八年。

四不该你逼霸王乌江自刎，
老天爷损你阳寿又是八年。
五不该受高祖二十四拜，
臣欺君损寿又是八年。
五个八损去四十岁，
加一起正好是七十三。”
只算得三齐贤王连声叹，
纵然我权势威重也枉然。
这就是韩信算卦一小段儿，
愿诸君福如东海寿比南山。

（白万铭述　张权衡整理）

秦琼观阵

天篷大帅隆生山东，
有群星下界扶保唐太宗。
也是这位秦二爷身遭难，
在沿海登州遇见了杨林[①]。
那靠山王摆下了四门兜底锁子八卦连环阵，
要害二爷命残生。
秦二爷好比馒首馅儿，
在那里八层外八层围了一个不透风。
那头层兵藤子枪衬鸭子嘴，
二层兵拧着眉毛瞪着眼叉着腰儿点火绳。
三层兵俱是藤牌手，
观四层怀抱着腰刀逞英雄。
观东方甲乙木是青旗招展，
观南方丙丁火红旗遮蒙。
观西方庚辛金白旗好像银雪夜，
观北方壬癸水皂旗如同墨染成。
观东方素龙驹相衬花斑豹，
观南方赤兔马相衬着马头红。
观西方雪里白相衬着白龙马，
观北方乌骓马相衬着马乌龙。
观东方青龙刀大砍刀刀刀偃月，

① 艺人演唱时林字读如龄

观南方月牙斧夹钢斧斧闪金星。
观西方素银枪亮银枪枪抖动银战杆，
观北方五股叉托天叉混海蛟龙。
观中央戊已土黄旗高挑，
云斗倒坐着一仙翁。
他手拿令旗滴溜溜转，
调动了疆场百万兵。
那秦二爷这里留神观看，
他眼望苍天叹了几声。
他甩镫离鞍下了马，
眼望山东双膝下跪泪眼横。
出言不把别人叫，
养儿的老母叫了几声：
“人家养儿防备老，
你老人家养儿竹篮打水落了场空。
实指望做高官增辉耀祖，
我还没想到在沿海登州遇见了杨林。
那靠山工摆下了四门兜底锁子八卦连环阵，
要害孩儿命残生。
我磕一个头来尽了孝，
二个头来尽了忠。
二爷磕了头三个，
又算有孝又有忠。”
他磕罢仨头平身起，
把马的肚带勒个紧绷绷。
二次上了黄骠马，
眼望着黄骠叫了几声：
“你今天驮着我闯出正东正西正南正北东南东北西南西北刀、枪、剑、戟、斧、钺、钩、叉、鞭、锏、锤、抓、镗、棍、槊、棒、拐子、流星四门兜底锁子八卦连环阵，疆场以上立了功。
你今天闯不出这正东正西正南正北东南东北西南西北刀、枪、剑、戟、斧、钺、钩、叉、鞭、锏、锤、抓、镋、棍、槊、棒、拐子、流星四门兜底锁子八卦连环阵，熟铜锏下砸成肉饼形。”
人有人言兽有兽语，
这匹战马咴儿咴儿大叫两三声。
秦二爷这里高声断喝，
叫声：“贼子老杨林。
来来来你与秦某锏对棒，
战不过秦某不算能征。”
秦琼观阵一个小段儿，
我念各位阖家欢乐喜气上升。

（王本林演出稿　王双福整理）

闹天宫

斗战胜佛胆量高，
孙行者在花果山上逞过英豪。
他拜师名叫菩提老祖，
勤学苦练得艺高超。
他学会了七十单着二变，
他学会筋斗云一跳找不着。
他学会隐身术多么巧妙，
他学会了呼风唤雨撒豆成兵能叫地动山又摇。
闹龙宫得来无价宝，
拿来了定海神针金箍棒一条。
闹地府把生死簿本给撕掉，
他走时还把判官的脑袋敲。
天宫玉帝招安把他叫，
弼马温一怒犯天条。
二次召清封官号，
齐天大圣在桃园看桃。
这一日王母娘娘设下了蟠桃大会，
瑶池胜地把仙招。
聚仙幡挂在了南天门外，
来了那上八仙、下八仙、中八仙各路大仙来参朝。
孙大圣是散仙地位小，
因此不能把他召。
大圣一怒把天宫闹。

把蟠桃会闹得一团糟。
他把那仙桃仙酒吃了一个饱，
剩下的吃不了走时都带着。
灵霄殿摘走了玉皇冲天冠，
又拿走玉帝的黄龙袍。
他还在龙书案上撒了一泡尿，
走错路他又到兜率宫转了一遭。
他把老君仙丹盗，
拿着仙丹当豆嚼。
孙大圣回到花果山后，
高挑旗号把兵操。
一天要点三遍卯，
三天九遍把兵交。
头一卯不到打四十大棍，
二卯不到责打八十不轻饶。
连点三卯哪个不到，
推出洞门把头枭。
压下花果山我不表，
回头去说那天曹。
此时众仙都睡醒，
一个个忙忙跑出灵霄。
见玉皇光着头来赤着脚，
那龙书案上还挺臊。
玉帝大怒拍案叫，
传旨派兵去拿猴妖。
霎时间天昏地又暗，
天兵天将叫声高。
一万大仙空中走，
三万小仙地里藏着。
托塔天王李靖为帅，
带着那金吒、木吒、哪吒下云霄。
马、赵、温、刘四员将，
五方揭谛四值功曹。

南北二神东西星斗，
二十八宿也跟着。
五瘟五岳东西摆，
六丁六甲过金桥。
南海观世音也来到，
调来了显圣真君二郎神才把兵交。
布下天罗与地网，
天兵天将围了几遭。
风婆雷公压阵脚，
巨灵神抡锤骂声高。
孙大圣一见哈哈笑，
你们以多压少算哪条？
莫看你们是天兵天将，
不过是帽托、衣架、酒囊、饭袋一些无用的大草包。
来来来，战战战，
分个上下与低高。
好大圣抡棒冲上去，
把天兵天将吓坏了。
只打得巨灵神哇呀叫，
打跑了大毛和小毛，
打败揭谛与星宿，
打败了八大天君、四值功曹、金吒、木吒、哪吒、王禅与王敖。
杨二郎气得睁开三只眼，
高叫："猴头哪里逃。"
他偷偷放开哮天犬，
孙大圣一闪没咬着。
二郎抡刀往下剁，
美猴王铁棒往上撩。
刀对棒，棒对刀，
猴王用手拔猴毛。
吹了一口仙气说声变，
变了那八万八千八百八十八个小猴一般高。

手里拿着金箍棒，
专梆二郎神的脑瓜瓢。
二郎连声说："不好，
猴儿手段儿实在高。
幸亏我有护身法，
若不然我的脑袋成了漏勺。"
杨戬这里不怠慢，
扭项回头拔大毛。
朝着大毛吹了一口气，
变了那八万八千八百八十八个大老雕，
一个个把那小猴叼。
好大圣变了一个昆虫把二郎咬，
杨戬他变了个燕子把虫子抄。
孙大圣变了个鲤龟来游水，
二郎变了个鱼鹰把他叼。
孙大圣鲤鱼跳三跳，
杨二郎用力叼三叼。
大圣身体多灵巧，
杨二郎差点儿闪了腰。
那杨戬变了波浪水，
孙大圣变了罗锅桥。
杨二郎涨水把桥漫，
不承想水涨桥也高。
杨二郎鬼心使巧计，
这一手定能把猴头招。
变了一个美女多么俊俏，
都说猴子爱风骚。
二郎这里巧改扮，
变了个小媳妇上坟把纸烧。
她头戴着白来身穿孝，
三尺麻绳系在腰。
左手拿着千张纸，
右手拿着浆水瓢。

朝着前边吹了一口气，
变了一个新坟四尺高。
从怀里取出三宗宝，
火绒、火石、火镰包。
噌棱打火点着了纸，
隐隐的青烟往上飘。
杨二郎把嘴一撇哭起来了，
哭得那么伤心，哭了一声天来叫了一声地，
哭了声："我那婆婆的儿子丈母娘的姑爷大姨子的妹夫小姨子的姐夫小白脸的丈夫怎么死了。
你死之后不要紧，
抛下我年纪轻轻怎样守着？"
杨二郎这里正装蒜，
孙大圣把他瞧了又瞧。
我当你败阵早跑掉，
不想在这儿你放刁。
大圣摇身变了个小伙儿，
有一根扁担手中提着。
走向前来把大嫂叫，
未曾说话先哈腰。
"你死了丈夫是寡妇一个，
我死了媳妇是光棍一条。
你在年轻我在年少，
咱两个一起过那是没的挑。"
二郎一听说不好，
张张皇皇赶快奔逃。
好难拿的孙大圣，
拿不住怎见玉皇把旨交。
观世音使计二郎把桃卖，
引那猴子来吃桃。
也是猴王艺高胆大，
你敢卖来我敢吃桃。
故意吃桃招了祸，

锁心锁把猴王拿住了。
玉皇连说:“快快快,
斩妖台前把猴头枭。”
削下一个长出俩,
削下两个长出四条。
老君说:“把他放入八卦炉里,
红红的炉火把他烧。”
烧了个七七四十九日,
老君想猴头一定炼化了。
手把炉门望了望,
孙大圣踹倒八卦炉喊声高:
“你以为把我早烧掉,
你的毒计实在不高。
你瞧一瞧来看一看,
炼得我是铜头锡背钢腰铁胯金刚钻的脚指头永不长毛。
今天看你年纪老,
若不然定把你的胡子薅。
你们不服我再把天宫闹,
比一个上下与低高。”
这就是大闹天宫一个段儿,
念各位阖家欢乐喜上眉梢!

(王本林演出稿　王双福整理)

小上寿

一轮明月照松林，
一母所生三位女钗裙。
大姑娘许配一位文秀士，
二姑娘许配一个武举人。
三姑娘嫁给一个庄稼汉，
憨头憨脑是个粗人。
这一天老员外寿诞之日，
姑娘女婿都来庆贺生辰。
大姑爷买来寿桃与寿面，
二姑爷上等寿酒献上几斤。
三姑爷本是庄稼汉，
他把那黄瓜干儿、倭瓜子儿、葫芦条子端来几盆。
酒席宴前说闲话，
老员外手捋胡须笑吟吟：
“今日饮酒不同别日，
三位爱婿说个酒令儿显显学问。
酒令儿要人字儿起来人字儿落，
合辙押韵两头儿人。”
大姑爷起身连说：“我能对。”
酒令是：“人能宏道，非道宏人。”
大姑爷刚坐下二姑爷站起，
说：“人（仁）者安人，智者利人。”
三姑爷庄稼汉不通文墨，

急得他汗流满面湿透衣襟。
大姑娘见此情景咧着嘴儿笑，
二姑娘偷着拿手捂嘴唇。
三姑娘实在挂不住劲，
挽起袖子就把手伸。
照着三姑爷大腿根儿拧了一把，
三姑爷大声说："人不拧你，你怎么拧人？"

（白万铭述　张权衡整理）

十女夸夫

李老太太七十七，
一辈无儿八个闺女。
八个女儿还嫌少，
余外又认俩干女。
亲的干的十个女，
与她十女找女婿。
大姐嫁个木匠汉，
二姐嫁个铲磨的，
三姐嫁个泥瓦匠，
四姐嫁个造厨的，
五姐嫁个旋罗汉，
六姐嫁个卖糖的，
七姐嫁个打油汉，
八姐嫁个打铁的，
九姐嫁个推车汉，
十姐嫁个种田的。
这日太太寿诞日，
十个闺女上寿去。
酒席筵前说闲话，
大姐有语把话题：
“七十二行哪行好，
哪行高来哪行低？”
太太说个不偏话：

"哪行挣钱都不离。"
大姐说："我木匠好。"
二姐说："木匠不如铲磨的。"
三姐说："铲磨不如泥瓦匠。"
四姐说："瓦匠不如造厨的。"
五姐说："造厨不如旋匠妙。"
六姐说："旋匠不如卖糖的。"
七姐说："卖糖不如打油店。"
八姐说："打油不如打铁的。"
九姐说："打铁不如推车好。"
十姐说："推车不如种田的。"
大姐闻听心好恼，
叫声："科子你听知。
席前多说一句话，
惹得科子都不依。
我今出题你们对，
对不上诗句我不依。
一流举子二流医，
三流风鉴四流师，
五流丹青六流画，
七僧八道九琴棋。
世上不如木匠好，
听我从头说一回。
要是出门把活做，
锛凿斧锯来抖威。
先修楼房与大厦，
两边配房紧相随。
鲁班本是我的祖，
俺的祖师赖及谁？
吃饭也在屋中坐，
雨不淋来风不吹。
哪像二姐铲磨汉，
当啷当啷铲到黑。"

二姐一听心好恼，
叫声："大姐笑话谁？
世上不如铲磨好，
锤子凿子来抖威。
南街修个石牌楼，
北街修个兴隆碑。
木匠石匠一个祖，
这个祖师赖及谁？
吃饭也在屋中坐，
雨不淋来风不吹。
哪像三姐泥瓦匠，
终朝每日挑石灰。"
三姐闻听心好恼：
"二姐科子笑话谁？
世上不如瓦匠好，
瓦刀泥板来抖威。
先盖楼房与大厦，
两旁配房紧相随。
瓦屋平房都会盖，
楼台亭阁多亏谁？
灶君本是我的祖，
我的祖师赖及谁？
吃饭也在屋中坐，
雨不淋来风不吹。
哪像四姐造厨汉，
不是起早就贪黑。"
四姐闻听心好恼：
"三姐科子笑话谁？
世上不如造厨汉，
菜刀菜勺来抖威。
五碗四盘全会做，
大小饭菜紧相随。
我尊易牙一个祖，

俺的祖师赖及谁？
吃饭也在屋中坐，
雨不淋来风不吹。
哪像五姐旋罗汉，
一堆木头围一堆。”
五姐听了心好恼，
叫声：“四姐笑话谁？
世上不如旋匠好，
旋刀旋板来抖威。
长的旋个擀面杖，
短的与奴旋棒槌。
我与大姐一个祖，
俺的祖师赖及谁？
吃饭也在屋中坐，
雨不淋来风不吹。
哪像六姐卖糖汉，
当啷当啷直到黑。”
六姐闻听心好恼，
叫声：“五姐笑话谁？
世上不如卖糖汉，
糖锣糖板来抖威。
青丝玫瑰我会做。
豆根丝窝多亏谁。
寿主本是我的祖，
俺的祖师赖及谁？
吃饭也在屋中坐，
雨不淋来风不吹。
哪像七姐卖油汉，
喝喝呀呀直到黑。”
七姐闻听心好恼：
“六姐科子笑话谁？
世上不如打油汉，
油锤油箍来抖威。

麻油香油我会做，
棉花桂油多亏谁。
郑子明本是我的祖，
俺的祖师赖及淮？
吃饭也在屋中坐，
雨不淋来风不吹。
哪像八姐打铁汉，
终朝每日打到黑。”
八姐闻听心好恼，
叫声：“七姐笑话谁？
世上不如打铁汉，
钳子锤子来抖威。
先打大姐奔刨与斧锯，
后打二姐凿子锤。
三姐瓦刀也会打，
四姐菜刀多亏谁。
五姐旋刀俺会打，
六姐糖刀紧相随。
七姐油锤也会打，
九姐车瓦多亏谁。
十姐锹镐都会打，
庄稼什物多亏谁？
哪像九姐推车汉，
清晨起来推到黑。”
九姐闻听心好恼：
“八姐科子笑话谁？
世上不如推车子，
开车棍子来抖威。
南边收了南边去，
北边收了北边回。
下晚下了招商店，
包子围子一大堆。
不是推车夸大口，

早晚闹副好下水。
柴王本是俺的祖，
俺的祖师赖及谁？
吃饭也在屋中坐，
雨不淋来风不吹。
哪像十姐庄稼汉，
起早睡晚光贪黑。”
十姐闻听心好恼：
“九姐科子笑话谁？
世上不如庄稼汉，
吃食粮石来抖威。
春天要是撒撒种，
赶到秋到拿一堆。
春天要是不撒种，
饿死娼妇一大堆。
治公本是我的祖，
俺的祖师赖及谁？
吃饭也在屋中坐，
雨不淋来风不吹。”
大姐闻听心好恼，
叫声：“娼妇你骂谁？”
十姐说声着急话：
“谁要搭茬儿就骂谁。”
大姐拿起斧与锯，
二姐拿起铲与锤，
三姐拿起瓦刀板，
四姐菜刀紧相随，
五姐拿起擀面杖，
六姐糖刀紧相随，
七姐油锤拿在手，
八姐钳子打铁锤，
九姐拿起开车棍，
那十姐拿起庄稼什物一大堆。

姐妹十个来打架，
李老太太来解围：
“只许打来不许骂，
你们要骂我吃亏。”

（吉坪三演出稿）

百家姓

念书的君子乐安康，
《千字文》《百家姓》细说衷肠。
这位爷头戴一顶“高夏蔡田”帽，
身穿一件“甘钭厉戎”装。
腰中紧系“岳帅缑亢”带，
“费廉岑薛”足蹬一双。
戴的本是“苗风花方”表，
荷包里装的是“何吕施张”。
手里拿着“孔曹严华”扇，
“金魏陶姜”带在身旁。
槽头上拉过来“鲁韦昌马”，
背上了一卷“酆鲍史唐”。
接过来“甄麴家封”揣怀内，
“丁宣贲邓”催马由缰。
眼前来到“呼延归海”庙，
为娘亲烧的“伍余元卜”香。
一路走的是“俞任袁柳”路，
观赏了“戚谢邹喻”买卖街商。
东街上住着一个“曾毋沙乜”，
她家有“闻人东方”两套房。
“东门西门”高大敞亮，
“公孙仲孙”拉我衣裳。
一下马走的本是“暨居衡步”，

"漆雕乐正"摆在中央。
四个陪客"赵钱孙李",
四个厨师"周吴郑王"。
先上一碗"景詹束龙"菜,
接着又上"米贝明臧"汤。
"温别庄晏"做得好,
"宦艾鱼容"做得强。
这爷吃了一碗"养鞠须丰"面,
喝了两碗"奚范彭郎"。
顿时间"年爱阳佟"冒虚汗,
将这爷搀在"颛孙端木"床。
客厅里点上"胥能苍双"蜡,
"印宿白怀"照满堂。
小丫鬟端来了一碗"江童颜郭"水,
这位爷喝下了"柏水窦章"。
打外边进来一位"欲遽桑桂"女,
与这爷"汝鄢涂钦"唠家常。
这位爷就觉得"杜阮蓝闵",
众亲友搀扶他到"谈宋茅庞"。
"樊胡凌霍"来得快,
这位爷"干解应宗姬申扶堵"转回乡。

(吉坪三演唱稿　白泉整理)

百家姓列国古人名*

赵钱孙李李存孝，
周吴郑王王彦章。
冯陈褚卫卫老将，
蒋沈韩杨杨四郎。
朱秦尤许秦叔宝，
何吕施张张子房。
孔曹严华曹孟德，
金魏陶姜金玉镶。
戚谢邹喻谢映登，
柏水窦章柏年长。
云苏潘葛苏小妹，
奚范彭郎范百祥。
鲁韦昌马鲁子敬，
苗凤花方花振芳。
俞任袁柳柳下惠，
酆鲍史唐唐明皇。
费廉岑薛薛仁贵，
雷贺倪汤汤振光。
滕殷罗毕罗士信，
郝邬安常常开江。
乐于时傅于得水，
皮卞齐康康玉良。

---

* 标题中的“列国”，应作“历代”为是；有些人名无从考察。

伍余元卜伍子胥，
顾孟平黄黄丁香。
和穆萧尹穆（莫）怀古，
姚邵湛汪老姚刚。
祁毛禹狄狄东美，
米贝明臧明东方。
计伏成戴成君禄，
谈宋茅庞宋金刚。
熊纪舒屈熊如虎，
项祝董梁梁满仓。
杜阮蓝闵闵子骞，
席季麻强强自当。
贾路娄危贾宝玉，
江童颜郭郭正邦。
梅盛林刁梅良玉，
钟徐邱骆骆宾王。
高夏蔡田高怀玉，
樊胡凌霍胡延光。
虞万支柯万君兆，
昝管卢莫卢侍郎。
经房裘缪经万卷，
干解应宗解子昌。
丁宣贲邓丁得胜，
郁单杭洪单天章。
包诸左石包文正，
崔吉钮龚吉庆祥。
程嵇刑滑程知节，
裴陆荣翁陆为黄。
荀羊於惠于门要，
甄麴家封家万邦。
芮羿储靳靳成美，
汲邴糜松松永康。
井段富巫富克久，

乌焦巴弓乌正堂。
牧隗山谷山云岫，
车侯宓蓬侯正纲。
全郗班仰全福寿，
秋仲伊宫秋瑞香。
宁仇乐暴宁长有，
甘钭厉戎钭万仓。
祖武符刘老刘义，
景詹束龙龙德江。
叶幸司韶叶视茂，
郜黎蓟薄郜玉光。
印宿白怀印一品，
蒲邰从鄂从正江。
索咸籍赖咸加瑞，
卓蔺屠蒙屠自扬。
池乔阴郁乔光福，
胥能苍双能定江。
闻莘党翟莘仁义，
谭贡劳逄贡君堂。
姬申扶堵申公豹，
冉宰郦雍冉伯祥。
郤璩桑桂桂秀岭，
濮牛寿通寿永昌。
边扈燕冀燕小乙，
郏浦尚农农自强。
温别庄晏晏三甲，
柴瞿阎充柴东阳。
慕连茹习习正国，
宦艾鱼容艾成双。
向古易慎古振国，
戈廖庚终戈正邦。
暨居衡步居之贵，
都耿满弘满万仓。

匡国文寇老寇准，
广禄阙东小东方。
欧殳沃利利成水，
蔚越夔隆隆立娘。
师巩厍聂师千古，
晁勾敖融晁天王。
冷訾辛阚冷春雪，
那简饶空简文祥。
曾毋沙乜沙金贵，
养鞠须丰养有方。
巢关蒯相相得袭，
查后荆红红连江。
游竺权逯竺春旺，
盖益桓公桓成梁。
万俟司马司马师，
上官欧阳欧阳方。
夏侯诸葛诸葛亮，
闻人东方东方光。
赫连皇甫皇甫讷，
尉迟公羊尉迟江。
澹台公冶公冶长，
宗政濮阳宗正当。
淳于单于淳于可，
太叔申屠申屠强。
公孙仲孙公孙胜，
轩辕令狐令狐王。
钟离宇文宇文奇，
长孙慕容长孙良。
司徒司空司徒用，
百家姓终百家祥。

（佚名）

百戏名

立春以后雨水鲜，
您听我把戏名言上一言。
这位爷穿着一件《时迁盔甲》，
头戴着一顶《高旺过关》。
腰中挂着一根《香罗带》，
《乌盆记》的草鞋二足穿。
胳膊腕戴满了《李白写表》，
唤一声《杨家将》要你听言。
在《摇钱树》拴过我的《秦琼卖马》，
背上一盘《马鞍山》。
用手接过《金鞭记》，
翻身上了《马上缘》。
金鞭打马走得快，
不多时出离这座《虹霓关》。
我今天一到《哭祖庙》，
为《救母》娶下了《小连环》。
《行路训子》走的本是《华容道》，
见一座《八蜡庙》盖在路南。
《红鸾禧》《宝莲灯》门前倒挂，
《双狮图》分左右摆在两边。
庙门以上倒有一副对，
上一联下一联写得周全。
上联写《一捧雪》《二进宫》《三进士》，

下联配《四杰村》《五雷阵》《六月雪》紧相连。
横批倒有四个大字，
《麻姑上寿》写在上边。
迈步进了《游六殿》，
里面景致甚是可观。
满地栽了些个《盗仙草》，
对面尽是《青石山》。
《新茶花》《绿牡丹》开得茂盛，
许多的《花蝴蝶》上下翻。
《风仪亭》《青风亭》相隔不远，
亭子里坐着女子《花木兰》。
走上前我与她《千金一笑》，
她与我说的本是《胡迪骂阎》。
越过《白水滩》《太真外传》，
见一家酒馆《铁弓缘》。
《母女会》见了我就往里边让，
《落马湖》《对银杯》摆在了面前。
《女起解》端了来《宝蟾送酒》，
《铡判官》《铡美案》上了两盘。
《铁公鸡》《盘肠战》两样菜，
《馒头庵》《卖饼子》美味香甜。
不多时吃得我是《贵妃醉酒》，
从腰中掏出来《一元钱》。
迈步进了《连升店》，
《梅绛雪》下湿我的《珍珠衫》。
我有心《回龙阁》迈开《一匹布》，
瞧见了《秋胡戏妻》大团圆。

（王本林演出稿　王双福整理）

饽饽阵

烧卖出征丧了残生，
馅饼回营搬来了救兵。
锅盔坐在了中军宝帐，
发面火烧为前部先锋。
搬来了吊炉烧饼整整十万，
荞面饼催粮押着后营。
红盔炮响惊天地，
不多时来到了馒头城。
小米面饼子上安下营寨，
拉开了馓子麻花儿座连营。
锅饼跪在了中军宝帐，
尊一声回头王爷在上听。
花糕蜂糕千层饼，
请来了大八件儿的饽饽要动刀兵。
核桃酥、到口酥亲哥儿俩，
薄松饼、厚松饼二位英雄。
鸡油饼、枣花儿亲姐儿俩，
桃酥饼、油糕二位弟兄。
有几个三角眉毛二五眼，
芙蓉糕粉面自来红。
槽子糕骑着一匹萨其马，
黄杠子饽饽拿在手中。
鼓盖儿打得如爆豆，

缸炉撞得响连声。
麻花兵拉来了四门大炮，
江米条儿闻听吃了一惊。
太师饼儿无奈何把香降，
请来了光头饽饽有神通。
摆了座四门兜底八宝攒馅包子阵，
恰好似千层饼儿五花三层。
四门把守着油炸鬼（馃），
糕乾以上挂红灯。
窝窝头安在了中央戊己土，
肉火烧安在了南方火丙丁。
正西方庚辛金扁食来作乱，
正北方壬癸水水晶饼儿闹得更凶。
正东方硬面饽饽甲乙木，
他把那金刚宝镯祭在空。
月饼当空照如白昼，
把一位年糕老将打入阵中。
丝糕一怒前去破阵，
进阵碰见了圆睁儿烧饼。
糖耳朵败阵逃了活命，
蜜麻花站在阵中喊连声。
他倒说烫面饺儿死在了笼屉阵，
煮饽饽跳河一命倾。
就数鸡蛋卷儿、薄脆死得苦，
脑袋上揍了一个大窟窿。
豆沙糕儿闻听吓了一跳，
奶卷儿小姐泪盈盈。
丝糕一听撤了人马，
那蜜麻花在阵中呼喊连声。
如有人破开了饽饽阵，
除非是饿膈来了啃（kèn）个土平。

（韩子康述　薛永年整理）

青菜名

闲来无事出城东，
碰见小伙身穿青，
肩膀挑着青菜担，
喊的菜名叫得精。
菜担挑在十字路口，
叉开大步开了声，
他说是南京反了白莲藕，
独头蒜在北京坐了朝廷。
生菜、臭菜为三宫六院，
他封香菜坐正宫。
九卿四相分文武，
八大朝臣分西东。
五府六部也有俸，
四十八万满汉兵。
白莲藕南京下反表，
午门候旨见朝廷。
圣上闻奏忙传旨，
宣上金殿见圣明。
内臣捧到龙书案，
独头蒜闪开龙目看得清。
上写着："拜上拜上不拜上，
不拜独头狗娘生。
你若三年两头与我来进贡，

一笔勾销无话明。
三年不与我进贡，
恼一恼发兵反到北京城。
拿住你九卿四相开刀剁，
八大朝臣点天灯。
拿住你独头蒜捣缸里捣，
三宫六院用火烘。”
看到此处心好恼，
骂了声反贼欺孤太不轻。
吩咐声茼蒿菜内臣奉圣旨，
快宣武将众爱卿。
内臣答应不怠慢，
传旨殿头喊一声。
内臣一言还未尽，
左班部出来人一名。
这位大人名和姓，
老倭瓜官印有大名。
撩袍端带上金殿，
连连叩首深打躬。
口呼：“万岁万万岁，
为臣情愿去出征。”
一闪龙目抬头看，
倭瓜爱卿愿去领兵。
圣上一见龙心喜：
“朕叫你耀武扬威出北京。
朕赐你三口铜铡两支剑，
先斩后奏任你行。
朕与你一口元帅印，
代管天下满汉兵。
朕与你满朝銮驾随身走，
朕赐爱卿酒三盅。
平灭反贼回朝转，
官上加官职加封。”

老倭瓜封一口元帅的印，
瓠子领兵做先行。
校军场里点人马，
点了四十八万韭菜、菠菜兵。
拉了几车西瓜炮，
小葱长枪摆几层。
蚕豆腰刀明又亮，
炮杆火枪带红缨。
人马点齐放大炮，
炮响三声起了程。
先行便在头前开路，
八卦大纛头先行。
头前跑的对子马，
红鞘腰刀带红缨。
一对板来一对棍，
一对锁来一对绳。
金瓜钺斧朝天镫，
藤子金枪摆几层。
肃静回避牌四对，
执扇掌扇画团龙。
飞虎清道旗四面，
十三棒铜锣响连声。
上打一把九曲红罗伞，
老倭瓜十字披红跨走龙。
后有那三口铜铡两支剑，
四十八万人马出了城。
正走中间来得快，
眼前来到十里亭。
也有那抬着食盒摆着菜，
大小官员来饯行。
芦棚搭的无计数，
不是亮蓝的就是亮红。
元帅一见下了马，

秉手躬身来领情。
辞别众家上坐马，
南京大路走得凶。
老倭瓜赤胆忠心嫌马慢，
打马催兵向前行。
逢州吃州逢县吃县，
不论昼夜往前行。
这日到了南京地，
菜园子好比南京城。
远看城门三滴水，
近看垛口数不清。
一个垛口一尊炮，
一杆大纛一支兵。
城门就用铁叶裹，
上头钉馒首大的菊花钉。
滚木礌石城头放，
千斤悬挂半空中。
明公若问成何用，
恐怕那番邦外国来攻城。
城门亚赛仙人洞，
来来往往有人行。
看不尽的城头景，
护城河边面前迎。
河沿倒栽垂杨柳，
燕飞鸟鸣乱哄哄。
渔翁撒网微微笑，
打鱼小舟水面行。
顽童也把莲蓬采，
寒鸭凫水绿波行。
看不尽的城下景，
吊桥上面看得清。
车走吊桥如擂鼓，
马跑尘土太阳蒙。

倭瓜催叫急如箭，
人马相随走进城。
瓠子先行来报事，
启禀元帅得知情。
无处埋锅无处造饭，
无处排队无处安营。
老倭瓜一声传下令，
芦棚架底下扎大营。
按下倭瓜且不表，
再把反兵明一明。
白莲藕护城河里听着信，
调动他三十三万挂甲兵。
急忙登了银安殿，
宣上来秦椒大帅去领兵。
挂了一口元帅印，
校军场里去点兵。
点了三十三万人共马，
苋菜、胡椒做先行。
蓁椒一声传下令，
韭菜池子扎大营。
白莲藕就把军师问，
角瓜能算吉和凶。
夜至三更偷营寨，
泄漏军机了不成。
葫芦站在高岗望，
占了他九九八十一间府门庭。
菜葫芦一见心好恼，
夜至三更去偷营。
点起几尊西瓜炮，
打死北国几万兵。
烧他的连营三十六座，
烧他的兵喊马叫响连声。
死了多少兵与将，

气死多少满汉兵。
王瓜气死上了吊，
茄子气得紫又青。
莙荙菜气得根朝下，
大萝卜气得脸上通红。
白菜气得叭拉长，
西瓜打得满肚红。
芹菜气得有了味儿，
山药吓得土地蒙。
土豆害怕地里长，
豇豆气得长成绳。
丝瓜气得满地滚，
臊瓜气得直扑蹬。
苤蓝气得池埂长，
豌豆气得有了藤。
水萝卜气得满肚子水，
红萝卜铺地不吱声。
青菜名打了这一仗，
下一回老倭瓜一定去搬兵。
这是菜名一小段儿，
下接虫蚁大交锋。

（王兆麟演唱稿）

虫蚁打仗

闲来无事出城东，
碰见个屎壳郎来讲子平。
有个蚂蚁来算卦，
口称："先生，你来听。
人人都说你的卦奇好，
我看你到底灵不灵。
今日与我算一卦，
子午卯酉算个清。
你看我几时生几时长，
何年何月归阴城。"
屎壳郎闻说不怠慢，
两手慌忙不消停。
"我算你正二月里无有你，
三月四月你才生。
五月六月大运旺，
七月八月运不通。
九月交了严霜降，
三场白露吹了灯。"
蚂蚁闻说生了气，
气恼中寒归阴城。
蚂蚁死了要出殡，
请了知客沙豆虫。
天牛虫来抬棺椁，

铁头蚂蚁捻寿钉。
八个蚊子吹鼓手，
蚯蚓蛐蛐来念真经。
八个白蛾穿重孝，
磕头虫儿来参灵。
有个蜗牛来吊孝，
哭声蚂蚁大长兄。
你今死了只顾你，
抛下小弟怎过冬。
放下一处表一处，
两头齐说不受听。
毛毛虫子把厨子找，
来了厨子人几名。
油葫芦、蚂蚱厨房下，
扁担钩挑水不消停。
棉花虫儿来烧火，
煎炒烹炸是螳螂。
拉扯前来盗坟墓，
四十八万蚂蚁来守灵。
正是蚂蚁要出殡，
气坏一群众蠓虫。
蠓虫一见心好恼，
死了蚂蚁天闹红。
我今飞到高山上，
一到高山去搬兵。
搬来马蜂打前敌，
有个蜜蜂做先行。
蝎子挂了元帅印，
押粮运草下山峰。
马蜂带来兵和将，
带来了一万八千八百绿豆蝇。
蜜蜂带来人和马，
带来了一万八千八百大虾蠓。

山上人马往下闯，
蚂蚁出殡起了灵。
两头一见红了眼，
话不投机大交兵。
山上人马来势勇，
蜇的蜇来叮的叮。
眼看蚂蚁扑了地，
气坏八脚蜘蛛精。
蜘蛛一见心好恼，
要为蚂蚁打不平。
蜘蛛撒下天罗网，
拿住飞将多少兵。
马蜂、蜜蜂全拿住，
罩住许多众蠓虫。
绿豆黄蝇蒙死在天罗网，
这才吓坏蝎子精。
蝎子回山去交令，
有个野鸡下山峰。
蝎子一见心害怕，
野鸡一见喜心中。
闭翅收翎往下落，
落在蝎子面前迎。
蝎子一见魂不在，
弯着腰儿直咕容。
只听咯吱一声响，
蝎子一命归阴城。
这是虫战一古段儿，
费尽笔墨半日工。

（大饭桶演唱稿）

鹬蚌相争

冬日里阴天渭水寒，
出了水的河蚌儿晒在了沙滩。
半悬空落下鱼鹰子，
抿翅收翎往下鸽。
那鹰鸽蚌肉疼难忍，
蚌夹鹰嘴两翅扇。
打南边这来了渔翁一位，
渔翁是来到了旱岸边。
他倒说："欢喜欢喜真欢喜，
割了蚌儿就酒，鱼鹰我换钱。"
有鱼鹰落下了这伤心的泪，
叫一声，河蚌儿要你听言，
早知道落在了渔翁手，
倒不如，你归大海，我上高山。
你归大海饮甜水，
我上高山乐安然。
这就是，鹬蚌相争，渔人得利，
诸位谨记伸头容易是后悔难。

（于春明述　张娃佳记录）

劈山救母

离城十里不算乡，
贯州府代管杨家庄。
杨家庄有个杨天佑，
他的妻本是玉帝三姑娘。
过门之后生一子，
起名就叫杨二郎。
杨二郎自幼没见过生身母，
每天习武在山冈。
手使金弓银弹子，
梧桐树上打凤凰。
上打一只不成对，
下打一只配成双。
有心再打三五个，
误了担山赶太阳。
十三个太阳赶去十二个，
留下一个照下方。
玉皇一见心欢喜，
摆下酒宴请二郎。
二郎喝个沉沉醉，
躺在长生不老床。
躺在床上流痛泪，
口中不断说短道长，
人人都有生身母，

二郎无有养身娘。
玉皇见他流下泪，
叫声："金花太子杨二郎，
要有真心见你的母，
斗牛宫内问你的姥娘。"
二郎闻听心欢喜，
站起身来走得忙。
行行走走来得快，
斗牛宫不远对胸膛。
迈步就把斗牛宫进，
手拉着王母尊声："姥娘！
人人都有生身母，
我年长十五岁没见过娘。"
王母娘娘闻听心酸痛，
叫一声外孙子听其详：
"提起你母姐妹九个，
个个临凡下了天堂。
提起你大姨娘红罗公主，
许配托塔李天王。
提起你二姨娘红衣公主，
许配东海敖广龙王。
提起你母张三姐，
许配了你爹爹杨天佑住在下方。
你母生你三天整，
东海岸上洗衣裳。
洗干了五湖四海三江水，
怒恼了东海老龙王。
你姥爷面前奏一本，
天兵天将拿你娘。
拿住你母张三姐，
把她押在桃花岗。
要有真心救你的母，
老君庙去找八卦开山斧一张。"

二郎闻听心欢喜，
迈开仙足走慌忙。
眼前来到老君庙，
叫声：“老君听端详，
赶快打开宝藏库，
找一宗宝贝下凡去救我的娘。”
老君闻听不怠慢，
打开了宝藏库，各样宝贝放豪光。
二郎举目留神看，
不见八卦开山斧一张。
老君说：“要有真心救你的母，
到下方山西玻璃庄去把妖降。”
二郎闻听心欢喜，
驾起祥云奔下方。
转眼之时来得快，
来到下方玻璃庄。
变了一个云游道，
轻轻落在大地上。
二郎这里留神看，
见道旁闪出几间房。
有一个老者门前站，
止不住两眼泪汪汪。
二郎上前开言道，
尊声：“老者听端详。
你是缺儿来还是缺女？
是仓中缺少五谷粮？”
老者说：“我不缺儿来不少女，
仓中不缺五谷粮。
我村外有一个老君庙，
老君庙来了一个斧子大王。
一天要吃童男一个，
两天要吃童男一双。
周围吃出四十里，

今天要吃我的儿郎。”
二郎说：“今天你供我一顿饭，
我到庙堂把妖降。”
老者说：“慢说吃我一顿饭，
十顿八顿又何妨。”
二郎吃罢一顿饭，
跟随老者奔庙堂。
转眼来到老君庙，
老者怕死回了庄。
二郎进了老君庙，
不见妖怪里边藏，
不用人说我知道，
妖精此时不在庙堂。
二郎这才用法力，
西北乾天大风扬，
鸡蛋大的冰雹往下落，
打得妖精回了庙堂。
妖精进庙留神看，
远远闻见人肉香，
迈步就把大殿进，
见一个小孩躺在供桌上。
往日吃人先吃腿，
今天我先把脑袋尝。
照着脑袋咬一口，
人头长出整一双；
照着脑袋咬两口，
人头长出整两双；
照着脑袋咬三口，
满屋人头乱嚷嚷。
妖精一见事不好，
迈开大步跑慌忙。
杨二郎放出哮天犬，
咬在妖精左膀上。

咬得妖精疼难忍，
哗啦啦变八卦开山斧一张。
杨二郎拾起开山斧，
迈步来到桃花岗。
大斧一举龙摆尾，
九牛二虎把他帮。
只听咔嚓一声响，
一座大山开了膛。
二郎迈步往里走，
远远望见生身娘。
双膝跪在溜平地，
尊声："母亲听其详，
白日观的什么景？
夜晚睡的什么床？
饿了吃的什么饭？
渴了喝的什么汤？"
张三姐这里抬头看，
见一道童在身旁：
"你是谁家儿来谁家子？
为什么口口声声管我叫娘？"
二郎说："莫非母亲忘记了，
我就是你亲生孩儿杨二郎。"
张三姐闻听流痛泪，
叫声："我儿杨二郎，
白日观看花椒树，
夜晚睡在冰雪床，
饿了吃的松柏子，
渴了喝的空心汤。"
杨二郎劈了花椒树，
回手又劈冰雪床，
扬了一地松柏子，
泼了一碗空心汤。
背起母亲往外走，

一座大山又合上。
这就是劈山救母一古段儿，
骨肉团圆喜洋洋。

（胡兰亭述）

隋炀帝下扬州

高挑栊帘挂会钩，
隋炀帝无道下扬州。
文官上殿来保奏，
武将上殿把主留。
军师说我主不去拉倒罢，
诚劝昏王他不回头。
水陆行船他不走，
平地无水偏要行舟。
平地无水难把船渡，
他叫黎民百姓搅拌香油。
他叫那童男童女拉船纤，
一个个脱去衣服光脚穿兜兜。
常言说童男宽衣还犹可，
童女宽衣怎不害羞。
这才是昏王无道民涂炭，
一个个都把仇恨憋在心头。
将昏王拉至在扬州地，
瓦岗山英雄聚义壮志酬。
到后来五花棒打死了隋炀帝，
他死后变成了一头牛。
老牛落在庄稼人的手，
庄稼人大报仇，牛拉车，牛耕地，
老牛不走鞭子抽。

常言说老牛老马刀头死，
临死来个大抹头。
牛肉担在长街卖，
千刀万剐上秤钩。
扒下牛皮蒙鼓打，
一挂挂在钟楼鼓。
一更打到二更鼓，
打了个金鸡乱点头。
万岁皇爷龙心喜，
封它一个定更侯。
牛的骨头也有用，
巧手就把簪子抠。
抠出簪子长街卖，
妇人买去别油头。
剩下散碎骨头也有用，
光棍就把骰子抠，
抠出来幺对六、二对五、二对凹的一副骰，
要钱场里它去游。
赢钱的说它一声“好”，
输钱的呸呸呸骂它一声邪骨头。
剩下牛的脑袋没有用，
一扬扔在苏杭州。
杭州城有个刘老六，
苏州城有个老六刘，
刘老六，老六刘，倒坐门槛燎牛头。
二人正把牛头燎，
打那旁来了一个大黄狗。
这黄狗见了牛头咬牛头吃牛头啃牛头，
慌张了刘老六与老六刘，
拿起了大骨头要打狗的头，
也不知刘老六的大骨头打了狗的头，
也不知狗的头咬了刘老六的大骨头。
说我诌，我就诌，

这一年正月十五立了秋。
一棵高粱打了六十六担六斗六，
一根秫秸盖了六十六座梳妆楼，
剩下一节没有用，
做了六十六根大车轴。
楼里边囤着六十六囤鹦哥绿豆，
豆囤上码着六十六篓桂花油，
油篓上摞着六十六匹鹅缎绸，
楼下边载着那六十六根大车轴，
车轴上钉着六十六盘锁，
锁着六十六个大马猴。
楼外边趴着六十六头杠子牛，
打那边来了个二八六九六九二八，
温柔典雅典雅温柔花妞妞。
花妞妞手里提着笼筐头，
装着是鸡蛋鸭蛋鹅蛋头，
还有那六十六个大馒头。
打那边来了一个耷拉尾巴耷拉耳朵大黄狗，
这黄狗见了妞妞咬妞妞，
吓得妞妞往后退，
咔嚓扔了笼筐头，
撒了那鸡蛋鸭蛋鹅蛋头，
还有六十六个大馒头。
这黄狗不咬妞妞吃馒头，
还要吃鸡蛋鸭蛋鹅蛋头。
一边吃着汪汪咬，
不好了吓跑了六十六头杠子牛，
吓窜了六十六个大马猴，
拽去了六十六盘锁，
拉倒了六十六根大车轴。
只听哗啦一声响，
撞倒了六十六座梳妆楼，
倒下来六十六囤鹦哥绿豆，

洒了那六十六篓桂花油，
油了那六十六匹鹅缎绸。
慌张了刘老六与老六刘，
不打狗不拴牛，
他也不追大马猴，
拿起来油篓口要扣狗的头。
也不知刘老六的油篓口扣了狗的头，
也不知狗的头咬了老六刘的油篓口，
狗啃油篓篓油漏，
狗不啃油篓篓不漏油。
隋炀帝下扬州一段儿绕口令，
一个字绕不上来栽个大跟头。

（全炳昶述　孙伟记录）

白蛇传

杭州美景盖世无双，
西湖岸上奇花异草，四季清香。
春游苏堤岸桃红柳绿，
夏赏荷花放满了池塘，
秋观明月如同碧水，
冬看瑞雪铺满了山冈。
表的是，西湖岸上妖魔作乱，
惊动了上方的张玉皇，
玉皇爷差法海临下凡世，
在金山寺内把方丈当。
这一天，有许仙烧香还愿，
老禅师见他满脸的妖气命不久长，
他袖占一课才知道了，
才知道他的妻子是白蛇娘。
法海禅师这里开言道，
尊一声许仙施主细听端详，
“我算你妻是多年的怪蟒，
它缠绕于你，盗你的真阳。”
有许仙闻听此言嘚嘚嘚嘚颤，
他从此以后不敢还乡。
到后来，青白二蛇一怒，找到了金山寺院，
手指山门大骂和尚，
“你放出儿夫，咱还则罢了，

若不然管叫秃头剑下亡。”
众僧人一见把山门关上，
只吓得小僧殿内藏。
有青儿拘来了鱼兵蟹将，
她拘来了鱼兵蟹将水淹庙堂。
法海禅师他本是神通广大，
水也涨庙也涨水淹钱塘。
钱塘县的众黎民遭了横祸，
数十万生命水内亡。
法海禅师有一天请来了天兵天将，
清来了金吒、木吒、哪吒、托塔的李天王，
有叫值功曹二十八宿，
还有拉狗的杨二郎。
天王爷一怒祭起了宝塔，
眼睁睁要把白蛇娘子伤。
多亏魁星爷是大发慈悲，
才搭救他主仆二人转回乡。
这一天法海禅师开言道，
叫一声许仙徒儿细听端详，
我算出你的妻子大数已到，
我赐予这佛钵把她降。
许仙接过佛家的宝，
辞别了恩师转回家乡，
他进门手托佛钵开言道，
叫一声我的妻你细听端详，
老恩师赐予我佛钵一口，
他老说此宝还能把妖降。
白娘子见佛钵嘚嘚嘚嘚颤，
颤惊惊玉体分外地焦黄，
望丈夫你高抬贵手把奴家容让，
你细听奴从头到尾细听端详。
奴为你搭船借伞真艰苦，
奴为你生死间离两相当，

奴为你贪红尘懒登仙界，
奴为你生下了小儿郎。
那五月单五端阳放，
咱夫妻对坐饮雄黄。
这雄黄酒喝得腹中实在难受，
小奴睡卧象牙床，
我现原形就在那红罗帐，
才吓死儿夫就命见阎王。
奴为你长寿山薅回了还阳草，
我遇见了白鹤童子大战一场，
他本是佛门弟子我战他不过，
小奴败阵山后藏。
多亏了寿星老大发慈悲，
才赐予我那还阳宝丹转回家乡。
我进门来用金簪撬牙关把这金丹灌下，
才搭救儿夫命还阳。
你病好烧香前去还愿，
可从此以后你不还乡。
到今天手托佛钵回家转，
口口声声要把奴家伤。
你不念搭船借伞那点儿恩爱，
你不念我生死间离两相当，
你不念妻为你懒登仙界，
你不念我与你生产了小儿郎。
她低头忙把娇儿叫，
我苦命的娇儿细听端详，
你多吃为娘两口那断肠的乳，
从此以后离了亲娘，
埋怨别把为娘埋怨，
埋怨你的爹爹丧了天良。
回头忙把青儿妹妹叫，
你与我抚养这小儿郎。
她忙把娇儿递过去，

那佛钵以外就放了豪光，
三道金光把那白娘绕，
将白娘就往那佛钵里边装。
将佛钵压在了就在雷峰塔，
终朝每日她受凄凉。
要的白蛇娘子灾除难满，
除非是许梦娇得中状元郎。

（王长林演出稿）

青菜名

闲来无事出城东，
碰见小伙身穿青。
肩膀挑着青菜担，
喊的菜名叫的精。
菜担挑在十字路口，
叉开大步开了声。
他说是南京反了白莲藕，
战表发到北京城：
你若三年两头与我来进贡，
一笔勾销无话明。
三年不与我进贡，
恼一恼发兵反到北京城。
拿住你九卿四相开刀剁，
八大朝臣点天灯。
拿住你独头蒜捣缸里捣，
三宫六院用火烘。
独头蒜接过反表仔细看，
忙吩咐快叫文武众爱卿。
文武百官上金殿，
为臣领旨去出征。
老倭瓜封了一口元帅的印，
大冬瓜领兵做先行。
校军场里点人马，

点了四个八万韭菜茄子兵。
拉了几车西瓜炮，
小葱长枪摆几层。
蚕豆腰刀明又亮，
丝瓜火枪带红缨。
人马点齐放大炮，
炮响三声起了程。
头前跑的对子马，
红鞘腰刀带红缨。
一对板来一对棍，
一对锁来一对绳。
金瓜钺斧朝天镫，
藤子金枪摆几层。
肃静回避牌四对，
执扇掌扇画团龙。
飞虎清道旗四面，
十三棒铜锣响连声。
上打一把九曲红罗伞，
老倭瓜十字披红跨走龙。
后有那三口铜铡两支剑，
四十八万人马出了城。
白莲藕护城河里听着信，
调动他三十三万挂甲兵。
辣椒一声传下令，
韭菜池子扎大营。
菜葫芦一见心好恼，
夜至三更去偷营。
点起几尊西瓜炮，
打死北国几万兵。
烧他的连营三十六座，
烧他的兵喊马叫响连声。
死了多少兵与将，
气死多少青菜兵。

黄瓜气死上了吊，
茄子气得紫又青。
根头菜气得根朝下，
大萝卜气得脸通红。
白菜气得扒拉膀，
西瓜气得满肚红。
芹菜气得有了味，
山药吓得土地蒙。
土豆害怕地里长，
豇豆气得长成绳。
萝卜气得满地滚，
冬瓜气得直扑腾。
苤蓝气得池埂长，
豌豆气得有了藤。
水萝卜气得满肚子水，
胡萝卜铺地不吱声。
青菜名打了这一仗，
下一回老倭瓜一定去搬兵。

（王涛搜集整理）

打黄狼

离城十里不算乡，
兖州府代管傅家庄。
那傅家庄住着一位傅老员外，
产生一子名叫傅恒昌。
他一岁两岁在娘怀抱，
三岁四岁不离娘，
他五岁六岁贪玩耍，
七八九岁是念文章。
他受尽了十载寒窗苦，
一心要赶考奔汴梁。
在前堂辞别了天伦父，
后堂辞别养身的娘。
那老员外赐给他高头大马，
那老安人赠给他小书箱，
那高头大马他不要，
存身担起那小书箱。
公子行程六月里景，
天气暑热就汗透了衣裳。
这公子找了一个柳荫树下歇凉避暑，
从山上跑下来一只狼。
前腿儿跪至坐在了溜平地，
尊了声公子您听个端详，
您搭救我来搭救我，

搭救我孤儿寡母在山冈。
公子您狠心不把我来救，
我的命准被那猎户伤。
那公子闻听害了怕，
又是喜来他又是惊慌。
喜只喜，这么点儿的小东西学说人话，
怕只怕翻了脸它必把人伤。
这公子爹着胆儿忙讲话，
开言有语叫声黄狼，
我倒有真心将你搭救，
无有什么地方它把你来藏。
黄狼就说，公子真心搭救我，
借给我书箱藏上一藏。
一句话提醒了傅公子，
一篇一篇地才腾文章，
公子把书箱就腾了一个净，
叫了一声黄狼你快躲藏。
小黄狼闻听是哪敢怠慢，
纵身蹿入了小书箱。
公子盖上书箱盖儿，
坐在了上面念文章。
那公子黄狼我且不表，
再把那些猎户说个端详。
他们催马拧枪来得好快，
眼前来到了柳林旁，
尊公子，你在此处把文章来看，
可曾瞧见那小黄狼。
公子就说，方才此处把文章来看，
我瞧见了一只黄狼就奔了南方。
哄得那些猎户们就扬长去，
公子打开了小书箱，
叫一声黄狼你快逃命，
我哄了那些猎户都奔了南方。

这小黄狼蹿出了书箱柜，
他瞧了瞧四顾无人断了心伤，
当时就把这狼心变，
叫了一声书呆子听个端详：
常言道，救人救到了底儿，
拉人拉到了旱岸儿上。
我的母，三天未曾用饭，
我的鼻子尖儿闻见你的人肉香，
你把你的人肉借给我用，
我背回山去孝顺我的娘。
公子闻听害了怕，
那脸蛋儿吓了个蜡色黄，
乍着胆子他就忙说话，
到底你是一只狼，
我好心好意地搭救了你，
不料想忘恩负义你反把人来伤。
黄狼就说，这个时候你是少说废话，
我赶紧上前是撕你的衣裳。
公子说，黄狼你慢动手，
容我辞别我的家乡。
公子说罢这句话，
小黄狼一边说道一边嚷。
这公子跪在了溜平地，
眼望兖州府哭声爹娘，
实指望养儿防备了老，
没想到，半路途中反被狼伤。
小公子哭得如酒醉，
又听得，猎户响了一枪。
火枪一响不大要紧，
复又吓坏了小黄狼，
二次跪在了溜平地，
尊了声公子你听个周详，
我方才说的本是玩笑的话，

哪有真心把您伤，
您搭救我还得搭救我，
再借我书箱藏上一藏。
公子闻听这句话，
腹内辗转暗思量，
用手打开书箱盖儿，
这小黄狼蹿入小书箱。
公子盖上书箱柜儿，
又来了猎户一大帮。
那猎户就说，
我们在这山前山后山左山右找了一个到，
是并没见黄狼奔了何方。
那公子就说，你们要是打狼这里边打，
书箱藏定小黄狼。
众猎户闻听就哪敢怠慢，
齐心协力逮住黄狼，
四绑攒蹄把狼捆上，
背着这个黄狼奔了山冈。
猎户走后我且不表，
再把那公子说个端详。
公子取出压书的剑，
把树皮刮去一个亮又光，
用手取出来他的毛笔，
字字行行写得端详。
上写着，山前梅鹿这山后的狼，
二孽障结拜就在山冈，
那个狼有难来鹿搭救，
鹿有难来狼躲藏。
劝君休交这无义的友，
狼心狗肺是不久长。

（常连安录音稿）

排王赞

想当年水连地来地连山，
盘古治世立地天。
谁不知盘古圣人立下世，
伏羲氏才有王伦八卦传。
仓颉造字传留后世，
神农皇尝出苦辣酸甜咸。
想当年洪水横流满天下，
多亏了禹王治水走山川。
只救了五湖四海黄河为主，
才出现三山六水一分田。
开世后有尧舜禹汤四圣主，
紧接着殷商纣王民不安。
殷纣王信宠妲己女，
他不识忠奸害比干。
文王夜作飞熊兆，
渭水河边请大贤。
好一位斩将封神姜吕望，
他扶保大周朝八百七十单四年。
周灵王廿一年生孔子，
他本是累代的地王仙。
一部诗书安天下，
周游列国民才安。
教化三千众弟子，

内有七十二大贤。
天下分崩十八国，
刀兵滚滚起狼烟。
齐穆王立下临潼斗宝英雄会，
才显出南将伍员不一般。
台前力举千斤鼎，
十八国的王子心胆寒。
伍子胥本是忠良将，
临死时开膛破肚把眼剜。
白马扒皮枪入库，
血淋淋的人头挂高杆。
逼反东吴八员将，
兄弟们一起上了朱查山。
有一位下海擒龙焦老将，
不分昼夜下淮南。
搬来了少爷伍辛多英勇，
这位爷匹马单枪要报冤。
一怒兵屯蔡州府，
一杆枪保主驾回还。
他也曾赴过襄江会，
可惜他叫王爷被水淹。
周景王软弱国难掌，
孙膑庞涓下了山。
白猿偷桃天书献，
孙膑得了书半篇。
这庞涓见书人伦灭，
到后来七国分尸马陵川。
后七国乐毅伐齐谁不晓，
许多英雄丧黄泉。
有位少爷叫王翦，
普化天尊降临凡。
王翦一怒兵吞六国，
秦始皇一旦登基向了南。

他也曾焚书灭儒不中用，
修下了万里长城挡北番。
秦始皇无道却有道，
楚汉纷争民不得安。
霸王用鞭赶韩信，
才惹出十面埋伏九里山。
萧何月下追韩信，
张子房品箫吹散霸王子弟兵八千。
九里山十面埋伏重围困，
立逼着霸王自刎乌江边。
汉高祖起义把咸阳奔，
怒斩白蛇芒砀山。
二百年来王莽篡，
光武天子走阳关。
神仙指路骑猛虎，
二十八宿降临凡。
岑彭、马武、姚期、吴汉，
君臣聚兵在潼关。
四百年来天分满，
汉献帝软弱乱兵权。
贼董卓一品朝为宰相，
内欺天子外压官。
王司徒巧定美女连环计，
献出歌姬叫貂蝉。
明许董卓为妻妾，
暗与吕布结凤鸾。
却为何一女许配父子俩，
让他们异姓父子结仇冤。
贼董卓花红小轿把貂蝉娶，
怒恼温侯吕奉先。
方天戟刺死董丞相，
四大诸侯起狼烟。
孙坚占了东吴地，

曹孟德独霸占中原。
河北袁绍造了反，
吕布占了虎牢关。
大汉江山顷刻灭，
现出桃园弟兄三。
首一位大树楼桑刘玄德，
二一位解良蒲州关圣贤，
三一位涿州范阳张翼德，
弟兄结义在桃园。
弟兄桃园三结义，
乌牛白马祭龙天。
乌牛祭地地增盛，
白马祭天天得安。
大破黄巾兵百万，
刀斩华雄酒未寒。
虎牢关三英战吕布，
张三爷枪挑吕布紫金冠。
他弟兄分居在新野县，
三请诸葛在卧龙山。
这位爷起先住在琅琊郡，
后来搬到卧龙山。
复姓诸葛名叫亮，
字号孔明天下传。
好容易三顾茅庐先生出世，
才引出舌战群儒火烧战船。
三气周瑜六出祁山七擒孟获，
九伐中原只为保后汉锦江山。
东西两晋狼烟起，
马潜龙走国十八年。
安齐安梁陈后主，
杨坚篡位乱兵权。
江山付与隋炀帝，
刀兵滚滚起狼烟。

有个太子叫杨广，
欺娘奸妹狗佞奸。
弑父夺权图大业，
唐国公见事不好回太原。
杨广带兵将他赶，
埋伏就在临潼关。
摆下十面埋伏阵，
要拿这位唐李渊。
多亏了解差秦叔宝，
打破了阵势救出了李渊。
秦叔宝贾家楼前结义拜，
罗成他扬州十五夺状元。
五花棒打死隋炀帝，
江山付与唐李渊。
二主唐通多仁义，
征东跨海美名传。
江山打得如铁铸，
有一位女王篡位武则天。
黄巢山西兴兵起义，
程敬思沙陀国内把兵搬。
晋王闻听心好恼，
发兵十万零八千。
飞虎山前收存孝，
这日大兵围到长安。
黄巢未剿朱温反，
大梁王朱温继了位，
郭彦威不念秦奇犯了边。
刘知远，坐天下，
石敬瑭来掌江山。
五代残唐表不尽，
赵太祖东京面了南。
九弟秦忠朝纲乱，
朝中出了四大奸。

内有四党外四寇，
四党倒比四寇奸。
内四党蔡京、杨戬与童贯，
高俅老儿夺霸权。
外四寇田虎、方腊、公子王庆，
宋江聚义在梁山。
石秀卖柴祝家寨，
燕青打擂上泰安。
可惜那为国尽忠岳元帅，
风波亭前死得冤。
秦桧倒把江山卖，
一统山河属大元。
四主元朝朱剑理，
洪武爷放牛走山川。
马氏娘娘行奸诈，
立逼着永乐皇爷上燕山。
聂林改作通州府，
幽州府改作府顺天。
燕王北京头一帝，
锦绣山河万万年。
正德无子访嘉靖，
隆庆皇爷面了南。
五代传流十六帝，
崇祯皇爷坐江山。
陕西闯王造了反，
周遇吉失落宁武关。
李元帅棋盘大街落了马，
杜子衡卖了平治关。
闯王杀上金銮殿，
崇祯吊死在煤山。
闯王坐殿二十九，
吴三桂闻听眼气蓝。
白布缠了白战杆，

白提胸挂在白马胸前。
只觉着单人独马难取胜，
他只得借兵奔奉天。
简短截说来得快，
来在奉天小西关。
小哨刚要往里禀，
大汗查城到这边。
吴三桂城下落下泪，
城上的汗王请听言：
北京不见大明主，
闯王李自成坐江山。
皆因为铜夹棍夹死我的天伦父，
一心替父报仇冤。
王爷借我人共马，
杀走了闯王平半分江山。
汗王摆手我不信，
叫了一声众将官。
城门外摆下一座刀枪阵，
吴三桂钻刀而入来进关。
二人见面饮血酒，
八拜为交结金兰。
金銮殿前议国事，
文武百官搭了言。
瑞亲王挂了元帅印，
一怒兵进山海关。
黄花岗上打一仗，
通州坝上把营安。
闯王闻听害了怕，
怀抱玉玺奔正南。
吴三桂随后去追赶，
顺治皇帝坐金銮。
一打那顺治皇帝坐金殿，
三道圣旨往下传。

头道圣旨免去圆领乌纱帽，
二道圣旨无论男女都兴抽烟，
三道圣旨分出来五王八旗满蒙汉，
红襟小袖遍人间。
顺治坐了十八载，
五台山降香未回还。
二帝坐下康熙主，
整整坐了六十一年。
雍正坐了十三载，
乾隆坐了六十年。
乾隆皇爷晏了驾，
嘉庆皇爷掌江山。
嘉庆坐殿二十五载，
许多缘故在里边。
长毛反，红毛反，
鬼子通商进中原。
嘉庆一见心害怕，
急忙迁都把家搬。
遘奔热河承德府，
晏驾就在棒槌山。
嘉庆皇爷晏了驾，
道光皇爷掌江山。
道光坐了三十载，
咸丰坐了十一年。
鬼子又把中原进，
无恶不作闹翻天，
头一次大闹天津卫，
二一次火烧圆明园。
咸丰年长毛子二次来造反，
有一个头目名叫洪秀全。
僧王挂了元帅印，
炮打滑县真可怜。
僧王皇爷晏了驾，

咸丰皇爷殡了天。
咸丰皇爷龙归海，
同治皇爷掌江山。
同治爷坐了十三载，
又有那光绪皇爷掌江山。
光绪爷十四年上发大水，
淹得黎民甚可怜。
二十六年天下乱，
平地起了义和团。
他一心想把鬼子赶出去，
倒惹得八国联军进中原。
一言唱尽了排王赞，
歇歇喘喘这就算完。

（于春明述　新纪元整理）

死要财

庄公打马下山来，
见一个骷髅骨倒在尘埃。
庄公一见就发了慈善，
从怀中掏出个葫芦来。
一粒金丹拿在手，
半边红来半边白。
白的治的男子汉，
红的治的女裙钗。
别发金簪拿在手，
忙将骷髅骨的牙齿给它撬开。
一粒金丹送下去，
骷髅骨翻身坐起来。
伸手拉住庄公的马，
我有一事不大明白。
怎不见我的金鞍玉辔逍遥马，
怎不见我的琴剑书箱小婴孩。
这些个东西我全不要，
你快快还我的银子来。
庄公一见就哈哈大笑吧您哪，
说你们是小人得命就要思财。

（王本林述　王双福整理）

三婿上寿

一轮明月照窗前
有一母所养三位女婵娟。
大姑娘许配文秀才，
二姑娘许配武解员，
三姑娘生来命运不济，
许配那蔫里蔫叽乡下种地男。
这一天老员外寿诞之日，
三位门婿拜寿来到了堂前。
大姑爷买来寿靴还有寿帽，
二姑爷买来寿帐还有寿联，
三姑爷本是一个乡下汉，
他把那萝卜干、苤蓝干装了一篮。
老员外酒席宴前忙讲话，
叫一声三位门婿要你们听言。
今天饮酒非同别日，
说上一个酒令儿解闷消闲。
三位尖字起来圆字落，
合辙押韵做高官。
大姑爷闻听忙站起，
抱拳低首尊声泰山，
小婿我毛竹笔尖又尖，
写出来梅花篆字圆又圆。
有朝一日皇王开了考场，

准中爷家的文状元。
老员外闻听哈哈大笑，
他急忙斟酒又把菜夹。
二姑爷回答我也能对，
小婿我献丑在那酒席宴前。
小婿我的雕翎箭尖又尖，
拉满了宝雕弓圆又圆。
有朝一日皇王开了考场，
准中爷家的武状元。
老员外闻听哈哈大笑，
他急忙斟酒又把菜夹。
三姑爷本是一个乡下汉，
急得他伸着脖子眼瞪圆。
大姑娘一见抿着嘴笑，
乐得这位二姑娘前仰后合笑不肯言。
三姑娘人前挂不住面，
她蔫里蔫叽走上前，
开言便把爹娘叫，
奴的丈夫嘴笨舌呆奴替他言。
女儿我的绣花针尖又尖，
绣出来花朵儿圆又圆。
我夫妻过上三年并五载，
产生两个小儿男。
大的送他南学去把书念，
二的要习武在后花园。
有朝一日皇王开了考场，
让他们去中文武二位状元。
骂得这个大姑爷红了脸，
二姑爷翻脸走上前。
三妹妹嘴巧说的不算，
酒令儿还得三妹夫谈。
三姑爷闻听忙站起，
抱拳低首尊声泰山，

我看您头顶尖又尖，
岳父的脊梁背圆又圆。
有朝一日龙王开了考场，
岳父你跳海就中了老鼋。

（王本林录音稿　王双福整理）

穷富拜年

离城四十金家湾，
有一位财主他叫金德年。
他金银满库米面成囤，
又有房来又有田园。
金财主的老夫人没生子，
所生两个女婵娟。
大姑娘名叫金丽瑞，
二姑娘名字就叫金丽莲。
大姑娘许配李武举，
又有房子又有钱。
二姑娘许配文学士，
学士的名字叫王元。
二姑娘过门儿一年半，
却被那一把贼火烧个干。
只落得家穷没有着落儿，
破瓦寒窑露宿风寒。
大姑娘过门家业富厚，
火旺旺的日子越过越欢。
这一天打罢新春年已到，
家家户户同去拜年。
大姑娘丽瑞起得早，
出言叫一声"小丫鬟"，
快去叫来快给我喊，

叫把式套车咱拜年，
给我的妈妈请上一个安。
车把式闻听不敢怠慢，
急忙忙来到车棚前。
骨碌碌推出轿车一辆，
唰啦啦扯开套连环。
新漆的彩车多好看，
蓝大呢的围顶是羊毛毡。
车里子本是芙蓉帐，
半尺厚的车座絮丝绵。
四面安上玻璃镜，
福禄寿禧画得可观。
甘草黄的骡子拉帮套，
菊花青的骡子驾着辕。
小丫鬟扶着姑娘把车上，
车把式拿着鞭杆儿跨车辕。
“嘚儿吁哦呵”把车赶，
两匹骡子跑得真欢，
车轮骨碌碌如飞转，
俩骡子分蹄上下翻。
不多一时车停住，
来到金家大门前。
老院公一看哪敢怠慢，
跑到上房把信儿传。
老太太听说心欢喜，
丫鬟婆子把她搀。
搀搀架架还嫌慢，
连声说快快快快到外边。
见大姑娘正在把车下，
穿戴阔气又齐全。
头上高绾乌云巧梳元宝，
后留着燕尾尖又尖。
蓬头打得好像扇子面儿，

鬓边插着赤金环。
灯笼坠子本是镶白玉，
头上的花儿多么样的鲜。
水灵灵的大眼多俊俏，
两道柳眉弯又弯。
悬胆鼻子樱桃口，
玉米银牙口内含。
上身一件大红缎子袄，
八幅罗裙系在腰间。
金线的裤腿扎丝带，
有一双缎子棉靴脚下穿。
老太太望着姑娘心欢喜，
大姑娘急忙来请安。
说："女儿给妈妈把年拜。"
老太太说："咱自己的娘们儿拜的什么年。"
手拉女儿上房入，
又叫声婆子与丫鬟。
快叫厨子去做饭，
有什么好的快点儿端。
厨子闻听不怠慢。
捅旺炉火把菜煎。
也无非是蒸啦煮啦熘啦炒啦样样菜，
大铜的火锅外加拼盘。
大姑娘就把妈来叫，
"你老想得真叫全。"
老太太一听摆了摆手，
说："这点儿东西能花几个钱。"
大姑奶奶忙把老院公叫：
"你把我的提盒往里搬。
妈妈你收下这一点儿，
我这些东西太寒酸。"
老院公打开食盒盖，
一件一件看得周全。

第一盒鲤鱼活的三斤半，
二一盒饽饽味儿好馅又甜。
三一盒五斤重的两刀肉，
四一盒是五两银子十吊钱。
老太太看过真高兴，
还是我大女儿惦记咱。
咱不说母女俩房中用饭，
咱再说二姑奶奶金丽莲。
她清晨起来没吃饭，
想起来给娘去拜年。
我有心回娘家去把年拜，
没有礼物也没有钱。
我有心不把年来拜，
不知底说我礼不端。
左思右想还是当去，
拜上个干年落个心安。
毛乱的头发梳了个纂，
用秫秸别在正中间。
毛蓝布褂子前后补，
有个袖子用线连。
灯笼裤子露着肉，
脚上鞋一只红来一只蓝。
伸手就把阿哥抱，
将阿哥抱在她的怀里边。
腊月的花子快似马，
她打着个颤颤抱着肩。
穿堂过街来得快，
不多时来到娘家门前。
看家的狗真讨厌，
它冲着二姑娘咬得欢。
狗叫引来院公看，
也惊动老太太跑到外边。
我当来的哪一位，

原来是二蹄子到了这边。
二姑奶奶把妈叫：
“十冬腊月寒冷的天。
我给妈妈来拜年。”
老太太闻听一摆手，
说：“这个样的穷酸你拜的什么年！”
二姑娘忙说：“妈来看，
十冬腊月的天，你老的外孙孙多可怜。”
老太太闻听心暗想，
暗暗不住打起算盘：
我有心不叫她把门进，
一年到头于礼不端。
我有心叫她到上房去，
又怕大女儿不耐烦。
出言便把二蹄子叫，
叫了一声：“穷酸，听我言，
你跟着我来跟着我走，
跟我走到磨房里边。
你在磨房把我等，
等我给你去把饭端。”
长工吃不完的小米饭，
没有咸菜抓了把盐。
好筷子怎能给她用，
忙把树棍儿拿在手里边。
端着饭碗把磨房进，
叫了一声：“二女儿，听我言。
你是半年来了多少趟，
为什么靠门勒啃咱？
今天我再管你一顿饭，
从今后不要到我门前。”
二姑奶奶接过这碗饭，
泪水点点挂腮边。
有心不吃这碗饭，

这阿哥没奶整三天。
小阿哥一点儿不懂事,
伸出小手扒碗边。
二姑娘冻得手发抖,
黄碴碗拿不住被打翻。
看家的狗真不善,
地上的饭它都吃个完。
二姑娘眼望苍天一声叹:
“绝我活路杀了人的天!”
二姑娘哭声传得远,
上房的大奶奶听了个全。
莫不是长工院公有难事,
莫不是丫鬟有苦难。
大年之日哭得惨,
什么人这样不逢年?
顺着哭声找过去,
正遇春桃小丫鬟。
忙说:“哭声在磨棚里,
是一个要饭的真可怜。”
大姑奶奶说:“领我去看,
咱一到磨棚看个周全,”
仔细一看心打颤,
原来是二妹金丽莲。
急忙上前搀一把,
连把妹妹叫了几番。
说是:“家来怎么不把上房进?
寒冬时你穿得这么样单?
小阿哥冻得紫了脸,
冻坏了外甥谁承担?”
二姑奶奶哭着叫,
亲人姐姐叫几番:
“是妈妈叫我来这里,
怕得姐姐把我嫌。”

大姑奶奶把春桃叫，
“去上房取我的好衣衫。
姐妹骨肉情意重，
你有苦难我当周全。
你跟着我来跟着我走，
跟随我一道去我的家园。”
搀着二妹朝外走，
老太太一见忙阻拦。
既然来家怎不多住几日，
既然来家怎不多住几天？
大姑奶奶说：“一样的人两样看，
你嫌穷爱富为的钱。
日后我要是落了魄，
你待我也跟我的妹妹一样般。”
手拉妹妹回到家去，
又接来妹夫小王元。
赠给一匹高头马，
又赠银子又给钱。
叫他进京去赶考，
叫他进京去求官。
这就是穷富拜年一个段儿，
念诸位身体康健快乐安然！

（王本林述　王双福整理）

双簧

滑稽双簧 *

甲　这回是我们俩表演。

乙　对，我们俩给大家表演双簧。

甲　学双簧得有规矩。

乙　什么规矩?

甲　我在前面学，你在后面说。知道的是俩人说，不知道就像一个人说的。

乙　这叫双学一人。

甲　我还得打扮打扮。（从兜里拿出小辫儿和两块大白粉。把小辫儿戴在头上，用两块大白粉抹在眼和嘴上，低头）

乙　有道是：人是衣裳马是鞍，西湖美景配洋片；人不打扮不好看，打扮好了您再瞧……

甲　更寒碜了。（抬头）

乙　哟！（吓跑）

甲　你跑什么呀?

乙　我看着害怕。

甲　废话，这地方灯这么亮人这么多能好看吗? 等待会儿人走净了，灯都关了，我这样儿往胡同里一站，你再看……

乙　就好看了。

甲　吓趴下几个。

---

* 双簧往往由相声演员兼演，亦以说、学、逗、唱为主要艺术手段，多半是和相声一起演出，可以视作相声的一个分支，而参加综合性曲艺演出时即作为单独的曲种。孙宝才是北京硕果仅存的双簧表演艺术家，本篇是他的代表性节目。

乙 那你还在这儿演吧！

甲 这回就瞧你的了，我一拍小木头（醒木）你就说，我就学。

乙 好，我说什么你学什么，可别我说的你学不上来。

甲 你说得出来，我就学得上来。（甲坐在桌后的椅子上，乙蹲在椅子后面，甲三次假笑后，一拍醒木，乙站起来面对观众）

乙 您看这一回他一拍木头就全听我的了，我叫他干什么他干什么。哪位观众不信，不信不要紧，我给您表演一下。（指甲 说）站起来，站直了，把眼睛闭上，把手伸出来，伸出一个手指，往回指，把嘴张开，放在嘴里，咬，咬，使劲咬，把手指咬下来。

甲 （站起，离位）我不咬了。

乙 （站起）你不是听我的吗？

甲 听你的我这儿演一次，咬下一个指头，演十次我这手就成枯赤儿了。这不是演双簧，这是自杀。你有好的没有？给人家说词儿。你说的我演不上来，那叫没能耐。

乙 成，咱们重新坐下。（甲、乙重新回原位）开始啦：姐儿俩赶大车，赶着赶着上了房。六月六，春打六九头。萝卜快了不洗萝卜。一个萝卜四两，两个萝卜八斤半，不够来块烤白薯。老太太抱着三轮上汽车，没上去。吃冰棍蘸臭豆腐……

甲 （离位）演不了！

乙 你怎么又急了？

甲 你说了半天有一句人话吗？

乙 哪句不像活？你说！

甲 有老太太抱着三轮上汽车的吗？

乙 不是没上去吗？

甲 人家也不让你上呀！你们家吃冰棍蘸臭豆腐呀！

乙 我爱吃这口儿。

甲 嗬，你可真够气人的。（甲、乙重新回原位）

乙 众位观众先别忙，听我们俩人演双簧。双簧一上台，脸上抹点儿白，头上戴小辫儿，歪戴帽儿，斜瞪眼，出门到处打茬巴儿，瞧谁有点儿不顺眼，过去我就扒裤衩儿……

甲 （站起）我干吗那么缺德呀？

乙 ×××（叫甲名）老实说你干过这事没有？

甲 我就干过一次。

乙　那抢的东西放哪儿了？

甲　放你们家了。

乙　我呀！我成窝赃犯了。

甲　谁让你胡说八道来着。（重新入座）

乙　有个结巴去放牛，结巴把牛拴在井台上。咚，一下把牛掉在井里头。结巴这才把人喊：我的牛，牛犊，犊，犊……

甲　（站起）你这毒（犊）就不小了。

乙　这叫憋死牛。

甲　你多损哪！（重新入座）

乙　话说罗成正坐在中军宝帐，忽听探马来报，急忙顶盔挂甲，罩袍束带，拧枪上马。罗爷未曾出马先放三声号炮，这头一声，（学点炮）哧……当，哧……当，哧……（甲回头看乙，还没响，刚拿到眼前看看）当！

甲　（站起捂眼睛）嚄，这受不了。怎么这儿给一炮呀！

乙　对不起，这两天下雨炮药有点儿受潮。

甲　怎么全让我赶上了！

乙　请您坐下，这回没炮了。

甲　再这样儿我可不演了。

乙　话说罗成正坐中军宝帐，忽听探马来报，急忙顶盔挂甲，罩袍束带，拧枪上马。要说罗爷这匹马呀！它是（学马慢走声）咕嗒嗒，咕嗒嗒……

甲　（起立回身打乙一下）我叫你咕嗒嗒，咕嗒嗒。

乙　你怎么又急了，这马你骑得多稳当呀！

甲　是稳当，我这屁股受得了嘛！马得快点儿走。

乙　马快了，我怕你骑不了。

甲　谁说的？我有个外号叫“马膏药”。

乙　行，这回咱们快点儿，请坐下。话说罗成正坐中军宝帐，忽听探马来报，急忙顶盔挂甲，罩袍束带，拧枪上马，要说罗爷这匹马呀，他，噌——

甲　（摔下椅子）

乙　（乙马上过来抱着甲）×××（叫甲名），我说你骑不了快马吧，非要骑。说话，摔坏了没有？

甲　我心里慌。

乙 吃点儿药。

甲 慌得厉害。

乙 打打针？

甲 不成呀。

乙 要急救车？

甲 不成哟！

乙 这可怎么办哪？

甲 给我来两斤包子。

乙 哟，你又饿了。

甲 我说你这是马呀，还是火箭哪？这儿还没上去哪，你噌就蹿出去了。

乙 我说你骑不了吧？这回咱换换，不骑马了。唱一段儿。（唱）姐儿俩在房中哟，绣丝绒哪呀嘿，忽听门外有闹声，一个劲儿地直嗡嗡嘿。嗡嗡，嗡嗡，嗡嗡……嘿，原来是两只苍蝇嘿！

甲 （站起）俩苍蝇跟我这儿折腾半天。你有好的没有？

乙 有，有，请坐下。爱国就要讲卫生，抓紧时间别放松，见了苍蝇我就打，打死这些害人虫。这儿有一个，打（指自己左面打一下），飞了，又落到了这边儿，打（指右边打一下），飞了，落在鼻子上了，打！

甲 我不打。

乙 怎么不打？

甲 打完了就没法儿说相声了，鼻子瘪了。

乙 那照样儿说。

甲 那多难听呀！（学齉鼻子）今天我给大家说段儿相声，这好听吗？

乙 是不好听。但消灭苍蝇可人人有责。

甲 对。

乙 坐下听词儿：（唱）一呀一更里，月儿呀照窗台，情郎哥哥定下计，今天晚上来呀。叫丫鬟忙打上四两酒哎，四个呀那菜碟摆呀摆上来。一碟子腌白菜，一碟子腌白菜……一碟子腌白菜，一碟子腌白菜……

甲 （站起）都是腌白菜呀？不会吃点儿别的？

乙 就是白菜，爱吃不吃，不吃拿走。

甲　行。（落座）

乙　（唱）二呀二更里，月儿呀照窗台，情郎哥哥定下计，今天晚上来呀。叫丫鬟忙打上四两酒哎，四个呀菜碟呀摆呀摆上来。（白）左等左不来，右等右不来，嗯，嗯，他怎么还不来呀？嗯嗯，他怎么还不来呀……

甲　（站起）他爱来不来，我腰受不了。

乙　他着急了。坐下听词儿：（唱）大年初一头一天，小妹跪在姐姐面前，姐姐伸手忙拉起，伸手掏出压岁钱，嗯哎呀嗯哟哎，自己的姐妹拜的什么年。（学锣鼓点，甲扭）锵锵——锵锵，锵锵——锵锵……

甲　我说你这儿要狗熊哪！

乙　我瞧你跳得不错。这回咱学段儿评剧《玉堂春》，你学一个人。

甲　谁呀？

乙　白玉霜。

甲　学谁？

乙　白玉霜！

甲　你也不打听打听，白玉霜是谁？那是我姐姐。

乙　那你叫……

甲　黑胰子！

乙　黑胰子呀！这回前面看您的表演，后面听我唱。

甲　行，只要你唱得好，我就学得好。

乙　（唱）你本是宦门后啊上等的人品，吃珍馐穿绫罗百般的称心，想不到你落得这般光景，看起来呀我苏三命薄之人。人人说黄连苦苦到极点，我二人比黄连还要苦，苦，苦十分哪哎……哟我那苦命的郎呀！

甲　（哭出声来）我的妈哎……

乙　你怎么真哭呀？

甲　你快把我憋死了。

乙　去你的吧！

（孙宝才演出稿　满开俊　王涛整理）

学童谣

甲　这一回，学徒俩给各位变一变花样，换一换耳音。
乙　咱们表演一段儿双簧。
甲　你的前脸儿，我的后脸儿。
乙　你猫椅子后头说学逗唱。
甲　你在前边儿发头卖相。
乙　你说话出声儿，我嘎巴嘴装相儿，给你配出表情动作。
甲　我咋说，你咋比画，必须听我指挥。
乙　我这人生来就怕老婆。
甲　少讨便宜。咱们说来就来。
乙　别急别急，心急吃不了煤火饭，嘴急吃不了热豆粥。
甲　你还有什么临终遗嘱？
乙　你才要死呢！双簧比不了相声，开场前我得捯饬捯饬。
甲　你还得化化装。
乙　当然了。不化装不好看，化上装您再看（回身，戴上小辫儿。扭头做鬼脸儿）——我可就更难看了。
甲　你这装还没化完。
乙　还没完？
甲　双簧一上台，鼻子上抹块白。
乙　还得搽粉。（往鼻子上抹白粉）
甲　鼻子白了还不行。
乙　还不行？

甲　眼眶子上再来两块白，嘴巴头子上再来一大块白。（乙照做）

乙　我都成白眼狼了！

甲　这一捯饬，你可漂亮多了。

乙　走大街上，准得吓死俩。还漂亮啊！

甲　别要贫嘴，咱来正格的。你端坐桌前，我蹲在椅后，你醒木一拍，咱就各自献丑，给各位来点儿有学问的玩意儿。

乙　光说不练是假把式，光练不说是傻把式，又说又练，赚钱吃饭，刀枪无眼，请往后站……

甲　你卖大力丸呢！

乙　要找饭辙，还得说双簧，练把式咱没那能耐。

甲　闲言少叙。

乙　开板就唱。（拍醒木）

甲　列其位，请压音。
听学徒，论古今。
三皇贵，五帝尊。
封神榜，土行孙。
大封相，有苏秦。
汉高祖，斩白鳞。
献帝衰，逍遥津。
光武兴，白水村。
瓦岗寨，程咬金。
天波府，佘太君。
野猪林，鲁智深。
武科场，常遇春。
恶虎村，黄天霸。
连环套，窦尔敦。
窦尔敦，窦尔敦……

乙　这孙子没词儿了。

甲　窦尔敦，窦尔敦……

乙　你往下说！

甲　窦尔敦，敦！敦！敦！（乙在椅上跃起三次，蹾屁股）
敦尔窦，逗！逗！逗！（乙咧嘴，做逗弄人状）
窦尔敦，敦敦敦，

敦尔窦，窦窦窦……（重复）

乙 （跌下椅来）哎呀妈呀，再蹾蛋黄子就散了！

甲 怎么样？

乙 不怎么样！

甲 接着来。

乙 再捉弄人，我可不玩儿了。你说书讲古，来段儿有故事的，别天上一脚地上一脚，东拉西扯一点儿也不连贯。

甲 好，咱们来段儿《大隋唐》，小罗成淤泥河乱箭攒身。

乙 成了，就学说这段儿。（归坐，拍醒木）

甲 话说，白马银枪玉面虎小罗成奉命出征，未出辕门先放三声大炮。这头一炮，（乙点引信），哧——（乙赶紧拿开）嘣（乙蹦起）！这第二炮，哧——嘣！这第三炮，哧——（乙拿开好久，未响，又凑近）哧——（又赶紧拿开，又未响，再凑近）哧——（还未响，乙放心地拿至眼皮底下细看）嘣！

乙 （跌下）要了命了！小罗成双失目，玉面虎变瞎虎。

甲 要不他怎么挨乱箭躲闪不开呢。

乙 去你的吧！

甲 再接着来。

乙 得了，大炮刚崩瞎双眼，下回该断腿了。

甲 这回咱们来点儿轻松的。

乙 来点儿什么？

甲 咱们学段儿歌。

乙 童谣好！我得把小孩子的天真活泼表演出来，（归坐，拍醒木）

甲 谁跟我玩儿，
打火镰儿。
火镰火镰花，
种苦瓜。
苦瓜苦瓜苦，
磨豆腐。
豆腐豆腐烂，
摊鸡蛋。
鸡蛋鸡蛋磕，（乙以头磕桌子）
有话我不说。

鸡蛋鸡蛋磕，

有话我不说……（重复）

乙　你说了吧！再不说我脑浆都磕出来了！

（沈阳相声大会稿　田维整理）

口技

鸡鸣犬吠

口技呀，就是说、学、逗、唱。学的部分多，天上飞的，地下跑的，河里凫的，草棵里蹦的，做买卖的吆喝，都能学。

北京清早起来，卖活鲤鱼，嗓子得好。（学“活鲤鱼咧”）听着那么舒服、好听。空气也好。卖耗子药的可不行，多好的空气也蹦跶不起来。（学“耗子药”）全这路嗓。演口技，光这嗓不行，得有青衣嗓。比如，（唱“苏三离了洪洞县，将身来在大街前”）听着好听。卖耗子药用这嗓音不行。（学青衣嗓：“耗子药，耗子药哇”）挺好的声音全让它给糟践了。演口技可以学出风琴声来，（学风琴声）这就是青衣嗓。伊……啊……再加个“乌”，就成风琴声啦！在舞台上这么唱可不行。（学唱“苏三离了洪洞县……嗯哼”）（笑声）钢琴，就是风琴声对点儿作料，跟吃东西一样，搁盐准咸，搁糖准甜，搁醋准酸，搁青椒准辣，搁黄连准苦，搁卫生球，准不是滋味。（笑声）舌头一使劲，就能出刚音（学 146654351；1……学蛐蛐叫声），怎么回事呀？钢琴里有俩蛐蛐。（笑声）是用嘴学的，嘴里没东西。

真蛐蛐叫是叫，搁我嘴里都不叫了。因为这里热，它生活不习惯。不能学什么往嘴里搁什么。学蛐蛐，搁蛐蛐；学油葫芦，搁油葫芦；要是学屎壳郎呢？我也太不讲卫生了。这是怎么学的呢？是嘴唇吹哨，舌头打嘟噜，（学吹哨、打嘟噜）结合在一起，就是一个蛐蛐。这个蛐蛐个儿还不小，一顿能吃四个馒头。（笑声）全让我吃啦！您要斗蛐蛐，不用到处找蛐蛐，把我找去就行啦，多大的蛐蛐我都敢跟它咬哇！可就不能搁罐里头，也没那么大个儿的蛐蛐罐。学一大一小咬架，先学小的（学），再学大的（学，突然改为“哦噢”）让鸡给吃了一个。（笑声）妈妈哄小孩，撒尿也吹哨。（学“撒尿啊”，吹哨）七八岁的小孩都抖筊竹，筊竹放在地下，往轴上绕线绳，一绕、两绕、三绕、四绕、五……得，别抖啦，线全绕乱啦！（学抖筊竹声，扔起再抖，噢儿……）扔猫身上啦。（笑声）学猫叫，狼猫叫，老猫叫。学鸭子叫，学活鸭叫，烤鸭子我不会学。（笑声）没听说，全聚德门口，烤鸭子直叫："熟啦！快吃啊，不吃我要飞啦！"（笑声）活鸭子都这声。（学鸭子叫声）这是老生乐的嗓音（学："东人，随我来呀！哈……"）一并嘴，咬牙，再一咧嘴，声一矮，就成这个音了。（学："东人，随我来呀！"改鸭子叫：啊啊啊啊）老薛保变鸭子了。

学油鸡，声音笨（学）；柴鸡声高点儿，吃劲儿，怕咳嗽（学鸡叫转咳嗽）（笑声），咸菜吃多了！（学雏鸡叫）这是雏鸡，毛没长全，俩字（咯儿咯儿），让黄鼠狼给拉跑啦！青衣用飘音，比如"接旨……"它不能使劲，一使劲："接旨……"跟鸡叫一个样了。（笑声、掌声）再学一回狗打架："呜……汪……"嘿！你干吗哪？"汪汪。"吃骨头呢！"呜……汪……"香不香啊？"汪汪！"香极了，干吗？"呜汪。"我来点儿。"汪汪汪汪"去！你给过谁呀？"汪汪！"不给，我咬你！"汪汪。"姥姥哇！"呜汪汪汪嗷嗷嗷！"我给一砖头打跑啦！

（汤金澄录音稿）

《中国传统相声大全》一至五卷分类总目录

（篇目后面括弧内的数码为卷数和页数）

单口相声

八大棍儿

对口相声

群口相声

垫话儿（单口）

垫话儿（对口）

开场小唱

太平歌词

双　簧

口　技